国家卫生和计划生育委员会"十三五"规划教材
全国高等医药教材建设研究会"十三五"规划教材
全国高等学校教材

供法医学类专业用

法 医 临 床 学

第 5 版

主　编　刘技辉

副主编　邓振华　邓世雄　陈　腾　沈忆文

编　者（以姓氏笔画为序）

云利兵（四川大学）　　　　　陈溪萍（苏州大学）

邓世雄（重庆医科大学）　　　幸　宇（重庆医科大学）

邓振华（四川大学）　　　　　赵丽萍（昆明医科大学）

朱旭阳（皖南医学院）　　　　贾富全（内蒙古医科大学）

刘技辉（中国医科大学）　　　徐晓明（中国医科大学）

汪元河（贵州医科大学）　　　徐静涛（南方医科大学）

沈忆文（复旦大学）　　　　　唐双柏（中山大学）

张玲莉（华中科技大学）　　　常云峰（中南大学）

陈　腾（西安交通大学）　　　焦　炎（山西医科大学）

陈晓瑞（华中科技大学）　　　黎宇飞（中国刑警学院）

人民卫生出版社

图书在版编目（CIP）数据

法医临床学 / 刘技辉主编. —5 版. —北京：人民卫生出版社，2016

ISBN 978-7-117-22249-5

Ⅰ. ①法⋯ Ⅱ. ①刘⋯ Ⅲ. ①法医学－临床医学－医学院校－教材 Ⅳ. ①D919

中国版本图书馆 CIP 数据核字（2016）第 050495 号

人卫社官网	www.pmph.com	出版物查询，在线购书
人卫医学网	www.ipmph.com	医学考试辅导，医学数据库服务，医学教育资源，大众健康资讯

法医临床学

第 5 版

主　　编：刘技辉

出版发行：人民卫生出版社（中继线 010-59780011）

地　　址：北京市朝阳区潘家园南里 19 号

邮　　编：100021

E - mail：pmph @ pmph.com

购书热线：010-59787592　010-59787584　010-65264830

印　　刷：人卫印务（北京）有限公司

经　　销：新华书店

开　　本：850×1168　1/16　印张：20

字　　数：592 千字

版　　次：1991 年 5 月第 1 版　　2016 年 3 月第 5 版
　　　　　　2024 年 6 月第 5 版第 10 次印刷（总第 27 次印刷）

标准书号：ISBN 978-7-117-22249-5/R·22250

定　　价：50.00 元

全国高等医学院校法医学专业第五轮
规划教材修订说明 ···

20 世纪 80 年代，我国在医学院校中设置了法医学专业，并于 1988 年首次编写了成套的法医学专业卫生部规划教材，从而有力地推动了法医学教育的发展。2009 年五年制法医学专业规划教材第四轮出版发行。为促进本科法医学专业教学，教育部法医学专业教学指导委员会在 2014 年开始制定审议国家法医学本科专业教育质量标准并拟报教育部审批。根据质量标准要求及法医学相关领域学科进展，2014 年经全国高等医药教材建设研究会和全国高等医学院校法医学专业教材编审委员会审议，启动第五轮教材修订工作。

本轮修订仍然坚持"三基""五性"，并努力使学生通过学习达到培养具有坚实基础理论知识和专业知识、熟悉司法鉴定程序和法医鉴定技能、掌握法学、医学及相关学科知识，具有良好的思维判断能力以及分析问题能力的法医学高级复合型人才的专业培养目标。新教材体现了法医学领域的新进展和我国的新法规、新政策与新要求；考虑了学生的就业，具有较强的实用性，使学生在毕业后的实际工作中能够应用所学知识。本轮教材在编写中强调了可读性、注重了形式的活泼性，并全部配备了网络增值服务。

全套教材 16 种，其中主教材 11 种，配套教材 5 种，于 2016 年全部出版。所有教材均为国家卫生和计划生育委员会"十三五"规划教材。

第5轮法医学专业教材目录

1. 法医学概论　　　　　　第 5 版　**主编** 丁　梅
2. 法医病理学　　　　　　第 5 版　**主编** 丛　斌　**副主编** 官大威　王振原　高彩荣　刘　敏
3. 法医物证学　　　　　　第 4 版　**主编** 侯一平　**副主编** 丛　斌　王保捷　郭大玮
4. 法医毒理学　　　　　　第 5 版　**主编** 刘　良　**副主编** 张国华　李利华　贠克明
5. 法医毒物分析　　　　　第 5 版　**主编** 廖林川　**副主编** 王玉瑾　刘俊亭
6. 法医临床学　　　　　　第 5 版　**主编** 刘技辉　**副主编** 邓振华　邓世雄　陈　腾　沈忆文
7. 法医精神病学　　　　　第 4 版　**主编** 胡泽卿　**副主编** 赵　虎　谢　斌
8. 法医人类学　　　　　　第 3 版　**主编** 张继宗　**副主编** 蔡继峰　赖江华
9. 刑事科学技术　　　　　第 4 版　**主编** 李生斌　**副主编** 张幼芳　李剑波
10. 法医法学　　　　　　　第 3 版　**主编** 常　林　**副主编** 邓　虹　马春玲
11. 法医现场学　　　　　　　　　　**主编** 万立华　**副主编** 阎春霞　陈新山
12. 法医病理学实验指导　　第 2 版　**主编** 成建定　**副主编** 周　韧　王慧君　周亦武　莫耀南
13. 法医物证学实验指导　　第 2 版　**主编** 张　林　**副主编** 黄代新　庞　灏　孙宏钰
14. 法医毒理学实验指导　　　　　　**主编** 朱少华　**副主编** 黄飞骏　李　凡　喻林升
15. 法医毒物分析实验指导　第 2 版　**主编** 沈　敏　**副主编** 金　鸣　周海梅
16. 法医临床学实验指导　　第 2 版　**主编** 刘兴本　**副主编** 顾珊智　樊爱英

主编简介

刘技辉，教授，博士生导师，中国法医学会法医临床学专业委员会副主任委员，中国法医学会医疗损害鉴定专业委员会副主任委员，司法部司法鉴定人高级职称评委，CNAS法医临床学能力验证专家，中华医学会医疗事故鉴定专家库专家，《法医学杂志》编委，《中国法医学杂志》审稿人等。

1984年毕业于中国医科大学法医学专业，毕业后一直从事法医临床学教学、科研、鉴定及法律医学和保险医学的研究。1987年率先在国内开展了神经电生理检测技术及其在法医学上应用的研究，先后主持和完成国家、省、市等科研课题15项，发表论文60余篇，主编、参编法医学专业著作15部，分别获辽宁省人民政府科学技术进步奖二等奖、辽宁省公安厅科学技术进步奖一等奖、辽宁省教委科学技术进步奖二等奖、沈阳市社会科学优秀成果奖二等奖等。1999年首批入选辽宁省"跨世纪百千万人才工程"，2014年获第九届辽宁省优秀科技工作者荣誉称号。

副主编简介

邓振华，教授。中国法医学会法医临床学专委会副主任，医疗损害鉴定专委会副主任；四川省法医学会理事及法医临床专业组组长；CNAS 法医临床学能力验证专家和评审员，全国刑标委法医分委会委员；司法部司法鉴定人高级职称评委；《法医学杂志》编委，《中国法医学杂志》、*European radiology* 审稿人，四川省、成都市医疗事故鉴定专家。

从事法医临床学及法医影像学教学科研 30 余年。主持国家部省级科研 10 余项，包括国家"十一五"科技支撑、国家自然基金、四川省科技支撑和基础应用、教育部哲学社会科学重大课题子项目等。获四川省科技进步奖两项。国内外专业杂志发表论文 100 余篇。主编《法医临床学理论与实践》《眼外伤的法医学鉴定》等三部专著及编制公共安全行业标准。

邓世雄，教授，博士生导师，现任重庆医科大学副校长，教育部法医学教学指导委员会委员，全国高等医学教育学会临床医学研究会会长，全国高等法医学教育教学研究会常务理事，中国卫生法学会常务理事，重庆市司法鉴定人协会会长，重庆市法医学会副会长，重庆市学术技术带头人，重庆市中青年骨干教师。

长期从事法医学教学、科研、检案工作。获重庆市教学成果一、二、三等奖。主编教材三部、合著专著二部、参编专著五部。先后主持国家自然科学基金、最高人民法院、公安部、重庆市科委等多个科研课题。在 SCI 及 CSCD 等期刊发表论文多篇。

副主编简介

　　陈腾，教授，博士生导师，教育部"新世纪优秀人才支持计划"入选者，现任中国法医学会理事，中国法医学会法医临床专业委员会副主任，陕西省法医学会副理事长，西安交通大学卫生部法医学重点实验室副主任。

　　从事法医临床学的教学、科研和司法鉴定工作25年，主要研究方向为法医学个体识别及年龄推断研究，毒品依赖的神经生物学机制研究。主持国家自然科学基金重点项目以及其他科研课题多项，2009年获国家科技进步二等奖1项（排名第3），在 *Forensic Science International*，*Neuroscience*，*Neuropharmacology* 等杂志发表研究论文20余篇，以副主编、编委身份参加了5部法医学专著及教材的编写工作。

　　沈忆文，副教授，硕士生导师，复旦大学基础医学院法医学系副主任。教育部高等学校法医学类专业教学指导委员会委员；中国法医学会法医病理、法医临床专业委员会委员；上海市人身伤害司法鉴定专家委员会成员，上海市医疗事故技术鉴定专家委员会成员；民建复旦大学委员会委员，民建复旦大学委员会枫林总支部主委。

　　主要从事法医学教学、科研及司法鉴定。主持的《临床法医学》和《人身伤害的法医学鉴定》系复旦大学校级精品课程以及上海市教委重点建设课程。研究领域：周围神经损伤预后评估，心性猝死机制，死亡时间推断。近年获国家自然科学基金面上项目及重点项目（合作）各一项，以第一作者及通讯作者身份发表科研论文十余篇。

前　言 ···

　　《法医临床学》第 4 版教材自 2009 年 7 月出版至今已历时 5 年多，全国高等医药教材建设研究会与人民卫生出版社根据法医学教育发展和教材使用与修订的要求，于 2014 年 10 月 31 日在成都召开了全国高等院校法医学专业第五轮规划教材主编人与法医学第五轮教材编审委员会议，会议介绍了主编、副主编的遴选过程，明确了编者入选的条件、编写的指导思想、教材的主要内容和主编的职责。根据会议的精神和要求，我们于 2014 年 12 月 12 日在武汉召开了全国法医学专业规划教材第 5 版《法医临床学》的编写会议，在会上讨论和确定《法医临床学》第 5 版教材以及增值服务编写的基本要求和编者的具体编写任务。

　　根据《法医临床学》第 5 版教材编写计划和人民卫生出版社要求，2015 年 4 月 28 日我们又在贵阳召开了《法医临床学》第 5 版教材编写定稿会议，会上针对编写中的问题，提出了一些修改的建议。之后各位编者根据定稿会上的建议和要求进一步完善各自编写的内容，并经不同编者之间互审，由副主编提出修改意见，最后由主编审定。

　　由于《法医临床学》第 4 版教材编写时针对"人体损伤程度和伤残等级鉴定标准"随时可能修改的情况，在教材中没有列出具体条款，也没有给予必要的解释。但《法医临床学》第 5 版教材编写前和编写过程中，《人体损伤程度鉴定标准》、《劳动能力鉴定 职工工伤与职业病致残等级》(GB/T16180-2014)和《刑法修正案(九)》等先后颁布和施行，对于这部分内容的编写以及不同章节下具体内容详略程度的明显差异，主编给予了较大的增补和删减。

　　由于教科书的编写不同于专著编写，一是受学时数限制，二是要给教师留有一定的讲授空间，因此《法医临床学》第 5 版教材的编写仍然以"基础理论、基本知识、基本技能"，"思想性、科学性、启发性、先进性、适用性"和"特定的对象、特定的要求、特定的限制"为指导思想，对于有些内容未用过多文字解释。

　　法医临床学是我国特有的法医学分支学科，构建法医临床学的课程内容具有一定的挑战性。虽然法医临床学主要应用临床医学知识，但临床医学对于损伤更多的是根据损伤当时的情况诊断，而法医临床学鉴定则需要了解包括损伤愈后的整个过程，损伤的转归和临床演变是法医临床学的重要内容之一。为此，主编在最后统稿时增加了损伤转归的内容。

　　全书按 80 学时编写，由 20 位来自全国 16 所高等医学院校法医临床学教学、科研、鉴定第一线的中青年教师编写。所有编者都为本书的编写做出了极大的努力，为了保证全书的风格一致，主编在体例、内容和文字上做了较大的修改，但由于处于不同地域的编者和各自认知水平的不同，对于具体内容的理解和语言表述也存在一定的差异，加之教学、科研和鉴定工作之繁忙，时间仓促等原因，不当之处在所难免，恳请读者提出宝贵的建议，使之日臻完善。

　　本书是所有编者共同努力的结果，特别是中国医科大学、华中科技大学与贵州医科大学所提供的帮助。此外，博士研究生贾富全和硕士研究生罗方亮、熊妍荷对于本书的编排和校对做了大量事务性工作，特别是罗方亮在损伤程度与伤残等级鉴定标准有关条款编选方面为我提供了很多便利，一并表示感谢！

刘技辉

2015 年 12 月 15 日于沈阳

内容提要 ••

全书共十九章，包括法医临床学绪论、法医临床学鉴定、活体损伤总论、劳动能力与伤残、人体各部位的损伤、非法性行为与反常性行为、性功能障碍、妊娠、分娩、流产、虐待和诈病、医疗损害司法鉴定等章节。各章之前列有学习提要，各章之后设有本章小结和思考题，旨在帮助读者掌握各章的要点。正文之后附有主要参考文献和中英文专业词汇对照，以示对原作者的尊重和便于读者进一步地查阅，所有相关的图片均放在增值服务中。

本书较详尽地论述了法医临床学鉴定的基本理论、各部位损伤的原因与机制、临床表现和法医学鉴定等内容。

在编写方法上，力求体例统一，简明扼要。在写作上力求突出重点，强调实用，坚持创新。与第4版比较，本书将损伤并发症放在活体损伤总论中，增加法医临床学鉴定、颈部损伤和医疗损害及其司法鉴定作为第二章、第九章和第十九章的内容。为了突出法医学意义和便于学生学习与理解，在第4版的基础上适当增加与损伤相关的流行病学统计数据、解剖学与生理学知识、损伤方式与损伤机制以及病理学改变与临床表现和临床演变之间的关系，特别是损伤程度与伤残等级鉴定标准的理解与适用。

"真伪"的识别、"伤病"的鉴别、"新鲜与陈旧"的判断、"鉴定时机"的选择和"标准"的正确理解与适用是法医临床学损伤程度与伤残等级鉴定的关键。本书在编写过程中对于上述问题进行了阐述，但对于一些标准的具体条款没有达到共识易引起争议的问题，有的在本章小结中给予了说明，有的作为问题留给学生与授课教师共同探讨。

本书为全国法医学专业本科教材，供法医学专业本科生法医临床学教学使用，也可供法医学专业研究生、法医学专业人士以及非法医学专业学生学习法医学和鉴定时参考。

目 录 ···

第一章 绪 论

学习提要

【掌握内容】 法医临床学的概念。

【熟悉内容】 法医临床学的任务与内容。

【了解内容】 法医临床学的历史与展望及法医临床学的教学目的与要求。

第一节 概 述

一、法医临床学的概念

法医临床学（Forensic clinical medicine）是指运用法医学和临床医学知识及其他自然科学技术研究并解决法律上有关活体医学问题的一门学科。法医临床学是现代法医学的一门重要分支学科，法医临床学的"临床"在这里主要是指活体，其研究和解决的问题是法律上有关活体医学方面的问题。

由于法医临床学主要应用法医学和临床医学知识研究和解决法律上有关活体医学方面问题，因此，过去我们一直将法医临床学称之为临床法医学（clinical forensic medicine），但从法医学整体学科命名习惯来看，法医临床学的称谓可能更合适。

二、法医临床学与其他学科的关系

（一）与法医学的关系

法医临床学是现代法医学的一个重要分支学科。现代法医学根据研究对象不同分为法医临床学、法医病理学、法医物证学、法医精神病学（司法精神病学）、法医人类学、法医毒理学、法医化学（法医毒物分析学）等。虽然法医临床学主要研究法医学所涉及的活体医学方面问题，但对于法医临床学而言，了解和掌握法医学的其他分支学科知识也是非常重要的，并且在法医临床学检验和鉴定中也会涉及其他分支学科相关知识。因此，从某种意义上讲，法医学的其他分支学科知识也可视为法医临床学的专业基础知识。

另外，关于法医临床学与法医精神病学的关系。法医精神病学是运用精神医学知识解决法律上有关精神方面问题的一门医学学科。由于精神医学属于临床医学范围，因此，广义上讲，法医精神病学属于法医临床学范畴。但由于法医精神病学学科的独特特点，目前已成为法医学一个独立的分支学科。尽管法医精神病学是法医学的一门独立的分支学科，但作为一名法医临床学鉴定人同样也需要了解和掌握法医精神病学的相关知识，因为在法医临床学鉴定中经常会遇到精神障碍等问题，特别是颅脑损伤所导致的精神障碍的问题。不过，在司法鉴定理论上，法医精神病学的鉴定属于情况（行为）鉴定，主要根据"案情"进行鉴定，而法医临床学的鉴定属于事实鉴定，主要根据"事实"进行鉴定。

（二）与临床医学关系

法医临床学虽然运用临床医学理论和技能研究和解决法律上有关活体医学问题,但绝不等同于临床医学。首先,法医临床学和临床医学的目的不同,临床医学的目的是预防、诊断和治疗疾病,而法医临床学的目的是为法律提供医学证据;其次,法医临床学和临床医学虽然面对的都是活体,但临床医学的对象是病人,而法医临床学的对象是被鉴定人。在被鉴定人中除"真正"病人外,还有诈病、诈伤与造作病、造作伤者,因此,法医临床学鉴定的思维方式与临床医学诊断的思维方式不尽相同;再次,法医临床学和临床医学的研究内容与重点也不完全相同,法医临床学研究的重点是个人特征、损伤情况(成伤方式、损伤机制、损伤程度、损伤时间等)与生理、病理状态等。比如对于损伤,临床医学的重点是诊断和治疗,而法医临床学除损伤诊断外,主要侧重于新鲜与陈旧损伤的鉴别,损伤与疾病的判断以及损伤机制和致伤物推断等。

（三）与其他学科的关系

由于法医临床学面对的是心境复杂、活生生的个体,被鉴定人的动机和目的各不相同,其"临床表现"也不尽相同,因此,法医临床学鉴定不仅仅需要法医学和临床医学知识,还应学习和了解社会学和人类学以及其他相关学科知识。此外,法医临床学是为法律服务的,随着社会的进步和司法制度完善,我们还要不断地学习法律知识,用现代司法理念指导法医临床学的工作。

第二节　法医临床学的任务与内容

一、法医临床学的任务

法医临床学最基本的任务是为法律服务,为侦查、诉讼和司法审判提供科学证据。具体包括以下几个方面:

1. 为刑事案件提供科学证据　对刑事案件中的被鉴定人进行检验,确定损伤原因、损伤程度和致伤物种类等,为判定案件的性质,追究刑事责任提供科学的依据。

2. 为正确处理民事纠纷提供科学证据　在民事案件中经常涉及生理功能、残疾程度、劳动能力丧失、护理依赖程度、误工期限、护理期限和营养期限等问题,因此,对于上述问题需要通过法医临床学鉴定,才能为正确处理民事纠纷提供科学依据。在日本,针对赔偿医学有关问题,已形成了一个学科,即赔偿医学。

3. 为行政案件处理提供科学证据　对于工伤事故、医疗纠纷等行政案件,有时需要通过法医临床学鉴定,分析损伤原因、判断诊疗过程中有无不当或过错、评定伤残等级等,为行政部门处理工伤事故和医疗纠纷提供科学依据。

4. 为人身保险理赔提供科学证据　人身保险是以人的寿命和身体作为保险标的的保险。通过对被保险人患病程度、患病原因、患病时限、损伤原因和伤残等级评定等,为人身保险理赔提供科学依据。

5. 研究并制定法医临床学鉴定的有关法规和标准　法医临床学不仅仅为司法提供医学方面的证据,而且还需要研究法医临床学鉴定有关标准,为相关法律、法规的修订及适用提供建议或意见。

二、法医临床学的工作内容

法医临床学最重要的工作就是法医临床学鉴定,与鉴定相关的工作内容主要包括下面几个方面:

1. 现场勘验　法医临床学的现场勘验主要是通过了解现场的情况,帮助分析损伤方式、损伤机制,推断致伤物。

2. 活体检查　根据我们国家有关法律规定,为了确定被害人、被告人的某些特征、伤害情况、生理或病理状态,应对其人身进行检查。因此,活体检查是法医临床学的重要工作内容。

3．物证检验　主要指与法医临床学鉴定有关物证的检验,比如致伤物的检验和比对。

4．书证审查　是指对法医临床学检验与鉴定所涉及的书面材料的审查,包括临床病志、影像学资料、鉴定相关的证明材料、原告和被告的陈述,还有书面鉴定和书面的再鉴定。对于书证材料,法医临床学鉴定人主要是通过专业知识来判定书证材料的相关性、合法性和真实性以及原鉴定结论是否科学与准确。

第三节　法医临床学历史与展望

一、法医临床学历史和现状

中国法医学的活体检验具有悠久的历史。在汉唐时期,就有损伤程度、诈病、自残、堕胎、年龄等方面检验的记载和规定。但法医临床学作为我们国家一门独立的具有中国社会主义特色的学科,是在1985年由"法医学专业教育指导委员会"确立的。之后,一些院校先后开设了法医临床学的课程。中国医科大学是国内最早成立法医临床学教研室和开设法医临床学课程的院校。20世纪80年代后期,随着我们国家《人体重伤鉴定标准》《人体轻伤鉴定标准(试行)》以及有关伤残鉴定标准的陆续出台,公安、检察机关和人民法院以及一些医学院校和政法院校也先后成立了法医临床学鉴定部门,并承担了大量的法医临床学鉴定。2005年全国人大常委会通过了《关于司法鉴定管理问题的决定》,授权司法部管理社会服务性司法鉴定机构,并规定人民法院不再从事司法鉴定工作。

随着司法鉴定体制改革的不断进展,司法鉴定机构已普遍呈现社会化和市场化的趋势,虽然在程序上避免了"自审自鉴"等问题,但司法鉴定的科学性和公正性仍然不断地受到挑战,资源浪费、重复鉴定的现象仍然存在。

二、法医临床学展望

法医学是为法律服务,具有自然科学和社会科学属性的一门交叉学科。法医学分为广义法医学和狭义法医学。狭义法医学,也就是传统法医学的概念,是指应用医学、生物学及其他自然科学的理论和技术,研究并解决司法实践中有关医学问题的一门医学科学,它强调法医学的自然科学属性。由于传统的法医学主要是为法庭提供医学证据,局限在证据医学范畴,因此也被称之为法庭医学。广义法医学,强调和重视法医学的自然科学和社会科学两种属性,法医学的研究范畴随着社会的发展和法律的需要而发展,包括立法、司法和诉讼等方面的医学问题。法医临床学是法医学的分支学科,也是日常法医学鉴定例数最多,涉及立法、司法和诉讼等多方面问题的一门分支学科。因此,如何更好地为法律服务,真正实现法制的要求和司法的理念,是法医临床学今后一个时期的主要任务。只有用"公正、高效、自由和秩序"的司法理念与价值标准指导和完善法医临床学鉴定工作以及相关的规章制度与鉴定标准,才能充分体现法医临床学的社会科学属性;只有将自然科学求真、社会科学求善的思想贯穿于法医临床学的工作中,才能真正提高法医临床学鉴定的整体水平,创造更大的社会价值。

第四节　法医临床学的教学目的与要求

教学是教师按照教学目的,引导学生了解和掌握教材的一种教育活动。教学由教与学两个方面构成,对于教师而言,首先要考虑教什么,如何教;对于学生而言,则要考虑学什么,如何学。为了规范教学活动,需要制订教学计划,确定教学目的、教学任务、教学内容、教学方法等。但教学目的、教学内容、教学方法等,随着社会与经济的发展,也在不断地发生变化。特别是进入21世纪,社会已步入一个知识与经济型社会,因此,要求高等院校不仅仅是知识传授的地方,更重要的是培养具有知识创新能力的摇篮。

法医临床学是法医学专业学生的主干课程,通过法医临床学这门课程的学习,培养学生基本的法律意识、良好的思维方式、较高的职业素质。在专业上要求学生掌握法医临床学的基本理论和技能,熟悉法医临床学鉴定的基本程序,能够独立解决法医临床学鉴定中的一般性问题。同时,还应促进学生的个性发展。

法医临床学是一门应用科学,技能和经验十分重要。对于基本技能的培养,唯一的方法就是实践。因此,在法医临床学教学大纲中规定了实习课的比重,并编写了法医临床学实习指导用书。希望同学们珍惜实习课的机会,多学、多练、多问。在理论课学习中,注意基本知识、基本理论的学习,尽量将理论与实际相结合,同时注意相关学科和相关知识的学习,构建复合型知识结构,培养发现问题、分析问题和解决问题的能力,用唯物主义世界观和中国特色社会主义的司法理念与司法原则指导法医临床学的学习。

本章小结

本章主要介绍了法医临床学的概念,法医临床学的任务与内容,法医临床学的历史与展望,法医临床学的教学目的与要求。

法医临床学是运用临床医学和法医学知识及其他自然科学技术研究并解决法律上有关活体医学问题的一门科学。法医临床学的任务是为刑事责任、民事责任、行政责任认定和人身保险理赔等提供医学证据,为法律、法规的制定与修改提供依据或建议。法医临床学的工作内容包括现场勘验、活体检查、物证检查和书证审查等。活体检查的主要内容包括个人特征、损伤情况、生理、病理状态。

法医临床学教学与学习的本质是传道、授业与解惑,传道是培养学生树立正确的世界观、人生观、价值观以及良好的职业道德;授业就是传授与学习法医临床学的专业知识;解惑,作为教师是解答学生的疑问,培养学生解惑的能力,作为学生是掌握发现问题、分析问题、解决问题的能力,自己解惑的能力。

(刘技辉)

思考题

1. 法医临床学的概念。
2. 法医临床学的任务与内容。
3. 法医临床学的教学目的与要求。

第二章 法医临床学鉴定

学习提要

【掌握内容】 法医临床学鉴定的概念；法医临床学鉴定的基本原则与注意事项；损伤程度、劳动能力、伤残等级、医疗事故、医疗损害、监外执行、保外就医、医疗依赖、护理依赖、休息期限、护理期限与营养期限的概念。

【熟悉内容】 法医临床学鉴定资料的审查与应用；法医学鉴定意见形式的选择；活体损伤鉴定法医学因果关系的判定及其判定的方法；《人体损伤程度鉴定标准》适用原则；伤残等级评定的基本原则。

【了解内容】 法医临床学鉴定人的权利与义务；《国际残损、残疾、残障分类》分类方法；《国际功能、残疾和健康分类》分类方法；全国残疾人抽样调查五类残疾标准；监外执行与保外就医的法医学鉴定；人身损害相关的其他法医临床学问题评定。

第一节 概 述

一、法医临床学鉴定的概念

（一）定义

法医临床学鉴定（identification and appraisal of forensic clinical medicine）是指运用法医临床学知识和技能，通过现场勘验、活体检查、物证检验和书证审查等方式，对法律上有关活体医学问题进行的鉴别和判定。

（二）法医临床学鉴定人

法医临床学鉴定人是指具有法医临床学知识和鉴定资质，受司法机关聘请或司法鉴定部门指派，从事法医临床学鉴定的人。

（三）法医临床学鉴定的形式

法医临床学鉴定的形式主要有：普通（常规）鉴定、联合鉴定、补充鉴定和重新鉴定等。

普通鉴定：司法鉴定机构根据法律规定，指派或选择二名以上司法鉴定人作出的鉴定。

联合鉴定：多家司法鉴定机构共同作出的鉴定。对于涉及重大案件或者遇有特别复杂、疑难、特殊的技术问题的鉴定事项，根据司法机关的委托或者经其同意，司法鉴定主管部门或者司法鉴定行业组织可以组织多个司法鉴定机构进行鉴定。

补充鉴定：鉴定机构对于已经做出的鉴定给予的补充或进一步说明。补充司法鉴定文书是原司法鉴定文书的组成部分。

根据司法鉴定通则规定，有下列情形之一的，司法鉴定机构可以根据委托人的请求进行补充鉴定：①委托人增加新的鉴定要求的；②委托人发现委托的鉴定事项有遗漏的；③委托人在鉴定过程中又提供或者补充了新的鉴定材料的；④其他需要补充鉴定的情形。

重新鉴定：是指对于原鉴定意见有异议或原鉴定意见不具有法律效力，委托人重新委托其他鉴定机构进行的再次鉴定。

根据司法鉴定通则规定，有下列情形之一的，司法鉴定机构可以接受委托进行重新鉴定：①原司法鉴定人不具有从事原委托事项鉴定执业资格的；②原司法鉴定机构超出登记的业务范围组织鉴定的；③原司法鉴定人按规定应当回避没有回避的；④委托人或者其他诉讼当事人对原鉴定意见有异议，并能提出合法依据和合理理由的；⑤法律规定或者人民法院认为需要重新鉴定的其他情形。

接受重新鉴定委托的司法鉴定机构的资质条件，一般应当高于原委托的司法鉴定机构。

重新鉴定，应当委托原鉴定机构以外的列入司法鉴定机构名册的其他司法鉴定机构进行；委托人同意的，也可以委托原司法鉴定机构，由其指定原司法鉴定人以外的其他符合条件的司法鉴定人进行。

二、法医临床学鉴定人的权利与义务

（一）权利

司法鉴定人享有下列权利：

1. 了解、查阅与鉴定事项有关的情况和资料，询问与鉴定事项有关的当事人、证人等。

2. 要求鉴定委托人无偿提供鉴定所需的鉴材、样本。

3. 进行鉴定所需的检验、检查和模拟实验。

4. 拒绝接受不合法、不具备鉴定条件的鉴定或超出登记的执业类别的鉴定委托。

5. 拒绝解决、回答与鉴定无关的问题。

6. 鉴定意见不一致时，保留不同意见。

7. 接受岗前培训和继续教育。

8. 获得合法报酬。

9. 法律、法规规定的其他权利。

（二）义务

司法鉴定人应当履行下列义务：

1. 受所在司法鉴定机构指派按照规定的时限独立完成鉴定工作，并出具鉴定意见。

2. 对鉴定意见负责。

3. 依法回避。

4. 妥善保管送检的鉴材、样本和资料。

5. 保守在执业活动中知悉的国家秘密、商业秘密和个人隐私。

6. 依法出庭作证，回答与鉴定有关的咨询。

7. 自觉接受司法行政机关的管理和监督、检查。

8. 参加司法鉴定岗前培训和继续教育。

9. 法律、法规规定的其他义务。

三、法医临床学鉴定的基本理论

（一）法医临床学鉴定的本质与内容

法医临床学鉴定的本质是对法律上有关医学事实进行鉴别与判定。法律上的医学事实，首先是客观医学事实，其次是可以证明的医学事实。鉴定意见作为法定证据不同于其他法定证据的关键是鉴定过程本身是一个证明的过程，就是鉴定人通过已知的证据证明待定的客观事实。

法律上需要证明的待定医学客观事实包括：原因、行为、特征、后果与责任等。在法医临床学上主要有如下几个方面：

1．损伤　确定损伤的原因与性质，推断损伤机制与作用方式，评定损伤程度与伤残等级，判断损伤时间和损伤预后等。

2．疾病　确定是否患有疾病，所患疾病的性质以及疾病的程度，包括疾病与损伤的关系，疾病是否由损伤引起，或原有疾病因损伤而加重等。此外，还有诈病、造作病的检验等。

3．个人特征　在法医临床学鉴定中，有时可能会涉及个人特征的认定，比如年龄、性别、生理特征的判定，特别是有关被鉴定人的行为能力或责任能力方面的年龄判定。

4．心理状况　确定被鉴定人的心理状态、性格特征和智力水平，为案件的侦破或损伤程度、伤残等级的评定提供科学证据。

5．劳动能力　判定被鉴定人是否具有正常劳动能力或是否存在劳动能力丧失，特别是损伤后的一般劳动能力和特殊劳动能力的丧失情况。

6．酩酊状态　根据血液中的酒精浓度和酒后行为，推断事件发生当时的酩酊程度，特别是对特殊职业人员的检查。

7．医疗纠纷　病人所患的疾病或损伤与医疗处置不当是否有关，是否构成医疗损害或医疗事故。另外，根据《医疗事故处理条例》，医疗事故鉴定委员会应吸收法医参加。

8．虐待　检查被鉴定人，特别是儿童及老人等是否存在因虐待所致的损伤或疾病。

9．吸毒　对吸毒者进行检查，确定有无吸毒及是否已戒毒。

10．性行为与生育　判定是否被强奸，有无妊娠、分娩或堕胎。确定性功能状态以及是否有违法的性行为等。

（二）法医临床学鉴定资料的审查与应用

法医临床学鉴定的过程包括鉴定所需资料的收集、审查、分析、鉴别与判断等环节。

1．鉴定资料的收集与审查　法医临床学鉴定主要依靠案情、临床病历记载和法医学检查等进行综合分析与判断。因此，鉴定资料是否完整、真实、客观，直接影响法医临床学鉴定意见是否科学与准确。

鉴定资料作为鉴定的依据，在证据学上可分为原始证据和传来证据、直接证据和间接证据、主观证据和客观证据。

临床医学资料一般属于原始证据，但多为间接证据，因此审查委托人所提交的临床医学资料是否充分与完备是法医临床学鉴定人的一项重要工作内容。在司法鉴定实践中，一些司法鉴定人不对临床医学资料进行认真审查，不对临床诊断意见进行分析和鉴别是导致鉴定意见错误的常见原因之一。

2．检查结果的判断与运用　法医临床学检查主要有物理学检查、影像学检查、功能学检查、实验室检查等。由于被鉴定人为了达到某种目的，往往伪装与夸大功能障碍，因此我们在鉴定过程中应注意区分哪些是主观检查结果，哪些是客观检查结果，哪些检查结果用于定性诊断，哪些检查结果用于定位诊断，哪些检查结果用于定量诊断。

3．鉴定意见的分析与说明　由于法医临床学鉴定本身就是一个证明的过程，因此，案情、临床病历记载与法医学检查结果之间应相互印证，并形成完整的证据链条。

此外，由于法医临床学鉴定涉及刑事责任、民事责任和行政责任，因此法医临床学鉴定意见证明标准的要求也不相同。

刑事责任的证明标准是排除合理怀疑，"百分之百"确信的原则，即"疑罪从无，作无罪推定"；民事责任的证明标准是"优势证据"原则，为了保护被害人的利益，要求事实清楚，证据充分。有的时候可以对事实进行推定，包括参与度判定；行政责任的证明标准是事实清楚、证据确实、充分。上述这些证明标准是法医临床学鉴定工作必须遵循的原则。

（三）法医学鉴定意见形式的选择

法医学鉴定意见的形式根据鉴定人对自己的鉴定意见的确信程度分为确定性意见与不确定性意见（盖然性意见）。对于不确定性意见需要通过其他证据进一步证明。

确定性意见一般分为：①肯定性意见与否定性意见；②条件性意见与分析性意见。

由于受鉴定资料、诊断技术与方法、个人的能力与经验所限，不是任何鉴定都能得出确定性意见。

（四）法医临床学鉴定的基本原则与注意事项

"以医学事实为根据，以鉴定标准为准绳"是法医临床学鉴定的基本原则。

法医学鉴定意见作为证据，其基本属性除一般证据所必备的相关性、客观性和合法性外，还必须具有科学性。所谓的科学性就是鉴定资料的完整性和系统性、鉴定意见的可信性和准确性。

由于法医临床学鉴定属于司法鉴定，根据证据的基本要求，首先是法医临床学鉴定的程序必须合法，其次是鉴定材料的来源具有合法性和客观性、鉴定资料与待证事实具有相关性。合法性是法医临床学鉴定的前提，只有具有合法性才能确保鉴定资料和鉴定意见的真实性和相关性。

合法性、相关性和客观性是对法医临床学鉴定的形式要求，代表证据力大小，科学性是对法医临床学鉴定的实质要求，代表证明力的大小。此外，在法医学临床学鉴定过程中还要特别注意对被鉴定人临床表现真伪的识别、伤病的鉴别、新鲜与陈旧损伤的判断、鉴定时机和时限的选择以及鉴定标准的理解和适用。

第二节　人体损伤程度的鉴定

损伤程度（injury degree）是指机体受到外力作用致使组织器官结构破坏及功能障碍的程度。

人体损伤程度鉴定是法医临床学鉴定中最重要的内容之一。在法医临床学鉴定中，因果关系的判定、鉴定时机的选择和鉴定标准的正确适用是损伤程度与伤残等级鉴定的关键。

一、人体损伤程度鉴定标准

根据我们国家法律规定和司法审判需要，人体损伤程度分为重伤、轻伤和轻微伤。但除刑法对重伤做了原则性的规定外，对于轻伤和轻微伤均无明确的法律规定。根据刑法所规定重伤的原则，损伤程度的划分应依据组织结构破坏程度、器官功能障碍程度和躯体形态毁损程度三个方面情况来界定，在法医学上应理解为：①重伤（serious injury）：组织器官遭到破坏并已危及生命；致使重要组织器官功能丧失或遗有躯体形态的严重毁损；②轻伤（minor injury）：组织器官遭到破坏并对身体健康构成一定的损害；致使重要组织器官功能部分丧失或遗有躯体形态的一定毁损；③轻微伤（slight injury）：组织器官遭到一定程度的破坏并对身体健康有轻微的损害。

新的《人体损伤程度鉴定标准》是在原有的人体损伤鉴定标准的基础上修订而成，并于2014年1月1日开始实施。新标准具有以下一些特点：①删除原标准中一些不宜使用的条款；②完善了原标准中一些有瑕疵的条款；③补充了原标准中一些遗漏的条款；④根据办案时限的要求，强调以原发损伤为主，结合损伤后果及结局综合分析评定损伤程度；⑤将过去三个标准整合为一个标准分为三级五等；⑥增加了定量评定的指标；⑦与原标准对比，提高了一些轻伤的鉴定标准，降低了一些重伤的鉴定标准。

（一）《人体损伤程度鉴定标准》编排体例

《人体损伤程度鉴定标准》由四部分构成：①标准规范内容：范围、规范性引用文件、术语与定义；②总则：鉴定原则、鉴定时机、伤病关系；③细则：损伤程度分级与鉴定内容；④附则：综合性条款。

《人体损伤程度鉴定标准》按照颅脑、颈、胸、腹、脊柱及四肢、手、体表、其他等部位排列。例如5.1颅脑及脊髓，中枢神经损伤；5.2面部、耳廓损伤，侧重容貌毁损。其他损伤为综合条款，主要包括一些常见的不宜按照解剖学特征分类的损伤。每一部位由重到轻、由外向内、由组织结构破坏到功能障碍排列。

《人体损伤程度鉴定标准》附录A为损伤等级划分原则（规范性附录）；附录B为标准使用说明（规范性附录），功能损害的判定基准及使用说明以及细则中有关条款确定的标准及依据；附录C为常用标准（资料性附录），人体损伤鉴定的常用技术。

（二）《人体损伤程度鉴定标准》分级原则

为了进一步量化损伤程度，新的《人体损伤程度鉴定标准》将人体损伤程度分为重伤一级、重伤二级、轻伤一级、轻伤二级和轻微伤五个级别。

重伤一级：各种致伤因素所致的原发性损伤或者由原发性损伤引起的并发症，严重危及生命；遗留肢体严重残废或者重度容貌毁损；严重丧失听觉、视觉或者其他重要器官功能。

重伤二级：各种致伤因素所致的原发性损伤或者由原发性损伤引起的并发症，危及生命；遗留肢体残废或者轻度容貌毁损；丧失听觉、视觉或者其他重要器官功能。

轻伤一级：各种致伤因素所致的原发性损伤或者由原发性损伤引起的并发症，未危及生命；遗留组织器官结构、功能中度损害或者明显影响容貌。

轻伤二级：各种致伤因素所致的原发性损伤或者由原发性损伤引起的并发症，未危及生命；遗留组织器官结构、功能轻度损害或者影响容貌。

轻微伤：各种致伤因素所致的原发性损伤，造成组织器官结构轻微损害或者轻微功能障碍。

其中，重伤二级是重伤的下限，与重伤一级相衔接，重伤一级的上限是致人死亡；轻伤二级是轻伤的下限，与轻伤一级相衔接，轻伤一级的上限与重伤二级相衔接；轻微伤的上限与轻伤二级相衔接，未达轻微伤标准的，不鉴定为轻微伤。

（三）《人体损伤程度鉴定标准》适用原则

虽然新标准较老标准有了较大的进步，但仍然存在下列问题：①鉴定标准存在空白与一些具体条款不合理的问题；②具体条款与总则和附则的冲突、条款之间的冲突与竞合的问题；③标准的滞后性、僵硬性和操作性问题。因此，为了在实践中解决上述问题，必须了解和掌握《人体损伤程度鉴定标准》适用的原则。

1. 人体损伤程度鉴定的主要原则　遵循实事求是的原则，坚持以致伤因素对人体直接造成的原发性损伤及由损伤引起的并发症或者后遗症为依据，全面分析，综合鉴定；对于以原发性损伤及其并发症作为鉴定依据的，鉴定时应以损伤当时伤情为主，损伤的结局为辅，综合鉴定；对于以容貌损害或者组织器官功能障碍作为鉴定依据的，鉴定时应以损伤的结局为主，损伤当时伤情为辅，综合鉴定。

为了保证损伤程度评定的统一性与客观性，在损伤程度的评定中还应遵循下列原则：①损伤程度的评定应根据损伤后果来评定。损伤后果包括损伤的原发症、并发症、后遗症三个方面，以这三方面最重要的后果作为损伤程度评定的主要依据。例如损伤引起的重度失血性休克，损伤当时已危及生命，尽管经救治后无重要器官功能的丧失和躯体形态的严重毁损，但其损伤程度仍根据受伤当时危及生命的情况评定为重伤；②损伤程度的评定应以事实后果为依据。所谓"事实后果"是指损伤的实际结果，即损伤程度的评定不能因为致伤条件、致伤方式和医疗因素的不同而影响损伤程度的评定；③损伤行为与事实后果之间必须存在因果关系；④对多种因素形成的事实结果，在损伤程度评定中应指出直接原因、间接原因，主要原因和次要原因等，为刑事法律责任的认定提供科学依据。

2. 人体损伤程度鉴定时限的选择　由于损伤程度评定包括损伤当时、损伤过程及损伤结局三个方面。因此，对于损伤结局的评定，一般应在病情稳定或治疗终止后进行。否则，有时会因为损伤程度评定的时间不同而导致损伤程度评定结果不同，给司法工作造成错误和困难。但有时鉴于办案时限的要求，需要在伤后较短时间做出损伤程度的评定，以便办案机关依法采取必要措施。对此，法医临床学鉴定人可根据具体情况做出"临时鉴定"，总的原则是，如果目前已构成轻伤的，今后是否构成重伤无法判定的，暂按轻伤评定，是否构成重伤可待病情稳定或治疗终结后重新进行评定。

一般来说，以原发性损伤为主要鉴定依据的，伤后即可进行鉴定；以损伤所致的并发症为主要鉴定依据的，在伤情稳定后进行鉴定；以容貌损害或者组织器官功能障碍为主要鉴定依据的，在损伤 90 日后进行鉴定；在特殊情况下可以根据原发性损伤及其并发症出具鉴定意见，但须对有可能出现的后遗症加以说明，必要时应进行复检并予以补充鉴定；疑难、复杂的损伤，在临床治疗终结或者伤情稳定后进行鉴定。

3. 人体损伤程度鉴定伤病关系的处理　损伤为主要作用的，既往伤 / 病为次要或者轻微作用的，应依据本标准相应条款进行鉴定；损伤与既往伤 / 病共同作用的，即二者作用相当的，应依据本标准相应条款适度降低损伤程度等级；既往伤 / 病为主要作用的，即损伤为次要或者轻微作用的，不宜进行损伤程度鉴定，只说明因果关系。

4. 多部位损伤程度评定的一般原则　在法医学鉴定中经常还会遇到同一个体多部位损伤的情况，对于多部位、多处损伤的评定，有具体条款的依据相应条款进行评定；没有具体条款的可根据损伤后果综合评定，即达到相应损伤程度分类原则的，比照相应损伤程度来评定。如综合后果未达到相应损伤程度分类原则的，应分别评定，不宜把多处损伤简单相加来评定损伤程度。

5. 人体损伤程度鉴定标准的解释原则　对于人体损伤程度鉴定标准的解释，根据解释法律效力分为司法解释、学理解释、任意解释；根据解释的形式分为字面解释、扩充解释和限制解释。司法解释是指具有司法解释权的司法机关给予的司法解释，司法解释是具有法定效力的解释；学理解释是指应用公认或普遍接受的学术理论和专业知识所进行的解释（包括教科书、专著、专家与学者的学术观点和专业意见），学理解释一般可被认为权威解释，具有一定的法律效力；任意解释是个人按照自己意愿所做的解释，不具有任何法定效力。

对于一些具体条款发生矛盾或冲突时，根据法律效力的大小进行解释的顺序为：国家标准 > 行业标准 > 部颁标准 > 地方标准；特别条款 > 一般条款；原则 > 规则 > 具体规定。

二、活体损伤鉴定法医学因果关系的判定及其判定的方法

在哲学上，因果关系是指两个事件或两种现象之间的本质联系。在法医临床学上，损伤因果关系的认定首先是损伤行为与损伤后果在时间上有先后顺序，其次，二者之间有必然的联系。只有时间上的先后次序而不具备必然本质的联系的，不能作为损伤程度评定的后果。在法律上，由于刑事责任因果关系范畴与民事责任因果关系范畴并不完全相同，因此，在损伤程度和伤残等级评定时，对于因果关系判定的标准也是不完全相同的，即诱因、条件等可以作为民事责任因果关系的原因，但不宜作为刑事责任因果关系的原因。

在法医临床学具体实践中，对于损伤的因果关系判定，主要是根据损伤机制和病理学基础，应用动态观察、综合分析和逐一排除其他可能原因的方法进行判定。

三、人体损伤程度与法律责任

法律责任一般分为行政、民事与刑事责任。在犯罪构成上分为结果犯与行为犯，在刑事处罚上分为加重、从重、减轻、从轻。根据我们国家法律规定，损伤的有无是伤害等案件是否成立的前提，损伤程度是法律责任确认的基础。但由于损伤后果往往受伤害行为、致伤方式、机体状态和医疗条件等多种因素影响。因此，在法律责任认定时应根据损伤程度综合分析：①对于条件性损伤的法律责任，一般不应该以完全结果责任论处，在适用法律时应注意区分主要原因、次要原因、直接原因、间接原因，以及案件的性质、危害行为的主观恶性程度、悔罪态度与情节以及损害的后果适当减免刑事责任。例如，在特定病理基础上受外力作用下形成的损伤，属于条件性损伤。对于这类损伤在法律实施中应注意减轻或从轻处罚；②对于数个行为人所致的损伤后果难以分别认定时，如为共同犯罪，应分别追究刑事责任。在民事赔偿上，无论是否共同犯罪，均应承担连带责任；③对于精神刺激所引起的功能障碍已不属于"损伤程度"评定的范畴。因此，一般不应该追究刑事责任，但应当承担精神损害赔偿的民事责任。例如外伤后所引起的癔症，不能把癔症作为损伤的后果来进行损伤程度评定，因为损伤行为与癔症之间无刑事责任上的因果关系，但癔症与精神刺激有关，因此，应承担相应的民事责任；④对于病情稳定但通过进一步治疗可以改变损伤程度的，应视具体情况来确定相应的法律责任。例如外伤后白内障致盲的病人，如晶状体摘除或置换人工晶体可使视力得到一定的恢复。因此，对于这样的案例，应首先确认民事责任，使加害人承担进一步治疗的义务，待治疗终止后再进行

损伤程度评定确认刑事责任。对于加害方不承担进一步治疗义务的,应按病情稳定时损伤程度追究刑事责任;⑤对于损伤因果关系难以明确认定的,为了保护被害人利益和对违法行为进行必要的法律制裁,应根据损伤行为和损伤后果的可能性大小(即参与度)推定承担相应的民事法律责任。

四、人体损伤程度与危害程度

损伤程度评定是对个体损伤后果的一般评定,不能完全代表个人危害程度和社会危害程度,因为同样的损伤在不同的个体,其个人危害程度和社会危害程度是不同的。例如同样的手损伤对于钢琴家来说,个人危害程度和社会危害程度就相对严重。同样的眼损伤,由于既往视功能状态不同,其个人危害程度也不相同。因此,在损伤程度评定中不要混淆损伤程度和危害程度的差异,在适用法律时要注意个人和社会危害程度在具体案例中的体现。

第三节　劳动能力与伤残等级的鉴定

一、劳动能力

(一)定义

劳动能力(labor capacity)是指人的工作能力和生活能力,包括体力和脑力两个部分。劳动能力主要反映一个人作为生存个体和社会成员完成全部生活和工作的能力,其能力的大小受个体的生物学因素、心理因素和社会因素影响。

劳动能力和伤残等级评定是法医临床学鉴定的重要内容,主要涉及行政责任和民事责任等。

(二)劳动能力分类

劳动能力根据劳动性质分为一般性劳动能力和职业性劳动能力。

1. 一般性劳动能力(general labor capacity)是个体生存所必须具备的能力,主要是指日常生活活动的能力,如自我移动、穿衣、进食、保持个人和环境卫生等。

2. 职业性劳动能力(occupational labor capacity)是相对一般性劳动能力而言,指经过专门性培训后个体所具备的从事某种专门性工作的能力,例如教师的授课能力、钢琴家的演奏能力等。

(三)劳动能力丧失与分类

劳动能力丧失(labor incapacity)是指因损伤、疾病、衰老等原因引起的原有劳动能力,如工作能力、社会活动能力和生活自理能力的下降或丧失。由于劳动能力下降或丧失,可能使个体失去从事工作的能力或者社会活动能力,严重的会影响到生活自理能力。

劳动能力丧失的分类方法较多,主要有以下几种:

1. 按劳动能力丧失的原因　分为衰老、疾病、损伤等原因。

2. 按劳动能力丧失的性质　分为职业性劳动能力丧失和一般性劳动能力丧失。

3. 按劳动能力丧失的时间　分为永久性劳动能力丧失和暂时性劳动能力丧失。

4. 按劳动能力丧失的程度　分为完全性劳动能力丧失和部分性劳动能力丧失。

(1)劳动能力部分丧失:指工作能力部分丧失,日常生活能够自理。

(2)劳动能力大部分丧失:指工作能力完全丧失,日常生活能力部分丧失。

(3)劳动能力完全丧失:指工作能力和日常生活能力全部丧失,生活不能自理。

二、残疾

(一)定义

广义的残疾(disability)是指由于各种疾病、损伤、发育缺陷或者精神因素所造成人的机体、精神不同程度的永久性功能障碍,从而使患者不能正常工作、生活和学习的一种状态。

残疾人是指患有某种残疾的个体。20 世纪 90 年代中期,联合国相关文件改用"带有弱能的人(people with disability,PWD)"来替代"残疾人"一词,这种观点也正在逐渐被世界各国所接受和使用。

残疾和劳动能力丧失主要区别在于残疾强调个体的身体功能状态,而劳动能力则强调因为残疾所导致的能力下降或者丧失。

(二)国际残疾分类

世界卫生组织(WHO)于 1980 年发布《国际残损、残疾、残障分类》(international classification of impairment,disabilities & handicaps,ICIDH)以及 2001 年颁布残疾与健康分类体系即《国际功能、残疾和健康分类》(international classification of functioning,disability and health,ICF),中文简称为《国际功能分类》。

1.《国际残损、残疾、残障分类》 该分类方法将残疾划分为三个独立的类别,即残损、残疾、残障。

(1)残损:是指心理上、生理上或者解剖结构上和功能上的异常或者丧失,主要是指个体组织器官形态学上的缺损。

(2)残疾:按 ICF 分类方法称"活动受限",是由于个体组织器官形态学上的缺损使个体能力受限或者缺乏,以致不能按照正常的方式进行活动,表现为个体生理功能上的残疾。

(3)残障:按 ICF 分类方法称"参与限制",是由于残损或者残疾,而限制或者阻碍个体履行正常的(按年龄、性别、社会和文化等因素确定)社会作用,表现为社会能力的残疾。

2.《国际功能、残疾和健康分类》 2001 年 5 月 WHO 根据当代世界各国卫生事业发展的状况,正式颁布了新的残疾与健康分类体系—《国际功能、残疾和健康分类》。ICF 分为功能和残疾、背景性因素两大部分,功能和残疾部分包括身体功能和结构、活动和参与,背景性因素包括环境因素、个人因素。环境因素、个人因素分别表示功能和残疾的外在和内在因素。ICF 认为功能和结构的结合表示具有功能,功能和结构的损伤、参与的局限及活动受限则表示残疾。残疾包括身体结构或功能损伤、身体活动受限或参与的局限性。其中活动是指个体执行一项任务或行动,参与则是指个体投入于生活环境之中,活动受限是个体在进行活动时可能遇到困难,参与局限性是个体投入于生活环境中可能体验到不便。

(三)中国残疾分类与伤残评定标准

我国目前所制定的大多数残疾与伤残评定标准均在不同程度上参照了 ICF,主要标准有:① 1986 年国务院批准的《全国残疾人抽样调查五类残疾标准》;② 1989 年由民政部颁布的《革命伤残军人评定伤残等级的条件》;③ 2015 年 1 月 1 日实施的《劳动能力鉴定 职工工伤与职业病致残等级》(GB/T 16180-2014);④ 2002 年 12 月 1 日实施的《道路交通事故受伤人员伤残评定》(GB 18667-2002);⑤ 2002 年 9 月 1 日起施行的《医疗事故分级标准(试行)》(中华人民共和国卫生部令,第 32 号);⑥残疾人体育运动功能评定与分级等。

在 2006 年第二次全国残疾人抽样调查中,我们国家将残疾分为视力残疾、听力残疾、言语残疾、肢体残疾、智力残疾、精神残疾。凡有两种及两种以上残疾的,列为多重残疾。

(四)伤残

伤残是指因损伤所导致的残疾,分为原发性残疾和继发性残疾。原发性残疾是指损伤直接导致的残疾;继发性残疾是指损伤后由于制动或失用等原因引起的组织结构改变与功能障碍,如关节固定后引起的滑膜粘连、纤维组织增生、关节僵硬等退行性改变。

我们国家现行的伤残等级评定标准基本采用 10 级划分法,即从 1 级到 10 级,最重为 1 级,最轻为 10 级。如《道路交通事故受伤人员伤残评定》(GB 18667-2002)、《劳动能力鉴定 职工工伤与职业病致残等级》(GB/T 16180-2014)以及《医疗事故分级标准(试行)》。其中《医疗事故分级标准(试行)》把医疗事故分为 4 级 12 等,即一级甲、乙等,二级甲、乙、丙、丁等,三级甲、乙、丙、丁、戊等,四级不分等,同时规定,从一级乙等至三级戊等分别对应 10 个级别的伤残。

2013年6月8日由中国保险行业协会、中国法医学会联合发布的《人身保险伤残评定标准》(JR/T 0083-2013)也由原来标准的7个伤残等级、34项残情条目，扩展到10个伤残等级、281项伤残条目，扩充了赔偿范围，细化了赔付条件。

三、劳动能力丧失与伤残等级评定

劳动能力丧失与伤残等级(gradation disability)评定是指鉴定人根据被鉴定人的病历、辅助检查结果等医疗资料以及身体检查结果，依据相关鉴定标准对其劳动能力丧失程度或者残疾(伤残)程度进行判定，并出具鉴定意见的过程。

劳动能力丧失与伤残等级的评定主要依据相关标准进行，常用的鉴定标准主要有《劳动能力鉴定 职工工伤与职业病致残等级》(GB/T 16180-2014)、《道路交通事故受伤人员伤残评定》(GB 18667-2002)等。

在伤残等级评定时，除了对被鉴定人的劳动能力丧失程度进行判定以外，还需要确定被鉴定人的日常生活活动能力丧失情况。

（一）日常生活活动能力评定

1. 日常生活活动能力的概念　日常生活活动(activities of daily living，ADL)是指人们在日常生活中，能够完成自身的衣、食、住、行，保持个人卫生整洁和独立的社区活动所必需的一系列基本活动，是个体为了维持生存以及适应生存环境而每天必须反复进行的、最基本的、最具有共性的活动。

日常生活活动能力分为基本日常生活活动能力和工具性日常生活活动能力。

基本日常生活活动能力(basic ADL，BADL)是指每日生活中与穿衣、进食、保持个人卫生等自理活动和坐、站、行走等身体活动有关的基本活动。

工具性日常生活活动能力(instrumental ADL，IADL)是指人们在社区中独立生活所必需的关键性的较高级的技能，如家务杂事、炊事、采购、骑车或者驾驶、处理个人事务等，大多数需要借助或大或小的工具进行。

基本日常生活活动能力反映的是较为粗大的运动功能，工具性日常生活活动能力主要反映较为精细的功能。

2. 日常生活活动能力评定标准　日常生活活动能力评定的标准较多，常用的标准有：Barthel指数分级、Katz指数法、PULSES评定、修订的Kenny自理评定、功能问卷(the functional activities questionary，FAQ)、快速残疾评定量表(rapid disability rating scale，RDRS)等。不同评定标准有其不同的适应证及评估价值，但研究也证实不同评定方法间具有一定程度的相关性或一致性。下面仅对Barthel指数评定标准做一简单介绍，以供法医学伤残评定时参考。

Barthel指数评定标准(the Barthel index of ADL)(表2-1)是由美国Mahoney和Barthel于1965年设计并应用于临床，有10个评定项目，是国际康复医疗机构常用的方法，被称为是"评估神经肌肉或肌肉骨骼异常患者自我照顾能力的简单的独立指数"。Barthel指数评定简单、可信度高、灵敏度也高、使用广泛，而且可用于预测治疗效果，住院时间和预后。

表2-1　Barthel指数评定内容及记分

ADL项目	自理	稍依赖	较大依赖	完全依赖
进食	10	5	0	0
洗澡	5	0	0	0
修饰(洗脸、梳头、刷牙、刮脸)	5	0	0	0
穿衣	10	5	0	0
控制大便	10	5	0	0
控制小便	10	5	0	0

续表

ADL 项目	自理	稍依赖	较大依赖	完全依赖
上厕所	10	5	0	0
床椅转移	15	10	5	0
行走（平地 45m）	15	10	5	0
上下楼梯	10	5	0	0

Barthel 指数评分结果：最高分是 100 分，60 分以上者为良，生活基本自理；60～40 分者为中度残疾，有功能障碍，生活需要帮助；40～20 分者为重度残疾，生活依赖明显；20 分以下者为完全残疾，生活完全依赖。Barthel 指数 40 分以上者康复治疗效益最大。

3. 日常生活活动能力评定方法　分为直接观察和间接评定两种方法。

（1）直接观察：ADL 的评定可让患者在实际生活环境中进行，评定人员观察患者完成实际生活中的动作情况，并在此环境中指令患者完成动作。实际生活环境较其他环境更易取得准确结果，且评定后也可根据患者的功能障碍在此环境中进行训练。

（2）间接评定：有些不便完成或不易完成的动作，可以通过询问患者本人或家属的方式取得结果，如患者的大小便控制、个人卫生管理等。

（3）注意事项：评定前应与患者交谈，让患者明确评定的目的，以取得患者的理解与合作。评定前还必须对患者的基本情况有所了解，如肌力、关节活动范围、平衡能力等，还应考虑到患者生活的社会环境、反应性、依赖性等。重复进行评定时应尽量在同一条件或环境下进行。在分析评定结果时应考虑有关的影响因素，如患者的生活习惯、文化素养、职业、社会环境、评定时的心理状态和合作程度等。法医学鉴定时应特别注意排除伪装与夸大的成分。

（二）道路交通事故伤残等级评定

随着道路交通运输业的飞速发展，道路交通事故越来越成为危害人类生命和健康的严重社会问题。据 WHO 估计，全世界每年约有 120 万人死于道路交通事故，受伤人数多达 5000 万，平均每天有 3000 多人死于交通事故，预计到 2020 年，道路交通事故伤害将成为全球第 3 位人员死亡和受伤原因，因此，道路交通事故受伤人员伤残评定是法医临床学的重要工作内容之一。

道路交通事故是指车辆驾驶人员、行人、乘车人以及其他在公共道路上进行与道路交通有关活动的人员，因违反有关道路交通法规、规章的行为，过失造成人身伤亡或者财产损失的事故。道路交通事故及其相关责任由交通警察部门认定。所谓道路交通事故受伤人员（the injured in road traffic accident）是指在道路交通事故中受到损伤的人员。

1. 道路交通事故受伤人员伤残等级评定标准　我国道路交通事故受伤人员伤残评定目前主要是根据《道路交通事故受伤人员伤残评定》（GB 18667-2002）标准进行。该标准共五章，其中第一章至第三章主要是范围、定义和评定总则，第四章为伤残等级具体条款，第五章为附则。附则是对评定过程中有关问题的补充说明，以利于标准的实施。

（1）道路交通事故受伤人员伤残等级划分：《道路交通事故受伤人员伤残评定》（GB 18667-2002）是专门适用于道路交通事故受伤人员伤残评定的标准，该标准根据道路交通事故受伤人员的伤残状况，将受伤人员伤残等级划分为 10 个等级，从第 I 级（100%）到第 X 级（10%）进行编排，每级相差 10%。每一等级按照颅脑、脊髓及周围神经损伤、头面部损伤、脊柱损伤、颈部损伤、胸部损伤、腹部损伤、盆部损伤、会阴部损伤、肢体损伤和全身皮肤损伤为顺序编排。

（2）道路交通事故受伤人员划分依据：《道路交通事故受伤人员伤残评定》（GB 18667-2002）10 个伤残级别的划分主要依据四方面能力：日常生活能力，各种活动的能力，工作能力以及社会交往能力。附录 A（规范性附录）对各个级别的伤残等级划分依据均有详细说明，是伤残鉴定的重要参考依据之一，尤其是对标准中未涉及的伤残类型的评定。

（3）伤残等级划分与赔偿的关系：①伤残赔偿指数：伤残赔偿指数是指伤残者应当得到伤残赔偿的比例。本标准是以伤残等级作为伤残者的赔偿比例进行赔偿的，其中第 I 级赔偿指数为 100%，第 X 级为 10%，每级相差 10%。例如受伤人员的伤残等级为八级，其残疾比例为 30%，即赔偿指数应为 30%，其伤残赔偿亦按照赔偿总额的 30% 计算；②多等级的伤残赔偿：该标准的附录 B（资料性附录）针对身体多处伤残的赔偿规定了综合计算的方法和具体公式，即多等级伤残的综合计算办法。该计算方法是根据伤残赔偿总额、赔偿责任系数、赔偿指数等，运用标准中的计算公式计算伤残者所应得到的实际赔偿数额。对于道路交通事故中多处伤残的受伤人员，以最重的一处伤残等级作为赔偿的主要依据，身体每增加一处伤残，则增加一定的赔偿比例，但是，所有增加赔偿的比例之和不超过 10%，伤残赔偿指数的总数不超过 100%，亦即增加的伤残不能使受伤人员的伤残等级提高一个级别。因此，对于道路交通事故受伤人员的伤残评定，应对每处损伤的伤残等级分别作出评定。

2. 道路交通事故受伤人员伤残等级评定注意事项　①道路交通事故受伤人员伤残评定应以人体损伤治疗后的结果为依据，即临床治疗终结后所遗留的结构破坏和功能障碍。同时，应认真分析结构破坏和功能障碍与事故和损伤之间的因果关系，排除伤残人员原有的伤病；②伤残等级评定应在治疗终结后进行。所谓治疗终结是指临床医学一般原则所承认的临床效果稳定，例如骨折后骨性愈合，即可认为临床治疗终结；③遇有本标准以外的伤残情况，可根据伤残的实际情况，比照本标准中最相似的伤残内容和等级以及附录 A 的规定，确定其相应的伤残等级。同一部位和性质的伤残，不应采用本标准不同条款或同一条款分别评定；④受伤人员非同一部位和性质二处以上的损伤，应当分别评定各处的伤残等级。

（三）劳动能力、职工工伤与职业病伤残等级评定

劳动能力鉴定（identify work ability）是指劳动者在职业活动中因工负伤或患职业病后，法定鉴定机关通过相关医学检查并依据国家标准所进行鉴别和判定的过程。劳动能力鉴定制度是国家针对劳动者伤残等级或劳动能力丧失程度进行评定的一种特殊制度。

职工工伤与职业病的劳动能力丧失主要是通过伤残等级来确认的。通过与伤残等级相适应的残疾赔偿金给付，进而体现对劳动者劳动价值的认可。

工伤事故伤残等级鉴定主要是根据被鉴定人因工伤事故所导致的机体形态破坏、组织器官功能障碍以及日常生活对医疗与护理的依赖程度等。

对于劳动能力丧失程度的鉴定，目前我国只有职工工伤与职业病劳动能力丧失鉴定的一个鉴定标准，对于职工工伤、职业病以外的劳动能力丧失的鉴定，如人身损害的伤残等级评定等，目前尚无特定的标准。

1. 职工工伤与职业病伤残等级评定标准　《劳动能力鉴定 职工工伤与职业病致残等级》（GB/T 16180-2014）是根据《工伤保险条例》（中华人民共和国国务院第 375 号令）制定的，制定过程中参考了 WHO 有关"损害、功能障碍与残疾"的国际分类，以及美国、英国、日本等国家残疾的分级原则。

（1）职工工伤与职业病伤残等级划分：《劳动能力鉴定 职工工伤与职业病致残等级》（GB/T 16180-2014）根据临床医学分科和各学科之间相互关联的原则，首先将机体的伤残划分为五大门类，即神经内科、神经外科、精神科门，骨科、整形外科、烧伤科门，眼科、耳鼻喉科、口腔科门，普外科、胸外科、泌尿生殖科门，以及职业病内科门。然后按照上述五个门类，依据"器官损伤、功能障碍，对医疗与日常生活护理的依赖程度，以及由于伤残而引起的社会心理因素影响"将伤残等级划分为一至十级 10 个等级共 530 个条目，最重的为一级，最轻的为十级。

（2）职工工伤与职业病伤残等级定级原则：《劳动能力鉴定 职工工伤与职业病致残等级》（GB/T 16180-2014）主要根据器官是否有缺失或缺损，是否有畸形或形态异常，是否有功能丧失或障碍以及是否有并发症等，是否存在特殊或一般医疗依赖，生活自理障碍程度等情况来确定伤残等级与劳动能力级别。

1）一级伤残：器官缺失或功能完全丧失，其他器官不能代偿，存在特殊医疗依赖，或完全或大部

分或部分生活自理障碍。

2）二级伤残：器官严重缺损或畸形，有严重功能障碍或并发症，存在特殊医疗依赖，或大部分或部分生活自理障碍。

3）三级伤残：器官严重缺损或畸形，有严重功能障碍或并发症，存在特殊医疗依赖，或部分生活自理障碍。

4）四级伤残：器官严重缺损或畸形，有严重功能障碍或并发症，存在特殊医疗依赖，或部分生活自理障碍或无生活自理障碍。

5）五级伤残：器官大部分缺损或明显畸形，有较重功能障碍或并发症，存在一般医疗依赖，无生活自理障碍。

6）六级伤残：器官大部分缺损或明显畸形，有中等功能障碍或并发症，存在一般医疗依赖，无生活自理障碍。

7）七级伤残：器官大部分缺损或畸形，有轻度功能障碍或并发症，存在一般医疗依赖，无生活自理障碍。

8）八级伤残：器官部分缺损，形态异常，轻度功能障碍，存在一般医疗依赖，无生活自理障碍。

9）九级伤残：器官部分缺损，形态异常，轻度功能障碍，无医疗依赖或者存在一般医疗依赖，无生活自理障碍。

10）十级伤残：器官部分缺损，形态异常，无功能障碍或轻度功能障碍，无医疗依赖或者存在一般医疗依赖，无生活自理障碍。

（3）伤残等级评定的晋级原则：对于同一器官或者系统多处损伤，或一个以上器官不同部位同时受到损伤者，应先对单项伤残等级进行鉴定。如果几项伤残等级不同，以重者定级；如果两项及以上等级相同，最多晋升一级。

（4）对原有伤残以及并发症的处理：①对原有伤残及并发症的处理在劳动能力鉴定过程中，工伤或职业病后出现并发症，其致残等级的评定以鉴定时实际的致残结局为依据；②如受工伤损害的器官原有伤残或疾病史，即单个或双器官（如双眼、四肢、肾脏）或系统损伤，本次鉴定时应检查本次伤情是否加重原有伤残，若加重原有伤残，鉴定时按实际的致残结局为依据；若本次伤情轻于原有伤残，鉴定时则按本次工伤伤情致残结局为依据。

2. 伤残等级评定的注意事项　①对于《劳动能力鉴定 职工工伤与职业病致残等级》（GB/T 16180-2014）未列入的损伤，可以参照该标准的分级原则，比照相近条款对伤残等级作出判定；②伤残等级评定一般应在病情稳定，临床治疗终结后进行。对有明确规定的，应严格按照标准的相关规定进行评定，例如关于"人格改变"的诊断必须是在症状持续 6 个月以上方可诊断等；③由于医疗依赖与生活自理障碍程度的判定与伤残等级密切相关，因此，医疗依赖、生活自理障碍程度的确定必须是在明确伤残等级的基础上进行判定；④对涉及精神科门类鉴定的，有关精神障碍方面的问题应该由具有司法精神病鉴定执业资格的鉴定人评定；⑤评定伤残等级时，对于损伤后器官或者肢体功能障碍程度的判定，应以伤残等级鉴定时的检查结果作为判定的依据，同时应排除其原有损伤及疾病等因素。

（四）人身保险伤残等级评定

随着我国保险业的快速发展，人身保险中需要进行伤病程度鉴定的案件愈来愈多，人身保险伤残等级评定正在逐渐成为法医临床学鉴定的重要内容之一。

保险是指保险公司根据保险合同约定，在保险事故发生后向投保人或保险受益人支付保险金的一种经济补偿的制度。

根据保险性质的不同，保险分为社会保险和商业保险；根据实施形式的不同分为强制保险和自愿保险；根据保险标的的不同分为财产保险、人身保险、责任保险和保证保险；根据承保方式的不同分为原保险和再保险等。法医临床学鉴定主要涉及与伤病相关的人身保险和责任保险。

人身保险（personal insurance，life insurance）是以人的生命、健康和劳动能力为保险标的的保险。当人们遭受不幸事故或因疾病、年老以致丧失工作能力、伤残、死亡或年老退休时，根据保险合同的约定，保险人应对被保险人或受益人给付保险金。传统人身保险的产品种类繁多，大致分为人寿保险、健康保险、伤害保险及年金保险等。

责任保险（liability insurance）是指以被保险人对第三者依法应负的赔偿责任为保险标的的保险。因责任保险以被保险人对第三人的赔偿责任为标的，以填补被保险人对第三人承担赔偿责任所受损失为目的，因此又被称之为第三人保险（third party insurance）或者第三者责任保险（third party liability insurance）。

责任保险一般分为公众责任保险、产品责任保险、雇主责任保险、职业责任保险和第三者责任保险等，其中每一种保险又由若干具体的险种构成。

1. 人身保险残疾程度评定标准　为了规范保险公司有关人身保险残疾程度的确定，2013年全国金融标准化技术委员会保险分会制定了《人身保险伤残评定标准及代码》（JR/T 0083-2013），它是目前有关人身保险残疾程度评定的依据。

该标准规定了人身保险伤残等级的级别以及保险金给付比例的原则和方法，适用于意外险或意外责任险中的伤残等级的评定。标准根据身体的结构和功能对残疾进行了分类和分级，将人身保险伤残等级划分为一至十级，最重为第一级，最轻为第十级。与人身保险伤残等级相对应的保险金给付比例也分为十个不同比例，伤残等级第一级对应的保险金给付比例为100%，伤残等级第十级对应的保险金给付比例为10%，每级相差10%。

2. 人身保险伤残等级评定的基本原则　①评定伤残时，应根据人体的身体结构与功能损伤情况确定所涉及的伤残类别；②根据伤残情况，在同类别伤残下，确定伤残等级；③同一保险事故造成两处或两处以上伤残时，应首先对各处伤残等级分别进行评定，如果几处伤残等级不同，以最重的伤残等级作为最终的评定结论；如果两处或两处以上伤残等级相同，伤残等级在原评定基础上最多晋升一级，最高晋升至第一级。同一部位和性质的伤残，不应采用本标准条文两条以上或者同一条文两次以上进行评定。

（五）人身伤害案件中的伤残等级评定

在人身伤害案件中，由于人体损伤后可能导致受害者残疾，使其劳动能力不同程度的丧失，因此，对于此类案件的处理除进行损伤程度的评定外，还需要对受害人劳动能力丧失程度或者伤残等级进行鉴定，为人身伤害案件的民事赔偿提供依据。

我国目前尚未正式颁布人体损伤致残等级鉴定标准，因此，对此类案件的鉴定目前多比照《劳动能力鉴定 职工工伤与职业病致残等级》（GB/T 16180-2014）或者《道路交通事故受伤人员伤残评定》（GB 18667-2002）进行评定。

第四节　医疗纠纷相关的法医学鉴定

医疗纠纷（medical dispute，medical tangle）是指患方在医院就诊过程中对医疗机构为患者实施的诊疗行为持有异议而引发的纠纷。医患纠纷是指患者与医疗机构之间，包括医疗纠纷在内的所有民事权益的争议，即除患者在医院就诊过程中因医疗行为引发的纠纷，还包括医疗诊疗行为以外的其他民事权益争议，如名誉权、隐私权、肖像权、处分权、知情同意权等以及就诊者在医院内摔伤、财物被盗等安全保障等问题。

医疗纠纷的发生可能是由于医院对患者的诊疗行为存在过错而引起，也可能是由于患者对医院的医疗行为的不理解、不满而导致。医疗行为是否存在过错，一般需要通过医疗事故或者医疗损害鉴定认定（详见第十九章）。如果鉴定意见认为医院对患者的医疗行为构成医疗事故或者存在医疗过错，则需要对医疗事故等级或被鉴定人的伤残等级进行鉴定。

一、医疗事故与医疗损害

1. 医疗过错（medical faults） 是指医疗机构（或者个体行医者）在对患者的诊疗过程中，存在违反法律、行政法规、规章制度以及诊疗规范或诊疗常规的行为。

2. 医疗事故（medical negligence） 是指医疗机构及其医务人员在医疗活动中，违反医疗卫生管理法律、法规、部门规章和诊疗护理规范，造成患者人身损害的事故。医疗事故适用于《医疗事故处理条例》，目前由设在医学会的医疗事故技术鉴定委员会组织相关专家进行鉴定。

3. 医疗损害（medical damage） 是指因医疗过错的行为导致病人身体健康损害或产生了不利于康复的事实，比如医疗过错导致患者死亡、残疾，组织器官的损伤以及相对诊疗前有所恶化，未及时治愈等，同时还包括对患者其他人身权或财产权的侵犯，例如因为医疗过错行为导致患者住院时间延长，或者需要再次手术治疗等。

医疗损害行为属于民事上的人身侵权行为，主要涉及患者的生命权、健康权、隐私权、身体权、财产权以及知情权、选择权和同意权等。医疗损害案件处理适用《侵权责任法》，目前医疗损害事实的认定主要是通过司法鉴定的方式解决。

医疗损害的司法鉴定是指法医学司法鉴定人根据司法机关的委托，通过审查病历、辅助检查结果、尸体解剖结果等相关资料，对医方在诊断、抢救、治疗、护理、管理等行为中是否存在过错，以及过错与患者损害后果之间的关系及其程度所进行的鉴别和判断。

二、医疗事故等级以及残疾等级划分

根据《医疗事故处理条例》，原卫生部制定了《医疗事故分级标准（试行）》，除患者死亡外，标准将医疗事故的一级乙等至三级戊等所对应的伤残等级分为一至十级。规定专家鉴定组在进行医疗事故技术鉴定、卫生行政部门在判定重大医疗过失行为是否为医疗事故或医疗事故争议双方当事人在协商解决医疗事故争议时，均按照本标准确定的基本原则和实际情况具体判定医疗事故的等级。

《医疗事故分级标准（试行）》是《医疗事故处理条例》的配套文件之一，在医疗事故处理过程中具有重要的作用。医疗事故的等级与赔偿密切相关，同时也是行政处理的重要依据。《医疗事故分级标准（试行）》如下：

1. 一级医疗事故 系指造成患者死亡、重度残疾。

（1）一级甲等医疗事故：死亡。

（2）一级乙等医疗事故：重要器官缺失或功能完全丧失，其他器官不能代偿，存在特殊医疗依赖，生活完全不能自理。

2. 二级医疗事故 系指造成患者中度残疾、器官组织损伤导致严重功能障碍。

（1）二级甲等医疗事故：器官缺失或功能完全丧失，其他器官不能代偿，可能存在特殊医疗依赖，或生活大部分不能自理。

（2）二级乙等医疗事故：存在器官缺失、严重缺损、严重畸形情形之一，有严重功能障碍，可能存在特殊医疗依赖，或生活大部分不能自理。

（3）二级丙等医疗事故：存在器官缺失、严重缺损、明显畸形情形之一，有严重功能障碍，可能存在特殊医疗依赖，或生活部分不能自理。

（4）二级丁等医疗事故：存在器官缺失、大部分缺损、畸形情形之一，有严重功能障碍，可能存在一般医疗依赖，生活能自理。

3. 三级医疗事故 系指造成患者轻度残疾、器官组织损伤导致一般功能障碍。

（1）三级甲等医疗事故：存在器官缺失、大部分缺损、畸形情形之一，有较重功能障碍，可能存在一般医疗依赖，生活能自理。

（2）三级乙等医疗事故：器官大部分缺损或畸形，有中度功能障碍，可能存在一般医疗依赖，生活能自理。

（3）三级丙等医疗事故：器官大部分缺损或畸形，有轻度功能障碍，可能存在一般医疗依赖，生活能自理。

（4）三级丁等医疗事故：器官部分缺损或畸形，有轻度功能障碍，无医疗依赖，生活能自理。

（5）三级戊等医疗事故：器官部分缺损或畸形，有轻微功能障碍，无医疗依赖，生活能自理。

4. 四级医疗事故　系指造成患者明显人身损害的其他后果的医疗事故。

三、医疗损害伤残等级评定

由于我国目前缺乏全国性统一的人体损伤致残鉴定标准，因此，在医疗损害的民事诉讼案件中，因医疗过失造成伤残的，一般比照《劳动能力鉴定 职工工伤与职业病致残等级》（GB/T 16180-2014）或者《道路交通事故受伤人员伤残评定》（GB 18667-2002）进行评定。

第五节　监外执行与保外就医鉴定

一、监外执行与保外就医

监外执行（serve a sentence out of prison）是指被判处有期徒刑、拘役的罪犯，如果患有某种严重的疾病，不适宜在监狱服刑，需要在监狱以外诊治疾病，或者是怀孕或正在哺乳自己婴儿的妇女，或者是生活不能自理、丧失劳动能力，依照法定的程序审批后，不在监狱等刑罚执行场所关押服刑，改由罪犯原居住地的公安派出所执行，并由罪犯原属的基层组织或者所在单位协助监督的一种特殊刑罚执行方法。

当监外执行的原因消失（如病愈、哺乳期满）后，如果刑期未满，仍需收监执行。

对于患有某种严重的疾病，不适宜在监狱服刑，需要在监狱以外诊治疾病的罪犯，可准许暂予监外执行，这种暂予监外执行称为保外就医（medical parole）。

对于患有严重慢性疾病，长期医疗无效，年龄在 60 岁以上，已失去劳动能力和危害社会可能的罪犯，可准许长期监外执行。但对于被判处死刑或者死刑缓期 2 年执行尚未减刑的罪犯，一律不准监外执行。

根据最高人民法院、最高人民检察院、公安部、司法部、国家卫生计生委印发关于的《暂予监外执行规定》的通知（司发[2014]112 号）第五条之规定，符合下列情形之一的，可以保外就医，暂予监外执行：①患有属于《暂予监外执行规定》所附的《保外就医严重疾病范围》的严重疾病，需要保外就医的；②怀孕或者正在哺乳自己婴儿的妇女。

二、保外就医的鉴定

根据我国《暂予监外执行规定》第九条规定：对罪犯的病情诊断或者妊娠检查，应当委托省级人民政府指定的医院进行。医院出具的病情诊断或者检查证明文件，应当由两名具有副高以上专业技术职称的医师共同做出，经主管业务院长审核签名，加盖公章，并附化验单、影像学资料和病历等有关医疗文书复印件。

对于罪犯生活不能自理情况的鉴别，由监狱、看守所组织有医疗专业人员参加的鉴别小组进行。鉴别意见由组织鉴别的监狱、看守所出具，参与鉴别的人员应当签名，监狱、看守所的负责人应当签名并加盖公章。

从上述规定可以看出，根据国家相关规定，保外就医的鉴定主要是由指定医院承担，但根据司法鉴定有关规定，也可以委托法医临床学司法鉴定人对在押的犯罪嫌疑人或罪犯进行鉴定，以确定其是否符合保外就医的条件。

三、保外就医鉴定的注意事项

保外就医鉴定必须严格按照《暂予监外执行规定》所附的《保外就医严重疾病范围》进行鉴定。

《保外就医严重疾病范围》所包含的严重疾病范围广泛，例如精神分裂症、躁狂忧郁症、周期性精神病等；各种器质性心脏病（风湿性心脏病、冠状动脉粥样硬化性心脏病、高血压性心脏病、心肌病、心包炎、肺源性心脏病、先天性心脏病等），心脏功能在三级以上；各种肝硬化所致的失代偿期，如门静脉性肝硬化、坏死后肝硬化、胆汁性肝硬化、心源性肝硬化、血吸虫性肝硬化等；其他各类肿瘤，严重影响机体功能而不能进行彻底治疗，或者全身状态不佳、肿瘤过大、肿瘤和主要脏器有严重粘连等原因而不能手术治疗或有严重后遗症；脑、脊髓外伤治疗后遗有痴呆、失语（包括严重语言不清）、截瘫或一个肢体功能丧失、大小便不能控制、功能难以恢复者；双上肢、双下肢、一个上肢和一个下肢因伤、病截肢或失去功能，不能恢复者等。

保外就医的生活不能自理是指罪犯因患病、身体残疾或者年老体弱，日常生活行为需要他人协助才能完成的情形。生活不能自理的鉴定参照《人身损害护理依赖程度评定》（GB/T 31147-2014）和《劳动能力鉴定　职工工伤与职业病致残等级》（GB/T 16180-2014）执行。进食、翻身、大小便、穿衣洗漱、自主行动等五项日常生活行为中有三项需要他人协助才能完成，且经过六个月以上治疗、护理和观察，自理能力不能恢复的，可以认定为生活不能自理。六十五周岁以上的罪犯，上述五项日常生活行为有一项需要他人协助才能完成即可视为生活不能自理。

对于保外就医鉴定，鉴定时应注意排除被鉴定人是否存在诈病、造作病、诈伤、造作伤的情况。

第六节　人身损害相关的其他问题评定

在人身损害赔偿案件中还经常涉及与伤残相关其他问题的评定，如伤者是否需要进行医疗或者护理依赖，是否需要后续治疗以及后续治疗的费用、后续治疗的时间等，是否需要配置残疾辅助用具等。

一、医疗依赖与护理依赖评定

（一）医疗依赖

由于伤残等级评定多是在伤者医疗终结后进行，因此绝大多数伤者不存在医疗依赖问题。但有少数伤者仍不能脱离临床的必要治疗，如果失去必要的治疗，就会导致病情的加重，甚至死亡，即存在医疗依赖。医疗依赖分为一般医疗依赖和特殊医疗依赖。

1. 一般医疗依赖　是指患者在一般临床治疗终结后，仍需长期或者终身服用药物控制病情。如头部损伤导致外伤性癫痫发生，需服用抗癫痫药物控制症状，其他类似的情况还有需要使用降压药、降糖药、抗凝剂等。

2. 特殊医疗依赖　是指患者在受伤后，必须终身使用特殊医疗设备或者装置进行治疗者。如必须借助人工呼吸存活，或者终身需要进行血液透析等。

（二）护理依赖

护理依赖是指伤残者的生活不能自理，需要他人帮助。生活自理的范围一般包括自主进食、翻身、大小便、穿衣洗漱、自主行动等五项内容。

护理依赖程度是指伤残者的生活需要他人帮助的程度。护理依赖程度分为3个级别，即完全护理依赖（指生活完全不能自理，上述五项均需护理者）、大部分护理依赖（指生活大部分不能自理，上述五项中三项需要护理者）和部分护理依赖（指部分生活不能自理，上述五项中一项需要护理者）。

判定是否存在护理依赖及其程度时，应注意以下几点：①伤残者是否存在护理依赖的基础，即伤残者是否存在器官缺失或者功能完全丧失等情况；②护理依赖程度应根据残疾程度和个体情况综合确定。一般情况下,伤残等级越高,其生活自理障碍的程度就愈大,例如在《劳动能力鉴定　职工工伤与职业病致残等级》(GB/T 16180-2014)中,明确规定一级伤残至四级伤残存在不同程度的生活自理障碍,而五级到十级则不存在生活自理障碍。但是对少数情况则需要结合伤残类型和个体情况综合进行判定,如双眼盲目的患者,其伤残等级虽属一级,但是其护理依赖程度则不属于完全护理依赖的情况;③护理依赖程度应结合伤残者是否配备残疾辅助器具情况判定。对已经配备残疾辅助器具的伤残者,应注意所配备残疾辅助器具对其生活自理能力的改善情况判定其护理依赖程度。

二、休息、护理与营养期限鉴定

(一)休息期限

1. 休息期限　也称为"误工"期限,是指伤残者经过治疗后达到临床医学一般所认可的治愈(临床症状和体征消失)或者体征固定所需要的时间。在休息期限内,伤残者不能从事正常工作、学习等社会活动。

休息期限包括治疗期限和康复期限。治疗期限是指伤残者住院进行临床治疗,达到临床治愈或者病情稳定的时间,一般以住院时间为准。

休息期限的判定需根据伤者的损伤情况、伤残等级并结合损伤的发生、发展、转归等综合进行判定。对有相关标准规定的,应依据相关标准进行鉴定,如《事故伤害损失工作日标准》(GB/T 15499-1995)、《人身损害受伤人员误工损失日评定准则》(GB/T 521-2004)等。

2. 休息期限评定的注意事项　①二处(种)以上损伤的误工损失日不能简单相加,一般应以较长的损伤情况确定;②对于《人身损害受伤人员误工损失日评定标准》所规定的期限内未治愈仍需继续治疗的,可根据实际情况适当延长误工损失日;③对于未达到《人身损害受伤人员误工损失日评定标准》误工损失日既已治愈的,应按实际治疗天数计算;④原发性损伤伴并发症或需二期治疗的,根据临床治疗恢复情况确定,例如患者出现损伤的并发症如感染等情况时,不能单纯根据原发损伤确定其休息时间,需要结合临床实际治疗情况确定。

(二)护理期限

护理期限是指损伤后因治疗以及身体康复需要,或伤残者因基本生活自理能力下降,需要依赖他人护理、协助的时间。

护理期限与护理依赖程度有关,只有存在护理依赖时,才能根据护理依赖程度确定护理的期限。护理期限一般以损伤时开始计算至恢复生活自理能力为止。

根据《最高人民法院关于审理人身损害赔偿案件适用法律若干问题的解释》(法释[2003]20号)规定,护理期限一般不超过20年。

(三)营养期限

营养期限是指损伤后,日常普通饮食不能完全满足机体康复要求,必须依赖特殊饮食或适当加以补充营养物质的期限。

营养期限的判定应根据损伤情况、身体状况,结合临床治疗需要综合判定。一般情况下,伤者达到临床稳定状态后,即可停止补充营养。

营养期限判定案件大多见于损伤程度严重的患者,一般性损伤患者不需要营养补充。

三、医疗、护理与营养费用鉴定

医疗费用鉴定:医疗费是指人体遭受损伤后,为治疗损伤而支付的出诊费、挂号费、检查费、治疗费、药费、手术费、住院费等。医疗费用鉴定主要涉及以下问题:

1. 医疗费用是否合理　医疗费用合理性判定主要是指伤者在治疗损伤过程中的医疗费用支出是否合理。如果伤者治疗与损伤无关的疾病、进行与损伤诊治无关的检查、小病大养、故意延长住院时间等均为不合理医疗费用支出。评定医疗费用是否合理时,还应注意医疗期限的问题。

2. 后续医疗费用评估　后续治疗是指伤残者经过临床治疗后，已经达到临床一期治疗目的，但是由于身体康复的需要，需要在后期继续进行治疗或者康复锻炼。例如颅骨修补手术需在患者颅内情况稳定后进行、骨折后内固定需在骨折完全愈合后取出，以及出院后仍需进行的美容治疗、器官功能恢复训练等。

后续治疗费用的评定应根据伤残者的损伤具体情况，参照相应治疗项目的平均医疗费用水平判定。

3. 护理费与营养费判定　护理费及营养费主要依据护理级别与营养期限以及法律所规定的护理费与营养费标准进行判定。

四、残疾人辅助用具鉴定

1. 残疾人辅助器具　残疾人辅助器具是指由残疾人使用的、特殊生产的或通常可获得的用于预防、代偿、监测、缓解或降低残疾的任何产品、器具、设备或技术系统。辅助器具的使用者包括残疾人、老年人及活动受限者。

残疾人辅助器具按使用环境可划分为生活用、移乘用、通讯用、教育用、就业用、文体用、公共建筑用等方面。辅助器具在残疾人全面康复中，作为不可缺少的基本设施和必要手段，是解决其生存障碍和个人医疗及进行功能代偿的辅助性器具，如听觉障碍需配助听器、视觉障碍需配助视器、肢体缺失需配假肢、肢体畸形需配矫形器、活动受限需配轮椅等。

2. 残疾人辅助用具评定时注意的事项　法医鉴定时，应根据伤残者的残疾情况，参照残疾人辅助用具机构的意见，选择普通适用型器具。

根据《最高人民法院关于审理人身损害赔偿案件适用法律若干问题的解释》（法释〔2003〕20号）规定，残疾人辅助用具按照普通适用器具的费用标准计算，伤情有特殊需要的，可以参照残疾人辅助用具机构的意见确定残疾人辅助用具类型及费用。

残疾人辅助用具使用年限及更换周期一般需要参照残疾人辅助用具生产机构的意见，并结合伤残者的残疾程度判定。

对于有关部门明确规定残疾人辅助用具项目的，评定时应依据相应规定进行判定。同时注意残疾辅助用具对患者生活自理障碍程度的提升作用，例如不使用残疾人辅助用具可能存在生活自理障碍，但是使用残疾人辅助用具后就可能不存在生活自理障碍的问题。

五、人体植入物鉴定

人体植入物是指根据治疗需要将一些细胞、组织、器官甚至某种物质、器件或装置等植入体内的物质。常见的植入物有义齿、人工关节、人工起搏器等。

随着现代医学进步和人们生活水平的提高，人体植入物的应用也越来越广泛，与人体植入物相关的案件日趋增多。

人体植入物的鉴定目的主要包括是否需要植入，植入物的使用期限及更换周期等。

本章小结

法医临床学鉴定是指运用法医临床学知识和技能，通过现场勘验、活体检查、物证检验和书证审查等方式，对法律上有关活体医学问题进行的鉴别和判定。

法医临床学鉴定的过程包括鉴定所需资料的收集、审查、分析、鉴别与判断等环节。法医临床学检查是法医临床学鉴定的重要组成部分，检查方法有物理学检查、影像学检查、功能学检查、实验室检查等。由于被鉴定人为了达到某种目的，往往伪装与夸大功能障碍，因此我们在鉴定过程中应注意区分主观检查方法和客观检查方法，定性检查方法和定量检查方法以及定位检查方法等。

由于法医临床学鉴定本身就是一个证明的过程，因此"以医学事实为根据，以鉴定标准为准绳"是法医临床学鉴定的基本原则，因果关系的判定、鉴定时机的选择和鉴定标准的正确适用是法医临床学鉴定的关键。对于损伤的因果关系判定,主要是根据损伤机制和病理学基础,应用动态观察、综合分析和逐一排除其他可能原因的方法进行判定。

劳动能力是指人的工作能力和生活能力,包括体力和脑力两个部分。劳动能力根据劳动性质分为一般性劳动能力和职业性劳动能力。

劳动能力丧失是指因损伤、疾病、衰老等原因引起的原有劳动能力,如工作能力、社会活动能力和生活自理能力的下降或丧失。残疾是指由于各种疾病、损伤、发育缺陷或者精神因素所造成人的机体、精神不同程度的永久性功能障碍,从而使患者不能正常工作、生活和学习的一种状态。

残疾和劳动能力丧失主要区别在于残疾强调个体的身体功能状态,而劳动能力丧失则强调因为残疾所导致的能力下降或者丧失。

《国际残损、残疾、残障分类》(ICIDH)将残疾划分为三个独立的类别,即残损、残疾、残障。《国际功能、残疾和健康分类》(ICF)分为功能和残疾、背景性因素两大部分,功能和残疾部分包括身体功能和结构、活动和参与,背景性因素包括环境因素、个人因素。环境因素、个人因素分别表示功能和残疾的外在和内在因素。ICF认为功能和结构的结合表示具有功能,功能和结构的损伤、参与的局限及活动受限则表示残疾。

伤残是指因损伤所导致的残疾,分为原发性残疾和继发性残疾。原发性残疾是指损伤直接导致的残疾;继发性残疾是指损伤后由于制动或失用等原因引起的组织结构改变与功能障碍。目前国内伤残鉴定常用的标准主要有《劳动能力鉴定　职工工伤与职业病致残等级》(GB/T 16180-2014)、《道路交通事故受伤人员伤残评定》(GB 18667-2002)和《人身保险伤残评定标准》(JR/T 0083-2013)等。

日常生活活动能力分为基本日常生活活动能力和工具性日常生活活动能力。基本日常生活活动能力反映的是较为粗大的运动功能,工具性日常生活活动能力主要反映较为精细的功能。

除了损伤程度与伤残等级鉴定外,法医临床学鉴定还涉及医疗纠纷的法医学鉴定、监外执行与保外就医的法医学鉴定、医疗依赖与护理依赖评定、休息、护理与营养期限鉴定、医疗、护理与营养费用鉴定、残疾人辅助用具鉴定、人体植入物鉴定等。

法医临床学鉴定的核心问题是鉴定意见的合法性、相关性、客观性和科学性的问题,其合法性、相关性、客观性和科学性除必要的司法程序和客观检测方法外,与鉴定人的专业水平、技术能力和职业道德密切相关。

(刘技辉　陈　腾)

思考题

1. 法医临床学鉴定的概念。

2. 法医临床学鉴定人的权利与义务。

3. 活体损伤鉴定法医学因果关系的判定及其判定的方法。

4. 损伤程度的概念。

5. 劳动能力的概念与分类。

6. 残疾与伤残的概念。

7. 医疗事故与医疗损害的概念。

8. 监外执行与保外就医的概念。

9. 医疗依赖与护理依赖的概念。

10. 休息、护理与营养期的概念。

11. 法医临床学鉴定的基本原则与注意事项。

12. 法医临床学鉴定资料的审查与应用。

13. 法医学鉴定意见的选择。

14. 《人体损伤程度鉴定标准》适用原则。

15. 我国目前残疾与伤残评定的标准。

16. 日常生活活动能力评定的方法。

17. 残疾人辅助用具鉴定的注意事项。

第三章　活体损伤总论

学习提要

【掌握内容】 损伤的概念、损伤的分类、损伤的表现、损伤的修复、损伤的转归,烧伤、电损伤与常见损伤并发症的法医学鉴定。

【熟悉内容】 机械性损伤、烧伤、电损伤以及常见损伤并发症的机制和临床表现。

【了解内容】 冻伤的机制、临床表现、法医学鉴定,2012 年国际卫生组织发布的急性呼吸窘迫综合征柏林诊断标准。

第一节　概　　述

一、损伤的概念

损伤(injury)是指机体受到外界因素作用所造成的组织结构破坏和功能障碍。所谓的活体损伤主要是指外界因素与机体之间的相互作用,包括外界因素造成机体的损害、机体对损害的反应以及机体修复和再生的整个过程与临床表现。

首先,这里所说的外界因素是指外界的物理因素、化学因素和生物学因素,而非自身的内在因素;其次,组织结构破坏和功能障碍是外界因素作用的结果,同时也是损伤的表现形式。每一个损伤都有组织结构破坏和功能障碍,但不同的损伤所表现的具体形式和程度是不同的,有的以组织结构破坏为主,有的以功能障碍为主,有些损伤是可逆性的损伤,有些是不可逆性的损伤。同时,组织结构破坏又可以分为微观和宏观两个层面,有的仅表现为微观组织结构破坏,有的则表现为宏观组织结构破坏。例如"脑震荡"有时在微观组织结构上可能见到一些改变,但在宏观组织结构上却无异常所见,主要表现为脑功能的一过性障碍。

关于"精神损伤"的概念,由于这种"精神损伤"主要是由于精神刺激所诱发,并非外界因素直接作用所致的器质性精神障碍,而且对于不同个体而言,其后果也是不相同的。因此,这种非器质性的"精神损伤"不同于我们在这里所定义的损伤。所谓的"精神损伤",在法律上一般称之为"精神损害",主要涉及民事赔偿责任。精神损害更侧重于精神损害的后果,而不刻意强调组织结构的破坏。

法医临床学研究损伤的目的主要是通过分析损伤形成的机制、损伤形态的特征、损伤的临床表现,来分析、判断损伤的原因、损伤的时间和损伤的程度。

二、损伤的分类

损伤的分类方法很多,下面介绍几种比较常用的分类方法:

（一）根据外界因素作用的性质

1. 物理性损伤（physical injury） 是指物理因素所造成的损伤，主要有机械、高低温、电流和放射线损伤。其中，机械性损伤是日常生活中最常见的损伤，也是法医临床学鉴定中最常见的损伤。

2. 化学性损伤（chemical injury） 是指化学因素所造成的损伤，包括无机和有机化学物质所造成的损伤。

3. 生物性损伤（biological injury） 是指生物因素所造成的损伤，主要有植物、动物、病原微生物等造成的损伤。这类损伤的特点是有毒素或病原微生物侵入，如毒蛇咬伤。病原微生物的侵入应为非自然状态下的进入，否则应属于疾病范畴。

4. 复合性损伤（combined injury） 由 2 种或 2 种以上不同性质外界因素作用所造成的损伤，比如物理因素和化学因素同时导致的损伤。

（二）根据损伤的部位

一般分为头部损伤（颅脑损伤、眼损伤、耳鼻喉损伤、口腔颌面部损伤）、脊柱脊髓损伤、颈部损伤、胸部损伤、腹部损伤、四肢损伤等，由于各个部位的组织器官不同，各个部位损伤的临床表现也各具特点。多发性损伤是指身体多个部位的损伤，如肋骨骨折同时还合并四肢骨折等。

（三）根据损伤的组织器官

1. 软组织损伤（soft tissue injury） 软组织损伤一般指人体皮肤以及皮下的肌肉、脂肪、筋膜、肌腱、韧带、滑膜、关节囊、周围神经、血管等组织的损伤。软组织损伤根据损伤的组织结构是否完整分为开放性损伤和闭合性损伤。

2. 骨损伤（bone injury） 骨由骨组织、骨膜与骨髓等构成。骨损伤分为骨挫伤和骨折。骨折根据外力作用的方式和作用部位分为直接骨折和间接骨折，根据骨折是否与外界相通分为开放性骨折和闭合性骨折。

3. 脏器损伤（organ injury） 脏器是指颅腔、胸腔、腹腔和盆腔等身体内部组织器官，一般根据脏器的解剖和形态特点将脏器分为实质性脏器和空腔性脏器。

（1）器质性损伤和功能性损伤：由于不同的损伤所表现出组织结构破坏和功能障碍程度有所不同，因此，根据损伤后果表现形式的不同，分为器质性损伤（structure damage）和功能性损伤（function damage）。对于有明显组织结构破坏的脏器损伤称之为器质性损伤，如脑挫裂伤和肝、脾破裂等。对于没有明显组织结构破坏，而主要表现为功能障碍的脏器损伤称之为功能性损伤，如脑震荡、脊髓震荡等。

（2）开放性损伤和闭合性损伤：根据损伤的组织器官是否与外界相通还分为开放性损伤（open injury）和闭合性损伤（closed injury）。开放性损伤是指损伤的组织器官与外界相通，如肝的刺创；闭合性损伤是指损伤的器官与外界不相通。

（四）根据损伤的病理基础和机制

1. 原发性损伤（primary damage） 损伤直接所致的机体组织结构的破坏或功能障碍，如骨折、脑挫裂伤等。

2. 继发性损伤（sequential damage） 损伤后继发或并发的组织结构破坏或功能障碍，如出血、感染、栓塞等。

3. 迟发性损伤（delayed damage） 损伤早期无明显组织结构破坏或功能障碍，而经过一段时间出现原发性损伤或继发性损伤的临床表现，如迟发性颅内血肿。

另外，根据临床症状和体征出现的时间，损伤还分为急性损伤、亚急性损伤和慢性损伤。

原发性损伤、继发性损伤和迟发性损伤是根据损伤的病理基础和损伤的机制划分的，与急性损伤、亚急性损伤和慢性损伤是有区别的。急性损伤、亚急性损伤和慢性损伤是根据损伤的临床表现出现的时间来划分的。因此，原发性损伤、继发性损伤和迟发性损伤均可以表现为急性损伤、亚急性损伤或慢性损伤。

三、损伤的表现

（一）局部表现

1. 损伤早期 损伤局部主要表现为肿胀、疼痛和局部功能障碍，局部皮肤可见表皮剥脱、皮下出血、血肿以及创等。

（1）表皮剥脱（epidermis exfoliation）：皮肤的表皮与真皮剥脱，真皮外露，可伴有真皮下血管破裂。表皮剥脱时可伴有透明的组织液渗出，经过一段时间，表皮剥脱处可形成黄色或黄褐色的痂皮，痂皮一般 7~12 天脱落而痊愈，不留瘢痕。

（2）皮下出血（subcutaneous hemorrhage）：皮下组织血管破裂、血液聚积在皮下组织内，皮下组织疏松的部位容易形成皮下出血。皮下出血的颜色，由于血红蛋白分解而呈一系列变化。通常早期皮下出血为红色，1~3 天由红色转变青紫色，3~9 天从青紫色转成绿色，之后逐渐呈黄褐色，经过 2~3 周颜色才完全消退。但球结膜下出血始终保持红色。

（3）创（wound）：指黏膜、皮肤或被膜的破裂，可伴有神经、血管、肌肉、肌腱等损伤或断裂。创由创口、创缘、创角、创壁、创底、创腔六个部分组成，根据致伤物的不同分为钝器创和锐器创。

（4）骨损伤（bone injury）：骨组织是坚硬而有一定韧性的结缔组织，由有机物和无机物组成，具有运动、支持和保护身体，制造红细胞和白细胞，储藏矿物质等功能。人在不同年龄，骨的有机物与无机物的比例不同，儿童及少年骨有机物的含量比无机物为多，故骨的柔韧度及可塑性比较高；老年人的骨无机物的含量比有机物为多，故骨的硬度比较高，容易折断。

骨挫伤是指骨外膜的水肿、出血，MRI 可以清楚显示骨挫伤的部位、范围等。骨折是指骨的连续性或完整性的中断，影像学检查可以确定骨折的部位、骨折的类型和骨折的程度。

（5）关节损伤（joint injury）：关节由关节面、关节囊、关节腔、关节软骨四个部分组成。骨与骨之间相接触的面，称为关节面。关节囊由内外两层密闭构成关节腔，外层为致密的纤维层，内层为薄而疏松的结缔组织，称之为滑膜层。滑膜分泌滑液于关节腔中，可以减少关节运动时的摩擦。关节面上被覆关节软骨，可缓冲运动时的震荡。有的关节还有一些辅助结构，如膝关节内韧带及半月软骨板等，其作用为增强关节的稳定性和增大关节的活动范围，减少关节软骨面的磨损。

关节损伤包括关节脱位、关节面、关节囊及其韧带的损伤。关节脱位是指外力作用于关节，使关节解剖位置发生改变，关节脱位必然伴有关节囊及其相关的韧带与肌腱的损伤。MRI 和关节镜等检查有助于判断关节的损伤类型和损伤程度。

（6）内脏器官的挫伤与破裂：内脏器官的挫伤主要表现为水肿、疼痛和功能障碍，内脏器官的破裂主要为损伤器官的组织结构和完整性的破坏，超声、CT 和 MRI 等影像学检查有助于内脏器官损伤的确定。

2. 损伤晚期 局部创口或破损的组织表面可形成瘢痕。有的受损组织与器官可以通过再生恢复功能；有的组织与器官不能再生或不能完全再生，愈后遗有功能完全障碍或部分障碍。

（二）全身表现

损伤的全身表现主要取决于损伤的严重程度和机体的应急反应。机体对外界的反应主要有神经系统的反应、内分泌系统的反应和免疫系统的反应。损伤轻微，仅为损伤的局部表现。损伤越严重，全身反应越明显，可出现多种损伤并发症，表现为神经系统、循环系统、呼吸系统、泌尿系统等功能严重障碍。

四、损伤的修复

损伤从炎症开始，一般需要经历渗出、细胞增殖和组织再成型三个阶段。人体的皮肤、黏膜和多数腺细胞的增殖能力强，损伤可完全再生；肌细胞、神经细胞等增殖能力弱，只能由纤维细胞产生胶原纤维来修复。

（一）闭合性损伤的修复

闭合性损伤的修复基本属于结缔组织修复，细胞增殖与瘢痕形成约1～2周，随后将瘢痕分解、吸收，进行再成型，一般需3～12个月才能恢复原有形态。损伤组织的神经、血管一旦断裂，如无神经纤维再生和血管再通将丧失其功能。肌腱、韧带的断裂靠瘢痕连接，虽然功能有所恢复，但一般不能完全恢复。

（二）开放性损伤的修复

开放性损伤通过结缔组织修复，伤口收缩和上皮再生达到愈合。如创面不大，一般1～2周即能将创面覆盖。无论何种创口，愈合时都有瘢痕和上皮两种组织，瘢痕愈少，局部功能愈好，如损伤和炎症反应强烈（存在感染、异物等因素），会使胶原纤维生成增多，瘢痕形成明显。少数人因个人的体质关系，可形成瘢痕疙瘩。

瘢痕根据其形态特点一般分为浅表性瘢痕、增殖性瘢痕、萎缩性瘢痕、凹陷性瘢痕和瘢痕疙瘩等五种类型。

1. 浅表性瘢痕（superficial scar）　瘢痕浅表，局部平软，与皮下组织无粘连。

2. 增殖性瘢痕（hypertrophic scar）　瘢痕肥厚，质地较硬，常突出皮肤表面。多因伤口感染或异物刺激，肉芽组织生长过多所致。

3. 萎缩性瘢痕（atrophic scar）　瘢痕菲薄，表面平坦，易发生磨损破溃，与深部肌肉、肌腱、神经、血管连接紧密，具有一定的收缩性。常见于皮肤大面积缺损，特别是创面深达皮下脂肪层的损伤。

4. 凹陷性瘢痕（depressed scar）　瘢痕低于皮肤表面，瘢痕与周围的肌肉、神经、血管，甚至骨膜相粘连。常见于皮下深部组织缺损的严重损伤。

5. 瘢痕疙瘩（keloid）　瘢痕质地较硬，边缘隆起，增生明显，并超出原有的创面，向周围正常皮肤扩张，多与瘢痕体质有关。

由于不同性质的损伤所形成的瘢痕也不完全相同，因此根据瘢痕特点可以大致判断损伤的性质和致伤物的种类。但在法医临床学鉴定中，要特别注意损伤治疗过程中是否进行清创处理和清创对瘢痕形态的影响。

另外，通过瘢痕的颜色还可以大致推断损伤的时间。瘢痕早期（1～6个月），由于肉芽组织中新生毛细血管数目较多，颜色较红；中期（6～18个月），随着纤维结缔组织增多，毛细血管数目减少，瘢痕颜色逐渐变成棕色；晚期（大于18个月），随着纤维结缔组织进一步增多，毛细血管数目进一步减少，瘢痕一般呈白色。

（三）影响损伤修复的因素

1. 组织分化程度　分化程度低的组织再生能力强。结缔组织、造血组织、周围神经、表皮黏膜等再生能力较强。已分化和功能复杂的组织再生能力弱，甚至无再生能力，如横纹肌、平滑肌等再生能力弱，神经元细胞和心肌纤维无再生能力。

2. 机体的状态　年龄、营养、局部血液循环等影响损伤的修复。一般来说，年龄轻，营养状态良、局部血液循环好，修复得好和快。

3. 不同组织的再生能力　不同组织的再生能力是不一样的，有些组织再生能力强，有些组织再生能力弱，甚至不能再生。

（1）结缔组织：再生能力强，创伤的愈合都有结缔组织再生过程。

（2）血管：主要是毛细血管和小动静脉的再生。

（3）脂肪组织：再生能力较强，可以完全再生。

（4）骨组织：骨组织的再生分为膜外成骨和膜内成骨2种形式。扁骨与不规则骨主要为膜内成骨，骨折愈合时间长，骨痂形成不明显。管状骨主要为膜外成骨，约在骨折后2周，骨母细胞性肉芽组织即构成骨痂，断端接合后逐渐形成骨性骨痂。

（5）肌组织：分为骨骼肌、平滑肌和心肌，其中心肌无再生能力、平滑肌与骨骼肌轻微的损伤通过再生可以恢复。严重损伤形成瘢痕，会影响收缩能力。

(6) 神经组织：脑与脊髓中枢的神经元细胞基本无再生能力。受损伤后，多由周围神经胶质细胞充填，形成神经胶质性瘢痕。周围神经纤维损伤，通过神经元的轴芽可以再生。神经纤维断裂通过手术吻合神经鞘可以防止神经纤维瘤形成，有助于神经轴突生长。

(7) 皮肤与黏膜上皮细胞：皮肤与黏膜上皮细胞再生能力很强，但皮肤附件一般不能再生，损伤到真皮，则以结缔组织修复形成瘢痕。

五、损伤的转归

损伤的预后与损伤部位、损伤类型、损伤程度、损伤范围、损伤延续的时间以及伤者年龄、营养状态和治疗等因素相关。

1. 完全康复　损伤的组织或器官通过局部组织再生与修复，在组织器官功能上和组织细胞代谢上完全恢复正常，在临床上又称为痊愈。

2. 不完全康复　损伤的组织或器官由于局部破坏严重、范围比较广泛，组织和器官不能完全再生，只能由结缔组织充填，由于瘢痕挛缩，进而导致肢体或器官的功能障碍。

在临床病志上，特别是出院小结上常常会看到"临床治愈"的字样，对于"临床治愈"如何理解，往往会引起双方当事人的争执。所谓临床治愈，是指就诊时的主要症状或体征消失，不等同于痊愈。

3. 死亡　由于损伤严重，机体功能不能恢复反而进一步恶化直至停止。

第二节　机械性损伤

机械性损伤（mechanical injury）是指机械性外力作用于人体所形成的损伤，是日常生活中最常见的损伤，在法医临床学鉴定中占有重要的地位。法医学根据致伤物的种类不同，可分为钝器损伤、锐器损伤和火器损伤三大类；根据损伤的部位和组织不同分为体表软组织损伤、骨和关节损伤以及内脏器官损伤。

一、损伤机制

机械性外力主要有压力、拉力、剪力和扭力等四种形式，机械性损伤的类型与损伤程度与致伤物的形状、作用力的大小、作用的方向以及与机体相互作用的部位和作用面积等有关，主要取决于机械性外力的动能、与机体作用时的冲量和作用面积的大小。此外，机体的不同组织结构的弹性、可塑性和反应性，在一定范围内也决定机械性损伤的性质和损伤程度。一般来说，动能越大、作用时间越短，损伤越重；作用面积越小，局部作用强度越大。

由钝器所形成的损伤称钝器损伤（blunt instrument injury），简称钝器伤。钝器一般指无刃、无尖、质硬、作用面积比较大的物体，常见有砖石、木棒、拳脚等。由于钝器种类很多，与人接触的面积、部位以及作用力的大小不同，其损伤形态和程度也不同。

钝器伤根据组织器官结构是否完整分为挫伤（contusion）和挫裂伤（contusion and laceration）。在体表，钝器通过撞击所形成的开放性损伤称挫裂创（contused wound），通过牵拉所形成的开放性损伤称撕裂创（tearing wound）。一般来说，钝性外力造成的挫裂创多发生在皮下组织较少，骨质相对凸起或有坚硬骨质衬垫的部位，例如头部，特别是眉弓处。撕裂创则往往是由较大的外力牵拉所致，多见于交通事故、工业事故和重大灾害事故。

由锐器所形成的损伤称锐器损伤（sharp instrument injury），简称锐器伤。锐器是指具有锋利刃口或尖端的物体。一般根据锐器的种类和作用方式把锐器伤分为切创、砍创、刺创和剪创四类。

火器损伤（firearm injury）是指以火药为动力的武器所造成的损伤，主要包括枪弹创（bullet wound）和爆炸伤（explosion injury）。严格上讲，火器损伤不单纯是弹头、弹片的机械作用，往往还伴有弹头、弹片所具有的热能烧伤。

二、临床表现

1. 钝器损伤 分为体表软组织损伤、骨损伤和内脏器官的损伤。较强大的钝性外力作用于机体,除体表软组织的挫伤、挫裂伤外,还可以导致骨挫伤、骨折和内脏器官的挫伤与破裂。

(1)挫伤:主要表现为局部组织肿胀、疼痛与功能障碍。局部皮肤可见肿胀、表皮剥脱、皮下出血等。

(2)挫裂伤:创口常呈不规则形,创角较钝,可多于两个,创缘、创壁不整齐,创腔内有组织间桥。在体表挫裂伤多伴有表皮剥脱和皮下出血。如果挫裂创发生在皮下组织较少、骨质凸出的部位,例如颜面部,有时创缘也比较整齐。

撕裂创的创缘相对整齐,一般表皮剥脱和皮下出血不明显,创口的方向与皮肤纹理相一致,创角锐利,但创壁间有组织间桥。

钝力所致的骨折,绝大多数为闭合性损伤,但有的时候骨折的断端可以刺破皮肤形成开放性损伤。

2. 锐器损伤 局部皮肤全层及皮下组织被锐器分离可形成创。如创达骨质,有时可在骨面上留有刀痕或锐器残片,严重者可导致骨折与内脏器官的破裂。

3. 火器损伤 火器损伤包括枪弹创和爆炸伤。除体表损伤外,火器损伤往往会合并骨折和内脏器官的损伤。

枪弹创分为盲管创和贯通创,盲管创仅可见射入口,枪弹留存于体内。贯通创可见典型的射入口和射出口,射入口的形态特点与枪弹类型、射击距离、衣着等有关。

爆炸伤主要为爆炸物所产生的火焰、高热和冲击波及其夹杂物体对人体所造成的损伤,爆炸伤可以同时具有钝器损伤、锐器损伤以及烧伤等特点,但上述三种形式的损伤不一定在每一个爆炸伤中都能见到,主要与爆炸物的性质、周围环境和距离有关。

三、法医学鉴定

法医学检查时,体表软组织损伤的记录应按解剖位置和体表标志来记载。准确的损伤位置记载,对分析损伤机制具有重要意义。比如后枕部的皮下出血,同时伴有额叶的挫伤,往往提示额叶的挫伤为"对冲伤"所致。

损伤形状的描述要用几何用语,比如圆形、三角形、弧形等。损伤形状的分析对推断致伤物具有重要意义。损伤大小的记载要用标尺测量,一般用厘米计算。

对于损伤的表皮剥脱、皮下出血、损伤周围的炎症反应、损伤所遗留的瘢痕以及颜色均应详细记载。由于法医临床学鉴定时,一些损伤已是陈旧性损伤,因此,损伤当时的情况只能通过临床病志间接获取。

1. 致伤物的判断 机械性损伤根据外伤史与体表损伤所见不难判定钝器损伤、锐器损伤和火器损伤。

一般来说,体表软组织闭合性损伤为钝性外力作用所致,开放性损伤可以是钝器、锐器和火器损伤所致。如果钝性外力作用面积较大,受力部位缺少骨组织衬垫或被覆较厚其他物质的情况下,体表损伤征象可能不明显。

表皮剥脱可提示损伤的位置与性质、暴力作用方向、凶器种类,并根据愈合情况可估计损伤的时间。皮下出血也可提示受力的部位,皮下出血颜色的变化可推断损伤时间。创的形态特征是推断致伤物种类的主要根据。

挫裂创多伴有表皮剥脱和皮下出血,创口常呈不规则形,创角较钝,可多于两个,创缘、创壁不整齐,创腔内有组织间桥;锐器创一般创口规整,创角锐利,创缘、创壁整齐,创腔内无组织间桥。

钝器所致的皮下出血,挫裂创和损伤的形态特征在一定程度上可以反映致伤物的性状,如木棒常表现出条状出血、条状挫裂创或线状骨折。

骨损伤可以反映外力性质和外力大小，骨折的类型可以帮助分析、判断外力作用的方式；关节脱位方向和程度也可以帮助分析外力作用的大小和外力作用的方式。

2. 损伤程度与伤残等级　损伤程度主要根据具体损伤的部位以及组织结构破坏程度与功能障碍的程度进行评定；对于多部位体表软组织损伤程度可以依据《人体损伤程度鉴定标准》6.17之规定相加后评定；损伤合并失血性休克、挤压综合征等并发症的，依照《人体损伤程度鉴定标准》相关条款进行评定；盲管创、贯通创的创道长度可视为皮肤创口的长度。机械性损伤的伤残等级主要根据损伤愈后是否遗留结构改变与功能障碍进行评定。

第三节　烧　　伤

烧伤（burn injury）是热力（高温）所引起的损伤。由于电能、化学物质、放射线等所致的组织损伤，其病理和临床过程与热力烧伤很接近，因此，临床上习惯上将电能、化学物质、放射线等都归于烧伤一类。

一、损伤机制

烧伤是日常生活、生产劳动和战争中常见的损伤。烧伤有时不仅损伤皮肤，还可深达肌肉、骨骼，严重者能引起一系列全身变化。大面积烧伤后常并发严重的休克与感染，死亡率高。另外，创面愈合后也可遗有各种功能障碍。

烧伤的严重程度取决于烧伤的深度和面积。这两个因素不仅决定机体损伤程度、机体代谢变化和愈合过程，也决定死亡率、残疾率和伤者最终功能状态。

二、临床表现

（一）局部表现

1. Ⅰ度烧伤　轻度红、肿、热、痛、感觉过敏、表面干燥无水泡。
2. 浅Ⅱ度烧伤　剧痛、感觉过敏、有水泡、基底发红、水肿明显。
3. 深Ⅱ度烧伤　感觉迟钝、基底苍白、内有红色斑点。
4. Ⅲ度烧伤　感觉消失，如皮革状，呈蜡白、焦黄或炭化。

（二）全身表现

1. 体液渗出期　严重的烧伤后，烧伤区及周围组织内毛细血管的渗透性增强，血浆体液外渗。在伤后6～12小时渗出达高峰，致使血容量不足，出现休克和低血钠性酸中毒，并可发生一系列并发症。

2. 急性感染期　烧伤创面的细菌和周围正常组织的细菌侵入创面后，会出现局部急性炎症，全身毒血症症状。此时也容易并发其他部位的感染。

3. 创面修复期　除Ⅰ度烧伤外，烧伤后创面都形成痂皮。无感染的浅Ⅱ度烧伤可以痂下愈合。深Ⅱ度痂皮和Ⅲ度焦痂在伤后2～3周左右开始自溶脱痂。

4. 康复期　深Ⅱ度和Ⅲ度烧伤的创面愈合均可产生瘢痕并发生挛缩畸形，功能恢复需要锻炼或手术整形。内脏的功能恢复也需要一个过程，一般需要2～3年。

三、法医学鉴定

（一）损伤认定

烧伤的认定根据外伤史和临床所见不难认定。其损伤程度主要是依据烧伤的部位、烧伤的深度和烧伤的面积进行评定，烧伤早期主要注意是否危及生命，晚期主要注意愈后的瘢痕和功能障碍。

1. 烧伤深度判断　最常用的方法是"三度四分法"（见表3-1），对于法医临床学鉴定而言，浅Ⅱ度和深Ⅱ度烧伤的区分往往需要通过愈合后是否留有瘢痕来确定。

表 3-1 烧伤深度分度

程度		损伤组织	烧伤部位特点	愈后情况
Ⅰ度		表皮	皮肤红肿,有热、痛感,无水疱,干燥,局部温度稍有增高	不留瘢痕
Ⅱ度	浅Ⅱ度	真皮浅层	表皮有大而薄的水疱,疱底有组织充血和明显水肿;组织坏死仅限于皮肤的真皮层,局部温度明显增高	不留瘢痕
	深Ⅱ度	真皮深层	损伤已达真皮深层,水疱较小,表皮和真皮层大部分凝固和坏死。将已分离的表皮揭去,可见基底微湿,色泽苍白上有红出血点,局部温度较低	可留瘢痕
Ⅲ度		全层皮肤或者皮下组织、肌肉、骨骼	皮肤全层坏死,干燥如皮革样,不起水疱,蜡白或者焦黄、炭化,感觉丧失,脂肪层的大静脉全部坏死,局部温度低、发凉	需自体皮肤移植,留有瘢痕或者畸形

2. 烧伤面积计算 烧伤面积计算的方法临床上主要有三种:中国九分估算法、十分法和手掌法,一个人手掌的面积相当于自身体表面积的1%,成年人和儿童不同部位的表面积所占体表总面积的比例并不相同。

中国九分估算法:成人体表面积视为100%,将总体表面积划分为11个9%等面积区域,即头(面)颈部(头6%,颈3%)占一个9%,双上肢(双上臂7%,双前臂6%,双手5%)占二个9%,躯干前后(前躯13%,后躯13%)及会阴部(1%)占三个9%,臀部(5%)及双下肢(双大腿21%,双小腿13%,双足7%)占五个9%+1%。

12岁以下儿童体表面积:头颈部=9+(12-年龄),双下肢=46-(12-年龄)。

（二）损伤程度与伤残等级

《人体损伤程度鉴定标准》规定,Ⅱ度以上烧烫伤面积达体表面积5%或者Ⅲ度面积达0.5%为轻伤二级;Ⅱ度以上烧烫伤面积达体表面积20%或者Ⅲ度面积达5%为轻伤一级;Ⅱ度以上烧烫伤面积达体表面积30%或者Ⅲ度面积达10%或面积低于上述程度但合并吸入有毒气体中毒或者严重呼吸道烧烫伤为重伤二级;深Ⅱ度以上烧烫伤面积达体表面积70%或者Ⅲ度面积达30%为重伤一级。

《道路交通事故受伤人员伤残评定》(GB 18667-2002)规定,皮肤损伤致瘢痕达体表面积4%以上(12%以下)为X级伤残;随着体表瘢痕面积的增加,伤残等级不断提高,瘢痕达体表面积76%以上为Ⅰ级伤残。

《劳动能力鉴定 职工工伤与职业病致残等级》(GB/T 16180-2014)规定,全身瘢痕面积<5%但≥1%为十级伤残;随着体表瘢痕面积的增加伤残等级不断提高,全身重度瘢痕形成,占体表面积≥90%,伴有脊柱及四肢大关节活动功能基本丧失为一级伤残。

第四节 冻 伤

冻伤(cold injury)是指人体受低温侵袭所引起的损伤。正常时,人体通过自身的调节系统,保持体温的相对稳定,但人体的调节功能有一定限度。如人体热量不断丢失,体内所产生的热量不足以抵偿丧失的热量时,则体温可显著下降,会发生全身或局部的冻伤。

一、损伤机制

冻伤分为非冻结性冻伤和冻结性冻伤两种类型。非冻结性冻伤是指冰点以上的低温所引起损伤,冻结性冻伤是指冰点以下的低温所引起损伤。

1. 冰晶的机械作用 由于冰晶的机械作用造成细胞膜的破坏,使细胞坏死。

2. 冰晶的高渗作用 由于冰晶发生在组织间隙,使细胞间液形成高渗状态,导致细胞发生脱水、变性。

3．冻融性损伤　在复温阶段，表浅的皮肤冻结，局部呈一般炎性反应。深部组织的冻结，由于复温后冻伤区微血管显著扩张，致使毛细血管通透性和渗出性增加，出现明显的水疱和水肿，严重者可形成弥漫性血栓，导致组织坏死。因此，对冻伤的损伤程度和范围的评定，需要经过一段时间（数日）的观察才能判定。

二、临床表现

（一）局部冻伤

局部冻伤皮肤颜色苍白、冰冷、疼痛、麻木，复温后冻伤局部表现与烧伤相似，可分为四度：

1．一度冻伤　为皮肤浅表冻伤，局部皮肤红肿、发痒、刺痛和感觉异常，从苍白色转为斑块状的蓝紫色，以后红肿、疼痛，约1周后症状消失。表皮逐渐脱落，不留瘢痕。

2．二度冻伤　为皮肤浅层和部分深层冻伤。局部红肿、发痒、灼痛。早期有水疱出现，如无继发感染，经2～3周水疱逐渐干枯，形成黑色干痂，脱落后的创面有角化不全的新生上皮覆盖。

3．三度冻伤　皮肤全层和皮下组织都被冻伤。皮肤由苍白逐渐变为蓝色，再变成黑色，感觉消失。冻伤周围组织可出现水肿和水疱，有较剧烈的疼痛。坏死组织脱落后，留有的创面容易发生感染，愈合缓慢，遗留的瘢痕，可影响局部功能。

4．四度冻伤　皮肤、皮下组织、肌肉，甚至骨骼都被冻伤，冻伤部位的感觉与运动功能完全消失，呈暗灰色。冻伤组织与健康组织交界处可出现水肿与水疱，2～3周之内有明显的坏死分界线出现。如有静脉血栓形成，可导致周围组织水肿，继发感染。这种冻伤往往会导致较严重的伤残和功能障碍。

（二）全身冻伤

全身冻伤的主要变化是血液循环障碍和细胞代谢障碍。损害一般由四肢远端开始，逐渐波及躯干和内脏，体温下降到27℃以下时，可引起主要器官的损害，如神经系统的抑制和损害，伤者表现头晕、四肢乏力、知觉消失，进而呼吸循环衰竭。复温后，伤者虽可复苏，但往往会遗有严重的心、肾功能损害。

三、法医学鉴定

（一）损伤认定

根据外伤史和临床表现进行认定。

（二）损伤程度与伤残等级

冻伤的损伤程度主要是依据冻伤的部位、冻伤的深度和冻伤的面积进行评定，冻伤早期注意是否危及生命，晚期注意愈后的瘢痕、组织结构的破坏和功能障碍。损伤程度与伤残等级比照烧伤有关规定进行评定。

第五节　电损伤

电损伤（electric injury）是指电流通过人体引起的全身或局部损伤，其损伤的严重程度与电流的强度、电压的大小、接触部位的电阻和接触时间的长短有关。

一、损伤机制

临床上分为全身性损伤和局部性损伤。全身性损伤是指电流进入体内立即传遍全身，主要损伤神经系统和心脏，引起血液动力学的改变，甚至心跳、呼吸骤停，全身性损伤也称电击伤（electric shock）。

局部性损伤是指电流在其传导受阻的组织产生热力，造成组织细胞变质、坏死，组织蛋白凝固或炭化、血栓形成等，也称电烧伤。

二、临床表现

（一）局部表现

主要为烧伤的表现，分为电热灼伤和火焰灼伤。由于电压高低不同烧伤特点也不同。

1. 低压电烧伤　低压电造成的烧伤比较轻。受伤皮肤呈焦黄色或褐黑色，伤口面小而干燥，边缘清晰，有时可见水疱。局部电烧伤的特点是电流进口处烧伤较出口处严重。

2. 高压电灼伤　高压电、电弧造成的烧伤，面积较大，皮肤烧伤呈特有的蜘蛛样或树枝样斑纹，可深达肌肉、骨骼。有时，由于电离子穿透作用，深部组织可受到严重的烧伤，而体表无明显的烧伤。

3. 其他表现　触电后，由于肌肉强烈收缩，全身抽搐，可引起骨折、脱位。此外触电后跌落，也可合并其他各种外伤。

（二）全身表现

轻者仅表现恶心、心悸、头晕或短暂的意识丧失。严重者可引起电休克、心室纤颤或呼吸心搏骤停。如抢救不及时，可导致死亡。

Ⅰ度：全身症状轻微，只有轻度心悸。触电肢体麻木，全身无力，如极短时间内脱离电源，稍休息可恢复正常。

Ⅱ度：触电肢体麻木，面色苍白，心跳、呼吸增快，甚至昏厥、意识丧失，但瞳孔不散大，对光反射存在。

Ⅲ度：呼吸浅而弱、不规则，甚至呼吸骤停。心律不齐，有室颤或者心搏骤停。

电休克恢复后，病人在一段时间内，可有头晕、心悸、耳鸣、听觉或视力障碍，但多数能自行恢复，少数病人可发生电击性白内障。

三、法医学鉴定

（一）损伤认定

电损伤根据外伤史和临床表现进行认定。

（二）损伤程度与伤残等级

电损伤的损伤程度早期主要注意是否危及生命，晚期注意是否遗有功能障碍。

《人体损伤程度鉴定标准》规定，电击伤Ⅰ度为轻伤二级，电击伤Ⅱ度以上为重伤二级。

《道路交通事故受伤人员伤残评定》（GB 18667-2002）和《劳动能力鉴定　职工工伤与职业病致残等级》（GB/T 16180-2014）对于电损伤没有具体规定，伤残程度主要是根据愈后所遗留的功能障碍进行评定。

第六节　损伤并发症

损伤并发症（injury complication）是指一种损伤引起另一种疾病或综合征的发生，或合并发生了几种疾病或综合征。

损伤并发症种类繁多，本节主要介绍《人体损伤程度鉴定标准》中所涉及的五种危及生命，并引起机体全身反应和多系统功能障碍的损伤并发症（休克、呼吸困难、挤压综合征、脂肪栓塞综合征和急性呼吸窘迫综合征）。

一、休克

休克（shock）是由于各种原因引起的有效循环血量急剧减少，致全身微循环障碍，生命重要器官（脑、心、肺、肾、肝）严重缺血、缺氧而引起的代谢障碍、功能减退与细胞损害的病理状态。

（一）原因和机制

引起休克的原始发病因素虽有所不同,但有效循环血量不足是它们的共同特点。休克根据原因和机制的不同分为:

1. 低血容量性休克 是指有效循环血容量不足。急性失血超过全身血容量的20%（成人约800ml）即发生休克,超过40%（约1600ml）濒于死亡。低血容量性休克包括:①失血性休克（如血管破裂）;②失血浆性休克（如烧伤所致的组织液的丢失）;③失水性休克（如严重腹泻、呕吐）。当大量体液丢失或血管通透性增加时,可导致血容量急剧减少,静脉回流不足,心排出量减少和血压下降。

2. 创伤性休克 多因严重损伤,导致血浆或全血丧失至体外,同时由于损伤部位的出血、水肿和渗出,到组织间隙的体液不能参与循环,使循环血量明显减少。又因受伤组织逐渐坏死或分解,产生具有血管抑制作用的蛋白分解产物,如组织胺、蛋白酶等,引起微血管扩张和管壁通透性增加,使有效血量进一步减少,加重组织缺血、缺氧。

3. 感染性休克 严重感染,特别是革兰阴性细菌感染常可引起感染性休克。在革兰阴性细菌引起的休克中,细菌的内毒素起着重要的作用。内毒素与体内的补体、抗体或其他成分结合后,可刺激交感神经引起血管痉挛并损伤血管内皮细胞。同时,内毒素可促使组胺、激肽、前列腺素及溶酶体酶等炎症介质释放,引起全身性炎症反应,结果导致微循环障碍、代谢紊乱及器官功能不全等,故感染性休克亦称中毒性休克（toxic shock）。另外,感染性休克常伴有败血症,故又称败血症性休克（septic shock）。

4. 神经源性休克 由于创伤剧烈疼痛,神经系统特定部位的损伤以及过度悲伤、愤怒、恐惧等强烈的精神刺激,反射性引起血管舒缩中枢抑制,失去对周围血管的调节作用,从而使周围血管扩张,血液淤积于扩张的微血管中,造成有效循环血量突然减少而导致休克。神经源性休克通常为一过性,并无有效循环血量的显著不足。在法医学鉴定中,经常涉及颈部、阴部等敏感部位受到外力作用而引起的神经源性反射休克。

5. 过敏性休克 指具有过敏体质的人注射或接触某些药物（如青霉素）、血清制剂、疫苗以及一些致敏原而引起的休克。

当过敏原进入机体后,可刺激机体产生抗体IgE。IgE的Fc段持久地吸附在微血管周围的肥大细胞以及血液中嗜碱性粒细胞和血小板等靶细胞表面,使机体处于致敏状态;当同一过敏原再次进入机体时,与上述吸附在细胞表面的IgE结合形成抗原抗体复合物,引起靶细胞脱颗粒反应,释放大量组胺、5-羟色胺（5-HT）、激肽等血管活性物质。这些活性物质导致后微动脉、毛细血管前括约肌舒张和血管通透性增加,外周阻力明显降低,血容量和回心血量急剧减少,动脉血压迅速而显著地下降。

6. 心源性休克 由急性心脏泵血功能衰竭所引起,最常见于心脏损伤、急性心肌梗死、急性心肌炎、心包填塞等。根据血流动力学的变化,心源性休克亦可分为两型:①低排高阻型:与血压下降、减压反射受抑而引起交感-肾上腺髓质系统兴奋和外周小动脉收缩有关;②低排低阻型:可能是由于心肌梗死或心室舒张末期容积增大和压力增高,刺激了心室壁的牵张感受器,反射性抑制了交感中枢,导致外周阻力降低所致。

（二）临床表现

休克的主要表现为机体组织器官血液灌注不足,如治疗不及时,可引起各系统严重的功能障碍,甚至导致死亡。

1. 休克早期（代偿期） 中枢神经系统兴奋性提高,交感神经活动增加。患者神志清楚,精神紧张或有烦躁不安,面色、皮肤苍白,口唇和甲床发绀,四肢湿冷,血压正常或偏高或稍偏低,脉压差减小一般为30mmHg（4kPa）,脉搏增快（>100次/分钟）,呼吸深而快,尿量正常。

2. 休克中期（失代偿期） 患者神志淡漠,反应迟钝,血压下降,脉压差明显缩小（<30mmHg）,脉搏细数（>120次/分钟）,呼吸急促,尿量少（<20ml/h）。进一步加重时,进入休克晚期。

3. 休克晚期（微循环衰竭期） 神志不清，全身青紫，四肢厥冷，血压明显下降甚至测不出，脉搏细弱不能触及（>140 次 / 分钟），体温不升，无尿。本期可发生 DIC 和广泛的内脏器质性损害。前者引起出血，可有皮肤、黏膜和内脏出血、消化道出血。后者可发生心力衰竭、急性呼吸衰竭、急性肾衰竭、脑功能障碍和急性肝功能衰竭等。

4. 辅助检查 临床上一些辅助检查虽然不是休克必须检查的项目，但有助于血容量的判定。

（1）中心静脉压（CVP）：中心静脉压可反映全身血容量与右心功能之间的关系。CVP 的正常值为 0.49～1.18kPa（5～12cmH$_2$O）。当 CVP < 0.49kPa 时，表示血容量不足；高于 1.18kPa 时，则提示心功能不全、毛细血管过度收缩或肺循环阻力增高。

（2）肺毛细血管楔压（PCWP）：肺毛细血管楔压可反映肺静脉、左心房和左心室的功能状态。PCWP 的正常值为 6～15mmHg，与左心房内压接近。PCWP 低于正常值反映血容量不足；PCWP 增高可反映左心房压力增高。

（3）动脉血气分析：动脉血二氧化碳分压（PaCO$_2$）正常值为 36～44mmHg。休克时可因肺换气不足，出现体内二氧化碳聚积致 PaCO$_2$ 明显升高；若 PaCO$_2$ 超过 45～50mmHg 时，常提示肺泡通气功能障碍。通过检测 pH、碱剩余（BE）、缓冲碱（BB）和标准重碳酸盐（SB）的动态变化有助于了解休克时酸碱平衡的情况。碱缺失（BD）可反映全身组织的酸中毒情况，反映休克的严重程度和复苏状况。

（4）动脉血乳酸盐测定：休克病人组织灌注不足可引起无氧代谢和高乳酸血症，正常值为 1～1.5mmol/L，危重病人允许到 2mmol/L。通过对动脉血乳酸盐的监测有助于估计休克及复苏的变化趋势。

（三）法医学鉴定

1. 休克的认定 休克是一种急危重的临床综合征，临床诊断的目的是及时预防和救治，但并不十分强调诊断依据的充分和完备，因此在法医学上对于休克的认定必须根据休克的病理基础、临床表现和救治过程及其临床转归综合判断。

创伤性休克多在重度颅脑损伤、多发骨折等严重创伤情况下发生，失血性休克多为大血管破裂、肝脾破裂等大失血的情况下发生（失血量大于全身血容量的 20%），感染性休克是由细菌等严重感染引起。

临床表现是休克认定的重要依据。休克指数是一项判断有无休克及其程度的指标。休克指数 = 脉率 / 收缩压。休克指数为 0.5，一般表示血容量正常；休克指数为 1，表示失血量为 20%～30%；休克指数为 1～2，表示失血量为 30%～50%；休克指数大于 2，表示失血量大于 50%。

（1）轻度：收缩压 12～13.3kPa（90～100mmHg），脉搏 90～100 次 / 分钟，尿量正常或略减，估计失血量 800ml 以下。

（2）中度：收缩压 10～12kPa（75～90mmHg），脉搏 110～130 次 / 分钟，尿少，估计失血量 800～1600ml。

（3）重度：收缩压 < 10kPa（< 75mmHg），脉搏 120～160 次 / 分钟，尿少或无尿，估计失血量 1600ml 以上。

（4）垂危：血压、脉搏测不出。

失血性休克的血压水平与基础血压有关。基础血压低者，收缩压虽然低于 90mmHg 以下，但可无血容量不足的表现。对于高血压患者，尽管收缩压高于 90mmHg 以上，也可以出现休克的症状。一般来说，当其收缩压下降 25% 以上，并有早期休克表现时，即可以认为休克存在。

2. 损伤程度与伤残等级 《人体损伤程度鉴定标准》规定，各种损伤引起休克（轻度）为轻伤二级；各种损伤引起休克（中度）为重伤二级。"神经源性休克"和"过敏性休克"不宜援引《人体损伤程度鉴定标准》中有关重伤条款直接评定。

伤残等级主要根据原发性损伤所引起机体的组织结构破坏和（或）遗留功能障碍情况依据相关标准和条款进行评定。

二、呼吸困难

呼吸困难（dyspnea）是呼吸功能不全的一个重要症状，患者主观上感到呼吸过程不适或不畅、空气不足、呼吸费力，客观上表现为呼吸频率、深度和节律改变，严重时出现鼻翼扇动、发绀、端坐呼吸，辅助呼吸肌参与呼吸活动。目前多认为呼吸困难主要由于通气的需要量超过呼吸器官的通气能力所引起。

（一）原因和机制

任何限制肺组织与大气间进行氧气和二氧化碳交换的损伤或疾病都会引起呼吸困难。为了维持机体内环境的稳定，增加氧的供给，病人需要用力呼吸，进而表现出呼吸困难症状与体征。

1. 肺源性呼吸困难　此类呼吸困难是因呼吸系统疾病引起肺通气、换气功能不良，肺活量降低，血中缺氧与二氧化碳浓度增高引起。根据呼吸过程中，气道狭窄处的直径是否随气道内压力的改变而改变以及气道狭窄的部位，将肺源性呼吸困难又分为吸气性、呼气性及混合性三种。气道狭窄如位于胸腔外，为吸气性呼吸困难；狭窄部位在胸腔内，为呼气性呼吸困难；吸气相及呼气相时气道均狭窄，为混合性呼吸困难。

2. 心源性呼吸困难　此类呼吸困难主要由左心和/或右心功能不全引起。两者的发生机制不同，左心功能不全时产生呼吸困难的主要原因是肺淤血与肺组织弹性减退，右心功能不全时产生呼吸困难的主要原因为体循环淤血。心源性呼吸困难的特点为运动时发生或加重，休息时缓解或减轻，仰卧位时加重，坐位时减轻。

3. 血源性呼吸困难　重度贫血、高铁血红蛋白血症、硫化血红蛋白血症或一氧化碳中毒等，由于红细胞携氧量减少，血含氧量降低，会引起呼吸变慢变深，心率加快。在大出血或休克时，也可随缺血与血压下降，刺激呼吸中枢引起呼吸困难。

4. 神经性呼吸困难　颅脑损伤（如脑出血、颅内压增高、颅脑外伤）直接损伤呼吸中枢，或因供血减少或直接受压力的刺激，致呼吸慢而深，并可出现呼吸节律的改变。此外，精神因素如癔症、焦虑症、过度换气综合征等，也可表现出呼吸困难的症状，称之为精神性呼吸困难。

5. 中毒性呼吸困难　在代谢性酸中毒（如尿毒症、糖尿病酮症）时，血中酸性代谢产物强烈刺激呼吸中枢，致呼吸深、大，可伴有鼾声，称为酸中毒深大呼吸。急性感染时机体代谢增加，血液温度升高以及血中酸性代谢产物的作用，可刺激呼吸中枢，使呼吸加快。药物中毒，如吗啡类、巴比妥类等急性中毒时，呼吸中枢受抑制，表现为慢而浅（又称潮式呼吸）的呼吸困难。

（二）临床表现

呼吸困难主要表现为自觉呼吸费力、气短、氧气不够用，有胸闷不适感，同时呼吸频率增快（>28次/分钟），幅度加深或变浅，或伴有周期节律异常，鼻翼扇动，辅助呼吸肌参与呼吸运动，发绀等。

严重的呼吸困难长时间得不到纠正，可导致重要脏器的缺氧性病变，如缺氧性脑病等。

（三）法医学鉴定

1. 呼吸困难的认定　主要根据病因、病理基础和临床表现综合判断，排除短暂的创伤后应激性呼吸浅快或情绪性呼吸波动和排除癔症性呼吸困难。

（1）呼吸困难认定的要点：①呼吸频率加快至28～35次/分钟，伴有呼吸深度和呼吸节律异常，并呈持续状态，同时伴有缺氧的症状和体征。原则上，每次检测呼吸的时间不少于30秒，并且多次呼吸检测结果相符；②血气分析 PaO_2 <8kPa（60mmHg），$PaCO_2$ >6.67kPa（50mmHg）；③肺功能测验提示呼吸功能不全，FEV1%<83%；④影像学等检查可见导致呼吸困难的器质性损伤或病变，其病变程度与呼吸困难程度相一致。

（2）呼吸困难的分级：0级：只在剧烈运动时呼吸困难；1级：平路快走或上坡时呼吸困难；2级：由于呼吸困难，平路行走比同龄人慢，即使按照自己的节奏行走，也要停下来喘气；3级：平路行走几分钟或100m，要停下来喘气；4级：呼吸困难严重，出不了家门，穿衣、脱衣都呼吸困难。

2. 损伤程度与伤残等级　《人体损伤程度鉴定标准》规定，呼吸功能障碍，出现窒息征象的为轻伤二级；伤残等级根据原发性损伤及其后遗症进行评定。

三、挤压综合征

挤压综合征（crush syndrome）是指肌肉丰富的部位受到重物长时间挤压造成肌肉缺血、坏死，继而引起局部组织渗出、肿胀，全身微循环障碍，肾小球滤过率降低，肾小管阻塞、变性、坏死，出现肌红蛋白尿和急性肾衰竭为主要特征的临床症候群。

（一）原因和机制

意外事故、自然灾害、医源性损伤以及各种原因导致的机体压迫等均可导致挤压综合征。

在上述损伤原因作用下，患部组织受到较长时间的压迫，特别是在解除外界压力后，局部可恢复血液循环，但由于肌肉因缺血而产生类组织胺物质，从而使毛细血管通透性增加，肌肉发生缺血性水肿，体积增大，造成肌肉内压上升，肌肉组织的局部循环发生障碍，形成缺血 - 水肿恶性循环。肌肉发生变性、坏死、出血、肿胀，随着肌肉的坏死，肌红蛋白、钾、磷、镁离子及酸性产物等有害物质大量释放，通过血液循环进入体内，造成肾损害。

肾缺血和组织破坏所产生的有害的物质，是导致肾功能障碍的两大原因。肾缺血主要因素是创伤后全身应激状态下的反射性血管痉挛，肾小球滤过率下降，进而导致肾间质水肿，肾小管功能恶化。由于体液与尿液酸度增加，肌红蛋白更易在肾小管内沉积，加重造成肾小管阻塞和毒性作用，促使急性肾衰竭的发生。

（二）临床表现

受压部位有广泛压痕，疼痛，迅速肿胀，并持续加重，皮肤发硬，有水疱，片状红斑及皮下淤血，远端皮肤发白、发凉。受伤肢体感觉减退或麻木，被动伸展动作可引起疼痛加剧。

1. 休克　由于血浆大量渗出，可出现明显休克症状。但有部分患者仅有脉压差变小而休克表现不明显。

2. 肌红蛋白尿　在解除压力后第 1～2 次排尿时即可呈现茶褐色或棕红色肌红蛋白尿。在受压肌肉组织恢复血液循环 12 小时，肌红蛋白尿浓度最高，一般持续 1～2 天尿液逐渐变清。

3. 酸中毒和氮质血症　肌肉组织缺血坏死后，产生大量的磷酸根、硫酸根等酸性物质，使体液 pH 值降低，血液二氧化碳结合力下降，导致代谢性酸中毒。同时，由于严重创伤后组织分解代谢旺盛，大量中间代谢产物积聚，非蛋白氮和尿素氮迅速升高，在临床上出现呼吸深大、烦躁、烦渴、恶心等酸中毒、尿毒症的一系列表现。

4. 高钾血症　由于肌肉缺血坏死，大量的细胞内钾释放至细胞外，进入血液循环，加之肾功能障碍而排钾减少，结果导致血钾升高。临床表现为神志淡漠，烦躁不安，肌无力或肌麻痹，室性心律失常，严重者可因血钾升高而产生心搏骤停。

（三）法医学鉴定

1. 挤压综合征认定　一般根据挤压伤病史、临床表现和实验室检查结果不难认定。

凡挤压伤后出现肌红蛋白尿、少尿或者无尿、高血钾、代谢性酸中毒及氮质血症等急性肾衰竭的一系列临床表现，持续 2 天以上，即可诊断挤压综合征。

（1）挤压综合征认定的要点：①外伤史和体表大面积软组织损伤；②尿液呈棕褐色或酱油色，内含肌红蛋白或血红蛋白、红细胞、色素管型，尿比重 <1.018；③经补液及利尿剂激发试验排除肾前性少尿；④血肌酐和尿素氮每日递增 44.2μmol/L 和 3.57mmol/L，血钾每日以 1mmol/L 上升；⑤血气分析显示代谢性酸中毒。

肌红蛋白尿是诊断挤压综合征的重要依据，也是与其他原因引起急性肾衰竭的区别点。

此外，血常规和血气分析可以估计失血、血浆成分丢失、贫血或少尿期水潴留的程度以及代谢性酸中毒；测定肌肉缺血坏死所释放出的酶，如谷草转氨酶（GOT）、肌酸激酶（CK），可以了解肌肉坏死程度及其消长规律；血钾、血镁等电解质测定可以帮助判断病情的程度。

（2）挤压综合征的分级：挤压综合征根据临床表现和相应的化验检查结果分为三级。Ⅰ级（挤压伤）：尿肌红蛋白试验阳性，CK＞10 000U/L（正常值24～170U/L），而无急性肾衰竭的临床表现；Ⅱ级（休克加早期肾功能损害）：尿肌红蛋白试验阳性，CK＞20 000U/L，低血压、休克、血肌酐和尿素氮增高，少尿，有明显血浆渗入组织间隙，致有效血容量丢失，出现低血压；Ⅲ级（肾衰竭）：尿肌红蛋白试验阳性，CK明显增高，出现少尿甚至无尿、代谢性酸中毒及高血钾等肾衰竭表现。

2．临床转归　挤压综合征病情变化快，对机体损伤严重，治疗复杂，死亡率高。如能早期诊断、及时治疗，防止急性肾衰竭及其并发症的发生、发展，多数患者能部分恢复，或者完全恢复肾功能。原先没有肾功能障碍者，预后更佳。尽管近年挤压综合征的救治水平不断提高，但是发生急性肾衰竭的死亡率仍高达40%～50%。

3．损伤程度与伤残等级　《人体损伤程度鉴定标准》规定，挤压综合征（Ⅰ级）评定为轻伤二级；挤压综合征（Ⅱ级）为重伤二级；伤残等级主要根据原发性损伤及其遗留的功能障碍进行评定。

四、脂肪栓塞综合征

脂肪栓塞综合征（fat embolism syndrome，FES）是指脂肪颗粒阻塞血管腔而引起的一系列病理生理改变致低氧血症、神经系统病变和皮肤黏膜出血为主要表现的一组症候群。

脂肪栓塞和脂肪栓塞综合征是两个不同的概念。脂肪栓塞是病理学诊断名词，指肺或外周血液循环中存在脂肪滴，见于所有的长骨骨折和髋、膝关节置换术中患者。脂肪栓塞综合征是继发于脂肪栓塞的一组临床综合征，目前在临床上尚没有统一的诊断标准，1974年Gurd和Wilson提出的脂肪栓塞综合征临床诊断标准，目前为大多数学者所公认。

（一）原因和机制

脂肪栓塞综合征常发生于骨创伤及骨手术病人（占脂肪栓塞综合征总病例的90%以上），但也继发于机体及其他脂肪组织的创伤，甚至与创伤无关（约5%）。脂肪栓塞综合征的发生与创伤的严重程度及长骨骨折的数量成正比。脂肪栓塞综合征多发生在体质较好的年轻人群，而老年和儿童人群很少发病，儿童发生率仅为成人的1%。

脂肪栓塞综合征最常见于长骨和骨盆骨折、骨关节矫形手术、脂肪肝挤压伤等。其中闭合性骨折多于开放性骨折，特别是多发骨折合并休克时发生率更高。发病常为下肢骨折甚至足部多处骨折，很少发生于上肢骨折病人。60%在伤后24小时内发病，72小时内发病占90%。非创伤因素，包括心肺复苏术后胃肠营养中脂肪剂的输入、抽脂术、急性胰腺炎、糖尿病、高原病、镰形红细胞病、输血、体外循环、骨髓炎等也可以导致脂肪栓塞综合征。

脂肪栓塞综合征的发病机制目前主要有以下两种学说：

1．机械阻塞学说　严重创伤，尤其是长管状骨骨折时，以及创面大、髓腔操作多的人工关节置换手术后，被破坏的脂肪细胞及脂滴在局部压力增高的情况下，经破裂的静脉侵入血流，引起不同程度的毛细血管床的堵塞，造成脂肪栓塞综合征。

2．生化学说　机体在创伤、骨折后的应激反应使血管内出现高凝状态，血中脂肪微粒的凝集状态发生改变，因而使微粒凝集成大的脂肪球，形成栓子。在脂酶的作用下，脂肪栓子水解释出的脂肪酸，刺激肺间质形成肺间质水肿，肺泡内出血，肺不张和纤维蛋白沉积，形成化学性肺炎。

对于脂肪栓子的来源，尽管存在以上两种学说，但从病理学上讲，最终都是因为血流中形成了足够体积的脂肪滴，致使重要脏器血管栓塞。目前大都认为原发病变在肺，临床过程主要是肺脂肪栓塞发展为呼吸功能不全的过程，脑及其他重要脏器的病变为继发病变。

（二）临床表现

脂肪栓塞综合征好发于骨创伤后12～48小时，呼吸功能障碍常早期出现，症状轻重不等，轻者有呼吸急促、呼吸困难，重者类似成人呼吸窘迫综合征（adult respiratory distress syndrome，ARDS）。

脑功能障碍常发生于呼吸功能障碍之后，可有意识状态改变、惊厥及局部脑损害。瘀斑常出现在头颈部、前胸部及腋下。50%的患者存在严重的低氧血症，需要机械通气。典型的脂肪栓塞综合征包括呼吸功能不全、脑功能障碍及皮肤瘀斑三联征。

1．暴发型　伤后早期出现脑部症状，迅速发生昏迷、谵妄、手足抽搐等症状，可于1～3天内死亡。由于肺部X线不显示阳性征，临床诊断困难，常在尸检时才能确诊。

2．临床型　一般在伤后有1～3天的潜伏期，以后出现高热，呼吸困难和出血点。随着病情加重，可出现神志不清，昏睡甚至昏迷，瞳孔大小不一，对光反射消失。化验检查血小板减少，血沉快，血红蛋白低，胸部X线片可见斑点状阴影，甚至"暴风雪"样表现。

3．亚临床型　仅有脂肪栓塞综合征的部分症状和体征，有的仅有低热，轻度心动过速和呼吸次数略有增加。多数可以自愈，如处理不当、搬运、骨折固定不牢或整复骨折手法粗暴，会迅速转为暴发型或临床型而死亡。

4．辅助检查　主要有影像学检查和实验室检查。

（1）肺部X线：可见双侧肺部密度增高，表现为广泛的粟粒状、绒毛状、斑点状，或所谓"暴风雪"状阴影。这些改变有时局限在肺的下叶或肺门附近。

（2）实验室检查：若动脉血氧分压低于60mmHg时，则提示有发生本征的可能。血小板急速减少，甘油三酯和β-脂蛋白水平减低，对本病的诊断有一定的辅助作用。

（三）法医学鉴定

1．脂肪栓塞综合征的认定　主要根据外伤史、潜伏期、临床表现和辅助检查结果综合判定，有时高热和不能解释的血红蛋白下降即是脂肪栓塞综合征的开始。

（1）脂肪栓塞综合征认定要点：①闭合性股骨、胫骨或骨盆骨折等外伤史；②伤后2～3天内头颈部、前胸部及腋下出现皮下出血点，并发生非胸部外伤引起的呼吸困难和（或）非颅脑外伤引起的脑部症状；③胸部X线片可见双侧肺部密度增高，广泛的粟粒状、绒毛状、斑点状或所谓"暴风雪"状阴影；④经皮穿刺肾组织活检，可发现肾小球脂肪栓子。

（2）脂肪栓塞综合征的类型：脂肪栓塞综合征分为完全型和不完全型2种类型。

1）不完全型（或者称部分症候型）：骨折后出现胸部疼痛，咳呛震痛，胸闷气急，痰中带血，皮肤出现淤血点，四肢无力，脉搏细弱。实验室检查有明显低氧血症。

2）完全型（或者称典型症候群型）：创伤骨折后出现神志恍惚，口唇发绀，呼吸和心动过速、呼吸窘迫以至昏迷等；眼结膜、肩及胸部皮下可见散在淤血点，实验室检查可见血色素降低，血小板减少，血沉增快以及出现低氧血症。肺部X线检查可见多变的进行性的肺部斑片状阴影改变和右心扩大。

2．临床转归　从脂肪栓塞综合征出现到完全恢复一般需要2～4周，但神经系统体征的可能持续3个月以上，有些病人可以完全康复（即使出现去大脑强直），有些病人可能存在永久性神经损害。

暴发型死亡率较高，主要与严重右心衰竭有关，而其他型脂肪栓塞综合征死亡主要与呼吸衰竭有关。

3．损伤程度与伤残等级　《人体损伤程度鉴定标准》规定，损伤引起脂肪栓塞综合征（不完全型）为轻伤一级；损伤引起脂肪栓塞综合征（完全型）为重伤二级。伤残等级根据原发性损伤以及遗留的功能障碍程度进行评定。

五、急性呼吸窘迫综合征

急性呼吸窘迫综合征（acute respiratory distress syndrome，ARDS）是指非心源性的各种肺内外致病因素导致的急性进行性呼吸衰竭，临床上以进行性呼吸窘迫、顽固性低氧血症和非心源性肺水肿为特征。

（一）原因和机制

引起急性呼吸窘迫综合征的因素主要有：严重肺部感染、胃内容物误吸、吸入有毒气体、淹溺、氧中毒、肺挫伤及肺部脂肪栓塞以及严重的非胸部创伤、重症急性胰腺炎、大量输血、体外循环、弥散性血管内凝血等。

急性呼吸窘迫综合征的基本病理生理改变是肺泡上皮和肺毛细血管内皮通透性增加所致的非心源性肺水肿。由于肺泡水肿、肺泡塌陷导致严重通气/血流比例失调，特别是肺内分流明显增加，从而产生严重的低氧血症。此外，肺血管痉挛和肺微小血栓形成可引发肺动脉高压。

（二）临床表现

急性呼吸窘迫综合征症状最早可出现于伤后数小时，一般是在创伤后 24 小时发病，也有在 48～72 小时后突然出现呼吸困难，呼吸频率加快，35 次/分钟以上，通气过度，发绀，PaO_2 进行性下降，吸氧治疗一般难以纠正缺氧状态。开始表现通气过度，为呼吸性碱中毒，后期出现混合性酸中毒，病情逐渐加重，甚至死亡。

Ⅰ期（急性损伤期）：多见于外伤急救复苏后或伤后 24 小时内，病人除原发病的症状和体征（如创伤、休克、感染等）外，出现胸闷，呼吸加快，呼吸频率 25～30 次/分钟，表现为自主的持续性过度换气，动脉血氧饱和度下降，血中乳酸增加。此期动脉血气分析为低氧血症和低碳酸血症。胸部 X 线片常无异常发现。

Ⅱ期（潜伏期）：一般见于伤后 24～48 小时内，也可早在伤后 6 小时出现，或发生在 3～5 天内。血压正常或增高，循环尚稳定，心排血量可为正常的 2～3 倍，而呼吸困难加重，突出的症状为呼吸费力、过度换气，肺部听诊和 X 线仍显示正常。但到该期晚期，肺部可出现细小啰音，呼吸音粗糙；X 线片显示两肺纹理增多及轻度肺间质水肿。动脉血气分析为轻度低氧血症和低碳酸血症。吸氧虽可使 $PaCO_2$ 有所改善，但肺泡-动脉氧分压差仍然很高。

Ⅲ期（呼吸功能衰竭期）：由于肺顺应性的降低和肺内由右向左分流增加，临床上出现进行性呼吸困难，发绀明显，两肺有散在湿性及干性啰音。X 线片显示两肺有弥漫性小斑点片状浸润，尤以周边为重。动脉血气分析为中度以上低氧血症，合并明显的呼吸性碱中毒，有的病例合并代谢性酸中毒（缺氧性），肺泡-动脉氧分压差明显增加。

Ⅳ期（危重期）：缺氧和呼吸困难进一步加重，出现三凹征和严重发绀。因缺氧而引起脑功能障碍，表现为神志障碍或昏迷。肺部啰音明显增多，并可出现管状呼吸音。X 线片显示两肺有小片状阴影，并融合形成大片状，称之为"白肺"。动脉血气分析呈现重度低氧血症和高碳酸血症，呼吸性碱中毒和代谢性酸中毒同时存在。

（三）法医学鉴定

1. ARDS 的认定　根据外伤史，临床表现，血气分析和胸部 X 线检查，对典型的 ARDS 作出诊断多无困难。但需要与中枢抑制、胸壁损伤、气胸以及慢性肺部疾患所致的呼吸困难相鉴别。

（1）ARDS 认定必备的条件：①有发病的高危因素；②急性起病；③低氧血症，$PaO_2/FiO_2 \leq 200mmHg$；④胸部 X 线检查两肺浸润影；⑤肺毛细血管楔压（PCWP）$\leq 18mmHg$，或者临床上除外心源性肺水肿。凡符合以上 5 项可诊断为 ARDS。

（2）ARDS 临床分度的标准：①轻度：呼吸频率 >35 次/分钟，无发绀；X 线无异常或者纹理增多，边缘模糊；血气分析，吸空气时，氧分压 <8.0kPa，二氧化碳分压 <4.7kPa；吸纯氧 15 分钟后，氧分压 <46.7kPa，Qs/Qt>10%；②中度：呼吸频率 >40 次/分钟，发绀；X 线肺部有斑片状阴影或者呈磨玻璃样改变，可见支气管气相；血气分析，吸空气时，氧分压 <6.7kPa，二氧化碳分压 <5.3kPa；吸纯氧 15 分钟后，氧分压 <20.0kPa，Qs/Qt>20%；③重度：呼吸极度窘迫，发绀进行性加重；X 线双肺大部分密度普遍增高，支气管气相明显；血气分析，吸空气时，氧分压 <5.3kPa，二氧化碳分压 >6.0kPa；吸纯氧 15 分钟后，氧分压 <13.3kPa，Qs/Qt>30%。

2. 临床转归　急性呼吸窘迫综合征是一个连续的病理过程，早期阶段为急性肺损伤（acute lung injury, ALI），晚期多诱发或合并多脏器功能障碍综合征（multiple organ dysfunction syndrome, MODS），甚至多脏器功能衰竭（multiple organ failure, MOF），病情凶险，预后恶劣，病死率高达 50%～60%。

急性呼吸窘迫综合征大多数的死亡归因于脓毒症和多器官功能不全,而不是原发性呼吸衰竭。如急性呼吸窘迫综合征能迅速得到缓解,大部分病人能恢复正常,若经治疗后,PaO₂明显上升,预后较好。

脂肪栓塞引起的急性呼吸窘迫综合征,经积极处理,机械通气治疗可获得90%存活。刺激性气体所致的急性肺水肿和急性呼吸窘迫综合征,一般脱离现场,治疗及时,亦能取得较好的疗效。如严重感染所致的败血症得不到控制,则预后很差。若并发多脏器功能衰竭,预后极差,且与受累器官的数目和速度有关,如3个脏器功能衰竭持续1周以上,病死率可高达85%。

3. 损伤程度与伤残等级 《人体损伤程度鉴定标准》规定,各种损伤致急性呼吸窘迫综合征(重度)为重伤二级。伤残等级主要根据原发性损伤及其遗留的功能障碍进行评定。

本章小结

本章主要介绍了活体损伤的定义、损伤的分类、损伤的表现、损伤的修复、损伤的预后、机械性损伤、烧伤、冻伤、电损伤以及损伤的并发症等。

损伤是指机体受到外界因素作用,直接造成的组织器官结构破坏和功能障碍。复合性损伤是指由2种或2种以上不同性质外界因素作用所造成的损伤。损伤根据病理基础和机制分为原发性损伤、继发性损伤和迟发性损伤。另外,根据临床症状和体征出现的时间,损伤还分为急性损伤、亚急性损伤和慢性损伤。原发性损伤、继发性损伤和迟发性损伤均可以表现为急性损伤、亚急性损伤或慢性损伤。

损伤的临床表现分为局部表现和全身表现,损伤的局部表现是损伤与致伤物认定的重要依据。损伤的愈后主要有完全康复与不完全康复两种形式,是否完全康复与损伤部位、损伤程度、机体状态和损伤组织是否具有再生能力有关,其修复与再生的过程及愈后情况是判断新鲜与陈旧损伤以及伤残等级的主要依据。

损伤并发症是指一种损伤引起另一种疾病或综合征的发生,或合并发生了几种疾病或综合征。损伤并发症主要有休克、呼吸困难、挤压综合征、脂肪栓塞综合征和急性呼吸窘迫综合征等,失血性休克是法医学鉴定中最常见的损伤并发症。损伤并发症法医鉴定主要根据外伤史、损伤的病理基础和临床表现以及救治情况等临床资料综合分析判断。由于临床诊断是为了救治,预防性诊断与治疗并不违背诊疗常规,因此临床上的印象诊断可能与法医学上的认定存在差异,但法医学鉴定必须严格把握认定原则与标准。

关于急性呼吸窘迫综合征诊断标准,2012年国际卫生组织发布了柏林诊断标准:①明确诱因下1周内出现的急性或进展性呼吸困难;②胸部X线平片/胸部CT显示双肺浸润影,不能完全用胸腔积液、肺叶/全肺不张和结节影解释;③呼吸衰竭不能完全用心力衰竭和液体负荷过重解释。如果临床没有危险因素,需要用客观检查(如超声心动图)来评价心源性肺水肿;④根据氧合指数(动脉氧分压/吸入氧浓度,PaO₂/FiO₂)确立ARDS诊断,并将其按严重程度分为轻度、中度和重度。需要注意的是上述氧合指数中PaO₂的监测都是在机械通气参数PEEP/CPAP(呼气末气压/持续气道内正压)不低于0.49kPa(5cmH₂O)的条件下测得;所在地海拔超过1000m时,需对PaO₂/FiO₂进行校正,校正后的PaO₂/FiO₂=(PaO₂/FiO₂)×(所在地大气压值/760)。轻度:200mmHg<PaO₂/FiO₂≤300mmHg;中度:100mmHg<PaO₂/FiO₂≤200mmHg;重度:PaO₂/FiO₂≤100mmHg。满足以上4项条件者,可以诊断急性呼吸窘迫综合征。

活体损伤的法医学鉴定主要涉及损伤原因、损伤方式、损伤机制、损伤程度与伤残等级等问题,其中损伤原因、损伤方式、损伤机制与功能障碍客观评定是法医临床学研究的重要内容。

(刘技辉 贾富全)

思考题

1. 损伤的定义与损伤的分类。

2. 影响损伤修复的主要因素。

3. 瘢痕的种类与特征。

4. 烧伤深度与面积判断的方法。

5. 冻伤的损伤机制。

6. 电损伤的临床表现。

7. 损伤并发症的概念以及损伤的主要并发症。

8. 引起休克的原因,休克按其轻重程度的分度,各自的临床表现。

9. 呼吸困难的分级,呼吸困难的认定要点。

10. 挤压综合征的分级及法医学鉴定要点。

11. 脂肪栓塞综合征的诊断指标。

12. 急性呼吸窘迫综合征的诊断标准。

第四章 颅脑损伤

学习提要

【掌握内容】 不同类型颅脑损伤的概念;不同类型颅脑损伤的原因、机制、临床表现与法医学鉴定。

【熟悉内容】 颅脑损伤的分类、主要症状与体征、法医学检查的价值与意义。

【了解内容】 颅脑的生理解剖结构特点。

第一节 概 述

颅脑损伤(craniocerebral injury)占全身损伤的 10%~20%,居各部位损伤的第二位,其死亡率占创伤总死亡率的 72.2%~92.5%。在存活的伤者中,10% 的轻度损伤者遗留永久的残疾,而中度和重度者分别达到 66% 和 100%。常见的致伤原因为交通事故、高坠、暴力打击等,其中交通事故约占 53%,高坠和暴力打击分别约占 17% 和 9%。

一、损伤分类

颅脑损伤根据解剖部位与组织结构分为头皮损伤、颅骨损伤和脑损伤,三者可单独存在,也可同时复合存在。其中以脑损伤最为复杂和重要。在临床上根据颅脑损伤严重程度分为轻型、中型、重型和特重型颅脑损伤。

二、主要症状与体征

1. 头痛(headache)和呕吐(vomiting) 头痛可以由头皮或颅骨损伤所致,也可由颅内出血和颅内压升高引起。局限性的头痛,通常多见于外力作用部位,是由于局部组织损伤及其继发的炎症反应造成;弥漫性的头痛,常由于脑组织损伤或颅内压升高所致。伤后早期呕吐可以由迷走或前庭结构受损伤引起,反复的喷射性呕吐是颅内高压的特征性表现。

2. 头晕与眩晕(dizziness and vertigo) 头晕与眩晕不同,前者是自觉眼前发黑、头重脚轻,闭目时常消失。后者是病人感觉周围景物向一定方向转动或自身的天旋地转。颅脑损伤引起眩晕的主要原因有中枢前庭核及其中枢联结、前庭神经、内耳或脑干损伤。

3. 意识障碍(disturbance of consciousness) 是颅脑损伤的常见症状,为大脑皮层和脑干网状结构功能障碍所致。颅脑损伤后立即出现的意识障碍称为原发性意识障碍,原发性意识障碍是判断脑损伤的重要依据;如果伤后存在一段时间的清醒期或原发性意识障碍好转后再次加重,称为继发性意识障碍,继发性意识障碍往往提示出现了继发性脑损伤。意识障碍的程度可以反映脑损伤的程度。

(1)嗜睡:是程度最浅的一种意识障碍。患者经常处于睡眠状态,给予较轻微的刺激即可被唤醒,醒后意识活动接近正常,但对周围环境的鉴别能力较差,反应迟钝,刺激停止又复入睡。

（2）昏睡：较嗜睡更深的意识障碍，表现为意识范围明显缩小，精神活动极迟钝，对较强刺激有反应，但不易被唤醒。醒时睁眼，缺乏表情，对反复问话仅能作简单回答，但回答时含混不清，常答非所问，各种生理反射活动存在。

（3）昏迷：意识活动丧失，对外界各种刺激或自身内部的需要不能感知，可有无意识的活动，任何刺激均不能被唤醒。①浅昏迷：随意活动消失，对疼痛刺激有反应，各种生理反射（吞咽、咳嗽、角膜反射、瞳孔对光反射等）存在，体温、脉搏、呼吸多无明显改变，可伴谵妄或躁动；②深昏迷：随意活动完全消失，对各种刺激皆无反应，各种生理反射消失，可有呼吸不规则、血压下降、大小便失禁、全身肌肉松弛、去大脑强直等。

（4）去大脑皮质状态：为一种特殊类型的意识障碍。它与昏迷不同，是大脑皮质受到严重的广泛损害，功能丧失，而大脑皮质下及脑干功能仍然存在的一种特殊状态。有觉醒和睡眠周期，觉醒时睁开眼睛，各种生理反射如瞳孔对光反射、角膜反射、吞咽反射、咳嗽反射存在，喂之能吃，貌似清醒，但缺乏意识活动，故有"睁目昏迷"、"醒状昏迷"之称。

4. 眼部征象（ocular signs） 常与支配眼球的颅神经损伤有关，可出现瞳孔散大、对光反射消失、眼球运动障碍和位置异常、眼震、眼底视盘水肿等。眼部征象对颅脑损伤程度及部位的判定、预后评估有重要意义，尤其对于昏迷的伤者，眼部征象是客观反映伤情的可靠体征。

5. 失语（aphasia） 是语言的表达或理解障碍。由皮质和语言功能特别有关区域的损害所致。脑受损的部位的不同，失语可表现为不同的临床类型，如运动性失语、感觉性失语等。

6. 肢体瘫痪（paralysis） 大脑皮层或锥体束行程中任何部位的损伤都会出现锥体束征，表现为上运动神经元性瘫痪，以偏瘫多见，也可为单瘫、四肢瘫或双下肢瘫。

此外，颅脑损伤还可以导致感觉障碍、共济运动障碍以及精神障碍，包括认知、情感及行为等方面的异常。

三、法医学检查

1. 一般检查 主要是损伤局部的检查。头皮上布满毛发，给肉眼检查带来一定困难，检查时必须细致全面，以免遗漏，必要时应剃除损伤部位的毛发。对于损伤的检查应注意以下几点：①根据解剖标志对损伤进行描述和记录；②用刻度尺准确测量创口或瘢痕的长度并附标尺拍照存档；③细致观察损伤的颜色、走向、形状、类型和边缘等以及颅骨有无凹陷或缺损。

2. 神经系统检查 包括神志、精神状态、脑神经、运动系统、感觉系统、生理反射和病理体征等检查。在检查肌力、肌张力和感觉时，须注意排除被检者主观因素的影响。

3. 辅助检查 常用的辅助检查主要包括：

（1）X线平片：有助于颅骨骨折、颅内积气及颅内异物的判定。

（2）CT检查：颅脑CT尤其是薄层CT扫描及三维重建，可以清楚显示颅脑损伤的部位、范围及程度，动态观察有助于了解损伤发展演变过程与转归，对损伤的认定及预后判断具有重要价值。

（3）MRI检查：对于等密度的硬膜下血肿、小灶性脑挫裂伤、少量蛛网膜下出血、早期脑梗死、颅底、颅顶及颅后窝的薄层出血较CT具有明显的优势。

（4）脑血管造影检查：对于外伤性动脉瘤、动静脉瘘的诊断以及脑血管病变相关的伤病关系的鉴别具有重要价值。

（5）脑电地形图检查：可反映脑功能状况，对于脑损伤的部位、范围及程度，特别是癫痫及癫痫病灶的定位具有诊断价值。

（6）诱发电位检查：包括运动诱发电位、体感诱发电位、事件相关电位、听觉诱发电位及视觉诱发电位检查等。对于颅脑损伤的程度、预后判定以及脑功能的评价具有一定的意义。

（7）腰椎穿刺术：可以测定颅内压的高低，了解脑脊液的生化与细胞改变，明确是否有颅内感染、蛛网膜下腔出血等。

四、颅脑损伤程度临床评价的医学标准

颅脑损伤程度的评定不仅是法医学研究的重点，也是临床医学研究的重要内容，部分临床医学标准对于颅脑损伤程度的评价、预后的判定具有重要价值。在法医学鉴定中，虽然不能以临床医学标准代替法医学鉴定标准，但临床医学标准评价的指标可作为法医学鉴定的补充或参考。

1. 格拉斯哥昏迷评分法（glasgow coma scale，GCS） 由 Teasdale 和 Jennett 于 1974 年提出，现已成为国际公认的评判脑外伤严重程度的准绳。此法根据睁眼、言语和运动三方面的反应进行计分，以计分的多少来判定颅脑损伤的轻重。轻型：13～15 分，伤后昏迷在 20 分钟以内；中型：9～12 分，伤后昏迷时间为 20 分钟～6 小时；重型：3～8 分，伤后昏迷在 6 小时以上。具体计分方法见表 4-1。

表 4-1 格拉斯哥昏迷计分法

睁眼反应	计分	语言反应	计分	运动反应	计分
正常睁眼	4	回答正确	5	按吩咐动作	6
呼唤睁眼	3	回答错乱	4	刺痛能定位	5
刺激睁眼	2	词句不清	3	刺痛时躲避	4
无反应	1	只能发音	2	刺痛时肢体屈曲	3
		无反应	1	刺痛时肢体过伸	2
				无反应	1

2. 按损伤程度的轻重分级 是国内临床上普遍采用的脑损伤分级方法，将脑损伤分为四型：①轻型（Ⅰ级）：主要指单纯脑震荡，有或无颅骨骨折，昏迷在 30 分钟以内，有轻度头痛，头晕等自觉症状，神经系统和脑脊液检查无明显改变；②中型（Ⅱ级）：主要指轻型脑挫裂伤或颅内小血肿，有或无颅骨骨折及蛛网膜下腔出血，无脑受压征，昏迷在 6 小时以内，有轻度的神经系统阳性体征和轻度生命体征改变；③重型（Ⅲ级）：主要指广泛颅骨骨折，广泛脑挫裂伤，脑干损伤或颅内血肿，昏迷在 6 小时以上，意识障碍逐渐加重或出现再昏迷，有明显的神经系统阳性体征和明显生命体征改变；④特重型（Ⅳ级）：指原发性脑损伤特别严重，伤后立即深昏迷，呈去大脑强直状态，或伴有其他部位脏器损伤、休克等情况；或已有晚期脑疝表现，包括双侧瞳孔散大、生命体征严重紊乱，或呼吸已近停止等。

第二节 头 皮 损 伤

头皮是被覆于头颅盖骨的软组织，由外至内分为皮肤层、皮下组织层、帽状腱膜层、腱膜下层及骨膜层。头皮是保护颅脑抵御外界暴力的表面屏障，头皮损伤（scalp injury）是最常见的颅脑损伤之一，头皮损伤根据头皮组织结构的完整性通常分为开放性损伤和闭合性损伤。

各种致伤因素均可造成头皮损伤，在法医临床学鉴定中主要为机械性损伤，故本节重点阐述机械性头皮损伤。

一、损伤机制与临床表现

（一）闭合性损伤

1. 头皮擦伤（scalp abrasion） 钝性外力沿切线方向作用头部所致，主要表现为头皮表皮脱落，损伤面不规则，有少量出血或血清渗出，愈合后不遗留瘢痕。

2. 头皮挫伤（scalp contusion） 由钝性外力直接作用头部所致，表现为头皮局部疼痛、肿胀，皮下出血。如头皮有擦伤，可见渗出和出血等。早期挫伤的形态有时可反映致伤物作用面的特征。

3. 头皮血肿（scalp hematoma） 由钝性外力直接作用头部所致，按血肿在头皮内出现部位的不同分为：

（1）皮下血肿（subscale hematoma）：血肿位于皮下组织层。由于此层与皮肤层和帽状腱膜层之间连接紧密以及皮下纤维隔的限制，故血肿不易扩散而较小，直径多小于 3cm，可自行吸收，无需特殊治疗。血肿的大小和形状可反映致伤物作用面的特征。血肿周围的组织肿胀增厚，触之有凹陷感，易被误诊为凹陷性骨折，可拍 X 线片或 CT 来鉴别。

（2）帽状腱膜下血肿（subgaleal hematoma）：血肿位于帽状腱膜下层，由钝性外力作用造成帽状腱膜下小动脉或导血管破裂出血所致。因帽状腱膜下层组织疏松，血液易向四周扩散，故血肿范围较大，可延及整个帽状腱膜下层，恰似一顶帽子，触诊较软而有波动。在小儿及体弱者可引起休克或贫血。CT 表现为颅骨外板与头皮之间弥漫性高密度影，范围跨越骨缝，密度介于骨组织与正常软组织之间。

（3）骨膜下血肿（subperiosteal hematoma）：血肿位于骨膜下，由钝性外力作用造成颅骨明显变形或骨折，局部骨膜剥离出血所致。因骨膜在颅缝处附着牢固，故血肿范围常不超过骨缝。因张力大，故波动感不明显。

（二）开放性损伤

1. 头皮裂伤（scalp laceration）　可由钝器或锐器直接作用所致。钝器伤创口多不规则，创缘常伴有挫伤痕，创腔内有纤维连接。创口或愈后遗留的瘢痕常可反映致伤物的某些特征。锐器伤创口平直，创缘整齐，无挫伤痕和纤维连接，据此可与钝器伤相鉴别。需要注意的是头皮由于下面有颅骨的衬垫，接触面较窄的钝器打击后形成的创口与锐器伤相似。

2. 头皮撕脱伤（scalp avulsion）　是较大暴力牵拉头发，使大块头皮甚至整个头皮自帽状腱膜下层或连同颅骨骨膜被撕脱，以帽状腱膜下层撕脱为常见。头皮撕脱伤多见于生产事故，因辫子卷入转动的机器中所致，此种损伤伤口大、出血多，可导致失血性休克或疼痛引起神经源性休克。

二、法医学鉴定

1. 损伤认定　头皮损伤一般经过体格检查即可明确诊断。但对于帽状腱膜下血肿与其他类型头皮血肿有时需要根据受伤当时的头部 CT 或 MRI 扫描片鉴别。头皮创口与瘢痕的长度、头皮撕脱以及缺损面积是法医鉴定的主要依据，因此除准确测量头皮创口与瘢痕的长度、头皮撕脱以及缺损面积外，还应注意分析判断是否存在扩创及扩创的原因。对于创口边界不清或难于准确判定的，不能简单的根据创口缝线部位作为边界，可待创口愈合后根据瘢痕长度进行鉴定。此外，由于临床病历中记载的创口长度多为经治医生的估计值，因此只能根据鉴定时创口或瘢痕长度的实际测量值进行损伤程度或伤残等级评定。

2. 损伤转归　闭合性头皮损伤愈合良好，开放性损伤愈合后会遗有瘢痕。较小的头皮血肿可在伤后 1～2 周自行吸收，巨大的血肿需要 4～6 周或更长时间吸收。巨大血肿长期不能吸收的可行穿刺或引流术处理。

由于头皮及其下组织血管丰富，帽状腱膜下血肿以及开放性头皮损伤有时会导致失血性休克。如合并感染，会产生局部或全身感染的症状与体征，特别是通过导血管可引起颅内感染。骨膜下血肿表面容易钙化，如未及时治疗，可演变成骨囊肿。

3. 损伤程度与伤残等级　《人体损伤程度鉴定标准》规定，头皮创口或者瘢痕长度累计 8.0cm 以上为轻伤二级，累计 20.0cm 以上为轻伤一级；帽状腱膜下血肿范围 50.0cm² 以上为轻伤二级；头皮撕脱与头皮缺损依据撕脱或缺损面积大小进行评定，头皮缺损面积累计 75.0cm² 以上为重伤二级。

《道路交通事故受伤人员伤残评定》（GB 18667-2002）规定，头皮无毛发 40cm² 以上为Ⅹ级伤残；头皮无毛发 25% 以上为Ⅸ级伤残；头皮无毛发 50% 以上为Ⅷ级伤残；头皮无毛发 75% 以上为Ⅶ级伤残。

《劳动能力鉴定　职工工伤与职业病致残等级》（GB/T 16180-2014）规定，瘢痕面积达全身体表面积的 1% 以上为十级伤残。

4. 致伤物推定　头皮损伤的形态特点是头部损伤推定致伤物的主要依据，但根据瘢痕推定致伤物时应考虑手术缝合清创对瘢痕形态的影响。一般根据损伤或瘢痕的形态特征，能够区别钝器伤与锐器伤，对于一些具有特征性的致伤物（如活扳手、齿轮等）可以对具体致伤物进行同一认定。

第三节　颅骨骨折

颅骨骨折（fracture of skull）是指暴力作用于头部引起颅骨连续性的中断。颅骨以眶上缘至外耳门上方之连线为界分为脑颅骨和面颅骨。脑颅骨包括额骨、颞骨、顶骨、枕骨、蝶骨及筛骨，构成颅腔，容纳脑。颅骨骨折按骨折发生的部位分为颅盖骨折和颅底骨折，按骨折处是否与外界相通又分为闭合性骨折和开放性骨折。开放性颅骨骨折可并发颅内积气或颅内感染。

一、颅盖骨折

颅盖骨折（fracture of skullcap）是发生在颅盖部分的骨折，以额骨、顶骨骨折常见，颞骨、枕骨骨折次之。颅盖骨骨折根据颅骨骨折的程度（内外板是否均骨折）分为完全性骨折和不完全性骨折，其中不完全骨折又分为单纯外板骨折（fracture of outer table）和单纯内板骨折（fracture of inner table）；根据颅骨骨折的形状和特点分为线状骨折、凹陷骨折、粉碎骨折、孔状骨折等。

（一）损伤原因与机制

颅骨具有一定的弹性，当颅盖受暴力作用时，着力部位颅骨发生弯曲变形，当暴力终止时，颅骨弹回原位。若暴力速度快、作用面积小，超过其弹性限度时，着力中心区向内凹陷，颅骨内板受到较大的牵张力而首先破裂，此时若暴力终止作用，外板可弹回并保持完整性，造成单纯性内板骨折。若暴力继续作用，则外板亦可发生破裂，形成中心区凹陷性、外周环形与线形骨折。若暴力强大仍继续作用，则骨折片陷入颅腔或刺入脑组织，形成粉碎性骨折。

另外，锐器砍击可直接造成单纯颅骨外板或颅骨全层骨折。火器等可穿透颅骨，形成孔状骨折。

（二）临床表现

1. 线形骨折（linear fracture）　骨折处常伴有骨膜下血肿，骨折本身一般无特殊处置。若骨折线累及血管，可引起颅内出血，以硬膜外出血多见。

2. 凹陷骨折（depressed fracture）　多见于额顶部。若凹陷的颅骨压迫脑功能区，则可引起相应的神经系统症状与体征。当颅骨大面积凹陷导致颅内压增高可形成脑疝征象，或压迫脑重要功能区，引起神经功能障碍或可能引起癫痫，需手术治疗。

3. 粉碎性骨折（comminuted fracture）　常为较大的暴力作用或重复打击形成，骨折片常刺破硬脑膜或脑组织，可伴有严重的脑损伤，除冲击伤外，常伴有对冲性脑损伤。

4. 孔状骨折（hole fracture）　接触面较小的物体，如弹头、刺器等，在强大的外力作用下，由于作用面积较小、速度快、穿透力强，可直接穿透头皮、颅骨进入颅腔，常造成开放性颅脑损伤。孔的形态有时可反映致伤物的形状。骨折碎片、异物可刺入局部脑组织深部而出现相应的临床表现。

（三）法医学鉴定

1. 损伤认定　颅骨CT扫描可明确诊断。开放性骨折在清创缝合术中可被发现，闭合性凹陷骨折用手触摸也可被发现。此外，颅骨骨折均伴有头皮损伤。

在颅骨骨折的法医学鉴定中，需注意与陈旧性骨折、颅缝及血管沟等鉴别。由于成人颅骨膜内成骨能力很差，颅骨骨折可长期无骨性愈合，陈旧性骨折CT片上常显示骨折线断端边缘增白硬化，新鲜骨折则显示骨折边缘较清晰锐利，相应部位软组织肿胀。

外伤性颅缝分离是一种特殊形式的颅骨骨折，表现为颅缝明显增宽或错位或重叠，部分正常人颅缝并非完全闭合，故颅缝分离的认定具有一定的难度。通过颅骨两侧对比，并结合头部其他损伤情况有助于颅骨骨折的鉴别诊断。

无错位的线状骨折有时还需与血管沟进行鉴别，血管沟位于血管解剖位置，一般为平直或轻度弯曲的向终末逐渐变细的带状分支透亮影,血管沟边缘的骨质密度常轻度增高。此外,血管沟常呈对称性分布。

2. 损伤转归 颅骨为扁骨,骨折愈合方式为膜内成骨,特点是骨痂不明显,骨折的愈合时间相对较长,有的甚至终生不愈。单纯线状骨折一般不需要特殊治疗,颅骨缺损较大的,应手术修补。

3. 损伤程度与伤残等级 《人体损伤程度鉴定标准》规定,颅骨骨折为轻伤二级;颅骨凹陷性或者粉碎性骨折为轻伤一级;开放性颅骨骨折伴硬脑膜破裂、颅骨凹陷性或者粉碎性骨折,出现脑受压症状和体征,须手术治疗为重伤二级。

《道路交通事故受伤人员伤残评定》(GB 18667-2002)规定,颅骨缺损 $4cm^2$ 以上,遗留神经系统轻度症状和体征或颅骨缺损 $6cm^2$ 以上,无神经系统症状和体征为Ⅹ级伤残。

《劳动能力鉴定 职工工伤与职业病致残等级》(GB/T 16180-2014)规定,对于单纯颅骨骨折没有具体规定,但可参照"身体各部位骨折愈合后无功能障碍或轻度功能障碍"评定为十级伤残。

4. 打击次数的判断 颅骨多发骨折是否为多次外力作用所致,根据骨折线是否存在截断现象来判断,即多条骨折线互相交错在一起时,第二次打击形成的骨折线不通过第一次打击形成的骨折线。据此,通过颅骨CT三维重建扫描清楚显示的骨折线走行,对于推断打击次数具有一定的意义。

5. 致伤物推定 在多数情况下,颅骨骨折的大小和形状可反映致伤物作用面的形态特点,是推定致伤物的重要依据。由于临床病历对头皮软组织损伤或颅骨骨折的原始形状常记载不详,而经清创缝合或颅骨开窗手术后,又改变或失去了损伤的原有形态,因此,多数案例只能根据伤后影像学所见进行分析推定。一般情况下仅可推定致伤物的种类,很难做到具体致伤物的判定。

二、颅底骨折

颅底骨折根据骨折的部位分为颅前窝骨折、颅中窝骨折和颅后窝骨折。

(一)损伤原因和机制

颅底骨折(basic cranial fracture)多由颅盖骨折延伸至颅底所致,或头部挤压造成颅骨整体变形致颅底薄弱部位发生断裂。颅底骨折以线形骨折为主,骨折线的方向即为外力作用的方向。

(二)临床表现

1. 颅前窝骨折(fracture of anterior cranial fossa) 多为暴力作用于额、面部所致。骨折累及眶骨和筛板时,出血可经鼻孔流出或浸入眶内,引起球结膜下和迟发性眼睑皮下淤血斑,多在伤后数小时逐渐出现,称为"熊猫眼"征。骨折累及筛板并伴有硬脑膜破裂时,脑脊液可由鼻孔流出,形成脑脊液鼻漏。空气可经骨折处进入颅腔,形成颅内积气。若骨折线累及筛板或视神经管,可引起嗅神经或视神经损伤,出现嗅觉或视力减退或丧失。

2. 颅中窝骨折(fracture of middle cranial fossa) 多为颞部或耳后部受外力作用所致。骨折常累及颞骨岩部,引起内耳、中耳、听神经或面神经损伤,导致听力障碍或周围性面瘫,若脑膜和鼓膜均破裂,脑脊液可经中耳由鼓膜裂口流出,形成脑脊液耳漏;如鼓膜完整,脑脊液则可经咽鼓管流往鼻咽部,再由口腔或鼻腔流出。骨折累及蝶骨,可发生鼻出血或脑脊液鼻漏,还可因颈内动脉在海绵窦段破裂形成动静脉瘘而引起搏动性突眼、额眶部吹风样血管杂音;少数可因蝶窦骨折伤及垂体而引起尿崩症。

3. 颅后窝骨折(fracture of posterior cranial fossa) 骨折累及颞骨岩部后外侧时,多在伤后2~3天出现乳突皮下出血(Battle 征)。枕骨基底部骨折时,可在伤后数小时出现枕下部肿胀及皮下淤血;靠近枕骨大孔或岩尖后缘的骨折,可出现Ⅶ~Ⅻ对脑神经损伤的表现。来自脊柱的上传外力所致的骨折,发生于枕骨大孔四周,造成枕骨大孔周围环形骨折并伤及颈髓、延髓、小脑和后组脑神经,而出现相应的临床表现。

(三)法医学鉴定

1. 损伤认定 颅底骨折主要根据临床表现和影像学所见来确定,对于耳鼻流出液体可进行葡萄糖定量实验确定是否为脑脊液,进而判断是否为颅底骨折。

颅骨X线片和普通CT扫描对颅底骨折的诊断阳性率较低,螺旋CT薄层扫描加三维重建可以直接显示颅底骨折部位和特点。除骨折直接征象外,骨折间接征象也有助于诊断颅底骨折。

颅底骨折的间接征象:①颅内积气:CT表现为圆形或类圆形边缘清楚的低密度影,数目不等,多分布于蛛网膜下腔、脑实质或脑室内;②鼻窦或乳突蜂房积液:CT表现为鼻窦腔或乳突蜂房混浊呈高密度影,有时可见液平,CT值40～70Hu。另外,颅底骨之间多为软骨连接,注意区分正常骨缝与骨折,在CT扫描位置端正的情况下,两侧对比观察有助于鉴别。

2. 损伤转归　颅底骨折常合并脑脊液漏和脑神经损伤,脑脊液漏长期不愈的,可导致低颅压综合征等。

3. 损伤程度与伤残等级　《人体损伤程度鉴定标准》规定,颅底骨折伴脑脊液漏为轻伤一级;颅底骨折伴脑脊液漏持续4周以上或颅底骨折伴面神经或者听神经损伤引起相应神经功能障碍为重伤二级。

颅底骨折的伤残等级与颅盖骨折一样,依据《道路交通事故受伤人员伤残评定》(GB 18667-2002)和《劳动能力鉴定　职工工伤与职业病致残等级》(GB/T 16180-2014)有关颅骨骨折的规定进行评定。

第四节　脑　损　伤

脑位于颅腔内,由大脑半球、间脑、小脑及脑干组成,是中枢神经系统的重要组成部分,是人体的生命活动中枢,控制和调节人体的生理功能。脑损伤(traumatic brain injury)是指暴力作用于头部所引起的脑组织结构破坏和功能障碍。

脑损伤按照损伤机制和病理过程分为原发性脑损伤、继发性脑损伤、迟发性脑损伤,按照脑组织是否与外界相通分为闭合性脑损伤和开放性脑损伤。原发性脑损伤包括脑震荡、脑挫裂伤等,继发性脑损伤包括颅内出血、脑梗死、脑水肿、硬膜下积液等,迟发性脑损伤包括迟发性脑内血肿等。开放性脑损伤包括外开放性(头皮裂伤、颅盖骨折和硬脑膜破裂)和内开放性(颅底骨折和硬脑膜破裂)脑损伤两类。由于两者的损伤程度不同,因此法医学鉴定时必须予以区分。

一、脑震荡

脑震荡(concussion of brain)一般指头部受外力作用后,即刻发生的短暂的脑功能障碍和近事遗忘,无肉眼可见的异常形态学改变,神经系统检查无阳性体征的一种情况。

（一）损伤原因和机制

临床病例和动物实验观察表明:当头部处于自由状态时受外力作用,产生加速、减速或旋转运动时,可以发生脑震荡,尤以矢状方向的外力作用较侧方受外力作用更易发生。脑震荡的发生机制尚存在争议,一般认为是脑干网状结构受到损害而引起意识障碍。

（二）临床表现

脑外伤后立即发生的意识障碍是脑震荡的主要表现,意识障碍持续时间一般不超过半小时。在意识障碍恢复后,多数病人对受伤当时的情况缺乏记忆或对伤前一段时间内的情况不能回忆,这种记忆缺失称为逆行性遗忘(retrograde amnesia)或近事遗忘。此外,可有头痛、头昏、恶心、呕吐、失眠、多梦等症状,通常在短期内自行恢复,预后良好。神经系统检查无阳性体征。头部CT或MRI扫描正常,腰穿无血性脑脊液。

（三）法医学鉴定

1. 损伤认定　脑震荡缺乏客观体征,因此在诊断上容易产生分歧。由于伤者提供的病史真实性难以确切判断或因某些医生滥用"脑震荡"的诊断,致使临床上对脑震荡的诊断标准混乱。在法医学上脑震荡认定的标准为:①头部外伤史;②确证的原发性意识障碍(一般不超过30分钟);③神经系统检查无阳性定位体征;④影像学检查脑无器质性损伤。参考条件:①逆行性遗忘;②头痛、头晕、记忆力减退、失眠、多梦等自觉症状。

2. 损伤转归 绝大多数脑震荡短时间内即可恢复,少数病人可遗有脑损伤后综合征。

3. 损伤程度与伤残等级 由于脑震荡在法医学上认定往往缺少客观证据,因此《人体损伤程度鉴定标准》不再以脑震荡作为轻伤评定的依据。另外,脑震荡为短暂的脑功能异常,多数可完全恢复,一般也不构成伤残。

二、脑挫裂伤

脑挫裂伤(contusion and laceration of the brain)是脑挫伤和脑裂伤的统称,前者脑组织破坏程度相对轻,仅脑实质发生点状出血而软脑膜尚完整,后者软脑膜、血管和脑组织同时碎裂,可伴蛛网膜下腔出血。由于脑挫伤和脑裂伤常同时出现,加之临床上不易严格区分,故常合称为脑挫裂伤。

(一)损伤原因和机制

根据脑挫裂伤部位与头部受力部位的关系,脑挫裂伤分为冲击伤(coup injury)、对冲伤(contrecoup injury)和中间性挫伤(intermediate contusion)。前两者较多见,后者相对少见。对冲伤和冲击伤可单独发生,也可同时存在,对冲伤较冲击伤更严重。冲击伤是发生在头部着力点处的脑皮质表面或浅层挫裂伤;对冲伤是发生在头部受力部位对侧脑皮质表面或浅层的挫裂伤;冲击伤和对冲伤均发生在力作用的方向上,为脑的直线加、减速运动产生。额部受力多在脑额极或颞极发生冲击伤且较严重,枕部受力多在脑额极或颞极发生对冲伤且较严重,这一特点主要与额部颅骨内面不光滑有关,也反映了冲击伤和对冲伤均为脑与颅骨相互撞击而形成。中间性脑挫伤是发生在脑深部的损伤,位于冲击伤和对冲伤之间,因直线加、减速运动所产生的损伤应在外力作用的方向上,因旋转运动所产生的损伤可发生在任何部位。

(二)临床表现

脑挫裂伤因损伤部位与程度的不同而临床表现各异。

1. 意识障碍 是脑挫裂伤最主要表现之一,受伤当时立即发生,其程度和持续时间与脑挫裂伤的程度和范围直接相关,多数超过半小时,可持续数天、数月,严重者长期昏迷直至死亡。少数范围局限的脑挫裂伤可不出现意识障碍。

2. 头痛、呕吐 可能与颅内压增高、自主神经功能紊乱或蛛网膜下腔出血刺激脑膜等有关。

3. 局灶症状和体征 依损伤部位和程度不同而异,如伤及脑皮质功能区,伤后立即出现与损伤部位相应的神经功能障碍体征,如瘫痪、肢体抽搐或锥体束征阳性、感觉障碍、失语、视野缺损及局灶性癫痫等。若伤及脑垂体可出现尿崩症;若仅伤及额颞叶前端等所谓"哑区",不出现局灶症状和体征。如脑挫裂伤早期无神经系统阳性体征,之后出现新的体征,提示可能发生继发性损伤。

4. 脑膜刺激征 伴有蛛网膜下腔出血时出现脑膜刺激征,表现为颈项强直等。颈项强直一般于伤后1周左右逐渐消失,如仍不消失,应排除颈项部损伤或继发颅内感染。

5. 生命体征变化 可出现短暂脉搏细速、血压偏低和呼吸缓慢等表现,多数短期逐渐恢复正常;若不恢复,可能合并其他损伤。

6. 影像学检查 CT扫描可见脑实质内有片状或散在混杂密度或低密度区,较大的脑挫裂伤灶因水肿明显可产生占位效应,表现为脑室、脑池受压变窄、移位等;MRI扫描可见脑实质内点片状异常信号,其中水肿和软化表现为长 T_1 和长 T_2 信号,出血信号随时间而变化;腰穿可见脑脊液呈血性脑脊液。

(三)法医学鉴定

1. 损伤认定 脑挫裂伤的认定主要依据头部外伤史和影像学所见,脑 CT 或 MRI 扫描具有确诊价值。脑 CT 或 MRI 扫描不但能够明确脑挫裂伤的有无,而且还能显示脑挫裂伤的部位、程度和范围,以及与其他类型颅脑损伤相鉴别。

2. 损伤转归 脑挫裂伤病理上轻者可见脑皮质表面点片状出血、水肿,蛛网膜或软脑膜常有裂口,脑脊液呈血性;严重者脑实质挫碎,局部出血、水肿、坏死。一般伤后4～5天坏死的脑组织开始液化,血液分解,脑组织坏死、液化区逐渐吸收囊变,周围脑胶质细胞增生修复,附近脑组织可萎缩,最终形成脑胶质瘢痕,病变区常与脑膜粘连。损伤后形成的瘢痕、囊肿或脑膜之间的粘连会引发外伤性癫痫;如果蛛网膜与软脑膜粘连影响脑脊液吸收和循环可导致外伤性脑积水;广泛的脑挫裂伤不仅可导致外伤性脑萎缩,还可遗有神经系统功能障碍或导致精神和智能方面的障碍。

3. 损伤程度与伤残等级 《人体损伤程度鉴定标准》规定,单纯脑挫(裂)伤为轻伤一级;脑挫(裂)伤伴神经系统症状和体征为重伤二级;导致更严重功能障碍的可评定为重伤一级。

神经系统症状是指伤者的自觉症状,包括头痛、头晕、乏力、恶心、呕吐等,神经系统体征是指通过神经系统检查能够确定的神经系统功能障碍,包括瘫痪、肌张力增高、腱反射亢进、病理征阳性等。

脑挫裂伤的伤残等级评定主要根据治疗终结后是否遗留神经系统功能障碍(包括运动、感觉和精神与智力方面的障碍)及其障碍程度进行评定。

《道路交通事故受伤人员伤残评定》(GB 18667-2002)对于无功能障碍的脑挫裂伤没有具体规定,如遗有神经功能障碍影响日常生活的,可以评定为Ⅹ级伤残。

《劳动能力鉴定 职工工伤与职业病致残等级》(GB/T 16180-2014)规定,脑挫裂伤无功能障碍的为九级伤残,对于遗有运动、感觉、二便以及精神、智力障碍的,根据其障碍程度评定。

三、脑干损伤

脑干损伤(brainstem injury)是指中脑、脑桥和延髓的损伤,分为原发性脑干损伤和继发性脑干损伤,属于死亡率和致残率均较高的严重颅脑损伤之一。

原发性脑干损伤是指外力作用于头部直接造成的脑干损伤。单纯脑干损伤少见,常与弥漫性脑损伤并存。继发性脑干损伤是各种原因引起脑疝压迫所致。在此仅述及原发性脑干损伤。

(一) 损伤原因和机制

外力作用于头部时,引起脑组织的移动,脑干除与斜坡、小脑幕切迹游离缘和枕骨大孔等处摩擦、撞击外,还可受到背负的大脑和小脑所给予的牵拉、扭转、挤压等而造成脑干不同部位的损伤,其中以旋转性、挥鞭性或枕后暴力对脑干的损伤最大。外力作用使大脑在颅内发生旋转时,脑干发生扭曲或受到牵拉而受损;颈部过伸或挥鞭样损伤,常造成脑桥与延髓交界处受牵拉而损伤;外力导致枕骨大孔处骨折,骨折片可直接损伤延髓;外力引起颅骨变形,通过脑室内脑脊液传递产生的冲击波造成中脑导水管周围或第四脑室底的损伤。

(二) 临床表现

1. 昏迷 是脑干损伤的突出表现,为受伤当时立即发生,昏迷程度较深,持续时间较长。如果损伤仅位于脑干的一侧,有时意识障碍的程度可能不深或不持久。昏迷的原因与脑干网状结构受损,上行激活系统功能障碍有关。

2. 瞳孔和眼球运动的改变 视损伤部位的不同而有差异。中脑损伤时,两侧瞳孔散大,或大小不等,或两侧瞳孔交替变化,时大时小,对光反射消失;有时可见眼球固定或眼球分离现象。桥脑损伤时,一侧或两侧瞳孔可极度缩小,对光反射消失,可有双眼同向凝视。

3. 去大脑强直 约有80%以上的脑干损伤者出现,尤其是中脑红核平行的下行网状结构受损时。典型的表现为四肢强直、肌张力增高,颈项部后仰。轻者呈阵发性发作,重者呈持续性强直状态。

4. 生命体征的变化 损伤累及延髓时,可在伤后立即或很快出现自主呼吸停止,或在停止前先有呼吸深快,继之深慢,再变为不规则。一般呼吸停止后,心跳可维持一段时间。在呼吸紊乱的同时,心跳和脉搏快而弱或慢而弱,血压也明显下降。有人将这种现象称为脑性休克或延髓休克。自主神经中枢损伤时,可发生体温调节障碍,出现体温急速升高,可高达40℃以上,称为中枢性高热。

5. 其他 脑干损伤可出现肢体中枢性瘫痪、肌张力增高和病理反射阳性等锥体束征;累及脑神经核时,可出现动眼神经、外展神经、面神经麻痹及吞咽困难等;如伴随脑其他部位损伤,则出现相应脑损伤局灶症状和体征。

6. 影像学检查　CT和MRI可见脑干神经组织水肿、出血、挫裂或软化等。

（三）法医学鉴定

1. 损伤认定　根据头部外伤史和伤后临床表现,结合脑CT和MRI扫描所见,不难认定。MRI具有多方位成像及无颅骨伪影干扰等特点,对脑干细微结构损伤的显示比CT更为准确。

2. 损伤转归　脑干损伤是一种严重颅脑损伤,死亡率和致残率均较高,幸存者多遗留有严重神经系统功能障碍。

3. 损伤程度与伤残等级　脑干损伤是重度器质性颅脑损伤之一,损伤当时常危及生命,愈后多遗留严重的神经系统功能障碍。根据《人体损伤鉴定标准》规定,脑干损伤致神经功能严重障碍的,根据其障碍程度可评定为重伤一级或重伤二级。其伤残等级根据损伤后遗有的神经系统功能障碍程度进行评定,最高可评定为一级伤残。

四、弥漫性轴索损伤

弥漫性轴索损伤(diffuse axonal injury, DAI)是指钝性外力作用于头面部所致的脑白质弥漫性轴索损伤,是一种原发性器质性脑损伤。

（一）损伤原因和机制

当头部受到加速性旋转暴力时,脑在惯性驱导下做非线性加、减速运动,脑组织内产生剪切和（或）牵拉作用,使神经纤维过度牵拉或扭曲,而导致广泛性轴索损伤。

弥漫性轴索损伤部位主要位于脑的中轴部位,包括胼胝体、大脑脚、脑干及小脑上脚等,显微镜下见轴索断裂、轴浆溢出,可继发脑水肿或与脑挫裂伤并存。

（二）临床表现

1. 昏迷　伤后立即出现持续性昏迷,部分可有中间清醒期,严重者为不可恢复性昏迷,直至死亡。昏迷原因主要是广泛的轴索损伤,严重破坏脑干网状结构,使皮层与皮层下中枢失去联系。即使神志好转后,还可因继发性脑水肿而再次昏迷。

2. 瞳孔改变　若损伤累及脑干,可有一侧或双侧瞳孔散大,对光反射消失,或同向凝视。

3. 局部症状和体征　有的病人恢复后可遗留不同程度的脑损伤后综合征,若额叶或边缘系统受损,可导致外伤性精神障碍;若皮质脊髓束、内侧丘系或脊髓丘脑束受损,可导致相应的躯体运动或感觉障碍。

4. 影像学检查　CT显示弥漫性双侧脑水肿、灰白质交界不清,大脑灰质与白质交界处、胼胝体、脑干、内囊区域或第三脑室周围有多个点状或小片状出血灶,脑室、脑池、脑沟及蛛网膜下腔变窄或消失,中线结构无移位;MRI可见脑白质内单发或多发的小挫伤灶或小出血灶,大多为非出血性。

（三）法医学鉴定

1. 损伤认定　根据外伤史、临床表现和脑CT、MRI所见认定。主要临床特点是:①头部处于运动状态,外力使脑产生剪切力;②伤后昏迷或躁动,持续时间长,恢复缓慢。

CT对轻、中度DAI的诊断常出现假阳性,MRI T_2 加权像具有较高的敏感性,小的损伤显示为高信号;T_1 加权像,低信号提示DAI引起的间质水肿病变,高信号提示为小血管撕裂引起的局灶性出血。对于重度DAI,CT和MRI的表现基本一致,但MRI显示的病灶数目较CT多;由于MRI具有多方位成像及无颅骨伪影干扰等特点,对胼胝体、脑干的病灶显示比CT更准确。

2. 损伤转归　DAI是一种严重的颅脑损伤,致残率和死亡率均较高,往往遗有严重的神经系统功能障碍。若额叶或边缘系统受损,可导致外伤性精神障碍;若皮质脊髓束、内侧丘系或脊髓丘脑束受损,可导致相应的躯体运动或感觉障碍;有的病人还可遗留不同程度的脑损伤后综合征的表现。

3. 损伤程度与伤残等级　《人体损伤程度鉴定标准》对于DAI无具体规定,由于DAI属于严重的器质性脑损伤,一般根据其神经系统症状和体征以及遗留的神经功能障碍的程度可评定轻伤一级、重伤二级或重伤一级;其伤残等级根据愈后遗留的神经功能障碍程度进行评定,最高可评定为一级伤残。

第五节 继发性脑损伤

一、颅内出血、血肿

头部外伤致脑膜动脉、静脉窦或脑内血管破裂而形成颅内出血,当颅内出血积聚于某一部位,达到一定体积,造成脑受压而出现相应的临床表现时,称为颅内血肿(intracranial hematoma)。由于颅内出血对人体健康的危害程度受出血量、出血部位、出血速度、个体代偿能力和伤后治疗措施等多种因素的影响,同样的出血量对不同个体的危害程度可能不同,因此在《人体损伤程度鉴定标准》中不再以出血量多少作为鉴定的依据,即无须严格区分出血与血肿,而以是否出现脑受压的症状与体征作为依据。

颅内出血、血肿根据出血或血肿发生部位的不同,分为硬脑膜外血肿、硬脑膜下血肿、蛛网膜下腔出血和脑内血肿。

根据颅内血肿引起临床症状和体征的时间(颅内压增高或早期脑疝症状所需时间)分为急性血肿、亚急性血肿和慢性血肿。3天以内为急性血肿,3天至3周为亚急性血肿,3周以上为慢性血肿。此外,根据颅内出血的时间和病理机制还分为迟发性出血,迟发性出血是指伤后首次CT检查阴性,经过一段时间后出现的出血。

(一)硬脑膜外血肿

硬脑膜外血肿(extradural hematoma)是位于颅骨内板与硬脑膜之间的颅内血肿,好发于幕上半球凸面,约占外伤性颅内血肿的30%,绝大部分表现为急性血肿(86.2%),其次为亚急性(10.3%),慢性少见(3.5%)。

1. 损伤原因和机制 外力致颅骨骨折或颅骨的短暂变形,撕破位于骨沟内的硬脑膜动脉或静脉窦引起出血,或骨折处板障出血。出血聚积于颅骨内板与硬脑膜之间,在硬脑膜与颅骨分离过程中,又可撕破一些小血管,使血肿更加增大。出血来源以脑膜中动脉最常见,出血速度快,表现为急性硬膜外血肿,少数源于静脉窦或板障出血,出血缓慢,表现为亚急性或慢性血肿。

由于颅盖部的硬脑膜与颅骨附着较松,易于分离,颅底部硬脑膜与颅骨附着较紧,所以硬脑膜外血肿多发生于颅盖,以额颞部、顶颞部最多,多为单个血肿,少数为多个。

2. 临床表现 硬膜外血肿的临床表现受损伤部位、出血速度、出血量等因素影响而表现不同。

(1)意识障碍:典型的意识障碍是原发性昏迷→中间清醒期→继发性或再发性昏迷。即伤后出现的第一次昏迷系原发性脑损伤所致,如原发性脑损伤不重,昏迷时间较短,意识转清,即"中间清醒期",随着硬膜外出血的增多、血肿的增大,进而形成脑疝引起再次昏迷。如原发性脑损伤重,则可持续昏迷,而无中间清醒期。

(2)颅内压增高:剧烈的头痛,呈进行性加重;恶心、频繁呕吐,甚至呈喷射性呕吐。

(3)脑受压体征:伤后即出现的体征多为原发性脑损伤所致,随着血肿逐渐增大压迫脑功能区或引起脑疝而出现相应的神经系统体征。

(4)瞳孔变化:小脑幕切迹疝早期伤侧动眼神经因牵扯而受刺激,伤侧瞳孔可先缩小,对光反射迟钝;随着动眼神经和中脑受压,伤侧瞳孔变为进行性散大,对光反射消失,随之出现眼睑下垂和对侧瞳孔散大。

(5)生命体征变化:常为进行性的血压升高、心率减慢和体温升高,系枕骨大孔疝时,脑干呼吸循环中枢受压所致。

（6）影像学检查：CT：急性期为颅骨内板下的双凸形高密度影，脑室可受压变形，中线结构可移位。随着时间的推移，血肿的密度逐渐减低，2周以上的血肿可呈略高密度、等密度或低密度。密度减低的速度与血肿的大小有关；MRI：颅骨内板下双凸形异常信号影，硬脑膜呈细线状位于血肿与脑之间，此点有助于硬脑膜外血肿与硬脑膜下血肿的鉴别，其他改变与CT相似。

3．法医学鉴定

（1）损伤认定：根据头部外伤史、临床表现和头部CT、MRI扫描所见认定。由于硬膜外血肿绝大部分为直接暴力作用所致，因此损伤局部可见头皮裂伤、头皮血肿或颅骨骨折等。头部CT和MRI扫描具有确诊价值。

（2）损伤转归：硬脑膜外血肿经及时手术治疗后，多不遗留明显脑功能障碍，但常遗留颅骨缺损；如血肿压迫时间长，甚至发生脑疝者，可遗留严重中枢神经功能障碍。

（3）损伤程度与伤残等级：《人体损伤程度鉴定标准》规定，外伤致硬膜外出血为轻伤一级；硬膜外出血伴脑受压症状与体征为重伤二级；其伤残等级根据中枢神经功能障碍程度以及开颅术后遗留颅骨缺损等情况，依照有关标准进行评定。

（4）血肿形成时间：出血急性期在CT上表现为均匀一致的高密度影，随着时间的推移，出血的密度逐渐减低，最后变为低密度。但应注意出血密度减低的速度受出血量等因素的影响，往往难以精确判断。

（二）硬脑膜下血肿

硬脑膜下血肿（subdural hematoma）是颅内出血积聚于硬脑膜下腔而形成的血肿。约占颅内血肿的40%，其中急性硬膜下血肿约占70%，亚急性约占5%，慢性约占25%。

1．损伤原因和机制

（1）急性和亚急性硬脑膜下血肿：两者致伤因素和出血来源相同，只是病程急缓上略有差异。根据其是否伴有脑挫伤分为复合性血肿和单纯性血肿。复合性血肿较多见，出血来源于脑挫裂伤所致的皮层动脉或静脉破裂，或由脑内血肿穿破皮层流入硬脑膜下腔。此类血肿大多由对冲性脑挫裂伤所致，好发于额极、颞极及其底面。单纯性血肿少见，一般为桥静脉损伤所致，此类血肿可不伴有脑挫裂伤，血肿较广泛地覆盖于大脑半球表面。

（2）慢性硬脑膜下血肿：好发于50岁以上老人，有轻微的头部外伤史，尤其是前额或枕后着力。脑组织因脑萎缩在颅内的移动空间增大，使进入上矢状窦的桥静脉撕裂出血。出血聚积于硬脑膜下腔，引起硬脑膜内层炎性反应形成包膜，新生包膜产生组织活化剂进入血肿腔，使局部纤维蛋白溶解过多，纤维蛋白降解产物升高，后者的抗凝作用使血肿腔内失去凝血功能，同时血肿腔内渗透压增高，导致包膜新生的毛细血管不断出血、血浆和脑脊液渗入囊腔，从而使血肿逐渐扩大。

2．临床表现

（1）急性、亚急性硬脑膜下血肿：由于多为复合性血肿，因此临床表现似脑挫裂伤，但进行性颅内压增高较迅速。脑挫裂伤较重或血肿形成较快者，原发性昏迷和血肿所致脑疝的昏迷相重叠，表现为持续性意识障碍，并进行性加深，一般无中间清醒期或意识好转期。颅内压增高与脑疝的其他征象也多在1～3天内进行性加重，属于急性型。脑挫裂伤相对较轻或血肿形成较慢者，可有意识障碍好转期，其颅内压增高与脑疝的征象可在受伤72小时以后出现，属于亚急性型。少数不伴有脑挫裂伤的单纯性硬脑膜下血肿，其意识障碍过程可与硬脑膜外血肿相似，有中间清醒期，因桥静脉出血而形成血肿者，中间清醒期可较长。

（2）慢性硬脑膜下血肿：由于头部外伤轻微，出血缓慢，加之老年人因脑萎缩颅腔内的代偿空间增大，因此常于伤后数周或数月之后因血肿增大压迫脑组织及颅内压增高而出现症状。主要表现为：①慢性颅内压增高症状：头痛、恶心、呕吐和视盘水肿等；②脑受压的局灶性症状和体征：偏瘫、失语等；③精神症状：痴呆、精神异常等。

（3）影像学检查：CT：急性者可见颅骨内板下呈新月形高密度影，亚急性者可呈高密度、等密度或低密度影。血肿可覆盖一侧半球的大部分，如果出血量大而又未扩散，则血肿可表现为双凸形，与硬脑膜外血肿不易鉴别，但硬脑膜下血肿的内缘不十分清楚。慢性硬脑膜下血肿可表现为低密度、混合密度、等密度和高密度四种类型，但多数为低密度或等密度。等密度者可根据血肿的占位表现来诊断。MRI 对硬脑膜下血肿诊断优于 CT，尤其对小的血肿，特别是对位于颅底部的血肿可更好地显示，对硬脑膜下与硬脑膜外血肿间的鉴别有帮助。

3. 法医学鉴定

（1）损伤认定：硬脑膜下血肿主要根据临床表现和头部 CT、MRI 扫描所进行认定，但是否为外伤性硬脑膜下血肿需要排除非外伤性硬膜下血肿。

（2）鉴别诊断：急性、亚急性和慢性硬脑膜下血肿，特别是慢性硬脑膜下血肿，由于血肿的临床表现距受伤有一段时间间隔，有的甚至时间很长，因此在血肿形成原因上更易引起争议。常见的非外伤性因素包括：颅内血管疾病（动脉瘤、血管畸形等）和出血性疾病（血友病、血小板减少等）等。

头部磁共振血管造影（MRA）扫描和脑血管造影等检查可发现脑血管疾病，有助于病因诊断。各种原因所致的硬脑膜下血肿，在血肿形态上常缺少特征性，但血肿的发生部位和原发性脑损伤轻重有助于两者关系的判定。鉴定时，可根据伤后的临床表现、临床经过以及辅助检查所见和非外伤性因素的有无等具体情况综合分析与判定。

（3）损伤转归：外伤性硬脑膜下血肿常伴有脑挫裂伤或引起继发性脑损伤，治疗期满后，可遗留不同程度的中枢神经系统功能障碍，是否遗有功能障碍取决于脑损伤的部位、血肿的程度和脑受压迫的时间以及是否及时治疗等。

（4）损伤程度与伤残等级：《人体损伤程度鉴定标准》规定，外伤性硬脑膜下出血为轻伤一级；外伤性硬脑膜下出血伴脑受压症状与体征为重伤二级；其伤残等级根据是否遗留中枢神经系统功能障碍及其障碍程度依照相关标准进行评定。

（三）脑内血肿

脑内血肿（intracerebral hematoma）是指脑实质内的血肿，好发于额、颞叶。外伤性脑内血肿绝大部分为急性，少数为迟发性。

1. 损伤原因和机制

（1）外伤性原发脑内血肿：系由于脑挫裂伤致脑实质内血管破裂出血而形成，因此常与脑挫伤及硬脑膜下血肿相伴发。额叶和颞叶的浅层脑内血肿常为对冲性脑挫裂伤所致，顶叶及枕叶浅层脑内血肿系因冲击伤或凹陷性骨折引起。脑深部血肿多位于白质内，系因脑受力变形或剪力作用致使深部血管破裂出血所致。

血肿形成初期表现为高密度的凝血块，周围有低密度的坏死、水肿脑组织环绕。4～5 天后血肿开始液化，变为棕褐色陈旧血液，2～3 周后血肿表面可见包膜形成，其内为黄色液体，形成囊性变，周围有含铁血黄素沉着。

（2）外伤性迟发脑内血肿（delayed traumatic intracerebral hematoma）：是指伤后第一次脑 CT 等检查未发现脑内血肿，经过一段时间后，再次检查时发现了脑内血肿，或在原无血肿的部位出现了新的血肿。迟发性脑内血肿多见于中、老年人减速性颅脑损伤，其形成机制可能为外伤当时血管受损，但非全层破裂，后由于损伤所致的局部二氧化碳蓄积、酶的副产物释放以及自由基与脑血管痉挛等因素，使血管损伤进行性加重，最后导致血管破裂出血所形成的迟发性血肿。部分迟发性血肿是由于颅内原发血肿清除后血管受到牵拉损伤所致，其血肿可以发生在原血肿清除部位，也可以发生在其他部位，这种血肿也称为再发性血肿。

2. 临床表现

（1）原发性脑内血肿：与急性硬脑膜下血肿的临床表现甚相似，其意识障碍过程受原发性脑损伤程度和血肿形成速度的影响。脑挫裂伤重者，伤后持续昏迷，且呈进行性加重；脑挫裂伤轻者，原发性昏迷较轻或缺如，有中间清醒期，当血肿增大到一定程度时，出现二次昏迷。可有颅内压增高和脑疝的其他征象,部分病人出现脑损伤的局灶性症状。脑内血肿无特异性症状,单凭临床表现难与其他颅内血肿区分。CT扫描可见脑实质内团块状高密度影,周围有低密度水肿带。

(2)迟发性脑内血肿:主要临床表现为头部外伤后CT或MRI正常,经历一段病情稳定期后出现意识障碍、颅内压增高等表现,并进行性加重,CT或MRI复查显示脑内出现血肿。

3.法医学鉴定

(1)损伤认定:根据外伤史、临床表现和影像学所见认定,CT或MRI扫描对于脑内血肿具有确诊价值。但是某些脑血管性疾病同样可发生脑内出血进而形成血肿,因此,外伤性脑内血肿的认定需排除非外伤性脑内血肿。

(2)鉴别诊断:非外伤性的脑内血肿以高血压动脉粥样硬化出血最为常见,约占85%。非外伤性因素的有无、原发性脑损伤的轻重以及脑内血肿的发生部位和形态,对判定外伤与非外伤性脑内血肿具有重要价值。

外伤性脑内血肿的CT或MRI扫描特点:①血肿位于对冲伤、冲击伤或中间性脑挫裂伤的发生部位;②多与脑挫裂伤和蛛网膜下腔出血同时存在,血肿为多发或单发,血肿周围有卫星形小出血灶或血肿周围蓬松;③外伤性脑内血肿多为脑内小血管破裂出血所致,因此出血量相对较小。

高血压脑出血特点:①多位于基底节区,血肿多单发、边界清楚,不伴有脑挫裂伤;②由于血管内压力较高或破裂血管口径相对较大,故出血量多较大,常破入脑室。

外伤性与非外伤性脑内血肿的好发部位和在形态上的区别是相对的,不能机械地套用,鉴定时需综合评定。

由于引发诉讼的非外伤性脑内血肿多发生于受伤当时,因此对于主要是精神刺激引起血压骤然升高,进而病变血管发生破裂出血的血肿,外伤应考虑为脑内血肿发生的诱因。

(3)损伤转归:外伤性脑内血肿常与脑挫裂伤同时存在,中枢神经系统功能障碍取决于损伤的部位和程度。

(4)损伤程度与伤残等级:《人体损伤程度鉴定标准》规定,外伤所致脑内出血为轻伤一级;脑内出血伴脑受压症状与体征为重伤二级;伤残等级应在医疗终结后,根据所遗留的中枢神经系统功能障碍的程度进行评定,其伤残等级最高可评定为一级伤残。

(四)蛛网膜下腔出血

蛛网膜下腔出血(subarachnoid haemorrhage)是指脑表面的血管破裂出血,血液直接流入蛛网膜下腔。

1.损伤原因和机制 外伤性蛛网膜下腔出血主要是由脑挫裂伤或硬脑膜下血肿所致。

2.临床表现 临床表现与出血速度、出血量直接相关。常表现为伤后出现剧烈的头痛、恶心、呕吐、意识障碍和脑膜刺激征等。出血量大者,表现为蛛网膜下腔、脑池、大脑纵裂呈高密度影。腰穿化验检查为血性脑脊液。

3.法医学鉴定

(1)损伤认定:根据临床表现和辅助检查认定,影像学和脑脊液检查具有确认的价值。

外伤后出现的蛛网膜下腔出血并非都是外伤直接所致,因此在法医学鉴定时需要与非外伤性蛛网膜下腔出血进行鉴别。

(2)鉴别诊断:非外伤性蛛网膜下腔出血常见于脑动脉瘤、动静脉畸形、高血压性动脉硬化等脑血管病变破裂出血,以动脉瘤最常见,发病前常有情绪激动、用力、运动等诱因。头部MRA检查或脑血管造影可发现颅内血管异常,有助于病因判断。

(3)损伤转归:单纯蛛网膜下腔出血一般不会遗留明显功能障碍,严重蛛网膜下腔出血可导致脑积水或因伴有脑损伤,而遗留中枢神经系统功能障碍。

(4)损伤程度与伤残等级:《人体损伤程度鉴定标准》规定,外伤性蛛网膜下腔出血为轻伤二级;外伤性蛛网膜下腔出血,伴有神经系统症状和体征为重伤二级。其中神经系统症状和体征是指头剧烈疼痛、喷射状呕吐、颈强直以及克氏征阳性等，鉴定时应结合原发性脑损伤以及是否危及生命等综合评定，单一的脑膜刺激症状或体征不宜评定为重伤。伤残等级根据是否遗留中枢神经系统功能障碍及其障碍程度依照相关标准规定进行评定。

二、外伤性脑水肿

外伤性脑水肿（traumatic cerebral edema）是外力作用于头部引起的脑组织细胞内、外水分过多积聚，导致脑体积增大和脑重量增加，是脑损伤后最主要的继发性病理改变。

（一）损伤原因和机制

1. 血管源性学说　血脑屏障的结构和功能受到不同程度的损害，血管壁通透性增高，大量液体从血管内渗出，积聚于细胞外间隙，称为细胞外水肿，主要见于脑挫裂伤灶周围。

2. 细胞毒性学说　脑内血流减慢造成缺氧和代谢产物潴留，细胞内钠离子增加使水分进入细胞，称为细胞内水肿。根据水肿发生的范围分为弥漫性和局限性两种。脑内水分增加超过适应和代偿能力时，即出现颅内压升高。

（二）临床表现

主要是颅内压增高的表现，如头痛、呕吐和视物模糊等。常在伤后逐渐加重，到伤后第3～4天发展到高峰，若不缓解，因颅内压持续升高而发生昏迷、脑疝。如果出现局灶性定位体征，说明局限性脑损伤在进行性加重。CT和MRI扫描主要为脑体积增大、脑沟变浅、脑室变小等局限性或弥漫性脑肿胀的改变。

（三）法医学鉴定

1. 损伤认定　外伤性脑水肿的临床表现与其他继发性脑损伤无明显差异，其诊断依赖于脑CT或MRI检查。脑CT和MRI检查不但可以认定，而且还能发现其他类型的颅脑损伤，具有诊断和鉴别诊断价值。

2. 损伤转归　外伤性脑水肿一般3周后消失，如颅内压持续升高可发生昏迷、脑疝，必要时应手术治疗。

3. 损伤程度与伤残等级　脑水肿是一种继发性脑器质性损伤，多继发于弥漫性轴索损伤或脑挫裂伤后，因此其损伤程度和伤残等级根据原发性脑损伤和所遗留的神经系统功能障碍进行评定。

三、外伤性硬脑膜下积液

外伤性硬脑膜下积液（traumatic subdural hydroma）是指头外伤致蛛网膜破裂，脑脊液流入并积聚于硬脑膜下腔，发生率占颅脑损伤的3.7%～10.0%。外伤性硬膜下积液好发于幕上双侧或单侧额颞顶部，颅后窝少见。按发生时间一般分为急性和慢性两种，急性多见，常发生于伤后数小时至1周之内，慢性者常发生在伤后数月。此外，硬膜下积液可演变为慢性硬膜下血肿，如何认定外伤与硬膜下积液及其演变的慢性硬膜下血肿之间的关系是法医学鉴定的重要内容。

（一）损伤原因和机制

一般认为在头部外伤时脑在颅腔内移动，造成脑表面及视交叉池、外侧裂池等处的蛛网膜撕裂，脑脊液经瓣膜破口进入硬膜下腔却不能回流，可随伤者挣扎、屏气、咳嗽等用力动作而不断流出。另外，脑萎缩、脱水或过低的颅内压、低血浆胶体渗透压等，也是外伤性硬膜下积液形成的促进因素。

硬膜下长期积液，周围形成包膜，积液逐渐增多导致桥静脉或包膜壁的新生小血管破裂出血，此外积液中的纤维蛋白溶解亢进，出血凝血功能的障碍，使出血不止而最终可演变成慢性硬膜下血肿。

（二）临床表现

无特异的临床表现，酷似硬脑膜下血肿。随着积液量的增多或演变为慢性硬膜下血肿时，主要表现为颅内压增高症状和局部脑受压表现。CT显示硬膜下腔有新月形脑脊液密度的阴影，CT值<20Hu，无包膜强化。MRI在T_1、T_2加权像上均为高信号影。

（三）法医学鉴定

1．损伤认定　主要根据外伤史和影像学所见认定。外伤性硬膜下积液的认定依据：①头部外伤史，好发于额颞顶部，与外伤部位无明显关系，伴发颅脑损伤程度多数不重，以脑挫裂伤及蛛网膜下腔出血多见；②多发生于伤后数小时至1周，动态CT观察可见积液量减少或增多。如积液长期存在，则可能演变为慢性硬膜下血肿，CT可见硬膜下腔脑脊液密度阴影变为混杂密度、等密度或呈点片状高密度影，CT值 >20Hu 可出现包膜强化。MRI对慢性硬膜下血肿的诊断准确，早期在 T_1、T_2 加权像上均为高信号影，后期在 T_1 加权像上为高于脑脊液的低信号，T_2 加权像上呈高信号。

外伤性硬膜下积液需要与脑萎缩、蛛网膜囊肿鉴别。脑萎缩常见于老年人，CT或MRI表现为脑皮质萎缩，脑体积变小，脑沟、脑裂增宽，一般无明显的新月形低密度影，无脑外伤改变；蛛网膜囊肿分为先天性和后天性两种，以先天性多见，先天性蛛网膜囊肿多见于儿童，一般认为是由于胚胎期间脑组织发育异常所致，部位以颅中窝颞叶、外侧裂池多见，其次颅后窝枕大池。后天性蛛网膜囊肿系继发于颅脑外伤、炎症等，致蛛网膜粘连、脑脊液包裹而形成，多见于较大的脑池处，常沿颅内主要动脉的轴形成。CT可见囊肿呈脑脊液密度均匀一致、边界清楚的低密度区，形态随部位不同而表现各异，如外侧裂池多呈四边形或三角形，枕大池处多为圆形、椭圆形或三角形，CT动态观察一般无明显变化。

2．损伤转归　一般外伤性硬脑膜下积液在短期内可自愈，部分伤者硬脑膜下积液逐渐增多，产生脑压迫症状与体征，个别的可转化为硬膜下血肿。

3．损伤程度与伤残等级　《人体损伤程度鉴定标准》规定，外伤性硬膜下积液为轻伤一级；外伤性硬膜下积液量大或演变为慢性硬膜下血肿，出现颅内压增高或局部脑受压症状和体征时，可比照硬膜下血肿伴脑受压症状与体征的条款评定。外伤性硬膜下积液预后良好，如遗有神经系统功能障碍，根据神经功能障碍的程度依据有关标准评定伤残等级。

四、外伤性脑梗死

外伤性脑梗死（traumatic cerebral infarction）是指外伤引起脑组织缺血而发生坏死，是颅脑损伤少见的并发症。由于外伤性脑梗死易与病理性脑梗死相混淆，常引起争议，因此如何确定外伤与脑梗死的关系在法医临床学鉴定中至关重要。

（一）损伤原因和机制

外伤性脑梗死的发病机制目前尚不明确，可能与以下因素有关：

1．局灶占位作用　脑外伤致脑组织机械性移位或脑疝，使脑动脉及其分支受到压迫、牵拉、扭曲，造成脑血管的狭窄、痉挛而导致脑缺血性梗死。

2．血栓形成　头颈部外力直接造成颈内动脉或脑内血管内膜损伤，激活凝血系统，使血液呈高凝状态，促进血小板黏着聚积而形成附壁血栓，导致脑梗死。另外，外伤后颅内压增高使脑血管灌注量下降、脑血流缓慢、淤滞，亦促进血栓形成。

3．血管痉挛　外伤性蛛网膜下腔出血后氧合血红蛋白刺激血管壁，激活磷脂酶C，进而激活蛋白激酶C，刺激血管平滑肌持续收缩，引起血管痉挛。另外，蛛网膜下腔出血后还可引起内皮细胞源性血管扩张因子（NO）耗竭，造成血管平滑肌舒张障碍而导致脑缺血。这种情况多见于大量蛛网膜下腔出血的儿童。

此外，儿童外伤性脑梗死还常发生在基底节区并以腔隙性或小梗死为主。其原因可能与儿童的颅脑发育尚不成熟有关，外力作用下大脑组织更易发生旋转，造成一些穿支血管牵拉受损，同时大脑在转动过程中在灰白质之间产生剪切力，导致灰白质之间的穿支血管损伤，引起血管痉挛或血栓形成，出现支配区脑梗死。

（二）临床表现

起病急骤，在1～2天内脑损害症状达到高峰，大多数病人在数周内可有不同程度的明显恢复。

此后,功能进一步缓慢恢复。

1. 头痛 起病时可有轻度头痛,可能由于侧支循环血管代偿性扩张所致。

2. 意识障碍 不常见,少数部位梗死有意识障碍。椎-基底动脉系统梗死,可在梗死发生时即出现意识不清;大脑半球较大范围梗死,缺血和水肿可影响间脑和上脑干功能,在梗死发生后不久出现意识障碍。

3. 脑损害的局灶症状 因脑梗死部位和范围的不同,可出现不同局灶症状。根据局灶症状的累及范围可推测受损血管的部位。常见的局灶症状有偏瘫、感觉障碍和失语。此外可有嗅觉、视觉障碍、眩晕、构音障碍或共济失调等。

4. 影像学检查 CT 扫描可见楔形、三角形或不规则的低密度灶,部位及范围与颅内血管供血区一致。MRI 检查主要表现为 T_1W 低信号和 T_2W 高信号。但 24 小时以内的脑梗死灶 CT 扫描多为阴性,普通 MRI 大多在梗死发生 6 小时后才有阳性结果,弥散加权成像较传统的 MRI 对急性缺血性脑梗死具有更高的敏感性。

(三)法医学鉴定

1. 损伤认定 根据外伤史、临床表现和影像学所见认定。外伤性脑梗死认定的依据:①有明确的头部与颈部外伤史;②多于伤后 24~48 小时内出现明显的神经系统定位体征;③头部 CT 或 MRI 检查可见原发性脑损伤或颈部损伤器质性病变以及脑梗死的征象;④伤前无脑梗死病史和其他导致脑梗死的病变。

2. 鉴别诊断 外伤性脑梗死需要与病理性脑梗死和既往陈旧性脑梗死进行鉴别。

(1)新鲜性脑梗死与陈旧性脑梗死的鉴别:新发生的脑梗死最初 4~6 小时缺血区即开始出现脑水肿,12 小时后可有细胞坏死,但 CT 检查难以与正常脑组织区分,一般认为 24 小时内 CT 扫描多不能清楚显示。随着时间的延长,CT 扫描呈规律性变化,与梗死区脑组织的缺血液化病理演变过程相一致,表现为密度逐渐变低、边界变清等。陈旧性脑梗死往往在伤后首次头部 CT 扫描即可清楚显示,密度低,边界清楚。

(2)外伤性脑梗死与病理性脑梗死的鉴别:外伤性脑梗死常伴发于严重的颅脑外伤,如脑挫裂伤、广泛的蛛网膜下腔出血、硬膜下血肿等,以儿童多见;病理性脑梗死常见于老年人,既往有脑血管疾病史,无明确的头部外伤史或外伤轻微,往往是先出现头晕、站立不稳等,然后跌倒;外伤性脑梗死多单发,而脑血管病变性脑梗死常多发,以腔隙性脑梗死多见。

对于颅脑损伤轻微,既往存在脑血管病变伤后短时间内发生脑梗死的,外伤可考虑为脑梗死发病的诱因。

3. 损伤转归 取决于原发性脑损伤的治疗和脑梗死发生的部位与梗死程度。

4. 损伤程度与伤残等级 《人体损伤程度鉴定标准》规定,外伤性脑梗死为轻伤二级;外伤性脑梗死,伴神经系统症状和体征为重伤二级。

外伤性脑梗死属于严重的继发性脑损伤,其伤残等级根据原发性损伤以及遗留的神经系统功能障碍程度进行评定。

第六节 颅脑损伤的并发症

一、颅神经损伤

颅脑损伤时可直接或间接引起颅神经损伤(cranial nerves injury),颅神经损伤是颅脑损伤的常见并发症。以嗅神经、视神经、面神经和听神经损伤常见,动眼神经、滑车神经、外展神经次之,其他神经损伤少见。

（一）损伤原因和机制

颅神经经颅底的孔、裂等出颅，因此颅神经损伤多因颅底骨折引起。颅前窝骨折累及筛板时可引起嗅神经损伤，累及视神经管可引起视神经损伤；颅中窝骨折累及颞骨岩部可使面神经和听神经受损，累及海绵窦或眶尖部可致动眼、滑车或外展神经受损，累及圆孔、卵圆孔时可引起三叉神经损伤；颅后窝骨折累及颈静脉孔及舌下神经孔可引起舌咽神经、迷走神经、副神经和舌下神经损伤。

另外，颅脑损伤时脑组织在颅腔内的移动引起的牵拉与撕裂、出血或血肿压迫以及颅内高压等也可造成颅神经损伤。

（二）临床表现

颅脑外伤时可合并单个或多个颅神经损伤，可为完全或部分损伤。颅脑外伤合并脑神经直接损伤时，伤后立即出现受损神经功能障碍，表现出相应的临床症状与体征。因血肿等压迫原因造成脑神经损伤时，表现为迟发性的神经功能障碍。当血肿等压迫原因解除后，神经功能可有不同程度的恢复。

1. 嗅神经损伤（olfactory nerve injury） 伤后即出现一侧或双侧嗅觉减退或丧失，可伴有脑脊液鼻漏。常在头外伤恢复后期偶然发现，如为部分嗅觉障碍，随时间延长可有不同程度的恢复，如为完全丧失，且持续时间在2个月以上，一般难以恢复。

2. 视神经损伤（optic nerve injury） 伤后即出现一侧或双侧视力下降或失明，或经数日后视力呈进行性下降，瞳孔直接对光反射消失，间接对光反射存在。颅内压增高时可引起视盘水肿。视盘颜色早期可正常，一般3~6周后颜色变淡或苍白。可出现不同程度和范围的视野改变，视交叉部受损伤可引起双眼颞侧偏盲。闪光视觉诱发电位显示P100波幅消失或潜伏期延长。

3. 动眼神经损伤（oculomotor nerve injury） 伤后即出现上睑下垂，瞳孔散大，直接、间接对光反射均迟钝或消失，眼位偏向外下方，眼球向上、下、内运动及辐辏功能障碍，可伴复视。一般动眼神经损伤多为不完全损伤，伤后2~3个月会有不同程度的好转，临床症状减轻或消失。

4. 滑车神经损伤（trochlear nerve injury） 向下凝视时复视，可伴有代偿头位。

5. 三叉神经损伤（trifacial nerve injury） 眼支损伤可引起前额部感觉麻木，角膜反射减弱或消失；上颌支损伤可致颊部、上唇及上颌牙齿感觉障碍；下颌支损伤可引起下颌部感觉障碍，咀嚼无力，张口下颌偏向伤侧。三叉神经损伤一般多为挫伤，伤后数周至数月会有不同程度的恢复，后期可因神经纤维粘连或受压而产生剧烈的神经痛。

6. 外展神经损伤（abducens injury） 眼球内斜，外展受限，向伤侧凝视时复视。

7. 面神经损伤（facial nerve injury） 表现为睑裂闭合不全，鼻唇沟变浅或消失，示齿口角偏向健侧，舌前2/3味觉丧失；面瘫可伤后立即出现，也可为迟发出现，多于伤后5~7天出现面瘫，系因血肿压迫、水肿所致，预后良好。面神经肌电图对神经损伤程度提供客观证据。

8. 听神经损伤（auditory nerve injury） 不同程度的听力下降，耳鸣，眩晕。听觉诱发电位可客观评价听力障碍程度。

9. 舌咽神经损伤（glossopharyngeal nerve injury） 伤侧咽反射消失或减退，舌后1/3味觉丧失。

10. 迷走神经损伤（vagus injury） 伤侧软腭运动障碍，声带麻痹而声嘶。

11. 副神经损伤（accessory nerve） 胸锁乳突肌和斜方肌瘫痪，出现垂肩。

12. 舌下神经损伤（hypoglossal nerve） 伤侧舌肌瘫痪，伸舌偏向伤侧。

（三）法医学鉴定

1. 损伤认定 不同颅神经损伤都有特定的临床表现，因此，一般根据外伤史和临床表现可以认定颅神经损伤。在法医学鉴定中，应采用电生理检查方法客观评定颅神经是否损伤以及功能障碍的程度。由于颅神经损伤多系颅底骨折所致，因此颅底CT薄层扫描与三维重建对颅神经损伤的定位及确诊具有重要意义。另外，对于迟发性面瘫应注意与面神经炎相鉴别。

2. 损伤转归 不同颅神经损伤后的临床表现是不同的,根据损伤程度可分为完全性损伤和部分性损伤。颅神经属于周围神经,神经损伤后可以部分或全部恢复,恢复的时间一般需要数月。

3. 损伤程度与伤残等级 根据颅神经损伤及所致的功能障碍程度依据相关标准进行评定。

二、颅内积气

颅内积气(intracranial pneumatosis)又称外伤性气颅,是颅外或含气颅骨内气体进入颅内而形成,常与颅底骨折、开放性颅脑损伤、脑脊液耳鼻漏等并发,发生率约占颅脑损伤的 9.7%。

(一)损伤原因与机制

颅脑外伤导致颅内积气的主要原因:①颅盖骨开放性骨折时,外界空气经破损头皮、骨折线及硬脑膜破损处进入颅内;②颅底骨折伴有脑脊液漏时,随着脑脊液外漏,颅内压力降低,外界气体进入颅内;③闭合性颅脑损伤时,含气的颅骨发生骨折,所含气体经骨折处进入颅内,多发生在额部、颞部骨折累及鼻窦及颞部骨折延伸至颅底。当病人做大声叫喊、咳嗽、恶心、呕吐等动作时,可有大量气体进入颅内。颅内积气可位于硬脑膜外、硬脑膜下、蛛网膜下腔、脑内、脑池内或脑室内。

(二)临床表现

颅内积气的临床表现与积气量有关。颅内少量积气一般不引起明显症状,可在 1 周内自行吸收,无需特殊处置。颅内积气过多或张力性气颅可引起颅内压增高,表现为头痛、恶心、呕吐,甚至局部脑组织受压的症状,需立即行钻孔排气术。颅内积气一般预后良好,但若继发颅内感染可引起严重后果。CT 检查可见颅内极低密度局限或散在的气体影。

(三)法医学鉴定

1. 损伤认定 CT 是认定颅内积气的最佳方法,0.5ml 以上的气体均可清晰显示。CT 除可确认颅内积气外,还可显示颅内积气的部位、积气量和占位效应,有助于明确积气来源和原发性损伤。外伤性颅内积气的法医学意义在于提示为开放性颅脑损伤,即使无颅底骨折的临床表现,如果颅盖骨无骨折,也可认定颅底骨折。

2. 损伤转归 单纯的颅内积气可自行吸收。

3. 损伤程度与伤残等级 颅内积气是器质性颅脑损伤的并发症,可根据原发性颅脑损伤或积气是否引起脑受压的症状和体征依据有关标准评定损伤程度和伤残等级。

三、外伤性脑脊液漏

外伤性脑脊液漏(traumatic cerebrospinal fluid fistula)是指开放性颅骨骨折同时伴有硬脑膜和蛛网膜破裂,致使脑脊液经鼻腔、外耳道或创口流出颅外,形成漏孔。发生率约为 2%～9%,可并发颅内积气和颅内感染。

(一)损伤原因和机制

外伤性脑脊液漏多见于颅底骨折,常为脑脊液鼻漏及耳漏,系颅前窝及颅中窝骨折累及鼻旁窦或中耳,并撕破硬脑膜和蛛网膜,形成内开放。其主要原因是颅底骨与硬脑膜贴附紧密,外伤时极易撕破硬脑膜与蛛网膜,同时颅底又邻近脑池。另外,颅顶开放性损伤也可导致脑脊液漏,若损伤穿透脑室则可引起大量脑脊液漏。

外伤性脑脊液漏多于伤后立即或数日内出现,属急性脑脊液漏,多数在伤后 1 周左右自行愈合。少数于伤后数周或数月发生,为延迟性脑脊液漏,常迁延不愈,易并发颅内感染,常需修补手术治疗。其原因可能为脑膜破裂处血块、脑组织水肿暂时将破裂口封堵,血块吸收、水肿消退后发生脑脊液漏,或可因咳嗽、用力等使颅内压力突然增高使薄弱的脑膜发生裂口引发脑脊液漏。

(二)临床表现

外伤性脑脊液漏最初多为血性脑脊液,数日后颜色逐渐变淡,最终转为澄清无色液体,同时可伴有嗅觉丧失,听力减退,中耳腔积血、积液及其他颅底骨折征象。由于脑脊液流失,可引起头痛、头晕,大量流失时可引起低颅压综合征。气体进入颅内可引起颅内积气,甚至张力性气颅。迁延不愈的脑脊液漏易并发颅内感染。

薄层 CT 扫描及三维重建可发现颅底骨折、鼻旁窦或乳突积液、颅内积气等征象。MRI 和脑池造影能直接显示漏孔。

(三)法医学鉴定

1. 损伤认定 外伤性脑脊液漏首先应判断耳鼻等处漏液是否为脑脊液。脑脊液中葡萄糖的含量应高于 30mg/100ml,若漏出液含糖量与脑脊液相当,则可确诊为脑脊液漏。在急性期由于脑脊液中含有血液,糖定量试验有时不准确,此时可通过红细胞计数法,比较漏液与血液的血球计数来判断;其次,影像学检查对外伤性脑脊液漏可提供有价值的信息,是否为外伤性脑脊液漏,应根据外伤史、临床表现和损伤转归等综合分析判断。

2. 损伤转归 大多数外伤性脑脊液漏可自行永久性愈合,一般多在数天之内。有的呈间歇性漏液,长期不愈者可发生逆行颅内感染和低颅压综合征。此外,当病人咳嗽或打喷嚏时,因鼻腔内压力突然增高,可将空气从漏口挤入颅内形成外伤性颅内积气。

3. 损伤程度与伤残等级 《人体损伤程度鉴定标准》规定,颅底骨折伴脑脊液漏为轻伤一级;颅底骨折伴脑脊液漏持续 4 周以上为重伤二级。

由于鉴定时脑脊液漏可能自愈,对于脑脊液漏的持续时间的认定,不能仅凭伤者自述或伤后病历中查体所见,应根据连续的多次脑脊液实验室化验结果,并结合影像学资料综合判定。

《道路交通事故受伤人员伤残评定》(GB 18667-2002)规定,外伤性脑脊液鼻漏或耳漏为 X 级伤残。

《劳动能力鉴定 职工工伤与职业病致残等级》(GB/T 16180-2014)规定,脑脊液漏伴有颅底骨缺损不能修复或反复手术失败为四级伤残。

四、颅脑外伤后感染

颅脑外伤后感染是颅脑外伤后发生于颅内、外的化脓性炎症,包括头皮感染、颅骨骨髓炎、脑膜炎和脑脓肿等。本书重点叙述脑膜炎和脑脓肿。

(一)损伤原因和机制

常见于开放性颅脑外伤,尤其是火器伤。因异物或碎骨片进入颅内直接带入细菌,或因颅底骨折伤及鼻窦、中耳,细菌从骨折裂缝侵入。

(二)临床表现

1. 化脓性脑膜炎 主要表现为感染征象和脑膜炎刺激征。

(1)全身急性感染征象:高热、寒战、头痛、恶心、呕吐等。

(2)脑膜刺激征:颈强直、克尼格征阳性等。

(3)脑脊液检查:腰穿可见脑脊液压力增高、脑脊液混浊,白细胞明显增多,多为多形核细胞、蛋白增高、球蛋白反应阳性、糖和氯化物降低,细菌培养阳性。

(4)影像学检查:早期可无异常所见,MRI 早期可显示脑膜炎的蛛网膜下腔扩张和弥漫性脑水肿。此外,化脓性脑膜炎渗出液与邻近脑实质相比呈高信号。

2. 脑脓肿 严重时伴有恶心呕吐或高热谵妄、颈项强直、血白细胞升高等脑膜脑炎的表现。经 3 周左右,少数可持续 2~3 个月,症状可有缓解。脓肿包膜形成后,病人体温可下降至正常或有低热。

若脓肿有窦道或与颅外相通,颅内压可得到一定程度的缓解,症状较轻或出现较晚。当脑脓肿扩大至颅内代偿容积不能承受时,出现颅内高压甚至脑疝,或由于脓腔内压力骤然升高而致脓肿突然破溃,脓液流入蛛网膜下腔或脑室内而引起急性化脓性脑膜炎或脑室炎,致病人突然高热、昏迷、抽搐,若抢救不及时,常致病人死亡。

急性局限性脑炎期,CT 上可见病灶呈边缘模糊的低密度区,具有占位效应;脓肿形成期,CT 上可见低密度周边等密度环状影像,增强扫描为强化的脓肿壁。

（三）法医学鉴定

1. 损伤认定　根据颅脑损伤的病史，临床表现和辅助检查认定，但对闭合性颅脑损伤则必须排除非外伤所致的因素，如身体其他部位的炎症或脓肿通过血运也可以导致颅内感染。

2. 损伤转归　颅脑外伤后感染可遗有不同程度的中枢神经系统功能障碍。急性化脓性脑膜炎或脑室炎，若抢救不及时，常致病人死亡。

3. 损伤程度与伤残等级　《人体损伤程度鉴定标准》规定，外伤性脑脓肿为重伤二级；外伤性颅内感染预后差，往往遗留严重的神经功能障碍，因此伤残等级根据遗留的功能障碍程度进行评定。

第七节　颅脑损伤后遗症

颅脑损伤后遗症是指颅脑损伤病人在恢复期过后遗留的症状与体征或者功能障碍。

一、脑损伤后综合征

脑损伤后综合征（post-traumatic cerebral syndrome）是脑损伤恢复后仍有一系列自觉症状，持续存在 3 个月以上，神经系统检查无客观体征的一种临床现象，既往曾称为脑震荡后遗症或脑外伤后神经官能症。

（一）损伤原因和机制

目前尚有争论，可归纳为三种：①心因性：系脑损伤引起的功能性改变，特别是自主神经功能失调，精神因素在本综合征的发生上也起一定作用；②器质性：部分可因无体征的轻微器质性脑损害所致，少数与头面部或颈部神经损伤有关。脑损伤时血脑屏障受损所致的脑水肿，可引起脑组织内点状出血，进而出现小软化灶和轻度广泛的退行性变化，由此造成皮层和皮层下自主神经中枢的功能失调；蛛网膜下腔出血逐渐发生蛛网膜粘连，对脑膜和神经根产生刺激进而产生脑损伤后综合征。有报道 70% 的蛛网膜下腔出血病人可出现脑损伤后综合征；③多因性：本综合征的发生不能简单地划分为心因性和器质性，多数情况下可能是两者同时存在，但两种机制引起的症状实际上很难区分。

（二）临床表现

1. 头痛　最多见，常有头部胀痛或跳痛，发作时间不定，以下午为多，部位多在额颞部或枕后部，有时整个头部。

2. 头晕　往往主诉头晕目眩，但并非真正的眩晕，而是一种主观感觉，有时自认为身体不能保持平衡，常因转动头部或改变体位而加重，但神经检查并无明确的前庭功能测定障碍或共济失调，给予对症治疗和安慰鼓励之后，症状即可减轻或消失，但不久又复出现。

3. 神经系统功能障碍　表现为情绪不稳定，容易疲倦、失眠、注意力涣散、记忆力下降，甚至喜怒无常、易激动等表现。伴有自主神经功能失调时，可出现耳鸣、心悸、血压波动、多汗等症状。

（三）法医学鉴定

1. 损伤认定　临床上对脑损伤后综合征的诊断不规范，并且诊断名称混乱，不少医生不管有无脑损伤，不管是否为脑损伤的恢复期，仅根据病人主诉即下此诊断。这不仅给法医学鉴定带来困难，而且对病人也是一种不良暗示，有时甚至是病人自觉症状长期存在的主要原因。因此，对于脑损伤后综合征的诊断必须持慎重态度。法医学认定的标准为：①确实的脑损伤（包括功能性和轻微器质性脑损伤）；②脑损伤后一系列自觉症状持续存在时间超过 3 个月；③神经系统检查无阳性体征。

2. 损伤转归　脑损伤后综合征的症状与受伤当时的意识丧失时间、伤者的心理状态和情绪有关。一般地说，受伤当时的意识丧失时间越长，脑损伤后综合征遗留的时间也越长。案件处理结果和心理治疗效果是决定预后的重要因素。

3. 损伤程度与伤残等级　关于脑损伤后综合征的损伤程度和伤残等级，《人体损伤程度鉴定标准》、《道路交通事故受伤人员伤残评定》(GB 18667-2002)、《劳动能力鉴定 职工工伤与职业病致残等级》(GB/T 16180-2014)均无明确规定。

由于脑损伤后综合征系社会心理因素与脑损伤因素综合作用的结果,因此其损伤程度和伤残等级的评定应以脑器质性损伤作为评定的客观基础;无器质性脑损伤的脑损伤后综合征,不宜评定损伤程度和伤残等级,但外伤可考虑作为脑损伤后综合征的诱因。

二、外伤性癫痫

癫痫是指由各种原因引起神经元异常放电所致的发作性、暂时性的脑功能紊乱,具有反复性、阵发性及发作性特点。

外伤性癫痫(traumatic epilepsy)是继发于脑损伤后癫痫性发作,是颅脑损伤后的常见并发症之一。外伤性癫痫可发生在伤后任何时间,按出现时间不同可分为早期发作和晚期发作两类。早期发作是指伤后1个月以内的癫痫发作;晚期发作是指伤后1个月以上的癫痫发作。法医学上所指的外伤性癫痫一般是指3个月以上的晚期癫痫发作。

(一)损伤原因和机制

任何部位脑损伤均可引起癫痫发作,以中央回附近和颞叶内侧损伤者发生率较高。脑损伤越重、损伤的脑叶越多并发癫痫的机会越大,脑功能区高于非功能区,且开放性损伤引起者远较闭合性损伤者多见。脑损伤后早期发作的癫痫多因脑挫裂伤、颅骨凹陷性骨折、蛛网膜下腔出血、颅内血肿、急性脑水肿等引起;晚期发作常为脑膜或脑组织瘢痕、脑萎缩、脑室穿通畸形、脑内囊肿、异物、脑脓肿等引起。

外伤性癫痫的发病机制仍然尚未完全清楚。早期癫痫主要与急性脑损伤后神经元兴奋性增高有关。晚期癫痫主要与胶质增生、瘢痕形成有关。脑组织损伤后引起的瘢痕使得神经元突触机械性扭曲,同时胶质增生,血脑屏障、血液循环和生化环境改变,引起神经元兴奋性增高、膜电位平衡与稳定性紊乱。

(二)临床表现

癫痫临床表现形式多样,分为癫痫全面性(大)发作、癫痫小发作、癫痫局灶性发作和精神运动性癫痫等。

外伤性癫痫早期以全面性发作为主,晚期多以部分性发作或部分性发作继发全面性发作为主。通常额叶病灶表现为无先兆的大发作,中央-顶叶病灶多为肢体运动或感觉性发作,颞叶病灶常引起精神运动性发作,枕叶病灶常出现视觉先兆。此外,外伤性癫痫多伴有部分神经功能障碍和情感精神障碍。

脑电图检查可以反映脑损伤部位、相邻部位和(或)对冲性部位局限性慢波、尖慢波、棘波或棘慢综合波等。

(三)法医学鉴定

1. 损伤认定　法医学鉴定主要是解决抽搐是否为癫痫、是否为外伤所致2个问题。

(1)癫痫的确认:典型发作的临床观察是诊断癫痫的重要依据。在许多发作中,病人事后不能回忆,需向目击者了解整个发作过程,包括当时的环境、意识状态、抽搐情况、持续时间和有无跌伤、舌咬伤及二便失禁等,必要时可行住院观察。脑电图不仅可以区别发作类型,还可以明确病灶部位。外伤性癫痫发作间期及发作期的脑电图阳性率均比较高,动态监测中睡眠脑电图可提高发作间期痫样放电。发作时记录脑电图意义最大,特别是对于癫痫小发作和局限性发作的病人。

(2)外伤性癫痫的认定:在明确癫痫诊断的基础上,诊断外伤性癫痫应具备以下条件:①既往无癫痫病史;②伤后出现癫痫发作;③癫痫发作类型与脑损伤的部位和脑电图改变相一致;④有引起癫痫发作的器质性颅脑损伤,如脑挫裂伤、颅内出血或血肿、脑萎缩、颅内异物等;⑤排除其他继发性癫痫的可能。

2.鉴别诊断 在临床上,外伤后癔症性抽搐较为常见,因此认定外伤性癫痫时必须与癔症性抽搐相鉴别(表4-2)。

表4-2 癫痫与癔症性抽搐的鉴别

	癫痫	癔症
发作的场合	单独或有人在场,睡眠或白天	常在情感失常及有人在场
抽搐	常典型发作,可有舌咬伤、跌伤	常为古怪的,很少咬舌
抽搐时面容	发绀或苍白	无变化
尿失禁	常见	很少
发作时角膜反射	消失	存在
发作时跖反射	巴宾斯基征阳性	跖反射阳性
脑电图	发作时异常,发作间期可不正常	发作时可异常,但非阵发性

3.损伤转归 一般来说,癫痫发作频率越小,预后越好;闭合性脑损伤比开放性脑损伤预后好;癫痫大发作比局灶性癫痫预后好;早发癫痫比晚发癫痫预后好;儿童比成人预后好。

4.损伤程度与伤残等级 《人体损伤程度鉴定标准》规定,外伤性迟发性癫痫为重伤二级。所谓迟发性癫痫是指头部外伤后90日以后仍有癫痫发作。

《道路交通事故受伤人员伤残评定》(GB 18667-2002)规定,外伤性癫痫根据发作频率与药物治疗控制的情况确定伤残等级,外伤性癫痫药物可以控制的为X级伤残;严重外伤性癫痫药物不能控制,大发作平均每月一次以上或局限性发作平均每月四次以上或小发作平均每周七次以上或精神运动性发作平均每月三次以上为Ⅲ级伤残。

《劳动能力鉴定 职工工伤与职业病致残等级》(GB/T 16180-2014)规定,轻度外伤性癫痫为九级伤残,中度外伤性癫痫为六级伤残,重度外伤性癫痫为四级伤残。

三、外伤性脑积水

外伤性脑积水(traumatic hydrocephalus)是指颅脑外伤致脑脊液循环或吸收障碍,脑脊液在颅内(脑室系统或蛛网膜下腔)过度积聚,是重型颅脑外伤的常见并发症之一。根据发生时间分为急性和慢性两种。急性者伤后数小时至伤后两周以内发生,多为梗阻性脑积水,往往需行脑室外引流术,慢性者一般在伤后3~6周发生,多为交通性脑积水,往往需行分流术。

(一)损伤原因与机制

目前认为急性脑积水的主要原因有:①凝血块直接阻塞脑脊液循环通路或蛛网膜颗粒被红细胞阻塞致脑脊液吸收障碍;②脑水肿、颅内血肿、脑疝、脑膨出等可压迫脑脊液循环通路、蛛网膜下腔或静脉窦,使脑脊液吸收或回流受阻;③损伤直接阻塞室间孔、导水管、第四脑室正中孔使脑脊液不能回到蛛网膜下腔而形成急性梗阻性脑积水;④外伤致颅内高压,使蛛网膜下腔与矢状窦压力差减小,引起脑脊液吸收减少。

慢性脑积水多因脑脊液吸收障碍和蛛网膜纤维变性所致,因为蛛网膜增厚纤维变性、室管膜破坏及脑室周围脱髓鞘病变,导致脑脊液吸收减慢。早期有一个脑脊液压力增高阶段,当高压使脑室系统扩张后,压力下降,扩大的脑室系统与颅内压形成动态平衡。

(二)临床表现

急性外伤性脑积水主要为颅内压增高,具体表现为持续性头痛、呕吐、视物不清、甚至浅昏迷。慢性外伤性脑积水主要为精神症状、步态障碍及尿失禁,病人有进行性加重的精神症状,表情淡漠、语言单调、记忆力减退、反应迟钝,进而出现步态不稳、尿失禁和木僵状态。

外伤性脑积水的早期临床症状有时与脑损伤的原发症状难以相互区分。部分病人可转变为代偿性脑积水,而不出现脑积水的晚期表现。外伤后正常颅内压脑积水可表现为进行性智力下降、痴呆、共济运动障碍、尿失禁等。

CT 与 MRI 征象：①脑室系统对称性扩大，以侧脑室前角最为显著，脑室扩大程度甚于脑池；②脑室周围尤其侧脑室额角因脑脊液渗漏而出现水肿带；③脑沟正常或消失；④如果脑沟存在应有第四脑室和基底池的扩大。

（三）法医学鉴定

1. 损伤认定

（1）脑积水的诊断：主要根据 CT 或 MRI 检查所见确定。侧脑室是否扩大可用侧脑室前角系数来判定。侧脑室前角系数是两侧脑室前角间的最大距离与颅腔最大横径比值，如其值大于 40% 时则提示侧脑室扩大。

由于脑室扩大不仅可见于脑积水，也可见于弥漫性脑萎缩，因此在法医学鉴定时必须给予鉴别。脑积水晚期的脑室扩大是因脑室系统内脑脊液量增多、压力增高所致，脑组织体积变小是脑室扩大压迫的结果，而脑萎缩的脑室扩大是因脑组织体积的变小而被动扩大。因此，两者的临床表现及颅脑 CT 或 MRI 扫描所见均有所不同。脑积水常有颅内压增高的表现（正常颅压脑积水晚期无颅内压增高），颅脑 CT 扫描见脑室扩大，侧脑室的额角、颞角钝圆，脑室周围可有水肿带，同时伴有蛛网膜下腔和脑池的变小或消失及脑沟变小或消失。脑萎缩无颅内压增高的表现，颅脑 CT 扫描见表现为侧脑室普遍扩大，但基本保持原有形状，同时有脑沟增宽、脑池扩大和蛛网膜下腔增宽，无脑室周围的水肿带。

（2）外伤性脑积水的认定：脑积水的病因很多，颅脑外伤只是其中之一。因此，在法医学鉴定中要特别注意外伤性与非外伤性脑积水的鉴别。此外，对于颅脑外伤后 CT 检查发现脑积水的病例是否为本次外伤所致，可采用动态观察方法进行综合分析。

外伤性脑积水的认定一般应具备如下条件：①有引起脑积水的器质性颅脑损伤，如蛛网膜下腔出血、颅内血肿或严重挫裂伤等；② CT 和 MRI 可见脑积水征象；③脑积水的临床表现和病程与 CT 和 MRI 动态观察所见相符。

2. 损伤转归　轻度的、非进行性脑积水急性期过后，颅压恢复正常后可无明显临床症状。进行性脑积水临床症状逐渐加重，严重的可危及生命，需行脑积水减压、分流手术。

3. 损伤程度与伤残等级　《人体损伤程度鉴定标准》规定，外伤性脑积水为轻伤一级，外伤性脑积水须手术治疗为重伤二级。外伤性脑积水的伤残等级，根据愈后所遗有的神经功能障碍程度进行评定。

四、脑外伤性精神障碍

脑外伤性精神障碍（mental disorder caused by traumatic brain injury）是指在脑损伤的基础之上出现的精神障碍和后遗的综合征，属于器质性精神障碍范畴。脑外伤性精神障碍分为急性精神障碍和慢性精神障碍。

（一）损伤原因和机制

脑外伤性精神障碍的病因复杂，与外伤所致的脑组织结构的破坏、心理因素以及个体素质等有关。此外，精神障碍类型与脑损伤的部位有关，其中额、颞叶损伤所致精神障碍最为常见。额叶损伤常可出现人格改变和智能障碍，颞叶损伤可出现智能障碍、情绪症状及人格改变，双侧颞叶损伤可引起遗忘综合征，顶叶损伤可导致视觉空间及定位障碍，枕叶损伤较少引起精神症状，脑中线深部损伤或双侧海马损伤可产生遗忘综合征，间脑和脑干损伤也可产生情绪变化及额叶损伤时的类似症状。

脑损伤所致的器质性精神障碍的发病机制仍不完全清楚，目前认为脑损伤后脑组织出血、水肿、坏死以及颅内压增高，局部脑血流量明显减少，脑细胞缺血、水肿，神经功能紊乱等所产生一系列生化、循环以及电生理改变等导致。另外，与精神活动有关的边缘系统的直接损伤也是引起精神障碍的重要原因。

（二）临床表现

1. 急性精神障碍 以意识障碍为主。昏迷患者常经历一段精神混乱状态才恢复正常。谵妄系一种特殊类型意识障碍，在意识模糊的同时，伴有明显的精神运动兴奋，如躁动不安、喃喃自语、抗拒喊叫等。有丰富的视幻觉和错觉，夜间较重，多持续数日。事后可部分回忆而有如梦境，或完全不能回忆。脑外伤后遗忘也较常见，主要是对颅脑损伤前后经历的遗忘，分为顺行性和逆行性遗忘。

2. 慢性精神障碍 主要表现为认知障碍、人格障碍和精神病性症状。

（1）认知障碍：是最常见的脑损伤后高级皮层功能障碍，一般与脑损伤的程度及伤前文化程度有关。脑损伤性认知障碍以智能障碍为主要表现，即伤后不同程度的智力水平和社会活动能力下降，严重者可出现遗忘综合征甚至痴呆。老年人和优势半球损伤易发生智能障碍。

（2）人格改变：是常见的脑损伤性精神障碍之一，一般表现为情绪不稳、焦虑、抑郁、易激惹甚至阵发暴怒，也可变得孤僻、冷漠、自我中心、丧失进取心等，多伴有智能损害。如仅额叶局部受损，智力水平可以不受影响。

（3）精神病性症状：脑外伤后会出现精神病性症状，包括精神分裂样症状、情感症状或偏执症状等，常见于重度颅脑损伤患者。外伤可以是直接因素，也可以是诱发因素。

（三）法医学鉴定

1. 损伤认定 脑外伤性精神障碍的诊断依据：①严重的颅脑外伤史；②伤后出现脑器质性精神障碍，包括智能障碍，人格改变，遗忘等，精神障碍的出现时间应与脑损伤关系密切；③神经系统检查，如脑电地形图、事件相关电位 P300、脑 CT 或 MRI 等与精神障碍异常一致，并根据脑损伤的部位、程度等可以解释精神障碍；④既往无精神障碍病史。

2. 损伤转归 颅脑损伤急性期的精神障碍随着病情的稳定多可恢复或好转，慢性期的精神障碍一般难以完全恢复，有的甚至进行性加重。

3. 损伤程度与伤残等级 主要根据智能减退和精神障碍的症状评定损伤程度与伤残等级。

智能包括观察力、记忆力、注意力、思维能力、想象能力等，涉及感知、记忆、注意和思维等一系列认知过程，心理学通常用智力测验量表进行评定，如常用的韦氏智力量表和简易智力测量量表等。

智商（IQ）是智能状况定量评定的指标之一。根据智商检测结果，智能减退可分为：①极重度智能减退：IQ 低于 25；语言功能丧失；生活完全不能自理；②重度智能减退：IQ25～39 之间；语言功能严重受损，不能进行有效的语言交流；生活大部分不能自理；③中度智能减退：IQ40～54 之间；能掌握日常生活用语，但词汇贫乏，对周围环境辨别能力差，只能以简单的方式与人交往；生活部分不能自理，能做简单劳动；④轻度智能减退：IQ55～69 之间；无明显语言障碍，对周围环境有较好的辨别能力，能比较恰当的与人交往；生活能自理，能做一般非技术性工作；⑤边缘智能状态：IQ70～84 之间；抽象思维能力或者思维广度、深度机敏性显示不良；不能完成高级复杂的脑力劳动。脑外伤性精神障碍的鉴定时限一般为伤后 6～12 个月。从严格意义上讲，精神障碍的法医学鉴定属于法医精神病学鉴定范畴。

《人体损伤程度鉴定标准》规定，重度智能减退或者器质性精神障碍，生活完全不能自理为重伤一级。

《道路交通事故受伤人员伤残评定》（GB 18667-2002）规定，外伤性精神障碍的伤残等级根据智能减退或者精神障碍的程度最低为Ⅸ级伤残，最高为Ⅰ级伤残。

《劳动能力鉴定 职工工伤与职业病致残等级》（GB/T 16180-2014）规定，外伤性精神障碍的伤残等级根据智能减退或者精神障碍的程度最低为七级伤残，最高为一级伤残。

由于智商测试属于主观测试方法，其结果直接受被试者配合程度影响，鉴定时必须根据脑损伤的程度、功能影像学和电生理学检测结果以及行为观察等综合判断，不能机械、简单地套用智商检测结果。

本章小结

本章主要介绍了颅脑损伤的分类、常见的临床表现、颅脑损伤的法医学检查、头皮损伤、颅骨骨折、原发性脑损伤、继发性脑损伤以及颅脑损伤的并发症、后遗症等。

在学习本章时，应明确各种损伤的概念及其含义，注重培养法医学思维方式，熟悉各种检查方法的应用范围及其优缺点。掌握损伤认定的依据，善于分析损伤行为与损害后果之间的因果关系，注意排除主观检查方法和被鉴定人不配合因素对检查结果的影响，把握鉴定的适当时机。

本章的重点是颅脑各部位损伤的特点、机制、临床表现、损伤的认定、鉴别诊断以及损伤程度与伤残等级的评价，难点是损伤与疾病的鉴别。

颅脑损伤分为头皮损伤、颅骨损伤和脑损伤，三者可单独存在，也可复合存在。颅脑损伤的症状和体征与颅脑损伤的类型和部位有关，可分为非特异性症状和体征与特异性症状和体征，特异性体征又称为阳性定位体征。头痛、头晕、恶心、呕吐等为颅脑损伤普遍存在的症状，为非特异性症状，而失语、瘫痪、肌张力增高、腱反射亢进、病理征阳性等为神经系统特异性体征，即阳性定位体征。

头皮损伤分为开放性损伤和闭合性损伤，头皮损伤的法医学意义在于提示外力作用的部位与致伤物的特征。由于颅骨的衬垫，钝性外力也可以形成开放性损伤。头皮损伤通过一般物理检查即可认定，但帽状腱膜下血肿有时需要通过 CT 或 MRI 检查确认。

颅骨骨折分为颅盖骨骨折和颅底骨折，由于颅骨骨折愈合较慢，甚至终身不愈，同时骨痂形成不明显，因此法医学鉴定时需要与陈旧性骨折相鉴别。

脑损伤分为原发性损伤、继发性损伤、迟发性损伤以及并发症和后遗症等。在法医学鉴定时，需要特别注意损伤时间、伤病关系以及神经功能障碍准确评定等问题。特别是迟发性颅内血肿、外伤性癫痫、外伤性脑积水、外伤性脑梗死的法医学鉴定。

颅内血肿在 MRI 上可分为四期，根据颅内血肿的不同影像学特点，可以大致判断颅内血肿的时间：①超急性期（24 小时以内）：T_1 相为等信号，T_2 相为强度稍低的信号；②急性期（1～7 天）：T_1 相为等信号，T_2 相为强度稍低的信号；在高场中，T_2 相血肿中心更低，此期中血肿部位脑水肿明显；③亚急性期（1～4 周）：T_1、T_2 相均为高强度信号，血肿中心可显示强度稍低的信号，此期水肿仍存在；④慢性期（1 个月以上）：T_1 相为低强度信号，T_2 相为中心高强度信号，周边为低强度信号；至脑软化时，呈长 T_1 低强度信号影像。

外伤性痴呆是脑器质性精神障碍最常见的类型。所谓痴呆，是指后天获得的智能、记忆和人格全面受损的一种综合征，一般无意识障碍。

外伤性痴呆常由严重的颅脑外伤或反复多次的轻型颅脑损伤引起，如弥漫性脑损伤、拳击所致的外伤性脑病等，大部分属于局灶性脑损伤，并且痴呆严重程度相对较轻。

关于《人体损伤程度鉴定标准》颅脑损伤部分中的须手术治疗与伴有神经症状和体征的问题，须手术治疗是指有手术指征，并经过手术治疗的情况。颅脑损伤伴有神经症状与体征原则上应理解为后遗的神经症状与体征，一过性的神经症状与体征不作为评定重伤的依据。损伤当时是否构成重伤，主要看损伤当时是否已危及生命。

（徐晓明）

思考题

1. 颅脑损伤（原发性损伤、继发性损伤、并发症和后遗症等）的概念。

2. 颅脑损伤的分类。

3. 颅骨骨折的类型、机制及其诊断方法。

4. 各种脑损伤的机制、临床特点和法医学鉴定。

5. 颅内出血与血肿的区别、临床特点及其法医学鉴定的注意事项。

6. 外伤性脑积水的概念、形成机制、临床特点及其法医学鉴定。

7. 外伤性脑梗死的概念、形成机制、临床特点及其法医学鉴定。

8. 外伤性癫痫的原因机制、诊断及其法医学鉴定。

第五章　脊柱与脊髓损伤

学习提要

【掌握内容】　脊柱损伤类型与机制；脊柱骨折与脱位的影像学特征；外伤性椎间盘的法医学鉴定；脊髓损伤的分类；脊髓损伤的机制；脊髓损伤与疾病的鉴别。

【熟悉内容】　脊柱与脊髓损伤的原因；脊柱与脊髓损伤的检查方法与法医学意义；脊柱脊髓损伤的临床表现。

【了解内容】　脊柱与脊髓的解剖与生理功能概要。

第一节　概　　述

脊柱脊髓损伤多发生于工矿事故、交通事故、生活意外事故以及自然灾害与战时。脊柱脊髓损伤常合并严重的并发症，会导致伤者的终生残废，甚至危及生命，同时也会给家庭和社会造成巨大负担。

一、损伤分类

脊柱是全身骨骼的支柱，担负着机体负重、运动、吸收震荡和维持平衡的重要功能。脊髓位于脊柱中央的椎管之内，主要功能是传送脑与外周之间的神经信息。

脊柱脊髓损伤根据损伤的部位分为脊柱损伤和脊髓损伤，其中脊柱损伤又分为椎骨损伤和椎间盘损伤等；根据外力作用的方式分为直接损伤与间接损伤。

二、主要症状与体征

1. 局部疼痛　脊柱损伤后会出现局部疼痛，损伤局部有明显压痛、叩痛。

2. 脊柱畸形　由于骨折、脱位等致脊柱生理弧度改变，进而出现脊柱畸形。

3. 脊柱功能障碍　脊柱的椎骨、椎间关节、椎间盘、椎骨旁韧带及脊柱周围肌肉的损伤可引起脊柱的运动功能障碍。此外，脊柱损伤还可以导致脊柱负重、支撑功能的障碍。

4. 运动功能障碍　运动功能障碍（瘫痪）是脊髓损伤的主要表现。脊髓损伤可以导致躯体及四肢不同程度的瘫痪，脊髓上位运动神经元损伤产生痉挛性瘫痪，下位运动神经元损伤产生弛缓性瘫痪。

5. 感觉功能障碍　脊髓损伤会导致感觉支配区的感觉功能障碍，如疼痛、感觉减退、消失或过敏等。

6. 神经反射异常　脊髓是神经系统初级反射中枢，脊髓损伤可引起神经反射异常，包括躯体运动反射和内脏自主神经反射。前者有牵张反射和屈肌反射，后者有发汗反射、排便反射、排尿反射、阴茎勃起反射等。

三、法医学检查

（一）一般检查

详细了解病史，外力作用的方式，受伤时姿势，伤后有无感觉及运动障碍等。检查时注意局部软组织有无损伤，脊柱是否存在畸形和活动受限，有无叩击痛和压痛等。

（二）神经系统检查

1. 感觉功能　包括触觉、痛觉、温度觉、振动觉检查。感觉功能检查时注意检查躯体、四肢以及会阴部是否存在感觉障碍以及感觉障碍的平面。

2. 运动功能　包括肌力、肌张力、身体平衡与协调功能等检查，检查时应两侧对比。

3. 神经反射　包括浅反射、深反射和病理反射检查。反射强度存在个体差异，一定程度的反射增强和减弱并不表示病变，但左、右侧或上、下肢对比具有临床意义。

4. 自主神经系统　脊髓损伤早期，体表自主神经功能障碍，损伤平面以下无汗，毛细血管收缩功能障碍，划痕试验呈白色划痕反应；内脏的自主神经功能障碍，会导致胃肠蠕动减慢，引起不同程度的腹胀以及膀胱括约肌功能和肛门括约肌功能障碍。

（三）辅助检查

1. X线检查　X线检查是首选的检查方法，可显示脊柱的形态、椎体与附件的骨折和脱位。正位像注意观察椎体有无变形，上下棘突间隙与椎弓根间距等有无改变；侧位像注意观察棘突间隙有无加大。除选择正位、侧位和斜位像外，有时需脊柱在不同屈伸状态下拍片，以显示某些损伤与病变。判断陈旧性脊柱损伤的稳定性，应拍摄损伤节段脊柱的前屈与后伸位片。

2. CT检查　特别是CT三维重建，可更清晰的显示脊柱骨折与脱位，椎管内的骨折片以及椎管骨性狭窄等；此外，可发现和确定椎管内一些软组织异常改变，如硬膜外或髓内血肿、椎间盘突出和膨出、脊髓萎缩等。

3. MRI检查　MRI可清晰显示脊椎、椎间盘、黄韧带、椎管内出血及脊髓的改变，是脊髓损伤最好的影像学检查方法。

4. 腰椎穿刺和奎式试验　正常人脊髓蛛网膜下腔畅通，给颈静脉加压，脑脊液压力迅速上升，压力解除，脑脊液压力迅速下降至正常，如颈静脉加压和解除压力后脑脊液压力变化缓慢或无变化，说明脊髓蛛网膜下腔有不完全梗阻或完全梗阻现象，用此试验来判断椎管损伤、狭窄、压迫或占位性改变。

5. 电生理检查　体感诱发电位（somatosensory evoked potential，SEP）及脊髓诱发电位（spinal cord evoked potential，SCEP）是常用的检查方法，诱发电位无论对完全性脊髓损伤还是不完全性脊髓损伤的判定均具有重要意义。

第二节　脊柱损伤

人类脊柱由24块椎骨（颈椎7块，胸椎12块，腰椎5块）、1块骶骨和1块尾骨借韧带、关节及23个椎间盘连接而成。椎骨分为椎体和附件两部分。脊柱上端承托颅骨，下连髋骨，中附肋骨，并作为胸廓、腹腔和盆腔的后壁。脊柱具有支持躯干、保护内脏、保护脊髓和进行运动的功能。脊柱内部自上而下形成一条纵行的椎管容纳脊髓，椎管由椎体和椎弓围成，具有保护脊髓的功能。

脊柱损伤（injury of spine）是指脊椎骨、椎间盘、椎间关节、肌肉和韧带等组织结构的破坏或功能障碍，包括脊柱骨折、脱位、椎间盘以及韧带损伤等。脊柱损伤常见原因为机械性损伤，包括交通事故、地震灾害，运动伤害等。

脊柱损伤根据部位的不同分为颈椎损伤、胸椎损伤、腰椎损伤、骶尾椎损伤；根据组织结构的不同分为椎骨损伤和椎间盘损伤。

脊柱损伤可由压缩、屈曲、牵张、旋转等外力引起,根据损伤的机制分为屈曲压缩型损伤、垂直压缩型损伤、牵张屈曲型损伤、伸展压缩型损伤、牵张伸展型损伤、侧方屈曲型损伤等。

一、脊柱骨折与脱位

脊柱在瞬间受到超过负荷的暴力作用可导致损伤,其中以骨折最为常见,发生率占全身各部位骨折的 5%～6%,在脊柱骨折中以胸腰段骨折发生率最高。此外,脊柱骨折与脱位可并发脊髓损伤,尤其是颈椎骨折、脱位,约 70% 合并脊髓损伤。

1983 年 Denis 在 Holdworth 脊柱二柱理论的基础上创立了三柱理论学说,即脊柱的前纵韧带、椎体前 2/3 和前部纤维环为前柱,椎体后 1/3、后纤维环和后纵韧带为中柱,附件骨结构、小关节囊、黄韧带、棘突间韧带和棘突上韧带为后柱。

当脊柱受到屈曲压缩外力,前柱承受压力,中后柱承受张力,前柱压缩超过 1/2 时,中柱受损,后柱分离,椎体不稳。牵张伸展外力时,后柱承受压力,出现椎板及棘突骨折,而椎体前部间隙增宽,则表示有前纵韧带损伤,椎体不稳。爆裂骨折多为垂直压缩外力,如骨折仅累及中柱,则较稳定,如同时累及后柱,则系不稳定骨折。

骨折并脱位是三柱同时受损的一种类型,无论何种外力所致,均属于不稳定性骨折。

(一)颈椎损伤

颈段脊柱由 7 个颈椎、6 个椎间盘和所属韧带构成,椎体与椎间盘的前后有前、后纵韧带及钩椎韧带等连接;椎弓间则通过关节突关节、黄韧带、棘间韧带、棘上韧带和项韧带、横突间韧带相连接。除第 1、第 2 颈椎结构有所特殊外,其余颈椎与胸、腰段椎骨大致相似,均由椎体、椎弓、突起(包括横突、上下关节突和棘突)等基本结构组成。

颈椎是脊柱活动性最大的节段,周围缺乏坚强的保护,介于头颅与躯体之间,其体积、强度较其他椎体小,一旦损伤即可造成严重后果。颈椎损伤(cervical spine injury)根据发生的位置分为上颈椎损伤(寰枢椎损伤)和下颈椎损伤,其好发部位为 C_1～C_2,C_5～C_7 节段。

1. 损伤原因与机制

(1)上颈椎损伤(寰枢椎损伤):寰椎(第 1 颈椎)呈环状,无椎体、棘突和关节突,由前弓、后弓和两个侧块组成。枢椎(第 2 颈椎)在椎体上方伸出一指状突起称齿突,与寰椎的齿突凹相关节。寰枢关节是由寰椎、枢椎、寰椎横韧带、齿状突尖韧带及关节囊等构成的复合体,是连接头颅和脊柱的特殊结构。寰枢椎关节虽没有椎间盘结构,但韧带组织非常发达,齿状突作为寰枢椎间的骨性结构,起重要的旋转轴作用。寰枢关节成为脊柱中最为灵活的运动功能单位,协调完成颈椎约 50% 的旋转功能。其中,横韧带与翼状韧带维持着寰枢关节的稳定,并为颈椎提供了 90° 的旋转活动度。

一般认为,较大暴力可造成寰椎横韧带损伤或(和)齿状突骨折,导致寰枢关节结构严重受损,失去正常对位,复合体的稳定性丧失,如得不到及时处置,往往会造成高位脊髓和延髓压迫,导致神经功能障碍,甚至高位截瘫或死亡。

1)寰椎爆裂性骨折:亦称 Jefferson 骨折。当头顶受打击或高坠头顶着地时,垂直暴力传至枕骨髁,致寰椎双侧块分离,寰椎前、后弓薄弱部骨折,因椎管变宽,一般不会出现脊髓损伤。

2)枢椎椎弓骨折:又称绞死者骨折(Hangman 骨折)。为第 2 颈椎上下关节突之间的椎弓峡部骨折,多由于车祸或高坠所致或颌面部着地或下颌遭受打击,头颅向后使上颈椎过伸而造成。由于枢椎椎弓根骨折后,椎体向前移位,椎管的前后径增大,脊髓损伤较少。

3)枢椎齿状突骨折:因枕后部受打击,由水平剪切与轴向压缩暴力共同作用造成。

4)寰枢关节脱位:是上颈椎最常见的屈曲型损伤,寰枢椎关节囊大而松弛,关节面平坦,活动范围大,头部运动约 90% 发生于此关节。寰枢关节的稳定性主要取决于本身骨性结构的完整性和附着于寰椎两侧块前方的横韧带的牢固性。当头颅遭受突然屈曲作用时,头部的动能大部分集中在横韧带上,造成横韧带撕裂或枢椎齿状突骨折,而发生寰枢关节脱位。

寰枢关节脱位(atlantoaxial dislocation)多见于运动或车祸受伤。当寰枢椎存在先天发育畸形(如齿状突发育不良)或老年人各类退行性骨关节病损,关节不稳定,轻微外伤也可导致脱位。

(2)下颈椎损伤:下颈椎损伤主要指颈椎 $C_3 \sim C_7$ 的损伤,为最常见的颈椎损伤,包括伸、屈、旋转压缩和剪力等各种暴力均可造成低位颈椎骨折、脱位,常伴不同程度的脊髓和神经根损伤。

1)双侧关节突关节脱位:多见于高坠头颈部撞击地面或重物直接打击,致颈部受屈曲暴力作用,有时也见于突然刹车时头颈部因惯性作用而猛烈屈曲等。

2)单侧关节突关节脱位:当头部撞击地面或打击头颈部时,致颈部屈曲伴一侧旋转而脱位,造成椎间孔变形或狭窄,进而发生神经根受压。

3)颈椎前半脱位:多发生在成年人,此类损伤较隐匿,易被漏诊、误诊。屈曲暴力相对较小,尚不足以引起双侧关节突关节脱位,仅引起颈椎前半脱位。

4)颈椎压缩型骨折:屈曲伴垂直压缩暴力同时作用,致颈椎节段的椎体相互挤压引起楔形骨折。严重者可合并椎间盘损伤并向椎管方向突出,可致脊髓受压。

5)颈椎爆裂型骨折:为高坠重物打击或高坠头顶撞击地面,致下颈椎爆裂性骨折。椎体后部结构如椎弓根、椎板和棘突可一同骨折,后缘骨折片易进入椎管。

6)颈椎脱位型骨折:分为屈曲型骨折脱位和伸展型骨折脱位,均为强大的屈曲压缩和旋转暴力或突然的上颈部前移、前倾,既有椎体骨折和椎间盘破裂,又有关节突脱位和广泛韧带损伤,常伴有脊髓损伤。

2. 临床表现

(1)症状与体征:颈部疼痛、僵硬、头部固定。如第 2 颈神经(枕大神经)受累时,伤者感觉枕部疼痛,颈肌痉挛,颈部活动受限。若伴脊髓损伤,可有高位脊髓损伤的表现,损伤严重者可致瘫痪其至立即死亡。

(2)影像学所见:①寰椎脱位:寰椎前移,寰齿间隙(寰椎前弓后缘与齿状突前缘)增大(正常人 < 2.5mm,儿童 < 4.5mm),张口正位片可见两侧关节至齿状突距离不相等(大于 5mm);②寰椎骨折:寰椎双侧侧块向外移位,寰椎后弓双重骨折;③寰枢椎脱位齿状突骨折:张口位片可见齿状突骨折线,侧位片见寰椎向前(少数向后)脱位;④单侧关节突关节脱位:脱位椎体向前移位的距离是椎体前后径的 1/3;⑤双侧关节突关节脱位:损伤节段椎体向前移位,棘突间距增大。颈椎关节半脱位仅受伤之处上一椎体的下关节突向前轻度移位;⑥椎体压缩性骨折:椎体呈楔形,前缘阶梯样改变,椎体内可见致密骨折线;⑦爆裂性骨折:椎体可见多个骨折块,骨折片向前突出或向后突进椎管。

3. 法医学鉴定

(1)损伤认定:根据外伤史与临床表现,特别是影像学所见认定。X 线检查对脊椎损伤的认定与分型具有重要意义,三维重建 CT 可以从各个平面显示出椎板骨折,关节突骨折,椎弓根等损伤,并评估椎体骨折块对椎管的侵占情况;如有神经损害或怀疑有椎间盘损伤或后方韧带结构损伤时应行 MRI 检查,MRI 可以清楚的显示脊髓和软组织图像。

颈椎损伤无移位者早期易漏诊,移位者常伴有寰枢椎关节脱位。颈椎关节半脱位或暂时性脱位,因暴力较小,仅受伤处之上一椎体的下关节突向前轻度移位,许多病例在运送医院途中或诊查过程中,经简单的后伸运动,脱位即自行复位,所以 X 线检查可无阳性发现。

(2)鉴别诊断:对于脊柱退行性病变或一些疾病基础上形成的脊椎骨损伤,如脊椎结核、肿瘤或先天性畸形等应注意伤病关系的鉴别。

1)寰枢椎关节脱位的认定:正常人群中齿状突与侧块间距不对称者并不少见,最大偏移差别可达 5mm。当被检者头向一侧轻度旋转时,齿状突也随即出现偏移;或令被检者增加一侧颈肌张力时,也会出现齿状突偏移现象。因此,寰枢椎关节脱位的认定必须慎重。

寰枢椎关节脱位法医学认定要点:①寰椎侧块与枢椎外侧缘不在一条垂直直线;②寰椎前移,寰齿间隙(寰椎前弓后缘与齿状突前缘)增大(正常人 < 2.5mm,儿童 < 4.5mm),张口正位片两侧关节至

齿状突距离不相等（大于5mm）；③寰枢椎关节韧带等软组织损伤的征象；④排除因体位、先天偏位生长，齿状突发育不良等因素导致的寰齿间隙改变。另外，外伤性寰枢关节脱位常伴有齿状突骨折。

2）脊椎病理性骨折：老年人多见于骨质疏松或患有脊柱结核、脊柱肿瘤或肿瘤样病变，青少年多见嗜伊红细胞肉芽肿，青年人多见于骨巨细胞瘤或多种良性肿瘤。此类损伤特点是受到外力作用轻微，一般多为纵向传导暴力造成，如跌坐、下楼梯滑倒、背部受到打击等，为既往病变基础上受外力作用所致的条件性损伤。

3）脊椎的新鲜与陈旧性骨折鉴别：新鲜的椎体压缩性骨折，X线平片上除椎体压缩部分呈楔形改变，骨折线较致密外，还可见骨折块、椎体被压缩的边缘呈阶梯样改变，以及椎旁软组织肿胀；陈旧性骨折则为椎体骨折线模糊不清，骨质疏松脱钙，椎体边缘模糊，可见唇状骨赘或椎体之间骨桥形成。另外，伤后早期MRI的信号强度也有助于分析和判断脊椎的新鲜与陈旧骨折。

（3）损伤转归：因齿状突基底部血供差，骨折后常出现不愈合，从而影响寰枢区域稳定性，日后可造成颈髓压迫。单一椎体压缩性骨折为稳定性骨折，脊柱后方结构完整，骨折预后较好。多段椎体压缩性骨折，如未能恢复脊柱生理弧度，会导致脊柱外观畸形。

由于脊柱损伤往往不是单一的损伤，如脊椎骨折常合并周围的韧带、肌肉、神经、脊髓等损伤，严重的脊柱损伤如得不到恢复可导致后遗症的发生。

1）脊髓迟发性损害：脊髓迟发性损害是指脊柱损伤后经过数月甚至数年，逐渐出现脊髓受损症状。常见于椎体不稳致椎间盘突出或骨赘形成压迫脊髓所致；无神经损伤型椎体压缩骨折或粉碎性骨折，保守治疗后，移位的骨折块向后移位，致脊柱活动过程中脊髓慢性损害。

2）脊柱创伤后畸形：正常脊柱侧面观有生理性弯曲，颈椎轻度前凸，胸椎后凸，腰椎前凸，骶椎后凸。若脊柱的轴线弯曲，显著偏离正常状态，即为脊柱畸形。由于椎体压缩性骨折、脱位或脊柱手术后未能恢复脊柱生理弧度，导致脊柱外观畸形，有的甚至出现反曲。而长期卧床休息，出现骨质疏松，会加重畸形的程度。创伤后脊柱呈侧弯、旋转或鹅颈畸形等导致局部软组织劳损，小关节创伤性关节炎等，同时伴有局部疼痛以及脊髓受压等。

3）外伤后椎管狭窄：椎管为一骨性纤维性管道，内纳脊髓、神经根及马尾。当椎管发生骨性或纤维性结构异常，可致一处或多处椎管狭窄，压迫上述内容物引起症状，为椎管狭窄症。向椎管的突出物除椎间盘外，结构性的突出物还有后纵韧带骨化、黄韧带增厚、椎板增厚、关节突骨质增生、椎体后缘骨质增生等，而这些又常继发于椎间盘退变或外伤。颈椎管狭窄者起病多呈隐匿性，发展缓慢，多在创伤或反复轻微外伤后出现症状或使症状加重。

在成年人正常 $C_4 \sim C_7$ 椎管前后径大约 15～18mm，脊髓前后径约 10mm。当椎管前后径小于10mm 时为颈椎管绝对狭窄，常表现明显脊髓受损症状；10～12mm 者为相对狭窄。

（4）损伤程度与伤残等级：《人体损伤程度鉴定标准》规定，颈椎骨折或者脱位为轻伤二级；一节椎体压缩骨折超过 1/3 以上、二节以上椎体骨折、三处以上横突、棘突或者椎弓骨折为轻伤一级。

《道路交通事故受伤人员伤残评定》（GB 18667-2002）规定，颈椎畸形愈合，颈部活动度丧失 10%以上为 X 级伤残；颈椎严重畸形愈合，根据脊柱功能障碍程度进行评定。

《劳动能力鉴定　职工工伤与职业病致残等级》（GB/T 16180-2014）规定，两个以上横突骨折、脊椎压缩性骨折椎体前缘高度减少小于 1/2 者，1 节～2 节脊柱内固定术为九级伤残；脊椎压缩性骨折椎体前缘高度减少 1/2 以上者或脊椎不稳定性骨折、3 个及以上节段脊柱内固定术为八级伤残；脊柱骨折后遗 30° 以上侧弯或后凸畸形，伴严重根性神经痛为五级伤残。

（二）胸腰椎损伤

胸椎共 12 个，腰椎共 5 个。胸椎在结构上与颈椎和腰椎存在明显区别，胸椎与肋骨、胸骨构成胸廓，与颈椎和腰椎相比，胸椎稳定性相对较好，胸椎脱位的机会较少。但由于 T_{11}、T_{12} 段解剖结构上的改变，即 T_{11}、T_{12} 前面无胸骨柄，两侧为游离肋，稳定性较其他胸椎差。

胸腰段脊椎处于两个生理弯曲的交汇处，是应力相对集中的部位。因此，胸腰椎的损伤最常发生在胸椎与腰椎交界处，即 $T_{11} \sim L_2$ 段。一般来说，$T_{12} \sim L_2$ 骨折占脊柱骨折的 60%，$T_{11} \sim L_4$ 骨折占脊柱骨折的 90%。胸腰椎骨折以压缩性骨折最常见，其中爆裂性骨折好发于 $T_{12} \sim L_1$ 节段。

1. 损伤原因与机制

（1）椎体骨折：胸腰椎椎体骨折根据外力作用的方式不同分为四种类型。

1）屈曲压缩型骨折：为脊柱前柱损伤。暴力使脊柱向前屈曲，椎体被压缩呈楔形。单纯轻度骨折不损伤中柱，脊柱仍保持其稳定性。如骨折压缩超过椎体 1/3，为不稳定性骨折。此类骨折通常为高空坠落伤、足、臀部着地，身体猛烈屈曲，产生了椎体前半部分压缩。

2）屈曲牵拉型骨折：前柱部分因压缩力量而损伤，中、后柱则因牵拉的张力而损伤。中柱部分损伤表现为脊椎关节囊破裂，关节突脱位，半脱位或骨折，这种损伤往往有旋转力量的参与，骨折线经过棘突、椎板、椎弓根，同时有椎体后柱的棘上、棘间及黄韧带断裂。暴力大者可同时伴有后纵韧带及椎间盘纤维环断裂，也有椎体后缘的撕脱骨折。由于黄韧带、棘间韧带和棘上韧带都有撕裂，因此这类损伤往往是潜在性不稳定型骨折。此类损伤除常见于乘坐高速汽车腰系安全带，还可见于高处坠落或站立时腹部受撞击损伤。

3）爆裂型骨折：为脊柱前柱和中柱损伤。暴力垂直作用于脊柱，通常为高空坠落伤，足臀部着地，脊柱保持正直，胸腰段脊柱的椎体受力最大，因挤压而破碎。破碎的椎体与椎间盘可以突出于椎管前方，损伤了脊髓而产生神经症状。由于不存在旋转力量，脊柱的后柱则不受影响，因而仍保留了脊柱的稳定性。但如果有旋转外力参与，则前、中、后三柱同时损伤，导致脊柱不稳，会出现创伤后脊柱后突和进行性神经症状。该类损伤最常见于胸腰段，仅第 1 腰椎发生率即可占 50% 以上。原因可能与此区无胸廓保护，并且胸椎小关节在此由冠状方向转为矢状方向有关。爆裂性骨折除高坠外，多见于交通事故和地震。

4）脱位型骨折：又名移动性损伤。例如车祸时暴力直接来自背部后方的撞击，或弯腰工作时，重物高空坠落直接打击背部，在强大暴力作用下，椎管的对线对位已经完全破坏，在损伤平面产生横向移位，造成三个柱损伤，损伤平面通常通过椎间盘，此外由于还有旋转力量的参与，因此脱位的程度往往大于骨折的程度。当脊椎完全脱位时，下关节突移至下一节脊椎骨上关节突的前方时称为关节突交锁。

（2）附件骨折：附件骨折多发生在棘突、横突、关节突和关节突间等部位。

1）棘突骨折：可以由肌肉猛烈收缩导致撕脱性骨折，也可以由着力点小、速度快的致伤物造成棘突合并椎板骨折。

2）横突骨折：通常为腰方肌剧烈收缩引起。

3）关节突骨折：下胸椎受屈曲旋转暴力时，可致一侧上关节突骨折，过伸暴力可能造成下关节突骨折。

4）关节突间部骨折：或称峡部骨折，常发生于第 5 腰椎，多为剧烈的纵向压力造成，见于腰部遭猛烈打击，可伴发脊椎滑脱，导致脊柱不稳。

（3）脊椎脱位：脊椎脱位常发生于 $L_4 \sim L_5$ 段，其次为 $L_5 \sim S_1$，多因脊柱垂直压力或严重过伸引起，常有椎板峡部骨折。

2. 临床表现

（1）症状和体征：损伤局部疼痛，肿胀、畸形，活动受限。高于 L_1 水平的爆裂性骨折，可伴有脊髓损伤的临床表现。L_1 以下水平的脊柱骨折，损伤后可以出现相应神经根损伤的临床表现，如马尾损伤综合征等。

横突骨折可因腰背筋膜的广泛撕裂引起腹后壁血肿，当血肿机化形成粘连而遗留慢性腰痛；关节突骨折若未经有效治疗，会遗有疼痛影响伤者腰部负重活动；外伤性腰椎脱位常伴有骨折和韧带损伤，严重脱位可以导致脊髓的损伤。

（2）影像学所见：①椎体压缩性骨折：椎体呈楔形，前缘阶梯样改变，椎体内可见致密骨折线；②爆裂型骨折:椎体可见多个骨折块,骨折片向前突出或向后突进椎管。X线可以显示脊椎骨折、脊椎畸形;③附件骨折:可有附件骨折和移位;④脊椎脱位:损伤节段椎体向前移位,棘突间距增大,可伴有附件骨折。

椎体脱位程度主要根据脱位的椎体对应下一椎体移位的百分比进行判断:Ⅰ°<25%,Ⅱ°为25%~49%,Ⅲ°为50%~74%,Ⅳ°为75%~99%,Ⅴ°(完全性)脱位的椎体与下一椎体完全错开。

3. 法医学鉴定

(1)损伤认定:根据外伤史与临床表现,特别是影像学所见认定。影像学资料不仅可以确认损伤的类型和程度,还可以提示外力作用的方式。如侧位片上显示椎体前方楔状压缩骨折,则为屈曲暴力引起;如椎体前下缘骨折,多为伸展暴力损伤;一侧关节突骨折小片成嵌插骨折或一侧椎体高度减少,则为侧屈暴力损伤;如果正位平片同一椎体椎弓根间距离增宽,则提示椎体受到压缩外力,产生椎体压缩或爆裂型骨折;如果正位片上出现椎体侧方移位,椎间隙变窄或消失,则提示经过椎间盘的损伤,侧方明显移位提示关节突脱位或骨折存在的可能。

(2)鉴别诊断:对于脊柱退行性病变或一些疾病基础上形成的胸腰椎损伤,法医学鉴定时应注意伤病关系的鉴别,部分病变与颈椎病变相似,详见颈椎损伤的鉴别诊断。

1)腰椎滑脱:人体长时间站立、行走或负重劳动,上半身体重及负重的总压力均集中通过腰部而达双下肢,腰部负重较大,此外由于L₄~L₅向前下方倾斜,故身体自上而下的重力在此处较为集中,长时间的反复负重作用,易导致韧带劳损、松弛,进一步发展为椎体慢性滑脱。脊椎滑脱(spondylolisthesis)主要表现为下腰痛和椎管狭窄。另外,先天性椎体滑脱也多见于L₅~S₁水平,且常同时存在椎板峡部发育不良。

外伤性腰椎脱位多伴有椎板峡部骨折,没有椎板峡部骨折的少见,因此外伤性椎体滑脱的认定必须与椎板峡部发育不良和退行性病变所致相鉴别。

2)脊椎病理性骨折:见颈椎损伤。

(3)损伤转归:单一椎体压缩性骨折为稳定性骨折,脊柱后方结构完整,骨折预后较好。多段椎体压缩性骨折,如未能恢复脊柱生理弧度,会导致脊柱外观畸形。

1)脊柱不稳:脊柱稳定性以"三柱理论"为基础。脊柱不稳定大致分为三类:Ⅰ度:机械性不稳定,是前柱和后柱损伤或中柱和后柱损伤。如将脊柱固定于过伸位即可获得稳定性,又称轻度不稳;Ⅱ度:神经性不稳定,由于中柱骨折移位,在椎体移位或塌陷加重时可能继发椎管狭窄导致迟发性神经损害;Ⅲ度:兼有机械性及神经性不稳定,见于三柱均遭受损伤。

一般而言,若椎体压缩程度>50%,椎体后壁破裂,属二柱损伤的不稳定骨折;若椎体压缩伴有后部附件骨折、脱位或旋转,则属三柱不稳定骨折。另外,脊椎前屈畸形,如前屈成角>20°,或损伤平面侧方成角>10°,或椎间盘牵拉距离>2mm,或椎体间水平移位>3mm,则为不稳定性骨折。

脊柱不稳定可出现椎间异常活动,易使椎体边缘韧带及滑膜下撕裂、出血、机化及后期骨质增生。轻者表现为局部疼痛和疲劳感,随后影响到脊柱生理功能,重者可影响脊髓神经根或马尾的受压或牵拉症状。

2)晚期腰背部疼痛:脊柱损伤后遗有腰背疼痛是较为常见的后遗症之一,临床难以治愈。其发生的原因有:①损伤节段的脊柱不稳定;②损伤脊柱后凸畸形段骨折未融合,致该段小关节对合关系改变,背部韧带受牵张,肌肉易疲劳;③脊柱后凸畸形段已骨性愈合,其上下节段发生代偿性前凸,致小关节劳损或退变;④骨折畸形或椎间孔狭窄致神经根受压。

3)神经根损伤:在腰椎侧屈或侧方脱位损伤,可牵拉损伤一侧的神经根,或外伤后神经根被椎间盘、小关节、椎弓根、韧带压迫,或牵拉畸形,使神经根充血水肿受损。受损的神经组织可表现为兴奋性增强而增加疼痛;或神经功能丧失,而肌力减退、感觉缺失;常常两种不同的表现可同时存在。如马尾神经同时受损,则出现马尾神经根损伤的体征。

(4)损伤程度与伤残等级:《人体损伤程度鉴定标准》规定,胸腰椎骨折或者脱位(尾椎脱位不影响功能的除外)为轻伤二级;一节椎体压缩骨折超过 1/3 以上、二节以上椎体骨折、三处以上横突、棘突或者椎弓骨折为轻伤一级。

《道路交通事故受伤人员伤残评定》(GB 18667-2002)规定,腰椎畸形愈合,腰椎活动度丧失 10%以上为 X 级伤残;胸椎畸形愈合,轻度影响呼吸功能为 X 级伤残;胸椎或腰椎一椎体 1/3 以上压缩性骨折评为 X 级伤残;胸椎或腰椎一椎体粉碎性骨折评为 IX 级伤残;胸椎或腰椎二椎体以上压缩性骨折为 VIII 级伤残;胸、腰椎严重畸形愈合,根据脊柱功能障碍程度进行评定。

《劳动能力鉴定 职工工伤与职业病致残等级》(GB/T 16180-2014)规定,两个以上横突骨折、脊椎压缩性骨折椎体前缘高度减少小于 1/2 者,1 节~2 节脊柱内固定术为九级伤残;脊椎压缩性骨折椎体前缘高度减少 1/2 以上者或脊椎不稳定性骨折、3 个及以上节段脊柱内固定术为八级伤残;脊柱骨折后遗 30° 以上侧弯或后凸畸形,伴严重根性神经痛为五级伤残。

二、外伤性椎间盘突出

椎间盘共有 23 个,是脊柱的重要组成部分。椎间盘位于两个椎体间,由上、下软骨板,中心的髓核及四周的纤维环构成,被邻近周围有韧带、肌肉等组织包绕保护。纤维环由胶原纤维软骨组成,横断面上呈环形层状排列,纤维环中的纤维胶原蛋白提供机械支持力,将椎间盘牢固的"锚"定在骨骼或软骨终板上。髓核为胶冻状胶原物质,位于椎间盘中部稍偏后的位置,包含软骨细胞和胶原纤维网结构,具有弹性和膨胀性,在蛋白多糖作用下主要维持椎间盘组织容积。髓核和纤维环的这些特殊结构使椎间盘具备了生物力学的两个要求,一是弹性,二是把压力均匀地分散到软骨板上。

椎间盘除了连接相邻椎体外,还具有减轻和缓冲外力对脊柱、头颅的震荡,维持脊柱稳定性,增加脊柱运动幅度的作用。

外伤性椎间盘突出(traumatic intervertebral disc)是指在外力作用下,椎间盘的纤维环破裂,髓核组织从纤维环破裂之处突出(或脱出)。广义的椎间盘突出症(intervertebral disc herniation,IDH)是指椎间盘膨出、突出或脱出压迫神经和脊髓而引起一系列的症状。

椎间盘突出按突出的部位可分为颈椎间盘突出、胸椎间盘突出、腰椎间盘突出。

(一)损伤原因与机制

椎间盘解剖位置相对隐蔽,不易直接受到外力作用。另一方面,人体正常的椎间盘富有弹性和韧性,具有强大抗压能力,可承担 450kg 的压力而结构仍保持完整,因此,一般的外力作用很难引起单纯的椎间盘损伤。但椎间盘抗扭转应力却相对较弱,一旦脊柱过度扭转或过伸、过屈时,超出椎间盘周围韧带及关节突关节等的保护能力时,就会发生纤维环及髓核的突出。

此外,长期前屈位活动或负重以及反复扭转都可造成软骨终板和纤维环外层的慢性损伤,长期振动状态也可使椎间盘承受的压力负荷增大,同时也影响椎间盘的营养。在此种的状态下,椎间盘各组成部分(髓核、纤维环、软骨板),可发生不同程度的退行性病变,致使椎间盘的纤维环极易膨出和破裂。

(二)临床表现

突出的髓核压迫纤维环内的痛觉神经纤维导致病变部位疼痛,椎间盘向后突出可压迫脊髓出现中枢神经系统损害的临床表现,向后外侧方突出压迫神经根可出现沿神经根支配区分布的放射性疼痛及麻木感。此外,还可表现为脊柱生理曲度改变,局部压痛等。

椎间盘突出症早期由于水肿和炎性反应,疼痛明显,不敢活动。随着水肿的消退,症状会逐渐缓解。反复发作的病例可以手术治疗。

1. 颈间盘突出症 颈间盘突出症分为三种类型,其临床表现不尽相同。

(1)中央型:颈髓受压,主要表现为高位中枢性神经损伤的症状与体征,并按突出平面的不同出现感觉减退或消失。

(2)侧方型:神经根受压。主要表现为颈痛,疼痛可放射至肩部或枕部,一侧上肢有疼痛和麻木感。查体可见头颈部常处于僵直位，活动受限，下颈椎棘突及肩胛部可有压痛，臂丛神经牵拉试验阳性等。感觉障碍因椎间盘突出平面不同而表现各异。发病间歇期，患者可以毫无症状。

（3）旁中央型：除有侧方型症状和体征外，尚有不同程度单侧脊髓受压症状，即 Brown-Sequard 综合征。常因发生剧烈的根性疼痛而掩盖了脊髓压迫症。

2. 胸间盘突出症　胸椎间盘突出症的症状和体征由间盘突出的情况决定，包括间盘突出的节段、大小、方向、压迫的时间，血管受损程度和椎管的大小。患者常是先出现胸背痛，随后是感觉障碍，无力和大小便功能障碍。脊柱可有轻度侧弯及椎节局限性疼痛、压痛及叩痛。

3. 腰间盘突出症　主要表现为腰痛和神经根受压的症状与体征。

（1）腰痛：是大多数患者最先出现的症状，有时可伴有臀部疼痛。

（2）下肢放射痛：腰 2～3、腰 3～4 间盘突出可以引起股神经痛。腰 4～5、腰 5～骶 1 间盘突出，表现为坐骨神经放射痛，直腿抬高试验（lasegue 征）阳性等。放射痛的肢体多为一侧，仅极少数中央型或中央旁型髓核突出者表现为双下肢症状。

（3）马尾神经症状：向正后方突出的髓核或脱垂游离椎间盘组织压迫马尾神经，可导致大、小便障碍，会阴和肛周感觉异常。

4. 影像学所见　CT 检查可直接显示椎间盘有无突出及其突出程度。一般突出组织的 CT 值为 60～120Hu，具体表现为椎间盘纤维环破裂，髓核局限性向后或侧后方突出，压迫其后方的脊髓囊和神经根。如髓核脱出，游离髓核可进入椎管，表现为椎管内中等密度团块影，且密度与椎间盘一致。椎管造影可显示脱出的椎间盘位于脊膜囊外，有时可出现钙化，但增强扫描不强化。CT 间接征象有硬膜外脂肪移位变形，硬脊膜囊变形、移位等。

MRI 检查可从水平位、冠状位和矢状位三个方向观察脊柱的解剖结构，且其信号高低也直接反映了椎间盘组织的变化情况。随着含水量减少以及胶原纤维增多，退变的椎间盘信号逐渐减弱且不均匀。椎间盘突出时，在 T_1 加权像上表现为局部性后突，信号强度常与中央部分相同。在 T_2 加权像及质子密度加权上椎间盘呈中等偏高信号，伴有椎间盘变性时，可表现为中等或低信号，矢状面 T_2 加权扫描可直接显示硬膜囊受压情况。髓核脱出或游离时，椎间盘碎块的形状有时不规则，周围可有低信号带。如有钙化，T_1 加权像上脱出的髓核信号比脑脊液信号高，比硬膜外脂肪信号低。另外，MRI 还能显示邻近椎体结构退变以及脊髓受压情况。

（三）法医学鉴定

1. 损伤认定　主要为椎间盘突出症的认定以及椎间盘突出症与外伤关系的分析与判定。

（1）椎间盘突出症认定：椎间盘突出症的一些症状与体征可受被鉴定人主观因素影响，如直腿抬高试验、肢体感觉及肌力等可在检查者的暗示性问诊下表现异常。另外，这些症状与体征也易于伪装，因此，在法医学鉴定中，要特别注意肱二头肌反射、肱三头肌反射以及踝反射等神经客观定位体征，同时还要注意被鉴定人的临床表现与伤后病志记载是否一致等。此外，椎间盘突出症的认定还需要与椎间盘性疼痛、关节突关节及骶髂关节病变、梨状肌综合征及椎管内病变等疾病鉴别。

（2）椎间盘突出与外伤关系的判定：广义的椎间盘突出包括椎间盘的局部凸出（protrusion）、脱出（extrusion）和椎间盘游离（sequestrated disc）等不同类型，狭义的椎间盘突出指椎间盘纤维环的局部凸出。由于造成椎间盘突出的原因复杂，因此如何认定椎间盘突出与外伤之间关系是法医学鉴定的难点。

2. 鉴别诊断　椎间盘退行性病变往往是椎间盘突出发生的病理基础，对椎间盘突出与外伤的关系，应根据椎间盘突出的病因、发病机制、被鉴定人受伤方式、年龄、职业特点、伤后症状和体征以及影像学检查的结果综合分析与判断。

（1）新鲜与陈旧椎间盘突出的鉴别：新发的椎间盘突出为椎间盘急性突出，一般在外伤后立即出现临床症状与体征，CT 上可显示突出的间盘组织，其密度与正常椎间盘一致。陈旧性椎间盘突出，临床表现不典型，有时与影像学显示不一致。陈旧的椎间盘突出组织由于脱水，密度不均或增高，

MRI 信号逐渐减弱,CT 及 X 线片有时可见突出的间盘组织钙化。

（2）椎间盘膨出、突出和脱出的鉴别:椎间盘膨出是指椎间盘普遍向外"膨出"超出椎体边缘,主要是由于椎间盘退行性病变致纤维环松弛形成,与外伤无关,多见于成年人和老年人。影像学上常显示多节段椎间盘膨出,黄韧带增厚、骨质增生等,而椎间盘突出、脱出是指椎间盘局部突出或纤维环破裂髓核脱出椎间盘外。

3. 损伤转归　椎间盘突出症早期由于水肿和炎性反应,疼痛明显,不敢活动。随着水肿的消退,症状会逐渐缓解,反复发作的病例可以手术治疗。压迫脊髓和神经的,可有神经系统受损的症状和体征。

4. 损伤程度与伤残等级　《人体损伤程度鉴定标准》规定,外伤性椎间盘突出为轻伤二级。

《道路交通事故受伤人员伤残评定》（GB 18667-2002）对外伤性椎间盘突出无具体规定,如遗留神经功能障碍,根据功能障碍程度进行评定。

《劳动能力鉴定　职工工伤与职业病致残等级》（GB/T 16180-2014）规定,急性外伤导致椎间盘髓核突出,并伴神经刺激征者为十级伤残;外伤性椎间盘突出,椎间盘髓核切除术后为九级伤残。

一般来说,外伤性椎间盘突出多为单个椎间盘发生,绝大多数椎间盘突出属于椎间盘退行性病变基础上受外伤作用加重,因此在损伤程度与伤残等级鉴定时必须根据受伤过程、外力作用大小以及椎间盘退行性病变的程度综合分析、判断损伤的参与度。对于伤后无外伤性椎间盘突出典型临床表现,影像学资料显示严重椎管狭窄、椎体骨赘增生、椎间盘钙化等,应说明椎间盘突出为退行性病变,不予评定损伤程度或伤残等级。

第三节　脊　髓　损　伤

脊髓损伤（injury of spinal cord）占全身损伤的 0.2%～0.5%,约占脊椎骨折与脱位的 20%。多见于交通事故、工矿事故、地震灾害,在地震灾害中脊髓损伤高达 10%。

脊髓损伤是一种严重的中枢性神经损伤,给个人、家庭和社会带来巨大的经济损失和负担,是法医学鉴定的重要内容之一。

脊髓位于椎管内,分为 31 个节段（颈节 8 个、胸节 12 个、腰节 5 个、骶节 5 个、尾节 1 个）,上端平枕骨大孔处与延髓相连,下端在成人平第 1 腰椎椎体下缘。

脊髓是感觉和运动神经的重要通路,除头面部外,全身的深、浅感觉和大部分内脏感觉冲动,均经脊髓白质的上行传导束传递到大脑。由大脑发出的冲动,也要通过脊髓白质的下行传导束调节躯干、四肢骨骼肌以及部分内脏的活动。此外,脊髓还执行一些简单的反射活动,包括躯体反射和内脏反射。

脊髓损伤根据损伤机制和病理改变分为原发性脊髓损伤、继发性脊髓损伤、迟发性脊髓损伤;根据损伤程度分为完全性脊髓损伤和不完全性脊髓损伤;根据损伤的部位分为颈髓损伤、胸髓损伤、腰髓损伤、骶髓损伤与马尾神经损伤。

一、损伤原因与机制

（一）原发性脊髓损伤

1. 脊髓震荡　脊髓受到外力作用后立即出现的一过性脊髓功能丧失的状态。脊髓震荡（concussion of spinal cord）没有明显的器质性改变,为脊髓功能暂时性的抑制,随时间推移,可以恢复。

2. 脊髓挫裂伤　脊髓挫裂伤（contusion and laceration of spinal cord）主要是由于脊柱骨折、脱位或椎间盘脱出的髓核刺破、挤压脊髓,或锐器、枪弹直接作用于脊髓所致。包括脊髓表面的轻微挫伤、不全性裂伤、横贯性损伤和脊髓完全横断等。此外,椎管内的解剖结构对脊髓挫裂伤也有一定影响,如齿状韧带是把脊髓固定于椎管内硬脊膜上的结构,但在受到外力作用时齿状韧带又是导致脊髓挫裂伤的一个重要因素。

脊髓轻微挫伤表现为局部血液循环功能障碍,脊髓表面或浅层出血;脊髓严重挫裂伤可导致脊髓撕裂、血管破裂以及脊髓变性、坏死、梗死、脊膜反应性改变等一系列继发性的病变。

(二)继发性脊髓损伤

1. 脊髓水肿　脊髓损伤后,受损的脊髓和脊髓周边的组织对损伤所发生的一种创伤性反应。脊髓局部组织水肿、结构疏松,并波及上下数个脊髓节段。水肿被吸收后脊髓功能障碍会随之减轻或消失。

脊髓水肿的主要机制:①外力作用引起的血管痉挛,局部缺氧,血管通透性增高;②局部脊髓损伤释放的促炎细胞因子增多,炎性反应导致水肿;③脊髓局部受压静脉血液淤滞,血管内流体静脉压增高。

2. 脊髓受压　脊柱损伤后,移位的骨折片、椎体或椎间盘等组织直接压迫脊髓。此外,椎管内出血也是导致脊髓受压的重要原因。若脊髓压迫很快解除,局部脊髓功能可全部或大部分恢复;若脊髓压迫时间过长或程度过重,相应的脊髓可能发生一系列继发性损害,如缺血、缺氧,甚至坏死、液化,神经胶质增生修复,引起局部脊髓功能永久性丧失。

3. 脊髓缺血性坏死　脊髓缺血性坏死可因脊髓的动脉受到牵拉或脊髓动脉损伤后血栓形成所致。较常见的外伤原因为脊柱骨折和蛛网膜粘连。

(三)迟发性脊髓损伤

脊柱损伤如椎间盘突出、椎体压缩性骨折或粉碎性骨折伴向后移位,脊柱损伤后椎体不稳定,引起椎体动力性移位,或椎体骨折后骨痂形成过大、骨痂向椎管内生长,均可导致脊髓受压;损伤后椎管内继发性慢性蛛网膜炎,导致局部粘连或囊肿形成,亦可压迫脊髓,引起迟发性损伤。

二、临床表现

脊髓损伤的临床表现与脊髓损伤的性质、部位、程度及范围有关。脊髓损伤后可表现为感觉、运动、自主神经功能的障碍及反射的异常。脊髓损伤的部位越高,造成运动、感觉及自主神经功能障碍的范围越广泛。脊髓整个横断面受到损伤,则表现为感觉、运动和自主神经功能的完全障碍。如仅损伤脊髓横断面的部分结构,则仅表现运动、感觉及自主神经功能的不完全障碍。

(一)脊髓休克

脊髓受到损伤后,在损伤平面以下立即发生的完全性迟缓性瘫痪,同时各种反射、运动、感觉、括约肌功能均消失。脊髓休克的时间长短,除与损伤的性质有关外,还与患者的年龄、损伤部位有关。年轻者脊髓休克的时间较短,通常3~4天至6~8周,平均为2周左右;脊髓损伤部位越低,脊髓休克的时间越短,如腰、骶段脊髓休克期一般小于24小时;此外,感染、贫血、营养不良等均可延长脊髓休克的期限。

脊髓休克(spinal shock)根据脊髓损伤性质不同,其损伤转归不同。脊髓震荡随时间的推移,脊髓的功能将完全恢复。脊髓器质性损伤休克期过后,则根据损伤部位的不同,表现出不同脊髓节段损伤的特点。

(二)脊髓不同节段损伤的表现

不同节段脊髓的解剖结构和功能的不同,决定和影响不同部位脊髓损伤的临床表现。

1. 颈髓损伤　颈髓损伤的临床表现根据损伤的部位分为颈上段、颈中段和颈下段。

(1)颈上段($C_1 \sim C_3$):颈上段横断性损伤往往造成病人立即死亡,如能得到成功抢救复苏,心跳可恢复但自主呼吸不能恢复。主要表现为头、颈部及提肩胛运动有不同程度的瘫痪,四肢痉挛性瘫痪,并出现病理反射。由于三叉神经下降至C_3水平,感觉障碍除损伤平面以下外,还可以有面部感觉的障碍。神经根痛限于枕部或颈后部。

(2)颈中段($C_4 \sim C_6$):四肢瘫痪,以肩部及膈肌、肋间肌运动障碍最为明显,肱二头肌及肩部运动肌肉为下运动神经元瘫痪并出现肌萎缩，肱三头肌反射亢进，肌张力增高。屈肘时阻力较大，伸肘时松弛。肩部及上臂外侧有浅感觉减退或缺失。躯干的感觉减退或缺失常限于 T_2 水平以下，神经根痛的部位仍限于肩部或肩胛部。

（3）颈下段（$C_7 \sim T_1$）：手指活动有明显的瘫痪并伴有手部小肌肉的萎缩。前臂肌肉呈不同程度的萎缩及弛缓性的瘫痪。躯干感觉平面止于 T_2 水平。肱二头肌反射正常，但肱三头肌反射消失或减弱。神经根痛限于前臂及手指。病侧出现 Horner 综合征。

2. 胸髓损伤　双下肢痉挛性的瘫痪，腱反射亢进，腹壁反射减退或消失，感觉障碍平面在 T_2 以下，腹股沟以上。上腹壁反射消失，表示 $T_7 \sim T_9$ 有损害；中腹壁反射消失，表示 $T_9 \sim T_{11}$ 有损害；下腹壁反射消失，表示 $T_{11} \sim L_1$ 有损害。胸中段以上的完全性损伤的病人，可表现出阴茎的异常勃起。胸中段以下的脊髓损伤可有内脏的功能紊乱。

3. 腰髓损伤　腰髓损伤根据部位不同分为腰上段和腰下段。

（1）腰上段（$L_1 \sim L_2$）：两髋关节屈曲及股内收运动有瘫痪。膝、踝、足趾的运动痉挛性瘫痪。大腿的上部及腹股沟的上下有感觉减退。膝反射亢进，提睾反射消失。神经根痛部位在腹股沟、臀外部、会阴或大腿的内侧。

（2）腰下段（$L_3 \sim S_2$）：膝及踝关节运动障碍，呈弛缓性瘫痪。感觉障碍限于双下肢，呈节段性分布，肱二头肌反射和提睾反射正常，膝反射和踝反射减弱或消失，大小便失禁或潴留。

4. 圆锥损伤（$S_3 \sim S_5$，尾节）　四肢均无瘫痪，肛门、生殖器等会阴部感觉障碍，肛门反射、球海绵体反射消失或减弱，膀胱潴留或小便失禁。

5. 马尾神经损伤　马尾神经是由腰 2 至尾节神经根组成的。马尾神经损伤表现和脊髓圆锥类似，双下肢肌力弱，常伴有肌萎缩。下肢及马鞍区有感觉障碍，但不对称。膝反射有时减弱，跟腱反射可消失。大小便障碍出现较晚，且不严重。

（三）脊髓完全性损伤

脊髓休克期过后，损伤平面脊髓节段及以下的感觉、运动及自主神经功能仍完全障碍。上运动神经元性损伤，损伤平面脊髓节段以下的弛缓性瘫痪逐渐转变为痉挛性瘫痪，表现为肌张力增强，腱反射亢进，病理反射阳性，瘫痪肌肉萎缩为失用性萎缩；下运动神经元性损伤，损伤平面脊髓节段所支配的区域出现弛缓性瘫痪，表现为肌张力降低、腱反射消失、病理反射阴性，瘫痪肌肉的萎缩为营养性萎缩。

（四）脊髓不完全损伤

脊髓休克期过后，感觉、运动及自主神经等功能部分恢复，但仍遗有部分障碍。由于脊髓损伤早期生理机能多处于完全抑制状态，因此难以与脊髓完全性损伤相鉴别。

1. 脊髓前侧损伤　损伤平面以下浅感觉（主要是痛觉、温觉）丧失，深感觉存在，不同程度的运动障碍和大小便障碍。

2. 脊髓中央区损伤　损伤位于脊髓中央灰质内及周围部分白质区，运动与感觉障碍特点是近端重于远端。

颈髓损伤可表现为上肢完全瘫痪，下肢不同程度的瘫痪。下胸、腰段脊髓损伤表现为不能举腿但能活动足趾，肛门有一定的张力。受损节段支配区域皮肤痛觉、温觉消失而触觉基本正常。

3. 脊髓后侧损伤　损伤平面以下，除粗略触觉外，深浅感觉均障碍，同时伴有共济失调。

4. 脊髓半侧损伤　又称之为 Brown-Sequard 综合征，具体表现为损伤侧运动和深感觉的障碍，损伤对侧浅感觉的障碍。同时，由于损伤波及脊髓后根纤维和侧角，因此可出现排汗和血管舒缩障碍以及损伤水平上缘的痛觉过敏。临床上典型的脊髓半侧损伤极为罕见，多为不典型者。

5. 神经根损伤　脊髓神经的前根损伤，表现为下位神经元瘫痪。后根损伤仅表现为感觉障碍。臂丛损伤主要表现为上肢感觉和运动功能障碍。腰骶丛损伤，主要表现为下肢感觉、运动及括约肌功能的障碍。

（五）脊髓损伤的并发症和后遗症

脊髓损伤在临床上除直接表现为上述的症状、体征外，还会产生一些并发症。

1. 体温调节障碍 颈段脊髓损伤后，由于自主神经系统失去平衡，体温调节障碍，病人会出现高热和低温的现象。高热会使病人急剧消耗而导致死亡。低温可引起低血压、心率缓慢、心律不齐等，最后导致重要脏器血流灌注不足，直至死亡。

2. 呼吸衰竭及呼吸道感染 颈髓损伤的病人由于呼吸肌麻痹可产生急性呼吸衰竭，同时由于脊髓白质水肿，脊髓内压增高，导致呼吸传导束等功能障碍，进而发生延迟性呼吸麻痹。此外，由于脊髓损伤病人长期卧床，肺血循环不畅，呼吸道分泌物不易排泄，因此容易并发呼吸道感染导致死亡。

3. 消化道功能障碍和急腹症 脊髓损伤后由于胃肠道运动功能障碍和肛门括约肌功能障碍，常发生腹胀和便秘，在早期还可发生应激性溃疡和出血，引起胃肠道穿孔和腹腔内实质脏器的破裂及血肿。

4. 排尿障碍及泌尿系统感染 脊髓损伤后可导致不同程度的排尿障碍。由于排尿受阻，易导致泌尿系统感染和结石，严重泌尿系统感染的病人可导致死亡。此外，还可以引起肾功能障碍。慢性泌尿道感染和长期插管导尿，可诱发泌尿系统肿瘤。

5. 脊髓损伤后痉挛状态 脊髓损伤后痉挛状态指脊髓平面以下反射弧高度兴奋的状态。在恢复期，脊髓损伤的病人可表现为轻度或中度的痉挛状态。但如过度增强，多意味损伤平面以下躯体合并有其他并发症，如感染、结石、褥疮等，病人痉挛状态增强可使日常生活活动更加困难。

6. 脊髓损伤后顽固性疼痛 脊髓损伤后引起疼痛的原因基本上有两种情况，一种是机械性刺激，如骨折部位不稳定、骨折愈合不佳等；另一种是脊髓本身的原因，常见有脊髓栓塞、蛛网膜粘连、蛛网膜囊肿、脊髓萎缩和硬膜外纤维化等。脊髓损伤后的疼痛表现为损伤平面以下，呈扩散性感觉异常性疼痛，相当于感觉消失部位。常为烧灼痛、针刺痛、麻木痛和跳动痛。尽管病人并无感觉，但轻触即可诱发。重者可影响饮食、睡眠和生活。

7. 脊髓空洞症 脊髓损伤后，由于中央灰质的出血坏死、液化，可形成脊髓中央空洞，中央空洞向外膨大，可引起延迟性神经障碍。出血坏死向上发展，可出现上行性瘫痪。

脊髓空洞症（syringomyelia）的主要临床表现为节段性分布的分离性感觉障碍，病变累及平面的肌肉萎缩，自主神经与营养的功能障碍。

8. 深静脉血栓形成 脊髓病人由于缺少运动，极易形成深静脉血栓（deep venous thrombosis），95% 以上均伴有深静脉血栓。临床上如瘫痪肢体出现肿胀，又伴有原因不明的发烧及白细胞计数增高，应疑有深静脉血栓，通过彩色多普勒超声检查可明确诊断。一旦血栓形成应禁止剧烈运动，以防血栓脱落引起肺栓塞导致猝死。一般认为伤后 4～12 周为血栓形成的活动期，血栓容易脱落。

9. 褥疮 褥疮（bedsore）是瘫痪病人最常见的并发症之一，其发生率高低差别甚大。褥疮与尿路感染是脊髓损伤病人晚期死亡的主要原因。褥疮发生的主要原因为脊髓损伤截瘫平面以下，皮肤失去知觉，缺少保护性反应。自主神经功能紊乱，血管扩张则是发生褥疮的生理基础。此外，截瘫平面以下，骨突起部位的皮肤，持续受压，致皮肤缺血而发生坏死。

10. 性功能障碍 脊髓损伤后的性功能障碍包括神经功能障碍和心理功能障碍两个方面，不同部位和不同程度的脊髓损伤决定损伤后性功能障碍性质和程度。脊髓休克期，脊髓功能均消失，阴茎也不能勃起，此时称为一般性的阳痿，但以后可以恢复。如骶段脊髓损伤则阴茎永远不能勃起，称为完全性阳痿。对于非骶段脊髓损伤的病人，通过刺激骶神经反射弧，阴茎可以勃起。在阴茎能勃起的病人中，约 1/3 能成功地进行性生活，但只有 5%～7% 具有生育能力。不能生育的主要原因除不能射精外，还有体温调节失调，精子不能产生等。

女性脊髓损伤的病人不论损伤平面和程度，其卵巢功能都很少发生长期的紊乱，一般多于伤后 6 周左右恢复月经。在完全性瘫痪的女病人中，由于阴蒂、阴道失去感觉，性交时不会引起快感，但可以正常怀孕。

（六）影像学检查

1. CT　可显示脊髓水肿以及脊髓内出血或硬膜内、外出血。此外，还可清楚显示脊柱骨折以及骨折块移位和对脊髓的压迫。

2. MRI　可显示外伤性椎管狭窄、脊髓的损伤类型、部位、范围和程度。

（1）脊髓出血：在 T_1WI 和 T_2WI 上多呈高信号。

（2）脊髓水肿：在 T_1WI 上呈低或等信号，T_2WI 上呈高信号。

（3）脊髓变性：脊髓软化、囊变、空洞形成和粘连性囊肿，均呈长 T_1 和长 T_2 异常信号。

（4）脊髓萎缩：表现脊髓局限或弥漫性缩小，伴或不伴信号异常。

三、法医学鉴定

（一）损伤认定

根据外伤史，脊髓损伤的症状与体征以及 X 线、CT 及 MRI 等影像学检查认定。由于脊髓损害的原因很多，除脊髓损伤外，炎性病变、变性病变、血管病变及先天性病变均可引起脊髓的损害，因此在法医学鉴定中，对于脊髓病变与外伤间的关系，要从外伤史、损伤机制、临床表现、病程演变和影像学上特征来综合分析与判定。对于退行性病变或先天性病变的基础上的脊髓损伤一般评定为条件性损伤。

1. 脊髓震荡　脊髓震荡的诊断主要根据临床表现来认定，即损伤后即刻发生脊髓功能障碍。早期，损伤平面以下感觉、运动、反射和括约肌功能的丧失。一般在伤后数小时脊髓功能开始恢复，2～4 周可完全恢复。脊髓震荡无论在早期和晚期，CT 和 MRI 检查均无明显的异常所见。X 线、CT 和 MRI 有时可发现脊髓震荡合并的其他损伤，进而提示外力作用脊髓的间接指标。

2. 脊髓压迫　急性脊髓压迫早期可表现为脊髓休克的症状和体征，晚期表现为脊髓不完全损伤的症状和体征。脊髓随受压程度的加重，脊髓损伤的症状和体征也逐渐加重。慢性脊髓受压，无脊髓休克的过程，不能用急性脊髓损伤的临床过程解释。

3. 脊髓挫裂伤　早期一般为脊髓休克的表现，随时间推移，逐渐出现脊髓部分或完全损伤的临床表现。CT 上脊髓挫裂伤表现为脊髓外形膨大，边缘模糊，内部密度不均，可见点状高密度区。脊髓横断，CT 上可见断端处高密度影像横贯脊髓。晚期的液化与坏死在 CT 上表现为低密度区。脊髓挫伤在 MRI 上表现为脊髓信号不均，脊髓外形膨大，有局限的低信号水肿区。脊髓出血，急性期在 T_1 加权像上可正常，在 T_2 加权像上呈低信号；亚急性期，T_1 和 T_2 加权像上均为高信号。脊髓横贯性断裂，在 T_1 加权像上可清楚地见到脊髓横断的部位、形态。无论是 CT 还是 MRI 都可以反映脊柱损伤的情况，根据脊柱损伤的情况可以推断脊髓挫裂的原因和机制。

4. 脊髓缺血性和出血性坏死　脊髓缺血性和出血性坏死临床上常表现为脊髓前侧损伤或脊髓中央区损伤的症状和体征。病变范围呈渐进性的扩大，常高于损伤平面数个节段。CT 和 MRI 可反映脊髓水肿、变性、出血、坏死等情况。

脊髓缺血性疾患一般发病急促，数小时即可达到高峰，开始时往往有疼痛，之后出现感觉分离障碍，病变节段所支配的肌群出现无力、萎缩和瘫痪。开始时是弛缓性瘫痪，以后逐渐出现痉挛性瘫痪。

5. 脊髓栓系综合征　脊髓栓系综合征（tethered cord syndrome）是由于脊髓圆锥受到纵向的牵拉而引起的神经功能受损。这种病往往由于椎管狭窄，圆锥紧张，背部遭受打击或臀部摔跌均可牵拉圆锥引起脊髓的损伤。CT 和 MRI 可以见到终丝或蛛网膜粘连。此外，许多进行性创伤性脊髓病也是由于原脊髓受伤处脊髓受束缚后，纵向应力牵拉所致。

6. 无颈椎骨折脱位的脊髓损伤　多发生在患颈椎病老年人，或疑为急性椎间盘突出或暂时性脱位已自然复位青壮年。跌倒、额部撞墙或下颌部受暴力打击为颈椎过伸型损伤的常见原因，X 线片多无异常，脊髓损伤多为脊髓中央型损伤。在受伤瞬间发生颈椎过伸和暂时性向后半脱位，脊髓受前后的挤压,前方的压迫来自骨赘或暂时向后移位的椎体,后方则由增厚的黄韧带在过伸位发生皱褶所致。

7. 创伤性椎管狭窄症　是指脊柱受到损伤后致椎管狭窄,但未明显压迫脊髓,当起床、走路等活动时,由于脊髓血液循环增加,或脊柱不稳定的因素使临界的椎管狭窄进一步狭窄,从而压迫脊髓,出现下肢麻木、无力等症状。对此临床上又把这种现象称为"间歇性跛行"。

8. 创伤性脊髓病　脊柱损伤合并有脊髓损伤的病人,经过治疗脊髓功能已恢复或不完全恢复,又出现脊髓损伤症状或症状加重的现象,称之为创伤性脊髓病。其原因主要为脊柱损伤不稳定,给损伤后功能恢复的脊髓造成新的损伤。临床上主要表现为已恢复或不完全恢复的脊髓,逐渐出现脊髓受压症状,其平面与原脊柱损伤平面大多一致。脊髓造影、CT 和 MRI 均可见不稳定的脊柱损伤及新造成脊髓损害的改变。

9. 创伤后脊髓空洞症　创伤后脊髓空洞症是脊髓损伤晚期脊髓空洞性的改变。创伤后脊髓空洞症初始症状为疼痛,继之感觉丧失,运动功能障碍。病程进展缓慢,可持续数年或十几年。创伤后脊髓空洞症的原因目前尚不完全清楚,一般认为,是由脊髓血肿、坏死、液化形成囊腔,受动脉搏动和脑脊液压力冲击扩大而形成。脊髓空洞可在脊髓中央、亦可偏居一侧。脊髓造影、CT 和 MRI 均可证实脊髓空洞的存在,并可见脊髓空洞以下脊髓萎缩。创伤后脊髓空洞症根据脊髓损伤早期的临床表现及损伤程度不难认定。但对于缺少脊髓损伤早期临床资料的鉴定案例,应注意与疾病所继发的脊髓空洞症和先天性脊髓空洞症相鉴别。

(二)鉴别诊断

1. 脊髓休克　脊髓震荡在临床上早期需要与脊髓器质性病变所致的脊髓休克相鉴别,此时通过 CT 和 MRI 一般可鉴别,晚期通过临床表现的特点也可以进行区别。对于临床已诊断"脊髓震荡"的鉴定案例,特别是经过一段时间后肢体仍然瘫痪的病人,除需要与器质性脊髓损伤相鉴别外,还应与癔症性瘫痪相鉴别。必要时通过诱发电位检查即可区别。

2. 癔症性瘫痪　癔症性瘫痪发生大多数与精神创伤有关。表现为偏瘫、截瘫或单瘫,常为完全性瘫痪,可以出现失用性肌肉萎缩;瘫痪区域皮肤感觉减退、消失,但与神经支配不符或与受伤部位不符,多次检查感觉障碍的平面有变化;腱反射正常,无病理反射;经过暗示治疗,瘫痪症状好转甚至痊愈。

3. 脊髓压迫症　除椎体脱位、骨折、血肿及外伤性间盘突出等外伤原因外,肿瘤、炎症、脓肿、脊髓血管畸形及某些先天性病变和退行性病变也可引起脊髓压迫。外伤所致的脊髓压迫多属于急性脊髓受压,早期 CT 与 MRI 可见脊髓水肿、淤血,晚期可见受压部位软化、坏死、萎缩等,CT 和 MRI 检查可以明确脊髓受压的原因、程度和范围。

(1)颈椎病:也称颈椎关节病,颈椎肥大综合征等。它主要是由于椎间盘退变,脊椎骨质增生及周围韧带肥厚或钙化,进而导致脊髓或脊神经受压。临床上主要表现为头、颈、手及前胸等部位的疼痛,进行性肢体感觉及运动障碍,个别病例可发生四肢瘫痪。此病多见于成人,男性多于女性,好发于 40~60 岁之间,70 岁以后发病率几乎 100%。

慢性损伤与椎间盘退行性改变是颈椎病的主要致病原因。骨质增生可造成椎间孔和椎管狭窄,引起脊髓和神经根的受压。此外增生的骨赘及突出的椎间盘还可挤压脊前动脉,从而引起脊髓前侧柱的缺血改变。

颈部急性损伤,如损伤脊椎或椎间盘,有时可诱发颈椎病症状的发生或加重。急性的颈部损伤,还可以导致颈椎病的病人无放射影像异常的颈椎损伤,即 X 线检查无损伤所见。

(2)椎间盘突出症:是指椎间盘的髓核或部分软骨盘通过环状韧带的薄弱点向外突出。如向椎体的前方或侧方突出,可压迫脊髓和神经根。外伤性椎间盘突出一般指外伤后急性发病的椎间盘突出,损伤为椎间盘突出的直接原因。对此,在法医学上认定一般应具备以下几点:①有明确的外伤史。外力强度足以促使椎间盘突出,特别是椎间盘环状韧带的破裂;②伤后急性发病;③ MRI 和 CT

上无陈旧性改变,即 CT 无钙化所见,MRI 上椎间盘水分无脱失。

4. 脊髓缺血性坏死 脊髓缺血性坏死可因脊髓的动脉受到牵拉或脊髓动脉损伤后血栓形成所致。较常见的外伤原因为脊柱骨折和蛛网膜粘连,但动脉硬化、动脉炎、血管畸形、血压过低、血液黏稠度过高等也可引起脊髓缺血性坏死。颈椎病、椎间盘突出、椎管内肿瘤也可压迫脊髓前动脉或根动脉,引起脊髓缺血。

外伤单纯造成脊髓缺血性坏死的情况比较少见,往往多合并其他部位的损伤。对于外伤轻微或不合并有脊柱损伤的脊髓缺血性或出血性坏死的病人,要特别注意自发性脊髓缺血或出血。自发性脊髓缺血性或出血性坏死的病人往往在身体的其他部位还会同时见到缺血或出血性改变。

5. 先天性脊髓空洞症 先天性脊髓空洞症成年期发病,常与其他先天性缺陷同时存在,这些先天性缺陷包括小脑扁桃体及延髓下疝畸形、颅底凹陷与延髓周围粘连性蛛网膜炎。先天性脊髓空洞症多为中央管的扩张,往往合并脑积水。CT 和 MRI 检查可发现先天性缺陷和病变。

(三)损伤转归

脊髓震荡是一种可恢复的脊髓损伤,一般不遗留脊髓功能障碍;脊髓压迫,由于压迫程度和时间的不同,对脊髓功能障碍的影响也不同,如早期解除压迫,脊髓功能可望恢复;脊髓器质性损伤,特别是脊髓横断,脊髓功能难以恢复。

(四)损伤程度与伤残等级

脊髓的损伤程度与伤残等级的评定,主要根据脊髓功能障碍程度进行评定。脊髓严重功能障碍是指肢体活动、性功能和大小便功能的严重障碍,临床上常用截瘫指数进行评定。截瘫指数是按运动、感觉及括约肌三项功能受损情况来计算的。0 表示正常,1 表示功能部分丧失,2 表示功能完全丧失。三项之和为 6 者,表示全瘫,1~5 者表示不完全瘫,0 为正常。

对于脊髓损伤病人所表现出的脊髓功能障碍程度是否准确真实,要根据神经学检查结果、CT 和 MRI 所见来综合分析。进一步认定,可通过体感诱发电位、运动诱发电位和脊髓诱发电位来判定感觉、运动及性功能障碍的程度。

脊髓受压和脊髓的挫裂伤,应在病情稳定或治疗终结后进行损伤程度和伤残等级评定。脊髓损伤病人的恢复时间,临床上分为:①近期:伤后 2~6 个月;②中期:伤后 0.5~2 年;③远期:伤后 2 年以上。

《人体损伤程度鉴定标准》规定,脊髓损伤致排便或者排尿功能障碍(轻度)、脊髓挫裂伤为轻伤一级;严重的脊髓损伤根据功能障碍程度可评定为重伤二级、重伤一级。

脊髓损伤的伤残等级根据脊髓损伤后所遗留的功能障碍程度进行评定,最低为十级伤残,最高为一级伤残。

(五)脊髓损伤后继续治疗的问题

脊髓损伤的早期治疗主要是解除脊髓原发性损伤的病因,抑制脊髓继发性损伤,对此,一般不会引起争议。待病情稳定后,对于脊髓损伤本身是否需要继续治疗以及治疗后的预后常常引起争议,构成法医学问题。由于脊髓损伤治疗比较复杂,难以一概而论。但一般地说,根据目前医疗技术手段和水平,对于脊髓损伤病人的晚期治疗,主要是脊髓并发症的治疗、脊髓损伤的康复治疗(物理治疗)。

本章小结

本章介绍了脊柱与脊髓损伤的原因、分类、主要临床表现等。脊柱损伤是指直接或间接外力作用引起组成脊柱的脊椎骨、椎间盘、关节、肌肉、韧带等组织结构破坏或功能障碍。脊柱损伤根据部位的不同分为颈椎损伤、胸椎损伤、腰椎损伤、骶尾椎损伤,根据组织结构的不同分为椎骨损伤和椎间盘损伤,其中,脊椎骨骨折、关节脱位是脊柱损伤的主要形式。

脊柱损伤可由压缩、屈曲、牵张、旋转等外力引起,根据损伤的机制分为屈曲压缩型损伤、垂直压缩型损伤、牵张屈曲型损伤、伸展压缩型损伤、牵张伸展型损伤、侧方屈曲型损伤等。脊柱损伤主要是根据外伤史与临床表现，特别是影像学所见认定，脊柱三柱理论学说是判断脊柱损伤机制和脊柱稳定性的重要依据。

单纯外伤所致的椎间盘突出比较少见，多为退行性病变或为退行性病变基础上外伤导致或加重。

脊髓损伤包括原发性脊髓损伤、继发性脊髓损伤和迟发性脊髓损伤。不同节段脊髓损伤以及完全性脊髓损伤和不完全性脊髓损伤的临床表现不同，脊髓损伤的损伤程度与伤残等级主要根据脊髓损伤所遗留的功能障碍进行评定。

在法医学鉴定中，对于脊髓损伤的原因与临床表现应根据损伤部位、损伤的程度以及临床演变综合分析，特别需要注意脊髓损伤中的伤病关系鉴别。此外，脊髓损伤的并发症和后遗症种类繁多，相对复杂，其病情稳定与功能改善需要经历一个较长的时间，损伤程度与伤残等级的评定时机应根据具体情况确定。

（张玲莉　徐静涛）

思考题

1. 脊柱骨折的原因和机制。
2. 脊柱损伤的类型。
3. 椎间盘突出症的类型。
4. 寰枢椎关节脱位法医鉴定时应注意的事项。
5. 不同水平脊髓完全性损伤的临床表现特点。
6. 创伤后脊髓空洞症和先天性脊髓空洞症的鉴别。

第六章 眼损伤

第一节 概 述

眼是人体最重要的感觉器官之一,具有感知形觉、光觉、色觉等功能。眼由眼球、眼附属器及相关的神经、血管等构成。

眼损伤是法医鉴定工作中常见的损伤,可由物理、化学、生物学等多种因素引起,以屈光介质损伤、视网膜和视神经损伤最为多见,眼损伤目前已成为仅次于白内障的重要致盲原因。此外,眼附属器损伤、眼球萎缩、缺如等还会影响容貌。

一、损伤分类

眼损伤一般根据眼的解剖结构分为眼附属器损伤、眼球损伤;根据致伤因素分为机械性眼损伤和非机械性眼损伤;根据组织结构的完整性分为闭合性眼损伤和开放性眼损伤等。

二、主要症状和体征

1. 视功能障碍 眼损伤可以导致视功能障碍。视功能障碍的表现形式主要为视力、视野的减退或丧失。此外,还有视物变形、复视、夜盲及色觉障碍等。

2. 眼部肿胀与皮下出血 眼部和邻近部位损伤均可导致眼部肿胀和皮下出血。

3. 眼睑闭合不全 眼睑皮肤瘢痕收缩可造成睑外翻、眼睑闭合不全,也可因面神经麻痹、眼轮匝肌功能丧失或下睑重量使之下坠而形成。

4. 上睑下垂 多见于眼睑平滑肌损伤、动眼神经损伤等。外伤后由于眼球内陷、眼球萎缩、垂直型斜视、眼睑的机械性移位、癔症等,可以造成假性眼睑下垂。

5. 睑球粘连 多为化学性(酸、碱)烧伤、热烧伤、爆炸伤、结膜手术等后遗症。严重睑球粘连可形成睑内翻、倒睫、眦角畸形,发生眼球运动受限、复视等。

6. 结膜充血与睫状充血 结膜充血仅限于结膜表面血管,与结膜损伤或表浅刺激有关;睫状充血则为睫状血管系统充血,包括角膜、巩膜、前部色素膜的充血;如果两种充血同时存在,称为混合充血。眼球损伤及其导致的结膜、角膜、虹膜、睫状体炎症以及继发性青光眼等,可以出现结膜充血、睫状充血或混合充血。

7. 流泪和溢泪 泪液分泌过多，通过正常排泄道不能排出，称流泪；若泪液分泌正常，但排泄通道不畅，泪液溢于睑裂之外，称溢泪。前者多见于外伤后角膜炎、虹膜睫状体炎、结膜和角膜伤、异物伤、眼球穿通或贯通伤等，后者则见于睑外翻、泪点闭塞、泪道狭窄或闭塞、泪道断离等。

8. 角膜混浊 各种角膜损伤均有可能造成角膜混浊。瘢痕性角膜混浊为角膜受损后留下的瘢痕，根据其混浊的浓厚程度分为角膜薄翳、角膜云翳、角膜斑翳、角膜白斑、粘连性角膜白斑、角膜葡萄肿。

9. 瞳孔异常 分为瞳孔形态异常和瞳孔反射异常。常见的瞳孔形态异常有虹膜部分缺损、瞳孔括约肌撕裂、虹膜根部离断、瞳孔散大等。

10. 眼内积血 眼球挫伤或穿通伤等，可以导致外伤性前房积血、玻璃体积血。

11. 眼底改变 包括视盘水肿、视神经萎缩（色淡或苍白），视网膜及脉络膜水肿、出血、脱离，黄斑变性、裂孔等。

12. 眼压异常 眼球钝挫伤或穿通伤均可导致眼压异常。因神经血管功能紊乱、房水性质改变、房水生成功能异常，而无明显眼球组织结构受损，称为单纯性眼压异常；由于眼球组织结构受损，造成房水循环受阻或外漏、房水生成亢进或减弱，称为继发性眼压异常。

13. 眼球突出与眼球凹陷 眼眶容积缩小、眼球体积增大、眼外肌张力减退等因素，可以导致眼球突出；眶骨骨折、眼球萎缩等可引起眼球内陷。

三、法医学检查

1. 一般检查 注意眼睑、结膜、角膜有无充血、水肿、出血、裂伤、异物及眼外形改变等。

2. 眼科检查 通过裂隙灯显微镜检查角膜、前房、瞳孔、晶状体、玻璃体等，判断前房深浅、有无出血或混浊；晶状体有无脱位、混浊；玻璃体有无出血、混浊、异物、机化；通过前房角镜检查房角有无粘连、后退等；通过眼底镜检查判断视神经乳头形状、颜色以及视网膜、脉络膜有无出血、水肿、裂孔、脱离等。

（1）视力检查：视力分为中心视力和周边视力。视力检查应包括裸眼视力、矫正视力。视力检查以中心视力检查为主，分远视力和近视力。远视力通过采用国际标准小数视力表、对数视力表或logMAR视力表检查。近视力亦称阅读视力，可采用不同类型的近视力表检查。在法医学鉴定中，评定视力障碍是以远视力为标准，以近视力为参考；对加用镜片后视力改善者，则以矫正视力为准。

（2）视野检查：分为中心视野和周边视野。中心视野又称直接视野，是指30°以内的视野范围，通常用平面视野计进行检查。周边视野是指30°以外的视野范围，常用弧形视野计检查。目前，自动定量视野计已广泛应用于视野检查，多焦视网膜电图和视觉诱发电位等技术的应用，可为视野的客观检测提供帮助。

关于盲目及视力损害的判定，目前多以WHO 2003年制定的标准为据。视力及盲目分级标准见表6-1。

表6-1 盲目及视力损害分级标准（2003年，WHO）

分类	远视力低于	远视力等于或优于
轻度或无视力损害		0.3
中度视力损害（视力损害1级）	0.3	0.1
重度视力损害（视力损害2级）	0.1	0.05
盲目3级	0.05	0.02
盲目4级	0.02	光感
盲目5级	无光感	

如中心视力好而视野缩小,以注视点为中心,视野半径小于 10° 而大于 5° 者为盲目 3 级,半径小于 5° 者属盲目 4 级。

3. 辅助检查

(1) 影像学检查

1) X 线检查:是诊断眶骨骨折、眶内及眼内异物的基本方法,但对部分非金属异物则不能清晰显示。

2) CT 及 MRI 检查:分辨率高,可用于检查眶骨骨折、眶内出血、眼球结构破坏、眼球萎缩及视神经损伤等。对于部分非金属异物 MRI 可清楚显示。

3) 超声检查:能清晰显示眼球的结构,主要用于眼球破裂、玻璃体积血、眼内异物、晶状体脱位、视网膜和脉络膜脱离等判断。

4) 荧光素眼底血管造影(fluorescein fundus angiography,FFA):是当前眼科诊断眼底病变常用的检查方法之一。利用眼底荧光血管造影可以发现脉络膜、视网膜、黄斑及视神经乳头的损伤。

5) 超声生物显微镜(ultrasound biomicroscopy,UBM):属 B 型超声检查的一种,目前被广泛地应用于眼前节疾病与眼外伤的诊断,如睫状体分离(解离、脱离)和房角后退,眼前节微小异物检查等。

6) 光学相干断层成像术(optical coherence tomography,OCT):通过对视网膜进行高分辨率成像发现和判断视网膜的病变,可用于外伤性黄斑裂孔、外伤性板层黄斑裂孔、视网膜前膜、黄斑囊样水肿等检查。

(2) 视觉电生理检查

1) 视网膜电流图(electroretinogram,ERG):又称视网膜电图,包括闪光 ERG(flash ERG)、图形 ERG(pattern ERG)和多焦 ERG(multifocal electroretinogram,mERG)。ERG 能反映视网膜的功能,特别是 mERG 通过多位点对视网膜刺激进而反映视网膜的局部功能,可用于视网膜病变、黄斑病变的检查和诊断。

2) 视觉诱发电位(visual evoked potentials,VEPs):是一种客观的视功能检查方法,其中闪光 VEP(flash VEP,fVEP)、图形翻转 VEP(pattern reversal VEP,PRVEP)用于视网膜和视神经功能的判断。多焦视觉诱发电位(multifocal visual evoked potential,mVEP)能够客观、定量地反映局部视功能状况。扫描图形视觉诱发电位(sweep pattern VEP,SPVEP)可同时进行多个视角或空间频率的视觉诱发电位快速检测。

3) 视觉事件相关电位(visual event related potentials,v-ERPs):是通过特定的视觉刺激诱发视觉信息加工过程中的大脑皮层电位,进而分析和判断视觉认知功能的一种检测方法。目前已经与脑磁图(electric magnetoencephalography,EMG)、功能性磁共振(functional magnetic resonance image,fMRI)同步用于视觉认知功能的研究,为视觉功能的客观检测与评估提供了更为广阔的应用前景。

第二节　眼附属器损伤

眼附属器包括眼睑、结膜、泪器、眼眶、眼外肌等,具有保护眼球、维持眼位和眼球运动的功能。

一、眼睑损伤

眼睑位于眼球前面,不仅具有保护眼球的功能,同时还有呈现颜面仪表的作用。眼睑因其皮下组织疏松、皮肤菲薄、血管丰富,易形成眼睑肿胀及皮下出血。

(一)损伤原因和类型

眼睑机械性损伤根据致伤物不同通常分为钝器伤和锐器伤;根据组织结构完整性分为眼睑挫伤和眼睑裂伤。

（二）临床表现

1. 眼睑挫伤（contusion of eyelid） 主要表现为眼睑水肿、表皮剥脱、皮下出血或血肿等。出血、水肿一般在伤后数日至 2 周内逐渐吸收。眼睑挫伤预后良好。

2. 眼睑裂伤（penetrating eyelid trauma） 根据损伤部位、深浅和性质不同，眼睑裂伤的表现也不同：①若累及提上睑肌可引起上睑下垂；②若累及眉毛或额肌可造成眉毛缺损或移位畸形；③如伤及泪小管、泪囊、内眦韧带可导致溢泪和眼外形改变；④如愈合后瘢痕收缩，将造成不同程度的眼睑畸形，甚至眼睑外翻、眼睑闭合不全。

3. 眼睑缺失（absence of eyelid） 是指眼睑的全层缺损，小的缺损呈切迹状，大的缺损为全层眼睑缺损。眼睑缺损横径小于睑缘长度的 1/4 时，可以直接缝合；缺损达 1/4～1/2 及以上者，需通过移植重建睑板。

（三）法医学鉴定

1. 损伤认定 眼睑损伤主要依据临床表现认定，但法医学鉴定时需注意：①出血量大时，由于重力的作用，血液会向身体低下部位扩散，也可越过鼻梁至对侧眼睑皮下组织，有时被误认为两次打击形成；②上睑下垂除因提上睑肌损伤引起外，还可因动眼神经、颈交感神经和额肌损伤形成；③眼睑的皮下出血除直接来自受伤组织出血的渗透外，还可因颅底骨折或眶骨骨折引起。因此，当眼睑皮下出血经久不退且伴有球结膜下出血时，应注意与颅底骨折或眶骨骨折鉴别。

2. 损伤转归 眼睑裂伤的预后与裂口的类型和程度有关，与睑缘平行或与眼轮匝肌走行一致的眼睑裂伤，较易愈合，瘢痕也不明显；与睑缘垂直或与眼轮匝肌走行不同的裂口，尤其是波及整个眼睑厚度的伤口则呈不规则哆开，处理不当易形成明显瘢痕，可导致睑闭合不全、睑外翻、睑球粘连及暴露性角膜炎等。

3. 损伤程度与伤残等级 《人体损伤程度鉴定标准》规定，眼睑缺损、睑球粘连、一侧眼睑轻度外翻、一侧上眼睑下垂覆盖瞳孔、一侧眼睑闭合不全为轻伤二级；眼睑缺失、外翻严重或眼睑下垂覆盖瞳孔严重者，根据严重程度的不同可分别评定为轻伤一级，重伤二级或重伤一级。

《道路交通事故受伤人员伤残评定》（GB 18667-2002）规定，一侧眼睑下垂或畸形为 X 级伤残；若一侧眼睑下垂或畸形严重或累及双侧眼睑者依据相关条款评定。

《劳动能力鉴定 职工工伤与职业病致残等级》（GB/T 16180-2014）规定，睑球粘连影响眼球转动、眼睑外翻或闭合不全、上睑下垂遮盖瞳孔 1/3，行成形手术后矫正者评定为十级伤残；严重者根据严重程度的不同，最高可评定为八级伤残。

二、结膜损伤

结膜为薄而透明的黏膜，覆盖在眼睑后和前部巩膜表面，是眼球最前面的防御组织，直接与外界接触，在眼球和眼眶的损伤中，结膜较易受到损伤。

（一）损伤原因和类型

结膜机械性损伤根据致伤物不同通常分为钝器损伤和锐器损伤；根据结膜的完整性，分为开放性损伤和闭合性损伤，结膜损伤（conjunctival injury）的主要类型为挫伤、撕裂伤和异物伤。结膜单独损伤少见，一般常合并眼球或眼眶损伤。

（二）临床表现

结膜挫伤主要表现为充血、水肿及球结膜下出血；出血量少时仅限于局部，量大时可弥漫至整个球结膜下。结膜异物位于睑板下沟时，因摩擦角膜而引起严重的刺激症状；如位于穹窿部或结膜下，由于不接触角膜，可以不出现明显的症状而被忽视，甚至招致感染。结膜撕裂伤时可见结膜破口，常伴结膜下出血。

（三）法医学鉴定

1. 损伤认定 通过外观和裂隙灯显微镜检查认定。当球结膜下大片状出血、眼球膨隆时，应注意与颅底骨折、眶骨骨折、眼外肌损伤甚至眼球破裂相鉴别。

2. 损伤程度与伤残等级　单纯结膜损伤预后好，一般仅构成轻微伤，但构不成伤残。

三、泪器损伤

泪器由泪腺和泪道两部分组成，泪腺包括基础泪腺（睑泪腺）和反射泪腺（眶泪腺），泪道由骨性泪道和膜性泪道构成，前者包括泪囊窝、骨性鼻泪管，后者包括泪点、泪小管、泪囊和膜性鼻泪管。泪器损伤以泪小管、泪囊及鼻泪管等泪道损伤多见，泪腺损伤少见。

（一）损伤原因和类型

钝器或锐器均可形成泪器损伤（injury of the lacrimal apparatus）。根据损伤的部位不同泪器损伤分为泪腺损伤和泪道损伤，最常见的泪器损伤为泪小管断裂伤，常与眼睑和颌面部损伤同时存在。

（二）临床表现

泪器损伤的典型体征为溢泪，可伴有眼睑肿胀、淤血，眼睑皮下气肿等；合并感染可并发泪囊炎、泪囊黏液囊肿、泪囊瘘、鼻泪管狭窄等，也会因内眦部黏液脓性分泌物回流至结膜囊内而导致慢性结膜炎，此时如有角膜损伤，容易引起角膜溃疡，进而影响视觉功能。

（三）法医学鉴定

1. 损伤认定　依据外伤史、临床表现以及泪道冲洗、探查、泪道 X 线检查、核素泪道造影等方法确认有无泪道损伤以及泪道损伤的部位、程度。

2. 损伤转归　泪器损伤如果未及时正确地处理，断端形成瘢痕，泪道难以再通，主要后遗症为溢泪，也可并发感染，影响容貌和视力。

3. 损伤程度与伤残等级　法医学鉴定一般应在治疗终止后进行，鉴定时需要注意排泪功能以及泪器损伤对容貌的影响。

《人体损伤程度鉴定标准》规定，一侧泪器损伤伴溢泪为轻伤二级；双侧泪器损伤伴溢泪、一侧鼻泪管断裂或一侧内眦韧带断裂为轻伤一级；一侧鼻泪管和内眦韧带断裂为重伤二级。

《道路交通事故受伤人员伤残评定》（GB 18667-2002）规定，泪小管损伤，遗留溢泪症状为X级伤残。

《劳动能力鉴定　职工工伤与职业病致残等级》（GB/T 16180-2014）规定，泪器损伤手术无法改进溢泪者为九级伤残。

四、眶骨骨折

眼眶位于头颅前部、正中线两侧，介于颅骨和面骨之间，由额骨、颧骨、上颌骨、泪骨、筛骨、蝶骨和颚骨共 7 块骨构成，大致呈四面锥形。眼眶分为眶尖、眶顶、眶内壁、眶外壁、眶底。眶骨骨折根据骨折的部位不同分为眶内壁骨折、眶外壁骨折、眶顶骨折、眶底骨折、眶尖骨折等。眶内壁由筛骨板构成，筛骨板菲薄，受到外力作用极易骨折。

（一）损伤原因和机制

眼眶骨折（fractures of the orbit）常见于交通事故、拳打脚踢、棍棒打击及爆炸伤等。直接和间接暴力均可形成眼眶骨折，直接暴力造成的骨折位于外力作用的部位，间接暴力所致骨折为外力传导所致，位于外力远达的部位，如眼眶外上方受外力作用导致眶尖部骨折等。

（二）临床表现

1. 症状与体征　局部可见淤血、肿胀；出血、水肿等限制眼肌活动或合并眼球运动神经损伤等可导致眼球运动障碍和双眼复视；眶内出血、水肿可导致眶内压力增高，眼球突出；眶骨骨折致眶内容体积改变或球后脂肪垫的机化、萎缩可导致眼球后退，眼球内陷。

（1）眶内侧壁骨折：单纯的眶内壁骨折可无明显症状和体征，严重者可有眼球运动障碍、复视、眼球内陷等，特征性的表现是水平性复视，眼球外展运动障碍，如骨折累及泪囊及泪道可造成泪道狭窄、阻塞，形成溢泪。

（2）眶外侧壁骨折：颧骨上颌突部的骨折伤及眶下神经时可出现眶下区麻木，颧弓骨折累及面神经颧支时可导致患侧眼睑闭合不全，另外，眶外侧壁骨折还能造成外眦下移甚至下睑外翻、张口受限等后果。

（3）眶顶骨折：眶顶骨折波及眶上裂时可导致第Ⅲ、Ⅳ、Ⅴ（眼支）、Ⅵ颅神经受损，出现眼球运动障碍、神经所支配区感觉障碍（眶上裂综合征）；如骨折伤及提上睑肌和额肌，可出现上睑下垂；如颅前窝破裂，轻者有脑脊液漏，重者导致外伤性脑膨出。

（4）眶底骨折：表现为眶下区肿胀、疼痛、眼球内陷。因下直肌、下斜肌嵌顿于骨折处，或由于眼外肌附近组织水肿、出血，限制了眼外肌活动，因而出现复视。眶底骨折还可合并角巩膜、泪器、晶状体、玻璃体、脉络膜、视网膜及视神经等部位损伤。

（5）眶尖骨折：眶尖骨折多合并视神经损伤，有时也可导致脑脊液漏。如骨折直接损伤视神经，则在2～3周左右会出现视神经萎缩；如眶内出血、水肿或骨折同时损伤视神经和动眼神经时，则表现为眶尖综合征（瞳孔光反射消失、视力障碍、上睑下垂和眼球固定）。

2. 影像学检查　早期X线断层摄片或CT、MRI扫描可以发现骨质连续性中断、变形以及积气、积液等间接征象，晚期有时可见骨痂或肉芽肿。

（三）法医学鉴定

1. 损伤认定　通过影像学检查确认眶骨骨折。在法医学鉴定中，需注意新鲜和陈旧眶骨骨折的鉴别。此外，注意不要把眼眶结构正常变异、血管压迹、骨缝误认为眶骨骨折。

2. 损伤转归　单纯性眶骨骨折对视觉功能影响较小，如合并眼外肌或眼神经损伤，则可发生复视、视力障碍、眼球运动及感觉障碍等。

3. 损伤程度与伤残等级　《人体损伤程度鉴定标准》规定，眶壁骨折（单纯眶内壁骨折除外）为轻伤二级；两处以上不同眶壁骨折为轻伤一级；一侧眼眶骨折致眼球内陷，大于2mm的为轻伤一级，大于5mm的为重伤二级。

《道路交通事故受伤人员伤残评定》（GB 18667-2002）规定，眶壁骨折合并眼球运动神经麻痹或眼外肌损伤后遗有斜视、复视等视觉障碍，为Ⅹ级伤残。

《劳动能力鉴定　职工工伤与职业病致残等级》（GB/T 16180-2014）规定，单纯眶骨骨折为十级伤残；眶壁骨折致眼球内陷、两眼球突出度相差＞2mm或错位变形影响外观者为九级伤残。

五、眼外肌损伤

眼外肌有6条，即上、下、内、外直肌和上、下斜肌，除外直肌由外展神经支配、上斜肌由滑车神经支配外，其余4条由动眼神经支配。6条眼外肌共同作用，使眼球围绕3个假象轴进行转动，即围绕水平轴上转和下转，围绕垂直轴内转和外转，围绕前后轴内旋和外旋。眼外肌损伤后可导致眼球运动障碍和眼位改变，引起斜视和复视等。

（一）损伤原因和机制

眼外肌损伤（injuries of external muscle）又称外伤性眼外肌麻痹，是因外力作用于眼部或头部，造成眼外肌或其支配神经损伤而发生的眼位异常和眼球运动障碍，常合并有颅脑和眼眶损伤，单独损伤少见。眼外肌损伤包括挫伤、断裂、嵌顿、粘连等，由眼外肌所引起的麻痹称为肌源性麻痹，由所支配神经损伤导致的眼外肌麻痹称为神经源性麻痹。

（二）临床表现

1. 眼球运动受限　眼外肌麻痹时，眼球向麻痹肌方向运动受限。轻度的肌麻痹，运动限制不明显。

2. 斜视、复视　由于眼外肌麻痹造成的眼位异常，表现为斜视。此外，同一物像不能落在两眼视网膜的对应点上，从而产生复视。

3. 眼性眩晕　由于复视，伤者感觉眼前物像重叠，因而产生眩晕、恶心、呕吐、步态不稳等。

4. 代偿头位　亦称眼性斜颈。患者为避免复视和视觉混淆，在一定视野内得到双眼单视而表现出的特殊姿势。严重的眼外肌麻痹不能通过代偿头位得以补救，故多无代偿头位。

5．弱视和单眼视　部分伤者斜视眼的视功能被抑制会形成弱视。另有部分伤者可表现为双眼交替注视，单眼注视时可无复视，但双眼同时视物则出现复视，久之形成单眼视。

（三）法医学鉴定

1．损伤认定　眶部或头部外伤后出现眼外肌麻痹的临床表现，影像学检查发现导致眼外肌麻痹的器质性损伤。法医学鉴定时需要区别眼外肌麻痹是外伤所致还是疾病或先天所致。

2．损伤转归　眼外肌损伤预后与损伤原因和程度有关，如眼外肌出血、水肿所引起的复视随出血和水肿吸收，可逐渐恢复；因支配眼外肌神经的器质性损伤或眼外肌断裂、嵌顿、瘢痕粘连等造成的复视难以自行恢复，必要时需手术治疗。

3．损伤程度与伤残等级　《人体损伤程度鉴定标准》规定，眼外肌损伤遗有斜视、复视的为轻伤二级。

《道路交通事故受伤人员伤残评定》(GB 18667-2002)规定，斜视、复视、视错觉等视觉障碍为Ⅹ级伤残。

《劳动能力鉴定　职工工伤与职业病致残等级》(GB/T 16180-2014)对于单纯眼外肌损伤无具体规定，若眼外肌损伤致严重复视的，可评为六级伤残。

第三节　眼　球　损　伤

眼球由眼球壁和眼球内容物所组成，眼球壁由外层的纤维膜（角膜、巩膜），中层的葡萄膜（虹膜、睫状体、脉络膜）以及内层的视网膜组成；眼球内容物包括房水、晶状体和玻璃体。

眼球损伤通常分为眼球钝挫伤和眼球穿通伤，眼球损伤不仅可以造成相应组织结构的完整性破坏，还可以导致视力、视野等视功能损害。

一、眼球钝挫伤

眼球钝挫伤由机械性钝力所致，其中砖头、拳头、球类、跌撞、车祸以及爆炸的冲击波等为钝挫伤的常见原因。

眼球钝挫伤除打击部位产生直接损伤外，还可因为作用力借助眼内液体介质和球壁传递，引起眼球内结构的间接损伤，如虹膜根部离断、巩膜破裂、前房或玻璃体积血，晶状体脱位、脉络膜破裂及黄斑裂孔等。

（一）角膜挫伤

角膜位于眼球前部，分为上皮层、前弹力层、基质层、后弹力层、内皮层等5层。角膜挫伤(contusion of cornea)是指眼球受钝性外力打击、高压气体或液体冲击角膜所引起的角膜损伤。角膜挫伤可造成角膜透明度下降或角膜表面曲度改变，从而影响视力。

1．损伤原因和机制　角膜挫伤可因外力直接作用所致，也可通过眼球内组织的反作用导致。轻度挫伤引起的水肿较局限，力量较强的挫伤可导致角膜内皮变形，呈现前、后弹力层皱褶；严重挫伤往往导致后弹力层和内皮细胞屏障破坏，表现为团块状基质水肿或弥漫性角膜水肿。

2．临床表现　主要症状为疼痛、畏光、流泪和视力下降。单纯挫伤性角膜水肿多于数日至数周内消退，角膜恢复透明，严重而突然的挫伤可致角膜层间断裂甚至全层破裂，此时房水进入角膜基质而出现角膜水肿、混浊。

3．法医学鉴定

(1) 损伤认定：根据外伤史、局部所见和裂隙灯显微镜检查可明确诊断。

(2) 损伤转归：轻度角膜挫伤预后良好，损伤程度重且位于瞳孔区时，往往预后不佳。角膜全层破裂能造成虹膜嵌顿或脱出、前房变浅或消失、瞳孔变形、高眼压等严重后果。

（3）损伤程度与伤残等级：角膜挫伤的法医学鉴定需病情稳定后进行，对于遗有角膜瘢痕等还应考虑是否影响面容（如角膜白斑等）。

《人体损伤程度鉴定标准》规定，角膜斑翳或者血管翳为轻伤二级。角膜挫伤不伴视力损害者，一般不构成伤残；角膜挫伤影响视力的，应依据视力障碍的程度评定损伤程度与伤残等级。

（二）虹膜睫状体挫伤

虹膜和睫状体损伤可分为瞳孔组织结构破坏和炎症反应等不同类型。由于虹膜和睫状体血液丰富，损伤多伴有前房出血。

1. 外伤性前房出血（traumatic hyphema）

（1）损伤原因和机制：眼球挫伤时，眼球前后径受压、眼球赤道部扩张、瞳孔括约肌反射性收缩、晶状体受压及反跳、房水的作用，可以导致虹膜及睫状体撕裂、移位、血管破裂，出血积聚于前房，即形成外伤性前房出血。

（2）临床表现：出血量少时对视力无明显影响，出血量多时则影响视力。理论上前房出血均可以吸收，但当含铁血黄素经损伤的角膜内皮层进入基质层时会导致角膜血染。

（3）法医学鉴定

1）损伤认定：依据外伤史、裂隙灯显微镜检查确认。

2）损伤转归：前房出血的预后取决于出血量多少、有无再出血和并发症等。部分前房出血可并发房角后退、外伤性虹膜炎、外伤性瞳孔散大等，部分出血可导致继发性青光眼。如并发慢性炎症，则会引起虹膜周边前粘连、虹膜后粘连、瞳孔闭锁等后果。

3）损伤程度与伤残等级：外伤性前房出血的法医学鉴定需病情稳定后进行，其损伤程度与伤残等级主要依据眼球结构破坏及功能障碍的程度评定。

《人体损伤程度鉴定标准》规定，前房出血须手术治疗为轻伤二级；睫状体脱离、房角后退为轻伤二级。

单纯外伤性前房出血一般不构成伤残，若导致视功能损害，则根据视功能损害的程度进行评定。

2. 外伤性瞳孔散大（traumatic mydriasis）

（1）损伤原因和机制：外伤性瞳孔散大主要原因是外力导致瞳孔括约肌、睫状肌断裂或所支配神经的麻痹。

（2）临床表现：因瞳孔括约肌受刺激导致的瞳孔散大，首先瞳孔缩小，随后出现瞳孔散大；因神经纤维损伤引起的瞳孔散大，伤后瞳孔立即散大，对光反射及调节反射均迟钝或消失；由于瞳孔散大致使瞳孔调节障碍，伤者有畏光和阅读困难等表现。

（3）法医学鉴定

1）损伤认定：通过瞳孔外观检查和瞳孔对光反射认定。法医学鉴定时需要注意与应用散瞳剂伪装瞳孔散大者鉴别。

2）损伤转归：外伤性瞳孔散大，除少数单纯性虹膜轻度挫伤且早期应用缩瞳剂者预后较好外，多数为顽固性、永久性损害，如不注意保护，远期还可因光通量增大而导致视网膜黄斑病变。

3）损伤程度与伤残等级：《人体损伤程度鉴定标准》规定，瞳孔括约肌损伤致瞳孔显著变形或者瞳孔散大（直径0.6cm以上）为轻伤二级。

《道路交通事故受伤人员伤残评定》（GB 18667-2002）规定，对于外伤性瞳孔散大无具体规定，若无视力损害一般不构成伤残。

《劳动能力鉴定 职工工伤与职业病致残等级》（GB/T 16180-2014）规定，外伤性瞳孔放大评为十级伤残，若影响视力则按照视力障碍程度评定。

3. 虹膜括约肌撕裂（sphincter laceration）

（1）损伤原因和机制：外力作用于眼球，由于房水的挤压或角膜的冲击致虹膜括约肌的撕裂，一般多为较重的挫伤才可导致虹膜括约肌撕裂。

（2）临床表现：撕裂较轻时，瞳孔缘虹膜有细小裂口，呈三角形，基底朝向瞳孔，双侧瞳孔不等大；严重的撕裂伤则有明显的瞳孔散大，瞳孔可呈"泪滴样"变形或更严重的变形，但瞳孔对光反射一般均存在。

（3）法医学鉴定

1）损伤认定：根据外伤史和临床表现认定。

2）损伤转归：虹膜括约肌较小的裂伤可不处理，较大时则需手术治疗，预后较好。

3）损伤程度与伤残等级：《人体损伤程度鉴定标准》规定，瞳孔括约肌损伤致瞳孔显著变形或者瞳孔散大（直径0.6cm以上）为轻伤二级。

《道路交通事故受伤人员伤残评定》（GB 18667-2002）对于虹膜括约肌撕裂无具体规定，若无视力损害一般不构成伤残。

《劳动能力鉴定 职工工伤与职业病致残等级》（GB/T 16180-2014）对于虹膜括约肌撕裂无具体规定，但可比照外伤性瞳孔散大评为十级伤残，若影响视力则按照视力障碍程度进行评定。

4．虹膜根部离断（iridodialysis）

（1）损伤原因和机制：眼球受钝力打击时，因虹膜根部与睫状体连接处比较薄弱且张力较高，房水向后的压力使虹膜根部离断。虹膜根部离断好发于眼外侧，亦可同时数处断离。

（2）临床表现：局部离断时，前房角镜下见虹膜周边呈现新月形黑色裂隙，瞳孔呈"D"形，用检眼镜通过离断间隙可以看到眼底；断离区较大时往往出现单眼复视；出血进入前房则导致外伤性前房出血。全部离断时，虹膜沉于前房或玻璃体，称外伤性无虹膜，即虹膜根部与睫状体连接处呈360°圆周完全分离。大多数伤者视力障碍明显。

（3）法医学鉴定

1）损伤认定：根据外伤史和临床表现确认。

2）损伤转归：较小的裂伤且没有明显症状时无需处理，如有单眼复视等症状则需缝合虹膜根部，虹膜根部离断经手术治疗后预后一般较好。外伤性无虹膜者视力障碍明显，有些虽有一定视力，但明显畏光，影响视物，对此可佩戴美容性角膜接触镜。

3）损伤程度与伤残等级：《人体损伤程度鉴定标准》规定，虹膜根部离断或者虹膜缺损超过1个象限为轻伤二级；一眼虹膜完全缺损为轻伤一级；若治疗后遗留视力障碍、复视等则依据相关条款进行评定。

《道路交通事故受伤人员伤残评定》（GB 18667-2002）和《劳动能力鉴定 职工工伤与职业病致残等级》（GB/T 16180-2014）对于单纯虹膜根部离断均无具体规定，可比照外伤性瞳孔散大进行评定，若伴有视力损害或复视等视觉功能障碍的，可根据其障碍程度进行评定。

5．挫伤性虹膜睫状体炎（contusive iridocyclitis）

（1）损伤原因和机制：眼球受钝性外力打击致虹膜睫状体损伤后，释放组胺类、前列腺素等物质，进而引起血管通透性增加、房水中蛋白质含量增高、炎性细胞浸润、虹膜后粘连等无菌性炎症。虹膜后粘连是指前房内炎性渗出物使瞳孔缘虹膜色素上皮向后粘连于晶体前囊，典型的会形成梅花形状的"梅花瞳"，是虹膜睫状体炎的永久性标志；若瞳孔缘全部与晶体表面牢固粘连，称为瞳孔闭锁；当大量纤维素性渗出物成膜覆盖于瞳孔区，后逐渐机化为白膜，则称瞳孔膜闭。前房角粘连、瞳孔闭锁等均可导致继发性青光眼。

（2）临床表现：畏光、流泪、视力下降，瞳孔缩小、对光反应迟钝；裂隙灯检查可见前房闪光阳性（Tyn+）、角膜后有沉降物（Kp+）；前房角镜检查可见前房角处、小梁表面有细胞、纤维素残渣，反复发作可致虹膜后粘连、前房角粘连、瞳孔闭锁等。

（3）法医学鉴定

1）损伤认定：根据外伤史、裂隙灯显微镜和前房角镜检查确认，但需注意挫伤性虹膜睫状体炎与原发性虹膜睫状体炎的鉴别。两者在临床表现上无明显差别，但前者外伤史明确，无反复发作史，而后者有反复发作史,并具有自限性。

2）损伤转归:虹膜睫状体炎如坚持局部应用散瞳剂、皮质激素类眼药水及抗炎眼药水治疗,一般预后较好。

3）损伤程度与伤残等级:虹膜睫状体炎一般应待炎症吸收、病情稳定后进行评定。主要根据有无并发症、后遗症以及视功能损害的程度评定损伤程度和伤残等级。

6. 睫状体分离（traumatic cyclodialysis）

（1）损伤原因和机制:眼球受钝挫时,眼球变形,角膜与前部巩膜突后移,眼内液体被挤压,赤道部扩张导致睫状体解离（睫状体与巩膜突分离）或睫状体脱离（睫状体韧带断裂,但未与巩膜突分离）。前房与脉络膜上腔是否相通是区分两种损伤的病理形态学依据。睫状体自身环形与纵行肌之间的撕裂,可致虹膜根部后移最终导致前房角后退。

（2）临床表现:睫状体分离除具有虹膜睫状体炎的表现外,还可表现为视物变形,视力下降、低眼压等,低眼压为睫状体分离的特征性表现。眼底检查可见视盘水肿,视网膜静脉扩张,黄斑水肿及星状皱褶;房角镜显示前房变浅;超声显示眼轴变短;UBM 可清晰显示睫状体分离与房角后退。

（3）法医学鉴定

1）损伤认定:根据外伤史和临床表现认定,UBM 检查可以显示睫状体分离的程度和范围。

2）损伤转归:长期的低眼压可引起黄斑和视神经功能的永久性损害。前房角后退可导致前房小梁组织增生或小梁间隙及巩膜静脉窦闭塞,阻塞房水流出,继发性房角后退性青光眼。

3）损伤程度与伤残等级:《人体损伤程度鉴定标准》规定,睫状体脱离、房角后退为轻伤二级。

《道路交通事故受伤人员伤残评定》（GB 18667-2002）和《劳动能力鉴定　职工工伤与职业病致残等级》（GB/T 16180-2014）对于单纯睫状体分离无具体规定,若伴有视功能障碍,可依据视功能障碍类型和程度进行评定。

（三）晶状体损伤

晶状体为一凸透镜样、无色、无血管的透明体,由晶状体囊、上皮、纤维和悬韧带组成。其前表面顶点为前极,后表面顶点为后极,前后交界处为赤道部,借助于悬韧带吊挂在虹膜和玻璃体间。晶状体损伤可导致外伤性白内障,若悬韧带损伤则可造成晶状体脱位、虹膜震颤。

1. 挫伤性白内障（contusive cataract）

（1）损伤原因和机制:眼球钝挫后,外力间接通过房水传导,或通过玻璃体的反作用力冲击晶状体,造成晶状体囊及上皮细胞代谢紊乱,渗透压升高,纤维之间水分聚集、肿胀以致断裂,引发晶状体混浊;如外力较强,可直接导致晶状体囊膜破裂而致其混浊。此时晶状体皮质大量溶解、膨胀或部分脱入前房,能导致角膜水肿混浊,也会阻塞房水通道引起继发性青光眼,刺激葡萄膜导致虹膜睫状体炎以及晶状体过敏性葡萄膜炎等。

1982 年 WHO 和美国国立眼科研究院提出,白内障的诊断应以晶状体混浊使视力下降至 0.7 以下为标准。

（2）临床表现:轻者表现为前囊下散在点状或片状晶状体混浊、视力下降。囊膜未破裂者混浊发生较晚,一般为 2 天至 2 周,有的可于数周内吸收,有的永久存在,最常见者为晶状体皮质的羽毛状混浊;重者如囊膜破裂,混浊发生迅速,几小时即可出现,表现与穿孔性白内障相似,严重影响视力。迟发性白内障可以在挫伤后数月、数年出现。

（3）法医学鉴定

1）损伤认定:根据外伤史、临床表现及裂隙灯显微镜所见确认。迟发性白内障从技术上难以认定,需结合案情、病史及调查结果综合判断。

挫伤性白内障一般具有下列特点:①有明确的眼部或邻近部位外伤史;②伤后视力较伤前明显下降,可以伴有复视;③年龄较轻,眼部其他结构无病理性改变或病变轻微;④晶状体混浊多从某一固定部位开始,发生在后极者,常沿晶状体纤维走行呈羽毛状混浊;⑤晶状体混浊因外伤的性质、程度和时间的不同而有不同的表现形态，但多发生于皮质，少见于髓核；⑥伤后可见囊膜破裂外卷或内褶，但因晶状体囊膜薄且有弹性，混浊发生于囊膜者较少。

2）损伤转归：单纯性白内障影响视力的，一般需行人工晶体置换，术后视力恢复较好，据统计65%可达0.5以上；儿童行人工晶状体植入术后，应积极进行弱视训练，否则难以重建双眼单视功能，预后一般较成人差；如合并其他损伤，其预后与损伤部位和程度有关。

3）损伤程度与伤残等级：主要依据结构破坏及功能障碍的程度评定。一般来说：①白内障为局限性且不位于瞳孔区，对视力影响较小；②白内障程度重且位于瞳孔区或完全性白内障，显著影响视力；③单纯性白内障一般需人工晶体置换术后鉴定，无人工晶体置换治疗价值的，待病情稳定后进行鉴定。

《人体损伤程度鉴定标准》规定，外伤性白内障为轻伤二级。《道路交通事故受伤人员伤残评定》（GB 18667-2002）规定，外伤性白内障为Ⅹ级伤残。《劳动能力鉴定 职工工伤与职业病致残等级》（GB/T 16180-2014）规定，职业性及外伤性白内障术后人工晶状体眼，矫正视力正常者评为十级伤残；职业性及外伤性白内障Ⅰ度～Ⅱ度（或轻度、中度），矫正视力正常者评为十级伤残。

2. 晶状体脱位（lens luxation）

（1）损伤原因和机制：任何机械性外力作用于眼部，导致晶状体悬韧带部分或全部断裂，晶状体脱离原来的正常位置。晶状体脱位分为晶状体半脱位和全脱位，脱位的方向与悬韧带断裂的方向相反。

晶状体半脱位系悬韧带部分撕裂或松弛所致晶状体位置的改变，晶状体全脱位是指晶状体完全脱离晶状体囊。

（2）临床表现

1）晶状体全脱位：晶状体脱离原位置，向前脱入前房、结膜下、眼球筋膜腔或嵌顿于破口处或脱出眼球，向后脱入玻璃体。

2）晶状体半脱位：由于晶状体自身的弹性而变成球状，前后径增大，远视力尚可，近视力明显下降；悬韧带不全断裂后造成晶状体表面凹凸不平，因而常伴有散光；由于晶状体移位，虹膜失去支撑，表现为前房深浅不一，且有虹膜震颤；眼底检查见晶状体的赤道部将瞳孔分为有晶状体和无晶状体两部分，因屈光力不同，检查者可以看到两个视盘和眼底像，伤者自觉单眼复视。

（3）法医学鉴定

1）损伤认定：应用裂隙灯显微镜检查确认。鉴定时需要注意与一些先天性疾患，如先天性晶状体异位、马方综合征造成的晶状体位置异常相鉴别。

2）损伤转归：晶状体脱入前房时，因其阻塞瞳孔，后房房水增多，将虹膜根部推向前而堵塞房角，可引起眼压急速增高，导致爆发性青光眼；同时，因晶状体接触虹膜，可伴发顽固性虹膜睫状体炎；如晶状体脱入玻璃体，不仅能形成外伤性白内障，还会因晶状体破坏吸收而继发晶状体过敏性葡萄膜炎，并发虹膜睫状体炎、继发性青光眼，也可因与周围组织粘连、玻璃体变性等而导致视网膜脱离。

3）损伤程度与伤残等级：《人体损伤程度鉴定标准》规定，晶状体脱位为轻伤二级。《道路交通事故受伤人员伤残评定》（GB 18667-2002）对于晶状体脱位的伤残等级无具体规定；《劳动能力鉴定 职工工伤与职业病致残等级》（GB/T 16180-2014）规定，晶状体部分脱位为十级伤残。

因晶状体脱位导致继发青光眼、视网膜脱离等损害视功能的，应根据视功能损害的程度评定损伤程度和伤残等级。

（四）玻璃体积血

玻璃体是由透明质酸和胶原纤维形成的凝胶体，具有屈光和支撑作用，无再生能力，损失后遗留腔隙由房水充填，此时视网膜因缺少玻璃体支撑而易脱离。另外，眼损伤造成的出血、异物、炎症等均可引起玻璃体变性。

1. 损伤原因和机制 损伤导致视网膜、脉络膜、睫状体血管破裂出血，经玻璃体后界膜进入玻璃体内形成玻璃体积血（vitreous hemorrhage）。

2．临床表现　出血量少时有"飞蚊症"，量大时视力严重下降，并可有"红视症"。裂隙灯下见飘动的红细胞，新鲜出血眼底有红光反射，出血量大且浓密时则不能窥见眼底。玻璃体积血一般在出血3～6天出现红细胞溶解，并被巨噬细胞吞噬。出血吸收从接近血管的部分开始，后极部积血比中央部吸收快，浓密的凝血块和膜状混浊体吸收缓慢，反复出血后形成的机化膜则不能被吸收。

3．法医学鉴定

（1）损伤认定：通过裂隙灯显微镜、检眼镜、B超等检查可确认。

（2）损伤转归：玻璃体积血是球后部致盲的主要原因之一。如出血量大，吸收差，后期可导致玻璃体混浊、继发性青光眼、外伤性增生性玻璃体视网膜病变（traumatic proliferative vitreoretinopathy，tPVR）及牵拉性视网膜脱离等。

（3）损伤程度与伤残等级：玻璃体积血法医学鉴定首先需要确定出血的原因、部位与玻璃体积血的量，然后根据原发性损伤及视力损害的程度确定损伤程度与伤残等级。法医学鉴定一般应在治疗终结或病情稳定后进行，具体时限视出血的多少、吸收的快慢以及是否有并发症等确定。

《人体损伤程度鉴定标准》规定，外伤性玻璃体积血为轻伤二级。《道路交通事故受伤人员伤残评定》（GB 18667-2002）和《劳动能力鉴定　职工工伤与职业病致残等级》（GB/T 16180-2014）对于单纯玻璃体积血均无具体规定，主要是根据并发症和视功能障碍程度进行评定。

（五）脉络膜损伤

脉络膜是色素膜的最后一部分，介于巩膜和视网膜间，有丰富的血管和大量的色素，供应其内面的视网膜外层营养；同时，其内面借一层玻璃膜与视网膜色素上皮紧密相连，视网膜脱离时，色素上皮层仍与脉络膜连在一起。脉络膜损伤后可发生出血、破裂等损害。

1．损伤原因和机制　眼球受钝力作用后，外力传至后极部，引起脉络膜血管扩张、通透性增加或血管破裂而造成出血。同时，虽然脉络膜的厚度超过视网膜，但其韧性较视网膜差，受到外来钝力冲击时易发生直接或间接破裂。直接性破裂是因外力作用于眼球壁并使之内陷，脉络膜扩张而产生，多发生在前部或周边部与锯齿缘平行的位置；间接性破裂是由于玻璃体将外力传导至眼球壁对侧造成，多见于后极部，尤其是视盘颞侧或下方，常为脉络膜出血和破裂并存。

2．临床表现

（1）脉络膜出血（choroid hemorrhage）：毛细血管破裂时，出血流入视网膜色素上皮下，因视网膜色素上皮与脉络膜粘连紧密，限制了出血的扩散，眼底检查见出血区呈棕灰色或暗红色，轻度隆起，相当于视盘大小；脉络膜出血位于黄斑时，因黄斑色素上皮较厚、含色素较多而出血境界不清，出血区常合并脉络膜破裂；严重挫伤引起脉络膜大血管破裂时，出血流入并积存于血管周围的间隙内，造成脉络膜出血性脱离，即脉络膜与巩膜分离，眼底见出血区呈棕黑色的扁平隆起；当出血渗透到视网膜下或视网膜内，则形成视网膜的出血。如同时有视网膜破裂，则出血进入玻璃体内，导致玻璃体积血、混浊。

（2）脉络膜破裂（choroid rupture）：脉络膜破裂多发生于后极部，呈弧形或新月形，可为一条或多条，凹面朝向视盘。早期呈棕黄色条纹，有时被出血或水肿的脉络膜与视网膜覆盖而不易发现，出血吸收后表现为新月状或弧形白色瘢痕，晚期可见色素沉着或新生血管。

脉络膜破裂发生在视盘与黄斑间（常累及黄斑）或直接位于黄斑，会对中心视力造成严重影响。

3．法医学鉴定

（1）损伤认定：根据外伤史、眼底检查和眼底荧光血管造影等确认：①眼球有直接钝器打击史；②眼前有黑影飘动，视力下降；③眼底后极部可见淡黄色新月形裂痕；④眼底荧光血管造影显示脉络膜裂伤；⑤视野检查有相应暗点。

（2）损伤转归：脉络膜出血量较少，未累及黄斑或未进入玻璃体者一般对视功能影响较小；出血量大，合并视网膜、脉络膜破裂会严重影响视力。此外，脉络膜破裂处常伴有萎缩变性，使视网膜外层营养障碍,损害色素上皮和视细胞功能。

(3)损伤程度与伤残等级:《人体损伤程度鉴定标准》规定,外伤性脉络膜脱离为轻伤二级。《道路交通事故受伤人员伤残评定》(GB 18667-2002)和《劳动能力鉴定　职工工伤与职业病致残等级》(GB/T 16180-2014)对于脉络膜损伤均无具体规定,导致视功能损害的可根据视功能障碍的程度进行评定。

(六)视网膜损伤

视网膜在组织学上分为10层,内9层为神经上皮层,最外层为色素上皮层。以锯齿缘为分界线,分成视网膜视部与盲部,眼外伤后锯齿缘断离可造成视网膜脱离。视网膜中央部为黄斑,其中心凹为视觉最敏锐部分。黄斑鼻侧为视盘(视觉神经乳头),呈漏斗状凹陷,称为生理凹陷或视盘杯。视盘杯/盘比(C/D)一般小于0.3,长期高眼压时,视盘杯加深,若C/D大于0.6则对青光眼具有诊断价值。

1.视网膜震荡(concussion of retina)

(1)损伤原因和机制:视网膜震荡系眼球挫伤后短时间内发生的以视网膜水肿为主要特征的病变,又称Berlin水肿、黄斑震荡等,其病变具有可逆性。

(2)临床表现:视网膜水肿多在伤后24小时内发生,严重者伤后数分钟即可出现,24小时左右达高峰。黄斑部首先出现灰白色斑块,迅速融合成片,并可扩散至视盘周围。因黄斑部有较厚的放射状纤维,水肿往往以黄斑部为重,此时中心凹反射消失,周围有晕圈样反光。

(3)法医学鉴定

1)损伤认定:主要依据眼部外伤史和眼底检查所见认定视网膜水肿。

2)损伤转归:视网膜震荡导致的水肿,多在1～2周内消退,视网膜可不留痕迹,视力恢复正常。

3)损伤程度与伤残等级:一般需要伤后2周以上根据视网膜水肿变化情况进行鉴定。视网膜震荡导致的水肿消失,视力恢复正常者为轻微伤,单纯视网膜震荡一般不构成伤残,若合并其他损伤造成视功能损害时,依据视功能损害的程度进行评定。

2.视网膜挫伤(contusion of retina)

(1)损伤原因和机制:视网膜挫伤的原因和机制与视网膜震荡基本相同,但外力比较强大,视网膜水肿严重或出血进一步导致视网膜色素上皮紊乱、视网膜变性萎缩,并造成视功能的永久损害。

(2)临床表现:视网膜早期呈乳白色混浊,多伴眼底出血;黄斑水肿消退后数周,黄斑中心凹反射消失,在损伤部位出现色素脱失、色素紊乱或增生,有时伴有小的萎缩斑;如果色素继续增生,则黄斑中心部形成黑斑或周围色素环;黄斑水肿逐渐消退后,视力不但不提高反而下降,甚至出现中心视野缺损。

视网膜色素上皮屏障损害后,早期眼底荧光血管造影黄斑部有荧光漏点,晚期荧光呈墨汁样扩大。

OCT显示挫伤区域视网膜神经上皮的厚度异常,神经上皮可出现脱离,其脱离的范围及高度对于视网膜挫伤的程度及预后判断具有重要意义。

ERG检查见a波、b波振幅下降,其中b波下降越明显,表示黄斑功能障碍越重。

(3)法医学鉴定

1)损伤认定:根据眼底检查、眼底荧光血管造影和OCT检查认定。视网膜挫伤早期眼底检查与视网膜震荡很难鉴别,但眼底荧光血管造影和OCT检查有助于了解视网膜受损害的层次、范围和程度。视网膜震荡一般不出现异常荧光,而视网膜挫伤在水肿消退后可出现荧光。

2)损伤转归:黄斑区的损伤可明显影响视力,但一般不会达到盲目程度。

3)损伤程度与伤残等级:视网膜挫伤的损伤程度与伤残等级主要根据视功能障碍程度评定,鉴定应在治疗终结或病情稳定后进行。

《人体损伤程度鉴定标准》规定,外伤性视网膜出血为轻伤二级。《道路交通事故受伤人员伤残评定》(GB 18667-2002)和《劳动能力鉴定　职工工伤与职业病致残等级》(GB/T 16180-2014)对于视网膜挫伤均无具体规定,导致视功能损害的可根据视力损害、视野缺损的情况评定损伤程度和伤残等级。

3. 外伤性黄斑裂孔（traumatic macular hole）

（1）损伤原因和机制：外伤性黄斑裂孔的发生与黄斑的结构相关。由于黄斑中心凹无 Muller 纤维和神经节细胞，也无神经纤维层等原因，致使该处视网膜较别处薄。同时，黄斑区视网膜易与玻璃体粘连，且以中心凹处最为明显。

外伤性黄斑裂孔形成机制主要有两种方式：①外力作用致眼球变形、压缩，造成玻璃体与视网膜界面前后牵拉，由于玻璃体与黄斑中心凹附着相对紧密，尤其是青年，玻璃体的牵拉以及外力传导至后极部而造成黄斑中心凹网膜撕裂而形成裂孔；②外力经眼球传导至后极部致黄斑区网膜水肿、出血等，但未造成裂孔，伤后数天继发囊样变性而形成裂孔。上述两种机制既可单独作用也可以共同作用形成黄斑裂孔。

（2）临床表现：主要表现有视物变形，中心视力严重减退或丧失，视野检查出现绝对性中心暗点等。黄斑中心凹或中心凹旁可见裂孔，裂孔呈暗红色，圆形或椭圆形；裂孔可于伤后立即出现或间隔一段时间出现，可伴有后极部水肿、出血等；位于中心凹的裂孔边缘清晰，大小不超过视盘，位于中心凹旁裂孔则较大且边缘不整齐；裂孔基底部可见散在的白点和色素，周围有时出现视网膜皱褶及黄白色病灶。

眼底荧光血管造影，板层裂孔时黄斑区无明显荧光素渗漏，全层裂孔时可呈现典型的"窗样缺损"。OCT 显示黄斑裂孔为裂孔边缘神经上皮层间劈裂，黄斑中心凹底部不规则变薄、部分或全层组织缺损，视网膜色素上皮层与神经上皮层之间可有积液存在。

（3）法医学鉴定

1）损伤认定：依据外伤史、病程、眼底检查即可认定。眼底荧光血管造影和 OCT 均可显示裂孔及其层次。在法医学鉴定中，需要与非外伤性黄斑裂孔进行鉴别：①假性裂孔：系由黄斑周围病变造成视网膜内陷，黄斑实际上无裂孔，视力多正常，眼底检查可见其他病变；②特发性黄斑裂孔：老年人相对健康的眼，无其他病因而发生的黄斑裂孔，是一种年龄相关性疾病，多见于 60～80 岁的老年人；③继发性黄斑裂孔：系由于眼底病变而导致的黄斑裂孔，如高度近视、糖尿病视网膜病变、黄斑变性等。

2）损伤转归：黄斑裂孔有时能够自行闭合，尤其是青年及小裂孔者自发闭合率高。一般裂孔闭合发生于伤后 4～5 个月内，自愈时间长短与裂孔的大小有关，且视力会有不同程度的提高，因此一般不需手术治疗。

黄斑裂孔后玻璃体很少发生退行性变，继发视网膜脱离的发生率较低。但无论有无视网膜脱离，黄斑裂孔形成后都会影响中心视力。

3）损伤程度与伤残等级：主要依据视网膜结构破坏和视功能障碍的程度确定，法医学鉴定应在治疗终结或病情稳定后进行。

《人体损伤程度鉴定标准》规定，外伤性黄斑裂孔为轻伤二级，导致视功能损害的根据视功能损害的程度进行评定。《道路交通事故受伤人员伤残评定》（GB 18667-2002）和《劳动能力鉴定　职工工伤与职业病致残等级》（GB/T 16180-2014）对于外伤性黄斑裂孔均无具体规定，主要根据视功能损害的情况进行评定。

4. 外伤性视网膜脱离（traumatic retinal detachment）

（1）损伤原因和机制：钝力直接作用眼球造成眼内组织牵拉撕裂，外力也可传导至玻璃体引起急性玻璃体视网膜牵拉，进而导致锯齿缘离断或玻璃体基底部附着区周边视网膜撕裂、裂孔和视网膜脱离。另外，玻璃体积血、视网膜下出血、渗出等粘连机化后机化条索收缩牵拉也可造成牵拉性视网膜裂孔脱离。所谓视网膜脱离是指视网膜神经上皮层（内 9 层）与色素上皮层的分离，分为外伤性锯齿缘断离引起的视网膜脱离，外伤性裂孔引起的孔源性视网膜脱离，玻璃体基底部撕脱导致的视网膜脱离以及视网膜下有渗出物而形成的视网膜脱离。

（2）临床表现：外伤性视网膜脱离早期主要表现为眼前有漂浮物或闪光感，视物模糊，进一步发展则出现视野缺损，若波及黄斑，则表现为中心视力严重下降或丧失。

视网膜部分脱离时，B超可显示视网膜回声光带与球壁不相连，光带后方为无回声的视网膜下积液，光带与相对应球壁的距离反映脱离的程度。完全脱离时，眼轴位切面显示强光带呈"V"形，一端连于视盘，一端止于视网膜锯齿缘。还可显示伴随的其他眼损伤。

（3）法医学鉴定

1）损伤认定：通过外伤史、眼底检查以及B超、眼底荧光血管造影等检查确认。

2）鉴别诊断：法医学鉴定时需要与非外伤性的视网膜脱离相鉴别。鉴别要点：①非外伤性视网膜脱离以视网膜和（或）玻璃体变性为基础，视网膜组织变性后变薄或供血不足而形成裂孔，以致脱离；玻璃体变性后液化与浓缩，使视网膜受到牵拉而脱离；②外伤性视网膜脱离有明显外伤史，且伤后即发病，常合并眼的其他部位损伤；③两者裂孔好发部位不同，据 Cox 统计，外伤性裂孔多在锯齿缘（约 59.4%），而非外伤性者多位于赤道部，较少位于锯齿缘（仅为 21.5%）。非外伤性视网膜脱离与外伤性视网膜脱离的主要鉴别点见表 6-2。

表 6-2 外伤性与非外伤性视网膜脱离的鉴别

	外伤性视网膜脱离	非外伤性视网膜脱离
外伤史	有且重，常伴有眼的其他部损伤等；伤后短时间内发病	无或较轻，或以外眼损伤为主；伤后较长时间发病
裂孔部位	多位于锯齿缘	多位于赤道部
变性	无或轻微	多有玻璃体变性（液化、条索形成）、视网膜囊样变性等
眼底	以外伤性改变为主，如脉络膜出血、破裂等	可见视网膜萎缩白斑，豹纹状改变，弧形斑，血管变细、变直等

对于既往视网膜或玻璃体存在变性病变并在外力作用下导致视网膜脱离的病例，应全面分析损伤与疾病的关系，并结合外力作用的大小综合评定外伤与视网膜脱离的因果关系。

3）损伤转归：视网膜脱离需手术治疗，尽早封闭裂孔，复位网膜，预后取决于网膜脱离的部位及范围。视网膜脱离虽然术后解剖复位率高，但功能治愈率（指最终视力达到 0.2 以上）差，尤其是累及黄斑者预后更差。

4）损伤程度与伤残等级：《人体损伤程度鉴定标准》规定，外伤性视网膜脱离为轻伤二级。《道路交通事故受伤人员伤残评定》（GB 18667-2002）和《劳动能力鉴定 职工工伤与职业病致残等级》（GB/T 16180-2014）对于外伤性视网膜脱离均无具体规定；遗有视功能障碍的可根据视功能障碍的程度进行评定。

二、眼球破裂伤

眼球破裂伤是指眼球壁有创口的损伤。机械性致伤物穿入或穿破了眼球壁的纤维组织层而形成的损伤，称为眼球穿通伤（ocular perforating injury）。眼球贯通伤是穿通伤一种特殊形式，指眼球壁有入口和出口的损伤。眼球破裂伤的类型，可从小的穿刺伤至大的切创，从仅眼球外壁损伤至整个眼内容物受伤，从单纯的小裂孔到内容物脱出和眼内异物存留。眼球破裂伤除直接造成眼球结构的破坏外，还可继发眼内炎、异物反应及交感性眼炎等。

（一）损伤原因和机制

眼球破裂伤以刀、针等锐器刺伤较为常见，锐器作用于眼球会造成眼球壁的全层裂开，同时也会导致创道所经过组织的损伤；飞溅的金属碎屑、爆炸时的碎片、枪弹等也可以造成眼球的穿通伤或贯通伤；钝器打击由于眼内容的传递作用，眼压突然增高等也可以造成角巩膜缘及后巩膜破裂。

（二）临床表现

1. 创口 角膜穿孔伤创口较小时，前房多不消失，创口也常自行闭合；创口较长时，可导致前房变浅或消失，虹膜嵌顿于创口或脱出。角、巩膜同时穿孔且创口较大时，不仅睫状体和玻璃体，甚至脉络膜与视网膜也会部分脱出眼外。

2．前房改变 眼前部的穿孔伤，因房水流出，前房往往变浅或消失；无角膜伤口的后巩膜破裂伤者，则出现前房变深。

3．眼内容脱出 巩膜穿孔或角巩膜同时破裂者，常造成眼内容脱出。除虹膜外，还可有睫状体、脉络膜、视网膜脱出，此时多有眼压降低。

4．虹膜及瞳孔改变 角膜及角巩膜缘的穿孔伤常伤及虹膜，虹膜破口不能自愈；当角膜或角膜缘创口较大时，会引起虹膜脱出或嵌顿于破口处；瞳孔向创口处移位，呈梨形或不规则形。严重的穿孔伤也能造成无虹膜症，多伴有晶状体、玻璃体、视网膜损伤。

5．晶状体损伤 较深的穿孔伤常导致晶状体损伤，形成穿孔伤性白内障，进而影响视力。此外，还可因晶状体皮质溢入前房而诱发过敏性葡萄膜炎、阻塞瞳孔或前房角引起继发性青光眼。

6．玻璃体、视网膜损伤 严重的眼球穿孔伤可以造成玻璃体、视网膜损害，如玻璃体积血、脱出、混浊，视网膜出血、脱出及脱离。玻璃体积血还可进一步引起增生性玻璃体视网膜病变。

7．眼球内异物 眼球内异物除造成眼球机械性损伤外，铜、铁等金属异物可在组织内氧化，形成难以治疗的金属沉着症，引起局部组织坏死、化脓，进而导致视力障碍、甚至失明及眼球萎缩。有机异物如棉花、豆类等一般只引起异物肉芽肿反应，但这类异物易将致病微生物带入眼内，造成化脓性炎症而致视力损害。另外，如异物接近睫状体，能导致经久不愈的虹膜睫状体炎；晶状体内的异物可加速白内障的形成；玻璃体内的异物有时会引起外伤性增生性玻璃体视网膜病变；眼球内异物还会增加发生交感性眼炎的可能性等。眼球穿孔伤、尤其是异物造成的穿孔伤，可引起眼内炎或全眼球炎，也可导致交感性眼炎；如治疗不及时则到眼球萎缩、失明。

8．眼压 创口较小时，眼压可以没有明显变化；创口大时，因房水流出、玻璃体脱出，伤者眼压明显降低。眼球破裂伤时，一般不做眼压测定，以免造成眼内容进一步脱出。

（三）法医学鉴定

1．损伤认定 根据外伤史、致伤物、致伤方式以及临床病历记载，结合影像学检查认定。B超、X线、CT及MRI不仅可以显示眼球结构的破坏，还有助于异物的发现。

眼球萎缩是眼球破裂伤最严重的后果之一，除视功能丧失外，还因眼球体积缩小，眼裂变小导致双侧眼裂不对称而影响容貌。眼球萎缩的认定主要依据：①眼球结构破坏；②眼球体积缩小，眼压降低。

2．损伤转归 眼球破裂伤的预后与致伤物的性质、大小、形态、作用速度、创伤部位及程度、创口长度、污染程度、有无异物存留等因素有关。单纯性眼球穿通伤预后相对较好，治疗后视力可有一定恢复；伴有眼内异物的眼球穿通伤，较单纯性眼球穿通伤预后差；有入口和出口的贯通伤眼球损伤严重，预后更差。部分病人可导致眼球萎缩或缺失而影响容貌，需摘除眼球，佩戴义眼。

3．损伤程度与伤残等级 《人体损伤程度鉴定标准》规定，眼球穿通伤或眼球破裂伤为轻伤二级；眼部毁损致一侧眼球萎缩或者缺失为重伤二级。

《道路交通事故受伤人员伤残评定》(GB 18667-2002)规定，眼球破裂伤造成一侧眼球缺失为Ⅶ级伤残。

《劳动能力鉴定 职工工伤与职业病致残等级》(GB/T 16180-2014)规定，角巩膜穿通伤治愈者、眼球内或眶内异物未取出者评为十级伤残；若一侧眼球摘除或一侧眼球明显萎缩，无光感为六级伤残。

眼球破裂伴有视功能障碍可依据视功能障碍的程度评定损伤程度和伤残等级。

第四节 眼神经损伤

眼部的神经支配丰富，与眼相关的脑神经共有6对。第Ⅱ脑神经—视神经；第Ⅲ脑神经—动眼神经，支配所有眼内肌、上睑提肌和除外直肌、上斜肌以外的眼外肌；第Ⅳ脑神经—滑车神经，支配上斜肌；第Ⅴ脑神经—三叉神经，司眼部感觉；第Ⅵ脑神经—展神经，支配外直肌；第Ⅶ脑神经—面神经，支配眼轮匝肌。第Ⅲ和第Ⅴ脑神经与自主神经在眼眶内还形成特殊的神经结构，动眼神经核、滑车神经核与外展神经核共同构成两眼的协调运动。眼部神经损伤可以表现为视力损害、眼肌麻痹、瞳孔大小改变、瞳孔反射异常以及复视、斜视等功能障碍。

一、视神经损伤

视神经是视网膜神经节细胞发出的纤维形成，其神经纤维向眼球后极部集中成视盘，穿过巩膜筛板。由视盘至视交叉前角，全长 40～50mm，分为眼内段、眶内段、管内段和颅内段。视神经损伤多发生在管内段和颅内段，其中管内段视神经被硬脑膜固定于管壁，活动度小，故以管内段最多见。损伤后可导致视力、视野、色觉、瞳孔和眼底等异常。

（一）损伤原因和机制

当眼部、头部受打击时，由于视神经鞘膜扭转、鞘膜腔出血，或由于骨折片切割、挤压，或由于组织水肿压迫与局部血液循环不良等原因，均可造成视神经损伤（optic nerve injury）。

（二）临床表现

视力障碍，瞳孔散大、直接对光反射消失或迟钝，间接对光反射正常。视盘早期正常，2～3 周后开始萎缩，初始颜色变淡，毛细血管变细；晚期颜色苍白，边界清楚。

视觉诱发电位检查依据视神经功能障碍程度，表现为无诱发波或诱发波潜伏期延长、波幅下降；CT 及 MRI 有助于发现视神经损伤的原因，有时还可以直接显示视神经的损伤类型。

（三）法医学鉴定

1. 损伤认定 依据外伤史、症状与体征及眼底检查所见，结合 VEP、CT 及 MRI 等检查结果认定，其中 VEP，特别是闪光 VEP 是目前法医学鉴定中认定视神经损伤的重要方法。对于视神经萎缩是否为本次外伤所致，需要与导致视神经萎缩的视神经炎、青光眼等疾病鉴别。另外，伤后临床表现及演变过程与既往病史有助于排除非外伤性视神经萎缩。

2. 损伤转归 原发性视神经损伤，伤后即出现视神经损伤的症状和体征；继发性视神经损伤多由组织水肿、血肿等压迫所致，视神经损伤的症状和体征在伤后数小时才逐渐出现。对于水肿、血肿等导致的继发性视神经损伤，应及时减压。视神经损伤如为水肿压迫等原因所致，一般伤后 1～2 周视力有所好转；如伤后一个月视力无明显好转，表明视神经损伤严重。

3. 损伤程度与伤残等级 主要根据视力障碍、视野缺损程度评定，鉴定时限应为治疗终结或病情稳定，原则上至少在伤后 3 个月以上。

视神经损伤的损伤程度根据视功能障碍的程度，依照《人体损伤程度鉴定标准》有关规定，可分别评定为轻伤二级、轻伤一级、重伤二级和重伤一级。

视神经损伤的伤残等级根据视功能障碍程度的不同，依照《道路交通事故受伤人员伤残评定》（GB 18667-2002）有关规定，最高可评为Ⅱ级伤残。依照《劳动能力鉴定 职工工伤与职业病致残等级》（GB/T 16180-2014）有关规定，最高可评为一级伤残。

二、动眼神经损伤

动眼神经为支配眼运动的最重要的神经之一，神经核群位于中脑上丘水平，所发出的纤维从大脑脚底内侧出脑，向前经海绵窦的侧壁，穿过眶上裂入眶支配内直肌、上直肌、下直肌及下斜肌。此外，还支配提上睑肌及瞳孔括约肌与睫状肌的运动。动眼神经损伤后可引起眼肌麻痹，出现复视、视力障碍以及瞳孔大小与调节异常等。

（一）损伤原因和机制

头部外伤是动眼神经损伤（oculomotor nerve injury）最常见的原因。颅内血肿、脑挫裂伤以及颅内压增高压迫动眼神经，或动眼神经滋养血管痉挛、血栓等可以导致动眼神经麻痹；颅底骨折可以直接损伤动眼神经,也可以因骨折、周围出血、水肿等挤压动眼神经,或引起局部血液循环障碍损伤动眼神经。

(二)临床表现

上睑下垂,眼球外斜,瞳孔散大,对光反射与调节反射消失,眼球不能向上、向内运动,向下运动亦受到限制,双眼视物重影。同视机检查可以明确麻痹眼肌及其麻痹程度,CT 及 MRI 检查有助于发现动眼神经损伤的具体病变。

(三)法医学鉴定

1. 损伤认定　根据伤后临床表现,同视机检查、CT 及 MRI 等检查确认,其中上睑下垂和斜视为动眼神经损伤最常见的表现。

颅底骨折、脑干损伤所致的原发性损伤时,伤后即出现动眼神经损伤的症状和体征;继发性损伤多由颅内压增高、眶上裂与眶尖骨折导致的组织水肿等压迫所致,动眼神经损伤的症状和体征在伤后逐渐出现。动眼神经麻痹需与颅底动脉瘤、颅内感染及先天性疾病致动眼神经麻痹等鉴别。

2. 损伤转归　动眼神经损伤性质、损伤程度和不同的治疗措施是影响动眼神经损伤预后的重要因素,动眼神经损伤经治疗大部分在伤后 3 个月内可有一定程度的恢复。

3. 损伤程度与伤残等级　根据动眼神经的损伤性质和类型以及功能障碍的情况评定,主要包括上睑下垂、复视和斜视程度等情况。涉及上睑下垂、视力等问题的鉴定时限,一般需要在伤后 3 个月以上或伤后半年以上鉴定为宜,最短不少于 3 个月;动眼神经损伤行手术干预者需治疗终结后进行鉴定。

《人体损伤程度鉴定标准》规定,斜视、复视为轻伤二级;伴有上睑下垂、视力损害等依据相关条款进行评定。

《道路交通事故受伤人员伤残评定》(GB 18667-2002)规定,一侧眼睑下垂或畸形,或斜视、复视、视错觉等视觉障碍为 X 级伤残。

《劳动能力鉴定 职工工伤与职业病致残等级》(GB/T 16180-2014)规定,上睑下垂遮盖瞳孔 1/3 行成形手术后矫正者为十级伤残;第 Ⅲ 对脑神经麻痹为五级伤残;伴有视力损害可根据视力障碍程度进行评定。

三、滑车神经损伤

滑车神经为较小的神经,其神经核与动眼神经核相连,其神经纤维自核发出后交叉至对侧在脑干背侧下丘的下方穿出中脑。以后环绕中脑及大脑脚向腹侧,穿过大脑后动脉与小脑上动脉之间,在小脑天幕切迹处穿过硬脑膜,由后颅窝进入颅中窝,穿越海绵窦,然后经眶上裂进入眼眶。滑车神经司上斜肌的运动,其麻痹很少单独出现,多与动眼神经及外展神经同时受累。损伤后可引起眼外肌麻痹,凝视复视,代偿性头位变化、视功能损害等。

(一)损伤原因和机制

眼眶或蝶骨小翼骨折可以造成滑车神经直接损伤,眶顶骨折引起上斜肌嵌塞或眶后出血挤压以及中脑下部水肿、出血压迫等也可引起滑车神经损伤(trochlear nerve injury)。

(二)临床表现

眼球向下、向外运动受限,双眼向下凝视时出现复视,有时可见患者歪头、斜颈或者颈部僵硬等变化。同视机检查等可明确上斜肌麻痹及其程度,CT 及 MRI 可以发现滑车神经损伤的具体病变。

(三)法医学鉴定

1. 损伤认定　根据眼位和头位异常等临床表现,结合同视机、CT 及 MRI 等检查可以确认。双侧滑车神经麻痹的外旋转斜视的临床表现特殊,对视功能损害严重,且由于部分体征缺如及隐匿易导致漏诊误诊。滑车神经麻痹的诊断需排除肌肉本身的病变,并需与动眼神经麻痹鉴别。

2. 损伤转归　滑车神经损伤一般在伤后 6 个月内可有一定程度的恢复。

3. 损伤程度与伤残等级　主要依据复视、获得性斜视等视功能障碍进行评定。鉴定时限至少在伤后3个月以上,手术干预者需治疗终结后进行鉴定。

《人体损伤程度鉴定标准》规定,斜视、复视为轻伤二级;《道路交通事故受伤人员伤残评定》(GB 18667-2002)规定,斜视、复视、视错觉等视觉障碍为X级伤残;《劳动能力鉴定 职工工伤与职业病致残等级》(GB/T 16180-2014)规定,第Ⅳ或Ⅵ对脑神经麻痹,或眼外肌损伤致复视的评为六级伤残;伴有视力损害,可依据视力损害的程度评定损伤程度和伤残等级。

第五节 眼的物理、化学性损伤

眼的物理、化学性损伤属非机械性眼损伤,虽然在法医学鉴定中相对少见,但组织结构损伤广泛,损害后果严重。

一、眼烧伤

(一)损伤原因和机制

化学性眼烧伤和热烧伤主要见于工伤事故、故意或意外伤害。化学性烧伤时,决定预后的主要因素为化学致伤物的 pH 值;酸性物质可使蛋白凝固,坏死组织对溶液的进一步渗透具有屏障作用,为非进展性烧伤,常见致伤物为硫酸、硝酸、盐酸、醋酸及苯酚等;碱性物质则使蛋白溶解,包括溶解细胞膜,溶液迅速渗透到眼内,从而造成严重损害,为持续进展性损伤,常见致伤物为氨水、生石灰、氢氧化钠、电石、水泥等。热烧伤的主要组织学改变为结膜及角膜表面组织的广泛坏死,常见的热烧伤有火焰烧伤、高温液体的烫伤、工业事故金属溶液的灼伤等。

(二)临床表现

1. 化学性眼烧伤(chemical ocular burn) 分为酸、碱化学物质烧伤,其临床表现不尽相同。

(1)酸烧伤:如果溅入眼部酸液量不大并及时冲洗,则凝固坏死形成的焦痂可减缓或阻止酸液继续向深部组织渗透,对眼球的损伤相对较轻,但若为强酸且浓度大,仍会造成严重的后果。主要表现为角膜遗留永久性瘢痕而影响视力,常伴有颜面部烧伤。

(2)碱烧伤:碱性物质兼有水溶性、脂溶性,对眼球的损害较酸液严重。可引起角膜溃疡、穿孔及虹膜炎、白内障、继发性青光眼、全眼球炎、眼球萎缩等损害。

2. 眼热烧伤(ocular burn) 可致眼睑、结膜、角膜、巩膜的烧伤坏死及眼球组织烧伤坏死,造成眼睑瘢痕性外翻及闭合不全、角膜瘢痕、广泛的睑球粘连、视力障碍等严重后果。

(三)法医学鉴定

1. 损伤认定 根据外伤史和临床表现认定。

2. 损伤程度与伤残等级 主要根据视功能损害程度,睑、球烧伤后畸形或毁损程度等评定,鉴定时限应为治疗终结或病情稳定后。

《人体损伤程度鉴定标准》规定,面部浅Ⅱ°烧烫伤为轻微伤;睑球粘连为轻伤二级。

《道路交通事故受伤人员伤残评定》(GB 18667-2002)规定,一侧眼睑下垂或畸形为X级伤残。

《劳动能力鉴定 职工工伤与职业病致残等级》(GB/T 16180-2014)规定,睑球粘连影响眼球转动行成形手术后矫正者为十级伤残;一侧或双侧眼睑外翻或闭合不全行成形手术后矫正者为十级伤残。

眼睑畸形严重或伴有视功能损害的,可依据相关条款和视功能障碍的程度评定损伤程度和伤残等级。

二、辐射性眼损伤

辐射性眼损伤(radiational ocular injury)是指电离辐射(X线、γ射线、远紫外线)和非电离辐射(近紫外线、红外线、可见光、微波等)所造成的眼损伤。红外线主要来源于高热物体,如熔化的玻璃、钢铁等,紫外线来自高热固体和气体。

（一）损伤原因和机制

离子射线对增生活跃的细胞易造成损害，如位于晶状体赤道部的上皮细胞；视网膜虽对射线有一定的抵抗力，但血管较易受到损害，常引起视网膜缺血或坏死。非离子射线对眼部的损害程度取决于其波长，对眼部造成损害的主要有近红外线、长、短波紫外线、低频微波等。

（二）临床表现

1. 红外线损伤　近红外线穿透力强，可伤及虹膜、晶状体和视网膜，导致虹膜萎缩、红外线性白内障及视网膜灼伤。中、远红外线穿透力弱，仅损伤结膜和角膜，长期接触也会造成慢性结膜炎、睑缘炎、角膜混浊等。

2. 可见光损伤　长时间注视强烈光源时，可见光和近红外线经屈光间质到达黄斑聚焦于一点，由该处的色素上皮层吸收后转化为热能，引起灼伤。因视网膜灼伤的程度不同，预后也不同，轻者数日内恢复，较重者会遗留视力障碍；严重灼伤时可出现黄斑水肿、出血甚至黄斑穿孔，导致中心视力永久丧失，称为日蚀盲。

3. 紫外线损伤　短波紫外线可伤及结膜和角膜，引起角膜结膜炎，即电光性眼炎；长波紫外线则损害晶状体，形成紫外线性白内障。在高原、冰川、雪地、海面作业或旅游，因接受大量紫外线而发病者，称为日光性眼炎。发病潜伏期以4～9小时多见，表现为眼胀、眼痛、畏光流泪、异物感、眼睑痉挛。

4. 微波损伤　微波造成的组织损伤为致热效应所引起，低频率微波的穿透力强，被组织吸收的能量小，主要导致晶状体混浊，形成白内障；高频率微波穿透力虽弱，但被组织吸收的能量多，能造成眼睑、结膜、角膜的烧伤；当微波的功率大于300mW/cm^{2}时，可导致黄斑周围视网膜点状出血。非热效应损伤主要表现为特殊的行为反应，如自主神经功能紊乱、神经衰弱症状等。

5. 电离辐射损伤　X线、γ射线和中子线等照射可引起眼部辐射性损伤，以中子线危害最大。因晶状体是全身对电离辐射最敏感的组织之一，故易受电离辐射损害而形成电离辐射性白内障。电离辐射性白内障潜伏期为6～24个月，剂量越大，潜伏期越短，年龄越小，潜伏期越短。因电离辐射有蓄积作用，长期接受安全剂量内的辐射但防护不周，同样也能导致白内障。另外，电离辐射尚可造成结膜炎、角膜炎、虹膜睫状体炎等。

（三）法医学鉴定

1. 损伤认定　眼的辐射性损伤常发生于职业性损害，根据职业环境和临床表现一般不难确定。外伤性白内障为辐射性眼损伤后较常见的临床表现之一。

2. 损伤程度与伤残等级　主要根据眼损伤的部位、程度以及视功能损害等情况依照相关标准和条款进行评定，鉴定时限应为治疗终结或病情稳定后进行。

第六节　眼损伤的并发症

一、外伤性青光眼

由于眼外伤而引起的眼压增高，称为外伤性青光眼（traumatic glaucoma）。通常，根据外伤性青光眼的原因分为房角后退性青光眼、眼内出血性青光眼、晶状体脱位性青光眼等；根据青光眼的病理基础类型分为开角型青光眼和闭角型青光眼。

（一）形成原因和机制

1. 前房出血　眼挫伤后前房大量积血，因血液及凝血块填塞小梁网，或因红细胞破坏产生的含铁血黄素引起小梁硬化及阻塞、纤维组织形成，或由于虹膜前后粘连，造成房水循环受阻，形成继发性开角型青光眼。

2. 晶状体脱位　晶状体脱位导致的青光眼多数为闭角型青光眼，少数为开角型。闭角型青光眼的机制为晶状体脱位引起的瞳孔阻滞，进而房水循环受阻，眼压升高；而开角型青光眼是因晶状体后脱位合并有房角损伤、睫状体受晶状体刺激后房水生成量增加形成。

3. 玻璃体积血　是由于退变的红细胞（血影细胞）或溶解的红细胞、血红蛋白及吞噬血红蛋白的巨噬细胞等阻塞小梁网，造成房水外流障碍，从而继发开角型青光眼。

4. 房角后退　外伤后房角后退、加深加宽，小梁网损伤后变性和瘢痕化，使房水排出受阻导致眼压升高，属继发性开角型青光眼。房角后退愈重，范围愈大，发生青光眼的比例愈高。

5. 炎症机化　可导致虹膜周边前粘连，或虹膜脱出形成粘连性角膜白斑，或瞳孔闭锁或膜闭等，进而继发闭角型青光眼。

（二）临床表现

1. 房角后退性青光眼（traumatic glaucoma of recession of angle）　发病隐蔽，眼压缓慢升高，视杯逐步扩大，多在伤后数年甚至数十年才出现青光眼症状，超过 10 年以上者，称为外伤性迟发性房角后退性青光眼；房角镜下见前房角劈裂后退，房角加深加宽；房水流畅系数正常或下降；单眼发病，眼压升高，晚期可有视神经损害及视野缺损。

2. 眼内出血性青光眼　分为前房出血性青光眼（glaucoma of traumatic hyphema）、血影细胞性青光眼（ghost cell glaucoma）、溶血性青光眼（hemolytic glaucoma）。

（1）前房出血性青光眼：①前房大量积血，瞳孔区常有血凝块阻塞，眼压急骤升高；②因长期高眼压，往往造成继发性视神经损伤，加重晶状体混浊；③如眼压持续升高超过 48 小时，可导致角膜血染。

（2）血影细胞性青光眼：①有玻璃体积血史，眼压突然升高，升高幅度取决于血影细胞的数量；②可见角膜水肿，有角膜后褐色沉着物；③前房深浅正常，裂隙灯下见前房及玻璃体内有众多棕色颗粒漂浮；④房角为宽角，小梁上有棕褐色颗粒沉着；⑤房水显微镜检查能发现血影细胞；⑥抗青光眼药物治疗无明显效果，但冲洗前房多有效。

（3）溶血性青光眼：①外伤性玻璃体积血后 1 周至数周左右发病，发病时间取决于开始溶血的时间；②眼压急剧增高，可达 5.0～8.0kPa 以上；③角膜水肿，角膜后褐色沉着物；④房水有大量褐色颗粒浮游而混浊；⑤房角为开角，小梁面为红色或红棕色；⑥用相差显微镜或普通显微镜检查房水，能检见较多含色素的巨噬细胞。

3. 晶状体脱位性青光眼（glaucoma of traumatic lens luxation）　分为开角型和闭角型青光眼。

（1）开角型青光眼：①发病较隐蔽，眼压升高缓慢，早期可无明显症状；②房水流畅系数下降；③长期高眼压则导致 C/D 比增大以及与开角型青光眼相似的视野改变等。

（2）闭角型青光眼：①视力下降，典型体征为虹膜震颤；②若晶状体完全脱入前房，则前房加深，虹膜后倾，晶状体大如油滴状，眼压升高明显，并常有玻璃体嵌入瞳孔而引起高眼压；③并发症多，预后较差。

（三）法医学鉴定

1. 损伤认定　主要根据伤后临床表现和导致外伤性青光眼的病理基础确认。鉴定时注意排除其他非外伤性青光眼的可能，特别是原发性闭角型青光眼。

原发性闭角型青光眼主要特点：①年龄多在 40 岁以上；②有较长时间的头痛、眼胀痛、视力疲劳等病史；③前房浅，房角狭窄；④长期高眼压后导致视盘损害，出现青光眼视盘凹陷及萎缩，C/D 比扩大；⑤视网膜中央血管在青光眼视盘凹陷呈屈膝爬行现象；⑥有青光眼晕、虹膜萎缩等改变。

2. 损伤转归　外伤性青光眼的预后主要与眼压的程度、持续时间和眼损伤轻重密切相关。前房的反复出血，发生继发性青光眼的比例增高。

3. 损伤程度和伤残等级　主要依据原发损伤、眼压高低、持续时间以及视力障碍和视野缺损的情况综合评定，法医学鉴定应在病情稳定后进行。

《人体损伤程度鉴定标准》规定，外伤性青光眼为轻伤二级；外伤性青光眼，经治疗难以控制眼压为轻伤一级。

《道路交通事故受伤人员伤残评定》(GB 18667-2002)对于外伤性青光眼无具体规定。

《劳动能力鉴定　职工工伤与职业病致残等级》(GB/T 16180-2014)规定,外伤性青光眼行抗青光眼手术后眼压控制正常者为八级伤残;若双眼外伤性青光眼术后,需用药物控制眼压者可评为五级伤残。

对于外伤性青光眼导致视力损害、视野缺损,可根据视力损害、视野缺损的程度评定损伤程度和伤残等级。

二、交感性眼炎

交感性眼炎(sympathetic ophthalmia,SO)是指伤眼(激发眼)遭受穿孔性外伤或内眼手术后发生的非化脓性葡萄膜炎,经过一定潜伏期后,健眼(交感眼)也发生同样性质的炎症。

(一)形成原因和机制

传统理论认为,交感性眼炎系外伤后伤眼色素膜作为自身抗原,引发另眼色素膜的自身免疫反应。新近研究显示,视网膜色素上皮细胞、尤其是外层视网膜可溶性S抗原激发的免疫反应可能更为重要。除免疫机制外,也有人认为与病毒感染有关。

(二)临床表现

始发于葡萄膜前段交感眼,早期主要表现为畏光、疼痛、视力下降,裂隙灯显微镜下可见睫状充血,角膜后有羊脂状沉着物,房水、玻璃体混浊,虹膜纹理不清、增厚,表面出现结节;随病情进一步发展,可发生虹膜后粘连,甚至瞳孔闭锁,引起继发性青光眼、并发性白内障,最终眼球萎缩、失明;而始发于后段者,则有视物模糊、视力下降、闪光感、视物变形等,眼底见视网膜水肿,视盘水肿、充血,边界不清,脉络膜渗出,呈黄白色病灶。视网膜下的渗出斑如融合成大片状,则会导致渗出性视网膜脱离。

(三)法医学鉴定

1.损伤认定　根据明确的外伤史、典型临床表现不难确认交感性眼炎。

2.损伤转归　眼球穿通性伤合并交感性眼炎的发生率明显高于其他眼损伤,损伤后2周～3个月为交感性眼炎的高发危险期。交感性眼炎发生后,如及时应用皮质类固醇和免疫抑制剂配合治疗预后尚好。另外,始于前段者较始于后段者一般预后好。据文献报道治疗后视力>0.3者占93%。

3.损伤程度与伤残等级　主要根据视力损害和眼球毁损的情况依据相关标准和条款进行评定,法医学鉴定应在治疗及病情稳定后进行。

本章小结

本章主要介绍了眼损伤的分类、主要症状与体征和常用眼损伤的检查方法,机械性眼损伤(包括常见眼附属器损伤、眼球损伤、视神经损伤)以及非机械性眼损伤的损伤机制、临床表现、法医学鉴定的基本原则,同时对于鉴定实践中涉及的伤病关系鉴别、常见并发症进行了叙述。要求重点掌握常见眼损伤的临床表现,常用医学及眼科专业影像学检查方法,电生理学客观检查方法,法医学鉴定原则等。此外,在法医学鉴定中,还应特别注意以下几个问题:①损伤的认定与转归的判断;②鉴定时机的准确把握;③损伤与疾病关系的正确分析与评价。

眼附属器包括结构较多,具有保护眼球、维持眼位和眼球运动的功能。不同部位损伤特征各异,其中眼睑损伤直观醒目,对容貌影响较大,眼睑闭合不全及外翻、上睑下垂的法医学鉴定中应注意确定其程度,同时还应注意与病理性改变相鉴别。睑下出血的出血来源的认定也是法医学鉴定中应注意的问题。

眶骨骨折的类型较多,其中除应注意掌握与区分不同的临床表现外,还应注意合理应用影像学技术进行鉴别诊断,包括新鲜与陈旧性骨折鉴别,同时不要误把眼眶结构正常变异、血管压迹、骨缝认定为眶骨骨折等。

眼外肌直接损伤与支配眼外肌的眼神经损伤，所导致的眼肌麻痹临床表现特征相似，法医学鉴定中需注意确定区分肌源性或神经源性损伤。

眼球结构复杂，损伤类型较多，眼球钝挫伤与眼球破裂伤的原因与机制，不同部位眼球结构损伤的临床表现也是本章节的重点与难点。

在法医学鉴定中，对于眼球损伤的认定除根据特征性临床表现外，鉴别诊断也是法医学鉴定的关键，例如外伤性白内障与病理性白内障，视网膜挫伤与视网膜震荡，外伤性视网膜脱离与非外伤性视网膜脱离，以及原发性与继发性视神经损伤的鉴别等。同时还应掌握眼损伤常见并发症的临床表现及法医学鉴定原则。当眼损伤合并视功能损害时，应进行视觉电生理学客观检测并对检测结果给予正确的评估。

（陈溪萍）

思考题

1. 外伤性复视的法医学鉴定方法及注意事项。
2. 外伤性白内障的形成机制，外伤性白内障与病理性白内障的鉴别要点。
3. 如何鉴别视网膜挫伤与视网膜震荡。
4. 外伤性视网膜脱离与非外伤性视网膜脱离的区别，法医学鉴定原则。
5. 视神经挫伤的临床表现及法医学鉴定方法。
6. 外伤性青光眼的鉴定依据及与病理性青光眼的鉴别要点。

第七章　耳鼻咽喉损伤

学习提要

【掌握内容】　耳鼻咽喉损伤的概念；耳鼻咽喉常见损伤的原因和机制及法医学鉴定。

【熟悉内容】　听觉功能障碍检查的方法与意义；耳鼻咽喉常见损伤的临床表现；外伤性鼓膜穿孔与病理性鼓膜穿孔的鉴别；直接外力与间接外力所致鼓膜穿孔的特点；需要与迷路震荡相鉴别的疾病；新鲜与陈旧鼻骨骨折的鉴别。

【了解内容】　耳鼻咽喉解剖特点与生理功能；前庭功能检查的主要方法。

耳鼻咽喉损伤是法医学鉴定中较常见的损伤，耳鼻咽喉损伤可以单独发生，也可以合并发生，损伤后可导致听觉、平衡、呼吸、吞咽、发音等功能障碍与容貌毁损。

第一节　耳　损　伤

一、概述

耳除具有听觉功能外，还具有保持人体平衡和容貌完整性的作用。耳损伤的法医学鉴定主要包括听功能、平衡功能和容貌毁损等评定。

（一）损伤分类

耳主要由外耳、中耳和内耳三个部分组成，外耳道骨部、中耳、内耳和内耳道均位于颞骨中。耳损伤按照损伤的部位一般分为外耳损伤、中耳损伤和内耳损伤。其中外耳损伤包括耳廓损伤、外耳道损伤；中耳损伤包括鼓膜穿孔（破裂）、听骨链中断、乳突损伤等；内耳损伤主要为迷路震荡；颞骨骨折除可以导致中耳和内耳的损伤，还可以合并面神经损伤。

（二）主要症状与体征

1. 耳痛　耳痛的程度与损伤程度及病人对疼痛的敏感性有关。按耳痛的原因分为耳源性耳痛（原发性耳痛）、反射性耳痛（继发性耳痛）两类。前者属耳部损伤或病变所致；后者是由于分布在耳部的感觉神经损伤或病变，或其他部位损伤与病变经神经反射至耳部引起。

2. 耳鸣　是一个耳神经学症状，为听觉紊乱的一种表现，指外界无声响，而感觉耳内有声音存在的现象。耳鸣分为纯音性耳鸣、低频性耳鸣、中高频耳鸣、间歇性或持续性耳鸣等。耳鸣多属于噪声，重者使人难以忍受，影响工作和生活。绝大部分耳鸣属于耳源性耳鸣，可由耳损伤引起。心血管疾病、肌源性疾病、代谢性疾病、神经科疾病、药物毒性反应等也可导致耳鸣，需予以注意。同时，有时尚需与听幻觉鉴别。

3. 耳漏　又称耳溢，是指外耳道有异常的液体存积或外流，其液体可来自外耳道、耳部周围组织、中耳、迷路或颅内。溢液的性质可为浆液性、黏液性、脓性、血性、脑脊液性等。外耳道或中耳黏膜损伤多为血性,颞骨骨折伴有脑脊液耳漏时,溢液可呈淡红色或者水样液体。

4. 耳聋 即听力障碍,指听觉系统由于损伤或疾病造成外耳、中耳、内耳、听神经、听中枢(颞上回后部)等不同部位损害所致不同性质、不同程度的听力减退。

传导性聋主要病变发生在外耳和中耳;感音性聋病变主要位于耳蜗;神经性聋病变在听神经或听觉中枢;混合性聋系耳的传音系统和感音神经系统均有损害。

5. 眩晕 分为外周性眩晕和中枢性眩晕。外周性眩晕是指外周前庭系统功能障碍所引起的旋转与头晕的表现,眩晕常突然发生,因体位变动而加重,持续时间较短,伴耳鸣、听力下降和水平型眼震,有短期自愈和反复发作倾向。中枢性眩晕是指前庭中枢处理系统病变所引起的旋转与头晕等表现,中枢性眩晕发生一般比较缓慢,但持续时间较长,可为进行性加重,常伴水平、旋转、垂直或对角性眼震以及其他中枢系统病损的表现,但无耳鸣和听力下降的临床症状。

耳外伤引起的眩晕常见于迷路震荡、前庭、耳蜗损伤后可引起眩晕、恶心呕吐、听力障碍,但一般3~4天后逐渐减轻,6~12周前庭功能症状可消失。

6. 面瘫 因耳部损伤或疾病引起的面瘫称为耳源性面瘫,多为单侧周围性面瘫(弛缓性瘫),表现为患侧额纹消失,不能皱额和蹙眉,鼻唇沟变浅,口角下垂,流涎,露齿时口角歪向健侧,说话欠清晰,食物常积留于齿颊之间,不能完成吹口哨、鼓腮、噘嘴动作,眼睑不能闭合或闭合不全,用力闭眼时眼球转至外上方,露出白色巩膜,称 Bell 现象。外伤引起者可立即出现面瘫。常见损伤部位为中耳、内耳、颞骨。

(三)听力障碍的分级与分类

1. 听力障碍的分级 国际标准化组织(ISO)和世界卫生组织(WHO)1980 年公布的耳聋程度的分类标准,是以 0.5kHz、1kHz、2kHz 三个频率的平均 dB 数进行分级。

1997 年,WHO 对上述标准进行了修改,推荐的听力减退程度分级标准是以 0.5kHz、1kHz、2kHz、4kHz 四个频率所测得听阈值的平均 dB 数进行分级(见表 7-1)。

表 7-1 WHO(1997)耳聋分级标准

听阈均值(dB HL)	程度	症状表现
0~25	正常	没有或者很轻的听力问题,可以听到耳语
26~40	轻度	能够听 1 米的正常说话
41~60	中度	能够听距离 1 米的大声说话
61~80	重度	能听到一些对着耳朵大声说的词汇
≥81	极度	对大声的说话也不能听或者理解

在临床上,耳聋分为轻度、中度、中重度、重度和极重度耳聋,其中 26~40dB 为轻度耳聋,41~55dB 为中度耳聋,56~70dB 为中重度耳聋,71~90dB 为重度耳聋,91dB 以上为极重度耳聋。

2. 耳聋的分类 耳聋按出现的时间分为先天性聋(congenital deafness)和后天性聋(acquired deafness);按病变的性质分为器质性聋(organic deafness)与非器质性聋(功能性聋,functional deafness),如癔症性聋(hysterical deafness),伪聋(simulated deafness,feigned deaf)也属非器质性聋;器质性聋又分为传导性聋(conductive deafness)、感音性聋(sensory deafness)、神经性聋(nervous deafness)与混合性聋(mixed deafness);按发病原因分为外伤性聋、突发性聋、老年性聋、中毒性聋、感染性聋、噪声性聋等。

(1)传导性聋:系传音、变压结构受损,使声波达到内耳的声能量减低,神经末梢所受到的刺激减弱,导致听力减退,病变主要位于外耳和中耳,常见的损伤有耳廓缺损、外耳道狭窄、外伤性鼓膜穿孔、听骨链中断、鼓室积液(血)等,一般听力损失不超过 60dB HL,可伴有低调耳鸣。

(2)感音性聋:也称耳蜗性聋。其病变位于耳蜗,主要是由于耳蜗螺旋器听毛细胞损害所致,称为感音性聋。由于感音性聋和神经性聋的临床表现基本一致,过去统称为感音神经性聋,常见损伤为内耳（迷路）震荡伤。

（3）神经性聋：也称蜗后性聋或迷路后性聋。其病变主要位于听神经、耳蜗核、脑干、中脑或听皮层。因听神经及传导路径损害者而导致听力障碍，称为神经性聋，常由颞骨骨折、脑挫裂伤造成。

感音神经性聋主要表现为听力障碍伴有眩晕、耳鸣，耳鸣常呈高调音，听力损失可致极度聋。

（4）混合性聋：耳的传音系统和感音神经系统均有损害，表现为传导性聋和感音神经性聋双重特点。

（四）法医学检查

1．外耳检查 观察耳廓及耳周有无擦挫伤、裂伤、缺损等损伤痕迹，观察耳廓的形状有无畸形，外耳道有无狭窄和闭锁，有无肿物、异物、耵聍，有无出血、分泌物或溢液等。耳廓缺损者需根据耳廓前部最大投影面积来测量计算缺损的面积，目前多采用照相法（坐标纸描记）或计算机软件计算缺损面积。今后，3D 技术有望应用于耳廓缺损的测量。

2．鼓膜检查 可用耳镜法、电耳镜法及鼓气耳镜法检查鼓膜，观察鼓膜的色泽、标志、活动度等，有无充血、内陷，有无鼓膜穿孔，穿孔的部位、形态及有无血痂附着等。法医学鉴定实践中，发现鼓膜穿孔时须行鼓膜拍照或摄像，以固定证据。

3．听觉功能检查 听觉功能检查的目的在于对听力障碍程度和听力障碍病变的部位做出诊断。虽然听觉功能的检查方法很多，但主要分为两种，即主观测听法和客观测听法。前者易受被鉴定人主观因素的影响，其检查结果不宜作为法医学鉴定的直接依据；后者一般不受被鉴定人主观因素的影响，可用于听觉功能的定性与定量评定。

（1）主观测听（subjective audiometry）：又称为行为测听，主要包括音叉试验、纯音听力计测听、言语测听等。目前临床上最常用的是纯音听力测试法，纯音听力测试法是评价听功能最基本、最重要的听力检查法。在受试者配合的情况下，通过该法可以对听力作出准确的检测，并且根据听力图判定耳聋的性质和程度。

听力图是指将两耳的气骨导听阈记录在听力表中即为听力图，根据听力曲线的不同特点，可对耳聋的性质及程度作出初步诊断。

听力（hearing）是指听觉系统对声音的感受能力和分辨能力，临床上通常以听阈的高低来表示，正常听阈为 25dB HL 以下。

听阈（hearing threshold）是指刚能引起人耳听觉的某一最小声强值，阈值越高表示听力越差，听阈低表示听力好。听阈一般用听力级的分贝数（dB HL）来表示。

听阈在 25dB 水平以内者均可认为听力正常。由于主观测听法易受主观因素的影响，在法医临床鉴定工作中仅作为判断听力障碍的参考指标。

（2）客观测听（objective audiometry）：是指不需要受试者对是否听到声信号作出主观示意，检测指标是以声刺激后听觉系统产生某些客观现象为判断依据。常用的客观检查方法有声导抗、听觉诱发电位、声反射及耳声发射测试等。由于这些检测方法不受被检者主观因素的影响，因此在法医学鉴定中占有重要地位。

4．前庭功能检查 常用的检查方法有：闭目站立试验、错指试验、旋转试验、冷热试验、静动态平衡台检查和眼震电图（electronystagmography，ENG）检查等。

静动态姿态平衡仪通过计算机软件对能够按照顺序分类显示控制姿势的各种感觉信息传入（视觉、前庭、本体），也可以区分哪个系统出现问题而导致平衡障碍。

眼震电图根据眼震记录可测出快慢相时间及眼震频率。近几年开始应用的视频眼震电图（video-nystagmograph，VNG），通过远红外技术记录眼球的运动，消除了传统眼震电图电极易受干扰的缺点。

5．影像学检查 影像学检查是耳损伤必不可少的诊断手段。常规的 X 线、CT 可用于判断乳突和颞骨岩部的气化程度，了解病变部位及病损的程度；MRI 具有很高的分辨率，主要用于中枢听觉神经通路病变的判定。

二、外耳损伤

外耳分为耳廓和外耳道。耳廓主要由弹性软骨作为支架，表面覆以薄层皮肤，由耳轮、对耳轮、耳屏、对耳屏、耳甲、耳垂等部分构成。耳廓的主要生理功能为收集声波，并引导声波进入外耳道，另外对声音的定向也有一定的作用。同时，耳廓的外侧面属于颜面的一部分，因此也是重要的容貌器官。

外耳道起自耳甲下部，止于鼓膜，是一个近 S 形的管道。外耳道分为软骨部和骨部，软骨部居外侧，占全长的 1/3，骨部居于外耳道深部，占全长的 2/3，外耳道表面覆有皮肤，有毛囊、皮脂腺、耵聍腺。外耳道主要的功能为收集、传导声波，并保护耳深部结构。

（一）损伤原因和机制

1. 耳廓损伤　多见于钝性外力打击或碰撞、挤压，或猛力拧扭、撕、拉等所致的挫伤、挫裂伤、撕裂伤；也可见于锐器所致的切割创、砍创、刺创；还可见于火器伤、高低温伤、化学腐蚀伤等；此外，还可因咬伤造成耳廓撕裂、缺损等。耳廓血管分布表浅，血流缓慢，血液循环差，外伤后易形成血肿，如血肿吸收不良可因机化使耳廓变形。此外，外伤后容易继发感染，如软骨炎，甚至软骨坏死，导致耳廓畸形。

2. 外耳道损伤　轻度的外耳道损伤多因挖耳或器械操作不慎所致；严重的外耳道损伤见于锐器、高温烫伤或化学腐蚀所致。颅脑损伤或颌面部损伤有时也可合并外耳道损伤。

（二）临床表现

1. 耳廓损伤（injuries of auricle）　钝性外力所致的耳廓挫伤，轻者常表现为青紫、肿胀、疼痛，有时可伴有皮肤擦伤，重者可引起皮下及软骨膜下小血管破裂，血液聚集于皮下或软骨膜下形成血肿。局部皮肤的颜色可因其下液体的性质不同而异。若为积血，表面的皮肤常呈深红色或紫红色；若为血清渗出，则局部皮肤呈浅红色或与正常皮色相近。

钝器或者锐器（包括咬伤）所致耳廓裂创、缺损，轻者仅为一裂口，重者可造成耳廓大部分甚至全部离断、缺损。

2. 外耳道损伤（injuries of external acoustic meatus）　软组织损伤表现为外耳道肿胀、渗血、皮下积血及皮肤破损；骨性外耳道骨折后，错位的骨片可将外耳道堵塞，或造成外耳道狭窄，影响伤者的听力，如并发感染可发生外耳道炎。

（三）法医学鉴定

1. 损伤认定　根据外伤史和临床表现，结合法医学检查结果认定。若怀疑存在骨性外耳道、颞骨骨折或听骨骨折、脱位时，可行 X 线、CT 等检查。如存在听力障碍，待病情稳定后再行听功能的检测。

2. 损伤转归　耳廓小血肿一般能自行吸收，大血肿则难以自行吸收，机化后可导致耳廓增厚变形；合并感染时可致软骨炎、软骨膜炎及软骨坏死，最终造成耳廓明显缩小、变形，甚至"菜花耳"畸形，对容貌有明显的影响。耳廓裂创可遗留大小不等的瘢痕，对于大部分或完全离断者，则应及时行再植术。

对于外耳道损伤后因结缔组织增生、纤维隔形成、瘢痕收缩或骨组织增生等造成的外耳道狭窄或闭锁可行手术治疗，但术后需长时间置放硅胶管扩张，防止再次收缩狭窄。

3. 损伤程度和伤残等级　外耳的损伤程度和伤残等级主要根据耳廓有无缺损及其缺损程度，耳廓有无变形及其变形程度，耳道有无狭窄以及是否影响听力等进行评定。

《人体损伤程度鉴定标准》规定，耳廓离断、缺损或者挛缩畸形累计相当于一侧耳廓面积 15% 以上，或者耳廓创口或瘢痕长度累计 6.0cm 以上，为轻伤二级；一耳外耳道横截面 1/2 以上狭窄为轻伤二级；双侧外耳道闭锁为轻伤一级；耳廓离断、缺损或者挛缩畸形累计相当于一侧耳廓面积 30% 以上为轻伤一级；耳廓离断、缺损或者挛缩畸形累计相当于一侧耳廓面积 50% 以上为重伤二级。对于耳廓贯通伤或撕裂伤，耳廓前后创口或瘢痕应累加计算。

《道路交通事故受伤人员伤残评定》(GB 18667-2002)规定,一侧耳廓缺失(或畸形)10%以上为Ⅹ级伤残,50%以上为Ⅸ级伤残;一侧耳廓缺失(或严重畸形)为Ⅷ级伤残;一侧耳廓缺失(或严重畸形)、另一侧耳廓缺失(或畸形)10%以上为Ⅶ级伤残;一侧耳廓缺失(或严重畸形),另一侧耳廓缺失(或畸形)50%以上为Ⅵ级伤残;双侧耳廓缺失(或严重畸形)为Ⅴ级伤残。

《劳动能力鉴定 职工工伤与职业病致残等级》(GB/T 16180-2014)对耳廓损伤未做具体规定,可比照定级原则和相关条款进行评定。

三、中耳损伤

中耳包括鼓室、咽鼓管、鼓窦和乳突腔。中耳的主要生理功能是传音变压。中耳能借助听骨链的杠杆作用和鼓膜、前庭窗的面积差提高声能强度。声波经过鼓膜、听骨链到达前庭窗时,其声能强度相对提高约27dB HL。

(一)鼓膜损伤

鼓膜位于鼓室与外耳道之间,为椭圆形半透明膜,组织学上鼓膜从内向外分为三层,内层黏膜层、中层固有层、外层非角化鳞状上皮层,鼓膜穿孔后仅内层和外层能再生。

1. 损伤原因和机制 鼓膜常见的损伤为外伤性鼓膜穿孔(traumatic perforation of tympanic membrane)。外伤性鼓膜穿孔分为直接外力(如火柴棒、牙签、针状物)和间接外力(如掌掴伤、爆震伤、高台跳水等)作用所致,绝大多数外伤性鼓膜穿孔为间接性外力所致。

间接外力所致鼓膜穿孔的机制:掌击等间接暴力使外耳道内空气压力突然改变,并超过一定生理限度致使鼓膜破裂,严重者可合并中耳损伤。颞骨岩部纵形骨折也可造成鼓膜撕裂。

2. 临床表现 耳痛、耳鸣、听力下降,有时有外耳道"漏气"的感觉,鼓膜检查穿孔常位于紧张部,早期多呈裂隙状、三角形、不规则形,穿孔边缘锐利、有少量出血或附有血痂,1周左右,穿孔边缘增厚,形状圆钝;合并内耳损伤时则有眩晕、恶心,混合性或感音性耳聋;合并颅底骨折时可有脑脊液耳漏。

3. 法医学鉴定

(1)损伤认定:根据外伤史和外伤性鼓膜穿孔的临床表现认定。电子内窥镜鼓膜照相或摄像可作为外伤性鼓膜穿孔认定的客观证据。

(2)鉴别诊断:法医学鉴定时需要排除中耳炎所致的鼓膜穿孔和非本次外伤所致的陈旧性穿孔。此外,有时还需要对鼓膜穿孔是直接外力、还是间接外力所致进行鉴别,直接外力所致鼓膜穿孔一般多见于造作伤。外伤性鼓膜穿孔与中耳炎所致的鼓膜穿孔鉴别要点见表7-2,直接外力与间接外力所致鼓膜穿孔的鉴别要点见表7-3。

(3)损伤转归:不合并感染时,小的穿孔1周左右可以自行愈合,较大穿孔2~3周多数可以愈合;如继发感染可使穿孔扩大,久不能愈合可行鼓膜修补手术。单纯鼓膜穿孔为传导性听力障碍,听力损失<60dB HL,多在30dB HL左右。

表7-2 外伤性鼓膜穿孔与慢性中耳炎鼓膜穿孔的鉴别

鉴别要点	外伤性	中耳炎
外伤史	明确	有或无
穿孔部位	紧张部	任何部位
形态特征	不规则形、裂隙状或放射状,边缘薄	圆形、椭圆形或肾形,边缘较厚
穿孔周边或血痂	边缘不整齐,多附有血迹	边缘整齐无血痂,或有异常分泌物
穿孔大小	多为中、小裂孔	大小不定,大穿孔多见
鼓室黏膜	正常	肿胀、增厚
乳突X线	乳突气化良好	乳突气房密度增高,或有骨质破坏
预后	不合并感染多能自行愈合	多长期不愈合

表7-3　直接外力与间接外力所致鼓膜穿孔的鉴别

鉴别要点	直接外力	间接外力
穿孔部位	不定,多位于紧张部后方	多位于紧张部前下方
穿孔形态	圆形、卵圆形,边缘较规则	不规则形,裂隙或放射状
穿孔数目	一个或多个	多一个(合并鼓膜病变除外)
出血	较多	较少
外耳道损伤	常有	多无

（4）损伤程度和伤残等级：《人体损伤程度鉴定标准》规定，外伤性鼓膜穿孔为轻微伤，如果外伤性鼓膜穿孔6周不能自行愈合为轻伤二级。在法医学鉴定时，原则上损伤当时及伤后第43天均需照相或摄像证明鼓膜穿孔的状态。

对于单纯外伤性鼓膜穿孔，《道路交通事故受伤人员伤残评定》(GB 18667-2002)和《劳动能力鉴定　职工工伤与职业病致残等级》(GB/T 16180-2014)均无相应的规定。

（二）听骨链损伤(injuries of auditory ossicular chain)

听骨包括锤骨、砧骨和镫骨，3块小骨借韧带和关节相连接构成听骨链。听骨链将中耳的鼓膜和内耳迷路的前庭窗连在一起，使鼓膜的振动经听骨链传到耳蜗。

1. 损伤原因和机制　多见于颅脑损伤，特别是颞骨骨折，其中70%～80%为纵形骨折。在听骨链损伤中，最常见的是砧镫关节脱位，这与砧骨的长突与镫骨的连接较为薄弱，容易脱位、骨折有关。听骨链损伤的机制为：①暴力致使头部突然的加速或减速运动；②鼓膜张肌强力收缩造成其撕脱；③颞骨骨折碎片的直接作用。

2. 临床表现　听骨链损伤后即有耳痛、耳鸣及听力下降，可伴有前庭症状和鼓膜撕裂；听力检查多为传导性耳聋，听力损失多大于50dB HL，但一般不会超过60dB HL；如果镫骨底板发生骨折，可因底部被推入前庭窗内而导致感音性耳聋，伴有耳蜗功能损害时，表现为混合性耳聋。

薄层CT扫描有时可见听骨脱位或骨折，声导抗检查示声顺值异常增大，鼓室压图为D型。

3. 法医学鉴定

（1）损伤认定：根据头部外伤史、伤后临床表现（耳痛、耳鸣及听力下降等）以及影像学检查所见认定。法医学鉴定时，需要注意是否合并内耳损伤以及与疾病导致听骨链功能损害相鉴别。化脓性、分泌性、粘连性、坏死性、胆脂瘤性中耳炎，鼓室硬化症，耳硬化症等均可影响听骨链活动度，从而影响其传音功能和杠杆作用。

（2）损伤转归：听骨骨折或脱位经过手术复位治疗，听力可以有所恢复。但术后在3个月内应避免外力，以利于骨折的修复，故对听力损害的评估一般应在3～6个月后。

（3）损伤程度和伤残等级：对于听力损害的评估一般应在病情稳定或治疗终止后进行。《人体损伤程度鉴定标准》规定，听骨骨折或脱位或者听骨链固定为轻伤二级；合并听力损害、面神经损伤的依照《人体损伤程度鉴定标准》相关条款进行评定。伤残等级主要根据听力损害程度，依据有关标准和条款进行评定。

四、内耳损伤

内耳位于颞骨岩部，包括骨迷路和膜迷路。骨迷路分为前庭、骨半规管和耳蜗，膜迷路借纤维束固定在骨迷路里。膜迷路和骨迷路之间有外淋巴，膜迷路内为内淋巴。在膜迷路上有壶腹嵴、椭圆囊圆斑、球囊斑等位置感觉器和螺旋器等听觉感受器。内耳的主要生理功能是产生听觉和维持平衡的神经冲动。内耳最常见的损伤为迷路震荡(labyrinth concussion)。

（一）损伤原因和机制

头部受到外力作用加速运动时，由于惯性导致听觉及前庭末梢感受器发生移位或强大的震荡波经颅骨传导至内耳造成耳石移位,迷路水肿、出血或迷路窗破裂等。

迷路震荡分为中枢性和周围性二种情况。中枢性迷路震荡是指颅脑损伤时脑脊液压力的突然升高通过蜗导水管或内听道底的传导使外淋巴压力升高致迷路窗向外破裂;周围性迷路震荡是指内耳或脑干受暴力冲击或强烈震动所导致的迷路末梢器(如螺旋器、耳蜗神经、螺旋神经节等)损伤。此外,外耳道或鼻咽部局部气压的骤然升高,也可通过中耳向内传导致迷路窗向内爆裂。

(二)临床表现

伤后出现头晕、呕吐、眩晕、听力下降等平衡功能障碍和听觉功能障碍。检查时可见自发性眼球震颤、位置性眼球震颤或异常的诱发性眼球震颤。耳聋为感音神经性耳聋,以双侧多见,但两侧耳听力损失程度多不一致。瘘管试验、位置试验和 Romberg 征可为阳性,前庭功能检查有不同程度的减退。

(三)法医学鉴定

1. 损伤认定　根据外伤史、伤后临床表现认定。凡有明显头部或耳部外伤史,或在飞行、潜水和用力后突然出现眩晕耳聋,并有瘘管试验阳性者,应考虑此病。当耳石沉积于后半规管壶腹嵴的嵴顶时(沉石症),可有典型的良性阵发性位置性眩晕,常伴有脑震荡症状;若听力、眩晕反复波动,应考虑迷路窗破裂所致的淋巴瘘,活动量增加时外淋巴溢出增多,耳蜗及前庭症状可加重。

迷路震荡法医学鉴定认定的要点:①闭合性颅脑外伤史,且多伴有意识障碍;②伤后即出现耳鸣、眼震及感音神经性耳聋和平衡功能障碍等耳蜗与前庭功能损害的症状;③脑干听觉诱发电位检查证实听力障碍,并且损伤部位为耳蜗和前庭;④听力障碍程度呈动态变化;⑤影像学检查有时可见迷路水肿、出血或迷路窗破裂;⑥排除病理性聋:包括先天性聋、老年性聋、药物性聋、噪声性聋、突发性聋、功能性聋、诈聋等。

2. 鉴别诊断　耳聋的原因复杂,即使外伤后的耳聋也需要进行鉴别。

(1)老年性聋(presbycusis):是一种因年龄增长或听觉器官老化而导致听觉功能衰退,其特点如下:①年龄多在 60 岁以上,进展缓慢;耳聋性质为双侧对称性高频听力下降;②纯音听力障碍轻,言语听力障碍重,常有重振现象;③对噪声敏感性增强,对声音的辨向及定位能力下降,但有时与熟人交谈时能对答如流。

(2)药物性聋(drug induced hearing loss):某些药物,尤其是抗生素(如链霉素、庆大霉素等),可导致感音神经性聋。药物性耳聋的发生与药物的类型、用药途径、药物的剂量、用药的时间等有关。几乎所有的耳毒性药物均影响内耳毛细胞、螺旋神经节,其特点如下:①有耳毒性药物应用史;发病时间数天至数月;②听力下降以高频听力为主,且双耳呈对称性下降(重度耳聋者两耳可有差别,但不明显),可有重振、耳鸣、颅鸣、言语识别力下降等,并伴有前庭损害症状。其耳聋、耳鸣并不因停药而停止发展,此现象为药物的延迟作用所致。

(3)噪声性聋(noise induced hearing loss):长期遭受稳态高强度噪声刺激内耳所发生的一种缓慢进行性的听觉损伤,主要原因为毛细胞变性、神经纤维及神经节细胞变性,其特点如下:①有长期高强度噪声环境接触史;②基本症状为耳鸣(多为高调)、耳聋、头痛及头昏;③早期听力损失位于高频段,听力图上出现 4kHz 处的切迹(陷谷);④前庭损害症状。

(4)突发性聋:也称特发性或特异性突聋(idiopathic sudden hearing loss),简称突聋。全国梅尼埃病和突发性聋诊断标准及疗效评定标准学术会议(1996)对本病定义为"突然发生的原因不明的感音神经性听力损失"。突发性耳聋的真正原因目前尚不清楚,可能的病因有内耳血流障碍、病毒感染等学说。本病主要症状为发病前多无先兆,起病突然,耳聋程度不一,常见的伴发症状为耳鸣,属感音性聋。发病多为单侧,双侧同时发病少见。

突聋诊断的主要依据:①突然发生的非波动性感音神经性听力障碍,常为中度或重度;病因不明,可伴耳鸣;②常伴眩晕、恶心、呕吐,但不反复发作;③除第Ⅷ脑神经外,无其他脑神经受损症状。

(5)癔症性聋(hysterical deafness):一般耳聋起病突然,往往与焦虑、失意或受惊吓等精神刺激有关。患者常呈单耳或双耳全聋或重度聋，伴神态紊乱或淡漠寡言，无耳鸣、眩晕等前庭症状，在不同时间内听力变异较大，纯音和语言测验与客观测听的结果不符，听力障碍可恢复。

（6）伪聋（simulated deafness，feigned deaf）：即诈聋或装聋，是诈病的一种表现（见第十八章）。

（四）损伤转归

迷路震荡后，前庭功能恢复较耳蜗早，其中眩晕及眼震7～10天后渐消失，平衡障碍可持续存在一段时间，尤其是当头位或体位变动时，但一般6～8周后可恢复正常。听力多可有不同程度恢复，少数伤者可因听毛细胞变性坏死而致严重耳聋。

（五）损伤程度和伤残等级

迷路震荡的损伤程度与伤残等级主要涉及听觉功能障碍和平衡功能障碍等问题。

《人体损伤程度鉴定标准》规定，一侧前庭平衡功能障碍、伴同侧听力减退为轻伤二级；一耳听力障碍（≥81dB HL）伴同侧前庭平衡功能障碍或双侧前庭平衡功能丧失、睁眼行走困难、不能并足站立为重伤二级；一耳听力障碍（≥41dB HL）为轻伤二级；双耳听力障碍（≥41dB HL）为轻伤一级；一耳听力障碍（≥91dB HL）或一耳听力障碍（≥81dB HL）伴另一耳听力障碍（≥41dB HL）或双耳听力障碍（≥61dB HL）为重伤二级；双耳听力障碍（≥91dB HL）为重伤一级。

《道路交通事故受伤人员伤残评定》（GB 18667-2002）规定，一耳中等重度听觉障碍或双耳中度听觉障碍为X级伤残；双耳重度听觉障碍为Ⅵ级伤残；双耳极度听觉障碍为Ⅳ级伤残。

《劳动能力鉴定　职工工伤与职业病致残等级》（GB/T 16180-2014）规定，前庭性平衡障碍致双侧前庭功能丧失，闭眼不能并足站立为十级伤残；双侧前庭功能丧失，睁眼行走困难，不能并足站立为六级伤残；双耳听力损失≥26dB HL 或一耳听力损失≥56dB HL 为十级伤残；双耳听力损失≥31dB HL 或一耳听力损失≥71dB HL 为九级伤残；双耳听力损失≥91dB HL 为四级伤残。

五、颞骨骨折

颞骨位于颅骨两侧，并延至颅底，形状不规则，参与构成颅底和颅腔的侧壁。颞骨由鳞部、鼓部、乳突部、岩部和茎突组成，以外耳门为中心可分为颞鳞、鼓部和岩部3部分，与顶骨、枕骨及蝶骨相接。

（一）损伤原因和机制

颞骨骨折（fracture of temporal bone）是颅底骨折的一部分，其岩部、鳞部和乳突部中以岩部骨折最常见，中耳受累多于内耳，其原因是岩部含有各种孔隙，管道与气房，较为脆弱，故颅底骨折有1/3发生于此。

颞骨骨折常由车祸、坠落、机械性暴力作用于颞枕部所致，可伴有不同程度的颅内或其他部位组织和器官损伤。临床上通常以骨折线与岩部长轴的关系，将颞骨骨折分为纵形骨折、横形骨折和混合性骨折。

1. 纵形骨折（longitudinal fracture）　最为多见，约占颞骨骨折的70%～80%，其中20%的纵形骨折发生在两侧，多因颞顶部受到暴力打击所致。骨折线与颞骨岩部长轴平行，骨折线常起自颞骨岩部，通过外耳道后上壁、中耳顶部，沿颈动脉管至颅中窝底的棘孔或破裂孔附近。骨折可伤及中耳，很少伤及内耳。

2. 横形骨折（transverse fracture）　较少见，约占20%，多因头颅压缩性损伤所致，骨折线与颞骨岩部长轴垂直。骨折线起自颅后窝的枕骨大孔，横过岩锥到颅中窝，骨折可伤及内耳及面神经。

3. 混合性骨折（mixed fracture）　更少见，常由于颅骨多发性骨折所致，颞骨同时发生纵形骨折和横形骨折，出现中耳和内耳受损的表现。

（二）临床表现

局部软组织肿胀、疼痛，影像学检查可见骨折线。

1. 合并中耳损伤　表现为听小骨脱位或骨折，呈传音性耳聋。鼓膜未破时，鼓室内积血，鼓膜呈蓝色,唾液中可带血;鼓膜破裂时,有血液自外耳道流出,如脑膜破裂,则有脑脊液耳漏,长期脑脊液耳漏可引起脑膜炎。

2．合并内耳损伤　表现为耳蜗及半规管内出血。迷路受损时有较重的眩晕,恶心,呕吐,可有倾倒及自发性眼球震颤,听力呈感音性耳聋,可持续数周,待对侧代偿后症状消失。前庭功能检查,患侧功能丧失,偶有迷路损伤同时导致蜗窗膜破裂,约有半数并发面瘫,且为永久性瘫痪。

3．合并Ⅱ、Ⅲ、Ⅳ、Ⅴ、Ⅵ等颅神经损伤　可出现视力障碍,上睑下垂,睑裂变小,瞳孔扩大,复视,斜视,眼球运动受限等眼部症状或有三叉神经痛症状;合并面神经损伤时,可出现面瘫及舌前 2/3 味觉丧失。如合并颈内动脉损伤可发生致死性的大出血,多来不及抢救而死亡。

（三）法医学鉴定

1．损伤认定　根据外伤史、伤后临床症状与体征,结合辅助检查认定。凡头部外伤后有听力障碍,鼓室积血或鼓膜破裂出血,或有眩晕,或有面瘫者皆应考虑颞骨骨折。通过影像学和听功能检查可以明确损伤部位、损伤程度与损害后果。X 线可显示骨折线,但 X 线未发现骨折时仍不能排除颞骨骨折,需进行薄层 CT 扫描。

2．损伤转归　鼓室积血多于 1～2 周内吸收;脑脊液耳漏一般 1～2 周左右可自愈,4 周以上不愈者可行手术治疗;骨折所致的感音性耳聋,耳鸣为高频耳鸣,预后不佳;前庭损害症状,如眩晕、自发性眼震等一般 3 周左右亦可恢复;早发的面瘫多为面神经的原发性损伤,不易恢复。迟发性面瘫多为面神经继发性损伤,可自行恢复或部分恢复。

3．损伤程度和伤残等级　根据颅骨骨折、听觉和平衡觉功能损害程度依照相关标准进行评定。

第二节　鼻　损　伤

一、概述

鼻位于呼吸道最上端,为呼吸空气出入的通道,并具有嗅觉和共鸣等功能,同时还是重要的容貌器官。鼻损伤多为形态学上的破坏,如骨折、软组织损伤等,严重损伤者可影响容貌。

（一）损伤分类

鼻主要由外鼻、鼻腔和鼻窦三部分组成。按照鼻损伤的部位,常见的损伤类型有外鼻软组织损伤、鼻骨骨折、鼻中隔损伤及鼻窦骨折。

（二）主要症状和体征

1．疼痛、青紫肿胀　鼻面部血运丰富,由于受到暴力的直接作用,鼻背、鼻根部软组织闭合性损伤时,表现为损伤局部疼痛和青紫肿胀。

2．鼻塞　鼻腔发生机械性阻塞和病变时,阻碍气体流通,自觉有阻塞症状。鼻塞可以是部分的、交替性的、体位性或持续性的。鼻骨骨折、鼻中隔血肿、鼻中隔偏曲等可引起鼻塞。

3．鼻出血　为常见的临床表现,一般鼻外伤出血大多来自利特尔区,常伴有软组织损伤。颜面部外伤、颅底骨折也可见鼻出血,应注意判断。

4．鼻漏　可经前鼻孔流出,或向后流入鼻咽部。性质多样,包括水样、黏液性、黏脓性、脓性、血性、脑脊液鼻漏等。

5．嗅觉障碍　嗅觉通路包括嗅黏膜、嗅神经、嗅球、嗅皮层。成人的嗅黏膜分布在鼻腔的上鼻甲、部分中鼻甲和鼻中隔的上 1/3 处,总面积约 500mm²,损伤后可导致嗅觉障碍。

6．共鸣障碍　鼻咽腔、鼻腔和鼻窦是人体共鸣器官的组成部分,损伤后可以造成共鸣障碍。

（三）法医学检查

1．鼻的检查　注意观察鼻软组织肿胀程度、鼻出血的部位、鼻梁有无塌陷、歪斜、呼吸是否通畅等。鼻腔检查主要通过鼻镜观察有无鼻腔黏膜肿胀、鼻中隔的形状、有无出血及穿孔等改变。

2. 辅助检查　怀疑有鼻骨骨折、鼻窦骨折者,行 X 线拍片或 CT 扫描,均有较高的诊断率,尤其是 CT 三维重建对鼻骨骨折的部位、程度具有很好的诊断价值。

二、外鼻软组织损伤

外鼻突出于颜面中央,上端位于两眶之间,称鼻根;下端向前突起,称鼻尖;两者之间为鼻梁,鼻梁两侧为鼻背;鼻尖两旁的半圆形隆起部分称鼻翼;鼻翼与面颊交界处为鼻唇沟。外鼻软组织的形态和结构改变直接影响容貌和鼻腔的通气功能。

(一)损伤原因和机制

外鼻突出于面部中央,易遭受直接暴力的损伤,根据损伤的特点一般分为闭合性损伤和开放性损伤两种类型。

(二)临床表现

闭合性损伤表现为局部疼痛、软组织肿胀和淤血,严重的可合并鼻骨骨折;开放性损伤可见创口,如处理不当,可造成外鼻畸形或功能障碍。

(三)法医学鉴定

1. 损伤认定　根据外伤史和伤后外鼻肿胀、淤血、创口以及外鼻的瘢痕或畸形等不同临床表现认定。

2. 损伤转归　单纯外鼻部擦伤、挫伤无需特殊治疗,预后较好。严重的开放性损伤可影响容貌和呼吸功能,法医学鉴定应在医疗终止和病情稳定后鉴定。

3. 损伤程度和伤残等级　主要取决于鼻损伤后是否造成容貌毁损以及是否影响呼吸功能。

《人体损伤程度鉴定标准》规定,鼻尖或者一侧鼻翼缺损为轻伤二级;鼻部离断或缺损 15% 以上为轻伤一级;鼻部离断或缺损 30% 以上为重伤二级。

《道路交通事故受伤人员伤残评定》(GB 18667-2002)规定,鼻尖缺失(或畸形)为 X 级伤残;一侧鼻翼缺损(或畸形)为 IX 级伤残;鼻尖及一侧鼻翼缺损(或畸形)为 VIII 级伤残;外鼻大部分缺损(或畸形)为 VII 级伤残;外鼻部完全缺损(或严重畸形)为 V 级伤残。

《劳动能力鉴定　职工工伤与职业病致残等级》(GB/T 16180-2014)规定,单侧鼻腔或鼻孔闭锁为十级伤残;双侧鼻腔或鼻咽部闭锁为八级伤残。

三、鼻骨骨折

鼻骨左右成对,中线处相接,上接额骨鼻部,外缘接左右两侧上颌骨额突,下缘以软组织与鼻外侧软骨相接,其上部窄而厚,下部宽而薄。鼻骨属于外鼻的一部分,与额骨鼻部及上颌骨额突共同构成外鼻的骨性支架。

(一)损伤原因和机制

鼻骨骨折(fracture of nasal bone)多由于钝性暴力直接打击或锐器的砍击所致。此外,人体在摔跌时外鼻碰撞于硬性地面或其他物体上也可造成鼻骨骨折。由于鼻骨上部窄而厚,较坚固,下部宽而薄,又缺乏支撑,故鼻骨骨折多累及鼻骨下部。

鼻骨骨折分为线性骨折和粉碎性骨折,暴力的大小、方向和机体的状态决定鼻骨骨折的类型。成人鼻骨间缝相接紧密,外伤后常双侧鼻骨同时骨折;儿童鼻骨两侧有明显的裂缝分开,骨折多限于一侧;老年人由于骨质疏松,骨折多为粉碎性骨折。

(二)临床表现

局部软组织肿胀、鼻梁偏斜或骨折侧鼻背塌陷,有时可触及骨擦感;伤及鼻黏膜时可有鼻出血,擤鼻后可出现伤侧下眼睑及颜面部皮下气肿及捻发感。X 线断层拍片和 CT 检查可显示鼻骨骨折部位、类型和程度。

（三）法医学鉴定

1. 损伤认定　根据鼻部外伤史和伤后临床表现认定。影像学检查是判断鼻骨骨折、鼻骨骨折的类型与程度的客观依据。

2. 损伤转归　鼻骨的血供丰富，骨折后容易愈合，一般无后遗症。如骨折严重，畸形愈合后可影响容貌和鼻的通气功能。

3. 损伤程度和伤残等级　《人体损伤程度鉴定标准》规定，鼻骨粉碎性骨折、双侧鼻骨骨折、鼻骨骨折合并上颌骨额突骨折、鼻骨骨折合并鼻中隔骨折为轻伤二级。

《道路交通事故受伤人员伤残评定》（GB 18667-2002）和《劳动能力鉴定 职工工伤与职业病致残等级》（GB/T 16180-2014）对鼻骨骨折未做具体规定，原则上单纯鼻骨骨折不构成伤残。

四、鼻中隔损伤

鼻腔被鼻中隔分为左右两侧，鼻中隔属于鼻腔的一部分，构成鼻腔内侧壁，主要由鼻中隔软骨、筛骨正中板及梨状骨组成。其软骨膜及骨膜外覆有黏膜，鼻中隔前下部分的黏膜内，有黎氏动脉丛，是鼻出血的好发部位，称"易出血区"或称黎氏区。鼻中隔结构的完整性对于保证鼻腔正常的共鸣及通气等生理功能具有重要意义。

（一）损伤原因和机制

鼻部软组织损伤或鼻骨骨折均可导致鼻中隔损伤。鼻中隔血管破裂时可引起鼻中隔血肿（hematoma of nasal septum），严重的鼻部外伤可导致鼻中隔黏膜撕裂、鼻中隔穿孔（perforation of nasal septum）、鼻中隔软骨骨折、鼻中隔软骨脱位，甚至鼻中隔偏曲（deviation of nasal septum）。

（二）临床表现

鼻痛、鼻出血、鼻塞等症状。鼻塞严重者可引起嗅觉功能减退；鼻中隔大穿孔者说话时有鼻音。

（三）法医学鉴定

1. 损伤认定　根据鼻部外伤史和伤后临床表现认定。由于生理发育的原因，成人鼻中隔完全平直者较少，多有不同程度的偏曲，因此，外伤性鼻中隔偏曲认定，需要以鼻中隔骨折或鼻中隔软骨脱位为病理基础。

2. 损伤转归　鼻中隔黏膜损伤或血肿形成，经治疗后可痊愈；鼻中隔血肿合并感染继发软骨炎可致鼻中隔穿孔，从而引起鼻腔黏膜萎缩、鼻腔干燥等；鼻中隔偏曲或鼻中隔软骨脱位可继发鼻中隔偏曲，鼻中隔偏曲程度轻者，一般不影响鼻部呼吸，鼻中隔明显偏曲可影响呼吸功能，但通过鼻中隔成形术或鼻内镜下鼻中隔偏曲矫正术，预后一般都较好。

3. 损伤程度和伤残等级　《人体损伤程度鉴定标准》规定，鼻中隔单独损伤不构成轻伤，鼻中隔骨折合并鼻骨骨折为轻伤二级。

《道路交通事故受伤人员伤残评定》（GB 18667-2002）对鼻中隔损伤未做具体规定。《劳动能力鉴定 职工工伤与职业病致残等级》（GB/T 16180-2014）规定，单侧鼻腔或鼻孔闭锁，鼻中隔穿孔为十级伤残。

五、鼻窦骨折

鼻窦是指位于颜面部中 1/3 围绕鼻腔并与鼻腔相通的含气面颅骨和脑颅骨，左右成对，共有 4 对。依其所在骨分别命名为上颌窦、筛窦、额窦及蝶窦，其中额窦下壁为眼眶的上壁、上颌窦的上壁为眼眶的下壁，筛窦外侧壁为眼眶内壁。由于鼻腔、鼻窦与眼眶和颅底邻近，因此鼻腔与鼻窦损伤时易合并邻近眼眶或颅腔损伤。鼻窦对发音起到一定的共鸣作用。

（一）损伤原因和机制

鼻窦骨折（fracture of paranasal sinus）多为钝性暴力直接所致，火器伤、爆炸伤也可以引起。

鼻窦骨折根据解剖部位的不同分为额窦骨折（fracture of frontal sinus）、上颌窦骨折（fracture of maxillary sinus)、筛窦骨折（fracture of ethmoidal sinus）、蝶窦骨折（fracture of sphenoidal sinus）等。

筛窦骨质菲薄，受到外力作用极易导致骨折；蝶窦因其位于颅底中央的蝶骨体内，故多合并颅底骨折和后组筛窦骨折；上颌窦以前壁塌陷性骨折常见；额窦根据骨折部位分为前壁骨折、前后壁复合骨折和下壁骨折，根据骨折形态分为线形骨折、凹陷骨折和粉碎性骨折。

（二）临床表现

1. 额窦骨折　前壁线形骨折，软组织肿胀、局部压痛；前壁凹陷性骨折，前壁塌陷入窦腔内，眶上区肿胀，睑部淤血，皮下气肿；前后壁复合骨折，多合并硬脑膜撕裂出现气颅、脑脊液鼻漏等；底部骨折多合并有筛窦骨折。

2. 上颌窦骨折　前壁塌陷性骨折，伤后出现面部塌陷畸形；上颌窦上壁骨折可出现眼球内陷、复视等一系列眼部症状。

3. 筛窦骨折　筛窦上壁骨折可发生脑脊液鼻漏；内外壁骨折可伤及筛前动脉发生眶后血肿或出血，可表现鼻腔出血、眼眶部肿胀、眼球内陷和运动受限等。

4. 蝶窦骨折　蝶窦骨折可并发视神经管骨折进而导致视神经损伤和颈内动脉破裂，并可出现脑脊液鼻漏或耳漏。若累及蝶鞍内的脑垂体，还可发生外伤性尿崩症及垂体功能障碍。

（三）法医学鉴定

1. 损伤认定　根据头面部的外伤史和临床表现，特别是影像学检查结果进行认定，其中CT检查是认定的重要依据。对于额窦前壁线状骨折，由于外观无变形，有时易被误诊为软组织挫伤。

2. 临床转归　单纯性鼻窦骨折经治疗后预后较好。如合并脑脊液漏时，一般在伤后1～2周可自行愈合，严重者可持续3～4周，部分伤者可长期不愈，则需手术治疗。另外，蝶窦骨折损伤脑垂体出现尿崩症者早期无法判断是暂时性还是永久性尿崩症时，需予以观察。

3. 损伤程度和伤残等级　根据《人体损伤程度鉴定标准》颅骨骨折或眶壁骨折相关条款进行评定；若伴有并发症或遗有组织器官功能障碍的，应在病情稳定后依照相关标准予以评定。

《道路交通事故受伤人员伤残评定》（GB 18667-2002）对鼻窦骨折未做具体规定。《劳动能力鉴定　职工工伤与职业病致残等级》（GB/T 16180-2014）规定，鼻窦有异物未取出者为十级伤残。

第三节　咽喉损伤

一、概述

咽喉损伤（injuries of pharynx and larynx）是指咽喉部遭受机械性暴力、物理或化学因素作用，导致咽喉部组织结构的破坏或功能障碍。

咽是呼吸道和消化道上端的共同通道，上宽下窄、前后扁平略呈漏斗形，上起颅底，下至第6颈椎下方。其前壁不完整，由上而下分别与鼻腔、口腔和喉相通；后壁扁平，与椎前筋膜相邻；两侧与颈部大血管和神经毗邻。咽根据其位置，自上而下可分为鼻咽、口咽和喉咽三部分。咽的生理功能为呼吸功能、言语共鸣功能、防御保护功能、调节中耳气压功能、扁桃体的免疫功能及吞咽功能。

喉位于颈前正中，舌骨下方，上通喉咽，下接气管。喉上端为会厌上缘，下端为环状软骨下缘。喉是以软骨为支架，包括会厌软骨、甲状软骨、环状软骨等，间以肌肉、韧带、纤维组织及黏膜等构成的一个锥形管腔状器官。其两侧有甲状腺、颈部大血管和神经。喉是发声器官，又是呼吸道的门户，通过自身的条件反射功能来保护下呼吸道不被异物侵入。

咽的解剖位置较深，喉的前上方有上下颌骨，后方有颈椎，故咽喉单独损伤的机会不多，常与口腔颌面部及颈部外伤同时发生。

（一）损伤分类

咽喉损伤分为闭合性咽喉损伤、开放性咽喉损伤和咽喉腔内部损伤三种类型。

（二）主要症状和体征

1. 咽喉疼痛　咽喉部挫伤、撕裂伤或软骨骨折均产生疼痛。疼痛可单独发生，也可伴有吞咽困难、呼吸困难、声嘶等。

2. 出血　颈部血运丰富，如损伤重要的动脉血管，出血量大，可危及生命。如仅为咽喉部黏膜表浅损伤，可有咳血的表现。

3. 呼吸困难　当咽喉部严重损伤，均可导致喉源性呼吸困难。早期喉腔黏膜水肿或喉部软骨支架损伤，可造成喉腔狭窄、甚至闭锁，严重者危及生命；晚期当创伤愈合后，由于瘢痕挛缩或粘连，导致瘢痕性喉狭窄，并出现呼吸困难。此外，损伤造成双侧声带麻痹也会引起喉阻塞。

4. 声音嘶哑或失声　主要见于喉和气管黏膜水肿和瘢痕、环杓关节脱位，声带麻痹或瘢痕增厚、软腭麻痹等。轻者音调变低、变粗，重者声嘶、只能耳语或失音。

5. 吞咽困难　早期因咽喉部疼痛，不敢吞咽；后期因为咽部损伤后狭窄或支配吞咽功能的神经肌肉受损出现吞咽困难。轻者仅觉吞咽不畅，中度者只能进食半流质，重者只能进流质饮食，完全阻塞时滴水不能进。

6. 喘鸣　也称喉鸣，主要与喉狭窄有关，呼吸时当气流通过狭窄的喉腔引起喉部软组织的振动和空气的涡流而发生的嘶喘声，常伴不同程度的呼吸困难。

（三）法医学检查

1. 一般检查　观察伤者局部有无损伤征象，颈部是否对称，有无呼吸困难、声音嘶哑等症状和体征。

2. 辅助检查　通过直接、间接喉镜观察咽喉有无损伤，尤其是声带是否存在损伤。另外，咽喉部的骨折可通过 X 线或 CT 予以明确。喉肌或声带麻痹可以通过喉肌电图检查分析判断麻痹的性质、程度。

二、闭合性咽喉损伤

闭合性咽喉损伤（closed injuries of pharynx and larynx）指颈部软组织完整，咽喉损伤未通过颈部软组织与外界相通。轻者仅有软组织损伤，重者可发生喉部软骨移位或骨折等。

（一）损伤原因和机制

头或颈部处于相对固定状态时，来自正前方的暴力可将喉推挤到颈椎上造成甲状软骨中部及上角处骨折、环甲关节及环杓关节脱位等；扼颈与勒颈可致环状软骨及舌骨骨折；来自喉外侧方的暴力，可将喉推向对侧造成损伤。

（二）临床表现

喉部疼痛、声音嘶哑或失声，疼痛随着发声、吞咽、咀嚼及咳嗽等加重；喉镜检查可见喉黏膜水肿、出血、撕裂、声门狭窄变形以及声带活动受限或固定等。喉黏膜撕裂时可出现咳嗽、咯血和颈部皮下气肿；环状软骨骨折可表现呼吸困难及喘鸣，甚至窒息；环杓关节脱位可见一侧声带运动消失，声带闭合不严；严重喉损伤可导致创伤性休克。颈部正侧位 X 线片可显示喉部骨折部位，颈部 CT 和 MRI 可以明确舌骨、甲状软骨及环状软骨骨折、移位及喉结构的改变。

（三）法医学鉴定

1. 损伤认定　根据颈部外伤史、伤后临床表现认定。喉镜及影像学检查是法医学认定的重要依据。

2. 鉴别诊断　对伤后发生声嘶或失音者，需要进行器质性还是功能性声嘶或失音的鉴别。器质性声嘶或失音者，喉镜检查早期可见喉腔结构破坏，晚期可见瘢痕形成，喉结构失去正常形态，致使声门变窄或声带运动障碍；功能性失音，即癔症性失音（hysterical aphonia），多见于女性，表现为突然发病，常见于精神创伤或情绪激动后。说话时声音极轻或如耳语，但咳嗽、哭笑声如常。喉镜检查见双侧声带色泽形态正常，发声时不向中线靠拢，很少振动，但咳嗽或哭笑时，声带运动正常。

3. 损伤转归　喉损伤最常见的并发症为声嘶或失音，如咽喉部外伤仅为体表软组织挫伤时预后较好,如果喉部损伤涉及声带、喉返神经等需要一个康复过程。同样,因咽喉部损伤引起吞咽困难、呼吸困难者需要一定时间的恢复。

4. 损伤程度和伤残等级　《人体损伤程度鉴定标准》规定,咽喉软骨骨折、喉气管损伤、舌骨骨折为轻伤二级;咽喉部损伤遗留发声或者构音障碍、咽损伤遗留吞咽功能障碍(只能进半流食)为轻伤一级;咽、喉损伤遗留呼吸困难(3级)或咽损伤遗留吞咽功能障碍(只能进流食)或喉损伤遗留发声障碍(重度)为重伤二级;咽喉部广泛毁损,呼吸完全依赖气管套管或者造口或咽广泛毁损,进食完全依赖胃管或者造口为重伤一级。

《道路交通事故受伤人员伤残评定》(GB 18667-2002)规定,颈部损伤轻度影响呼吸和吞咽功能为Ⅹ级伤残;严重声音嘶哑为Ⅸ级伤残;影响呼吸功能为Ⅴ级伤残;影响呼吸和吞咽功能为Ⅳ级伤残;严重影响呼吸和吞咽功能为Ⅲ级伤残;导致呼吸和吞咽功能障碍为Ⅱ级伤残;导致呼吸和吞咽功能严重障碍为Ⅰ级伤残。轻度构音障碍为Ⅹ级伤残;严重构音障碍为Ⅶ级伤残。

《劳动能力鉴定　职工工伤与职业病致残等级》(GB/T16180-2014)规定,发声及言语不畅为九级伤残;体力劳动时有呼吸困难,发声及言语困难为八级伤残;咽成形术后,咽下运动不正常为七级伤残;一般活动及轻工作时有呼吸困难,吞咽困难、仅能进半流食,双侧喉返神经损伤致喉保护功能丧失致饮食呛咳、误吸者为五级伤残;呼吸完全依赖气管套管或造口,静止状态下或轻微活动即有呼吸困难为三级伤残;无吞咽功能,完全依赖胃管进食为二级伤残。

由于咽喉部损伤治疗后需要一个康复过程,因此有时损伤程度与伤残等级鉴定应在治疗终结及病情稳定后进行。

三、开放性咽喉损伤

开放性咽喉损伤(open injuries of pharynx and larynx)指外伤造成颈部皮肤软组织破裂,咽喉部通过破损部位直接与外界相通的损伤。

(一)损伤原因和机制

开放性咽喉损伤多见于锐器伤,如切割伤、刺伤等,有时也可见于颈部的火器伤。若伤及颈动脉、颈内静脉,可发生严重大出血;由于出血,血液可以流入或被吸入下呼吸道,或损伤的软组织突入喉腔出现呼吸困难;另外,空气可通过喉内及颈部伤口进入颈部软组织内形成皮下气肿,若向周围扩展,可达面部及胸腹部,向下可进入纵隔,形成纵隔气肿;损伤声带及喉返神经时可引起声音嘶哑甚至失声。若伤口穿通咽部或颈部食管,则吞咽及进食时有唾液和食物自伤口流出。

(二)临床表现

急性期常因出血、呼吸困难、休克等危及生命。如能抢救及时,急性期过后主要表现为咽、喉、气管及食管瘘。此外,因疼痛和咽喉腔狭窄而出现吞咽困难及呼吸困难,因声带或喉返神经损伤出现声音嘶哑甚至失声,因颈部瘢痕组织挛缩而影响颈部的活动功能。

(三)法医学鉴定

1. 损伤认定　根据颈部锐器或火器外伤史、伤后临床表现认定,手术所见、喉镜与影像学检查是法医学认定的重要依据。

2. 损伤转归　咽喉外部软组织损伤预后较好,但常常因为咽喉结构的破坏而遗留不同程度的后遗症,如吞咽困难、呼吸困难、声嘶、失音以及各种瘘的形成。

3. 损伤程度与伤残等级　主要根据咽损伤导致吞咽困难、呼吸困难、语言障碍以及创伤性或失血性休克等依照有关标准和条款评定损伤程度与伤残等级。

四、咽喉腔内部损伤

咽喉腔内部损伤(injuries within pharynx and larynx)指致伤物经过口鼻腔,直接作用于咽喉腔内部表面所造成的损伤。

（一）损伤原因和机制

多见于高温气体、液体或强酸、强碱等化学性物质造成咽喉腔内部烫伤或烧灼伤。直接喉镜、支气管镜、气管插管、咽喉腔异物等是造成咽喉腔内部机械性损伤的常见原因。

（二）临床表现

咽喉部疼痛、唾液增多、咽干、吞咽困难、声音嘶哑等。严重损伤除有上述表现外，伤后立即或短时间内出现严重的呼吸困难，甚至昏迷。喉镜检查可见咽喉腔黏膜充血、肿胀或苍白、水泡、溃疡、出血及伪膜。若烧伤范围广泛，还可见下呼吸道黏膜水肿、糜烂及溃疡、坏死，广泛的阻塞性肺不张、支气管肺炎、肺水肿。口服化学性腐蚀剂或高温液体者，可见口周皮肤有流注样烫伤或化学烧伤，口腔、食管、胃黏膜烧灼伤以及全身中毒症状。

（三）法医学鉴定

1. 损伤认定 根据外伤史、伤后临床表现综合判断。喉镜检查是确认咽喉损伤的重要方法。

2. 损伤转归 损伤程度轻，一般能恢复正常；严重者可因急性呼吸功能衰竭或严重中毒而危及生命。晚期因咽喉腔内部瘢痕挛缩可引起咽喉腔狭窄而影响咽喉的吞咽、呼吸、发声等功能。

3. 损伤程度和伤残等级 咽喉腔内部损伤愈合后多伴有咽喉腔内部瘢痕挛缩而影响咽喉的吞咽、呼吸、发声等功能，具体损伤程度与伤残等级依据相关标准评定。

本章小结

本章主要介绍了耳、鼻、咽喉的常见损伤与法医学鉴定的原则和要点。耳损伤可以导致听功能障碍、平衡功能障碍和容貌损害，其中听力损害原因与程度以及与外伤之间的因果关系是法医临床学鉴定的难点。

听觉功能障碍(俗称耳聋)，是指听觉系统由于损伤或疾病所造成的不同性质、不同程度的听力减退，分为传导性聋、感音性聋、神经性聋、混合性聋等，国际标准化组织(ISO)和世界卫生组织(WHO)1980年公布的耳聋程度的分类标准。

在法医学鉴定中对于耳聋，首先是判断有无耳聋，其次是耳聋的原因和程度，是否耳聋一般需要通过客观听力测听法进行判定，对于耳聋的程度需要结合主观测听结果分析判断。对于是否本次外伤所致，则需要根据耳聋的性质以及外伤史、伤后临床表现与演变，特别是耳聋的病理基础和损伤机制，在排除众多非外伤性耳聋的基础上确认。

关于鼓膜穿孔是否外伤所致，需要与中耳炎所致的鼓膜穿孔进行鉴别，同时还应注意直接外力与间接外力所致穿孔的鉴别。

迷路震荡往往伴有脑震荡的症状，听力功能障碍和平衡功能障碍是迷路震荡的主要表现，而且多为双耳同时存在。

鼻骨骨折主要通过三维CT薄层扫描确认骨折的部位、类型与程度，同时注意是否合并鼻中隔、上颌骨额突骨折等。此外，由于鼻骨骨折有时愈合的骨痂不明显，因此新鲜鼻骨骨折与陈旧鼻骨骨折的鉴别是法医学鉴定的重点之一。新鲜与陈旧鼻骨骨折的鉴别，需要根据外力的性质、作用的部位以及软组织是否肿胀，伤前和伤后鼻外形是否有改变等综合分析判断。

咽喉损伤的发生率不高，但由于咽喉部组织器官结构多而复杂，损伤常为复合型损伤，且损伤程度重，并发症多，因此法医学鉴定不仅要注意原发性损伤，同时也要注意并发症和后遗症，对于声音嘶哑、吞咽困难、呼吸困难等咽喉功能障碍者，应在治疗终止或病情稳定后进行鉴定。

（陈晓瑞）

思考题

1. 器质性耳聋的主要类型及听力损失的表现特点。
2. 鼓膜穿孔鉴定时应注意哪些鉴别诊断及鉴别要点。

3．迷路震荡的法医学鉴定原则。

4．常用的听力障碍客观检查方法及其法医学意义。

5．鼻骨骨折法医学鉴定注意事项。

6．咽喉部损伤的特点及常见的并发症与损伤的鉴定时机。

第八章　口腔颌面部损伤

第一节　概　　述

口腔颌面部位于头部，因暴露于体表，在故意伤害、工伤事故、交通事故以及其他意外事故中易遭受损伤，其中故意伤害和交通事故是口腔颌面部损伤的重要原因。

口腔颌面部上起前额发际下，下至舌骨水平（下颌下缘），左右达两耳根前。口腔颌面部位于呼吸道上端，又是消化道的入口，损伤后可使口腔颌面部失去正常形态，导致呼吸、进食、语言等障碍，并影响表情和面容。此外，口腔颌面部损伤常合并颅脑和颈部损伤。

一、损伤分类

口腔颌面部损伤（injuries of oral and maxillofacial region），根据解剖部位分为口腔损伤和颌面部损伤；根据组织结构完整性以及与外界是否相通分为开放性损伤和闭合性损伤。

二、主要症状和体征

1. 软组织损伤　受到外力作用部位的软组织可见肿胀、皮下出血、创口等，并可伴有疼痛和功能障碍。

2. 牙齿松动、折断和脱落　口腔受到外力作用可以导致牙齿松动、折断和脱落。

3. 张口受限　局部疼痛、软组织损伤以及颞下颌关节损伤等可以导致张口受限。

4. 咬合关系错乱　牙与牙槽骨损伤以及上下颌骨骨折等可以导致咬合关系错乱。

5. 进食、呼吸与言语功能障碍　由于损伤局部疼痛、水肿、出血以及张口受限、咬合关系错乱、口腔结构破坏等，可发生进食、消化、呼吸和言语功能等障碍。

6. 涎瘘（salivary fistula）　口腔颌面部的涎腺、腮腺及其导管损伤可致唾液不经导管系统排入口腔而流向面颊皮肤表面。

由于唾液经创口外流，影响创口愈合，上皮细胞沿瘘管生长，覆盖整个创面可形成永久性瘘管。

7. 面瘫（facial paralysis）　颌面部损伤合并面神经损伤可以导致面部肌肉瘫痪，简称面瘫。

8. 面部畸形　口腔及颌面部损伤会对面容产生影响，严重损伤可导致面部畸形与容貌毁损。

三、法医学检查

1. 一般检查　注意口腔与颌面部有无肿胀、出血、破裂以及瘢痕等。

2. 口腔检查　包括口腔前庭、固有口腔、牙及咬合关系的检查。注意口腔组织结构是否完整,有无功能障碍,牙有无松动、折断和脱落,牙列是否完整、咬合关系是否紊乱、咀嚼是否有力等。

目前临床常用的牙位记录方法有象限法和国际牙科联合会系统方法。

(1) 象限法:牙齿的位置记录以十记号划分为四区,以"十"表示面对面关系时的受检者牙的解剖定位,竖线代表正中线,横线为上下颌牙的分界线,用罗马数字(I～V)表示乳牙,用阿拉伯数字(1～8)表示恒牙。

(2) 国际牙科联合会系统方法:用1代表恒牙右上区,2代表恒牙左上区,3代表恒牙左下区,4代表恒牙右下区。5代表乳牙右上区,6代表乳牙左上区,7代表乳牙左下区,8代表乳牙右下区。每个牙的标记均为两位数,其个位数代表牙序,十位数代表部位。

闭口时,下颌骨向上运动至上下颌骨牙列𬌗面接触最广,牙间相互交错的位置,为正中𬌗面关系,称正中咬𬌗。确定咬合关系是否正常,均以正中𬌗面为基准。

颞下颌关节、上下牙槽突以及上下牙弓的损伤均会影响𬌗位关系,仔细检查𬌗位,有助于发现上述器官的损伤。若损伤后明显的𬌗位异常会干扰下颌运动、甚至影响口颌系统的发音、吞咽等功能和容貌。

3. 颌面部检查　注意颌面部两侧是否对称、有无面神经损伤、颞下颌关节功能是否正常以及是否存在涎瘘等。

颞下颌关节功能包括颞下颌关节各方向运动是否正常、左右侧方运动是否对称以及张口活动度是否受限。

张口活动度简称张口度,是指被检查者上、下中切牙切缘间的最大距离。正常张口度相当于被检查者自身中指、示指、无名指三指末节合拢时的宽度(约4.5cm)。

张口度受限分为三度:Ⅰ度(轻度张口受限):上、下中切牙切缘间距可置入二横指,约2～3cm;Ⅱ度(中度张口受限):上、下中切牙切缘间距可置入一横指,约1～2cm;Ⅲ度(重度张口受限):上、下中切牙切缘间距不足一横指,小于1cm。

4. 辅助检查　X线、CT、MRI等影像学检查可以显示牙齿是否折断、颌面部有无骨折以及张口受限的原因等,瘘管造影和探针检查可以明确瘘管的走向和深度。

第二节　口　腔　损　伤

口腔分为口腔前庭和固有口腔,具有咀嚼、吞咽、语言和感觉等功能。口腔损伤(oral injury)根据损伤的组织结构分为软组织损伤(包括口唇损伤和舌损伤)、牙损伤和牙槽骨损伤。

一、口唇损伤

口唇是指上下唇和口裂周围的面部组织,上至鼻孔底线,下至颏唇沟,两侧至唇面沟,口唇的唇红与皮肤交界处称为唇缘。口唇是容貌的重要组成部分并参与进食、表情和言语活动。

(一)损伤原因和机制

口唇损伤(injury of labium)常为直接损伤,多伴有口腔颌面部其他结构的损伤。

(二)临床表现

口唇肿胀,唇黏膜破裂,可见出血,唇全层破裂,创口哆开明显,由于口轮匝肌的收缩,初期易造成组织缺损的假象。

（三）法医学鉴定

1. 损伤认定　根据外伤史和临床表现即可认定。

2. 损伤转归　唇损伤最常见不良后果是唇红错位愈合、瘢痕形成或组织缺失，从而影响口轮匝肌的活动或出现肌肉不协调运动或扭曲畸形，造成容貌毁损或发音障碍。

3. 损伤程度与伤残等级　《人体损伤程度鉴定标准》规定，口唇全层裂创，皮肤创口或者瘢痕长度 1.0cm 以上为轻伤二级；口唇离断或者缺损致牙齿外露 1 枚以上为轻伤一级；口唇离断或者缺损致牙齿外露 3 枚以上为重伤二级。

牙齿外露的判断标准为口唇自然闭合状态下（口唇未缺损部分相互接触），牙齿外露的数目。

《道路交通事故受伤人员伤残评定》（GB 18667-2002）和《劳动能力鉴定 职工工伤与职业病致残等级》（GB/T 16180-2014）对于口唇损伤没有具体规定，如口唇损伤影响容貌或口腔功能的，参照相关条款进行评定。

二、舌损伤

舌位于固有口腔中，由黏膜和肌肉组成，具有参与语言、吞咽及食物搅拌的功能。舌分为舌体、舌根，舌体前端狭窄称为舌尖。舌系带位于舌下正前方，如舌损伤后形成瘢痕挛缩，引起舌系带缩短，可以影响舌体的运动导致口齿不清。

（一）损伤原因和机制

舌损伤（injury of lingual）可以单独发生，也可以伴下颌骨及颌下部组织损伤。单纯舌损伤多见于咬伤，可被他人咬伤，也可被自身牙列咬伤。继发性的舌损伤常常由下颌骨骨碎片、牙或义齿引起。

（二）临床表现

舌损伤的临床表现主要为舌的裂伤与舌缺损。舌缺损范围和部位直接影响舌的功能障碍程度，舌组织缺损范围越大，功能障碍越重。当舌体肌肉组织缺失较多，发音时空气会从口腔侧方逸出，使齿擦音变得不清晰。舌后 1/3 舌背组织的缺损，可致舌腭无法接触，吞咽压力下降、吞咽困难。若损伤致舌的纵向长度缺失大于 1/2，会严重影响舌的功能。

（三）法医学鉴定

1. 损伤的认定　舌损伤通过一般检查即可确认。舌缺损多为咬伤所致，鉴定时需注意自己咬伤与他人咬伤的形态学的不同，自伤的创缘弧形突向舌尖，而他人咬伤的创缘突向舌根。

舌功能主要包括语音和吞咽功能 2 个方面。语音测试最好由专业的语音训练师进行测评，吞咽功能的检查可借助 X 线造影评价腭咽闭合及吞咽功能状况。

2. 损伤程度与伤残等级　《人体损伤程度鉴定标准》规定，舌缺损为轻伤二级；舌体离断或者缺损达舌系带为重伤二级。

《道路交通事故受伤人员伤残评定》（GB 18667-2002）规定，舌尖部分缺失（或畸形）为 X 级伤残，舌尖缺失（或畸形）为 IX 级伤残，舌肌完全麻痹或舌体缺失（或严重畸形）50% 以上为 V 级伤残。

《劳动能力鉴定 职工工伤与职业病致残等级》（GB/T 16180-2014）规定，舌缺损＜全舌的 1/3 为八级伤残，舌缺损＞全舌的 2/3 为三级伤残。

三、牙损伤

牙是人体最坚硬的器官，嵌于上、下颌骨的牙槽内，排列成弓形，分别为上牙弓和下牙弓。人类一生有两组牙，即乳牙和恒牙，前者共 20 枚，后者 28～32 枚，人类一般在 6～13 岁间乳牙逐渐由恒牙替代。恒牙非疾病或损伤不宜脱落，脱落后一般不能再生。

（一）损伤原因与机制

牙损伤（tooth injuries）多为暴力直接作用所致，常见原因有摔跌、打击、碰撞等。

牙齿遭受外力作用，可引起牙体硬组织、牙周组织、牙髓组织等损伤。上颌前牙及牙槽骨位置突出,直接外力作用发生损伤的机会相对较多,间接外力作用时(如外力撞击颏部),损伤多发生在磨牙。牙损伤常伴有牙龈撕裂、牙槽骨骨折等,单独牙与牙槽骨损伤多见于前牙区,特别是切牙区。

(二)损伤类型

1. 牙挫伤(teeth contusion) 指连接牙齿、牙槽骨的牙周膜和通过根尖孔进入牙髓的神经血管束损伤,又称牙震荡或外伤性根周膜炎。

2. 牙脱位(luxated tooth) 指在暴力作用下,牙齿部分或全部脱出牙槽窝,多发生于上前牙。

牙脱位根据程度和方向不同,分为部分牙脱位、完全牙脱位、挫入性脱位、突出性脱位和侧向脱位等。部分牙脱位也称不完全牙脱位,指牙齿半脱位和嵌入牙槽窝深部,或发生牙向颌面、向前方、向后方或扭转移位;完全牙脱位是指牙齿完全脱离牙槽窝,与牙槽窝分离;挫入性脱位,伤牙较正常邻牙低,嵌入牙槽窝中,伴有牙槽骨壁的折断;突出性脱位,牙Ⅲ度松动并较正常邻牙高;侧向脱位,伤牙向唇侧、舌侧或远中方向移位,常伴有牙槽窝侧壁折断和牙龈的损伤。

3. 牙折(odontagma) 指牙在外力作用下发生牙体组织的断裂,常由外力直接撞击所致,也有因咀嚼时咬到砂石、碎骨等硬物而导致,还可因间接外力致上下牙列相撞所致,以上中切牙最多见。

牙折根据折断的部位一般分为冠折(tooth crown fracture)、根折(tooth root fracture)和冠根联合折断(crown-root-fractured teeth),冠折根据程度又分为不全冠折、未露髓冠折及露髓冠折三种。

(三)临床表现

1. 牙挫伤 根尖周围的牙周膜充血、渗出和出血,并出现程度不同的牙周膜炎、牙髓炎、根尖炎的症状和体征,具体表现为牙齿轻微酸痛感,对冷刺激有短暂的敏感症状,自觉牙伸长,垂直或水平向叩痛。X线检查无异常表现或仅见根尖牙周膜增宽。

2. 牙脱位 牙周膜撕裂,牙齿的相应部分与牙槽骨脱离,常伴牙槽骨骨折。

(1) 部分牙脱位:牙松动、移位、疼痛、咬合障碍。轻度颌向脱位者,牙周间隙增宽,根尖部增宽更为明显,切缘超过正常邻牙切缘;嵌入深部者,牙周间隙消失,牙齿切缘低于正常邻牙切缘;向前或向后脱位,则表现为伤牙脱离正常牙列。

(2) 完全牙脱位:牙缺失或牙槽窝内无牙,局部牙龈和牙槽窝可有撕裂、出血、红肿,常伴有牙槽骨骨折。

3. 牙折 根据牙折的部位不同,临床表现也不尽相同。

(1) 冠折:如折线不穿过牙髓腔,仅部分牙冠缺损,常为切角或切缘缺损。如牙本质暴露,会出现牙本质过敏症状,对酸、冷、热等刺激有疼痛感觉。

(2) 根折:牙松动并有触动感,折线越接近牙颈部,松动度越大。轻微或隐蔽的折裂线,用灯光检查可见透明,必要时借助X线检查协助诊断。

(3) 冠根联合折:牙松动并有触动感,但与根部相连,可有明显咬合痛或压触痛。根部常规检查或X线检查可见裂隙。

(四)法医学鉴定

1. 损伤认定 牙损伤根据外伤史和临床表现认定。对于牙折,尤其是根折,可通过X线摄片进一步确认。

牙脱落根据脱落时间分为即刻脱落和后期脱落。即刻脱落是指外力作用于牙齿后导致牙齿完全脱位,并脱离牙槽窝或口腔;后期脱落是指外力导致牙齿松动、脱位,经固定等治疗后牙齿不能存活生长,自行脱落或予以拔出的牙齿。

2. 鉴别诊断 牙借牙周膜与牙槽骨紧密相连,牙槽骨、牙周膜具有支持与固定牙齿的作用。当牙龈老化萎缩后,牙槽骨也就随之萎缩变短,牙齿包裹强度降低,牙齿开始松动,同时牙槽骨也会被吸收。由于牙齿根基变浅,牙齿变长,随着骨吸收现象的日趋加剧,牙齿就会自然脱落。

此外,牙龈萎缩导致牙周组织暴露,口腔中的各种细菌(尤其是厌氧菌)及牙结石直接侵袭牙周组织还可引发牙周炎,牙周炎又反过来加剧牙龈萎缩,加速牙槽骨吸收。

因此,法医学鉴定时首先应确定损伤前牙齿的状况,排除被鉴定人原有的龋齿、牙周炎以及牙齿原本松动等。如果被鉴定人既往是经过牙髓治疗的死髓牙,伤前虽然牙齿外形完整,但由于缺乏牙髓的营养,牙齿质地变脆易碎,较轻外力作用即可以导致牙折。另外,既往患有牙周炎等病变,由于牙周炎症和牙槽骨质疏松等原因,受到轻微外力也可导致牙齿脱落,因此法医学鉴定时,应进行伤病关系分析,进而决定损伤程度与伤残等级的评定。

3. 损伤转归 牙挫伤较轻者多能自行修复,损伤较重者可造成牙髓无菌性坏死。因死髓牙牙质变脆,易发生根尖周围组织的感染,进而发展为根尖脓肿。如根尖感染破坏的范围较大,根管治疗困难或效果不佳时可拔除伤牙。牙折通过牙体修复治疗,可以恢复牙冠外形和功能。如折线通过牙髓腔,需进行根管治疗后再进行牙体缺损的修复。牙根折断牙和冠根联合折断牙,多数情况下需拔除。牙齿拔除后,可影响咀嚼功能。

部分牙脱位经及时复位和固定,配合根管治疗,可望愈合,不致影响咀嚼功能。如无牙槽骨严重折裂缺损,应尽早进行牙再植。完全离体牙在离体6小时以内,且该牙的牙槽骨无炎症时,可先在体外根管治疗及根尖部分切除后进行再植,可获生长愈合。超过24小时处理者,牙根易吸收,牙难以保留。

4. 损伤程度与伤残等级 《人体损伤程度鉴定标准》规定,牙齿脱落或者牙折2枚以上为轻伤二级,牙齿脱落或者牙折共4枚以上为轻伤一级,牙齿脱落或者牙折共7枚以上为重伤二级。

《道路交通事故受伤人员伤残评定》(GB 18667-2002)规定,口腔损伤,牙齿脱落8枚以上为Ⅹ级伤残,牙齿脱落16枚以上为Ⅸ级伤残。

《劳动能力鉴定 职工工伤与职业病致残等级》(GB/T 16180-2014)规定,牙齿除智齿以外,切牙脱落1个以上或其他牙脱落2个以上为十级伤残。

四、牙槽骨骨折

牙槽骨是颌骨包绕牙根的部分,借牙周膜与牙根紧密相连,牙槽骨、牙周膜具有支持与固定牙齿的作用。牙槽窝是容纳牙根的骨窝,牙槽突是牙槽骨包围容纳牙根的突起部分,牙槽嵴是牙槽骨在牙槽窝上方的游离端。

牙槽骨分为固有牙槽骨、密质骨、松质骨。固有牙槽骨衬于牙槽窝内壁,包绕牙根与牙周膜相邻,在牙槽嵴处与外骨板相连。固有牙槽骨很薄,无骨小梁结构,在X线片表现为围绕牙周膜外侧的一条白色致密线,称硬骨板。当牙周膜发生炎症和外伤时,硬骨板首先消失;密质骨是牙槽骨的外表部分,即颌骨内外骨板延伸的部分。密质骨的厚度不一,上颌牙槽骨的唇面,尤其前牙区密质骨很薄,有许多血管和神经穿过,而舌侧相对较厚。下颌骨则相反,密质骨比上颌骨致密;松质骨由骨小梁和骨髓组成,位于密质骨和固有牙槽骨之间,骨小梁的排列方向一般与咬合力相适应,以最有效的排列方式来抵抗外来的压力。

(一)损伤原因与机制

牙槽骨骨折(fracture of alveolar process)多由外力直接打击引起,常见于车祸、打击、火器伤、坠落伤等。

当外力作用于牙冠时,在牙的带动下,牙槽骨可在其基底部发生骨折并与颌骨体分离。牙槽骨骨折常与牙损伤同时发生,以上颌前牙部多见,一般多限于牙槽突的骨折,此外,上、下颌骨骨折时也可伴发牙槽骨骨折。

(二)临床表现

单纯牙槽突骨折可伴有明显的活动,摇动伤牙可见同一部位的几颗牙齿伴随移动;骨折片因打击方向不同而发生不同方向的移位,牙齿也随之移位,并出现咬合错位。

牙槽骨骨折常伴有牙松动、牙折或牙脱落以及相邻软组织(唇、颊及牙龈)的撕裂、肿胀。

牙槽骨骨折可以是单条骨折线、多条骨折线或粉碎性骨折。

（三）法医学鉴定

1. 损伤认定　根据颌面部外伤史、临床表现、X线检查认定。由于牙周病等可以导致牙齿的松动与脱落，因此，对于牙槽骨损伤合并牙脱落的法医学鉴定，需要综合分析牙齿脱落的原因。

2. 损伤转归　由于牙槽骨没有强大的肌肉附着，且骨质疏松，血供丰富，早期复位和固定，愈合良好。如骨折发生错位愈合，可继发错𬌗和骨畸形。

3. 损伤程度与伤残等级　《人体损伤程度鉴定标准》规定，单纯性牙槽骨骨折为轻微伤。伤残等级根据牙槽骨骨折及伴有的牙脱落的数目综合评定。

《道路交通事故受伤人员伤残评定》（GB 18667-2002）规定，牙槽骨缺损，牙齿脱落4枚以上为Ⅹ级伤残，牙齿脱落8枚以上为Ⅸ级伤残，牙齿脱落12枚以上为Ⅷ级伤残，牙齿脱落16枚以上为Ⅶ级伤残，牙齿脱落20枚以上为Ⅴ级伤残，牙齿脱落24枚以上为Ⅲ级伤残。

《劳动能力鉴定　职工工伤与职业病致残等级》（GB/T 16180-2014）规定，牙槽骨损伤长度≥8cm，牙槽骨损伤长度>4cm，牙齿脱落4颗及以上为九级伤残；牙槽骨损伤长度≥6cm，牙齿脱落8颗及以上为八级伤残；牙齿脱落10颗及以上为七级伤残。

第三节　颌面部损伤

颌面部根据解剖学特点通常分为眶部、颧部、耳部、鼻部、眶下部、唇部、颊部、咬肌部、腮腺部、额部、颏下部、颌下部等区域。

面部（颜面部）是指前额发际下，两耳屏前与下颌下缘之间的区域，包括额部、眶部、鼻部、口唇部、颊部、颧部、腮腺部、咬肌部等。

颌面部损伤根据损伤的组织一般分为软组织损伤、颌面部骨与关节的损伤。

一、颌面部软组织损伤

颌面部软组织包括颌面部皮肤、肌肉、面神经、腮腺和腮腺导管等。颌面部肌肉分为咀嚼肌及表情肌，咀嚼肌又分为升颌肌群和降颌肌群两组，它们相互交替收缩和舒张，即形成张口和闭口活动，以完成咀嚼等功能；表情肌分布在颜面、口、眼、鼻周围，表情肌不仅具有表情功能，而且参与语言、咀嚼和口、眼的张闭等功能。

颌面部软组织损伤除瘢痕形成影响容貌和局部功能障碍外，还包括腮腺、腮腺导管和面神经损伤等引起的后果。

（一）损伤原因与机制

颌面部软组织损伤多为直接暴力作用所致，如锐器切割、砍击、刺穿，钝器的直接打击等。

（二）临床表现

1. 闭合性损伤　损伤局部肿胀、皮下出血、色素改变等。如颊部受外力作用，可因血管破裂出血形成血肿，严重者可致肌肉内出血与肌纤维断裂，若血肿吸收不全可发生肌肉纤维化，致张口受限，形成假性颞下颌关节强直（extracapsular ankylosis，关节外强直），又称颌间挛缩（假性颞颌关节强直）。X线检查，关节腔间隙正常或略狭窄，关节结构正常，无明显器质性损伤所见。

2. 开放性损伤　损伤局部可见创口或愈合后的瘢痕。损伤涎腺时可造成涎瘘，涎瘘根据瘘口的位置分为腺体瘘和导管瘘。无论腺体瘘还是导管瘘都易继发感染，特别是腮腺导管瘘，可造成涎液全部流向面部，手术不易修复，同时在面部会遗留手术瘢痕而影响容貌。

（三）法医学鉴定

1. 损伤认定　颌面部软组织根据外伤史和临床表现认定。损伤程度与伤残等级主要依据容貌毁损程度进行评定。

（1）容貌毁损程度的划分标准：重度：面部瘢痕畸形，并有以下6项中4项者：①眉毛缺失；②双睑外翻或者缺失；③外耳缺失；④鼻缺失；⑤上、下唇外翻或者小口畸形；⑥颈颏粘连。中度：具有以下6项中3项者：①眉毛部分缺失；②眼睑外翻或者部分缺失；③耳廓部分缺失；④鼻翼部分缺失；⑤唇外翻或者小口畸形；⑥颈部瘢痕畸形。轻度：含中度畸形6项中2项者。

（2）面部及中心区的划分标准：以眉弓水平线为上横线，以下唇唇红缘中点处作水平线为下横线，以双侧外眦处作两条垂直线，上述四条线围绕的中央部分为中心区。

2. 损伤程度与伤残等级 颌面部软组织损伤的损伤程度主要依据创口的大小、面部色素异常程度、面部瘢痕类型与大小以及对容貌和局部功能的影响程度进行判定。

《人体损伤程度鉴定标准》规定，腮腺、颌下腺或者舌下腺实质性损伤为轻伤二级；腮腺总导管完全断裂为轻伤一级；面部单个创口或者瘢痕长度4.5cm以上、多个创口或者瘢痕长度累计6.0cm以上、面颊穿透创（皮肤创口或者瘢痕长度1.0cm以上）、面部块状瘢痕（单块面积3.0cm²以上或多块面积累计5.0cm²以上）、面部片状细小瘢痕或者色素异常（面积累计8.0cm²以上）为轻伤二级；面部单个创口或者瘢痕长度6.0cm以上或多个创口或者瘢痕长度累计10.0cm以上，或面部块状瘢痕，单块面积4.0cm²以上，多块面积累计7.0cm²以上为轻伤一级；面部条状瘢痕（50%以上位于中心区），单条长度10.0cm以上，或两条以上长度累计15.0cm以上，或面部块状瘢痕（50%以上位于中心区），单块面积6.0cm²以上，或两块以上面积累计10.0cm²以上为重伤二级。此外，面部重度容貌毁损为重伤一级，中度容貌毁损、轻度容貌毁损为重伤二级。

《道路交通事故受伤人员伤残评定》（GB 18667-2002）根据面部瘢痕面积大小或条状疤痕长度，最低为X级伤残，最高为Ⅱ级伤残；面部软组织损伤遗有细小瘢痕（或色素明显改变），根据其面积大小最低为X级伤残，最高为Ⅵ级伤残；颌面部软组织缺损，根据缺损面积最低为X级伤残，最高为Ⅷ级伤残。

《劳动能力鉴定 职工工伤与职业病致残等级》（GB/T 16180-2014）根据毁容程度、面部瘢痕（或植皮）面积、面部异物沉着或色素脱失程度、颌面部软组织缺损及是否伴有涎瘘等情况，最低为十级伤残，最高为一级伤残。

二、面神经损伤

面神经为第Ⅶ对颅神经，从茎乳孔出颅腔后，其主干穿过腮腺，然后分为五个末梢支：颞支、颧支、颊支、下颌缘支和颈支。前4个分支的主要功能是支配颜面部表情肌的运动，颈支分布于颈阔肌。面神经另有一个分支鼓索神经参加到舌神经里，分布于舌体部，司理味觉。此外还有分支到颌下腺及舌下腺，司理唾液分泌。

（一）损伤原因与机制

面神经损伤（facial nerve injury）分为开放性损伤和闭合性损伤，面神经在颊部走行表浅，容易受到损伤。腮腺部和咬肌部软组织的损伤以及颞骨骨折均可导致面神经损伤，其中80%为颞骨骨折所致。

（二）临床表现

1. 面瘫 面瘫是面神经损伤最主要的临床表现，分为静态和动态二种表现。

（1）静态：伤侧额纹消失，鼻唇沟变浅，口角下垂，牵向健侧，不能闭眼。

（2）动态：皱眉不能、鼓腮漏气，张口时口角偏向健侧，说话时唾液从口角滴漏，角膜反射消失。

2. CT检查 可以发现面神经管骨折、听小骨脱位以及颞骨岩部骨折等情况。

3. 神经电生理检查 可以客观评价面神经损伤的程度。肌电图表现为失神经自发电位，神经部分损伤随意运动电位的数目减少、波幅降低，完全损伤随意运动电位消失。神经传导速度检查，神经部分损伤传导速度减慢，完全损伤神经传导冲动消失。

（三）法医学鉴定

1. 损伤认定 根据外伤史、临床表现及电生理检查等认定，但需要与中枢性面瘫和面神经炎所致的面瘫进行鉴别。

（1）完全性面瘫：是指面神经5个分支（颞支、颧支、颊支、下颌缘支和颈支）支配的全部颜面肌肉瘫痪，表现为：额纹消失，不能皱眉；眼睑不能充分闭合，鼻唇沟变浅；口角下垂，不能示齿、鼓腮、吹口哨，饮食时汤水流逸。

（2）不完全性面瘫：是指面神经颧支、下颌支或者颞支和颊支损伤出现部分上述症状和体征。

2. 损伤转归　面神经损伤属于周围神经，面神经损伤后可以再生，其功能恢复取决于神经再生的速度，再生的速度取决损伤的部位、损伤的程度以及是否手术治疗等。

3. 损伤程度与伤残等级　面神经损伤程度与伤残等级主要依据面神经的功能障碍情况进行评定。由于面神经可以再生，其损伤程度与伤残等级鉴定时限，原则上在面神经损伤3～6个月后，根据神经损伤恢复具体情况确定。

《人体损伤程度鉴定标准》规定，面神经损伤致一侧面肌部分瘫痪，遗留眼睑闭合不全或者口角歪斜为轻伤一级；面神经损伤致一侧面肌大部分瘫痪，遗留眼睑闭合不全和口角歪斜为重伤二级。

《道路交通事故受伤人员伤残评定》（GB 18667-2002）规定，单侧轻度面瘫，难以恢复为Ⅹ级伤残；双侧为Ⅸ级伤残；单侧严重面瘫，难以恢复为Ⅴ级伤残；双侧为Ⅲ级伤残。

《劳动能力鉴定　职工工伤与职业病致残等级》（GB/T 16180-2014）规定，一侧不完全面瘫为十级伤残；双侧不完全面瘫为七级伤残；一侧完全性面瘫为六级伤残；一侧完全、另一侧不完全面瘫为五级伤残；双侧完全性面瘫为四级伤残。

三、颌面骨与关节损伤

颌面骨由上颌骨、下颌骨、颧骨、鼻骨、颞骨、腭骨、蝶骨等构成。本节主要介绍上颌骨、下颌骨、颧骨骨折与颞下颌关节损伤，其他骨与关节损伤见颅脑损伤、鼻损伤和眼损伤等章节。

颌面骨骨折根据解剖部位分为上颌骨骨折（maxillary fracture）、下颌骨骨折（mandibular fracture）、颧骨颧弓骨折（zygomatic arch fracture）等。

（一）颌骨骨折

1. 损伤原因与机制　上颌骨是构成颜面中1/3的最大骨骼，左右成对，外形不规则，骨体内部中空为上颌窦，借上颌窦裂孔开口于中鼻道。下颌骨的位置突出，所占面积广，易受到损伤，骨折发生率高。下颌骨是面部唯一能活动的骨骼，是颞下颌关节的重要组成部分。

颌骨骨折可以发生直接外力作用的部位，也可以发生远离受力部位的结构薄弱区，骨折可以是单侧骨折，也可以双侧骨折或多发骨折。下颌骨的髁状突颈部、下颌角部、颏孔部、正中联合部等处骨质比较薄弱，受外力作用时容易发生骨折。

2. 损伤类型　颌骨骨折主要根据撞击力的大小和方向以及骨折线的位置、走向和数目等分型。

（1）上颌骨骨折按骨折线的位置分为三种类型，但上颌骨骨折的类型并不限于这三种，例如上颌骨的纵形骨折、腭中缝的矢状骨折等。

1）Le Fort Ⅰ型骨折：又称上颌骨低位骨折或水平骨折。骨折线从梨状孔水平、牙槽突上方向两侧水平延伸到上颌翼突缝。

2）Le Fort Ⅱ型骨折：又称上颌骨中位骨折或锥形骨折。骨折线自鼻额缝向两侧横过鼻梁、眶内侧壁、眶底和颧上颌缝，再沿上颌骨侧壁至翼突，有时可波及筛窦达颅前窝。

3）Le Fort Ⅲ型骨折：又称上颌骨高位骨折或颅面分离骨折。骨折线自鼻额缝向两侧横过鼻梁、眶部，经颧额缝向后达翼突，形成颅面分离，常导致面中部拉长和凹陷。

（2）下颌骨骨折：下颌骨骨折主要分为单侧骨折和双侧骨折，单发骨折还是多发骨折。骨折断端移位与骨折发生的部位、致伤力的大小、骨折线的走向、骨折单发还是多发等因素均有密切关系。如单发的正中颏部骨折，骨折线两侧的肌肉牵引力量相当，常无明显移位；如为斜形移位，一端骨折片有颏棘，另一骨折片无颏棘，则可能发生移位；如是双侧骨折，正中骨折片因颏孔区附着的肌肉牵引，可以向后下方退缩。

3．临床表现

（1）软组织损伤：损伤局部可见红肿、疼痛、功能障碍。上颌骨骨折累及眶下壁时，眶内及眶周组织出血、水肿，形成特有的"眼镜征"，表现为眶周瘀斑，睑及球结膜下出血，严重者可有眼球移位和复视。下颌骨骨折时，由于疼痛和升颌肌群痉挛，可导致张口受限。此外，骨折处还可见牙龈撕裂、变色及水肿。

（2）骨折移位：由于上颌骨未附着强大的咀嚼肌，受肌肉牵拉移位的较少，骨折块多随撞击力的方向发生移位，或因其重力而下垂，常向后下方向移位；下颌骨因附着咀嚼肌，不同部位的骨折因咀嚼肌牵拉可以向受力方向移位。若骨折未予复位，会遗有面部的畸形。

（3）咬合关系错乱：颌骨骨折移位必然引起咬合关系错乱，咬合错乱是颌骨骨折最常见的体征。如上颌骨一侧骨折段向下移位，该侧会出现咬合早接触；上颌骨与翼突同时骨折时，由于翼内肌向下牵拉，也会使后牙早接触，前牙呈开𬌗状。

4．法医学鉴定

（1）损伤认定：根据颌面部外伤史、临床表现和X线或CT片认定。

（2）损伤转归：上颌骨骨折后由于上颌骨血运丰富，损伤后愈合快，错位的骨折片在短时间内（约1～2周）即可发生错位愈合。因此，若伤后未得到及时复位，可造成错位愈合，而且愈合后使用任何牵引方法均难以获得满意复位；同时由于上颌骨骨折常与周围骨骼发生广泛的错位愈合，行切开复位手术不仅创伤大并易发生手术并发症，影响咀嚼功能和面容。

下颌骨骨折导致的功能障碍与骨折移位及其移位程度有关。如正中颏部双侧骨折，因骨折移位，发生舌后坠，可引起呼吸困难。下颌骨骨折常合并牙损伤、颞下颌关节损伤，可造成咬合紊乱、牙列错位，致咀嚼、张闭口功能障碍，严重者可影响呼吸和语言。另外，骨折移位还可导致面部畸形，影响容貌。

（3）损伤程度与伤残等级：《人体损伤程度鉴定标准》规定，颌骨骨折（牙槽突骨折及一侧上颌骨额突骨折除外）为轻伤二级。

《道路交通受伤人员伤残等级评定》（GB 18667-2002）规定，颌面部骨缺损 $8cm^2$ 以上为Ⅹ级伤残；颌面部骨缺损 $16cm^2$ 以上为Ⅸ级伤残；颌面部骨缺损 $32cm^2$ 以上为Ⅷ级伤残。

《劳动能力鉴定　职工工伤与职业病致残等级》（GB/T 16180-2014）规定，上、下颌骨骨折，经牵引、固定治疗后无功能障碍者或一侧下颌骨髁状颈部骨折为十级伤残；双侧上颌骨或双侧下颌骨完全缺损或一侧上颌骨及对侧下颌骨完全缺损并伴有颜面部软组织缺损 $>30cm^2$ 为二级伤残。

（二）颧骨与颧弓骨折

颧骨左右各一，近似菱形，位于颜面的外上部，为上颌骨与脑颅骨间的主要支架，对于构成面部外形具有重要作用。

颧骨由颧骨体部和颧骨三个突起构成。颧骨体部有三个面：①颊面隆凸，朝前外侧；②颞面凹陷，朝后内侧，为颞窝的前外侧壁；③眶面平滑而凹陷，参与眶外下壁的构成。颧骨三个突起：①额蝶突向上，接额骨颧突形成颧额缝，后连蝶骨大翼的颧骨缘；②上颌突向内下方，与上颌骨的颧突相接形成颧上颌缝；③颞突向后，与颞骨颧突相接构成颧弓。

1．损伤原因与机制　颧骨和颧弓是面侧部比较突出的部分，易遭受外力而发生骨折。颧骨与上颌骨、额骨、蝶骨和颞骨相连接，构成眶外侧壁和眶下壁的大部分，其中与上颌骨的联结面最大，故颧骨骨折常伴发上颌骨骨折。颧骨骨折多发生于骨缝处，如颧弓、眶外侧缘、眶上缘、上颌窦前外壁及眶底等，特别是颧骨的颞突与颞骨的颧突连接所构成颧弓较为细窄，更易发生骨折。

颧骨骨折可使颧骨与相邻骨分离，骨折块移位主要取决于外力作用的方向。另外，颧骨常与颧弓联合骨折，或与上颌骨骨折同时发生，形成"颧眶复合体骨折"。

2．临床表现

（1）瘀斑：颧骨眶壁骨折时，眶周皮下、眼睑和结膜下可出现出血性瘀斑。

(2)复视:颧骨骨折移位后,可因眼球移位、外展肌渗血和局部水肿及撕裂的眼下斜肌嵌入骨折线中,限制眼球运动等而发生复视。

(3)张口受限:由于骨折块发生内陷移位,压迫了颞肌和咬肌,阻碍冠突运动,导致张口疼痛和开口受限。

(4)面部畸形:颧骨、颧弓骨折后多发生内陷移位、塌陷畸形。

3.法医学鉴定

(1)损伤认定:颧骨颧弓骨折根据外伤史、临床表现和影像学检查确认。骨折局部触诊可有压痛及台阶感,X线检查可以进一步明确颧骨和颧弓的骨折情况。

(2)损伤转归:若错位之颧骨、颧弓骨折不能及时复位,或伴随的颞肌损伤严重,发生瘢痕粘连,可造成永久性张口困难。因外展肌渗血、局部水肿而使眼球运动受限所致的复视是暂时的,在血肿吸收、水肿消退后,即可恢复正常;但若伴有眼下肌撕裂,并嵌入骨折线处,可使眼球正常运动受限,或由于眶内容物下陷并与周围组织发生粘连,而骨折错位愈合不可逆转时,则遗留永久性复视。

(3)损伤程度与伤残等级:《人体损伤程度鉴定标准》规定,颧骨骨折为轻伤二级。

《道路交通事故受伤人员伤残评定》(GB 18667-2002)对于颧骨骨折无具体规定,如果遗留功能障碍和影响面容可参照有关条款进行评定。

《劳动能力鉴定 职工工伤与职业病致残等级》(GB/T 16180-2014)规定,一侧颧骨并颧弓骨折为十级伤残;双侧颧骨并颧弓骨折,无开口困难,颜面部凹陷畸形不明显,不需手术复位为八级伤残。

(三)颞下颌关节损伤

颞下颌关节是口腔、颌面部的主要关节,由颞骨的下颌关节凹、下颌骨髁状突及关节盘、关节囊和关节韧带组成,具有转动、滑动功能,并能左右协同统一活动,完成咀嚼、语言、表情变化等动作。

1.损伤原因与机制 颞下颌关节位置表浅,无咀嚼肌覆盖,易受侧方的直接暴力打击而损伤。但颞下颌关节损伤更多见于间接暴力作用,如来自同侧和对侧的下颌骨体部或下颌骨角部的水平方向和垂直方向的外力作用。有时损伤后颞下颌关节囊内出血难以吸收,可以造成颞下颌关节纤维性强直或关节纤维进一步骨化导致颞下颌关节的骨性强直。此外,骨折移位、软组织缺损、升颌肌群损伤以及关节邻近瘢痕挛缩等也可导致张口受限。

由于下颌骨髁突较关节窝小,髁突在关节窝内的活动灵活,关节盘附有肌肉、关节囊和韧带较为松弛,因此在外力作用下易发生颞下颌关节脱位(dislocation condyle),即下颌骨髁状突运动时超越正常限度,脱出关节凹而不能自行回复。颞下颌关节脱位多为前方脱位,可发生于单侧或双侧。

2.临床表现 颞下颌关节损伤最常见的表现是局部疼痛,张闭口活动受限。损伤早期张闭口受限是由于软组织肿胀、疼痛或关节脱位所致,晚期主要是由于关节融合、强直导致。

真性颞下颌关节强直X线检查可见关节腔模糊或消失,关节结构融合呈骨球状;颞下颌关节脱位表现为下颌骨髁状突脱出关节凹。

3.法医学鉴定

(1)损伤认定:根据颌面部外伤史、张口受限等临床表现,结合X线、CT等影像学检查认定。对于张口受限,法医学鉴定时应根据其病变性质和类型分析与判断张口受限的程度,排除伪装与夸大的成分。

(2)损伤程度与伤残等级:《人体损伤程度鉴定标准》规定,损伤致张口困难Ⅰ度为轻伤二级;损伤致张口困难Ⅱ度为轻伤一级;损伤致张口困难Ⅲ度为重伤二级。

《道路交通事故受伤人员伤残评定》(GB 18667-2002)规定,颞下颌关节损伤轻度张口受限为Ⅹ级伤残;颞下颌关节损伤,重度张口受限为Ⅶ级伤残;颞下颌关节强直,牙关紧闭为Ⅵ级伤残。

《劳动能力鉴定 职工工伤与职业病致残等级》(GB/T 16180-2014)规定,一侧颞下颌关节强直,张口困难Ⅰ度为十级伤残;双侧颞下颌关节强直,张口困难Ⅱ度为八级伤残;单侧或双侧颞下颌关节强直,张口困难Ⅲ度为六级伤残。

本章小结

本章主要介绍了口腔颌面部损伤分类、损伤原因及机制、临床表现与法医学鉴定。

口腔损伤分为口唇和舌损伤、牙损伤和牙槽骨的损伤，牙损伤分为牙挫伤、牙折和牙脱位。对于牙损伤的法医学鉴定，需要了解被鉴定人本次外伤前牙齿的情况，如既往存在牙齿病变，必须进行伤病关系的分析，确定与本次外伤的因果关系和参与度后再进行损伤程度与伤残等级评定。

颌面部损伤分为颌面部软组织损伤和骨与关节损伤。颌面部软组织损伤重点是容貌毁损等问题，因此，需要熟悉面容和面部中心区的范围、面容毁损程度的判断标准。面神经属于周围神经，面神经损伤后可以通过再生进行恢复，有的可能完全恢复，有的可能部分恢复，因此鉴定时限的把握是法医学鉴定的重点。此外，面神经损伤还需要与面神经炎进行鉴别。

颌面部骨主要分为上颌骨、下颌骨和颧骨等，上述部位骨折有时不仅可以导致颌面部畸形，还会导致牙齿咬合关系的紊乱。

颞下颌关节损伤是张口受限的主要原因，颞下颌关节损伤的原因有颞下颌关节骨折、脱位以及软组织的损伤。真性颞下颌关节强直 X 线检查可见关节腔模糊或消失，关节结构融合呈骨球状；颞下颌关节脱位表现为下颌骨髁状突脱出关节凹。在法医学鉴定时，对于张口受限是否受限以及受限的程度的确认，必须排除伪装与夸大，张口受限的病理基础和损伤机制是判断张口是否受限以及受限的程度的客观依据。

（朱旭阳）

思考题

1. 口腔颌面部损伤主要症状和体征。
2. 哪些损伤可能会影响张口度？并请分别说明其机制。
3. 牙损伤的类型与临床表现。
4. 面神经损伤的主要表现。

第九章 颈 部 损 伤

学习提要

【掌握内容】 颈部常见损伤的原因与机制；临床表现与法医学鉴定。

【熟悉内容】 颈部损伤的分类、主要症状与体征、法医学检查的方法与意义。

【了解内容】 颈部解剖与生理特点。

第一节 概 述

颈部上界为下颌骨下缘、下颌角、乳突尖、上项线和枕外隆凸的连线，下界为胸骨上切迹、胸锁关节、锁骨和肩峰至第7颈椎棘突的连线。颈部以两侧斜方肌前缘为界，分为前方的固有颈部（狭义的颈部）和位于后方的颈后部（项部）。同时，颈前部以胸锁乳突肌为界，分为颈前三角区、胸锁乳突肌区及后面的颈外侧区。

颈部前方正中为甲状腺、呼吸道与消化道的颈段，两侧有纵行的大血管、神经和淋巴结，在气管和血管、神经周围有多层筋膜包绕，筋膜之间充填疏松结缔组织，形成筋膜间隙。

颈部的气管、食管与大血管等没有骨骼保护，易受到损伤，甲状腺、颈部神经以及咽喉、气管、食管损伤等均可造成严重的后果，大血管的损伤常造成失血性休克、空气栓塞、甚至死亡。

颈部损伤（neck injury）以锐器伤和火器伤为主，物理、化学性喉、气管及食道的灼伤也占有相当比例。此外，医疗性损伤也不少见，如甲状腺手术误伤喉上神经或喉返神经，颈淋巴结活检误伤副神经等。

一、损伤分类

颈部损伤根据损伤的组织和器官是否与外界相通，分为闭合性损伤和开放性损伤；根据颈部损伤组织结构的不同，分为颈部软组织损伤、食管损伤、气管损伤、甲状腺与甲状旁腺损伤等。

二、主要症状和体征

1. 出血　颈部开放性损伤伤及颈部大血管，会导致大量出血，甚至失血性休克。

2. 感染　由于口腔、食管、气管中的致病菌污染，颈部创口容易发生感染、甚至形成脓肿。

3. 咳嗽与咯血　喉与气管损伤以及颈部损伤后血液流入气管，可引起刺激性咳嗽和咯血。

4. 呼吸困难　喉与气管损伤影响呼吸道会导致呼吸困难，严重者可以窒息。

5. 吞咽障碍　咽喉、食管损伤后因疼痛或食道狭窄可以导致吞咽困难。

6. 呕血与便血　食道损伤以及颈部损伤后血液流入消化道内可导致呕血和便血。

7. 机体代谢障碍　甲状腺与甲状旁腺损伤可导致甲状腺与甲状旁腺功能障碍，影响机体的代谢。

三、法医学检查

（一）一般检查

颈部外观有无异常、颈部活动有无异常、颈部有无损伤和瘢痕、吞咽和呼吸功能是否正常。

（二）辅助检查

1. 超声检查 对于甲状腺损伤、血管损伤以及动静脉瘘、血管瘤等具有诊断价值。

2. X 线检查 X 线片可显示喉、气管有无狭窄、阻塞、偏移及移位；气管、食管内有无异物；颈部软组织是否肿胀、有无气肿等。

3. CT 检查 CT 具有薄层扫描、三维重建、血管成像等功能，对于判断颈部的不同组织损伤具有重要意义。

4. MRI 检查 MRI 对软组织损伤具有比 CT 更高的分辨率。根据流空效应，MRI 还可以对血管畸形、血管瘘、动脉瘤、颈部非金属异物等进行鉴别。

5. 数字减影血管造影（digital subtraction angiography，DSA） DSA 对与血管有关的畸形、破裂、异常搏动等具有特殊的诊断意义。

第二节 颈部软组织损伤

颈部软组织损伤（neck soft tissue injury）包括皮肤与肌肉、颈部血管与颈部神经损伤等，颈部损伤常合并气管、食管损伤等。颈部软组织根据组织结构的完整性和连续性一般分为开放性损伤与闭合性损伤。

一、皮肤与肌肉损伤

（一）损伤原因与机制

颈部的开放性损伤多由锐器所致，常见的有刀砍伤、锐器切割及刺伤等；闭合性损伤由钝性外力作用所致，包括撞击伤、钝器打击伤、扼颈及勒颈等。

（二）临床表现

闭合性损伤局部可见肿胀、皮下出血等，大面积软组织挫伤可使气管移位并影响呼吸。

开放性损伤局部可见创口，切割创的伤口相对较大，严重者可导致大出血、呼吸困难等。刺创的伤口相对较小，但易形成深部组织血肿，可压迫呼吸道造成呼吸困难。此外，颈部伤口愈合后的瘢痕，可以影响容貌，甚至颈部活动。

（三）法医学鉴定

1. 损伤认定 颈部软组织损伤根据外伤史和临床表现不难认定。开放性损伤局部可见创口或瘢痕，闭合性损伤主要根据损伤当时所见或临床病志记载分析判断。

2. 损伤程度与伤残等级 《人体损伤程度鉴定标准》规定，颈部单个创口或瘢痕长度 5.0cm 以上，或多个创口或瘢痕长度累计 8.0cm 以上，或颈前部瘢痕单块面积 4.0cm² 以上或者两块以上面积累计 6.0cm² 以上为轻伤二级。

《道路交通事故受伤人员伤残评定》（GB 18667-2002）规定，瘢痕形成，颈部活动度丧失 10% 以上为 X 级伤残，颈部活动度丧失 25% 以上为Ⅵ级伤残，颈部活动度丧失 50% 以上为 V 级伤残，颈部活动度丧失 75% 以上为Ⅳ级伤残，颈部活动度完全丧失为Ⅲ级伤残；颈前三角区瘢痕面积 20cm² 以上为 X 级伤残，颈前三角区瘢痕形成 25% 以上为Ⅸ级伤残，50% 以上为Ⅷ级伤残，75% 以上为Ⅶ级伤残。

《劳动能力鉴定 职工工伤与职业病致残等级》（GB/T 16180-2014）规定，颈部瘢痕面积≥1%、<5% 为十级伤残，颈部瘢痕挛缩，影响颈部活动的为七级伤残。

二、颈部血管损伤

（一）颈部大血管损伤

颈部大血管包括颈总动脉、颈内动脉、颈外动脉、颈内静脉及椎动脉等，这些血管因口径较大，并且距心脏较近，破裂后短时间内即可导致失血性休克，甚至死亡。

1. 损伤原因与机制　枪伤、刺伤、切伤、爆炸伤和车祸等均可能造成颈部大血管损伤。颈部大血管根据损伤的性质和程度分为损伤性血管痉挛、血管壁损伤以及血管破裂三种类型，其中血管壁损伤以内膜或中膜损伤为主，血管破裂又分为部分或完全破裂。

颈部动脉闭合性损伤可以继发创伤性动脉血栓形成，其形成机制是颈部血管受外力牵拉或直接挫伤后，血管内膜和中膜发生损伤，并在内膜损伤处形成血栓并逐渐加大，最终导致血管完全闭塞。颈静脉破裂，由于吸气时胸腔负压作用，空气可通过破损血管壁进入管腔内而引起空气栓塞。

此外，颈部过度伸展、旋转或颈部牵引等也可造成闭合性椎动脉损伤。椎动脉内膜撕裂可以导致椎管内出血，有时向上进入颅内形成脑基底部蛛网膜下腔大量积血，并可沿两侧大脑外侧裂流至两大脑半球，也可继发血栓形成引起供血区的脑组织缺血。

2. 临床表现　颈部大血管损伤的主要临床表现为颈部出血和脑供血不足。

（1）出血：血管破裂处出血或形成血肿，严重者可引起失血性休克。血肿多在伤后第二天出现，损伤局部搏动明显、听诊有收缩期杂音。

（2）脑缺血：颈部动脉为脑供血，损伤后可引起伤侧脑缺血，可出现昏迷、偏瘫及失语等。

（3）呼吸困难：当大出血或血肿形成时，因误吸或压迫喉、气管等可引起呼吸困难。

（4）空气栓塞：颈静脉破裂后空气进入管腔内会造成脑、肝等重要器官的损害，大量空气进入血管可以导致空气栓塞并危及生命。

（5）影像学检查：超声、MRI 和血管造影对于血管痉挛、血管壁损伤以及血管破裂和血肿具有诊断价值。

3. 法医学鉴定

（1）损伤认定：开放性颈部血管损伤认定并不困难，闭合性颈部血管损伤，由于临床表现不明显或缺少特异性，需要从外伤史、临床表现和影像学特征等综合判定。

（2）损伤转归：颈部血管损伤可以导致颈部动静脉瘘、颈动脉血栓形成、假性动脉瘤等。

（3）损伤程度与伤残等级：《人体损伤程度鉴定标准》规定，颈总动脉血栓形成、颈内动脉血栓形成、颈外动脉血栓形成、椎动脉血栓形成为轻伤一级；颈内动脉血栓形成血管腔狭窄 50% 以上、颈总动脉血栓形成血管腔狭窄 25% 以上为重伤二级；颈部大血管破裂为重伤一级。

《人体损伤程度鉴定标准》中的颈部大血管是指主动脉弓分支，限定于颈总动脉和锁骨下动脉。

《道路交通事故受伤人员伤残评定》（GB 18667-2002）对颈部主要血管的损伤无具体规定。

《劳动能力鉴定 职工工伤与职业病致残等级》（GB/T 16180-2014）规定，大血管修补术为八级伤残，大血管重建术为六级伤残。

对于颈部血管损伤继发其他病变或遗留功能障碍的，可依照有关标准及规定进行损伤程度和伤残等级的评定。

（二）颈部动静脉瘘

颈动静脉瘘（neck arteriovenous fistula）是指颈动脉和颈静脉之间形成异常通道，动脉血不经过毛细血管即直接进入静脉。颈动静脉瘘分为先天性和后天性颈动静脉瘘，后天性颈动静脉瘘多为创伤所致。

1. 损伤原因与机制　常见于锐器刺创、枪弹创和医源性损伤（如肌肉或静脉注射、血管造影、手术创伤等）。

颈部动静脉瘘根据血管损伤部位的差异分为直接瘘和间接瘘。相邻的动、静脉在同一平面受损后，由于动、静脉之间压力差较大，彼此吸附在一起可形成直接瘘。若动、静脉创口不能直接对合，而在二者之间形成血肿,血肿机化后形成贯通动、静脉之间的囊或管则称为间接瘘。

2．临床表现　局部隆起,搏动性耳鸣,压迫颈总动脉可使耳鸣减轻或消失。此外,还可有头痛、头晕、视觉、听觉障碍以及反复的口腔与鼻腔出血等。

颈部动静脉瘘处听诊可闻及杂音,收缩期明显,舒张期减弱,瘘口越大,杂音越大;触诊有连续粗糙震颤,用手按压可使杂音及震颤减退或消失。血管造影可以确定动静脉瘘的位置与程度。

3．法医学鉴定

(1)损伤认定:根据外伤史、临床症状与体征以及 DSA 检查认定。有时需要与先天性颈动静脉瘘进行鉴别。

(2)鉴别诊断:先天性颈动静脉瘘常伴有胎痣,婴幼儿时期无任何症状,颈部可表现为局限性隆起,至青春期局部隆起加重,触及震颤,可伴有血管杂音,局部皮肤温度增高等。

(3)损伤转归:大的颈部动静脉瘘可引起动、静脉及心脏功能改变,出现动脉供血减少,心率增快,心输出量及血容量增加等,长期可引起心脏扩大,甚至心衰。

(4)损伤程度与伤残等级:外伤性颈动静脉瘘是在动静脉损伤的基础上形成的,其损伤程度可以根据损伤程度分级原则,比照颈动脉血栓形成的有关规定,结合脑缺血的表现综合评定;对于颈部动静脉瘘遗留的心功能不全等,则根据心功能不全程度进行评定。

《道路交通事故受伤人员伤残评定》(GB 18667-2002)和《劳动能力鉴定　职工工伤与职业病致残等级》(GB/T 16180-2014)对于外伤性颈动静脉瘘均无具体规定,伤残等级主要根据所导致的脑缺血症状和心功能不全的程度进行评定。

心功能不全的分级:Ⅰ级:体力活动不受限,日常活动不引起过度的乏力、呼吸困难或者心悸,即心功能代偿期;Ⅱ级:亦称Ⅰ度或者轻度心衰,体力活动轻度受限,休息时无症状,日常活动即可引起乏力、心悸、呼吸困难或者心绞痛;Ⅲ级:亦称Ⅱ度或者中度心衰,体力活动明显受限,休息时无症状,轻于日常的活动即可引起上述症状;Ⅳ级:亦称Ⅲ度或者重度心衰,不能从事任何体力活动,休息时亦有充血性心衰或心绞痛症状,任何体力活动后加重。

三、颈部神经损伤

颈部的主要神经有迷走神经、膈神经、副神经及舌下神经等,在颈部神经中较易受损的神经有副神经、膈神经、迷走神经等,颈部神经的损伤一般很少单独出现,多与颈部其他损伤同时存在。

(一)损伤原因与机制

颈部神经损伤(neck nerve injury)常见于锐器的直接损伤,其中医源性损伤相对多见。

(二)临床表现

1．副神经　一侧副神经损伤,同侧胸锁乳突肌及斜方肌瘫痪并萎缩。患侧肩下垂,不能耸肩。因对侧胸锁乳突肌占优势,故下颏转向患侧。因患侧肩胛骨移位,使臂丛神经受到慢性牵拉,患侧上肢上举和外展受限制。晚期由于瘢痕刺激可发生痉挛性挛缩(斜颈)畸形;双侧损害时,病人头颈后仰及前屈无力。

2．膈神经　膈神经支配膈肌的运动及部分胸膜、腹膜的感觉。膈神经受损,可出现一侧膈肌运动受限,双侧同时受损可因膈肌瘫痪导致腹式呼吸不能,可伴有顽固的呃逆。

3．迷走神经　迷走神经在颈部的重要分支有咽支、喉上神经和喉返神经。

(1)咽支:咽支损伤后可造成软腭瘫痪而出现说话时伴开放性鼻音、进流食逆流入鼻腔、不能做吹哨或鼓气等动作。

(2)喉上神经:喉上神经损伤时,讲话的频率范围缩小,不能发高音,声音单调。

(3)喉返神经:单侧喉返神经损伤可出现声嘶及发声无力,一段时间后健侧声带于发声时可超过中线,并与患侧声带接触,则声音改善。部分单侧喉返神经损伤的患者,只有轻度声嘶及发声无力,易被漏诊。双侧喉返神经损伤一般出现短暂的声嘶,咳嗽无力。由于双侧声带近中线,吸气时不能外展,发声不受影响,但伴有严重的呼吸困难。

(4)舌下神经:单侧舌下神经受损,患侧舌肌瘫痪并萎缩,伸舌时舌尖偏向患侧,双侧同时受损则伸舌无力。

(三)法医学鉴定

1.损伤认定 根据外伤史、伤后症状和体征,结合肌电图检查结果认定。

2.损伤程度与伤残等级 《人体损伤程度鉴定标准》规定,膈神经损伤为轻伤二级;对于颈部其他神经的损伤未作明确规定,但可根据是否遗留功能障碍以及功能障碍程度参照有关规定进行评定。

《道路交通事故受伤人员伤残评定》(GB 18667-2002)对颈部神经损伤无明确规定,对于颈部神经损伤遗留功能障碍可参照相关规定评定。

《劳动能力鉴定 职工工伤与职业病致残等级》(GB/T 16180-2014)规定,双侧喉返神经损伤,喉保护功能丧失致饮食呛咳、误吸为五级伤残。

第三节 食 管 损 伤

食管为肌性管道,可分为颈、胸和腹三段。食管颈段上接喉咽,向下至胸骨颈静脉切迹平面,约占食管全长的1/5。因食管在颈部的位置较深,故单一的食管损伤较少见,多为复合性损伤。食管的生理作用主要为吞咽和分泌功能,因此食管损伤后可引起吞咽困难等功能障碍。

一、损伤原因与机制

食管损伤(esophagus injury)可由多种原因引起,根据损伤原因主要分为机械性损伤和化学性损伤两大类,其中机械性损伤又可分为食管腔外损伤和食管腔内损伤、开放性损伤和闭合性损伤。

食管腔外损伤包括枪弹伤、爆炸伤、锐器伤和钝器伤等,闭合性损伤往往是由于钝性外力将食管挤压于脊椎所造成。食管腔内损伤包括各种异物误吞时的损伤,如鱼刺、针、钉及尖锐玩具和生活用品等。近年来随着在食管腔内用仪器进行诊断和治疗的增多,医源性食管损伤也较为常见。

化学性损伤主要为食管腔内损伤,系强酸、强碱等化学腐蚀剂所致,此时常合并咽部及气管的腐蚀伤。

二、临床表现

1.疼痛 疼痛位置因损伤部位不同而异,食管入口处损伤,如异物嵌顿或外伤后合并感染时,疼痛常位于颈根部或胸骨上窝附近。腐蚀伤多为胸骨后疼痛,且吞咽时疼痛加重。

2.吞咽困难 吞咽困难是食管损伤的最常见症状之一,轻者如食管划伤等仅有吞咽时梗阻感,进食无明显障碍。重者如化学腐蚀伤致食管狭窄可出现咽下困难,初期为咽干硬食物困难,逐渐加重至流食咽下困难。

3.呕血与便血 在食管损伤致大量出血时可出现呕血与便血。损伤程度越重,该症状越明显。

4.呼吸困难 呼吸困难与食管损伤部位和出血量有关,损伤位置较靠上时,血液容易流入喉及气管内,可引起呛咳及呼吸困难。损伤程度严重致大量出血时,可出现窒息并危及生命。

三、法医学鉴定

1.损伤认定 主要根据外伤史、临床表现认定,对于食管损伤的类型、程度以及是否存在食管狭窄应通过食管X线钡剂或食管镜检查等确认。

2.损伤程度与伤残等级 《人体损伤程度鉴定标准》规定,食管损伤,遗留吞咽功能障碍(只能进半流食)为轻伤一级;食管损伤,遗留吞咽功能障碍(只能进流食)为重伤二级;食管广泛毁损,进食完全依赖胃管或者造口为重伤一级。

《道路交通事故受伤人员伤残评定》(GB 18667-2002)对食管损伤无具体规定,如遗留吞咽功能障碍,根据吞咽功能障碍程度分别为Ⅹ、Ⅴ、Ⅳ、Ⅲ、Ⅱ和Ⅰ级伤残。

吞咽功能障碍程度的划分:①吞咽功能严重障碍:只能进食流质,且进食流质时仍感明显不适;②吞咽功能障碍:只能进食流质、半流质,但不能进食软食;③严重影响吞咽功能:只能进食流质、半流质、软食,但不能进食普食;④影响吞咽功能:虽能进食普食,但进食的速度缓慢且伴有明显不适。

《劳动能力鉴定 职工工伤与职业病致残等级》(GB/T 16180-2014)规定,食管重建术后伴反流性食管炎,进食正常者为八级伤残;食管重建术后、食管外伤或成形术后咽下运动不正常为七级伤残;食管重建术后吻合口狭窄仅能进半流食者、食管气管或支气管瘘、食管胸膜瘘为五级伤残;食管重建术吻合口狭窄,仅能进流食者为四级伤残;食管闭锁或损伤后无法行食管重建术,依赖胃造瘘或空肠造瘘进食者为二级伤残。

第四节 气 管 损 伤

气管分为颈段气管与胸段气管。颈段气管始于环状软骨下缘,沿颈正中线下行至胸骨的颈静脉切迹处,约占气管全长的一半。气管具有通气、呼吸调节及免疫等生理功能,故气管损伤可引起较为严重的呼吸功能障碍。

一、损伤原因与机制

机械性暴力作用或胸腔气压突增等均可引起气管损伤,轻者仅为黏膜损伤,重者可引起气管穿孔、破裂或环状软骨骨折。

气管损伤(trachea injury)分为闭合性损伤与开放性损伤两种类型。气管闭合性损伤大都为钝性外力作用所致,包括挫伤、挤压伤、扼勒伤等;气管开放性损伤多为锐器损伤,包括刺切、砍击等。此外,还有医源性损伤,如气管插管、支气管镜检查时因操作不慎造成气管损伤。

二、临床表现

1. 颈部疼痛 吞咽或头部转动时疼痛加剧,并可放射至同侧耳部。颈部因疼痛导致活动受限。
2. 咳嗽及咯血 气管壁损伤后血液流入气管,可引起阵发性刺激性咳嗽,并咳出带泡沫的血痰。如损伤较大血管时,可引起大咯血。
3. 呼吸困难 气管黏膜肿胀、软骨炎症及并发纵隔气肿等时,可引起呼吸困难,多进行性加重。若发生气管环状软骨脱位,可引起严重的呼吸困难,甚至出现窒息危及生命。
4. 气肿 气管壁破裂时,气体可进入皮下组织,产生气肿,是气管损伤的重要体征。气肿可以是皮下局限性气肿,也可以是广泛性气肿,严重者可伴有纵隔气肿或气胸。

三、法医学鉴定

1. 损伤认定 根据外伤史和伤后临床表现认定,CT断层扫描和纤维支气管镜的检查对于气管损伤的认定具有重要价值。由于呼吸系统的疾病亦具有相似的临床表现,因此在法医学鉴定时需要与呼吸系统疾病进行鉴别。
2. 损伤程度与伤残等级 《人体损伤程度鉴定标准》规定,气管损伤为轻伤二级;气管穿孔或气管损伤遗留呼吸困难(3级)为重伤二级。

《道路交通事故受伤人员伤残评定》(GB 18667-2002)规定,轻度影响呼吸功能为Ⅹ级伤残;影响呼吸功能为Ⅴ级伤残;影响呼吸为Ⅳ级伤残;严重影响呼吸功能为Ⅲ级伤残;呼吸功能障碍为Ⅱ级;呼吸功能严重障碍为Ⅰ级伤残。

《劳动能力鉴定　职工工伤与职业病致残等级》(GB/T 16180-2014)规定,支气管成形术为八级伤残;气管部分切除术为七级伤残;支气管(或气管)胸膜瘘为六级伤残。

在法医学鉴定时,除根据呼吸困难的表现外,还应根据损伤的部位与程度并参考血气分析等实验室检查结果综合评定。此外,由于呼吸困难出现及改善的病程较长,在损伤3至6个月以后仍不能恢复时进行法医学鉴定为宜。

第五节　甲状腺与甲状旁腺损伤

甲状腺是人体最大的内分泌腺体(约15～25g),位于甲状软骨下紧贴在气管第3、4软骨环前面,由两侧叶和峡部组成。甲状腺通过生成三碘甲腺原氨酸(triiodothyronine,T3)和甲状腺素(tetraiodothyronine,T4)等激素调节机体的代谢与生长,提高神经系统兴奋性等。此外,甲状腺也生产降钙素,调节体内钙的平衡。

甲状旁腺为内分泌腺之一,是扁卵圆形小体,位于甲状腺侧叶的后面,也可藏于甲状腺实质内。一般分为上下两对,质量约120mg。甲状旁腺分泌的激素(甲状旁腺素)具有调节钙的代谢,维持血钙平衡的功能。

一、损伤原因与机制

甲状腺在颈部位置相对表浅,且居于颈部前部正中,容易受到损伤。而甲状旁腺位于甲状腺后部,位置较深且体积较小,单独损伤较少见,常合并甲状腺损伤。甲状腺损伤时,因甲状旁腺功能亢进,表现为高钙血症,高血钙可使神经兴奋性降低,导致神经肌肉和精神方面的异常,同时因骨质过度吸收容易发生骨折。

二、临床表现

1. 甲状腺损伤(thyroid injury)　甲状腺损伤可导致多系统功能异常,包括体重增加、便秘、头发干枯、皮肤粗糙、面色黄、不能耐寒、肌肉乏力、贫血、性功能下降等。严重时全身可出现不同程度黏液性水肿和昏迷,称之为"甲减危象"。

2. 甲状旁腺损伤(parathyroid injury)　甲状旁腺损伤可引起血钙下降,并出现手足搐搦症。典型表现为慢性双侧拇指强烈内收、掌指关节屈曲、指骨间关节伸张、腕肘关节屈曲形成鹰爪状,有时双足也呈强直性伸展,膝髋关节屈曲发作时可有疼痛。

此外,长期甲状旁腺功能障碍可有基底神经节钙化和锥体外系神经症状,包括帕金森病的表现,少数患者可出现颅内压增高与视盘水肿,纠正低钙血症可使症状改善。

三、法医学鉴定

1. 损伤认定　外伤史及损伤后典型的症状与体征是损伤认定的主要依据。对于外伤性甲状腺及甲状旁腺功能异常的确认,需连续动态观察并结合临床诊治情况综合判定。此外,甲状腺及甲状旁腺疾病也可导致激素的分泌异常并具有相似的临床表现,法医学鉴定时需要进行鉴别。

2. 损伤程度与伤残等级　《人体损伤程度鉴定标准》规定,甲状腺挫裂伤为轻伤二级;甲状旁腺功能低下(重度)或甲状腺功能低下,药物依赖为重伤二级。

《道路交通事故受伤人员伤残评定》(GB 18667-2002)对于甲状腺和甲状旁腺损伤无具体条款规定,损伤后出现甲状腺或甲状旁腺功能障碍的参照伤残等级划分原则和相关条款进行评定。

《劳动能力鉴定　职工工伤与职业病致残等级》(GB/T 16180-2014)规定,甲状腺功能轻度损害为八级伤残;甲状腺功能中度损害为六级伤残;甲状腺功能重度损害为五级伤残;甲状旁腺功能轻度损害为八级伤残;甲状旁腺功能中度损害为六级伤残;甲状旁腺功能重度损害为四级伤残。

甲状腺功能减退根据程度分为：①重度：临床症状严重；T3、T4 或者 FT3、FT4 低于正常值，TSH > 50μU/L；②中度：临床症状较重；T3、T4 或者 FT3、FT4 正常，TSH > 50μU/L；③轻度：临床症状较轻；T3、T4 或者 FT3、FT4 正常，TSH 轻度增高但 < 50μU/L。

甲状旁腺功能减退根据程度分为：①重度：空腹血钙 < 6mg/dl；②中度：空腹血钙 6~7mg/dl；③轻度：空腹血钙 7.1~8mg/dl。

第六节　颈部扼勒伤

颈部扼勒伤属于颈部损伤中一种特殊类型的损伤，在法医学鉴定中对于案件性质的认定具有特殊的意义。

一、损伤原因与机制

颈部勒伤为条带状物缠绕颈部并绞紧所导致的颈部损伤，常见的致伤工具有绳索、电线、铁链及皮带等；颈部扼伤则是以身体的某个部位扼压颈部所导致颈部损伤，多为单手及双手。

扼勒伤均可引起伤者缺氧，重者可出现窒息并危及生命。扼勒伤除致颈部软组织损伤外，还可伴有甲状软骨、舌骨、环状软骨骨折以及颈部血管和神经的损伤。

二、临床表现

1. 颈部挫伤　扼痕多分布于喉头两侧或颈侧部位，表现为浅红色或深红色，其形态根据致伤方式的不同可分为指甲痕（新月形或短线状）、指压痕（圆形或椭圆形）和虎口扼痕（横行）等。勒痕索沟多位于甲状软骨或以下部位，呈暗红色水平环形。

2. 窒息征象　因颈部扼勒致血管淤血，因此颜面部肿胀、发绀，并多伴有颜面部及球睑结膜下点状出血。

3. 声音嘶哑　因扼勒颈部造成喉及声门等组织水肿，导致声音嘶哑，重者不能发音，呼吸时伴喉鸣音。

4. 骨折　甲状软骨、环状软骨及舌骨均可发生骨折，以甲状软骨多见。在勒颈暴力较大时，可出现颈椎棘突骨折。

5. 吞咽困难　因颈部疼痛可致吞咽困难，为颈部扼勒后最明显的症状。

6. 中枢神经损害　颈部扼勒时，因血管受压致脑组织缺氧，可出现明显的神经系统功能障碍，轻者恶心、呕吐及头痛，重者可出现意识障碍或昏迷。

三、法医学鉴定

1. 损伤认定　根据外伤史和颈部扼勒痕等体征认定并不困难，但在颈部遭受扼勒后因出现意识障碍甚至昏迷，或由于逆行性遗忘而对外伤不能回忆时，应详细了解伤后的临床表现，必要时进行影像学检查，通过甲状软骨、舌骨及环状软骨等损伤情况进一步判断。

2. 损伤程度与伤残等级　《人体损伤程度鉴定标准》规定，颈部扼、勒伤致窒息征象、舌骨骨折、甲状软骨骨折等为轻伤二级；导致急性呼吸窘迫综合征（重度）时为重伤二级。因窒息遗有神经系统功能障碍的，依照相关条款进行评定。

单纯颈部扼勒伤一般不构成伤残，合并血管、神经、气管等损伤遗留功能障碍的依据相关标准和规定评定伤残等级。

《道路交通事故受伤人员伤残评定》（GB 18667-2002）规定，颈部损伤致严重声音嘶哑为Ⅸ级伤残。

《劳动能力鉴定 职工工伤与职业病致残等级》（GB/T 16180-2014）规定，发声及言语困难和发声及言语不畅分别为九级和八级伤残。

本章小结

本章主要概述了颈部损伤的原因、分类、主要症状与体征、法医学检查方法以及损伤认定、鉴定时机、伤病鉴别等。

颈部损伤包括颈部软组织损伤、食管与气管损伤、甲状腺和甲状旁腺损伤以及颈部神经损伤等内容。

颈部皮肤与皮下组织损伤法医学鉴定的重点是开放性损伤所遗留的瘢痕及瘢痕对颈部活动的影响,瘢痕的大小和对颈部活动的影响程度是法医学损伤程度和伤残等级评定的主要依据。

颈部大血管开放性损伤会导致大出血和失血性休克等,闭合性损伤可导致动脉夹层瘤、动静脉瘘和颈动脉血栓形成等,但老年人由于高血压、动脉硬化等病变往往也会导致颈动脉的狭窄,因此法医学鉴定时必须排除疾病所导致的血管病变。

呼吸困难和吞咽困难是气管和食管损伤程度与伤残等级评定的主要方面。食管与气管的损伤后可导致食管与气管的狭窄,特别是气管的狭窄,有时损伤处的瘢痕反复增生,会使病程迁延和加重。

甲状腺与甲状旁腺的损伤多为医源性损伤,常合并喉返神经损伤,导致声音嘶哑等。

颈部扼勒伤可以导致舌骨骨折、甲状软骨骨折等,常合并血管、神经、气管等损伤,窒息是主要的临床表现,长时间窒息可以死亡或遗留神经功能障碍。

（黎宇飞）

思考题

1. 颈部损伤的主要临床症状与体征。
2. 颈动静脉瘘的形成机制。
3. 颈部不同部位软组织损伤的鉴定注意要点。
4. 颈部扼勒伤的临床表现及法医学鉴定注意事项。

第十章 胸部损伤

学习提要

【掌握内容】 胸部损伤的主要症状与体征、胸部常见损伤的法医学鉴定。

【熟悉内容】 胸部损伤的检查方法与法医学意义;胸部不同损伤的原因与机制及临床表现。

【了解内容】 胸部的解剖结构与生理功能。

第一节 概　　述

胸部由胸骨、胸椎和肋骨及软组织围成,是人体第二大体腔。上与颈部相连,下有横膈膜与腹腔分隔,胸腔内有心、肺以及气管、食管、大血管等组织器官,具有呼吸、循环等重要的生理功能。胸廓的完整及有节奏的协调活动和胸膜腔负压的存在是维持正常的呼吸功能及循环功能的基础。

胸部是外来暴力作用的常见部位。据文献报道,全球每年因交通事故而死亡的病例,25% 直接死于胸部损伤,另 25% 死亡与胸部创伤有关。

不同部位、不同类型的胸部损伤对机体的损害差别很大,是否影响正常的呼吸和循环功能是判断胸部损伤严重程度的关键。

一、损伤分类

胸部损伤根据损伤组织是否与外界相通,分为开放性和闭合性损伤。根据损伤的组织与器官分为胸壁损伤、胸膜腔损伤以及胸腔内的脏器损伤等。

二、主要症状和体征

胸部损伤的主要表现为呼吸和循环方面的异常,若合并其他部位的损伤,则会出现其他的症状与体征。

1．胸痛　是胸部损伤最常见的症状,胸壁和胸腔损伤均可以导致胸痛,严重的胸痛往往是胸廓骨折所致,疼痛随呼吸、咳嗽和喷嚏而加重,病人因疼痛不敢深呼吸;胸段食管破裂可出现胸骨下或上腹部剧烈疼痛,若破入胸腔,可出现患侧胸痛。下胸部肋骨骨折,有时疼痛可沿肋间神经放散到腹部,表现为腹痛,但无明显的腹肌紧张。

2．呼吸困难(dyspnea)　胸部损伤病人可有不同程度的呼吸困难,自觉空气不足及呼吸费力,表现为呼吸频率、深度和节律异常。严重者鼻翼扇动,呼吸时张口耸肩,并出现发绀。持续的呼吸困难最终可导致严重的低氧血症,继发急性呼吸窘迫综合征(acute respiratory distress syndrome,ARDS)或多器官功能衰竭而危及生命。

3．咯血　咯血是肺或支气管损伤的证据。周边肺的损伤出现咯血时间较晚,量也较少,但邻近肺门的肺实质或气管、较大的支气管损伤，伤后出血早且量多；肺冲击伤的咯血常为血性泡沫样。

4. 发绀 表现为口唇及甲床呈青紫色。发绀表明呼吸困难严重，但大量失血，还原血红蛋白低于50g/L时，病人即使有严重的呼吸困难也不出现发绀。

5. 反常呼吸运动 多根多处肋骨骨折或肋骨骨折合并肋骨和肋软骨分离或胸骨骨折均可引起胸壁软化，形成浮动胸壁，亦称连枷胸（flail chest）。此类伤者可观察到反常呼吸运动，吸气时软化胸壁向内凹陷，呼气时往外凸出。受伤早期或肥胖病人，反常呼吸的表现可不明显。

6. 皮下气肿 常见于面颈部、上胸部及上肢，是张力性气胸及气管、食管破裂时的常见表现。

三、法医学检查

（一）一般检查

观察并记录胸部软组织有无损伤，有无皮下气肿，胸壁有无隆起或凹陷，局部有无压痛或挤压痛，有无反常呼吸，有无呼吸音减弱等。如继发呼吸困难，可出现呼吸深度和呼吸节律的异常，并出现发绀等缺氧表现。

（二）辅助检查

1. X线平片 胸部创伤最常用的辅助检查。通过X线检查，可以观察有无肋骨骨折、骨折的数量及移位情况，判断有无血胸、气胸及积血、积气的多少以及肺被压缩的程度。

2. CT扫描 CT扫描比常规的X线检查敏感，对胸部损伤，如肋骨骨折、血胸、气胸、肺实质损伤、外伤性膈疝、大血管损伤等均具有诊断价值，特别是对于肺挫伤和肺裂伤的鉴别具有重要意义。

3. 磁共振成像（MRI） MRI对软组织损伤具有特殊诊断价值，如软组织创道的长度及宽度。在常规X线检查及CT检查不能明确诊断时，可选择MRI检查。

4. 超声波检查 近年发展的彩色血流成像，利用多普勒效应可显示出血流速度、判定血流方向和器官活动，用于心包积液、胸腔积液、二尖瓣脱垂、房间隔及室间隔破裂和主动脉假性动脉瘤等胸部损伤的诊断。对于高度怀疑有胸壁穿透创的伤者，可以利用B超检查予以佐证。

5. 心电图 通过心电监护可以初步分析有无心律失常、心肌损害等，对认定心脏挫伤及心功能评价有一定价值。

6. 血气分析 可判定通气或换气障碍，早期发现肺功能不全，通过对PaO_2和$PaCO_2$的综合演算分析，可为呼吸功能损害的发生与否及严重程度判断提供客观依据。

第二节 胸 壁 损 伤

一、胸壁软组织损伤

胸壁软组织由外到里包括皮肤、皮下组织、肌肉、壁层胸膜以及其中的神经、血管和淋巴组织。

（一）损伤原因和机制

胸壁软组织损伤以机械性暴力损伤多见，常由致伤物直接作用所致。间接挤压外力造成肋骨骨折时，如骨折断端向外也可损伤胸壁软组织。

钝器，如拳、石块等可造成擦伤、挫伤及挫裂伤，范围一般比较局限。锐器，如刀、匕首等可造成切割创、砍创或刺创，创腔可深可浅，视损伤时局部所受的锐性暴力作用大小及作用的方向而异。枪弹造成的火器创常深达胸腔，交通事故所致的胸部损伤因作用力大，损伤范围广泛，往往伴有内脏损伤。高温及化学品造成的胸部烧烫伤常合并有头面、颈部的烧烫伤。

（二）临床表现

闭合性损伤局部可见擦伤、挫伤，软组织肿胀等，开放性损伤局部可见创口、出血等。有时胸壁皮肤完整，但深部软组织（含胸膜壁层）发生裂伤，裂口对应部位的肺组织可通过裂口疝入皮下。

（三）法医学鉴定

1. 损伤认定　胸壁软组织损伤主要根据体表局部所见认定，但要注意鉴别和排除胸壁涂敷某些颜料或药物所致的颜色改变。胸壁穿透伤主要依据临床探查及影像学检查确认。

2. 损伤转归　单纯的胸壁软组织挫伤，预后良好；胸壁软组织创口，经外科清创缝合治疗，瘢痕愈合后一般不影响胸廓功能；大面积深度烧烫伤，早期可因休克、感染而危及生命，晚期疤痕形成可影响胸廓的运动，若与颈部或上肢形成疤痕粘连，则可出现相应的功能障碍。

3. 损伤程度与伤残等级　《人体损伤程度鉴定标准》规定，胸壁穿透创为轻伤二级。其他损伤按照体表软组织损伤有关规定评定。

《道路交通事故受伤人员伤残评定》(GB 18667-2002)规定，瘢痕面积达体表面积4%以上的为Ⅹ级伤残，瘢痕面积达体表面积12%～76%，根据程度的不同分别为Ⅸ级至Ⅰ级伤残。

《劳动能力鉴定　职工工伤与职业病致残等级》(GB/T 16180-2014)规定，全身瘢痕面积<5%，≥1%为十级伤残；全身瘢痕占体表面积≥5%～90%，根据程度的不同分别为九级至一级伤残。

二、乳房损伤

乳房由乳腺组织构成，位于胸前壁胸肌和深筋膜的浅面，覆盖第2～6肋前面。女性乳房不仅具有哺乳功能，而且是女性第二性征标志之一。女性乳房大小因人而异，与幼儿期、青春期、月经期、哺乳期、绝经后期等不同时期有关。

（一）损伤原因和机制

乳房是胸前壁的一部分，机械性损伤、电击伤和化学性损伤均可伤及乳房，不恰当的乳房整形手术和性暴力也是导致乳房损伤的重要原因。

（二）临床表现

各种不同性质的损伤有其不同的特征，如咬伤后的咬痕会遗留有牙齿特征，乳房的裂伤、切割伤、烧伤愈合后会遗留瘢痕和变形，严重乳房损伤可致乳房组织部分或全部缺失；乳腺及其导管的损伤，可出现溢乳、排乳障碍或继发感染。

（三）法医学鉴定

1. 损伤认定　根据乳房损伤当时所见及愈合后瘢痕、变形、缺失等认定。对于乳腺及乳腺导管是否损伤，主要是通过手术探查或乳腺导管造影检查以及MRI、B超、钼靶摄片等检查确认。

2. 损伤转归　浅表皮肤损伤多预后良好；深层组织损伤多以瘢痕形式愈合，并可导致乳房变形；乳腺导管损伤会造成排乳障碍，常反复继发感染。

3. 损伤程度与伤残等级　《人体损伤程度鉴定标准》规定，女性一侧乳房部分缺损或者乳腺导管损伤为轻伤二级；女性一侧乳房损伤，丧失哺乳功能为轻伤一级；女性双侧乳房损伤，完全丧失哺乳功能，或女性一侧乳房大部分缺失，为重伤二级。

《道路交通事故受伤人员伤残评定》(GB 18667-2002)规定，女性一侧乳房部分缺损或畸形为Ⅹ级伤残；女性一侧乳房缺失（或严重畸形）、女性一侧乳房缺失（或严重畸形）合并另一侧乳房部分缺失（或畸形）、女性双侧乳房缺失（或严重畸形）的伤残等级分别为Ⅸ级、Ⅷ级和Ⅶ级伤残。

《劳动能力鉴定　职工工伤与职业病致残等级》(GB/T 16180-2014)规定，女性乳腺修补术后为十级伤残；女性乳腺成形术后、女性单侧乳房切除或严重瘢痕畸形、女性双侧乳房部分缺损、女性双侧乳房完全缺损或严重瘢痕畸形分别为九级、八级、七级和六级伤残。

此外，评定乳房损伤程度时应注意下列问题：①女性乳房缺失程度的精确测量有时非常困难，相对精确的方法是通过图像分析和测量软件进行计算；②完全丧失哺乳功能是指双侧乳房均有乳腺、输乳管、输乳管窦或乳头等结构的破坏，无法进行哺乳；③对于绝经期妇女，生理上已无法产生乳汁，评定损伤程度时不宜用丧失哺乳功能的条款进行评定。

三、胸骨和肋骨骨折

胸骨、12 对肋骨及 12 个胸椎共同构成骨性胸廓，保护胸腔内器官，并参与呼吸运动。骨性胸廓结构受损，特别是胸廓稳定性破坏或合并胸腔内的重要器官的损害会影响呼吸、循环功能，甚至危及生命。

（一）损伤原因和机制

1. 胸骨骨折　胸骨骨折较为少见，约占胸部骨折的 5%，主要由直接暴力作用而致。骨折多发生在接近胸骨角的胸骨体部位，亦可发生在胸骨柄和胸骨体交界处软骨连接部。胸骨骨折多为横向骨折，如有移位，骨折下部多向前，胸骨断端相互重叠。

胸骨骨折如伴有与其连接的肋软骨、肋骨多发性骨折时，可出现连枷胸、前胸壁下陷及反常呼吸运动。

2. 肋骨骨折　肋骨骨折（rib fracture）是胸部骨折中最常见的损伤，直接暴力或间接暴力均可导致肋骨骨折。

直接暴力作用于胸廓，受力处肋骨向内弯曲而折断，如骨折断端折向胸内，易刺破肋间血管、胸膜、肺组织，造成气胸和（或）血胸。间接暴力作用于胸廓，肋骨受到挤压变形，在暴力作用点远隔处过度向外弯曲发生骨折，骨折断端常向外突出，可刺破皮肤，形成开放性创口。

肋骨骨折的类型、程度除与暴力的性质、大小、作用方式有关外，还与肋骨本身的解剖学特点有关。第 1～3 肋骨因受锁骨及肩部的保护而不易骨折；第 8～10 肋骨连接于肋软骨上，有弹性缓冲，也不易折断；第 11～12 肋骨为浮肋，前端游离，活动度大，更少发生骨折。因此，肋骨骨折一般多发生在第 4～7 肋骨。此外，儿童的肋骨富有弹性，不易折断，老人的肋骨骨质疏松，脆性较大，容易发生骨折。

（二）临床表现

疼痛是胸骨和肋骨骨折最显著的症状。疼痛可随呼吸、咳嗽、喷嚏、体位改变而加剧，伤者因疼痛而不敢深呼吸及咳嗽，易使分泌物滞留，而加重呼吸困难。

典型者可扪到骨擦感，若多段肋骨骨折或合并胸骨骨折可形成连枷胸，表现为胸廓变形及反常呼吸运动，患者呼吸困难，发绀，甚至休克。

胸部 X 线摄片检查能显示骨折的部位、数目及形状，同时可了解胸膜腔及肺部有无并发损伤等。CT 可以更清楚地显示骨折的类型、数目与程度。

（三）法医学鉴定

1. 损伤认定　根据外伤史、胸骨与肋骨骨折的体征以及影像学检查认定。对于常规 X 线检查难以确定的骨折，可进行动态 X 线观察或断层摄片或三维 CT 扫描。连续动态影像学观察除有助于骨折的确认外，还有助于新鲜骨折与陈旧性骨折判断。新鲜骨折无骨痂、骨折线锐利，陈旧性有骨痂形成或已骨性愈合。

此外，在法医学鉴定中还应注意自发性骨折与病理性骨折的识别。自发性骨折好发于有慢性肺部疾病的老年人，往往由于咳嗽造成胸部肌肉突然牵拉而致。病理性骨折多由肿瘤转移引起。

2. 损伤转归　无明显移位的单处肋骨骨折，一般无需特殊治疗即能自愈，多发性肋骨及胸骨骨折可形成连枷胸，须手术治疗。此外，第 1 肋骨骨折愈合形成的骨痂，有时可压迫邻近的神经、血管，引起胸廓出口综合征。

3. 损伤程度与伤残等级　根据骨折的类型、数目以及是否合并胸内器官损伤等进行判定。

《人体损伤程度鉴定标准》规定，胸骨骨折、肋骨骨折 2 处以上分别为轻伤二级，肋骨骨折 6 处以上为轻伤一级。骨折的数量既包含单根肋骨多处骨折，也包含多根多处肋骨骨折，但不包含肋软骨（儿童除外）。

《道路交通事故受伤人员伤残评定》（GB 18667-2002）规定，4 肋以上骨折或 2 肋以上缺失评定为

Ⅹ级伤残;8肋以上骨折或4肋以上缺失评定为Ⅸ级伤残;12肋以上骨折评定为Ⅷ级伤残。

《劳动能力鉴定 职工工伤与职业病致残等级》(GB/T 16180-2014)规定,双侧≥3根肋骨骨折致胸廓畸形为八级伤残。

四、锁骨与肩胛骨骨折

锁骨为长管状骨,呈"S"形位于胸骨柄与肩胛骨之间,成为连接上肢与躯干之间唯一的骨性支架,易受外力作用而引起骨折。肩胛骨为一扁而宽的不规则骨,贴于胸廓后外面,介于第2到第7肋骨之间,周围有较厚的肌肉包裹而不易骨折。

(一)锁骨骨折

1. 损伤原因与机制 锁骨骨折常见于跌倒时手掌或肩肘部着地时间接传导暴力所致,骨折好发于锁骨的中外1/3处,斜行骨折多见;直接暴力多为粉碎性骨折,骨折部位多位于锁骨中段。

幼儿骨折时,因小儿骨膜较厚,以无移位或轻度成角畸形者为多见。成人骨折时,骨折多有移位,典型的移位是内侧端因受胸锁乳突肌作用向上后方移位,外侧端因骨折断端本身重力影响而向下移位。此外,由于胸大肌的收缩,断端同时出现短缩重叠移位。

2. 临床表现 局部疼痛、肿胀、畸形,有时可触及锁骨骨擦感及异常活动。因骨折断端的疼痛,上肢运动明显受限,尤以上举及外展时明显。影像学检查可见骨的连续性中断、断端移位以及骨折愈合及愈后畸形的情况。

3. 法医学鉴定

(1)损伤认定:根据外伤史、临床表现认定,影像学所见是锁骨骨折认定的客观依据。

(2)损伤转归:由于肩关节活动的牵拉,锁骨骨折不易维持在整复的位置,常导致畸形愈合;锁骨远端骨折如涉及肩锁关节,可以导致肩关节的轻度障碍。

(3)损伤程度及伤残等级:《人体损伤程度鉴定标准》规定,锁骨骨折为轻伤二级。

《道路交通事故受伤人员伤残评定》(GB 18667-2002)对于单纯锁骨骨折无具体规定,一般不构成伤残。但依照《劳动能力鉴定 职工工伤与职业病致残等级》(GB/T 16180-2014)有关骨折的规定,可评定为十级伤残。

对于锁骨骨折影响肩关节功能的,需要医疗终结后根据肩关节功能障碍程度进行评定,具体参阅四肢骨与关节损伤。

(二)肩胛骨骨折

1. 损伤原因与机制 肩胛骨骨折多由仰位跌倒或来自侧后方的直接暴力所致,以肩胛体下部骨折多见。

2. 临床表现 疼痛、肿胀、肩关节活动受限。因骨折及血肿刺激冈上肌、冈下肌及肩胛下肌可出现持续性收缩,呈假性肩袖损伤的症状。动态影像学检查可见骨的连续性中断、断端移位以及骨折愈合的表现。

3. 法医学鉴定

(1)损伤认定:根据外伤史和临床表现认定,影像学检查或手术所见是肩胛骨骨折认定的直接依据。

(2)损伤转归:肩胛骨骨折一般预后良好,即使畸形愈合者,也多无功能障碍。当锁骨骨折合并肩胛颈移位骨折时,由于上肢带失去骨性的支撑和连接,骨折端会出现明显不稳。

(3)损伤程度与伤残等级:《人体损伤程度鉴定标准》规定,单纯肩胛骨骨折为轻伤二级。

《道路交通事故受伤人员伤残评定》(GB 18667-2002)对于单纯肩胛骨骨折无具体规定,一般不构成伤残,但根据《劳动能力鉴定 职工工伤与职业病致残等级》(GB/T 16180-2014)有关骨折的规定可评定为十级伤残。

肩胛骨骨折若累及肩关节并影响肩关节功能的,依据医疗终结后肩关节功能障碍程度评定损伤程度和伤残等级,具体参阅四肢骨与关节损伤。

第三节 肺 损 伤

肺是气体交换的器官，全身的静脉血在肺泡毛细血管处交换成动脉血，将氧气带到全身各个器官。肺占据胸腔的大部分空间，通过气管与外界气体相通。肺损伤(injuries of the lungs)根据外力作用的性质可分为机械性肺损伤、肺烧伤，根据外力作用的方式以及后果分为肺挫伤、肺裂伤、肺内血肿及外伤性肺假性囊肿、肺内异物等。

一、机械性肺损伤

(一)损伤原因和机制

肺损伤分为开放性损伤和闭合性损伤，锐器和火器可导致肺的开放性损伤，钝器可导致肺的闭合性损伤，剧烈爆炸产生的气流和气压也可导致肺的损伤。由于暴力作用的强度及方式不同，轻者为局限性肺挫伤，重者为广泛性肺挫伤或肺裂伤。此外，肺的血管破裂出血或小支气管破裂，可继发肺内血肿和外伤性肺假性囊肿形成。

外伤性肺假性囊肿形成的机制目前尚未完全明确，可能是肺实质或小支气管破裂，空气局限聚积于肺实质所致，由于囊壁层无上皮层覆盖，故称为假性囊肿。

闭合性损伤导致肺裂伤的机制有：①肋骨骨折时尖锐的肋骨断端直接刺伤肺；②在胸部遭受外力挤压的一瞬间，声门突然关闭，胸廓下陷，继而随着挤压力的消除，变形胸廓弹回，胸腔内压力骤然增加或降低产生剪力，导致肺破裂。肺爆震性损伤的程度和类型取决于冲击波压力的大小、压力升降转换的速度以及作用于人体的时间。

肺损伤后可发生出血、渗出、水肿，肺实质区域性或弥漫性出血，局部肺不张，肺泡破裂等，同时肺血流因阻力增高而减少，气体交换能力减弱，进而影响呼吸功能。

(二)临床表现

1. 肺挫伤 胸痛、胸闷、咳嗽、咯血。如挫伤面积大，常咯出泡沫状血性痰，继发呼吸功能不全者，可有呼吸困难、发绀等表现。X线检查见挫伤处有结节状密度增高的阴影，严重肺挫伤则可见弥漫性粟粒样混浊阴影，还可发现肺气肿、肺实变或肺不张等。X线表现70%在受伤后1小时内出现，余下之30%可以延迟到4～6小时，肺爆震伤多在1～2天内(重者在6小时内)发展至高峰。

2. 肺裂伤 胸痛、气短、咯血，严重者出现呼吸困难、休克。由于外伤性肺裂伤常伴有肺挫伤，X线胸片检查可见模糊团块状阴影以及气胸或血胸征象。

3. 肺内血肿及外伤性肺假性囊肿 肺内血肿多在伤后数小时或数天内出现，单纯肺内血肿及外伤性肺假性囊肿本身一般无明显症状和体征，部分伤者可有咳嗽、咯血、低热等症状，个别可继发感染。肺内血肿由于肺的弹性回缩而呈圆球形，X线胸片或CT片上呈圆形阴影，多位于肺之周边部，常在数周或数月内逐步缩小以至完全消失。外伤性肺假性囊肿在胸片上为含气空腔影，可自行吸收消失。

(三)法医学鉴定

1. 损伤认定 主要依据外伤史、伤后临床表现、影像学检查以及手术所见等确认，多次动态X线检查有助于肺挫伤的诊断；肺爆震伤体表可无明显损伤所见，但肺损伤严重；无肋骨骨折的闭合性肺裂伤常有多处裂口，裂口多不整齐，呈锯齿状。

2. 损伤转归 不同类型的肺损伤，愈后情况不一。由于肺循环压力较低，少量出血能自止，同时肺组织有很强的自行修复能力，一般预后较好。无合并呼吸功能不全的单纯性肺挫伤及小的肺裂伤等通过一般的观察治疗，可以完全自愈而不留后遗症，严重的肺裂伤多需手术修补或切除。广泛性肺挫伤、爆震伤合并呼吸功能不全的，因缺氧及呼吸功能障碍可继发缺氧性脑病等，甚至危及生命。

3. 损伤程度与伤残等级 首先需要明确原发性损伤的部位、类型、范围,注意损伤治疗期间有无明显的呼吸困难及失血性休克,是否经过手术治疗以及治疗终结后是否遗留明显呼吸功能障碍等。

《人体损伤程度鉴定标准》规定,肺破裂须行手术治疗为重伤二级,行一侧全肺切除或双肺三肺叶切除者为重伤一级。

《道路交通事故受伤人员伤残评定》(GB 18667-2002)规定,肺破裂修补、单纯肺叶切除分别为X级和Ⅸ级伤残;肺叶切除后,根据呼吸功能障碍程度最低为V级伤残,最高为I级伤残。

《劳动能力鉴定 职工工伤与职业病致残等级》(GB/T 16180-2014)规定,肺段切除术或肺功能轻度损害为八级伤残;肺叶切除术者为七级伤残;肺叶切除并肺段或楔形切除术、肺叶切除并支气管成形术为六级伤残;双肺叶切除术、肺叶切除术并大血管重建术为五级伤残;一侧全肺切除术、双侧肺叶切除术、肺叶切除并部分胸廓成形术、肺叶切除并隆凸切除成形术、一侧肺移植术为四级伤残;一侧全肺切除并胸廓成形术、一侧全肺切除并隆凸切除成形术、一侧全肺切除并大血管重建术为三级伤残;肺功能重度损害及(或)重度低氧血症、一侧全肺切除并胸廓成形术合并呼吸困难Ⅲ级为二级伤残;肺功能重度损害和呼吸困难Ⅳ级需终生依赖机械通气、双肺或心肺联合移植术为一级伤残。

肺功能检查包括通气功能、换气功能、呼吸调节功能及肺循环功能等。对于呼吸功能障碍的评定,应明确导致呼吸功能障碍的病理基础,并结合血气分析等客观检查予以确认。

肺破裂的手术指征一般包括如下情况:①进行性血胸:连续3小时所引流的血性液体大于200ml/h,血红蛋白进行性下降,脉搏增快,血压下降;②凝固性血胸:生命体征继续恶化,胸管内无血性胸液或仅流出少量血性胸液,胸部X线示胸腔阴影不断增大;③放置胸腔引流管后,有大量气体逸出,呼吸困难;④胸内残留异物较大,子弹穿过纵隔、子弹栓塞和全身性空气栓塞;⑤肺部严重撕裂病例,管腔部分闭塞,且已并发严重感染者,需行肺切除术。

呼吸功能障碍程度的分级:1级:与同年龄健康者在平地一同步行无气短,但登山或者上楼时呈气短;2级:平路步行1000m无气短,但不能与同龄健康者保持同样速度,平路快步行走呈现气短,登山或者上楼时气短明显;3级:平路步行100m即有气短;4级:稍活动(如穿衣、谈话)即气短。

二、肺烧伤

(一)损伤原因与机制

吸入高热干燥气体或高热蒸汽,可致呼吸道烧伤。少量高温气体或蒸汽吸入,仅导致上呼吸道黏膜烧伤,若吸入大量高温气体或蒸汽,则累及下呼吸道,受累黏膜水肿、出血、溃疡形成,肺实质边缘性气肿、充血并导致肺水肿。

(二)临床表现

声音嘶哑、哨鸣音、呼吸困难并伴有面部烧伤,呼吸道黏膜水肿、出血、溃疡形成,肺实质边缘性气肿与肺水肿等,肺部湿性啰音一般多在2天后出现。

(三)法医学鉴定

1. 损伤认定 根据烧伤的病史、临床表现认定。对于烧伤肺还应考虑有一氧化碳中毒可能,其碳氧血红蛋白水平测定有助于诊断。

2. 损伤转归 在火灾现场中,燃烧物除发生火焰外,尚产生有毒气体(CO、醛类、HCN、SO_2、As_2O_3、AsH_3、NO_2、P_2O_3 等),吸入这些有毒气体,可引起呼吸道的化学烧伤。同时,化学毒素经黏膜吸收入体内还可以引起中毒。肺烧伤合并呼吸功能不全可因缺氧及呼吸功能障碍危及生命或继发缺氧性脑病等。

3. 损伤程度与伤残等级 损伤程度主要根据损伤当时是否危及生命以及是否遗留呼吸功能障碍等依据相关规定进行评定,伤残等级主要依据医疗终结后是否遗留呼吸功能障碍和是否继发缺氧性脑病等进行评定。

第四节　胸膜腔损伤

胸膜腔是由壁层胸膜与脏层胸膜共同组成的一个潜在性空腔,正常情况下腔内不含有气体,只有微量液体存在,呈负压,使肺组织能保持在扩张状态,并在呼吸运动中随胸廓体积变化而缩小和扩张,亦使静脉内血液易于回流入心。当空气或(和)血液进入胸膜腔后,胸腔内负压消失,就会妨碍呼吸和循环功能。因外伤引起的胸膜腔积气或积血,称为外伤性气胸或血胸,如气胸与血胸同时存在,称为血气胸。据文献报告,外伤性气胸、血胸占胸部创伤住院病人的60%～90%。

一、外伤性气胸

当损伤致胸壁及胸膜破裂或肺组织、支气管破裂,外界空气或呼吸道中的气体就可通过破裂口进入胸膜腔,产生气胸。气胸根据进入胸膜腔内的气体形式与状态分为闭合性气胸、开放性气胸和张力性气胸。

(一)损伤原因和机制

1. 闭合性气胸　气体从小的胸壁创口或肺浅表裂伤处进入胸膜腔后,原来破裂的伤口闭合,胸膜腔不再与外界相通,称为闭合性气胸。

闭合性气胸常见于肋骨骨折断端内陷,刺破肺组织,或胸壁上较小的穿透性创伤。进入胸膜腔内的空气一般不多,可逐渐被吸收而自行消失,受压缩的肺也随即逐渐扩张,恢复原状。小量的气体可于数小时或数天内被吸收;若大量气体压迫肺,则可引起呼吸困难。

2. 开放性气胸　多见于锐器和火器所致的胸壁穿透伤,形成空气自由出入胸膜腔的通道,若创口较大,则胸膜腔内负压消失,腔内压力与大气压相同。伤侧肺被压缩,纵隔亦因伤侧压力增大而向健侧移位,使健侧肺部分被压缩。同时,因伤侧胸膜腔内压力在呼气或吸气时,均与大气压相等,而健侧胸膜腔在呼气时和吸气时,腔内压力不同,以致在呼吸运动中,纵隔随呼吸发生摆动,这种状态称为纵隔扑动。纵隔扑动使纵隔内大血管受压,增加静脉回流的困难,影响循环功能,同时刺激纵隔及肺门的神经,极易引起休克。

开放性气胸的严重性取决于伤口的大小及伤者原有肺活量的大小。如伤口大,进入的空气量多,肺被压缩严重,而伤者原有的肺活量又较低,无足够的补偿能力,则可在受伤后短时间内因严重的呼吸功能和循环功能障碍导致死亡。

3. 张力性气胸　常见于肺和支气管裂伤。此时,裂口具有活瓣作用,吸气时,肺内压力增加,活瓣开启,空气进入胸膜腔;呼气时,活瓣关闭,胸膜腔内空气不能经裂口逸出。空气只入不出,使胸膜腔内空气量不断增多,压力也越来越高,对肺的压迫和对纵隔的推移也就愈来愈严重,使腔静脉扭曲,胸膜腔内负压消失,严重影响静脉血回心。有时胸膜腔内气体可进入纵隔和皮下组织,形成纵隔气肿和皮下气肿,说明气胸的压力高和壁层胸膜有破裂。伤口部位若被血凝块堵塞或因组织水肿而封闭,则张力性气胸将转变为闭合性气胸。

(二)临床表现

1. 闭合性气胸　胸部或背部局部软组织可见挫伤或合并有肋骨骨折,小量气体一般无明显症状,如进入空气较多,伤者感到胸部紧闷和气短。虽然伤侧的肺受到一定程度压缩,但健侧的肺有足够的补偿能力,故一般不出现呼吸困难。X线检查可见伤侧胸部透光度增强,并可见不同程度的肺压缩。

2. 开放性气胸　胸背部可见创口,空气进出创口时可发生响声。胸痛、胸闷、呼吸困难、血压下降,严重者发生休克。X线检查可见胸膜腔内积气以及纵隔移位和纵隔扑动。

3. 张力性气胸　胸痛剧烈,呼吸困难,口唇发绀,气管和纵隔向健侧移位,可有广泛的皮下气肿。肺组织有裂伤时可出现咯血。X线检查可见纵隔显著移位,膈肌下降;有纵隔气肿或皮下气肿时,可见纵隔或皮下组织有大量空气影。

（三）法医学鉴定

1. **损伤认定**　根据外伤史，临床表现、特别是影像学检查以及手术所见确认，对无明显外伤征象的单纯闭合性气胸，应排除自发性气胸。

2. **损伤转归**　外伤性气胸的预后与损伤类型及临床治疗有关。小量闭合性气胸一般无需特殊治疗，胸腔内气体可逐渐吸收，萎陷肺随之复张。中、大量闭合性气胸可出现呼吸困难，通过胸腔闭式引流术多能治愈。开放性气胸及张力性气胸病情危急，可因呼吸、循环功能障碍而致命，有时须行开胸手术，修补破裂的支气管及肺组织或切除损伤的肺叶。

3. **损伤程度与伤残等级**　《人体损伤程度鉴定标准》规定，外伤导致胸腔积气者为轻伤二级；气胸或者血气胸，伴一侧肺萎陷30%以上，或者双侧肺萎陷均在20%以上，为轻伤一级；气胸或者血气胸，伴一侧肺萎陷70%以上，或者双侧肺萎陷均在50%以上，为重伤二级。

测定肺萎陷程度的方法有目测法、面积法、平均胸膜间距离法、三线法和CT测量法。其中目测法简单实用，但精确性稍差；CT测量法较为准确，但必须具有相应的计算机软件。当目测结果为鉴定标准规定的临界值时，建议使用两种以上方法相互印证。

外伤性气胸的伤残等级主要是根据原发性损伤以及是否遗有呼吸功能障碍等进行评定。

对于单纯气胸的伤残等级，《道路交通事故受伤人员伤残评定》（GB 18667-2002）无具体规定，《劳动能力鉴定　职工工伤与职业病致残等级》（GB/T 16180-2014）规定，气胸行单纯闭式引流术后胸膜粘连增厚为十级伤残。

二、外伤性血胸

（一）损伤原因和机制

外伤性血胸可由钝器、锐器及火器损伤所致，胸壁软组织的闭合性损伤常伴有肋骨骨折，出血部位多来自肋间血管或破裂的肺组织，也可来自胸腔内大血管，如主动脉、上腔静脉等。

部分伤者损伤当时无血胸表现，但伤后（通常2～18天）发现血胸，其原因可能为早期胸内积血量少未被发现、伤后不适当活动加重了出血、活动时肋骨骨折断端又刺破肋间血管或胸膜、已封闭的血管破口处凝血块脱落等。

由于临床症状与胸腔内的积血量密切相关，因此在临床上根据胸腔内积血量的多少分成小量血胸（积血少于500ml）、中量血胸（积血500～1000ml）、大量血胸（积血1000ml以上）。

（二）临床表现

小量血胸者，临床症状和体征可不明显，中量及大量血胸者，可有呼吸及循环功能障碍。X线可见外侧高、内侧低的液性阴影，膈肌外形消失。如伴有气胸，可见液平面。小量血胸的X线检查仅见肋膈角变钝。

（三）法医学鉴定

1. **损伤认定**　根据外伤史、临床表现，特别是影像学检查和手术所见确认。如对积液性质有疑义，通过胸腔穿刺或闭式引流引出的血液，即可判定。

2. **损伤转归**　中量的血胸，通过胸腔穿刺或闭式引流手术可以清除积血。大量血胸或活动性出血者，可继发急性循环、呼吸功能障碍，必要时需要剖胸探查止血。

胸腔内积血如不能清除干净可并发凝固性血胸，即纤维蛋白和血凝物覆盖在肺表面机化成为无弹性的纤维膜将肺包裹而影响呼吸功能。此外，胸腔内积血是细菌的良好培养基，若开放性创口或有异物残留或治疗不当，极易引致细菌感染形成脓胸，严重者继发胸膜心包粘连，影响心功能。

3. **损伤程度与伤残等级**　《人体损伤程度鉴定标准》规定，外伤导致胸腔积血者，为轻伤二级；血胸或者血气胸，伴一侧肺萎陷30%以上，或者双侧肺萎陷均在20%以上，为轻伤一级；血胸或者血气胸，伴一侧肺萎陷70%以上，或者双侧肺萎陷均在50%以上为重伤二级。

外伤性血胸的伤残等级主要是根据原发性损伤以及是否遗有胸膜粘连、呼吸功能以及心功能障碍等依照相关标准进行评定。

对于单纯血胸的伤残等级，《道路交通事故受伤人员伤残评定》(GB 18667-2002)无具体规定，《劳动能力鉴定　职工工伤与职业病致残等级》(GB/T 16180-2014)规定，血胸行单纯闭式引流术后胸膜粘连增厚为十级伤残。

第五节　纵隔器官损伤

纵隔位于左、右胸膜之间，呈矢状位分隔左右胸腔。内含胸腺、心包、心脏、大血管、胸导管、气管、食管、神经、淋巴管以及淋巴结、脂肪组织和大量的蜂窝组织。因纵隔的结缔组织和颈部、腹部的结缔组织相延续，因此，颈或腹部损伤也可累及纵隔。

一、心脏损伤

心脏位于两肺之间，膈肌的上方，与食管等后纵隔的器官相邻。心脏主要由心肌构成，是血液运输的动力器官。心脏有左心房、左心室、右心房、右心室四个腔，左右心房之间和左右心室之间均由间隔隔开，互不相通，心房与心室之间有瓣膜，这些瓣膜使血液只能由心房流入心室。

心脏损伤(injuries of the heart)多因钝器、锐器、火器所致，可分为闭合性损伤和开放性损伤(心贯穿伤)。开放性损伤一般诊断明确，病情危重，鉴定中不易引起争议。而闭合性损伤需要与心脏自身疾病进行鉴别，对于法医学鉴定而言，具有一定难度。心脏损伤根据损伤的部位和类型分为心肌挫伤和心内部结构的损伤。

（一）心肌挫伤

1. 损伤原因和机制　直接和间接的暴力均可以导致心肌挫伤。心前区受重物撞击，胸骨和肋骨变形向后直接撞击心前壁并将心推压至脊柱；胸骨、肋骨骨折，骨折端直接作用于心肌；背部受外力作用使心撞击前胸壁或胸部前后方受暴力挤压，胸廓变形使心肌受压。

2. 临床表现　挫伤较轻者，可无明显症状。挫伤较重者，损伤当时或经数日后出现心前区剧痛，向左肩臂放射，并有心悸、胸闷、恶心、呕吐等，甚至出现呼吸困难、休克、继发心肌梗死和心破裂。

心律失常是心肌损伤的主要表现，常见有持续性窦性心动过速和期前收缩、阵发性心房纤颤，严重者可出现心力衰竭。心界叩诊无明显扩大，听诊心音可呈钟摆律或心包摩擦音。心电图检查结果类似心肌缺血，主要为 ST 段升高，T 波低平或倒置，心律失常等。

3. 法医学鉴定

（1）损伤认定：心肌挫伤主要根据外伤史、伤后表现和心电图检查结果认定，对怀疑心肌挫伤者，应反复多次观察心电图的变化。此外，法医学鉴定时还需要与冠心病、心肌梗死等相鉴别。

心肌挫伤的认定标准：①胸背或腹部受暴力撞击的外伤史；②伤后 24 小时内出现心肌缺血或梗死症状；③胸骨骨折或左侧前段肋骨骨折；④无法解释的低血压；⑤心包摩擦音；⑥心包腔内积液；⑦心电图表现为心律不齐或缺血性改变。此外，心肌酶学、彩色多普勒超声心动图、放射性核素心血管造影/心肌断层显像以及 MRI 等检查有助于心肌挫伤的诊断。

一般来说，心肌挫伤者，2～3 周心电图可恢复正常，血液中肌酸磷酸激酶(CPK)和乳酸脱氢酶(LDH)10 日后可降至正常。但需注意溶血、骨骼肌损伤以及肾病也可以致肌酸磷酸激酶升高。

（2）损伤转归：由于心肌挫伤的程度和范围差异很大，因此预后也不完全相同。轻者可完全恢复，重者可遗留心律失常，甚至继发心肌梗死、心脏破裂等。

（3）损伤程度与伤残等级：《人体损伤程度鉴定标准》规定，心脏挫伤致心包积血为轻伤一级；心脏挫伤遗留心功能不全（心功能Ⅳ级）为重伤一级。

心肌挫伤的伤残等级根据是否后遗心功能障碍以及障碍程度依据相关标准进行评定。评定心功能不全时，应首先查明心脏结构损伤基础，并行全面客观的心功能检验。

《道路交通事故受伤人员伤残评定》(GB 18667-2002)规定,心功能不全,心功能I级为IX级伤残;心功能IV级或心功能III级伴明显器质性心律失常为I级伤残。

《劳动能力鉴定 职工工伤与职业病致残等级》(GB/T 16180-2014)规定,心功能不全一级为七级伤残;心功能不全二级为四级伤残;心功能不全三级为二级伤残。

(二)心内结构损伤

1. 损伤原因和机制　闭合性或穿入性心损伤均可造成心瓣膜、心间隔、冠状血管和心传导系统等心内结构受损。如钝性暴力使胸膜腔内压突然升高时,心脏恰处于舒张期,心腔充盈,心内压骤升导致房室间隔破裂。同时,由于动脉内压较高,血管内血液反流冲入心腔可造成主动脉瓣、二尖瓣和三尖瓣撕裂伤或瓣环撕脱伤,并可伴有乳头肌、腱索的断裂。

2. 临床表现　胸痛,呼吸困难,心悸,心脏杂音。外伤性卵圆孔再通或心房间隔缺损患者可有不同程度的低氧血症;心室间隔破裂可导致大量血液自左向右分流,进而出现呼吸困难和肺水肿,裂口大于2cm者常出现急性心功能不全;轻度的主动脉瓣瓣膜撕裂伤,如左心室尚能代偿,可暂时无症状或症状较轻;如主动脉瓣瓣膜关闭不全,大量血液反流至左心,可致左心负荷急剧增加并发严重肺水肿;二尖瓣损伤早期出现低血压,伤后很快出现充血性心力衰竭;三尖瓣损伤可见颈静脉搏动,肝大,腹水、末梢性水肿等。

3. 法医学鉴定

(1)损伤认定:主要依据外伤史、伤后表现、影像学检查及手术所见确认。心导管、主动脉造影、超声心动图等辅助检查有助于心内结构损伤的确认。法医学鉴定时需要排除先天性心脏畸形及自身心脏疾病。

(2)损伤转归:除心房间隔微小破裂或卵圆孔再通外,心内结构损伤多需手术修补,部分伤者术后可遗留心律失常或心功能障碍。

(3)损伤程度与伤残等级:《人体损伤程度鉴定标准》对于各种心内结构损伤没有具体规定,确证外伤导致心内结构破坏的,依据人体损伤程度分级原则可评定为轻伤一级;心内结构破坏须手术治疗的可比照相近条款评定为重伤二级;心内结构损伤遗有心功能不全的,根据心功能不全程度依照相关规定进行评定。

《道路交通事故受伤人员伤残评定》(GB 18667-2002)根据心功能不全和器质性心律失常的程度不同,最低为IX级伤残,最高为I级伤残。

《劳动能力鉴定 职工工伤与职业病致残等级》(GB/T 16180-2014)规定,心脏修补术、心脏异物滞留或异物摘除术为八级伤残;心功能不全一级为七级伤残;心瓣膜置换术,心功能不全二级为四级伤残;III°房室传导阻滞为三级伤残;心功能不全三级为二级伤残。

(三)心贯穿伤

1. 损伤原因和机制　锐器及火器可致心贯穿伤。根据致伤物的种类及穿入的方向不同,分为切线伤、穿入伤和穿通伤。

2. 临床表现　胸闷不适、烦躁不安,呼吸困难,心音遥远,甚至出现休克以致死亡。X线检查可见心包积血,心电图可出现异常P波、QRS波增宽、ST波移位、T波倒置等,心包穿刺可抽出血液。

3. 法医学鉴定

(1)损伤认定:依据外伤史、创口位置、创道的方向以及临床表现、辅助检查(超声心动图等)和手术所见等确认。

(2)损伤转归:心贯穿伤常引起迅速死亡。存活者多为心贯穿伤破裂口小,由于心肌收缩使裂口闭合及时治疗者。存活者预后多良好,部分可遗留心律失常或心功能障碍。

(3)损伤程度与伤残等级:《人体损伤程度鉴定标准》规定,心脏破裂、心包破裂为重伤二级;心脏损伤遗留心功能不全,心功能III级为重伤二级,心功能IV级为重伤一级。

心贯穿伤的伤残等级需要根据异物存留、心律失常与心功能障碍程度以及手术修补情况进行评定。

二、气管、支气管损伤

气管与喉连接,起于环状软骨下缘(平第 6 颈椎体下缘),向下至胸骨角平面(平第 4 胸椎体下缘)分出各级支气管。气管与支气管是肺与外界进行气体交换的管道系统。单纯气管、支气管损伤的概率较少,一旦发生,病情多危重,需要急诊手术修复。部分裂口较小者,临床往往难以及时确诊,多因并发感染、气管狭窄而被发现。

气管损伤根据损伤是否与胸膜腔相通分为纵隔胸膜下型、张力性气胸型、混合型等,不同类型气管损伤的临床表现也不尽相同。

(一)损伤原因和机制

钝器、锐器、火器均可造成气管、支气管的损伤,其中钝性伤多见于交通事故、高坠、严重挤压伤等。气管、支气管的完整性被破坏后,立即出现一侧或双侧张力性气胸、纵隔气肿及面颈部广泛皮下气肿,如不及时处理,患者可因急性呼吸功能不全或衰竭死亡。

(二)临床表现

1. 纵隔胸膜下型 气管损伤处的破口与胸膜腔不相交通,伤后无液、气胸表现。但常有纵隔气肿,面颈部、上胸部皮下气肿,咳嗽、咳痰或痰中带血。

2. 张力性气胸型 气管损伤处的破口与胸膜腔相交通,伤后病人即有呼吸困难,咳嗽、咳血痰或咯血,颜面、口唇发绀等,严重缺氧者烦躁不安,甚至昏迷。伤侧可见胸部饱满,肋间隙增宽,呼吸运动减弱。

3. 混合型 除张力性气胸型的临床表现外,还有纵隔胸膜内型的纵隔气肿及面颈部皮下气肿。

(三)法医学鉴定

1. 损伤认定 根据外伤史、伤后症状与体征、影像学检查以及纤维支气管镜检查和手术所见等认定。胸部 X 线可见肺不张、气胸、血气胸、纵隔气肿、广泛皮下气肿等,肺呈垂柳征(患侧肺组织萎陷下垂于心膈角处)是气管、支气管断裂的特征性表现。

纤维支气管镜检查可直接观察气管、支气管损伤部位、程度,是气管、支气管损伤最有效的检查手段。

2. 损伤转归 若延误诊断,部分病人即使度过急性期,因气管、支气管损伤处黏膜对合不良或完全分离,会形成大量肉芽组织,可致气管、支气管狭窄或完全阻塞。局限阻塞者可行气管、支气管袖状切除术,阻塞广泛者可能需行肺叶或全肺切除术。

3. 损伤程度及伤残等级 《人体损伤程度鉴定标准》规定,气管或者支气管破裂须手术治疗、支气管胸膜瘘为重伤二级。须手术治疗是指损伤后出现一系列临床症状与体征并危及生命,必须通过手术治疗方能解决。如不具有开胸手术指征,即使已行开胸也不宜评定为重伤二级。

《道路交通事故受伤人员伤残评定》(GB 18667-2002)规定,气管、支气管损伤单纯影响呼吸功能的,为 V 级伤残;影响呼吸和吞咽功能的,依据功能障碍程度最高可评定为 I 级伤残,最低为 X 级伤残。

《劳动能力鉴定 职工工伤与职业病致残等级》(GB/T 16180-2014)规定,支气管成形术、气管部分切除术、肺叶切除并支气管成形术、喉或气管损伤导致一般活动及轻工作时有呼吸困难、气管隆凸切除成形术等分别为八级、七级、六级和五级伤残。

三、食管损伤

食管是从咽喉至胃部之间的一条肌性管道,长 25~30cm,前后扁窄,具有输送食物的功能。食管损伤分为食道黏膜损伤、食管穿孔和食管腐蚀伤。食道黏膜损伤相对轻微,预后较好。食管穿孔和食管腐蚀伤的损害复杂,治疗亦较困难。

(一)损伤原因和机制

食管损伤多因锐器、枪弹直接作用、误吞异物或因食管镜、胃镜检查操作不当导致。食管发生全层穿孔后,胃液等刺激性物质,连同气体及厌氧菌等经裂孔进入纵隔,并沿纵隔疏松结缔组织扩散,可引起纵隔气肿、急性纵隔炎、纵隔脓肿等。如果合并气管破裂，则可形成食管气管瘘。

食管腐蚀伤多为误服强碱、强酸等化学性腐蚀剂所致，损伤往往侵入黏膜及肌层，严重者可腐蚀食管全层甚至食管旁组织。

（二）临床表现

食管腐蚀伤，吞服腐蚀剂后即感口腔咽部及胸骨后疼痛，并出现吞咽困难和呕吐。声门水肿者可出现呼吸困难，甚至窒息。食管黏膜损伤大约 10 天左右局部充血、水肿逐渐好转，可逐步恢复经口进食能力。如灼伤严重，由于大片组织坏死、脱落，病人可发生大出血及食管穿孔，或由于瘢痕组织增生收缩，病人再度出现逐渐加重的呼吸困难。

颈部食管破裂，表现为颈部肿胀明显，皮下气肿，气管和胸锁乳突肌之间有积液，吞咽及发音困难。X 线可见颈筋膜有游离气体，食管造影检查见造影剂溢出食管外。

胸段食管破裂，表现为胸骨后疼痛，呼吸困难。X 线可见纵隔和（或）皮下气肿，胸腔积液和（或）气胸，食管造影可明确诊断损伤具体部位。

（三）法医学鉴定

1. 损伤认定　根据外伤史、临床表现和辅助检查结果可以认定。

2. 损伤转归　轻度食管黏膜损伤可以痊愈，重度化学性腐蚀伤或食管穿孔伤早期可危及生命，并发食管支气管瘘、食管胸膜瘘等须手术治疗，晚期可因食管狭窄而致吞咽困难。

3. 损伤程度与伤残等级　《人体损伤程度鉴定标准》规定，食管挫裂伤为轻伤一级；食管穿孔或者全层破裂，须手术治疗为重伤二级。

《道路交通事故受伤人员伤残评定》（GB 18667-2002）对食管损伤未做单独规定，其伤残等级主要根据治疗终结后食管是否遗有狭窄、是否影响吞咽功能等比照相关规定进行评定。其中食管损伤轻度影响吞咽功能为 X 级伤残，致吞咽功能严重障碍为 I 级伤残。

《劳动能力鉴定 职工工伤与职业病致残等级》（GB/T 16180-2014）规定，食管重建术后进食正常者为八级伤残；食管重建术后伴反流性食管炎、食管外伤或成形术后咽下运动不正常为七级伤残；食管重建术后吻合口狭窄仅能进食半流食者、食管气管或者支气管瘘、食管胸膜瘘为五级伤残；食管重建术后吻合口狭窄，仅能进食流食者分别为四级伤残；食管闭锁或损伤后无法行食管重建术，依赖胃造瘘或空肠造瘘进食，为二级伤残。

四、胸导管损伤

胸导管（thoracic duct）是全身最大的淋巴管，主要功能是收集淋巴液进入淋巴循环的重要器官。胸导管直径为 2～5mm，下起腹部的乳糜池，在脊柱前方，沿主动脉上行，至第 5 胸椎平面斜过正中线跨向左侧，循食管左缘、主动脉弓后，沿锁骨下动脉内缘上升至第 7 颈椎平面左侧，向下达锁骨下动脉的前方，注入左颈静脉角。

（一）损伤原因和机制

胸部闭合性损伤和开放性损伤均可以导致胸导管损伤。脊柱突然过度后伸、胸腔过度受挤压、高坠或锁骨、肋骨、脊柱骨折等可引起胸导管损伤。锐器刺入和枪弹创可以直接损伤胸导管。此外，因手术中不慎而误伤胸导管的情况亦时有发生。

胸导管断裂后，乳糜液漏出，积累于胸膜腔即造成乳糜胸，聚积于纵隔即为纵隔乳糜肿，聚积于颈部或胸壁即可形成颈部或胸壁乳糜肿；若有伤口与外界相通则可形成乳糜瘘。

（二）临床表现

胸导管破裂早期只有胸部原发损伤的症状，约 2～10 天后乳糜液进入胸膜腔，表现为胸腔积液的症状与体征。若裂口在颈部，则在锁骨上出现囊肿，或经伤口流出大量乳糜液。乳糜液大量流失，伤者有口渴、尿少、水肿、脱水、电解质紊乱、低蛋白血症、抵抗力降低等一系列症状。X 线可见胸腔积液，淋巴管造影有助判断胸导管破裂部位。

（三）法医学鉴定

1．损伤认定　主要依据外伤史、伤后症状和体征以及影像学检查所见认定，胸腔抽出乳糜液为确诊的依据。乳糜液呈碱性、无菌、无气味、含多量淋巴细胞，经显微镜检查有大量脂肪颗粒，苏丹Ⅲ染色阳性，与乙醚混合后乳白色消失。

2．损伤转归　胸导管损伤性乳糜胸一般先行积极的保守治疗，经3～4周保守治疗失败后才考虑手术结扎，术后一般无明显后遗症。

3．损伤程度与伤残等级　《人体损伤程度鉴定标准》规定，乳糜胸为重伤二级。胸导管损伤的伤残等级，《道路交通事故受伤人员伤残评定》(GB 18667-2002)和《劳动能力鉴定　职工工伤与职业病致残等级》(GB/T 16180-2014)均无具体规定，主要根据医疗终结后是否遗留功能障碍等比照相关条款进行评定。

五、纵隔气肿

（一）损伤原因和机制

纵隔内的气管、支气管、食管破裂，空气可以通过裂口进入纵隔形成纵隔气肿；高压性气胸的气体亦可因纵隔胸膜破裂进入纵隔形成气肿；肺挫伤或机械辅助呼吸导致肺泡破裂，空气也可沿着肺内血管扩散到肺门，形成纵隔气肿。某些间质性肺气肿患者，也可产生自发性纵隔气肿。

侵入纵隔的气体积聚，随着压力增高，会压迫纵隔内器官，导致心排血量降低、循环和呼吸功能障碍。如纵隔气肿导致纵隔胸膜破裂，可继发气胸。

（二）临床表现

少量积气时可无明显症状，积气量多压力高时，伤者胸痛、胸闷、憋气，并向背、肩、颈及上臂放射性痛，严重者可导致呼吸困难和吞咽困难。颈静脉充盈，心浊音界消失，颈面部有时可见皮下气肿等。X线可见纵隔有透亮气体影，如果有食管裂伤，口服钡剂可见钡剂注入纵隔。

（三）法医学鉴定

1．损伤认定　主要依据外伤史、伤后症状和体征以及影像学检查所见确认。

2．损伤转归　由于纵隔内的蜂窝组织与包绕颈部器官周围的蜂窝组织、腹膜后间隙的蜂窝组织以及肺内结缔组织相移行，因此纵隔内气体可沿筋膜蔓延到颈部、面部、肩部、上胸部，甚至远达会阴部，形成皮下气肿。污染物及细菌经损伤裂口进入纵隔，可引起感染性纵隔炎，甚至败血症。

3．损伤程度与伤残等级　《人体损伤程度鉴定标准》规定，纵隔血肿或纵隔气肿为轻伤一级；纵隔血肿或气肿，须手术治疗为重伤二级。法医学鉴定时，应注意是否经手术治疗，是否具有手术治疗的指征。

纵隔气肿的伤残等级，《道路交通事故受伤人员伤残评定》(GB 18667-2002)和《劳动能力鉴定　职工工伤与职业病致残等级》(GB/T 16180-2014)均无具体规定，主要根据原发性损伤以及是否经过手术修补或是否遗有心、肺功能障碍等进行评定。

第六节　膈肌与胸腔大血管的损伤

一、膈肌破裂

膈肌为向上呈穹隆形的扁薄阔肌，位于胸腹腔之间，将胸腔及腹腔分隔，有食管、主动脉、下腔静脉从其中穿过。膈肌为主要呼吸肌，收缩时，膈穹隆下降，胸腔容积扩大；松弛时，膈穹隆上升恢复原位，胸腔容积减少。

（一）损伤原因和机制

膈肌破裂见于胸部和腹部严重的挤压或致伤物的直接作用，如刀刺、火器伤等。挤压伤常见的破裂部位是膈肌的顶部、左膈的后部和食管的裂孔处。

膈肌破裂后,若裂口细小,大网膜可将其填塞,易忽略。在腹压增高的情况下,腹腔器官可能被挤压从裂口进入胸腔形成膈疝,疝入胸腔的胃肠道可发生嵌顿及梗阻,大量腹腔内容疝入胸腔,占据空间而使肺萎陷,同时膈肌破裂后活动能力下降,影响呼吸与循环功能。

(二)临床表现

餐后胸骨后及上腹部疼痛,呕吐后减轻,严重者有肠梗阻症状及心悸、气短、发绀等。大的膈疝压迫心、肺、纵隔,会出现呼吸、循环障碍。X线检查及胃肠钡剂造影可见膈肌轮廓不清晰、呈蘑菇形突出、钡剂阴影出现在胸腔内。此外,还可见肺萎陷,心肺纵隔移位等。

(三)法医学鉴定

1. 损伤认定 主要依据外伤史、伤后症状与体征、辅助检查及手术所见确认。轻者症状不明显,重者易与并存的胸腹部其他损伤混淆。在严重胸腹部挤压伤时,应特别注意是否存在膈肌损伤。

2. 损伤转归 膈肌破裂的预后与疝入的器官及手术时机等有关。手术及时而疝入器官未出现坏死者,恢复良好,否则须切除坏死组织。

3. 损伤程度与伤残等级 《人体损伤程度鉴定标准》规定,膈肌破裂为重伤二级。

《道路交通事故受伤人员伤残评定》(GB 18667-2002)规定,膈肌破裂修补为X级伤残。

《劳动能力鉴定 职工工伤与职业病致残等级》(GB/T 16180-2014)规定,膈肌破裂修补术后,伴膈神经麻痹为八级伤残。

二、胸腔大血管损伤

胸腔大血管包括胸主动脉、主动脉弓及其分支(包括左锁骨下动脉、左颈总动脉、头臂干)、肺动脉、肺静脉及腔静脉,是参与体循环与肺循环的重要管道系统。胸腔内大血管损伤破裂后可立即发生大出血危及生命或形成假性动脉瘤、血栓等严重影响病人的健康。

胸腔大血管损伤根据血管组织结构的完整性一般分为贯通性和非通穿性损伤两类。

(一)损伤原因和机制

1. 贯通伤 常见于胸部穿透性外伤,如锐器伤或火器伤,锐器或子弹直接作用于血管,导致血管的全层破裂。

2. 非贯通伤 多见于交通事故及工业事故:①升主动脉损伤:当伤者遭遇垂直减速时,主动脉内血柱压力波出现,产生水槌效应,导致升主动脉水平方向断裂和主动脉瓣破裂;②主动脉弓损伤:暴力撞击和挤压上胸部或前颈部,致升主动脉和弓上血管后移,而主动脉弓及其分支近端相对固定或移动很小,引起主动脉弓和其分支连接处撕裂;③胸主动脉损伤:胸腔突然减速和胸部受到猛烈撞击,主动脉弓远端和降主动脉近端管腔内血液一同向前继续运动,产生的剪切应力作用于两者交界的主动脉峡部,引起破裂;④腔静脉损伤:一般认为是由于腔静脉比较固定,当心脏瞬间急剧移动时,腔静脉未能发生协同运动而被撕伤。

胸腔大血管破裂,如仅累及血管内膜及中层,则其外膜和纵隔胸膜可暂时封闭或阻止血液外溢,局部会形成瘤样扩张或搏动性血肿(假性血管瘤),此类损伤多见于高坠及交通事故,常伴有身体其他部位的严重损伤。

(二)临床表现

1. 主动脉损伤 胸痛、呼吸困难、血压下降等。主动脉壁全层破裂造成大出血可以迅速导致死亡;主动脉弓损伤,如在颈部形成血肿可以压迫气管,出现呼吸困难;如合并心包内血管或心脏上的血管破裂,可表现为急性心包压塞;如形成假性动脉瘤,可引起部分主动脉栓塞,导致急性主动脉缩窄综合征,出现上肢血压和脉压增高,下肢血压与脉压降低;如形成假性动脉瘤还可以压迫气管、食管、喉返神经,引起相应的症状(如 Horner 综合征)。当主动脉瘤破裂出血,患者可有胸背部疼痛、胸闷,出血量大者可导致休克甚至死亡。

X线检查可见主动脉轮廓模糊、气管和食管移位、纵隔增宽>8cm（纵隔/胸比率>0.28）等。

2. 肺动脉损伤 心包裂口小或裂口被血凝块堵塞而引流不畅，可引起心包积血和心包填塞。若心包裂口开放，表现为大量血胸和失血性休克。肺静脉损伤主要表现为失血性休克。

3. 腔静脉损伤 无论上腔静脉还是下腔静脉在心包内发生破裂时，都会形成急性心包填塞。心包外腔静脉损伤后，失血量因损伤类型、部位和裂口大小而不同。大的裂口常引起大量持续性出血，出现低血压和休克；反之，小裂口出血流入纵隔组织内，形成血块或被血块堵塞。胸部X线和彩色多普勒可见纵隔增宽或心包积液征象。

（三）法医学鉴定

1. 损伤认定 主要依据外伤史、伤后症状与体征以及辅助检查或手术所见确认。血管造影检查是评估胸主动脉损伤最有效的检查方法，胸部增强CT和（或）增强MRI对明确主动脉是否破裂及其原因也具有重要意义。

创伤性动脉瘤约90%发生在主动脉峡部，但也可发生在升主动脉、主动脉弓部与降主动脉。外伤史，特别是急速的减速、胸部遭受强大暴力史以及瘤体的进行性增大、瘤体附近的新生主动脉内膜等，对于判断瘤体与外伤的关系具有重要价值。另外，外伤性主动脉破裂常合并其他部位的严重损伤，包括肝、脾破裂和腹腔内出血，颅脑、骨骼损伤等。

2. 损伤转归 胸腔大血管破裂有大出血的风险，诊断确立后应迅速手术治疗。主动脉破裂修补术后的患者有3%～33%发生截瘫，如形成假性动脉瘤，则会发展为主动脉夹层或主动脉瘤破裂。

3. 损伤程度及伤残等级 《人体损伤程度鉴定标准》规定，胸部大血管破裂为重伤二级。其胸腔大血管破裂应理解为完全破裂，当血管破裂仅累及内膜及中层形成假性血管瘤时，不宜直接援引上述条款进行评定，如具有手术的指征，且经过手术治疗则可依照相关条款规定评定为重伤二级；如瘤体稳定，无进行性增大，伤者生命体征平稳并行保守治疗的，宜评定为轻伤一级；如伤者本身既往患有主动脉夹层病变，外伤后主动脉夹层破裂，应根据具体情况分析疾病与外伤的关系，并结合参与度进行评定。

《道路交通事故受伤人员伤残评定》（GB 18667-2002）对于胸部大血管损伤没有具体规定，主要依据原发的损伤以及后遗症进行评定，但需临床医疗终结或病情稳定后进行鉴定。

《劳动能力鉴定 职工工伤与职业病致残等级》（GB/T 16180-2014）规定，大血管修补术者评定为八级伤残，大血管重建术者评定为六级伤残。

本章小结

本章主要介绍了胸壁、胸膜腔和胸腔内脏器的损伤。当胸部损伤致使胸廓结构的完整性、胸膜腔的密闭性及胸内心、肺等重要器官遭受破坏时，会不同程度地影响呼吸、循环功能，甚至危及生命。因此，了解胸部各部位组织结构的破坏对呼吸、循环功能影响的病理生理和机制是损伤程度和伤残等级评定的基础。

胸壁软组织损伤不仅可以提示外力作用的部位，而且还有助于损伤机制的分析与判定，但爆震性外力往往体表损伤不明显。

肋骨骨折是指肋骨的连续性中断，三维CT薄层扫描是目前确认肋骨骨折最好的检查方法，动态观察是判断新鲜与陈旧性骨折的主要手段。《人体损伤程度鉴定标准》规定"二根肋骨骨折为轻伤二级"，但对于肋骨骨折的类型与程度目前没有明确解释，根据《人体损伤程度鉴定标准》分级原则以及6.7骨皮质的砍（刺）痕或者轻微撕脱性骨折（无功能障碍）不构成本标准所指的轻伤的规定，原则上应理解为不包括肋骨不完全性骨折，特别是肋骨内缘或外缘皮质轻度骨折。

胸膜腔及纵隔器官损伤主要是通过影像学和手术中所见认定。由于胸膜腔及纵隔器官损伤通常复杂而紧急，临床医生有时在诊断尚未完全明确之前即采取紧急诊疗措施，包括手术探查等，因此是否具有手术指征往往是法医学判断损伤程度的重要依据之一。对此，法医学鉴定时需要仔细分析原发性损伤的性质、部位、程度以及临床演变的过程。

　　呼吸困难是多种类型胸部损伤后的病理生理过程或后遗症,呼吸困难是由于通气的需要量超过呼吸器官的通气功能所引起,最终的结局是导致严重的低氧血症,继发多器官功能衰竭,因此寻找呼吸困难的证据是胸部损伤法医学鉴定中的重点问题之一。由于呼吸困难的症状与体征以及辅助检查指标在法医学鉴定时难以全面获取,因此在《人体损伤程度鉴定标准》中不再用呼吸困难作为判断血气胸损伤程度的指标。

（唐双柏）

思考题

　　1. 胸部损伤的分类与主要检查方法。
　　2. 肺损伤的原因与机制以及肺破裂的手术指征。
　　3. 外伤性血、气胸的法医学鉴定。
　　4. 心肌挫伤的认定标准。
　　5. 胸腔大血管损伤的原因与机制以及法医学鉴定。

第十一章 腹部损伤

学习提要

【掌握内容】 腹部损伤的分类、腹部损伤的法医学检查、腹腔器官与大血管损伤的法医学鉴定。

【熟悉内容】 腹部损伤的原因与机制、腹部损伤的主要症状和体征。

【了解内容】 腹部解剖与生理以及损伤生物学力学的特点。

第一节 概　　述

腹部介于骨盆和胸部之间，由腹壁、腹膜、腹腔内器官及血管和神经等组成。腹腔是指骨盆入口和胸膈膜之间的空腔，腹腔内脏器包括胃、肠、肝、脾、肾、胰等，是消化道和消化器官主要聚集地。

由于腹部的面积较大，腹前壁缺少骨性结构保护，受到钝性外力作用时容易产生明显的移位和变形并造成腹腔内器官的损伤。有时腹壁损伤很轻微或无明显损伤痕迹，但腹腔内脏损伤却十分严重。

腹部损伤可以由钝器、锐器或火器直接作用所致，亦可由高处坠落、暴力冲击等形成，日常生活中最常见的损伤原因为道路交通事故，其次为高坠。据统计，在腹部损伤中，脾、肝和肠等器官损伤的发生率分别为33%、29%和14%。

一、损伤分类

腹部损伤根据腹腔是否与外界相通，分为腹部开放性损伤和闭合性损伤；根据致伤物不同分为钝器伤、锐器伤及枪弹伤等。此外，因医疗原因，如穿刺、灌肠、腹部手术等导致的腹部损伤又称为医源性损伤。

二、主要症状和体征

1. 腹部疼痛　腹痛是腹部损伤最常见症状。单纯腹壁性损伤多为局限疼痛；若腹腔内器官破裂，血液或内容物流入腹腔，可引起腹膜刺激症状，表现为腹痛加剧、疼痛范围扩大，并伴有腹胀等。

2. 恶心呕吐　单纯腹壁损伤多无此症状，腹腔内脏器损伤时可出现恶心、呕吐。

3. 局部所见　腹部闭合性损伤可见擦伤或瘀斑，开放性损伤可见创口、出血或组织缺损；腹腔内脏器损伤时，可出现腹式呼吸受限、腹膜刺激征（腹部压痛、肌紧张和反跳痛）以及肠鸣音减弱或消失等。如胃内气体进入腹腔，肝浊音界消失，膈下可见游离气体。

4. 全身表现　严重的腹部损伤可导致休克等多器官与系统的功能障碍。

三、法医学检查

法医学检查的目的在于明确有无损伤、损伤的部位和损伤的性质以及目前的状况。

1. 一般检查 注意腹壁有无创口或瘢痕,根据解剖标志准确的描述和记录损伤的部位、大小和性状,并拍照留存。

2. 血尿常规检查 腹腔脏器破裂时,由于休克等通常血液中血红蛋白降低、白细胞增多;胰腺损伤时,血、尿中胰淀粉酶可升高。

3. 腹腔穿刺或灌洗术 通过腹腔穿刺或灌洗术有助于腹腔内实质脏器和空腔脏器损伤的诊断,其中腹腔灌洗对肠系膜损伤的诊断比CT敏感。

4. 超声检查 具有安全、简便、无创伤的特点,是腹部损伤的主要检查方法。超声检查可以发现腹内积液(血),肝、脾、胰等实质脏器有无损伤。

5. X线检查 对于腹腔内金属异物、腹膜后十二指肠损伤及膈下有无游离气体等具有诊断意义。

6. CT与MRI检查 可以发现和确认腹腔内和腹膜后血肿的部位、范围以及实质性器官损伤。

7. 腹腔镜检查 可以直接观察腹腔内器官有无损伤,主要用于腹腔内脏器损伤的探查和治疗。

第二节 腹 壁 损 伤

腹壁是指围成腹腔的六壁,腹上壁为横膈,下壁为盆膈,后壁为腰骶椎及其两侧的软组织,两侧壁及前壁则由三层阔肌及其他软组织构成。腹壁由浅至深分别为:皮肤、浅筋膜、肌肉、腹横筋膜、腹膜上筋膜及腹膜壁层。腹壁的主要功能:保护腹内器官、维持腹压、固定腹腔内脏器的位置,并参与呼吸、咳嗽、呕吐、排便等。

一、损伤原因和机制

腹壁损伤(injury of the abdominal wall)根据腹壁的完整性分为腹壁开放性和闭合性损伤。腹壁开放性损伤常由锐器和火器等所致。腹壁闭合性损伤分为直接暴力损伤和间接暴力损伤,直接暴力,如拳打脚踢、钝物撞击、重力挤压等;间接暴力,如举重、猛烈的咳嗽或呕吐等,可引起腹部肌肉的撕裂。由于腹壁柔软,有时钝性暴力可将腹腔内器官挤向脊柱,造成腹腔内脏器的挫伤或破裂,但腹壁并无明显损伤所见。

二、临床表现

闭合性损伤有时可见擦伤、挫伤或损伤后遗留的色素沉着;开放性损伤可见创口、出血以及创口愈合后的瘢痕。腹壁穿通伤合并腹腔内器官损伤的,可有腹痛、恶心、呕吐及腹膜刺激征等,有时在创口处还可见脱出的大网膜或肠管。

三、法医学鉴定

(一)损伤认定

单纯腹壁损伤通过外伤史和临床病历记载以及体表检查一般不难判定,腹壁血肿还可通过穿刺、B超检查进一步确认。有时腹壁处于松弛状态加上衣裤的衬垫,腹壁挫伤有时通过肉眼检查难以判断,对此,应结合案情调查确认。

(二)损伤转归

单纯腹壁闭合性损伤,愈后良好;腹壁开放性损伤或深度烧烫伤会遗有瘢痕;腹壁的穿透性损伤,因腹腔与外界相通,易引起腹腔内感染;严重的腹壁损伤,因影响皮肤的血供,可造成大面积皮肤及皮下组织的坏死;腹肌断裂、腹壁内血肿继发感染或开放性腹壁损伤有的还可以导致腹壁缺损、腹壁疝形成。

(三)损伤程度与伤残等级

单纯腹壁损伤在伤后即可进行法医学鉴定,对于腹壁损伤存在并发症和后遗症的,应待伤情稳定或治疗终止后进行鉴定。

《人体损伤程度鉴定标准》规定,腹壁穿透创为轻伤二级;合并腹腔脏器损伤的依据相关条款进行评定。

《道路交通事故受伤人员伤残评定》(GB 18667-2002)规定,腹壁损伤遗留瘢痕达体表面积 4% 为X级伤残。

《劳动能力鉴定 职工工伤与职业病致残等级》(GB/T 16180-2014)规定,腹壁缺损面积＜腹壁的1/4 时,为八级伤残,腹壁缺损面积≥腹壁的 1/4 时为六级伤残。

第三节 腹部空腔器官与大血管损伤

一、胃损伤

(一)损伤原因和机制

胃位于腹腔顶部,是食物消化的主要器官。由于其柔韧性好,活动度大,除胃窦部外,大部分受肋弓保护且胃壁相对较厚,故在闭合性腹部损伤中很少累及,但在开放性腹部损伤中,特别是胸部及上腹部的锐器伤或枪弹伤常伤及胃,胃损伤(gastric injury)的发生率达 19%。

1. 胃闭合性损伤 多因胃饱餐或患有胃溃疡等情况下,受到挤压或外力冲击而造成,如拳打脚踢、高坠、车祸、爆炸时的气浪或水浪冲击等;此外,吞入锐利器物、胃镜检查或洗胃时液体量过大,也可造成胃的损伤。

胃损伤的程度与暴力的性质、方向、大小有关,轻度损伤表现为胃壁浆膜下淤血、黏膜下血肿或浆膜层、肌层破裂;严重损伤可因上腹部或胸背部同时受到强烈的暴力,胃贲门与胃幽门因痉挛同时关闭,外力使胃内压急剧上升,造成胃全层的破裂或胃断裂;偶见因体位突然急剧改变所造成的胃韧带或胃结肠韧带撕裂、断离或扭转。

2. 胃开放性损伤 多见于胸及上腹部的刺创或枪弹创,损伤可以累及胃的前壁、后壁,常伴有胃血管、神经和毗邻器官的损伤。

3. 胃化学性损伤 多为强酸、强碱或其他腐蚀性化学物,如硫酸、甲酚皂溶液等所致。胃的化学性损伤主要是胃黏膜的损伤,严重者可导致胃壁全层坏死、穿孔,其损伤程度取决于所吞服化学物质的性质、浓度、剂量以及停留时间,幽门区和胃小弯损伤较胃其他部位损伤相对严重。

(二)临床表现

1. 胃挫伤 上腹部局部轻度压痛,可伴有恶心、呕吐或胃痉挛等。

2. 胃破裂 腹痛、腹胀、呕吐、腹式呼吸消失、呼吸短促,肠鸣音减弱或消失;腹部压痛、反跳痛及腹肌紧张;半数以上出现呕血、柏油样大便,或胃管引流引出血性物;穿透性胃损伤者可见腹壁伤口流出胃内容物;如果损伤胃周围血管,可导致腹腔内大量出血,甚至出现失血性休克。

3. 胃化学性损伤 咽喉、食管和胃烧灼感以及恶心、呕吐、上腹部疼痛等;如损伤累及胃壁血管时,可呕吐咖啡色液体;胃穿孔多发生于吞咽化学性物质后 1～2 日内,穿孔时会出现腹部剧烈疼痛及腹膜刺激症状,甚至休克。

(三)法医学鉴定

1. 损伤认定 根据腹部外伤史、临床表现或手术所见认定。

胃挫伤可通过影像学检查,特别是胃镜检查确认,早期组织病理学可见局部组织充血、水肿、糜烂、溃疡形成,甚至黏膜脱落,晚期可因瘢痕收缩引起幽门狭窄或梗阻。

由于胃破裂与胃穿孔均须手术治疗,因此根据伤后临床表现和手术记录不难认定。但外伤性胃穿孔应与胃自身病变的病理性穿孔相鉴别。

外伤性胃穿孔有明确的外伤史,除穿孔外还可见胃壁及周围组织的损伤,通过组织病理学检查可以进一步明确。

2. 损伤转归 轻微的胃壁挫伤可自行愈合；严重挫伤可继发坏死或破裂，进而导致腹膜炎、腹腔脓肿、肠粘连及肠梗阻等。

3. 损伤程度与伤残等级 《人体损伤程度鉴定标准》规定，胃挫伤为轻伤二级；胃非全层破裂为轻伤一级；胃全层破裂须手术治疗为重伤二级；胃损伤致消化吸收功能严重障碍，依赖肠外营养者为重伤一级。

《道路交通事故受伤人员伤残评定》(GB 18667-2002)规定，胃破裂修补为Ⅹ级伤残；胃部分切除为Ⅸ级伤残；胃部分切除，影响消化吸收功能者为Ⅷ级伤残；胃部分切除，严重影响消化吸收功能者为Ⅴ级伤残；胃部分切除，消化吸收功能障碍者为Ⅲ级伤残；胃部分切除，消化吸收功能严重障碍，日常生活完全不能自理者为Ⅰ级伤残。

影响消化吸收功能：指进食普通饮食不能满足正常的营养需求，但可以通过进食富营养的流质食物以满足营养需求。

严重影响消化吸收功能：指进食普通饮食不能满足正常的营养需求(轻度营养不良)，而需要补充必需的营养物质。

消化吸收功能障碍：指不能完全通过胃、肠消化吸收功能获得足够的营养物质(中度营养不良)，而需要通过肠外营养支持的方式补充足够的营养以维持生命。

消化吸收功能严重障碍：指不能通过胃、肠消化吸收功能获得必需的营养物质，而只能依靠肠外营养支持的方式提供营养物质以维持生命(重度营养不良)。

《劳动能力鉴定 职工工伤与职业病致残等级》(GB/T 16180-2014)规定，胃破裂修补者为九级伤残；胃部分切除为八级伤残；胃1/2、2/3、3/4与全胃切除分别七级、六级、五级和四级伤残。

二、十二指肠损伤

十二指肠为小肠起始段，上连胃的幽门，下接空肠，形如蹄铁包绕胰头，并固定于腹腔后壁。十二指肠接受胃液、胰液和胆汁，是小肠消化吸收的重要部位。十二指肠分为上部、降部、水平部和升部四个部分，大部分位于腹膜后，并有肋弓保护，位置较深、活动性小，单纯损伤发生率低，仅占整个腹部创伤的1%左右。

十二指肠损伤(duodenal injury)根据损伤的性质分为开放性损伤和闭合性损伤，根据损伤的程度分为十二指肠壁挫伤、血肿、穿孔、破裂等不同类型。

(一)损伤原因和机制

十二指肠闭合性损伤多因猛烈暴力所致，损伤部位常位于十二指肠的降部及水平部。其损伤机制为暴力直接作用于上腹部，如车祸时车辆方向盘或其他物体将十二指肠水平段挤压于脊柱上或暴力致处于紧闭的幽门与Treitz韧带之间的十二指肠内压力骤升而破裂。

十二指肠开放性损伤可发生于十二指肠的任何部位，多为上腹壁穿通伤引起。此外，上腹部手术，尤其当腹腔内有严重粘连时，由于正常的解剖结构消失，若不仔细辨认，也容易发生手术损伤。

十二指肠化学性损伤多为胃合并十二指肠损伤，其病理改变及预后与胃损伤相似。

(二)临床表现

1. 症状和体征 十二指肠挫伤，早期症状常不明显，如肠壁内血肿形成可导致十二指肠部分或完全梗阻，出现恶心、呕吐、腹胀和持续性与较固定的疼痛等，呕吐物中可有胆汁。

十二指肠破裂，由于十二指肠球部及降部的前外侧有腹膜遮盖，而水平部和升部位于腹膜后，因此十二指肠损伤可分为腹腔内与腹膜后两种类型：①腹腔内十二指肠破裂伤：右上腹剧烈刀割样疼痛、恶心、呕吐，腹痛迅速蔓延至全腹；因胃液、肠液、胆汁、食糜流入腹腔内，可引起强烈的腹膜刺激症状，与胃破裂相似；②腹膜后十二指肠破裂：肠腔内的内容物、气体、胆汁、胰液等进入腹膜后的疏松组织内并向肾周围以及沿升结肠旁沟向盆腔扩张，进而造成腹膜后炎症和感染，表现为上腹和右腰部疼痛，疼痛向肩胛、会阴及大腿内侧扩散且进行性加重；少数伤者可出现右侧睾丸疼痛和阴茎异常勃起，并伴恶性呕吐，有时可出现血性呕吐物；如后腹膜发生破裂，可呈现典型的腹膜刺激征。

2．影像学检查 ①B超：检查显示为右上腹部囊性肿块；②X线平片：腹腔内十二指肠破裂与胃破裂影像学所见相似，腹膜外十二指肠破裂，腹部可见腹膜后间隙、膈肌脚、右肾周围和第一腰椎前有积气征象，腹膜后呈花斑状改变并逐渐扩展；③CT：显示腹膜后及右肾前间隙有气泡，十二指肠后方有渗液及血肿所形成的肿块，并可见消化道造影剂通过中断，肠腔外气体和液体积聚等。胃管内注入水溶性碘剂，十二指肠挫伤可见弹簧样十二指肠环形黏膜皱襞水肿，十二指肠破裂者可见碘剂外溢。

（三）法医学鉴定

1．损伤认定 根据腹部外伤史、临床表现、影像学检查或手术所见认定。法医学鉴定时应注意外伤性穿孔和破裂与十二指肠溃疡等病变所引起的病理性穿孔相鉴别。

钝性外力所致腹膜后十二指肠破裂，伤后常有一段相对缓解期，由于早期临床表现不明显，因此早期临床诊断相对困难。另外，在剖腹探查术中，因医师经验不足未探查腹膜后十二指肠而导致漏诊的高达25%～30%。

2．损伤转归 十二指肠挫伤可自行愈合。十二指肠破裂的治疗和预后与是否合并胰腺损伤有关。十二指肠往往伴有胰腺等毗邻器官损伤，一旦破裂会产生多种并发症，包括十二指肠瘘、胰瘘、腹腔脓肿和腹膜后间隙感染等。

3．损伤程度与伤残等级 《人体损伤程度鉴定标准》规定，十二指肠挫伤为轻伤二级；十二指肠非全层破裂为轻伤一级；十二指肠全层破裂须手术治疗、十二指肠损伤致肠瘘、十二指肠损伤引起弥漫性腹膜炎或者感染性休克为重伤二级；十二指肠损伤致消化吸收功能严重障碍，依赖肠外营养的为重伤一级。

《道路交通事故受伤人员伤残评定》（GB 18667-2002）规定，十二指肠伤残等级主要依据是否需要手术修补、是否切除以及对消化吸收功能的影响程度进行评定，其伤残等级评定条款与胃损伤的伤残等级评定条款相同。

《劳动能力鉴定 职工工伤与职业病致残等级》（GB/T 16180-2014）规定，十二指肠切除为四级伤残。

三、小肠损伤

小肠系指胃幽门至盲肠间的肠管，含十二指肠、空肠与回肠。空肠与回肠是小肠的主要部分，通称小肠。空肠与回肠是腹腔中面积最大、高度活动的器官。起始于Treitz韧带（十二指肠空肠曲），盘曲于中腹部与下腹部，部分为大网膜及结肠所覆盖。小肠肠系膜内含有血管、神经、淋巴管、淋巴结及脂肪，当肠系膜上动脉损伤或梗死时，可引起空肠、回肠的缺血坏死。

小肠的主要生理功能是消化和吸收。除胰液、胆液及胃液等可继续在小肠内起消化作用外，小肠黏膜腺体也能分泌含有多种酶的碱性肠液。食糜在小肠内分解为葡萄糖、氨基酸、脂肪酸后，即被小肠黏膜吸收。此外，胃液、胆液、胰液，肠液内的电解质，以及摄入的大量电解质也在小肠内被吸收进入血液循环。

（一）损伤原因和机制

小肠在腹腔内占据的体积最大，分布面广，相对表浅并缺乏骨骼保护，加之肠管壁薄，肠管内气体及液体聚集较多，因此小肠受伤的机会远较腹腔其他器官多，特别是回肠的长度较长、在腹腔中所占体积较大，占小肠损伤的大多数。

小肠损伤（injury of small intestine）分闭合性损伤和开放性损伤。

1．闭合性小肠损伤 钝性暴力直接或间接作用于腹部均可造成闭合性小肠损伤，包括挫伤、破裂和小肠系膜撕裂等。

（1）直接暴力损伤：根据作用方式分为：①挤压伤：外力垂直作用于腹壁，将肠管挤压在较坚硬的脊椎体及骶岬上，使小肠破裂；或腹部受压，致肠内压骤升，使充满气体和液体的小肠在肠袢曲折处突然破裂；②撕裂伤：外力以斜向、切线的方向作用于腹壁，引起肠管在系膜附着处撕裂；③肌肉收缩：身体猛然用力或突然过度后仰时，因腹肌的强力收缩致腹内压骤然升高，引起肠管破裂或系膜撕裂。

（2）间接暴力损伤：当腹腔因暴力震动，或伴随体位的突然改变，使小肠位移的程度超过其正常活动范围时，导致肠管或系膜的撕裂、断离与扭转。扭转可致肠段绞窄、坏死，肠系膜血管损伤也可造成缺血性肠坏死。

肠扭转系腹部受到外力作用后，引起一段肠袢以其系膜为长轴所发生180°以上的旋转。

2. 开放性小肠损伤　多见于锐器及枪弹伤。由于小肠在腹腔内分布呈迂曲状态，一次损伤可致一处或多处穿孔伤。

在腹壁穿透性损伤中，有时虽未直接损伤小肠，但小肠可从创口处膨出体外，受到污染；或因肠段膨出后绞窄致供血障碍，出现肠段坏死。此外，腹腔穿刺、内窥镜操作或人工流产手术以及手术分离粘连时，因操作失当或意外也可能误伤小肠。

（二）临床表现

腹痛、恶心、呕吐和腹胀。疼痛早期局限于受伤部位或受伤小肠所在的部位，部分腹痛可有数分钟到数小时的暂时缓解，即所谓"间歇期"。

1. 肠穿孔、肠断裂　肠液及肠内容物流入腹腔引起腹膜炎，可有弥漫性腹部压痛、反跳痛、腹肌紧张、肠鸣音消失、移动性浊音等。

2. 肠扭转及肠系膜损伤　主要表现为剧烈的腹痛，阵发性加剧，疼痛部位一般位于脐周或下腹部；当肠系膜受到牵拉时，腰背部还会出现疼痛并伴有频繁的恶心、呕吐，严重时可出现休克。

3. 肠套叠　肠套叠可单独发生，也可伴发于其他损伤。通常发生于空肠，主要为急腹症表现，也可无明显症状而在CT等检查时发现。

4. 小肠脱出　外伤致小肠经肛门脱出者，可有恶心、呕吐等症状，手术探查可发现直肠前壁或膀胱直肠陷窝等处有撕裂口，小肠由此经肛门脱出体外。另外，肠系膜撕裂，腹腔积血等，如伤后经过时间较长，可发生化脓性腹膜炎等。

（三）法医学鉴定

1. 损伤认定　根据腹部外伤史、临床表现、辅助检查或手术所见认定。远段小肠穿孔、破裂，由于肠内容物的化学性刺激小，症状与体征的发生及发展缓慢，容易造成诊治延误。

肠挫伤、血肿、肠扭转及肠系膜损伤和肠套叠等可通过CT等影像学检查发现，肠破裂或坏死时腹腔诊断性穿刺及腹腔灌洗常为阳性，此外腹部X线片及CT检查可见气腹征象。

对于是否为外伤性肠穿孔应根据手术和组织病理学所见，结合受伤机制、病变部位以及临床演变过程综合分析判断。此外，外伤性肠套叠的发生率极低。

2. 鉴别诊断　外伤性肠扭转需要与先天性肠系膜过长，肠蛔虫团、饱餐、肠壁大肿物等重力因素和蠕动紊乱、突然的体位改变等动力因素所导致非外伤性肠扭转相鉴别。

自发性小肠经肛门脱出者常见于老年人排便后发生，约60%以上伴有直肠脱垂史或其他结肠直肠疾病，如直肠狭窄、肠下垂等。原发性肠套叠在成人中90%有病理基础，包括肿瘤、炎症、粘连、憩室等。

3. 损伤转归　轻微的肠壁挫伤可自行愈合；挫伤严重者，可继发肠坏死、肠穿孔而引起腹膜炎，或愈合后形成瘢痕致局部肠管狭窄；肠破裂后腹腔感染，可继发腹腔脓肿、肠粘连、肠瘘及肠梗阻；肠广泛损伤手术切除会出现短肠综合征，即残留的肠管无法完成消化吸收的功能，不能维持机体的基本营养需求。

小肠被大量切除后，吸收最差的是脂肪，其次是蛋白质。根据临床实践，空肠与回肠保留100cm

以上并有回盲部,经过机体的代偿,仍能维持营养的消化、吸收。末段回肠对蛋白质、脂肪、碳水化合物有良好的吸收功能,并具有对某些微量物质(铜、维生素 B_{12})与胆汁的特定吸收功能,因此营养不良在回肠被切除的病例中较为明显。

4. 损伤程度与伤残等级 小肠损伤程度评定的标准与前述胃和十二指肠损伤评定的条款一致。即肠挫伤者属轻伤二级;肠道非全层破裂为轻伤一级;肠管壁全层破裂须手术治疗者或因损伤发生肠瘘者为重伤二级;小肠损伤致消化吸收功能严重障碍,依赖肠外营养的为重伤一级。

伤残等级评定主要根据是否手术修补、肠段切除多寡以及对消化吸收功能的影响程度而定。

《道路交通事故受伤人员伤残评定》(GB 18667-2002)有关小肠损伤的伤残等级评定条款与胃和十二指肠损伤评定的条款为同一条款,伤残等级最低为X级伤残,最高为I级伤残。

《劳动能力鉴定 职工工伤与职业病致残等级》(GB/T 16180-2014)规定,小肠挫伤为十级伤残;小肠破裂修补为九级伤残;小肠部分切除、小肠切除 1/2、小肠切除 1/2(包括回盲部)、小肠切除 2/3(包括回肠大部)、小肠切除 2/3(包括回盲部)或小肠切除 3/4、小肠切除 3/4 合并短肠综合征、小肠切除≥90%分别为八级、七级、六级、五级、四级、二级和一级伤残。

四、结肠与直肠损伤

结肠与直肠统称为大肠,具有消化、吸收、储存、分泌和排泄功能。结肠在右髂窝内起于盲肠,在第 3 骶椎平面连接直肠,分升结肠、横结肠、降结肠和乙状结肠四个部分,大部分固定于腹后壁,结肠的排列酷似英文字母"M",将小肠包围在内。

直肠位于盆腔内,上端接续乙状结肠,下端以肛门而终。直肠在盆膈以上的部分称为直肠盆部,盆膈以下的部分缩窄称为肛管或直肠肛门部。

结肠不产生消化酶,但含大量细菌,其消化作用是通过细菌的发酵来完成。

结直肠损伤(injury of the colon and rectum)是较常见的腹内脏器损伤,居腹部外伤中的第 4 位。结肠损伤占腹部创伤的 10%~20%,仅次于小肠,由于结肠是腹膜间位器官,部分位于腹膜后,损伤后在临床上易漏诊。

(一)损伤原因和机制

各种钝性暴力,如车辆的撞击、辗压、高坠等可以导致结肠与直肠的闭合性损伤,直肠破裂常伴有骨盆骨折或盆腔其他器官(如膀胱、子宫等)的损伤。

各种锐器和枪弹可以导致结肠与直肠的开放性损伤,多合并腹腔其他器官损伤。此外,纤维结肠镜检查、钡剂灌肠、息肉摘除或电灼等也可以导致医源性损伤。

(二)临床表现

1. 腹腔内结肠破裂 腹痛、腹胀、肠鸣音消失、腹膜刺激征等;远端结肠和直肠损伤常有便血,直肠指检指套染血。

2. 腹膜外结肠破裂 腰痛、腹胀等,但缺乏特异性临床表现。

3. 腹膜外直肠损伤 下腹部疼痛,肛门出血、里急后重、肛门坠胀等;如合并膀胱及尿道损伤时,尿液可漏至腹腔或直肠腔内。

(三)法医学鉴定

1. 损伤认定 根据腹部外伤史、伤后症状与体征、辅助检查或手术所见认定。直肠乙状结肠镜检查可明确诊断,X线有助于了解是否存在骨盆骨折和异物存留。

由于结肠及直肠内容物呈半流动或固定体状态、流动性小,化学刺激小,早期症状局限而隐蔽,常不能及时诊断和治疗。

2. 损伤转归 结肠和直肠内容物细菌含量较多,且直肠周围为疏松结缔组织,故损伤后易发生严重感染,常并发直肠膀胱瘘、直肠阴道瘘、直肠外瘘、直肠狭窄等。另外,由于结肠壁薄,结肠腔内压力高,血供较差,愈合能力弱等原因,术后结肠胀气常导致吻合口破裂和结肠瘘。

3. 损伤程度与伤残等级 《人体损伤程度鉴定标准》规定，肠挫伤为轻伤二级；肠道非全层破裂为轻伤一级；肠管壁全层破裂须手术治疗或发生肠瘘为重伤二级。结直肠损伤的伤残等级主要根据是否手术修补、有无损伤并发症和后遗症而定。

《道路交通事故受伤人员伤残评定》(GB 18667-2002)规定，肠道破裂修补者或排便功能障碍者为Ⅹ级伤残；直肠损伤遗留永久性乙状结肠造口者为Ⅸ级伤残。

《劳动能力鉴定 职工工伤与职业病致残等级》(GB/T 16180-2014)规定，结直肠挫伤为十级伤残；结直肠破裂修补为九级伤残；结肠部分或大部分切除分别为八级和七级伤残；肛门外伤后排便轻度障碍或失禁为六级伤残；结肠、直肠部分切除，结肠造瘘为五级伤残；全结肠、直肠、肛门切除、回肠造瘘或外伤后肛门排便重度障碍或失禁为四级伤残。

五、肝外胆道损伤

肝外胆道是肝左管、肝右管、肝总管、胆囊和胆总管的总称，肝外胆道损伤约占腹腔内器官损伤的 3%～5%，分为胆囊损伤和肝外胆管损伤、闭合性损伤和开放性损伤等。胆囊的损伤主要包括胆囊挫伤、出血、胆囊撕脱、原发性胆囊破裂和延迟性胆囊破裂以及继发胆囊炎等。肝外胆管损伤主要包括胆管挫伤、胆管撕裂、胆道梗阻、胆汁瘘等。

(一)损伤原因和机制

由于肝外胆道的位置较深，周围有较多重要的血管和器官，单纯的肝外胆道损伤少见，往往合并肝脏、胰腺、十二指肠或腹腔内大血管等损伤。

肝外胆道损伤(injury of extrahepatic biliary passages)分为开放性损伤和闭合性损伤。

开放性肝外胆道损伤多由锐器或枪弹直接所致，常合并其他器官的损伤。

闭合性肝外胆道损伤的主要机制：①右上腹受到挤压，肝脏在腹腔内突然变形移位，使肝外胆道受到冲击造成胆总管、胰十二指肠结合部破裂；②身体急剧减速运动时在相对固定的胰腺上方产生剪切力将胆囊从肝脏胆囊床上撕脱。肝门部胆总管由于弯曲而富有弹性，因此不易受到此种剪切力的损伤。

(二)临床表现

1. 肝外胆道挫伤 轻度挫伤可无明显临床表现或仅表现为腹痛、腹胀等；严重挫伤，由于出血、水肿可引起胆道狭窄，也可在伤后 2～3 周(亦可在伤后 6 周以上)发生瘢痕收缩导致迟发性胆道狭窄，出现腹痛、黄疸、食欲缺乏、消瘦等。

2. 肝外胆道破裂 发热、黄疸、腹膜刺激征等。胆囊溢出的浓缩胆汁起初会剧烈腹痛，但数小时后可因大网膜的包裹局限而有所减轻，因此腹膜刺激征等经常被延迟，甚至于几周后才出现发热、黄疸、腹水、陶土样便等。

(三)法医学鉴定

1. 损伤认定 主要根据腹部外伤史、伤后症状与体征、辅助检查及手术所见认定。由于肝外胆道损伤的症状难以与胰腺损伤、十二指肠破裂等相鉴别，故临床上肝外胆道损伤术前明确诊断者很少，多在行剖腹探查术时明确。

肝外胆道破裂腹腔穿刺、腹腔灌洗可见胆汁样液体，但无特异性，如无胆汁也不能否定诊断。对于高度怀疑肝外胆道损伤时，应尽早进行腹部 CT、B 超、ERCP 等检查。此外，CT、PTC、MRCP(磁共振胰胆管造影)等检查还可以发现胆总管中下段迟发性狭窄与闭塞。

2. 损伤转归 胆道阻塞与原发性胆管炎会严重损害肝实质，导致肝功能衰竭；部分胆管狭窄病人，晚期可形成继发性胆汁性肝硬化及门脉高压症。

3. 损伤程度与伤残等级 《人体损伤程度鉴定标准》规定，胆道挫伤为轻伤二级；胆道非全层破裂为轻伤一级；胆道全层破裂须手术治疗、弥漫性腹膜炎或感染性休克为重伤二级。

《道路交通事故受伤人员伤残评定》(GB 18667-2002)规定,胆囊破裂修补为X级伤残;胆囊切除为IX级伤残;影响消化吸收功能的可依照有关条款进行评定。

《劳动能力鉴定 职工工伤与职业病致残等级》(GB/T 16180-2014)规定,胆囊切除为九级伤残;胆道损伤,胆肠吻合术后为七级伤残;胆道损伤致肝功能轻度、中度、重度损害分别为六级、四级和二级伤残;胆道损伤原位移植为一级伤残。肝功能损害程度的划分见表11-1。

表 11-1　肝功能损害分度

程度	清蛋白	血清总胆红素	腹水	脑症	凝血酶原时间
重度	<2.5g/dl	>3.0mg/dl	顽固性	明显	明显延长 (较对照组>9秒)
中度	2.5~3.0g/dl	2.0~3.0mg/dl	无或者少量,治疗后消失	无或者轻度	延长 (较对照组>6秒)
轻度	3.1~3.5g/dl	1.5~2.0mg/dl	无	无	稍延长 (较对照组>3秒)

六、腹部大血管损伤

腹部大血管指腹主动脉、下腔静脉和门静脉及其主要分支。这些血管多位于腹腔深处或紧贴腹后壁,位置较深,或有骨盆或有脊柱保护,一般不易损伤。

腹部大血管一旦发生破裂常伤势严重,可迅速导致死亡,腹主动脉、下腔静脉和门静脉损伤者病死率高达33%~71%。

(一)损伤原因和机制

腹部大血管损伤(abdominal great vascular injury)主要由交通事故所致,约78%的损伤由安全带、方向盘及车辆对行人的挤压等造成,其他如胸及腹部的刺创或枪弹创也可造成腹部大血管开放性损伤。

闭合性损伤多为钝性暴力造成,分为血管内膜损伤(发生率约12%)、动脉瘤形成(约15%)和血管破裂(约5%)三种,其中内膜撕裂可为非闭塞性的分离,特别是在腹主动脉可形成腹主动脉夹层。

既往存在动脉粥样硬化与血管内膜下病变的,受到外力作用更容易导致病变血管的损伤。

腹主动脉由内膜、中层弹力层和外膜构成,正常情况下这三层是紧密贴合在一起的。主动脉夹层(aortic dissection)是指各种原因造成的主动脉壁内膜破裂,血流进入主动脉壁内,导致血管壁分层形成假腔,血液在假腔中流动,并挤压真腔。但Coady报道有8%~15%的病例并无内膜撕裂,这可能是由于主动脉壁中层出血所致,又称为壁间血肿(intramural hematoma)。主动脉夹层过去也称为主动脉夹层动脉瘤(dissection aortic aneurysm)。

(二)临床表现

1. 腹部大血管破裂　大量出血,进行性腹胀和失血性休克,多数伤后死亡,少数送达医院者也往往处于濒死状态。

2. 腹主动脉闭合性损伤　腹主动脉内膜损伤可以逐渐形成夹层造成血管腔的狭窄或堵塞,伤后逐渐出现下肢皮肤颜色改变、疼痛、变冷,股动脉搏动减弱或消失,进行性下肢瘫痪和大小便失禁等。此外,形成腹主动脉瘤还会产生压迫相邻组织与器官的症状。

血管造影、超声、CT和MRI等影像学检查均可显示血管的病变,具有诊断的价值。

(三)法医学鉴定

1. 损伤认定　根据腹部外伤史、伤后症状与体征、影像学检查或手术所见认定。

腹主动脉闭合性损伤主要根据外伤史、进行性下肢缺血与瘫痪、股动脉及肢体远端脉搏消失,结合血管造影、CT等影像学检查来判断,腹腔探查术可以确认腹主动脉壁的挫伤与外伤性动脉瘤。

2.鉴别诊断 在法医学鉴定中,外伤性腹主动脉夹层与非外伤性腹主动脉夹层需要进行鉴别。

非外伤性腹主动脉夹层男多于女,中老年居多,常无腹部外伤史或外伤轻微,好发危险因素为主动脉中层囊性坏死或退变、遗传性结缔组织疾病、先天性二叶主动脉瓣、动脉炎、动脉瘤、高血压、动脉粥样硬化等。

腹主动脉瘤(abdominal aneurysm)是指腹主动脉中层结构破坏,在血流冲击下所形成的局部膨出或者广泛扩张。腹主动脉瘤的患病率占主动脉瘤的63%～79%,大多数腹主动脉瘤系动脉粥样硬化所引起,一般位于肾动脉远端,延伸至腹主动脉分叉处,常波及髂动脉。

3.损伤转归 腹腔大血管损伤常合并周围组织器官的损伤。腹主动脉瘤发生后,瘤体可逐渐增大,甚至破裂出血导致病人死亡。腹腔大血管损伤常见的并发症为下肢动脉栓塞、输尿管受压,腹主动脉肠瘘、腹主动脉下腔静脉瘘和瘤体与邻近肠管发生粘连等则较为少见。

4.损伤程度和伤残等级 《人体损伤程度鉴定标准》规定,腹腔积血或者腹膜后血肿为轻伤二级;腹腔大血管破裂、腹腔积血或者腹膜后血肿须手术治疗为重伤二级。

《人体损伤程度鉴定标准》中的腹腔大血管界定为腹主动脉和下腔静脉。腹部其他血管损伤的损伤程度依据腹腔是否积血、是否腹膜后血肿以及是否需要手术治疗确定。对于出现并发症和后遗症的,依照相应条款评定。

腹部血管损伤常伴有周围组织器官的损伤,伤残等级可根据并发症及后遗症评定。

《道路交通事故受伤人员伤残评定》(GB 18667-2002)对腹部大血管损伤未作出具体规定,其伤残等级主要根据是否出现并发症、后遗症以及是否经过手术治疗等,比照相关条款进行评定。

《劳动能力鉴定 职工工伤与职业病致残等级》(GB/T 16180-2014)规定,大血管修补术者为八级伤残,重建术者为六级伤残。

第四节 腹腔实质性器官损伤

一、肝损伤

肝是人体最大的实质性腺体,具有解毒、代谢、分泌胆汁、免疫防御等功能;肝由多条韧带固定于腹腔中,大部分位于右侧膈下和右季肋部深面,仅小部分超越正中线而达左上腹部,前面有第6～9肋所遮盖,后侧有第6～12肋保护。

据统计,在开放性腹部损伤中,肝脏损伤的发生率为30%左右,仅次于小肠、结肠损伤而居于第三位;在闭合性腹部损伤中,肝脏损伤的发生率约为20%。

(一)损伤原因和机制

肝损伤最常见的原因为钝性暴力,其次为腹壁穿通伤和医源性损伤。

肝血供丰富,实质脆、少弹性,在外力作用下易受损伤。钝性暴力直接或间接作用于胸腹部,使肝发生相对位移和不均匀性压缩变形,肝会在应力集中处发生撕裂或破碎;急剧的减速性运动致肝周的韧带和血管与肝脏发生相对位移产生的剪切力,也会导致肝被撕裂;此外,腹部急剧变形时压力通过血管系统传导,可以导致肝内毛细血管破裂和肝出血性损伤。

由于肝右叶体积较大故容易发生损伤,尤以肝的第6、7节段的后份和第5、8节段的前份最常见,并常伴发肝静脉的破裂;肝左叶损伤较为少见,一旦发生则常伴随有腹膜后器官如十二指肠、胰腺和结肠的损伤。此外,右季肋部肋骨骨折时,骨折断端也可刺破肝形成闭合性肝破裂。

小儿肋骨韧性好,暴力往往通过肋骨传导至腹腔深部作用到肝,同时小儿肝体积相对较大,故肝损伤的发生率较成人为高;此外,因病变引起肝体积增大时,不仅受伤的机会增多,而且受到轻微的外力便可引发肝破裂。

刺创和枪弹创是造成肝开放性损伤最常见的原因。尖锐的刺器进入肝内时,由于呼吸引起肝的移动,常使创口扩大,加重肝的损伤。

(二)损伤类型

肝损伤(injuries of the liver)分为肝挫伤和肝破裂。肝破裂根据肝被膜是否完整分为真性肝破裂和假性肝破裂,肝破裂通常发生于肝外周部分,根据破裂深度不同,分为浅破裂(距肝表面<3cm)和深破裂(距肝表面>3cm)。肝深部破裂常造成肝动脉、下腔静脉及胆管的损伤。

闭合性肝破裂按其发生部位和临床表现分为如下3种类型:

1. 真性破裂 肝被膜及肝实质均有破裂。真性肝破裂可以是浅表破裂,也可以是广泛破裂或合并肝门大血管损伤。

2. 中央型破裂 肝破裂的部位较深,肝表层组织完整,破裂组织出血形成肝内血肿。由于血肿对周围组织的压迫,往往有肝组织坏死,且范围较广泛,易继发感染。

3. 被膜下破裂 肝破裂的部位较浅,肝被膜完整,破裂的实质出血,积聚在肝被膜下形成血肿。有时完整的肝被膜被广泛掀起,形成巨大血肿。

中央型破裂和被膜下破裂也称为假性破裂,假性破裂也可以转变为真性破裂。

(三)临床表现

1. 症状与体征 肝挫伤可无特异性症状,仅表现为腹痛、恶心、呕吐等。肝假性破裂初期可无明显临床症状,但随着肝内血肿的增大,可以出现明显局限性疼痛;肝真性破裂则表现为大出血、失血性休克和胆汁性腹膜炎等症状和体征。

2. 影像学检查 肝破裂,CT表现为树枝状或线状低密度非增强影像,选择性肝动脉造影可见造影剂外溢或楔形充盈缺损等改变;被膜下血肿,增强CT(CECT)下呈梭形改变,但无信号增强;肝被膜下破裂和中央型破裂,超声检查表现为肝增大及血肿部位有液平面。

(四)法医学鉴定

1. 损伤认定 主要依据外伤史、伤后症状与体征、影像学检查或手术所见认定。假性破裂初期可无明显临床症状而延误诊断和治疗,法医学鉴定时需注意肝破裂的时间以及与本次外伤的因果关系。此外,病理性肝(如肝癌等)在轻微的外力作用下即可发生破裂,在法医学认定时应详细了解受力大小,结合辅助检查、手术所见及组织病理学检查结果综合分析。

2. 损伤转归 视损伤类型及范围不同而异,包膜下非扩展性的小血肿,可以自行吸收愈合;而肝脏的全层破裂,或中央区损伤累及肝动脉、门静脉、肝总管,可出现失血性休克、胆汁性腹膜炎等;肝实质内血肿因血液不能流入腹腔,可继发胆汁瘤;肝坏死组织继发感染可形成肝脓肿;若肝被膜下破裂伤后继续出血,使被膜张力过大突然转化为真性破裂,即迟发性肝破裂;大面积损伤导致完全或大部分肝切除,则可造成不同程度的肝功能障碍。

3. 损伤程度与伤残等级 《人体损伤程度鉴定标准》规定,肝包膜下或者实质内出血、肝功能损害(轻度)为轻伤二级;肝包膜破裂、肝脏实质内血肿直径2.0cm以上为轻伤一级;肝破裂、腹腔积血须手术治疗为重伤二级;肝功能损害(重度)为重伤一级。

对于病理性肝破裂应根据既往病变的性质、程度,综合分析外伤与肝破裂之间的因果关系。当腹壁及周围组织器官具有明显损伤征象,同时伴有肝挫伤、血肿或破裂等表现,说明作用力足够强大,外伤应考虑为肝破裂的主要原因;当腹壁及周围组织器官无明显外伤性征象时,则不易直接评定损伤程度。

肝损伤的伤残等级主要依据是否手术修补、手术切除的多寡以及有无肝功能障碍等进行评定。

《道路交通事故受伤人员伤残评定》(GB 18667-2002)规定,肝破裂修补为X级伤残;肝部分切除为IX级伤残;肝部分切除,影响消化吸收功能者为VIII级伤残;肝部分切除,严重影响消化吸收功能者为V级伤残;肝部分切除,消化吸收功能障碍者为III级伤残;消化腺部分切除,消化吸收功能严重障碍,日常生活完全不能自理者为I级伤残。

《劳动能力鉴定 职工工伤与职业病致残等级》(GB/T 16180-2014)规定,肝挫伤、包膜下破裂及中央型破裂经保守治疗无后遗症者为十级伤残;肝破裂修补者为九级伤残;肝部分切除,根据切除比例、有无肝功能障碍和并发症,最低可评为八级伤残,最高评为二级伤残;肝切除后原位肝移植为一级伤残。

二、脾损伤

脾是人体外周免疫器官之一,具有造血和血液过滤功能,也是淋巴细胞迁移和接受抗原刺激后发生免疫应答、产生免疫效应分子的重要场所。

脾位于左季肋部深处,由多条与周围器官相连的韧带固定于腹腔中,脾前方为第9～11肋,后方为左肾。脾由较坚韧的脾被膜包裹,脾实质组织脆弱,血运丰富,受外力极易破裂,是闭合性腹部损伤中最易损伤的器官。

(一)损伤原因和机制

脾损伤(injuries of the spleen)的发生率占腹部创伤的40%～50%,钝性暴力撞击或挤压腹部、左下胸或腰背部可以造成脾挫伤或脾破裂;左季肋部肋骨骨折,骨折断端也可刺破脾;此外,锐器及火器伤等可以造成开放性脾损伤。

(二)损伤类型

脾损伤分为脾挫伤和脾破裂。脾破裂又分为真性脾破裂和假性脾破裂。与肝破裂相似,闭合性脾破裂分为如下三种类型:

1. 真性破裂 脾实质与被膜同时破裂,可以是条状破裂,也可以是粉碎性破裂。
2. 中央型破裂 脾实质深部破裂,局部形成血肿。
3. 被膜下破裂 脾实质被膜下破裂,出血积聚于被膜下,形成血肿。

被膜下破裂和中央型破裂统称假性破裂,其局部血肿可因出血增加而增大,随着张力增加可使脾被膜发生破裂,转变为真性破裂。这种破裂可发生在伤后数小时至数月内,称为延迟性脾破裂。

(三)临床表现

1. 脾挫伤 左上腹不适和胀痛感等。
2. 真性破裂 左上腹疼痛、血压下降、脉搏细弱、呼吸急促等失血与失血性休克以及急性腹膜炎的表现。
3. 假性破裂 常见症状为左上腹压痛或左肩牵涉痛。当出血积累到一定量时,可因活动或受外力作用突然转化为真性破裂。

(四)法医学鉴定

1. 损伤认定 根据外伤史、伤后症状与体征、影像学检查和手术所见认定。外伤性脾破裂常伴有左季肋部、左上腹部的软组织损伤或左下胸部肋骨骨折等。

脾挫伤与假性破裂可因无明显内出血征象而被漏诊,或因所形成的血肿被吸收而难以确认。因此,超声和CT动态观察对于脾挫伤与假性破裂的法医学认定具有重要意义。

延迟性脾破裂的认定,应根据受伤时间、伤后临床表现以及脾发生真性破裂前的具体情况,结合手术所见与组织病理学检查结果综合分析判断。

2. 鉴别诊断 外伤性脾破裂需要与自发性脾破裂相鉴别。所谓自发性脾破裂,是指在病理性脾肿大的情况下,受到轻微的外力作用,如剧烈咳嗽、打喷嚏或突然体位改变等所发生的破裂。因此,在法医学鉴定时应详细了解外力的大小,伤后临床表现以及手术所见,特别是组织病理学的检查结果,综合分析、判断外伤与脾破裂之间的因果关系。

3. 损伤转归 脾挫伤或脾假性破裂可以自愈。脾小的破裂,手术修补后基本可以恢复功能;严重或大面积损伤致脾摘除者,可影响免疫功能。

4. 损伤程度与伤残等级 《人体损伤程度鉴定标准》规定,脾包膜下或者实质内出血为轻伤二级;脾包膜破裂或脾实质内血肿直径2.0cm以上者为轻伤一级;脾破裂须手术治疗者为重伤二级。

病理性脾大发生破裂者，与病理性肝破裂者相似，应注意分析外伤与脾破裂之间的因果关系，综合评定。

脾损伤的伤残等级主要依据是否手术修补或脾摘除进行评定。

《道路交通事故受伤人员伤残评定》(GB 18667-2002)规定，脾破裂修补者为Ⅹ级伤残；脾部分切除者为Ⅸ级伤残；脾切除者为Ⅷ级伤残。

《劳动能力鉴定 职工工伤与职业病致残等级》(GB/T 16180-2014)规定，脾挫伤、包膜下破裂及中央型破裂经保守治疗无后遗症者为十级伤残；脾破裂修补者为九级伤残；脾部分切除者为八级伤残；脾切除者为七级伤残。

三、胰腺损伤

胰腺为混合性分泌腺体，外分泌主要成分是胰液，内含碱性的碳酸氢盐和各种消化酶。内分泌主要成分是胰岛素、胰高血糖素、生长激素释放抑制激素、肠血管活性肽、胃泌素等。

胰腺位于腹膜后，从右向左横跨第1、第2腰椎，背靠脊柱，前有胃肠及腹壁，位置深而隐蔽，不易受伤，其损伤发生率约占腹部损伤的1%～2%。由于胰液内的消化酶腐蚀性强，故胰腺损伤后可继发胰腺炎、胰瘘、胰腺脓肿、胰腺假性囊肿及胰性腹水等。

(一)损伤原因和机制

胰腺损伤(injuries of the pancreas)分为闭合性损伤和开放性损伤，根据损伤程度的不同分为胰腺的挫伤、破裂或离断。

1. 闭合性损伤　多由钝性暴力作用使胰腺被挤压或撞击后方脊柱所形成。胰腺的损伤部位与暴力作用的方向有关，当外力作用于脊椎右侧时，可使胰头部损伤，并常合并肝脏、胃十二指肠、大网膜和结肠中动脉、结肠右动脉损伤；当外力直接作用于上腹正中，可造成胰腺背侧或腹侧的完全或不完全断裂，而无其他组织器官损伤；当外力直接作用于脊椎左侧，可造成胰尾挫伤或撕裂伤。

2. 开放性损伤　胸背部及上腹部的锐器伤或枪弹创以及胆道、脾脏、胃等手术时可直接损伤胰腺。

(二)临床表现

1. 症状与体征　轻度的胰腺损伤表现为轻度上腹不适或轻度腹膜刺激症状，有的损伤当时可无任何症状。

由于局部组织损害不重或仅有少量渗出或胰液漏出，故损伤当时临床症状不明显。但经过数周、数月或数年后，有的可以形成胰腺假性囊肿，并出现上腹部肿块或消化道压迫症状。

严重胰腺损伤可引起休克或虚脱。如果胰液积聚在网膜内，可出现上腹部明显压痛、腹肌紧张；胰液刺激膈肌时，可出现顽固性呃逆和肩部放射痛；溢出的胰液若经网膜孔或破裂的小网膜流入腹腔时，则出现弥漫性腹膜炎症状，表现为进行性腹胀、全腹压痛、腹肌紧张、肠鸣音消失或减弱，并伴有高热、白细胞增高、血及尿中的淀粉酶值升高；部分严重胰腺损伤病人因出血可在脐周皮肤出现不规则形的瘀斑(Cullen征)，或腰部皮肤呈青紫色(Grey Turner征)等特殊体征。

2. 影像学检查　B超检查有助于明确胰腺周围液体积聚、是否存在假性胰腺囊肿等；CT扫描可显示胰腺肿胀、胰脾间积液、胰腺形态异常、胰腺破裂、出血以及腹内积液等。

(三)法医学鉴定

1. 损伤认定　根据外伤史、伤后症状与体征、影像学检查和手术所见认定。

由于胰腺损伤早期缺乏特异性症状和体征或被其他脏器损伤的症状、体征所掩盖，早期诊断困难。因此，怀疑胰腺损伤都应进行超声和CT动态观察，持续性、进行性的血尿淀粉酶升高对胰腺损伤诊断具有一定意义，但淀粉酶值升高并非胰腺损伤特有，上消化道穿孔时也可有类似表现。此外，血清淀粉酶正常并不能除外胰腺损伤。

B超检查有助于明确胰腺周围液体积聚、是否存在假性胰腺囊肿等，但因胰腺体尾部受到肠道气体干扰常无法探测，对胰腺损伤的诊断价值有限；CT扫描可显示胰腺肿胀、胰脾间积液、胰腺形态异常、胰腺破裂、出血以及腹内积液等，但"阴性"结论并不能除外胰腺损伤。

外伤性胰腺假性囊肿的认定，主要根据外伤史、临床表现、手术所见以及组织病理学检查结果综合分析判断，法医学鉴定时注意排除胰腺真性囊肿和胰腺囊性肿瘤。

胰腺真性囊肿包括先天性单纯囊肿、多囊病、皮样囊肿、潴留囊肿等，胰腺真性囊肿内壁一般覆有上皮组织；囊性肿瘤包括囊性腺瘤和囊性癌。

2．损伤转归　轻度挫伤可自愈，损伤严重者可危及生命或出现胰腺炎、胰瘘、胰腺脓肿、胰腺假性囊肿及胰性腹水等并发症，往往需要再次手术或多次手术。

3．损伤程度与伤残等级　《人体损伤程度鉴定标准》规定，胰腺挫伤为轻伤二级；胰腺包膜破裂为轻伤一级；胰破裂须手术治疗为重伤二级。

胰腺损伤的伤残等级主要根据是否手术修补、胰腺手术切除的多寡以及所导致的消化吸收功能障碍的程度进行评定，但由于胰腺的功能不仅仅为消化功能，因此伤残等级应根据具体情况综合评定。

《道路交通事故受伤人员伤残评定》(GB 18667-2002)规定，胰腺破裂修补为Ⅹ级伤残；胰腺部分切除为Ⅸ级伤残；胰腺部分切除，影响消化吸收功能为Ⅷ级伤残，严重影响消化吸收功能为Ⅴ级伤残，消化吸收功能障碍为Ⅲ级伤残；胰腺部分切除，消化吸收功能严重障碍，日常生活完全不能自理为Ⅰ级伤残。

《劳动能力鉴定　职工工伤与职业病致残等级》(GB/T 16180-2014)规定，胰挫伤等轻度损伤经保守治疗无后遗症者为十级伤残；胰破裂修补者为九级伤残；胰部分切除、切除1/3、1/2或2/3者分别为八、七、六、五级伤残；胰次全切除，胰岛素依赖者为三级伤残；胰次全切除，胰腺移植术后者为二级伤残；全胰切除者为一级伤残。

四、肾损伤

肾位于第12胸椎和第3腰椎之间的两侧腹膜后间隙，前面有腹壁和腹腔脏器，外侧有第10～12肋骨，上面有膈肌、内侧和后面有脊椎、背部的肌肉和胸廓软组织保护。正常肾随呼吸运动有一定的活动度，在一定程度上也具有缓冲暴力的作用。

肾具有排泄体内代谢废物，维持机体钠、钾、钙等电解质的稳定及酸碱平衡等功能。

(一)损伤原因和机制

肾是一个组织结构较脆弱的实质器官，受到外力作用容易造成损伤。儿童腹、背肌肉薄弱，肾在腹膜后没有很好的保护，并且肾的体积相对较大，与成人相比更容易受到损伤。

直接暴力、间接暴力均可导致肾损伤，其中直接暴力是最常见的原因，如上腹部或腰部受到直接打击或被挤压，即第12肋与脊柱之间或胸廓下腹壁与脊柱旁肌肉之间的剧烈挤压可导致肾实质的破裂，相邻的肋骨骨折的断端或碎片也可刺破肾实质；间接暴力常见于高坠时双足或臀部着地所形成的减速性损伤，即当身体运动突然停止的瞬间，肾脏由于惯性作用继续运动，牵拉肾蒂进而造成血管内膜的撕裂或血管的破裂；此外，在病理状态下，如患有肾肿瘤、肾积水、肾结石等病变时，即使轻微外力也可以导致肾损伤。

肾的开放性损伤以锐器伤和火器伤为多见，其中80%以上合并有腹腔或胸腔其他脏器的损伤。

(二)损伤类型

肾损伤(kidney injury, renal injury)根据损伤的部位和程度分为肾挫伤、肾破裂、肾碎裂和肾蒂撕裂等几种类型。

1．肾挫伤　约占全部肾损伤的85%，肾包膜及肾盂肾盏完整，损伤仅局限于部分肾实质，为毛细血管的破裂或小裂伤，可形成肾实质内瘀斑、血肿或局部包膜下小血肿，损伤如涉及集合系统时可有少量血尿。

2．肾挫裂伤　约占肾损伤的10%，分为不完全性挫裂伤和完全性挫裂伤。不完全性挫裂伤者仅累及肾包膜或集合系统，无尿外渗。此类损伤较轻，常无需手术治疗；完全性挫裂伤指裂伤贯穿整个肾实质,累及肾包膜与集合系统,若肾被膜破裂,则形成肾周血肿;如肾盂肾盏黏膜破裂,则有尿外渗,出现明显的肉眼血尿,常需手术治疗。

3. **肾碎裂伤**　约占肾损伤的 3%。肾实质有多处裂伤,使肾破碎成多块,肾盂也有不同程度的断裂,伴有严重的出血和尿外渗,常导致肾功能的丧失,往往需要紧急手术治疗。

4. **肾蒂伤**　约占肾损伤的 2%,包括肾蒂穿孔、肾蒂血管撕裂或断裂,出血迅猛,多来不及救治而死于失血性休克。

(三) 临床表现

1. **疼痛**　肾损伤后可出现伤侧肾区及上腹部疼痛,主要是因肾实质损伤和肾包膜受到牵张所致,如输尿管内有血凝块阻塞时,可出现肾绞痛。此外,血液和尿液渗到腹腔时可出现全腹疼痛及腹膜刺激症状。

2. **血尿**　是肾损伤的最常见和最重要的症状,血尿的轻重并不与肾的损伤程度一致,当输尿管被血凝块阻塞时,可不出现血尿。多数血尿是一过性的,开始血尿较多,几天后逐渐消失,少数镜下血尿可持续很长时间,甚至几个月。伤后 2~3 周,由于活动或感染还可以导致继发性血尿。

3. **血压下降**　取决于损伤类型和损伤程度以及有无其他脏器损伤,如创伤较重或失血较多,可导致创伤性或失血性休克;合并感染时,可导致感染性休克。

4. **腰腹部肿块**　出血与尿外渗时,腰腹部可出现包块,并随着肾周血肿增大或尿外渗增多,肿块可进行性加大。

5. **影像学检查**　B 超检查可见肾体积增大、肾结构不清或有异常回声等;X 线检查肾阴影增大提示被膜下血肿,肾区阴影扩大提示肾周围血肿;静脉尿路造影可见肾外影不清、肾盂变形、肾内不规则阴影,造影剂外溢等;CT 可以准确地显示肾挫伤、肾血肿与肾破裂等。

(四) 法医学鉴定

1. **损伤的认定**　根据外伤史、伤后症状与体征、尿常规、影像学检查及手术所见认定,尤其是经手术修补或摘除者,更容易认定。B 超检查对于肾裂伤、碎裂伤、肾周血肿、尿外渗及肾内血肿等均有肯定的诊断价值,CT 是目前诊断肾损伤的最好检查方法之一,准确率达 98% 以上。

在临床上对于有腰部外伤史,伤后出现肾区疼痛或肉眼或镜下血尿者往往会做出肾挫伤的诊断。但由于血尿不仅可来自肾,也可来自输尿管、膀胱甚至尿道,有的则为全身性疾病或月经血的混入,因此法医学鉴定时对肾挫伤的认定要十分谨慎。对外伤史明确,伤后出现血尿,各种辅助检查(尿常规、B 超、CT 等检查)证实有肾挫伤存在的,可以认定肾挫伤。对伤后出现血尿,各种辅助检查(B 超、CT 等检查)不能证实有肾挫伤存在的,必须排除其他可以导致血尿的疾病以及其他部位泌尿系统的损伤,结合肾挫伤的临床演变过程才能认定。

2. **损伤转归**　肾损伤可合并肾周脓肿、肾盂肾炎、败血症,持续性尿外渗会形成尿囊肿;血肿、尿外渗可以引起肾周围组织纤维化,压迫肾盂输尿管交界处会导致肾积水;部分肾实质缺血或肾蒂周围纤维化压迫肾动脉,可引起肾血管性高血压;开放性肾损伤可以导致动 - 静脉瘘或假性肾动脉瘤。此外,肾实质破坏过多者,可导致慢性肾功能不全。

3. **损伤程度与伤残等级**　《人体损伤程度鉴定标准》规定,肾包膜下或者实质内出血,急性肾功能障碍(可恢复)属轻伤二级;肾功能不全(代偿期)属轻伤一级;肾功能不全(失代偿期),肾损伤致肾性高血压,外伤性肾积水,外伤性肾动脉瘤,外伤性肾动静脉瘘,肾破裂、肾周血肿或肾包膜下血肿须手术治疗者为重伤二级;肾损伤致肾功能不全(尿毒症期)者为重伤一级。

《道路交通事故受伤人员伤残评定》(GB 18667-2002)规定,肾破裂修补或肾功能轻度障碍者为 X 级伤残;根据肾切除比例和有无肾功能障碍及后遗症,伤残等级从 IX 级到 II 级不等;双侧肾切除或完全丧失功能,日常生活完全不能自理者为 I 级伤残。

《劳动能力鉴定 职工工伤与职业病致残等级》(GB/T 16180-2014)规定,一侧肾切除为七级伤残;肾损伤性高血压为六级伤残;一侧肾切除,对侧肾功能不全代偿期为五级伤残;肾修补术后,肾功能不全失代偿期为四级伤残;一侧肾切除,对侧肾功能不全失代偿期为三级伤残;孤肾部分切除后,肾功能不全失代偿期为二级伤残;双肾切除或孤肾切除术后,用透析维持或同种肾移植术后肾功能不全尿毒症期为一级伤残。肾功能不全分期见表11-2。

表 11-2　肾功能不全分期

分期	内生肌酐清除率	血尿素氮浓度	血肌酐浓度	临床症状
代偿期	降至正常的50% 50～70ml/min	正常	正常	通常无明显临床症状
失代偿期	25～49 ml/min		>177μmol/L(2mg/dl) 但<450μmol/L(5mg/dl)	无明显临床症状,可有轻度贫血、夜尿、多尿
尿毒症期	<25 ml/min	>21.4mmol/L (60mg/dl)	450～707μmol/L (5～8mg/dl)	常伴有酸中毒和严重尿毒症临床症状

本章小结

由于腹部的体表面积较大,发生创伤的机会亦较多。腹部损伤主要分为开放性损伤和闭合性损伤两种类型。由于腹壁仅由软组织组成,当腹壁受到外力作用引起腹部闭合性损伤时,腹壁损伤可很轻微或无损伤痕迹,但却可以导致腹部器官的严重损伤。

未经手术的腹部闭合性损伤,如胃、肠、肝、脾、胰等是腹部损伤认定是法医学鉴定的难点,需要通过B超、CT等影像学动态观察或通过腹腔镜检查确认。

腹部器官的迟发性损伤或继发性损伤,如延迟性肝、脾破裂,胰腺假性囊肿等,应根据外伤史、伤后临床表现、影像学检查结果、手术所见以及组织病理学检查综合分析、判断。

腹部损伤的严重程度,一方面取决于作用力本身,即力的大小和方向、作用面积、撞击速度,以及致伤物性质、着力部位等因素;另一方面则与器官的解剖结构、生理和病理状态密切相关。由于空腔器官的整体比重(指器官/器官体积)明显小于实质性器官的比重,外力对两者产生的荷载大不相同,同时实质器官质地一般较脆弱,故相同的暴力对空腔器官和实质器官造成的损伤有所不同;即使同一空腔器官因充盈状态不同,损伤的后果也不相同;此外,器官所处的解剖位置、有无其他组织器官保护以及是否具有较高的活动性,也决定腹部损伤的类型和后果。

腹部损伤法医学鉴定应注意的问题:①经过手术探查和手术治疗的,以临床病历记载为主,结合外伤史、伤后临床表现与辅助检查结果确认损伤与损伤程度;没有经过手术探查和治疗的,以影像学检查结果为主,结合外伤史、伤后临床表现与其他辅助检查结果确认损伤与损伤程度;②以损伤当时情况评定损伤程度或伤残等级的,损伤当时即可以进行鉴定;以损伤并发症和后遗症评定损伤程度或伤残等级的需病情稳定或治疗终止后进行鉴定;③《人体损伤程度鉴定标准》有关条款所规定的必须手术治疗,应理解为必须具有手术指征,而且必须经过手术治疗;④对于病理性肝、脾等受到外力作用所发生的破裂,应详细根据受力大小,伤后的临床表现、辅助检查与手术所见,以及组织病理学检查结果综合分析外伤与破裂之间的因果关系。

(邓世雄)

思考题

1. 腹部损伤的法医学检查方法及法医学意义。

2. 腹部空腔器官损伤的临床表现。

3. 腹部大血管闭合性损伤的类型与后果。

4. 腹腔实质性器官损伤的临床表现与法医学鉴定。

第十二章 盆与会阴部损伤

学习提要

【掌握内容】 盆与会阴部损伤的分类、检查方法和法医学意义；骨盆骨折与会阴部损伤的法医学鉴定。

【熟悉内容】 盆与会阴部损伤的原因与机制、临床表现、并发症和后遗症；尿道狭窄的判定方法；阴道及会阴部撕裂伤的分度。

【了解内容】 盆与会阴部的解剖与生理；盆与会阴部损伤对排便、排尿和性功能的影响。

第一节 概 述

盆与会阴部位于躯干下部，盆部以骨盆为支架，由覆盖其内侧的盆壁肌和盆底肌及其筋膜形成盆壁和盆腔，上与腹部相接，下由盆膈封闭。在盆腔内除消化道末段外，主要为泌尿和生殖器以及神经、血管等。盆膈由肛提肌和尾骨肌以及覆盖上下面的筋膜构成，会阴部是指封闭骨盆下口的软组织及生殖器，狭义会阴部是指肛门与生殖器之间的区域，在女性又称为产科会阴部。

盆与会阴部损伤往往涉及运动、消化、泌尿与生殖系统，是法医学鉴定的重要内容。

一、损伤分类

一般根据损伤部位分为骨盆骨折、盆腔器官损伤、会阴部软组织损伤等；根据损伤组织结构的完整性分为开放性和闭合性损伤。

二、主要症状和体征

1. 疼痛 骨盆骨折，活动时疼痛加重；盆腔内器官或会阴部软组织损伤继发感染时，疼痛明显。

2. 血尿 泌尿系统损伤多有血尿，表现为肉眼血尿和镜下血尿，但血尿的程度不一定与损伤程度呈正相关。

3. 尿外渗 由于泌尿系统损伤部位和程度不同，尿外渗范围和程度也不一样，若尿液进入腹腔可出现腹膜刺激征。

4. 骨盆畸形 骨盆骨折致骨盆环破坏，可表现为骨盆畸形、双下肢不等长等。

5. 排便功能障碍 支配尿道及肛门括约肌的神经损伤或尿道及肛门括约肌损伤，可出现大小便失禁。尿道、直肠及肛管损伤瘢痕修复可导致尿道、肛管狭窄，出现排尿、排便困难。此外，早期血凝块阻塞尿路也可以导致排尿困难。

6. 性功能障碍 骨盆骨折、性器官以及支配会阴部的神经和血管等损伤，可导致性功能和生殖功能障碍。

三、法医学检查

（一）一般检查

通过询问被鉴定人受伤经过、伤后临床表现、治疗过程等，可以帮助了解损伤机制、目前的症状和体征。在一般检查过程中应注意局部软组织有无青紫、肿胀，体表有无创口或疤痕，骨盆有无畸形，双下肢是否等长、外生殖器有无损伤等。

（二）辅助检查

1. 实验室检查　包括血常规、尿常规、血生化、内分泌功能及精液检查。实验室常规检查可以帮助了解泌尿系统有无损伤、肾功能及性功能有无障碍。

2. 影像学检查　包括X线检查、CT检查、MRI检查及超声影像检查等。

（1）X线检查：X线平片是诊断骨盆骨折的重要检查方法；静脉尿路造影、逆行性尿路造影、动脉血管造影及膀胱造影等，可显示输尿管、膀胱、尿道的形态，对于泌尿系统的损伤以及输尿管、尿道有无狭窄等具有重要的诊断价值。

（2）CT检查：可以清晰地显示一些细小骨折、盆腔内器官的损伤以及损伤类型和程度。

（3）MRI检查：可以清楚的显示盆部软组织与盆腔内器官的组织结构，对于盆部的肌肉、肌腱、韧带、神经等软组织损伤以及盆腔内器官和骨盆隐匿性骨折具有诊断意义。

（4）超声检查：系无创伤性检查，是泌尿系统疾病的主要筛选方法，B型超声检查可以显示尿路梗阻、睾丸肿大、睾丸碎裂以及阴囊血肿等，测量膀胱残余尿量、鉴别血尿性质等。多普勒超声可确定动、静脉内血流情况、诊断睾丸扭转等。

3. 内窥镜检查　尿道镜和膀胱镜检查对于尿道与膀胱的损伤性质、损伤部位以及尿道狭窄与程度具有重要诊断价值，但内窥镜检查属于有创性检查，对于急性期患者及血流动力学不稳定患者，难以施行。

第二节　骨盆骨折

骨盆是由骶骨、尾骨和两块髋骨组成的一个完整闭合骨环。骶骨与髂骨和骶骨与尾骨间，均有坚强韧带支持连结，形成关节。女性妊娠后，在激素的影响下韧带稍许松弛，各关节可略有松动。

髋骨包括髂骨、坐骨与耻骨，3块骨融合处的外侧即髋臼，后者与股骨头构成髋关节；骶骨位于骨盆的后正中部，上3个骶椎两侧的耳状关节面和两侧髋骨的耳状关节面连接构成骶髂关节；两侧的耻骨体在骨盆前正中线连接形成耻骨联合，正常的耻骨联合间距为0.1～0.6cm。

骨盆以髋臼为界，分为前后两部分。骨盆前部称为副弓，后部称承重弓或主弓，主弓骨质粗厚坚实，副弓相对较薄弱，因此，骨盆受损时常副弓先断裂。

骨盆骨折（pelvic fracture）的发生率占身体骨折的0.3%～6%，多为强大的外力作用所致，半数以上合并其他器官损伤。

一、损伤原因与机制

骨盆骨折多见于车祸、撞击、辗压、砸伤及高坠等，锐器和枪弹也可直接损伤骨盆。当骨盆遭受暴力作用时，副弓往往首先受损，耻骨支、耻骨联合及靠近骶髂关节部位的髂骨最易骨折。当主弓折断时，副弓大多同时骨折。

1. 直接暴力　暴力直接撞击骨盆前部可致耻骨支骨折、骨盆边缘骨折，撞击侧面可造成髂骨翼骨折、髋臼骨折和股骨头中心性脱位；撞击骨盆后部可造成骶尾骨骨折。

2. 间接暴力　高坠时单足着地，通过髋关节向上传递可致该侧骨盆壁骨折并向上错位，当股骨头撞击髋臼引起髋关节脱位时，常合并髋臼骨折。暴力造成耻骨、坐骨和髂骨骨折，有时也波及髋臼；作用于骨盆的挤压性暴力，则远离着力部位，即受力变形最严重处的骨折脱位、耻骨联合分离和骶髂关节分离。

3. 撕脱性骨折　肌肉猛烈收缩，可造成肌肉附着部位骨质的撕脱，常见髂前上、下棘和坐骨结节撕脱性骨折。

此外，还有一种特殊类型的骨折，即骨盆应力骨折或疲劳骨折，多发生于入伍新兵和运动员，因反复训练，内收肌和腘绳肌的反复牵拉所致。

二、骨盆骨折的类型

（一）根据外力的方向

1. 暴力来自侧方（LC 骨折）　①LC-Ⅰ型：耻骨支横行骨折，同侧骶骨翼部压缩性骨折；②LC-Ⅱ型：耻骨支横行骨折，同侧骶骨翼部压缩性骨折及髂骨骨折；③LC-Ⅲ型：a. 耻骨支横行骨折，同侧髂骨翼部压缩性骨折；b. 髂骨骨折，对侧耻骨骨折，骶髂关节前、后方韧带都断裂，骶髂关节分离，但半侧骨盆很少向上移位。

2. 暴力来自前方（APC 骨折）　①APC-Ⅰ型：耻骨联合分离；②APC-Ⅱ型：耻骨联合分离，骶结节和骶髂韧带断裂，骶髂关节间隙增宽，前方韧带已断，后方韧带仍保持完整；③APC-Ⅲ型：耻骨联合分离，骶结节和骶棘韧带断裂，骶髂关节前、后方韧带都断裂，骶髂关节分离，但半侧骨盆很少向上移位。

3. 暴力来自垂直方向的剪力（VS 骨折）　此类骨折通常暴力较大，在前方可发生耻骨联合分离或耻骨支垂直性骨折，骶结节和骶棘韧带均断裂，骶髂关节完全性脱位，半侧骨盆可向前上方或后上方移位。

4. 暴力来自混合方向（CM 骨折）　此类骨折通常为混合性骨折，如 LC/VS 或 LC/APC。

（二）根据骨盆环的完整性

1. 稳定性骨折　是指骨盆环完整性未受到破坏的骨盆骨折，多不影响骨盆的负重，也不破坏骨盆的总体形态结构与稳定，包括髂骨翼骨折、骶骨骨折、尾骨骨折、髂前上棘、髂前下棘撕脱性骨折、坐骨结节骨折、耻骨支骨折、坐骨支骨折等。

2. 不稳定性骨折　是指骨盆环完整性受到破坏的骨盆骨折，通常骨盆环前后部分至少有两处发生完全性骨折与错位，或伴有骶髂关节分离、耻骨联合分离、髋臼骨折脱位。这类骨盆骨折可使骨盆严重变形，直接影响骨盆的负重功能，包括：①下肢不等长或有明显的旋转畸形；②两侧的脐 - 髂前上棘间距不等；③耻骨联合间隙显著变宽；④伤侧髂后上棘较健侧明显向后凸起；⑤骨盆有明显可见的变形。

三、临床表现

骨盆骨折主要表现为局部肿胀、疼痛，活动时加重；站立、行走及负重功能障碍；损伤严重者，可导致骨盆畸形和骨盆倾斜。影像学检查可显示骨折的部位、类型与程度。

1. 骨盆边缘骨折　骨折发生在骨盆边缘，未累及骨盆环，骨折愈合后对骨盆功能影响不大。

2. 髂骨翼骨折　伤侧下肢活动受限，骨盆挤压与分离试验阳性。

3. 耻骨支和坐骨支骨折　骨盆前部疼痛，伤侧下肢不能抬高，髋关节处于过伸位，外展时疼痛加重，骨盆挤压分离试验阳性。若两侧耻骨上下支骨折，断端重叠移位，常合并尿道损伤。

4. 骶尾骨骨折　伤者能站立和行走，但不敢坐。当骨折穿过第 1、2 或第 3 骶神经前孔所形成的薄弱区，可合并骶神经损伤，伤者伴有鞍区感觉障碍和大小便失禁。

5. 耻骨联合分离和骶髂关节脱位　骨盆分离挤压试验阳性，耻骨联合间隙大于 4～6mm。骶髂关节脱位会严重影响骨盆的承重功能。

6. 髋关节脱位与髋臼骨折　髋臼骨折伴股骨头后脱位或中心性脱位，患者髋关节可呈现屈曲、内收、内旋，患侧肢体短缩，如合并前脱位，伤侧髋呈现伸直、外展、外旋，患肢变长。

四、法医学鉴定

1. 损伤认定　根据外伤史、临床表现和影像学检查认定。常规 X 线片可以了解骨盆的整体情况，大多数骨盆骨折通过常规 X 线片可以确认；CT 可在多个平面上显示骶髂关节及其周围骨折或髋臼骨折移位情况；单纯尾骨骨折者少见，多伴有脱位。部分女性尾椎先天发育呈钩状，似半脱位，需要与尾骨脱位进行鉴别。

髋关节脱位或脱位合并髋臼骨折或股骨头骨折通常由高能量损伤引起，如交通伤、高处坠落等，髋臼骨折往往为股骨头撞击髋臼所导致。

骨盆畸形愈合指骨盆骨折后断端对位对线差，错位愈合致骨盆环变形。

骨盆倾斜是指骨盆前后联合损伤致骨盆分解为两半，伤侧发生旋转、向上移位，致骨盆变形，骨盆两侧不对称，下肢不在一个平面，两侧髂嵴间距不等。X 线片可见髂骨变宽、外旋、闭孔变小，髂骨上骶骨有重叠，伤侧骨盆壁上移。

2. 损伤转归　骨盆因血供良好，骨折后易愈合。膀胱、直肠、尿道距骨盆壁较近，相对固定，骨盆骨折块移位及软组织的撕裂均可造成邻近脏器的损伤。

马尾神经、骶神经从骶孔穿出，可因骶骨骨折受损。坐骨神经从坐骨大孔出骨盆，坐骨大孔邻近部位的骨折可能伤及坐骨神经。

髋关节脱位后多存在不同程度的髋臼或股骨软骨损伤，股骨头血运破坏。脱位后的并发症，例如股骨头缺血性坏死、创伤性关节炎、坐骨神经损伤、移位骨化、再脱位等。

女性骨盆是胎儿娩出的通道，骨盆多处骨折严重畸形愈合，会导致骨产道破坏。

3. 损伤程度与伤残等级　《人体损伤程度鉴定标准》规定，骨盆骨折为轻伤二级；2 处以上骨盆骨折、骨盆骨折畸形愈合或髋臼骨折为轻伤一级；骨盆骨折畸形愈合致双下肢长度相差 5.0cm 以上、骨盆不稳定性骨折须手术治疗的为重伤二级。

《道路交通事故受伤人员伤残评定》(GB 18667-2002)规定，骨盆倾斜双下肢长度相差 2cm 以上或骨盆畸形愈合为 X 级伤残；骨盆倾斜双下肢长度相差 4cm 以上或严重畸形愈合为 IX 级伤残；骨盆倾斜双下肢长度相差 6cm 以上为 VIII 级伤残；骨盆倾斜双下肢长度相差 8cm 以上或女性骨盆严重畸形，产道破坏为 VII 级伤残。

《劳动能力鉴定　职工工伤与职业病致残等级》(GB/T 16180-2014)规定，身体各部位骨折愈合后无功能障碍或轻度功能障碍为十级伤残；骨盆骨折内固定术后为九级伤残；骨盆骨折内固定术后，骨盆环不稳定或骶髂关节分离为七级伤残；骨盆骨折导致双下肢长度不等，根据双下肢长度差的程度依照有关条款进行评定。

第三节　输尿管损伤

输尿管是一对细长的肌性管道，起于肾盂，终于膀胱，长约 20～30cm，管径平均为 0.5～0.7cm。输尿管的管壁具有较厚的平滑肌层，可作节律性蠕动，能使尿液不断地注入膀胱。

一、损伤原因和机制

输尿管位于腹膜后间隙内，位置极深，受到脊柱、骨盆、腰大肌、椎旁肌肉和腹腔脏器等的保护，且其本身具有一定的活动范围，直接损伤非常少见，仅占全部泌尿系统损伤的 1%，多为盆腔手术所致的医源性损伤。此外，盆腔放射性治疗也可导致输尿管管腔内或管腔周围水肿，或者发生输尿管纤维化造成输尿管机械性或动力性梗阻。

由外来暴力所致的输尿管损伤(ureteral injury)多伴有其他部位的损伤，如脊柱或腰椎横突骨折所引起输尿管的刺伤或挫伤，锐器及火器所造成的输尿管开放性损伤等。

二、临床表现

1. 无尿　若发生在两侧输尿管梗阻或输尿管断裂则无尿，一侧输尿管创伤，有时会引起对侧肾反射性肾功能障碍，也表现为无尿。完全性梗阻由于肾盂压力增高，可引起不同程度的腰部胀痛、腰肌紧张及肾区叩痛等不适。

2. 尿外渗　输尿管全层坏死、破裂或断裂者，尿液可沿创口渗出。尿液渗入腹腔内则出现腹膜炎症状，渗入腹膜后疏松组织，则引起腰部、腹部或膀胱直肠周围的疼痛、肿胀、隆起、包块等。尿外渗合并感染时，常发生中毒性休克或败血症。

3. 尿瘘　尿外渗的创口，由于不断漏尿，常于1周后形成瘘管，如合并感染，还可穿破皮肤或阴道形成尿瘘。

4. 血尿　输尿管损伤后，易出现血尿。输尿管黏膜挫伤或裂伤，血尿可较明显，但输尿管完全断离，不一定出现血尿。

5. 辅助检查　核素肾图、静脉尿路造影、逆行尿路造影以及CT、MRI等可以直接或间接显示输尿管损伤的部位和程度。

三、法医学鉴定

1. 损伤认定　根据外伤史、临床表现和辅助检查认定，静脉肾盂造影、逆行尿路造影、放射性核素肾图检查等有助于尿外渗、瘘管、输尿管狭窄以及肾功能的判定，术中输尿管损伤所见是损伤认定的最可靠的证据。

由于输尿管损伤多合并其他部位损伤，临床症状常常被掩盖，有的直至表现为发热、腰痛、少尿、血清肌酐水平升高、上尿路梗阻、尿瘘形成、延迟性肠梗阻和菌血症后才被确认。此外，血尿的有无及轻重并不代表输尿管损伤的程度。

2. 损伤转归　输尿管损伤可并发或后遗尿瘘、输尿管狭窄、肾积水及肾功能障碍等。

3. 损伤程度与伤残等级　《人体损伤程度鉴定标准》规定，一侧输尿管挫裂伤为轻伤二级；输尿管狭窄为轻伤一级。输尿管损伤合并其他器官损伤或遗有肾积水、肾功能障碍的依照相应条款进行评定。

《道路交通事故受伤人员伤残评定》(GB 18667-2002)规定，一侧输尿管严重狭窄为Ⅹ级伤残；一侧输尿管缺失或闭锁为Ⅸ级伤残；双侧输尿管严重狭窄或一侧输尿管缺失(或闭锁)，另一侧输尿管狭窄为Ⅷ级伤残；一侧输尿管缺失或闭锁，另一侧输尿管严重狭窄为Ⅶ级伤残。

《劳动能力鉴定　职工工伤与职业病致残等级》(GB/T 16180-2014)规定，一侧输尿管狭窄，肾功能不全代偿期为五级伤残；输尿管修补术后，肾功能不全失代偿期为四级伤残；双侧输尿管狭窄，肾功能不全失代偿期或永久性输尿管腹壁造瘘为三级伤残。

第四节　膀　胱　损　伤

膀胱为盆腔内贮存、排泄尿液的器官，顶部和后上侧有腹膜覆盖。在男性，膀胱介于耻骨与直肠之间，女性介于耻骨与子宫之间。膀胱的大小、形状及位置，随贮尿的多少而变化。膀胱的这种解剖和生理特点往往与其损伤的类型、部位和范围有着密切的关系。

一、损伤原因和机制

膀胱在排空时，深藏在骨盆内，受到周围筋膜、骨盆及其他软组织的保护，故除贯通伤和骨盆骨折外，很少为外界暴力直接损伤。当膀胱充盈膨胀时，体积增大，肌壁变薄而紧张，可高出耻骨联合，此时膀胱壁紧贴着腹前壁，容易受到外界暴力作用而损伤。

膀胱损伤（bladder injury）通常分为开放性损伤和闭合性损伤。

1. 开放性损伤 多见于战时，由火器或锐器所致，常常合并其他脏器损伤和骨盆骨折。巨大的钝性外力有时也可以造成膀胱开放性损伤。

2. 闭合性损伤 在膀胱过度充盈或有病变（如肿瘤、溃疡或炎症）时，易受到外界暴力作用而发生破裂，多见于猛击、坠落或交通事故等，约占膀胱损伤的80%。另外，骨盆骨折的碎骨片也可刺破膀胱。

二、临床表现

1. 血尿和排尿困难 多数伤者可见肉眼血尿，血尿为终末性血尿。当耻骨骨折压迫后尿道或膀胱内有大量凝血块堵塞时，还会出现排尿困难，甚至尿潴留。

2. 尿液外渗 腹膜外膀胱破裂，尿液外渗到膀胱周围组织及耻骨后间隙中，或沿骨盆筋膜流到盆底，或沿输尿管周围软组织蔓延到肾区；腹膜内膀胱破裂，尿液进入腹腔，引起尿性腹膜炎；腹膜内外膀胱破裂，尿液外渗到膀胱周围组织及腹腔。

3. 疼痛 多表现为下腹部或耻骨后的疼痛，合并骨盆骨折时，疼痛显著。膀胱腹膜外破裂，疼痛局限骨盆部及下腹部或放射至会阴部、直肠及下肢；膀胱腹膜内破裂，疼痛由下腹部扩展至全腹部。

4. 休克 当大量血尿液进入腹腔时，由于血尿刺激可引起剧烈腹痛，导致创伤性休克；如合并其他器官损伤严重出血时，可导致失血性休克。

三、法医学鉴定

1. 损伤认定 根据外伤史、临床表现和辅助检查认定，膀胱造影或膀胱镜有助于明确膀胱有无破裂、破裂部位以及尿外渗等。一般情况下，膀胱破裂需要进行修补、造瘘等手术，因此手术中发现膀胱损伤是损伤认定的重要依据。

此外，法医学鉴定时，需要仔细询问受伤经过，膀胱充盈情况，排除因膀胱病变而导致自发性膀胱破裂可能。

2. 损伤转归 膀胱底部或体部损伤多数不会遗留排尿功能障碍，若损伤位于膀胱颈部，特别是合并尿道损伤时，可出现排尿功能障碍，对此，通过尿动力学检查、尿道造影等可以明确。

膀胱损伤还可导致膀胱腹壁瘘、膀胱直肠瘘、膀胱阴道瘘及肾积水等，常见的后遗症是膀胱直肠瘘、膀胱阴道瘘，尿液直接从直肠或阴道流出。

3. 损伤程度与伤残等级 《人体损伤程度鉴定标准》规定，膀胱挫裂伤为轻伤二级；膀胱破裂须手术治疗、膀胱阴道瘘为重伤二级。

《道路交通事故受伤人员伤残评定》（GB 18667-2002）规定，膀胱破裂修补术后为Ⅹ级伤残；膀胱部分切除为Ⅸ级伤残；膀胱切除为Ⅴ级伤残。

《劳动能力鉴定 职工工伤与职业病致残等级》（GB/T 16180-2014）规定，膀胱部分切除为七级伤残；膀胱部分切除合并轻度排尿障碍为六级伤残；永久性膀胱造瘘为四级伤残；膀胱全切除为三级伤残。

对于膀胱损伤导致其他功能障碍的损伤程度与伤残等级评定，根据其功能障碍程度依照相关标准和规定进行评定。

第五节 尿 道 损 伤

男性尿道是以泌尿生殖隔为界，分为前尿道和后尿道。前尿道分为球部尿道和阴茎部尿道，后尿道由前列腺部尿道和膜部尿道组成。

女性尿道粗而短，长约5cm，起于尿道内口，经阴道前方，开口于阴道前庭。女性尿道在穿过尿生殖隔时，有尿道阴道括约肌环绕，受意志控制。

由于上述解剖学特点，尿道损伤多发生在男性，女性损伤则相对少见。尿道损伤可分为尿道挫伤、尿道破裂和尿道断裂三种情况。

一、损伤原因和机制

尿道损伤（urethral injury）可以由钝器、锐器、火器造成。钝性外力中最多见的为骑跨伤与骨盆骨折。在骨盆骨折时，由于骨折断端的移位，可牵拉、挤压或直接刺伤尿道。此外，诊疗器械与尿道内的结石也可导致尿道损伤。

（一）男性尿道损伤

1．后尿道损伤　几乎所有后尿道损伤都伴有骨盆骨折，其中以耻骨骨折合并后尿道损伤最常见，其损伤机制为：①骨盆骨折时伴骨盆和耻骨联合向上移位导致尿道断裂；②耻骨粉碎性骨折，尤其是耻骨上、下支骨折时出现移动的骨折片产生剪切作用将尿道切断；③耻骨联合分离伴有耻骨前列腺韧带断裂时，膜部尿道被向相反的方向牵拉；④骨盆骨折的断端直接刺破尿道，这种损伤也可累及前列腺、膀胱颈和膀胱。

2．前尿道损伤　多见于交通事故、坠落伤等，与后尿道损伤相比，很少合并骨盆骨折。受伤时常呈骑跨位，此时相对固定的球部尿道受到外力作用撞击于下边的耻骨联合造成尿道损伤；慢性前尿道损伤主要为长期留置导尿管，导尿管直接压迫致尿道壁坏死或长期尿道内炎症、感染等刺激。

（二）女性尿道损伤

女性尿道损伤多为直接暴力，如交通事故、高坠以及性犯罪所致。此外，孕妇难产时，胎头压迫或产钳使用不当等也可致尿道损伤。女性尿道损伤多为前壁的部分损伤，如合并阴道损伤可导致尿道阴道瘘。

（三）儿童尿道损伤

儿童尿道损伤，损伤机制类似于成人，其区别在于儿童多为 Malgaigne 骨折（不稳定的垂直型骨盆骨折）所致。儿童后尿道损伤常波及前列腺尿道和膜部尿道以及膀胱颈。由于儿童前列腺尚未发育，所以尿道断裂以完全断裂多见。

二、临床表现

1．尿道口滴血　尿道口滴血是尿道损伤最常见的症状，也是最具有诊断价值的临床症状。

2．血尿　初始血尿常提示尿道损伤，但并不特异，尿道黏膜的挫伤或小的尿道撕裂可以引起严重的血尿，而尿道完全离断反而血尿可能很轻微。

3．疼痛、肿胀　会阴部肿胀、尿道疼痛，排尿时加重，有时疼痛可放射至尿道外口；后尿道损伤伴骨盆骨折时，移动时疼痛。

4．排尿困难和尿潴留　尿道挫伤和尿道断裂都可出现排尿困难和尿潴留。尿道挫伤时可因疼痛致尿道括约肌痉挛出现排尿困难和尿潴留；尿道损伤愈合后局部形成的瘢痕会导致不同程度的尿道狭窄，甚至尿道闭塞，进而出现排尿困难和尿潴留。

5．尿外渗　尿道全层破裂后，尿液会渗出到周围组织。尿外渗的范围与尿道创伤部位的局部解剖有关，如尿外渗致阴茎周围肿胀，提示损伤局限于 Buck 筋膜（阴茎深筋膜）内；如 Buck 筋膜断裂，外渗可延及 Colles 筋膜（会阴浅筋膜）及阔筋膜，常表现会阴部蝶形瘀斑。

6．高位前列腺　骨盆骨折后盆腔血肿可导致高位前列腺，表现为前列腺触诊困难。此外，后尿道合并直肠损伤则可能导致败血症和尿瘘。

三、法医学鉴定

（一）损伤认定

根据外伤史、临床表现、尿道镜等检查认定。尿道口滴血是尿道损伤最常见的症状，但没有尿道口滴血并不能排除尿道损伤的诊断，手术探查所见是尿道损伤的确认依据。对于未经手术探查尿道损伤认定困难的，可通过尿道镜或逆行尿道造影明确。

对于尿道损伤后遗尿道狭窄，须与先天性尿道狭窄、炎症性尿道狭窄等鉴别。

（二）损伤转归

1. 尿道狭窄　多因损伤瘢痕组织所致。狭窄多发生在尿道球部、膜部或前列腺部。外伤性尿道狭窄的特点是范围局限，但损伤后多因处理不当或继发感染，使狭窄范围扩大，长时间排尿困难和尿潴留可引起上尿路积水、尿路感染、结石形成等，甚至肾功能损害。

2. 尿失禁　尿道膜部断裂如合并严重外括约肌损伤，或多次进行后尿道修复手术造成外括约肌损伤或瘢痕过多致使外括约肌失去收缩功能，均可引起持续性尿失禁。

3. 阴茎勃起功能障碍　男性后尿道断裂，特别是双侧耻骨支断裂可致耻骨联合后前列腺膜部尿道旁的双侧海绵体神经受损而出现阴茎勃起功能障碍（ED）。儿童尿道损伤由于位置更接近于近端，所以更容易出现尿失禁、勃起功能障碍和尿道狭窄。

（三）损伤程度与伤残等级

《人体损伤程度鉴定标准》规定，尿道挫裂伤为轻伤二级；前尿道破裂须手术治疗为轻伤一级；后尿道破裂须手术治疗、尿道损伤致重度狭窄，为重伤二级。

《道路交通事故受伤人员伤残评定》（GB 18667-2002）规定，尿道轻度狭窄为X级伤残；尿道狭窄为IX级伤残；尿道严重狭窄为VIII级伤残；尿道闭锁为V级伤残。

《劳动能力鉴定　职工工伤与职业病致残等级》（GB/T 16180-2014）规定，尿道修补术为八级伤残；尿道狭窄经系统治疗1年后仍需定期行扩张术，为六级伤残；尿道瘘不能修复者为五级伤残。

关于尿道狭窄的程度判断标准，在临床上一般采用尿道探子和尿道造影进行确定，在法医学鉴定中可通过测定排尿后膀胱内残余尿量和尿道造影综合评价，即排尿后膀胱内残余尿量小于50ml，尿道狭窄处管径>1/2正常管径为轻度狭窄；排尿后膀胱内残余尿量大于或等于50ml，尿道狭窄处管径>1/2正常管径为中度狭窄；排尿后膀胱内残余尿量小于50ml，尿道狭窄处管径<1/2正常管径为重度狭窄。

此外，尿道损伤引起的尿道狭窄应定期进行扩张术或手术治疗，因此鉴定时限应在相应治疗终结后进行，原则上以伤后半年至1年为宜。

第六节　阴茎损伤

阴茎是由两根阴茎海绵体和一根尿道海绵体组合而成的。尿道贯穿于尿道海绵体之中，内接膀胱、外达阴茎头。阴茎海绵体内有丰富的血管窦，外面被坚韧的白膜所包绕，阴茎海绵体和尿道海绵体又被阴茎筋膜所包绕构成一个整体。

阴茎损伤（penile injury）是男性生殖器官损伤中最常见的损伤。由于阴茎移动性较大，一般多合并尿道或阴囊损伤，偶有精神病患者的自伤。常见的阴茎损伤有挫伤、皮肤撕脱、切割伤、阴茎折断、阴茎脱位及绞窄等。

一、损伤原因和机制

1. 阴茎挫伤　多发生在踢伤或骑跨伤时阴茎被挤压于耻骨上所致。

2. 阴茎脱位　系阴茎在柔软状态下受到前方暴力直接作用于阴茎根部造成，此时阴茎、耻骨韧带以及支持组织常撕裂，阴茎脱离其原来位置，常合并有尿道断裂。

3. 阴茎折断　阴茎勃起时受到外力打击或性交时弯曲勃起阴茎所致。由于阴茎勃起时海绵体充血，白膜紧张、变薄，脆性增加，因此受到外力作用易折断。

4. 阴茎绞窄　阴茎绞窄是一种特殊类型的阴茎损伤，是指阴茎被环状物套入后使阴茎远端部分血液循环受阻,进而导致阴茎组织水肿、缺血与坏死等。环状物有金属环、螺丝帽、丝线、橡皮筋等,多见于性欲异常、精神不正常或恶作剧者。

5.阴茎撕裂与离断　刀割、刺创、枪弹伤、动物啃咬以及其他意外损伤均可以造成阴茎撕裂与离断;有时粗暴的性生活也可以导致包皮及其包皮系带撕裂。

二、临床表现

1.阴茎挫伤　主要表现为阴茎血肿,血肿可延伸至下腹或阴囊底部。阴茎体的血肿致包皮肿胀,可引起排尿困难。

2.阴茎折断　阴茎折断时常在阴茎折断处感到"咔嗒"响声,并出现剧痛,随即阴茎勃起消退,继而阴茎肿胀。由于阴茎皮肤弹性好,肿胀往往迅速而明显,使阴茎变形。此外,阴茎因皮下出血而呈青紫色,少数伴有尿道海绵体损伤者,尿道口可有出血,甚至引起排尿困难。晚期阴茎勃起变形,偏向健侧。

3.阴茎撕裂与离断　阴茎切割伤未累及海绵体者同一般软组织切割伤,严重的切割伤则可致阴茎离断,并出现严重的出血,甚至休克。

阴茎撕裂因会阴部皮肤移动性大、皮下组织松弛以及男性外生殖器突出等解剖学特点,多以会阴部为顶点,形成阴茎根部或耻骨联合为基边的三角形,深达会阴浅筋膜与白膜之间,一般不累及较深的阴茎海绵体、尿道和睾丸。

三、法医学鉴定

1.损伤认定　根据外伤史、临床表现认定。法医学鉴定时,应了解损伤时阴茎的状态,注意阴茎外形有无改变、阴茎勃起有无障碍,必要时进行阴茎海绵体造影和 MRI 检查确定白膜有无撕裂。对于阴茎勃起功能障碍者,需要分析与判断阴茎勃起功能障碍与阴茎损伤的关系。

2.损伤转归　严重的阴茎损伤可以导致阴茎瘢痕挛缩畸形、阴茎缺损、阴茎勃起功能障碍以及尿道狭窄等。长时间阴茎绞窄,绞窄处远端血液循环障碍会导致皮肤坏死、溃疡、尿道瘘等。

3.损伤程度与伤残等级　《人体损伤程度鉴定标准》规定,龟头部分缺损为轻伤二级;龟头缺失1/2以上为轻伤一级;龟头缺失达冠状沟为重伤二级;阴茎及睾丸全部缺失为重伤一级。

《道路交通事故受伤人员伤残评定》(GB18667-2002)规定,阴茎龟头缺失或畸形 25% 以上为 X 级伤残;阴茎龟头缺失或畸形 50% 以上为 Ⅸ 级伤残;阴茎龟头缺失或畸形为 Ⅷ 级伤残;阴茎体部分缺失或畸形为 Ⅶ 级伤残;阴茎体大部分缺失或畸形为 Ⅴ 级伤残;阴茎体完全缺失或严重畸形为 Ⅳ 级伤残;阴茎包皮损伤瘢痕形成,影响功能为 X 级伤残,严重影响功能为 Ⅷ 级伤残,功能障碍为 Ⅶ 级伤残。

阴茎包皮损伤瘢痕形成对阴茎功能影响程度的判断依据:①功能障碍:阴茎包皮损伤后瘢痕形成,致使阴茎勃起时嵌顿;②严重影响功能:阴茎包皮损伤后瘢痕形成,致使阴茎勃起时龟头不能完全外露,且有明显的疼痛不适感;③影响功能:阴茎包皮损伤后瘢痕形成,致使阴茎勃起时有明显受限,且伴有明显不适感。

《劳动能力鉴定　职工工伤与职业病致残等级》(GB/T 16180-2014)规定,阴茎部分缺损为六级伤残;阴茎全缺损为五级伤残。

第七节　阴　囊　损　伤

阴囊是位于阴茎后下方的囊袋,由皮肤和浅筋膜构成。阴囊的皮肤薄而柔软,色素沉着明显,有少量阴毛。皮肤内有皮脂腺、汗腺及大量弹性纤维,富有伸展性。皮肤深面的浅筋膜称为肉膜,主要由致密结缔组织、弹力纤维和散在平滑肌束组成,缺乏脂肪组织,与皮肤紧密连接。其中的平滑肌能随温度变化而反射性地舒缩,以调节阴囊内的温度,使之适合精子的生长发育。肉膜在相当于阴囊缝处向深部发出阴囊隔,将阴囊内腔分为左、右两部,容纳睾丸、附睾及精索下段。

阴囊损伤(scrotal injury)分为闭合性损伤和开放性损伤两类,闭合性损伤又可分为挫伤、阴囊血肿或鞘膜积血,开放性损伤可分为裂伤和撕脱伤。

一、损伤原因和机制

阴囊闭合性损伤常见于踢伤、运动意外、交通事故、工伤事故等,多伴有睾丸损伤;开放性损伤多为锐器和火器所致。

二、临床表现

闭合性阴囊损伤主要为挫伤,即阴囊受到暴力作用导致阴囊表皮剥脱或皮下出血;如出血扩散于阴囊柔软的组织间隙中,形成阴囊血肿,表现为阴囊明显肿胀,皮肤呈紫红色或暗红色,触之有明显疼痛,出血进入睾丸鞘膜内形成鞘膜积血。

开放性阴囊损伤主要表现为不同程度的裂创或撕脱,当阴囊皮肤完全撕脱时,睾丸及其附件裸露;严重的阴囊撕脱伤可波及阴茎和股部的皮肤。

三、法医学鉴定

1. 损伤认定　根据外伤史和临床表现认定。在法医学鉴定中,需要对睾丸鞘膜积血和睾丸鞘膜积液进行鉴别。阴囊透光试验阴性应考虑阴囊血肿,透光试验阳性应考虑积液或鞘膜积血。阴囊血肿穿刺可抽出血性液体,彩色多普勒超声和MRI检查有助于血肿和积液的鉴别。

2. 损伤程度与伤残等级　《人体损伤程度鉴定标准》规定,阴囊壁贯通伤、阴囊皮肤创口或者瘢痕长度累计4.0cm以上、阴囊内积血2周内未完全吸收为轻伤二级;阴囊皮肤撕脱伤面积占阴囊皮肤面积30%以上为轻伤一级;阴囊皮肤撕脱伤面积占阴囊皮肤面积50%以上为重伤二级。

由于阴囊皮肤受环境、温度等影响较大,其创口或面积的测量,在不同的条件下,测量的结果会出现较大的差异,因此,阴囊皮肤创口和面积的测量,应在室温条件下,阴囊皮肤处于自然、无张力状态下进行。若合并睾丸及其附件损伤,依照相关条款进行损伤程度评定。

《道路交通事故受伤人员伤残评定》(GB18667-2002)规定,阴囊瘢痕形成,功能严重障碍为X级伤残;阴囊损伤瘢痕形成75%以上为Ⅸ级伤残。

《劳动能力鉴定　职工工伤与职业病致残等级》(GB/T 16180-2014)中无阴囊损伤的条款,可视具体情况比照伤残等级划分原则以及相近条款进行评定。

第八节　睾丸及其附件损伤

睾丸位于阴囊内,左右各一,为男性生殖腺,能产生精子及分泌男性激素。睾丸的外形呈稍扁的卵圆形,表面光滑,有一层坚厚的结缔组织膜,称为白膜。青春期睾丸随着性成熟生长,老年人的睾丸则随性机能的衰退而萎缩变小。睾丸表面有附睾及输精管下段附着,附睾呈新月形,附着于睾丸的上端和后缘而略偏外侧,输精管是附睾管的直接延续,长约31～32cm。精索位于膀胱底部输精管壶腹部的外侧,其排泄管与输精管壶腹末端合并成射精管。精索起自睾丸上端,止于腹股沟内环处,其内主要有输精管、血管、神经及淋巴管等。

一、损伤原因和机制

睾丸及其附件损伤主要包括睾丸损伤(injury of testis)、附睾损伤(injury of epididymis)和精索损伤(injury of spermatic cord)等,分为开放性和闭合性损伤,以闭合性损伤多见。睾丸单纯损伤较少,往往伴有精索及鞘膜组织等损伤。睾丸根据损伤的性质和程度不同,分为睾丸挫伤、睾丸内血肿、睾丸破裂、睾丸脱位等。

外伤性睾丸脱位是指已经下降的睾丸经过筋膜间隙或正常解剖孔隙挤到阴囊以外的部位。

附睾和精索损伤往往合并阴囊和睾丸的损伤,单纯损伤多见于医源性损伤,如行疝修补术时,重新建立腹股沟管过紧而产生狭窄。

二、临床表现

1. 睾丸挫伤　阴囊肿胀、睾丸肿大,压痛明显。

2. 睾丸破裂　阴囊肿胀,睾丸界限不清,透光试验阴性。睾丸剧烈疼痛,向同侧下腹部放射,伴有恶心、呕吐,可出现休克。

3. 睾丸脱位　阴囊空虚,在腹股沟部、下腹部、耻骨前、会阴部、大腿内侧皮下或阴茎皮可触及球形肿块,并有触痛。脱位的程度与位置,取决于外力大小、作用方向以及局部解剖情况。

三、法医学鉴定

1. 损伤认定　根据外伤史与临床表现认定,B超、CT和MRI检查对判断睾丸及其附件损伤具有诊断价值。

2. 鉴别诊断　睾丸及其附件损伤需要与急性附睾炎、睾丸炎、嵌顿性斜疝、精索静脉曲张及隐睾等鉴别。急性附睾炎、睾丸炎多见于成年,发病较缓,阴囊虽有肿胀,但无皮肤青紫淤血等改变;嵌顿性斜疝可扪及阴囊内椭圆形肿物,但睾丸正常;精索静脉曲张和隐睾通过超声检查即可明确诊断,隐睾常见于幼儿,多为单侧阴囊空虚。关于睾丸损伤后睾丸是否萎缩等问题,需要根据动态影像学变化进行分析与判定。

3. 损伤转归　睾丸及其附件损伤多为单侧,一般不会导致性功能障碍,但双侧睾丸及其附件损伤可导致性功能障碍,包括阴茎勃起功能障碍和生殖功能障碍,此时需要根据性激素和精子检测等分析与判断。

4. 损伤程度与伤残等级　《人体损伤程度鉴定标准》规定,一侧睾丸破裂、血肿、脱位、扭转或一侧输精管破裂为轻伤二级;一侧睾丸或者附睾缺失、一侧睾丸或者附睾萎缩为轻伤一级;双侧睾丸损伤丧失生育能力、双侧附睾或者输精管损伤丧失生育能力为重伤二级。

对于幼儿和老年人睾丸损伤进行评定时,应适当考虑性功能与生育的年龄因素。

《道路交通事故受伤人员伤残评定》(GB 18667-2002)规定,一侧睾丸缺失或完全萎缩或一侧输精管缺失(或闭锁)为Ⅹ级伤残;双侧输精管缺失或闭锁为Ⅵ级伤残;双侧睾丸缺失或完全萎缩为Ⅲ级伤残。

《劳动能力鉴定　职工工伤与职业病致残等级》(GB/T 16180-2014)规定,一侧睾丸、附睾切除或一侧输精管缺损不能修复为八级伤残;两侧睾丸创伤后萎缩,血睾酮低于正常值或放射性损伤致生殖功能轻度损伤为六级伤残;两侧睾丸、附睾缺损或放射性损伤致生殖功能重度损伤为五级伤残。

第九节　阴道、子宫及其附件损伤

阴道是月经血、性生活及胎儿娩出的通道。阴道壁由黏膜、肌层和外膜构成。上端包绕着子宫颈,下端开口于阴道前庭,前壁与膀胱和尿道邻接,后壁与直肠贴近。正常扩张状态下成人阴道宽5.0cm,深10.0～15.0cm。子宫形似倒置的梨,位于骨盆的中央,盆底肌肉和筋膜具有支托子宫的作用。子宫壁分为3层,外层为浆膜层(即脏腹膜),中间层为肌层,内层为黏膜层,又称子宫内膜。

输卵管是女性生殖系统的重要组成部分,具有输送精子、卵子、受精卵,并提供精子贮存、获能、顶体反应和受精场所等生理功能。输卵管长为6～15cm,由黏膜、环状平滑肌和浆膜构成。卵巢是妇女性腺器官,为一对扁椭圆体,位于输卵管的下方,从卵巢系膜连接于阔韧带后叶的部位为卵巢门,卵巢血管与神经通过卵巢系膜经卵巢门进入卵巢，外侧以骨盆漏斗韧带连于盆壁，内层以子宫卵巢韧带与子宫相连。卵巢具有产生卵子和分泌类固醇激素的功能。

一、损伤原因和机制

阴道及子宫与附件的损伤主要指阴道损伤（vaginal injury）、子宫损伤（uterine injury）、输卵管损伤（injury of fallopian tube）和卵巢损伤（injury of ovary）等，分为闭合性损伤和开放性损伤。闭合性损伤多见于交通事故、工伤事故和高坠所致的骨盆骨折，骨盆骨折时骨折断端可刺伤阴道及会阴部皮肤。开放性损伤可见于火器和利器，常合并多部位损伤。此外，性暴力或性犯罪将异物放入阴道内或粗暴性交，也可导致阴道损伤。

子宫、输卵管及卵巢单纯损伤比较少见，主要见于医源性损伤。巨大钝性外力及利器、火器可造成输卵管和卵巢损伤，但往往合并其他脏器损伤。

1. 性交损伤　性交损伤主要为阴道损伤，导致性交损伤的常见原因有阴道发育不全、妊娠期阴道充血、产后阴道组织薄弱、绝经后阴道萎缩、阴道手术疤痕、畸形或狭窄、性交位置不当等。

2. 药物损伤　为治疗某种妇科疾病，阴道用药剂量过大，浓度过高，放置过深或误将腐蚀性药物放入阴道内等。

3. 异物损伤　常发生于幼女、精神失常者、性虐待者或手术。

4. 医源性损伤　多见于人工流产、诊断性刮宫、放取节育器等：①术前未作盆腔检查或判断错误，未辨清子宫位置及大小，尤其是倾、屈度，如将后倾后屈的子宫误认为前位，以致探针、刮匙或子宫吸管等伸入宫腔时与子宫的实际方向、深度不符，造成穿孔；②未严格遵守操作常规，例如初孕妇宫颈内口较紧，强行扩张宫颈时可发生穿孔；③孕月较大的子宫组织相对松软、哺乳期及长期口服避孕药的子宫相对较小，因此操作不当容易引起穿孔；④病理性子宫，如子宫发育异常、感染性子宫、患有肿瘤与葡萄胎以及子宫存在瘢痕等，诊疗时在病理性宫腔内操作容易导致子宫损伤或穿孔；⑤强行取出嵌入肌壁的宫内节育器导致子宫损伤。

二、临床表现

1. 阴道损伤　性交致阴道裂伤一般发生在后穹窿，多环绕子宫颈呈横行或弧形。由于阴道组织血管丰富，常出血不止。

阴道药物损伤主要表现为用药后阴道分泌物增多，呈脓血性，伴有外阴、阴道烧灼痛感。阴道可见广泛充血和散在溃疡。

阴道异物损伤除阴道损伤外，还可以导致阴道感染，甚至生殖器瘘，严重者穿破腹膜，引起腹腔内出血。

2. 子宫损伤　穿孔小者可无明显症状，仅表现为轻微下腹部疼痛或局部腹膜刺激症状；穿孔大者或损伤大血管时，可导致阴道或腹腔内大出血；如穿孔部位在子宫侧壁，可在一侧阔韧带内形成血肿；子宫完全破裂时，患者突感腹部剧烈疼痛，并出现腹膜刺激症状等。

3. 输卵管和卵巢破裂　输卵管破裂，表现为下腹部疼痛，合并盆腔炎时，可出现发热及泌尿系统症状和体征。卵巢破裂，双合诊盆腔触痛明显。

三、法医学鉴定

1. 损伤认定　根据外伤史和临床表现认定。阴道损伤法医学鉴定时需要特别注意破裂的部位、范围和深度。如果为性犯罪所致，应阴道内容物涂片检测精子是否存在。

2. 鉴别诊断　输卵管破裂多为医源性损伤或自发性破裂，自发性破裂常见于异位妊娠。卵巢破裂常缺乏典型症状，且常发生于右侧，易与急性阑尾炎和宫外孕混淆。卵巢破裂与月经周期有一定关系，一般发生在月经周期第 10～18 天，可作为诊断的依据之一。外伤性输卵管破裂大多数合并其他脏器损伤,主要根据手术探查认定。

3．损伤转归　阴道药物性损伤如不及时治疗,可发生阴道黏膜坏死、脱落,阴道瘢痕挛缩畸形,甚至阴道闭锁;子宫穿孔未及时诊治可形成盆腔炎,甚至败血症;阴道与子宫损伤还可以导致直肠阴道瘘、尿道阴道瘘等;子宫、卵巢和输卵管损伤可以导致生育功能丧失和性功能障碍。

4．损伤程度与伤残等级　《人体损伤程度鉴定标准》规定,子宫挫裂伤、一侧卵巢或者输卵管挫裂伤为轻伤二级;一侧卵巢缺失或者萎缩、阴道轻度狭窄为轻伤一级;子宫破裂须手术治疗、卵巢或者输卵管破裂须手术治疗、阴道重度狭窄、幼女阴道Ⅱ度撕裂伤、女性会阴或者阴道Ⅲ度撕裂伤为重伤二级;子宫及卵巢全部缺失为重伤一级。

阴道损伤合并直肠阴道瘘或尿道阴道瘘的,依照相关条款进行评定。

Ⅰ度会阴及阴道撕裂伤是指会阴部黏膜、阴唇系带、前庭黏膜、阴道黏膜等处有撕裂,但未累及肌层及筋膜;Ⅱ度是指撕裂伤累及盆底肌肉筋膜,但未累及肛门括约肌;Ⅲ度是指肛门括约肌全部或者部分撕裂,甚至直肠前壁亦被撕裂。

《道路交通事故受伤人员伤残评定》(GB 18667-2002)规定,盆部损伤致一侧卵巢缺失或完全萎缩、一侧输卵管缺失或闭锁、子宫破裂修补、外阴、阴道损伤致阴道狭窄和影响功能,为Ⅹ级伤残;子宫部分切除为Ⅸ级伤残;外阴、阴道损伤致阴道狭窄和严重影响功能为Ⅷ级伤残;双侧输卵管缺失或闭锁、子宫全切或外阴、阴道损伤致阴道狭窄和功能障碍,为Ⅵ级伤残;外阴、阴道损伤致阴道严重狭窄和功能严重障碍为Ⅴ级伤残;外阴、阴道损伤致阴道闭锁为Ⅳ级伤残;女性双侧卵巢缺失或完全萎缩为Ⅲ级伤残。

《劳动能力鉴定　职工工伤与职业病致残等级》(GB/T 16180-2014)规定,一侧卵巢部分切除为九级伤残;单侧输卵管切除、单侧卵巢切除为八级伤残;阴道狭窄为七级伤残;子宫切除为六级伤残;双侧卵巢切除、阴道闭锁、会阴部瘢痕挛缩伴有阴道狭窄,为五级伤残。

阴道重度狭窄是指阴道最大宽度等于或小于2.0cm,阴道轻度狭窄是指阴道最大宽度等于或小于4.0cm。

第十节　会阴部软组织损伤

会阴部是指封闭小骨盆下口的所有软组织的总称,以两侧坐骨结节连线分为前、后两个三角区,分别是尿生殖三角和肛门三角,前三角区有男性的尿道和女性的尿道与阴道通过,后三角区有直肠通过。狭义会阴是指肛门与外生殖器之间的狭小区域。女性外生殖器也称女阴,包括阴阜、大阴唇、小阴唇、阴道前庭、阴道前庭球和前庭大腺。由于泌尿和生殖器损伤本节之前已阐述,故本节仅介绍会阴部软组织损伤。

一、损伤原因和机制

会阴部损伤(injury of perineum)多由外力直接作用形成。交通事故、工伤事故除直接损伤会阴部外,还可通过骨盆的挤压或骨折的断端造成会阴部、阴道、尿道或直肠的损伤;此外,高坠时大腿处于外展位也可导致会阴部的撕裂伤。会阴部损伤的主要类型有擦伤、挫伤、撕裂伤等。

二、临床表现

单纯的会阴部软组织损伤,主要表现为出血、疼痛、局部肿胀。由于外阴部血管丰富,皮下组织疏松,闭合性损伤易形成外阴血肿,如血肿增大压迫尿道,还可导致尿潴留。

锐器造成的外阴部开放性损伤,可伤及阴道及内脏(如肛管、直肠、膀胱等)。由于开放性的伤口位于肛门、泌尿道及阴道开口周围,易受阴道、尿道及肛门排泄物污染,不易愈合。此外,会阴修补后的瘢痕可能影响排便、排尿功能和性功能。

三、法医学鉴定

1. 损伤认定　根据外伤史和临床表现认定，必要时可行 B 超、CT 或磁共振检查确认。由于会阴部损伤多合并其他部位的损伤，如不能及时进行正确诊治，支配肛门括约肌、尿道括约肌的神经或肛门、尿道括约肌受损会出现大小便失禁或粪瘘、尿瘘等。后期可因愈后瘢痕导致排便、排尿以及性功能障碍。

2. 损伤程度与伤残等级　《人体损伤程度鉴定标准》规定，直肠或者肛管挫裂伤、阴道撕裂伤、女性外阴皮肤创口或者瘢痕长度累计 4.0cm 以上、轻度肛门失禁或轻度肛门狭窄，为轻伤二级；直肠破裂须手术治疗、肛管损伤致大便失禁或者肛管重度狭窄须手术治疗、女性会阴或者阴道Ⅲ度撕裂伤，为重伤二级。

重度肛门失禁是指大便不能控制、肛门括约肌收缩力很弱或丧失、肛门括约肌反射很弱或消失，直肠内测压，肛门注水法 <20cmH_2O；轻度肛门失禁是指稀便不能控制、肛门括约肌收缩力较弱、肛门括约肌反射较弱，直肠内测压，肛门注水法 20～30cmH_2O。

《道路交通事故受伤人员伤残评定》(GB 18667-2002)与《劳动能力鉴定 职工工伤与职业病致残等级》(GB/T 16180-2014)鉴定标准中，会阴部损伤的伤残等级主要是根据阴茎或阴道的损伤程度和后果进行评定。

本章小结

本章主要介绍了盆与会阴部的解剖结构，盆与会阴部损伤的分类、原因与机制、临床表现以及损伤程度和伤残等级的法医学鉴定。

骨盆骨折分为稳定性骨折和不稳定性骨折，不稳定性骨折是指骨盆环完整性受到破坏的骨折，此类骨折愈合后常导致骨盆应力的改变，遗有腰背部疼痛、站立与持重功能下降。此外，骨盆骨折常合并盆腔器官与会阴部软组织损伤。

盆腔内器官损伤主要根据影像学和手术所见进行认定。对于未经手术治疗的，主要根据影像学和内窥镜检查进行确认。盆与会阴部损伤除导致正常解剖结构的改变，还涉及大小便、性和生育功能等。输尿管等泌尿系统损伤可遗有排尿功能障碍、肾功能障碍和肾积水。

对于盆与会阴部损伤遗有功能障碍和解剖形态改变的，一般应在病情稳定后或治疗终结后评定。

（汪元河）

思考题

1. 骨盆与会阴部损伤的原因和机制，法医学鉴定注意的事项。

2. 不稳定性骨盆骨折与常见的类型。

3. 膀胱破裂的类型及临床表现。

4. 尿道损伤常见的并发症和后遗症。

5. 阴茎绞窄常见原因。

6. 会阴部裂伤的分度及检查方法。

第十三章　四　肢　损　伤

学习提要

【掌握内容】　体表软组织损伤、血管损伤、周围神经损伤、骨与关节损伤的法医学鉴定要点。
【熟悉内容】　常见的体表软组织损伤、周围神经损伤、骨与关节损伤的临床表现、辅助检查的意义；不同类型骨折的损伤机制；肢体功能障碍评定的方法与原则。
【了解内容】　周围神经、骨与关节的解剖生理要点。

第一节　概　　述

四肢是人体运动系统的重要组成部分，由骨、关节、肌肉、神经、血管等构成，具有行走、劳动和工作等功能，其中骨为支架和杠杆，关节为运动的枢纽，神经和骨骼肌为动力器官。

一、损伤分类

四肢损伤是法医学鉴定中最常见的损伤，分为四肢软组织（皮肤与皮下组织损伤、肌肉、肌腱、神经与血管）损伤、骨与关节损伤等。

二、主要症状和体征

1. 疼痛　局部疼痛是四肢损伤最常见的症状，无论软组织损伤还是骨与关节损伤都会产生疼痛。

2. 肿胀　局部肿胀是四肢损伤最常见的体征，闭合性软组织损伤有时还可见表皮剥脱、皮下出血等。

3. 创口　开放性软组织损伤局部可见创口，除锐器和火器损伤外，钝器或骨折断端刺破皮肤也可形成创口。

4. 畸形　骨折移位可引起患肢缩短、成角或旋转畸形；神经损伤所支配的肌肉瘫痪，在拮抗肌的作用下，肢体也会呈现特定的畸形。另外，由于所支配肌肉营养障碍，还会出现肌肉萎缩等。其中，将畸形与异常运动和骨擦音或骨擦感一并统称为骨折的特有体征。

5. 功能障碍　疼痛、骨折或肌腱与神经损伤等均可导致肢体功能障碍，一些骨折还会导致肢体的异常活动，如假关节活动；感觉神经损伤会导致神经所支配区域的感觉障碍，运动神经损伤可以导致所支配肌肉弛缓性瘫痪。

三、法医学检查

（一）一般检查

1. 体表检查　局部皮肤有无损伤，肢体有无畸形或功能障碍等。对于创口或瘢痕的形状需要详细描述，创口或瘢痕的大小需要用标尺准确测量，并拍照留存。

2．关节功能检查 对于关节活动度检查，需要测量主动活动范围和被动活动范围，并与健侧对比。通过主被动关节活动是否一致以及是否存在抵抗可以大致判断肢体功能障碍的原因。

3．神经功能检查 神经功能检查主要包括运动功能、感觉功能、反射功能和自主神经功能四个方面。

（1）运动功能检查：神经所支配肌肉的肌力、肌张力等是判定周围神经损伤的重要体征。在检查肌肉瘫痪程度时，不要单纯以关节运动功能为依据，还应该注意单一肌肉的收缩情况，因为有些关节的运动功能不是单一神经或肌肉支配的。在检查时要注意通过左右侧对称检查进行分析判断。

（2）感觉功能检查：主要检查痛觉、触觉。痛觉常用大头针来检查，触觉常用棉签来检查。理论上讲，感觉障碍区域应与受损神经支配区一致，但由于每个神经与相邻的神经支配区互相间有重叠，故在检查时往往感觉障碍区域要比该神经支配的解剖区域要小，感觉障碍检查时要特别注意感觉障碍绝对区的检查。

（3）反射功能检查：肌肉发生弛缓性瘫痪后，其腱反射减弱或消失。此项检查一般不受主观因素的影响，是一种客观的检查方法。常用的腱反射有肱二头肌反射（肌皮神经、C_6）、三头肌反射（桡神经、C_7）、桡骨膜反射（$C_7 \sim C_8$）、尺骨膜反射（$C_7 \sim T_1$）、膝腱反射（骨神经、$L_2 \sim L_3$）、跟腱反射（胫神经、S_1）。

（4）自主神经功能检查：自主神经在皮肤上的分布与感觉神经相同，当自主神经损伤后，表现为其所支配区皮肤温度低、无汗、光滑、萎缩指甲起嵴，呈爪状弯曲。坐骨神经损伤后，易发生足底压迫性溃疡。无汗或少汗区一般与感觉消失的范围一致。

1）汗腺功能检查：自主神经完全断裂后，其支配区皮肤无汗液分泌，但周围皮肤有汗液分泌增多现象，通过碘 - 淀粉试验与茚三酮试验可以检验。

2）血管舒缩功能检查：神经损伤后，由于血管舒缩障碍，早期在受损神经支配区的皮肤出现血管扩张而温度增高、潮红，后期因血管收缩而温度降低、苍白。

（二）辅助检查

1．X 线检查 X 线检查是骨与关节损伤的首选检查方法，其检查简便快捷，但也存在影像重叠、分辨率较低的不足。

若疑有骨折常规应进行 X 线检查，通常包括至少一个邻近关节，从正侧位两个方向判断骨折以及畸形与移位。有些部位，如腕舟骨、肱骨外科颈、股骨颈嵌入骨折等，初期难显示骨折线或骨折线不明显，待伤后 $1 \sim 2$ 周拍片复查，此时骨折断端吸收，在 X 线片上更易发现骨折。

2．CT 检查 CT 对形态、结构复杂的骨折判定具有重要价值。螺旋 CT 可进行多轴位与多角度的多维重建，可较好显示隐匿性骨折及骨折线的走行，尤其适用于解剖关系复杂、互相重叠较多的部位，如手腕骨、中后足等部位的检查。

对于关节脱位、关节内骨折、软骨游离体等，CT 能准确显示脱位方向和骨折的程度。

3．MRI 检查 MRI 对隐匿性骨折、骨挫伤、软骨骨折、髌板损伤等具有确诊价值。MRI 可以显示关节囊、滑膜、关节软骨等结构，对于关节脱位、关节内积血、囊内外韧带和肌腱断裂以及关节周围的软组织损伤具有特殊的诊断意义。

4．关节镜检查 关节镜能直观显示关节内的损伤情况，特别是对于膝关节半月板损伤和关节内韧带损伤的确认具有重要意义。关节镜检查所拍摄的照片可以作为客观证据直接显示关节内的损伤。

5．肌电图检查 现代肌电图检查一般都包括肌电图（electromyography，EMG）和神经传导速度（nerve conduction velocity，NCV）的检查。神经传导速度检查分为运动神经传导速度和感觉神经传导速度检查。通过肌电图和神经传导速度的检查，可以分析判断周围神经损伤的种类、类型与程度，以及损伤的预后和恢复情况。

6．体感诱发电位（somatosensory evoked potential，SEP） 对躯体感觉系统末梢进行电刺激，冲动通过后索和内侧丘系上传达皮层，在体表特定的位置记录其躯体感觉神经反应电位，称之为体感诱发电位。

通过 SEP 的潜伏期和波幅可以分析判断整个感觉神经系统传导通路的情况,用于周围感觉神经与脊髓损伤的定性、定位、定量诊断。

7. 超声　使用高频线阵探头能清晰地显示外周神经分布、走行、形态及连续性,可以发现神经断裂水平和缺损长度,神经吻合处是否连续。

四、肢体功能障碍评定的基本原则

上肢各关节的运动都与手功能实现相关,手是精细运动和感觉功能的高度协调,肩、肘关节起辅助作用。手在抓握和操作不同形状和大小的物体时,拇指的对掌功能非常重要。上肢任何一个关节运动的受限,都会影响其手功能的发挥。

下肢的主要功能是支持体重和运动,具体为站立、行走、下蹲、爬高,以及维持身体的直立姿势,因此要求关节充分的稳定和肌肉强大有力。行走时,下肢各关节屈伸活动度与步幅有关。足的主要功能是站立和行进中支撑身体,在走、跑、跳中利用杠杆作用使身体向前。

当关节功能不能完全恢复时,则需尽量保证其最基本的活动范围,即以关节的功能位为中心尽量保证最大的活动范围,如肘关节的功能位是屈曲 90°,其最有用的活动范围是在 60°~120°。

肢体功能障碍常见原因有骨折不愈合、骨折的严重畸形愈合、广泛严重皮肤软组织瘢痕和深部组织纤维化、重要血管损伤后肢体永久性缺血、关节强直与畸形、创伤性关节炎及骨坏死、重要周围神经损伤等。

(一)肢体缺失与全身功能障碍的关系

1. 上肢功能　上肢功能占人体功能的 60%,一手功能占该上肢的 90%,拇指占一手功能的 40%,示指、中指分别占一手功能的 20%,环指、小指分别占一手功能的 10%。

手指的离断以截肢后残肢长度来评价手指功能的丧失,各手指掌指关节处离断,手指功能丧失 100%;拇指指间关节离断,拇指功能丧失 50%;其他手指近节指间关节离断丧失相应手指功能的80%;远节指间关节离断,丧失相应手指功能的 45%。

2. 下肢功能　下肢功能占人体功能的 40%,一足(包括踝关节)占该下肢功能的 70%,蹈趾占一足功能的 17%,其余各趾分别占一足功能的 3%。

(二)关节功能障碍程度测量与换算

1. 关节功能障碍程度测量　关节主动与被动运动时所通过的运动弧或转换的角度即关节活动范围。一般用 V 表示测量的关节运动度数,V_{ext} 表示背伸运动度数,V_{fle} 表示屈曲运动度数。关节僵硬的情况下,关节运动丧失度(A)等于屈曲运动丧失度(F)与背伸运动丧失度(E)之和,即 $A = E + F$。若一个关节正常活动范围是背伸 0°、屈曲 90°,测量的 $V_{ext} = 0°$、$V_{fle} = 90°$,即关节活动度正常;如果关节屈曲受限,F = 正常 V_{fle} - 实测 V_{fle};如果关节背伸受限,E = 正常 V_{ext} - 实测 V_{ext}。

对于多轴关节,则将关节运动障碍程度分至各个运动单元中,因此不同轴向运动功能障碍直接相加即为该关节功能障碍程度。

2. 上肢各关节运动功能障碍的换算　腕关节功能占该侧上肢功能的 60%。其屈伸活动占该关节功能的 70%,尺偏桡偏运动占该关节功能的 30%。故腕关节屈伸活动占该上肢功能的 70%×0.6 = 42%,尺偏桡偏运动占该上肢功能的 30%×0.6 = 18%。

肘关节功能活动占该侧上肢功能的 70%。其中屈伸活动占该关节功能的 60%,旋前旋后运动占该关节功能的 40%。故肘关节屈伸活动占该上肢功能的 70%×0.6 = 42%,旋前旋后运动占该上肢功能的 40%×0.6 = 24%。

肩关节功能活动占该侧上肢功能的 60%,其前屈(屈曲)活动占该关节功能的 40%,后伸运动占该关节功能的 10%;外展运动占该关节功能的 20%,内收运动占该关节功能的 10%;内旋活动占该关节功能的 10%,外旋运动占该关节功能的 10%。

3. 下肢各关节运动功能障碍的评估与换算　髋关节占下肢功能的 100%，膝关节占下肢功能的 90%，踝关节占下肢功能的 70%。

4. 关节功能障碍法医学评定原则　在关节功能障碍换算中，关节僵硬所致功能障碍程度随着关节固定的角度有差异，功能障碍最小的位置即功能位（functional position），关节固定于此位置，有利于该肢体最大限度的行使其功能。

关节功能障碍的法医鉴定应在医疗终结后进行。部分关节功能障碍为暂时的，如长骨中段骨折复位固定术后相邻关节活动受限，在内固定取出后进行功能康复后，会逐步改善。只有当关节功能障碍病理因素不能消除时，关节功能障碍以及程度才能作为鉴定的依据。检查时应对关节活动障碍的原因与类型进行分析判断，并且规范地进行关节活动度测量，排除伪装或夸大，准确地记录关节活动度。

第二节　四肢软组织损伤

四肢软组织损伤是指四肢皮肤、皮下组织、筋膜、肌肉、肌腱、韧带、血管等组织的各种损伤，四肢软组织损伤根据体表皮肤是否完整，分为开放性损伤和闭合性损伤。

四肢软组织损伤后可导致血管功能紊乱、营养性障碍、关节韧带松弛等，并引发局部持久性发热和肿胀、肌肉萎缩、关节不稳定、损伤性关节炎、关节周围骨化等。

一、体表软组织损伤

四肢体表软组织损伤主要指四肢的皮肤和肌肉的损伤。皮肤是位于身体表面包裹肌肉外面的组织，是人体最大的器官，主要承担着保护身体、排汗、感觉冷热和压力的功能。皮肤由表皮、真皮、皮下组织三层组成，它既是神经系统的感觉器，又是效应器，物理性与化学性刺激以及情绪变化等都能反射性地引起皮肤立毛肌收缩、汗腺分泌、皮肤毛细血管通透性改变等。

骨骼肌是四肢运动的动力和源泉，肢体的运动是肌肉通过肌腱牵引骨骼完成的。骨骼肌分成肌腹和肌腱两部分，肌腹由肌纤维构成，具有收缩能力。肌腱是肌腹两端的索状或膜状致密结缔组织，分附在两块或两块以上的不同骨上，肌腱本身没有收缩能力，但具有耐受弯曲、伸展和扭曲的功能。

（一）损伤原因与机制

四肢体表软组织损伤分为闭合性损伤和开放性损伤，闭合性损伤分为挫伤、挤压伤、扭伤和拉伤，开放性损伤分为切创、砍创、刺创、挫裂创和撕裂创等。

暴力作用于四肢体表，不仅可以导致皮肤的损伤，还可以造成肌肉或肌腱的断裂。肌肉肌腱断裂多为开放性损伤，但也可为闭合性撕裂，常合并神经损伤或骨折等。

常见的有冈上肌腱断裂、肱二头肌腱断裂、股四头肌腱断裂以及跟腱断裂等。肌腱断裂后，相应的关节活动会出现障碍。若肌腱长期反复经受慢性损伤或肌腱本身的慢性磨损，就会导致肌腱纤维变性、变细，受到轻微外力作用即可造成肌腱断裂，此种情况被称为自发性肌腱断裂或病理性断裂。

（二）临床表现

1. 闭合性损伤　肢体局部疼痛、肿胀、表皮剥脱、皮下出血或皮下组织与肌肉的撕裂。肢体挤压伤可因肢体缺血导致局部组织变性、坏死，严重者可出现挤压综合征和缺血性挛缩等。

2. 开放性损伤　肢体局部可见创口，创口的形状和大小与致伤物种类和致伤方式等有关。严重的开放性损伤可导致局部肌肉、肌腱、血管等组织离断，甚至骨折或肢体的离断。

钝器形成的开放性损伤，挫裂创的创缘多不整齐；撕裂创的形态各异，斜行牵拉者多呈瓣状，平行牵拉者多呈线状，多方向牵拉者常呈星芒状，有时可为皮肤的整片撕脱。脱套皮肤往往失去活力，会导致大片皮肤感染、坏死。

3. 肌肉肌腱断裂　局部疼痛、肿胀、关节功能减弱或丧失，抗阻力试验无力。闭合性损伤，超声和 MRI 检查可见肌肉、肌腱等软组织断裂以及水肿、出血等改变。开放性损伤,可见肌肉、肌腱完全或部分断裂。

(三)法医学鉴定

1. 损伤认定 主要根据外伤史、临床表现和局部检查认定,必要时结合超声和 MRI 等检查进一步确认。对于手术者,可以通过手术记录等进一步了解损伤的性质以及损伤程度。开放性损伤所致肌腱断裂,断端整齐,闭合性损伤所致肌腱断裂,断端不整齐,且往往发生在肌腱薄弱处。

由于单纯体表软组织闭合性损伤,如擦伤、挫伤等,经过 2 周或更久时间,则很难通过体检所见来认定。因此,此类损伤宜在损伤征象消失前进行鉴定或拍照。

2. 鉴别诊断 闭合性肌腱损伤有时需要与腱鞘炎、肌腱炎与腱鞘囊肿等鉴别。

(1)腱鞘炎:腱鞘炎是肌腱在腱鞘内长时间的机械性摩擦而引起的慢性无菌性炎症,其病理改变主要是腱鞘组织出现炎性细胞。常见的有屈指肌腱腱鞘炎、桡骨茎突狭窄性腱鞘炎、肱二头肌长头腱鞘炎等。

(2)肌腱炎:肌腱炎是肌腱组织内所发生的退行性改变,当肌腱纤维撕裂或存在其他损伤时,肌腱就会出现炎症反应。常见的有肩关节囊及其相关肌腱、尺侧腕屈肌、指总屈肌、髋关节囊及其相关肌腱、绳肌腱和跟腱以及拇长展肌与拇短伸肌。

单纯肌腱炎是跟腱和肱二头肌腱等发生自发性断裂的主要原因,一般认为与肌腱内血供减少有关。

(3)腱鞘囊肿:腱鞘囊肿是指发生于关节囊或腱鞘附近的一种内含胶冻状黏液的良性肿块,目前主要认为与关节囊、韧带、腱鞘上的结缔组织局部营养不良,发生退行性黏液性变性或局部慢性劳损有关。

腱鞘囊肿临床上比较常见,好发于足部,多见于青壮年。囊肿一般发展缓慢,除局部肿块外,少有症状,偶尔局部酸痛。个别囊肿发生于腕管或踝管内,可压迫神经引起相应症状。

3. 损伤转归 皮肤开放性损伤,根据损伤的不同愈合后会遗有不同类型的瘢痕;单纯肌肉损伤愈合后一般不会遗有明显功能障碍;肌肉过度疲劳、肌肉急性扭伤治疗不当以及不良姿态或畸形可以导致肌肉平衡失调(慢性肌劳损),产生疼痛等症状;肌腱断裂愈合不佳可造成肌腱短缩或粘连,表现为一个或几个关节的功能障碍。

4. 损伤程度与伤残等级 对于四肢体表瘢痕和肌腱损伤所导致肢体功能障碍的损伤程度与伤残等级,根据瘢痕面积和肢体功能障碍程度进行评定。

《人体损伤程度鉴定标准》规定,挫伤面积累积达体表面积 6%、10%、30% 分别为轻伤二级、轻伤一级、重伤二级;单纯的肌肉和肌腱损伤为轻微伤,肢体皮肤单个创口或者瘢痕长度 10.0cm 以上或两处以上创口或者瘢痕长度累计 15.0cm 以上为轻伤二级;肢体皮肤创口或者瘢痕长度累计 45cm 以上为轻伤一级;肌肉或肌腱损伤遗留肢体功能障碍的,参照有关规定进行评定。

《道路交通事故受伤人员伤残评定》(GB 18667-2002)规定,根据瘢痕形成达体表面积的大小分别评定伤残等级,其中瘢痕形成达体表面积 4% 以上为 X 级伤残,瘢痕形成达体表面积 76% 以上为 I 级伤残。

《劳动能力鉴定 职工工伤与职业病致残等级》(GB/T 16180-2014)规定,四肢瘢痕面积 <5%,≥1% 为十级伤残;指端植皮术后(增生性瘢痕 1cm² 以上)与手背植皮面积 >50cm²,并有明显瘢痕或足背植皮面积 >100cm² 为十级伤残;四肢瘢痕占体表面积≥5% 为九级伤残;全身瘢痕面积≥20% 为八级伤残;全身瘢痕面积≥30% 为七级伤残;全身瘢痕面积≥40% 为六级伤残;全身瘢痕面积≥50%,并有关节活动功能受限为五级伤残;全身瘢痕面积≥60%,四肢大关节中 1 个关节活动功能受限为四级伤残。

二、血管损伤

血管损伤(vascular injury)是四肢软组织损伤中常见的损伤之一,平时以切割伤、刺伤、挤压伤等多见。肢体大动脉断裂后,可发生失血性休克危及生命,也可因肢体供血不足而发生缺血性改变。

血管损伤根据血管壁结构是否完整分为血管开放性损伤和血管闭合性损伤,闭合性损伤又分为血管痉挛、血管受压等。

（一）损伤原因与机制

1. 锐器伤　常见的致伤物有匕首、刺刀、玻璃以及枪弹等。动脉血管部分破裂,血流有时可在软组织间隙内聚集,并与管腔交通,局部形成搏动性血肿。

2. 爆炸伤　爆炸物爆炸以冲击波形式作用于体表软组织,并形成瞬时空腔效应,会造成损伤局部和远离组织的震荡伤。同时所形成的负压,还可以将弹片或骨碎屑带入创伤血管内,发生远端血管的栓塞。

3. 钝挫伤　钝性暴力作用于血管及周围组织,导致血管痉挛、血管闭塞、血管壁挫伤等。

血管痉挛可发生于受刺激血管的局部,也可波及血管全长及分支。血管痉挛的机制是外力使动脉外膜的交感神经过度兴奋,血管壁平滑肌持续收缩,致血流减少、停止,甚至继发血栓形成。

骨折块、关节脱位、血肿、投射物、夹板及止血带等均可造成血管受压。例如腘动脉紧贴股骨腘面与腘静脉一并被包绕在一结缔组织鞘内,位置相对固定,膝关节后脱位时极容易挤压腘动脉,造成腘动脉的损伤。

（二）临床表现

1. 出血　血管离断,可导致出血,大量失血又可导致失血性休克。血管完全断裂,断端由于管壁平滑肌和弹力纤维的收缩及血栓形成,会使出血减少或停止。血管部分断裂,由于裂口无法收缩闭合,出血往往较完全断裂严重。

2. 缺血　血管痉挛、血管挫伤和血管受压可以导致肢体缺血,甚至坏死,主要表现为缺血部位疼痛、麻木、皮肤苍白、脉搏消失或减弱、肢体功能障碍。

（三）法医学鉴定

1. 损伤认定　根据外伤史、伤后症状与体征,结合超声和血管造影检查认定。彩色血流多普勒超声成像对于血管损伤具有高度的敏感性和特异性,数字减影血管造影(DSA)也可以精确地定位、定性诊断血管损伤。

2. 损伤转归　血管损伤后可形成假性动脉瘤;若伴行的动静脉同时受损,动脉血可以不经过远端的毛细血管床而直接流入静脉,形成动静脉瘘。

假性动脉瘤为局部肿块伴膨胀性搏动,可触及收缩期细震颤或闻及收缩期血管杂音,压迫肿块近端动脉,肿块缩小,紧张度减低并停止搏动。超声检查显示局部软组织肿胀,动脉旁见囊性肿块,肿块内血流呈漩涡状,瘤体或瘤颈内随动脉搏动见红色和蓝色交替的血流束。

动静脉瘘局部可扪及连续性震颤或闻及连续性杂音,收缩期增强,超声检查可见动静脉直接相通。

3. 损伤程度与伤残等级　《人体损伤程度鉴定标准》规定,四肢重要血管全层破裂为轻伤二级;血管损伤合并失血性休克或缺血性肌肉挛缩等,依据相关条款评定。

《人体损伤程度鉴定标准》中的四肢重要血管是指上肢的腋动脉、腋静脉、肱动脉、肱静脉、桡动脉、桡静脉、尺动脉、尺静脉等;下肢的股动静脉、腘动静脉、胫前和胫后动静脉,腓动静脉等。

《道路交通事故受伤人员伤残评定》(GB 18667-2002)和《劳动能力鉴定　职工工伤与职业病致残等级》(GB/T 16180-2014)对于四肢血管损伤均无具体规定,如因缺血性挛缩导致肢体功能障碍,则根据功能障碍的程度参照相关条款进行评定。

第三节　周围神经损伤

周围神经是指中枢神经系统(脑和脊髓)以外的神经成分,包括神经干、神经节和神经丛。周围神经根据所连接中枢神经系统的部位分为脑神经和脊神经,脑神经和脊神经均含有躯体神经和内脏神经的成分,因此周围神经系统又根据所支配的区域和器官分为脑神经、脊神经和内脏神经三部分。

脊神经是由运动、感觉、交感神经三种神经纤维组成的混合性神经，共 31 对，借主司运动的前根和主司感觉的后根与脊髓相连，交感神经与脊髓侧角的交感神经节相连。周围神经的主要功能是传递感觉与运动神经冲动以及局部组织营养的功能。

周围神经损伤（peripheral nerve injury）是四肢损伤中比较常见的损伤，根据损伤原因可分为机械性损伤（挤压伤，牵拉伤，摩擦伤，切割伤，挫裂伤，火器伤）、缺血性损伤、医源性损伤、电击性损伤、放射性损伤等，其中机械性损伤是法医学鉴定中最常见的损伤。

一、损伤类型

1. 神经传导障碍　神经纤维传导功能暂时性障碍，但神经纤维组织结构无明显改变，主要表现为运动和感觉功能障碍，一般数日或数周后功能可自行恢复。

2. 神经轴索断裂　神经纤维的轴索和髓鞘断离，而神经膜完整，又称为鞘内中断，主要表现为运动和感觉功能障碍，相关肌肉出现萎缩。由于此种损伤神经鞘膜完整，近端轴突逐渐生长，多可自行恢复。

3. 神经部分断裂　神经纤维部分断离，相应神经功能部分丧失，表现为不完全性瘫痪或不完全性感觉障碍，早期亦可以表现为完全性障碍，日后部分恢复，临床上有时需要手术进行修复。

4. 神经完全断裂　神经纤维完全断离，神经功能完全丧失，表现为运动、感觉完全障碍和所支配肌肉萎缩，损伤的远端可发生沃勒变性反应，临床上一般需要手术进行修复。

二、损伤修复

周围神经损伤后，损伤后的神经纤维往往经历两个阶段的变化。

（一）神经纤维变性

神经纤维受到震荡后，如果组织结构没有明显变化，虽然可导致传导功能的暂时丧失，但神经纤维不发生变性反应。如果神经纤维被离断，神经纤维远心端因与神经胞体分离而失去营养，因此，远心端在 24 小时内开始发生变性反应，通常将此变性称为沃勒变性（Wallerian degeneration），表现为轴突分裂成许多短节，髓鞘分解成脂肪小滴，并逐渐被巨噬细胞吞噬去除，神经膜上施万细胞迅速分离增生，形成施万带，向远端延伸。

（二）神经纤维再生

神经损伤反应消退后，神经纤维即开始再生，由损伤的近侧端开始，长出轴芽，缓慢向远侧生长，长入远端施万神经鞘管中，随后，神经纤维的其他成分也通过组织再生而使受伤的神经纤维恢复。一般轴突以每天 1.0～1.5mm 的速度向所支配的部位生长。如果神经纤维两断端对位不正，或距离较远，或被其他组织所隔绝，则新生的轴突在近侧断端无规律的生长，则形成团块状的神经瘤，即外伤性神经纤维瘤。此外，在神经纤维的再生修复过程中，近端的运动神经与感觉神经的轴突必须分别长入远端的运动神经的施万鞘管与感觉神经的施万鞘管内，才能恢复各自的运动功能与感觉功能，如果长错，就无法恢复各自的功能。

周围神经功能恢复的效果与诸多因素有关，既有伤者个体差异，如年龄、生理病理状况等，又与损伤情况及临床治疗有关。

1. 损伤性质　锐器所致的神经损伤断端整齐，局部破坏范围较小，有可能手术后一期修复，预后较好；钝器所致的神经损伤断端常不整齐，绝大多数为不完全离断。甚至有时临床医师很难发现，得不到及时的治疗，因此，有时损伤即使较轻，也常可引起神经功能丧失。枪弹伤所致的神经损伤断端破坏最为严重，神经功能恢复所需的时间也长，预后最差。

2. 损伤程度　包括周围神经本身损伤程度、周围组织有无损伤及损伤程度。如果神经损伤是由于震荡或压迫所导致，神经功能可在伤后数天或数周可完全恢复；如果神经轴突断裂，神经鞘尚完整，轴突可从损伤部位再生至终末器官，神经功能亦可完全恢复。如果轴突和神经鞘均断裂，神经错位生长或受瘢痕干扰,神经功能难以自行恢复;如果伤后时间过长(一般超过 2 年的话),神经肌肉接头处的运动终板已经变性,即使神经纤维再生至此,肌肉的运动功能也难以恢复。

3. 损伤位置 周围神经损伤平面越高,再生的时间越长,预后相对较差。反之,神经损伤平面低,再生的时间短,预后相对较好。

4. 临床治疗 临床治疗与周围神经损伤后的功能恢复具有密切关系:①修复时间的长短:越早修复预后越好;②治疗方法的选择:如是否采用手术治疗、缝合手术方法的选择、以及手术者技术熟练程度等,均对周围神经损伤的预后有影响。

三、臂丛神经损伤

臂丛神经由颈 5~8 和胸 1 前支组成,主要的分支有胸背神经、胸长神经、腋神经、肌皮神经、正中神经、桡神经、尺神经,支配上肢和肩背、胸部的感觉和运动。臂丛神经在解剖上分根、干、股、束、支等五个部分。颈 5、6、7、8 和胸 1 脊神经根,出椎间孔后,从前斜角肌和中斜角肌之间传出,组成臂丛神经干。颈 5~6 组成上干,颈 7 组成中干,颈 8 和胸 1 组成下干,每干在锁骨的上方又分为前、后两股,随后又重新组合,上干、中干前股组成外侧束,下干前股组成内侧束,上、中、下三干后股组成后束,再由这三个束发出神经支,分别为桡神经、正中神经、尺神经、腋神经和肌皮神经。

(一)损伤原因和机制

臂丛神经损伤(brachial plexus injury)可由直接暴力和间接暴力导致,直接暴力多见于枪弹伤和锐器伤,间接暴力主要见于头肩分离的牵拉性损伤,如头部或肩部受到快速汽车撞击所致的头肩分离,或者重物从高处坠落突然压在颈肩部所致的头肩分离,或者难产时使用产钳牵拉胎儿或新生儿使胎儿头与肩分离等。在此类损伤中,主要是由于头部固定外力撞击肩部,或肩部固定外力撞击头部而导致颈部筋膜、斜角肌、臂丛神经椎孔间韧带的分离,进而造成椎孔内神经根撕脱。外力的强度与持续时间是造成臂丛神经不同平面损伤的主要因素。

臂丛神经损伤一般分为臂丛上部损伤、臂丛中部损伤、臂丛下部损伤及全臂丛损伤。

(二)临床表现

1. 臂丛上部损伤(C_5~C_6) 即臂丛上干损伤,主要为腋神经、肌皮神经、肩胛上神经损伤,桡、正中神经部分损伤,表现为上肢背侧面感觉大部分缺失,整个上肢下垂;肩关节不能外展、上举;肘关节不能屈曲、旋前、旋后,腕关节虽能屈伸,但肌力减弱,手指活动正常。

2. 臂丛中部损伤(C_7) 即臂丛神经中干损伤,主要为桡神经损伤,表现为肘、腕、手之伸展动作丧失或减弱;因不影响肱桡肌功能,故肘关节屈曲功能不受限。

3. 臂丛下部损伤(C_8~T_1) 即臂丛神经下干损伤,主要为正中神经和尺神经损伤,表现为前臂及腕屈曲功能障碍,手指屈伸障碍;手内肌肉(尺侧腕屈肌、指深浅屈肌、大小鱼际肌群、全部蚓状肌与骨间肌)萎缩,骨间肌尤其明显,呈"爪形手"畸形;上臂、前臂及手尺侧皮肤感觉缺失;如颈交感纤维受累会出现霍纳综合征(horner syndrome),表现为瞳孔缩小,眼裂缩小,或伴有同侧面部少汗或无汗。

4. 全臂丛损伤 即臂丛上、中、下神经的联合损伤,表现为整个肢体运动、感觉障碍,晚期由于肌肉萎缩,肢体被动活动也受限。

(三)法医学鉴定

1. 损伤认定 根据外伤史、损伤部位、临床表现、肌电图检查结果以及手术所见等认定,有时 MRI 也可以直接显示神经根撕裂等改变。如整个上肢均表现为弛缓性瘫痪,首先应考虑臂丛损伤。胸大肌锁骨部萎缩,提示上干或颈 5、6 损伤;背阔肌萎缩,提示中干或颈 7 神经根损伤;胸大肌胸肋部萎缩,提示下干或颈 8、胸 1 损伤。

2. 鉴别诊断 胸廓出口综合征是因骨性和纤维性增生及第 7 颈椎增长或锁骨骨折畸形愈合等,使臂丛神经、锁骨下动脉通过胸廓上口时受到压迫,从而引起一系列神经受压或神经、血管受压的症状和体征。临床上主要是臂丛神经受压的表现,如不同程度的肢体疼痛、麻木、感觉减退、握物无力、手部肌肉萎缩等。如果伴有锁骨下动脉受压,还表现为肢体发凉,色泽较健侧苍白等。胸廓出口综合征一般通过 X 线、CT 和 MRI 检查可明确神经受压原因。

3. 损伤程度与伤残等级 《人体损伤程度鉴定标准》规定,臂丛神经损伤为轻伤二级;臂丛神经干性或者束性损伤,遗留肌瘫(肌力3级以下)为重伤二级。

《道路交通事故受伤人员伤残评定》(GB 18667-2002)规定,一肢体完全性感觉缺失为Ⅹ级伤残;周围神经损伤致单瘫,肌力4级为Ⅶ级伤残;肌力3级以下为Ⅵ级伤残;肌力2级以下为Ⅴ级伤残。未达到上述所规定的肌力程度或不符合单瘫规定的,根据肢体瘫痪程度或不同部位功能障碍情况比照肢体功能障碍的条款进行评定。

《劳动能力鉴定 职工工伤与职业病致残等级》(GB/T16180-2014)规定,中毒性周围神经病致浅感觉障碍为九级伤残,致深感觉障碍为七级伤残;双手部分肌瘫肌力4级、单手全肌瘫肌力4级、单肢体瘫肌力4级为八级伤残;单手部分肌瘫肌力3级为七级伤残;双手全肌瘫肌力4级、一手全肌瘫肌力3级为六级伤残;双手部分肌瘫肌力3级、一手全肌瘫肌力≤2级、单肢瘫肌力3级为五级伤残;双手部分肌瘫肌力≤2级、单肢肌瘫肌力≤2级为四级伤残;双手全肌瘫肌力≤2级为二级伤残。

由于周围神经具有再生的功能,因此对于神经功能的鉴定时限应根据神经恢复情况决定,原则上至少在损伤6个月后进行评定。

四、腋神经损伤

腋神经由颈5、6神经纤维组成,起自臂丛后束,相当于喙突平面上缘发出,绕肱骨外科颈至三角肌深面,走行于大、小圆肌之间及肱三头肌之间,肌支支配小圆肌和三角肌,皮支(臂外侧皮神经)分布于肩部及臂外侧上部皮肤。

(一)损伤原因和机制

腋神经与肱骨外科颈紧邻,肩关节脱位及肱骨上段骨折可造成腋神经损伤(axillary nerve injury),刀伤、枪弹亦可导致腋神经损伤。

(二)临床表现

肩关节下垂半脱位,肩关节外展功能丧失,肩部及臂外侧区上 1/3 部皮肤感觉障碍。由于三角肌萎缩,肩部失去圆隆的外观,呈方肩畸形。

(三)法医学鉴定

1. 损伤认定 根据外伤史、损伤部位、临床表现、电生理检查及手术所见认定。三角肌萎缩、方肩畸形为特有体征,电生理检查示腋神经动作电位消失,三角肌失神经支配。

2. 损伤程度与伤残等级 《人体损伤程度鉴定标准》附则未把腋神经明确列入四肢重要神经,但腋神经为臂丛神经的主要分支,可以依照四肢重要神经损伤的规定进行评定,伤残等级主要根据是否遗留肩关节功能障碍及其障碍程度依据相关标准进行评定。

五、肌皮神经损伤

肌皮神经由颈5、6、7神经纤维组成,在胸小肌下缘起自外侧束,在喙突下穿过喙肱肌,于肱二头肌和肱肌间下降,肌皮神经肌支支配喙肱肌、肱二头肌及肱肌,皮支在肘横纹上方约3cm处穿出分布于前臂外侧皮肤。

(一)损伤原因和机制

肌皮神经位置隐蔽,一般不易受伤,肌皮神经损伤(musculocutaneous nerve injury)多见于锐器、枪弹或机械性牵拉以及手术误伤等。

(二)临床表现

肘关节不能屈,前臂外侧皮肤感觉障碍,肱二头肌萎缩。

（三）法医学鉴定

1. 损伤认定 根据外伤史、临床表现、电生理检查及手术所见确认。肌皮神经损伤的典型体征为肱二头肌萎缩，肘关节不能屈，电生理检查肱二头肌呈失神经支配改变。

2. 损伤程度与伤残等级 根据《人体损伤程度鉴定标准》规定，肌皮神经属于四肢重要神经，单纯的肌皮神经损伤为轻伤二级，遗有肘关节屈曲障碍的，比照有关肢体功能障碍的条款进行评定；其伤残等级亦是根据肌皮神经损伤遗留的肘关节功能障碍程度进行评定。

六、桡神经损伤

桡神经由颈5~8和胸1神经纤维组成，是臂丛神经中最大的一支。自臂丛神经后束发出，由上臂肱骨干上部内侧向下入桡神经沟，随后桡神经绕肱骨中段背侧旋向外下，发出肌支和皮支。桡神经肌支支配肱三头肌、肱桡肌、旋后肌、桡侧腕长伸肌、桡侧腕短伸肌、尺侧腕伸肌、指总伸肌、拇短伸肌、食指固有伸肌、小指固有伸肌等。皮支分布于上臂后外侧、前臂后面皮肤及腕、手背部桡侧两个半手指皮肤。

（一）损伤原因和机制

由于桡神经在肱骨中下1/3处桡神经沟内紧贴桡骨，位置表浅，锐器和钝器均可以导致桡神经损伤（radial nerve injury），肱骨干骨折是导致桡神经损伤的常见原因，有时桡神经还可被埋于骨痂中造成继发性损伤。此外，桡神经还可因牵拉或压迫造成损伤，如上肢外展过久或者长时间的绳索捆绑等导致桡神经损伤。

（二）临床表现

1. 腋部损伤 伸肘、伸腕、伸掌指关节功能障碍；腕下垂，不能旋后，手常处于旋前位；拇指不能伸直和外展，呈内收畸形；腕、手背部桡侧两个半手指皮肤的感觉障碍；前臂背侧肌肉明显萎缩。

2. 上臂中下段损伤 因在肱三头肌分支之下，伸肘功能正常，其余同腋部损伤。

3. 前臂上1/3损伤 因尺侧腕伸肌和指总伸肌受累，表现为伸指不能，伸腕力弱，但腕关节可以伸直，无明显垂腕表现，其余同上臂损伤。

4. 前臂中1/3处损伤 由于不累及伸腕肌和指总伸肌，故伸腕、伸指正常。感觉障碍一般也比较轻，仅表现为手背、拇指、第1、2掌骨背面皮肤感觉障碍。

5. 腕关节处损伤 因桡神经运动支均已发出，已无运动功能障碍，只表现为感觉功能障碍。

（三）法医学鉴定

1. 损伤认定 根据外伤史、损伤部位、临床表现、电生理检查以及手术所见等认定。

桡神经运动功能可以通过神经生理反射、拇指翘起试验及合掌分掌试验等检查进行判断，手背虎口区感觉障碍为桡神经损伤的绝对感觉障碍区。

2. 鉴别诊断 桡神经受压综合征，又称桡管综合征，可因软组织损伤后粘连、肱桡关节前方关节囊较厚、桡侧伸腕短肌压迫等，临床表现为桡神经在桡管处受压的症状和体征。

3. 损伤程度与伤残等级 根据《人体损伤程度鉴定标准》规定，桡神经属于四肢重要神经之一，桡神经损伤为轻伤二级；桡神经肘部以上损伤，遗留肌瘫（肌力3级以下）为重伤二级；肌力未达到3级以下的，但遗有肢体功能障碍的，根据肢体功能障碍程度比照有关条款进行评定。桡神经损伤的伤残等级主要根据桡神经损伤所遗留的腕关节及手指功能障碍程度进行评定。

七、正中神经损伤

正中神经由颈6~8、胸1组成，内侧根来自于臂丛神经的内侧束，外侧根来自于臂丛神经的外侧束。正中神经在上臂无分支，在肘部以下发出肌支和皮支，肌支支配前臂的前群肌（肱桡肌、尺侧腕屈肌和指深屈肌尺侧半除外）、手的鱼际肌（拇收肌除外）和第1、2蚓状肌，皮支分布于掌心、鱼际、桡侧三个半手指的掌面以及其中节和远节背面的皮肤。

旋前圆肌和旋前方肌具有前臂的旋前和屈曲功能,桡侧腕屈肌和掌长肌具有屈腕和外展功能,指浅屈肌具有屈第2、3、4、5指中节功能,指深屈肌具有屈第2、3指中节、末节功能,拇长屈肌具有屈拇指末节功能;拇短展肌具有拇指外展功能,拇对掌肌具有拇指对掌功能,拇短屈肌具有拇指掌指关节屈曲功能;第1、2蚓状肌具有屈掌指关节、伸指间关节的功能。

(一)损伤原因和机制

正中神经损伤(median nerve injury)好发于腕部或前臂,高位正中神经损伤常合并臂丛神经损伤。最常见的正中神经损伤是牵拉伤,其次为肘部骨与关节损伤,如肱骨髁上骨折等易合并正中神经损伤。前臂的开放性损伤易造成正中神经部分或完全断裂,前臂下部和腕部正中神经位置较浅,更易被锐器直接损伤。此外,前臂的骨筋膜室综合征也可压迫正中神经,造成神经缺血性坏死。

(二)临床表现

1. 肘上损伤 前臂不能旋前;腕和拇、示、中三指不能屈曲;拇指对掌、对指、外展功能障碍;手掌桡侧和桡侧三个半手指的掌侧感觉障碍,背侧示指、中指远节感觉障碍;因大鱼肌萎缩呈"猿手"畸形。此外,指骨萎缩,指端变得小而尖。

2. 腕部损伤 正中神经所支配的前臂肌肉完全正常,仅表现为手部的感觉、运动障碍及手部的畸形。

(三)法医学鉴定

1. 损伤认定 根据外伤史、损伤部位、临床表现、电生理检查以及手术所见确认。大鱼肌萎缩,呈"猿手"畸形为特有体征。感觉障碍绝对区为掌侧面桡侧三个半手指的感觉。

正中神经运动功能可以通过捏指试验、拇短展肌触笔试验、拇指对掌试验和双手互握试验等检查进行分析与判断。

2. 鉴别诊断 正中神经受压综合征,既可由外伤导致,也可由疾病引发。常见的损伤有Colles骨折畸形愈合、舟状骨骨折及腕部软组织损伤等;常见的疾病有腱鞘炎、腱鞘囊肿及全身结缔组织病等,多见于中老年人,症状呈进行性加重趋势。X线、CT和MRI可帮助确诊。

3. 损伤程度与伤残等级 根据《人体损伤程度鉴定标准》规定,正中神经属于四肢重要神经之一,正中神经损伤为轻伤二级;正中神经肘部以上损伤遗留肌瘫(肌力3级以下)构成重伤二级。正中神经损伤的伤残等级主要根据正中神经损伤所遗留的腕关节及手指功能障碍及其障碍程度依照相关标准进行评定。

八、尺神经损伤

尺神经由颈8和胸1神经组成,是内侧束最大的分支。尺神经在肱动脉内侧下降,随后离开肱动脉走行于内上髁后方的尺神经沟,此处位置表浅。尺神经在上臂无分支,在肘关节附近发出两个肌支,支配尺侧腕屈肌(屈腕和手内收)、指深屈肌尺侧头(第4、5指末节屈曲)以及手部的小鱼际肌群、骨间肌、第3、4蚓状肌、拇收肌和拇短屈肌。尺神经皮支分布于手背尺侧皮肤和手掌尺侧及尺侧一个半手指的皮肤。

(一)损伤原因和机制

直接和间接外力均可导致尺神经损伤(ulnar nerve injury),在肘部,由于尺神经位于肱骨内上髁后方的尺神经沟内,位置表浅,锐器、钝器以及肱骨髁、肱骨内上髁骨折和肘关节脱位是尺神经损伤的常见原因。此外,肱骨内上髁发育异常,如肘外翻畸形也可造成尺神经损伤;其他部位骨折的牵拉、止血带的压迫等也可以造成尺神经损伤。

(二)临床表现

屈腕力弱,无名指、小指掌指关节过伸,指间关节屈曲,不能在屈掌指关节同时伸直指间关节,各手指不能外展、内收;骨间肌和拇内收肌萎缩,拇指外展,呈"爪形手"畸形;手掌尺侧及尺侧一个半手指皮肤感觉丧失。

（三）法医学鉴定

1. 损伤认定　根据外伤史、损伤部位、临床表现、电生理检查以及手术所见等确认。尺神经损伤后，因大部分手内收肌麻痹，主要表现为手指的精细动作障碍。尺神经损伤的特有体征是"爪形手"畸形。感觉障碍绝对区为手掌尺侧一指半皮肤感觉丧失。

尺神经运动功能可以通过小指外展试验、夹指试验、Froment 试验及骨间肌与蚓状肌麻痹试验等检查进行判断。

2. 鉴别诊断　尺神经受压综合征与正中神经受压综合征一样，既可见于外伤，也可见于疾病。外伤如肘部陈旧性骨折等，疾病则常见于肘部骨关节炎、局部的腱鞘囊肿等，临床表现均为尺神经部分损害的症状和体征。

3. 损伤程度与伤残等级　根据《人体损伤程度鉴定标准》规定，尺神经属于四肢重要神经之一，尺神经损伤为轻伤二级；尺神经肘部以上损伤遗留肌瘫（肌力 3 级以下）为重伤二级。尺神经损伤的伤残等级主要根据尺神经损伤所遗留的腕关节及手指功能障碍及其障碍程度依照相关标准进行评定。

九、坐骨神经损伤

坐骨神经来自腰骶丛神经，由腰 4、5，骶 1～3 神经纤维组成，是全身最粗大的神经。坐骨神经由梨状肌下经坐骨大切迹出骨盆后，进入臀部，经坐骨结节与股骨大转子之间下降到大腿后面，肌支分别支配半腱肌、半膜肌、股二头肌及大内收肌，并在大腿下 1/3 处坐骨神经再分为胫神经和腓总神经。

（一）损伤原因和机制

由于坐骨神经位置比较深，多见于锐器、火器的直接损伤，特别是臀部药物注射位置不当、手术误伤等。此外，骨盆骨折、髋关节脱位等也可以造成坐骨神经损伤（sciatic nerve injury）。

（二）临床表现

1. 高位损伤　坐骨神经在大腿上部（坐骨大孔、坐骨结节以上）损伤时，膝关节屈曲功能障碍，足和足趾屈伸功能障碍；大腿后面及小腿与足部感觉障碍；由于股四头肌强大的力量使膝关节强直过伸，故行走时膝关节僵直曳行。

2. 低位损伤　当坐骨神经低位（坐骨大孔、坐骨结节以下）损伤时，为腓总神经和胫神经损伤的临床表现。屈膝功能正常，足和足趾的运动功能障碍，小腿的后外侧、足背、足趾和足跖部感觉功能障碍。

（三）法医学鉴定

1. 损伤认定　根据外伤史、损伤部位、临床表现、电生理检查以及手术所见等确认。坐骨神经运动功能可以通过直腿抬高试验和屈髋、伸膝试验等检查。

2. 损伤程度与伤残等级　根据《人体损伤程度鉴定标准》规定，坐骨神经属于四肢重要神经之一，坐骨神经损伤为轻伤二级；骶丛或者坐骨神经损伤遗留肌瘫（肌力 3 级以下）为重伤二级。

《道路交通事故受伤人员伤残评定》（GB 18667-2002）规定，一肢体完全性感觉缺失为 X 级伤残；周围神经损伤致单瘫，肌力 4 级为 Ⅶ 级伤残，肌力 3 级以下为 Ⅵ 级伤残，肌力 2 级以下为 Ⅴ 级伤残。

《劳动能力鉴定 职工工伤与职业病致残等级》（GB/T 16180-2014）规定，中毒性周围神经病致浅感觉障碍为九级伤残，致深感觉障碍为七级伤残；双足部分肌瘫肌力 4 级、单足部分肌瘫肌力≤3 级、单肢体瘫肌力 4 级为八级伤残；双足部分肌瘫肌力 3 级、单足全肌瘫肌力 3 级为七级伤残；双足部分肌瘫肌力≤2 级、单足全肌瘫肌力≤2 级为六级伤残；双足全肌瘫肌力 3 级、单肢瘫肌力 3 级为五级伤残；单肢瘫肌力≤2 级为四级伤残；双足全肌瘫肌力≤2 级为三级伤残。

未达到上述所规定或不符合单瘫规定的，根据肢体瘫痪程度或不同部位功能障碍情况比照肢体功能障碍的条款进行评定。

十、腓总神经损伤

腓总神经自大腿下 1/3 处从坐骨神经分出，由腰 4、5，骶 1、2 神经纤维组成，在腓骨头前面分为腓浅神经和腓深神经。腓浅神经肌支支配腓骨长肌和腓骨短肌（外展和提举足外缘），皮支分布于小腿外侧、足背及第2～5趾背皮肤。腓深神经肌支支配胫骨前肌（伸足、内收和提举足内缘）、踇长伸肌（伸踇趾、伸足、足内收）、踇短伸肌和趾短伸肌（伸踇趾及各指并使其稍向外侧分开），皮支分布于小腿前面及第1趾背侧和第1、2趾间皮肤。

（一）损伤原因和机制

腓总神经在小腿上端外侧，位置浅表，腓总神经损伤（common peroneal nerve injury）可因钝性外力直接打击或锐器直接损伤，也可因腓骨头骨折使腓总神经受到挤压、挫伤和牵拉引起。

（二）临床表现

1. 腓总神经损伤　不能伸足、提足、伸趾，足呈马蹄内翻畸形。由于足下垂，足趾不能伸，行走必须用力使髋关节、膝关节过度屈曲，才能使足尖抬离地面向前行走，呈"跨越步态"；小腿外侧、足背及趾背感觉功能障碍。

2. 腓深神经损伤　不能伸足和提足内缘，足下垂并稍外展。由于腓骨长、短肌功能保存，足呈外翻状态；感觉障碍仅限于第1、2趾间隙皮肤。

3. 腓浅神经损伤　足外缘下垂，稍向内翻，可伸足和伸趾；小腿外侧、足背及趾背皮肤感觉功能障碍。

（三）法医学鉴定

1. 损伤认定　根据外伤史、损伤部位、临床表现、电生理检查以及手术所见等认定。腓总神经损伤的典型表现为足下垂呈马蹄样畸形，小腿的后外侧、足背感觉功能障碍。

2. 损伤程度与伤残等级　《根据人体损伤程度鉴定标准》规定，腓总神经属于四肢重要神经之一，腓总神经损伤构成轻伤二级，其伤残等级根据腓总神经损伤所遗留的踝关节及足趾功能障碍程度依据相关标准进行评定。

十一、胫神经损伤

胫神经为坐骨神经的直接延续，由腰4、5和骶1～3神经纤维组成，在腘窝内胫神经与腘血管相伴行，至内踝后面分为足底内侧神经和足底外侧神经。胫神经肌支支配小腿后群肌和全部足底肌（腓肠肌、比目鱼肌、腘肌、跖肌、胫骨后肌、趾长屈肌、踇长屈肌以及足的全部短肌等），具有使足和足趾跖屈、内收和内翻等功能；胫神经皮支分布于小腿后面及足底皮肤。

（一）损伤原因和机制

胫神经损伤（tibial nerve injury）多见于锐器、枪弹或车辆碾压等。由于胫神经所处位置较深，日常一般很少损伤。

（二）临床表现

因胫神经损伤致小腿后群肌和足底肌麻痹，踝关节不能跖屈，足不能内翻，足趾不能屈曲；小腿后面及足底皮肤感觉障碍；由于小腿前外肌群过度牵拉，致足呈背屈及外翻位，呈"钩状足"畸形。此外，还表现为跟腱反射消失或减弱。

（三）法医学鉴定

1. 损伤认定　根据外伤史、损伤部位、临床表现，结合电生理检查确认。胫神经损伤的典型表现为"钩状足"畸形，小腿后面及足底皮肤感觉障碍，跟腱反射减弱或消失。胫神经运动功能可以通过背屈踝试验和背屈踇趾试验等检查。

2. 损伤程度与伤残等级　根据《人体损伤程度鉴定标准》规定，胫神经属于肢体重要神经之一，胫神经损伤构成轻伤二级，其伤残等级根据胫神经损伤导致的踝关节及足趾功能丧失程度评定。

十二、股神经损伤

股神经（femoral nerve）起自腰丛，由L_2～L_4神经组成，由腰大肌外缘穿出，向下斜行于髂筋膜深面,在髂窝发出髂肌支与腰大肌支后经腹股沟韧带与髂肌之间进入股三角,与股动脉伴行,穿出腹股沟后发出股内侧皮神经和股中间皮神经(支配股前内侧皮肤)及肌支(支配缝匠肌、耻骨肌、股四头肌),后又分出隐神经,伴随股动静脉在膝关节以下走行于皮下与大隐静脉相伴达内踝负责感觉,分布于小腿内侧及内踝皮肤。

(一)损伤原因和机制

主要为锐器、火器和医源性损伤(如髋关节整形术等),过度牵拉以及髂窝血肿压迫也可以造成股神经损伤(femoral nerve injury)。

(二)临床表现

1. 高位损伤 股神经在髂窝上方损伤,腰大肌和股四头肌瘫痪,表现为屈髋、伸膝不能,不能登阶梯和跳跃;股前及小腿内侧感觉障碍;膝反射消失;腰大肌和股四头肌萎缩。

2. 低位损伤 股神经在髂腰肌分支以下损伤,表现为伸膝不能,股前及小腿内侧感觉障碍;膝反射消失;股四头肌萎缩。

(三)法医学鉴定

1. 损伤认定 根据外伤史、损伤部位、临床表现、电生理检查以及手术所见确认。股神经损伤的典型表现为四头肌瘫痪、萎缩,股前及小腿内侧感觉障碍,膝反射消失。

2. 损伤程度与伤残等级 《人体损伤程度鉴定标准》附则未将股神经明确列入四肢重要神经,但股神经为腰丛神经的主要分支,可以依照四肢重要神经损伤的规定进行评定,其伤残等级主要根据膝关节功能障碍程度进行评定。

第四节 四肢骨骨折

四肢骨分为上肢骨和下肢骨。上肢骨又分为上肢带骨和自由上肢骨,包括锁骨、肩胛骨、肱骨、桡骨、尺骨、手骨,其中锁骨、肩胛骨为上肢带骨,其余为自由上肢骨;下肢骨也分为下肢带骨和自由下肢骨,包括髋骨(上部的髂骨、后下部的坐骨、前下部的耻骨)、股骨、髌骨、胫骨、腓骨和足骨。髋骨为下肢带骨,其余为自由下肢骨。自由上、下肢骨借上、下肢带骨与躯干骨相连接,上肢骨的主要功能是从事劳动与精细的动作,活动范围相对较大;下肢骨主要功能是负重和行走,活动范围相对较小,但骨骼粗大。

四肢骨主要为长骨,长骨是呈长管状的骨骼,两端称骨端,位于二者之间的部分为骨干。骨端的表面由骨密质,内部由骨松质形成,骨干则只由骨密质形成。骨端与骨干之间残存有板状的软骨,称为骨骺板。生长发育期间它沿长轴向两侧方向生长并继续骨化,生长发育结束后干骺端软骨骨化,最后只留有痕迹即骨骺线。

骨折是指骨或骨小梁的完整性破坏或连续性中断。骨折分为外伤性骨折和病理性骨折,病理性骨折(pathologic fracture)是指一些如骨髓炎、骨肿瘤、骨质疏松等病变,使骨结构薄弱,在正常负荷或轻微外力下所发生的骨折。

一、骨折的类型

(一)根据骨折的机制

1. 直接暴力 直接作用于骨骼某一部位并导致该部位骨折的外力,称为直接暴力。直接暴力所致骨折通常为横形骨折或粉碎性骨折,并伴有不同程度软组织损伤。致伤物的质地、形态以及作用力的大小、作用力的方向和速度等因素决定骨折的类型。

2. 间接暴力 通过传导、扭转或杠杆作用使非外力直接作用部位发生骨折的外力,称之为间接暴力。高处坠落时,传导力可以导致胫骨上端、脊椎等发生骨折;扭转力可形成螺旋骨折;杠杆力则可导致力学支点处骨折。

3. 肌肉拉力 肌肉突然猛烈收缩,可拉断肌肉或肌腱附着处的骨质。此外,骨骼的隆起部位多是强大肌肉的肌腱起止点,因此可发生撕脱骨折(avulsion fracture)。撕脱骨折的骨折线常为横形,撕脱的骨折块随肌肉牵拉方向移位。如股四头肌收缩所引起髌骨骨折为横形,而跌倒膝部撞击地面或暴力直接打击多为粉碎性骨折。

4. 积累应力 长期反复的外力集中作用于正常骨骼某一点所引起的骨折,又称应力性骨折(stress fracture)或疲劳骨折,好发于第2、3跖骨和腓骨、胫骨下端。

(二)根据骨折的程度

1. 完全性骨折(complete fracture) 骨的完整性或连续性全部中断或破坏,即骨折线贯穿骨骼全径,骨骼完全离断、分离或错位。

2. 不完全性骨折(incomplete fracture) 骨的完整性或连续性仅有部分中断或破坏,骨折线未贯穿骨全径,或只有部分骨质分离等。

(三)根据骨折的形态

1. 螺旋形骨折(spiral fracture) 骨折线呈螺旋状,受扭转暴力作用或暴力作用时肢体发生瞬间扭转所形成。

2. 粉碎性骨折(comminuted fracture) 同一部位骨碎裂成三块以上,骨折线呈T形或Y形。

3. 撕脱性骨折(avulsed fracture) 肌肉收缩牵拉,使与肌腱相连的骨突起、粗隆或全部骨质的分离。

(四)根据骨折的时间

根据骨折形成的时间分为新鲜性骨折(fresh fracture)和陈旧性骨折(old fracture)。新鲜性骨折与陈旧性骨折是相对而言,目前没有严格的时间界定,一般新鲜性骨折是指2～3周内的骨折。另外,新鲜性骨折和陈旧性骨折具有不同的影像学特征。

1. 新鲜性骨折 X线、CT上骨折线清晰、锐利,无新生骨痂影,可伴明显软组织肿胀、关节积液等。MRI显示明显骨髓水肿、骨挫伤等改变。

2. 陈旧性骨折 骨折线模糊、圆钝,有的可见骨痂形成。MRI骨髓信号正常。

二、骨折的愈合

正常的成熟骨组织呈板层状结构,称为板层骨(lamellar bone)。板层骨分为皮质骨和松质骨,皮质骨由密集排列的骨单元组成,弹性模量高,抗扭、抗弯的能力强;松质骨的密度较低,其骨小梁也由骨板构成,但弹性模量较皮质骨小。四肢的长管状骨,骨干主要为皮质骨,松质骨很薄,中间为髓腔,而干骺端及骨骺内,多为松质骨。手足等短骨,外层为皮质骨,内层为松质骨。

(一)骨折愈合的过程

骨折愈合是一个复杂的组织学和生物化学变化过程,主要经历局部血肿反应、断端坏死骨吸收、骨痂形成以及骨化与骨的改建再塑等过程。骨痂是成骨细胞在肉芽组织上所形成的新骨。

骨折后,骨折断端之间、骨髓腔内和骨膜下形成血肿,骨折间隙增宽,纤维血管增生,2～3天后血肿开始机化形成纤维性骨痂,进而骨化形成骨性骨痂。随着骨痂形成与不断增多,骨折断端不再活动,即达临床愈合期。此后,骨痂范围加大,生长于骨折断端之间和骨髓腔内,使骨折连接坚实,骨折线消失而成为骨性愈合。

(二)骨折愈合的类型

1. 骨折的直接愈合 也称一期愈合,是指骨折断端通过哈弗氏系统的重建直接发生连接,X线片上无明显外骨痂形成,表现为骨折线逐渐消失。骨折的直接愈合仅发生在骨折断端连接紧密并绝对稳定固定的情况下。

骨折直接愈合的特点是骨折愈合的过程中没有明显的骨质吸收,坏死骨在被吸收的同时即由新的板层骨替代,进而达到皮质骨之间的直接愈合。

2. 骨折的间接愈合 又称二期愈合，是骨折愈合的常见方式，其特点是通过血肿诱导、骨折断端间隙加宽、纤维血管性肉芽组织机化，软硬骨痂形成基础上最后完成骨的重建。

三、肱骨骨折

上臂由肱骨构成，肱骨上端与肩胛骨的关节盂组成肩关节，下端与尺、桡骨的上端构成肘关节。肱骨上端与肱骨干交界处称为肱骨外科颈，肱骨下端的内外侧各有一突起，分别称为肱骨内上髁和外上髁。

（一）损伤原因和机制

肱骨骨折（humeral fracture）常发生于肱骨外科颈、肱骨干、肱骨髁上、肱骨髁间等部位。直接暴力常导致肱骨的横形骨折或粉碎形骨折，旋转暴力多导致肱骨的螺旋形骨折，间接暴力往往导致肱骨的斜行骨折。

1. 肱骨外科颈骨折 跌倒时手掌着地，上肢外展，暴力向上传导会导致外展型肱骨骨折（骨折远端外展）；跌倒时手或肘部着地，上肢内收，暴力向上传导会导致内收型肱骨骨折（骨折远端内收）。

2. 肱骨髁上骨折 肘关节伸直位跌倒，手撑地可致肱骨髁上伸直型骨折（远端向后上移位）；肘关节屈曲位跌倒，鹰嘴着地可致肱骨髁上屈曲型骨折（远端向前上移位）。

（二）临床表现

局部疼痛、肿胀、畸形，上臂活动障碍，肱骨髁间骨折，因髁间移位、分离，可导致肘后三角关系的改变。

（三）法医学鉴定

1. 损伤认定 根据外伤史，临床表现以及影像学检查认定。常规 X 线片可显示骨折部位和类型、骨折程度及移位方向，CT 检查可以更进一步了解骨折的详细情况。

2. 损伤程度与伤残等级 《人体损伤程度鉴定标准》规定，四肢长骨骨折为轻伤二级；四肢长骨粉碎性骨折、两处以上线状骨折、四肢长骨骨折累及关节面或骨折畸形愈合为轻伤一级；四肢长骨骨折不愈合或者假关节形成或并发慢性骨髓炎为重伤二级。若合并神经、血管及其他软组织损伤的，依据有关的条款评定损伤程度。

《道路交通事故受伤人员伤残评定》（GB 18667-2002）规定，四肢长骨一骺板以上线性骨折为 X 级伤残，四肢长骨一骺板以上粉碎性骨折为 IX 级伤残。由于成年人四肢长骨骺板已闭合，因此这里的骺板骨折是指未成年人的骺板骨折。

《劳动能力鉴定 职工工伤与职业病致残等级》（GB/T 16180-2014）规定，身体各部位骨折愈合后无功能障碍或轻度功能障碍为十级伤残；四肢长管状骨骨折内固定或外固定支架术后为九级伤残。

对于肱骨骨折愈合后遗留肢体功能障碍和肢体不等长的，依照有关标准的规定进行评定。

四、前臂骨骨折

上肢前臂由尺、桡二骨构成支架，尺骨上端粗下端细，是肘关节的重要组成部分，桡骨上端细而下端粗，是腕关节的主要组成部分。尺桡骨由上、下尺桡关节和骨间膜相连。前臂骨折分为桡骨骨折（radius fracture）、尺骨骨折（ulnar fracture）和尺桡骨双骨折（fractures of radius and ulnar），尺桡骨双骨折占全部骨折的 10%～14%。

（一）损伤原因和机制

1. 尺桡骨双骨折 直接和间接暴力均可以导致尺桡骨双骨折。直接暴力以横形、粉碎性骨折或多段骨折居多，常合并较重的软组织损伤；间接暴力多为跌倒时手掌着地，暴力沿桡骨纵轴向上传导，在桡骨中、上段发生横断或锯齿状骨折后，残余暴力通过向下斜行的骨间膜纤维牵拉尺骨，可造成尺骨斜形骨折；扭转暴力多为前臂被旋转机器绞伤或跌倒时手掌着地，在遭受纵向传导暴力的同时，前臂又受到扭转外力，造成两骨的螺旋形骨折或斜形骨折，其骨折线方向一致。

2. 桡骨骨折　直接暴力、间接暴力均可引起桡骨骨折，特别是桡骨远端骨折 3cm 以内是骨松质与骨密质交界处易发生骨折。

（1）伸直型骨折（Colles 骨折）：常见于跌倒手掌着地，肘部伸展，前臂旋前，腕关节背伸所致。

（2）屈曲型骨折（Smith 骨折）：多为跌倒腕背着地，腕关节急骤掌屈所致，亦可发生在跌倒时手掌伸展，旋后位着地而造成；也可由腕背部受直接暴力打击造成。

（3）桡骨远端关节面骨折伴腕关节脱位（Barton 骨折）：在腕背伸，前臂旋前位跌倒手掌着地时，暴力通过腕骨撞击桡骨关节背侧发生骨折，腕关节也随之向背侧移位。

（4）桡骨中下 1/3 骨折合并下尺桡关节脱位（Galeazzi 骨折）：由于有尺骨的支撑，桡骨骨折的短缩、移位不易发生，但旋转外力常导致下尺桡关节脱位。

3. 尺骨骨折　多系直接打击所致，骨折线常为横形、蝶形或粉碎性，如尺骨上 1/3 骨折合并桡骨头脱位则称为孟氏骨折（Monteggia 骨折）。

（二）临床表现

局部疼痛、肿胀、畸形、前臂活动障碍；儿童青枝骨折有时仅有成角畸形；Colles 骨折正面观呈"枪刺样"畸形，侧面观呈"银叉"畸形；Smith 骨折的远端向掌侧及尺侧移位，近端向背侧移位；Barton 骨折的畸形与 Colles 骨折相似，远端骨折块呈楔形，连同腕关节一起向背侧、近侧移位。

（三）法医学鉴定

1. 损伤认定　根据外伤史、临床表现和影像学检查所见认定。影像学检查可明确尺桡骨骨折部位、类型和程度以及是否伴关节脱位等。

2. 损伤转归　尺桡骨骨折常见并发症和后遗症有前臂筋膜间隔区综合征、骨折不愈合或畸形愈合、前臂旋转功能受限等。当尺骨骨折成角畸形大于 10°，旋转畸形大于 10°，会严重影响其旋转功能。

3. 损伤程度与伤残等级　根据《人体损伤程度鉴定标准》、《道路交通事故受伤人员伤残评定》（GB 18667-2002）、《劳动能力 职工工伤与职业病致残等级》（GB/T 16180-2014）等标准有关四肢长骨骨折的规定进行评定。

五、手骨骨折

手骨包括腕骨、掌骨、指骨。通常腕骨 8 块，掌骨 5 块，指骨 14 块。手骨骨折（fractured hand bone）分腕骨骨折、掌骨骨折和指骨骨折，其中手骨骨折约占上肢骨折的 40%，舟骨骨折占腕骨骨折的 60%～70%。舟骨如扭曲的花生，形态不规整，远、近端膨大，中间狭窄，称为舟骨腰部，是骨折好发的部位。

（一）损伤原因和机制

1. 腕骨骨折　最常见的是舟骨骨折和月骨骨折。舟骨骨折（scaphoid fracture）多为腕背伸、桡偏及旋前暴力轴向作用所致，常伴侧方及背向成角移位。月骨骨折（lunate fracture）为腕过伸时轴向暴力作用所致，也可为反复长期轻微外力作用所致。舟骨与月骨骨折如损伤其滋养血管，容易发生骨折不愈合或近端缺血性坏死。

2. 掌骨骨折　多由直接暴力，如打击或挤压伤所造成，可以为单一或多个掌骨骨折，骨折类型以横断和粉碎者多见；扭转和间接暴力可造成斜形或螺旋形骨折。第五掌骨颈骨折常见于拳击运动员，又称拳击骨折。

3. 指骨骨折　多为直接暴力所致。由于骨折的部位不同，受到来自不同方向的肌腱的牵拉作用，产生不同方向的移位。

近节指骨基底部关节内骨折可分为压缩骨折和纵形劈裂骨折。远节指骨骨折多为粉碎性骨折，常无明显移位。而远节指骨基底部背侧的撕脱骨折，通常形成锤状指畸形。

（二）临床表现

局部疼痛、肿胀、畸形、功能障碍等。

（三）法医学鉴定

1. 损伤认定　根据外伤史，临床表现以及影像学检查等认定。部分手骨骨折伤后骨折线不明显，待2周后骨折边缘骨质吸收，则骨折线会明显。对于骨折影像不典型的可进行CT检查。

2. 损伤程度与伤残等级　《人体损伤程度鉴定标准》规定，腕骨、掌骨或者指骨骨折为轻微伤；两节指骨线性骨折或者一节指骨粉碎性骨折（不含第2至5指末节）以及舟骨骨折、月骨脱位或者掌骨完全性骨折为轻伤二级。

手骨骨折遗留手功能障碍的损伤程度与伤残等级鉴定见第六节手功能障碍有关内容。

六、股骨骨折

股骨是人体最粗壮的管状骨，具有站立和行走的功能。股骨上端为股骨头，与髋臼组成髋关节，股骨头的外下方较细的部分为股骨颈，股骨颈与股骨干交界处即股骨转子间。股骨干与股骨颈轴线相交构成颈干角，颈干角的大小代表髋关节位置，若颈干角>140°，表示髋外翻，若颈干角<110°，表示髋内翻。

常见的股骨骨折（femoral fracture）有股骨颈骨折、股骨粗隆间骨折、股骨干骨折、股骨髁骨折，其中股骨颈骨折占全身骨折3.5%，股骨远端骨折占全身骨折1.2%。

（一）损伤原因和机制

1. 股骨颈骨折　常见老年人，多在骨质疏松基础上受外力作用导致。

股骨颈骨折发生的原因与机制主要有：①跌倒时外力直接作用于大转子外侧，骨折呈外展嵌插；②在外旋时受到突然外力作用，此时股骨头相对固定于髋臼，下肢相对于躯体外旋，颈的后方与髋臼边缘相撞击；③因骨质疏松，股骨头下已存在小梁的微小骨折，当积累到一定程度，受到稍大外力即造成完全性骨折。

青壮年股骨颈骨质坚韧，造成骨折多为强大暴力，如交通事故、高坠等，其机制是暴力沿股骨干长轴传导至股骨颈时，因颈干角与前倾角使轴向力转换为剪切力，进而导致股骨颈骨折。若髋关节处于外展位，股骨头完全包容在髋臼内，形成单纯股骨颈骨折；若受伤时关节处于内收位，则会导致股骨颈骨折并股骨头脱位。

股骨颈骨折如损伤到股骨头圆韧带内的小凹动脉、股骨干滋养动脉升支、旋股内、外侧动脉分支可发生股骨头坏死。

2. 股骨转子间（粗隆间）骨折　股骨转子间（粗隆间）骨折是指股骨颈基底至小转子水平以上部位的骨折。直接暴力作用于大转子部位，如跌倒时身体侧方倒地，或高能量损伤时直接作用髋部均可以导致股骨转子间（粗隆间）骨折。间接暴力，如跌倒时身体发生扭转，髋部同时受到内翻和向前成角的应力作用，也会导致以小转子为支点的骨折。

3. 股骨干骨折　直接暴力和间接暴力均可引起，但多为较强大的暴力所造成。骨折的类型由暴力的性质和作用方向决定，当与骨干长轴垂直的直接暴力可致横形或短斜形的骨折，同时还会引起髋、膝关节的损伤。

4. 股骨髁上骨折　大多为高速外力或高坠所致。老年人干骺端骨质疏松，屈膝位跌倒即可造成髁上的嵌入骨折，四头肌、腘绳肌及腓肠肌可牵拉远端骨折块短缩并向后移位和成角，内收肌使之内翻内旋；若为强大的暴力，骨折线可波及髁部或延伸到股骨髁关节面，形成"T"形或"Y"形的髁间骨折。

（二）临床表现

局部疼痛、肿胀、肢体短缩、畸形，不能站立和行走等。

（三）法医学鉴定

1. 损伤认定　根据外伤史、临床表现和影像学检查确认。影像学检查可以明确股骨骨折部位、类型和程度等。

股骨颈的外展嵌插骨折,由于有时局部疼痛、症状和体征等可不明显,因此当X线检查显示不清或骨折线隐匿时,应行CT或MRI检查。

2. 损伤程度与伤残等级 《人体损伤程度鉴定标准》规定,股骨一处骨折为轻伤二级;股骨粉碎性骨折、两处以上骨折、骨折累及关节面或股骨颈骨折已行假体置换的为轻伤一级;股骨干骨折缩短5.0cm以上、成角畸形30°以上或者严重旋转畸形或股骨颈骨折或者髋关节脱位致股骨头坏死的为重伤二级。

《道路交通事故受伤人员伤残评定》(GB 18667-2002)规定,四肢长骨一骺板以上线性骨折为X级伤残,四肢长骨一骺板以上粉碎性骨折为IX级伤残。由于成年人四肢长骨骺板已闭合,因此这里的骺板骨折是指未成年人的骺板骨折。

《劳动能力鉴定 职工工伤与职业病致残等级》(GB/T 16180-2014)规定,身体各部位骨折愈合后无功能障碍或轻度功能障碍为十级伤残;四肢长管状骨骨折内固定或外固定支架术后为九级伤残。

对于股骨骨折愈合后遗留肢体功能障碍和肢体不等长的,依照有关规定进行评定。

七、胫腓骨骨折

胫腓骨主要功能是承重和行走,在人类主要由胫骨完成。胫骨中、下1/3交界处,为胫骨由三角形向四边形移行的部位,是骨折好发部位。另外,胫骨两端的干骺端以松质骨为主,抗压能力弱。

胫腓骨处于人体的低位,易遭受损伤,其骨折发生率占全身骨折的12%。此外,由于胫骨表面软组织覆盖少,在暴力作用下还容易形成开放性胫腓骨骨折(fracture of tibia and fibula)。

(一)损伤原因和机制

1. 胫骨平台骨折 可由直接或间接暴力引起,多为关节内骨折并且累及膝关节面。高处坠落时,足先着地,力由足沿胫骨向上传导,坠落的加速度使体重的力向下传导,共同作用于膝部致胫骨平台骨折。若股骨髁垂直冲击胫骨平台,则导致双侧胫骨平台骨折;若向侧方倒下,所产生的扭转力会导致胫骨内侧或外侧胫骨平台呈塌陷型骨折;当暴力直接打击膝内侧或外侧时,膝关节外翻或内翻也会导致胫骨外侧或内侧平台骨折及韧带损伤。因胫骨外侧平台不如内侧平台皮质骨坚强,且损伤时多为膝外翻位,因此胫骨外侧平台骨折多见。

2. 胫腓骨干骨折 暴力多来自小腿前外侧,骨折向内成角,足的重量可使骨折远端外旋或肌肉收缩致骨折重叠移位。暴力大时可致胫腓骨双骨折,并且软组织损伤严重。

3. 胫腓骨远端(踝部)骨折 多由间接暴力引起,因暴力的大小、方向,足踝所处的具体姿势不一,可发生不同类型的骨折。

Ⅰ型(内翻内收型):当踝关节在极度内翻位时,暴力通过外侧副韧带传导至外踝,引起胫腓骨下韧带平面以下的外踝骨折。若暴力作用强大继续传导至距骨,并撞击内踝,致内踝斜形骨折。

Ⅱ型:①外翻外展型:踝关节在极度外翻位时,暴力经内侧副韧带传导至内踝,引起内踝骨折;若暴力作用继续传导致距骨极度外翻,撞击外踝和后踝,使外踝发生由下而斜向上外的斜形骨折,同时伴后踝骨折;②内翻外旋型:暴力作用于外踝,首先导致外踝粉碎性骨折和后踝骨折。若暴力继续传导使踝关节外旋,内踝副韧带牵拉内踝会导致内踝撕脱性骨折。

Ⅲ型(外翻外旋型):踝关节遭受外翻暴力时,使内侧副韧带紧张,导致内踝撕脱骨折。若暴力继续作用,使距骨撞击外踝,导致胫腓骨下韧带断裂,胫腓下关节分离。若暴力继续作用,经胫腓骨间膜传导,可引起胫腓下韧带平面以上的腓骨斜形或粉碎形骨折。

(二)临床表现

局部肿胀、疼痛、畸形、功能障碍。儿童青枝骨折及成年人单纯腓骨骨折有时仍可负重行走。

(三)法医学鉴定

1. 损伤认定 根据外伤史、临床表现和影像学检查认定。通过影像学检查可以明确骨折部位、类型、程度等。

2. 损伤转归　胫腓骨骨折的并发症和后遗症主要有：①胫骨的滋养动脉从胫骨干上、中 1/3 交界处穿入骨内，当胫骨上 1/3 段骨折损伤血管时可引起肢体严重血液循环障碍；②胫骨、腓骨与小腿深筋膜和胫腓骨间膜共同形成 4 个骨筋膜间室，胫骨中 1/3 段骨折后，血管出血、肌肉挫伤、局部肿胀均可导致骨筋膜室内压力增高，发生骨筋膜室综合征；③胫骨中下段血供主要来自滋养动脉、骨膜血管及下干骺动脉，由于血供较差且无肌肉包绕，胫骨下 1/3 段骨折易发生骨折延迟愈合或骨折不愈合。

3. 损伤程度与伤残等级　根据《人体损伤程度鉴定标准》《道路交通事故受伤人员伤残评定》（GB 18667-2002）、《劳动能力鉴定　职工工伤与职业病致残等级》（GB/T 16180-2014）等标准有关四肢长骨骨折的规定进行评定。

八、足部骨折

足按功能分为前足、中足和后足。前足由 5 块距骨和 14 块趾骨组成，中足由 5 块跗骨组成，即 3 块楔骨、舟骨和骰骨，后足由跟骨和距骨组成。足有 3 个弓形结构分别为内侧弓、外侧弓和横弓：①内侧弓：与足的纵轴平行，由跟骨、距骨、舟骨及第 1~3 楔状骨构成，距骨头为弓顶。其周围支持结构包括跟舟韧带、胫后肌、趾长屈肌、踇长屈肌、踇外展肌；②外侧弓：为纵行排列，由跟骨、骰骨、第 4~5 趾骨构成；③横弓：由 3 个楔状骨、骰骨、趾骨基底组成。

（一）损伤原因和机制

1. 距骨骨折（fracture of astragalus）　距骨居于胫腓骨与跟、舟骨之间，是足部主要负重骨之一，对踝关节的活动具有非常重要的作用。距骨六个面大部分为软骨覆盖，仅小部分覆以骨膜，借以维持血供，故距骨骨折后，不易愈合，可形成骨坏死。

（1）距骨颈部及体部骨折：多由高处坠地，足跟着地，暴力沿胫骨向下，反作用力从足跟向上，足前部强力背屈，使胫骨下端前缘插入距骨的颈、体之间，造成距骨体或距骨颈骨折；如足强力内翻或外翻，可使距骨发生骨折并脱位。

（2）距骨后突骨折：足在跖屈位时被胫骨后缘或跟骨结节上缘冲击所致。

2. 跟骨骨折（fracture of calcaneus）　跟骨是人体最大的跗骨，构成足纵弓后侧部并支撑体重，为小腿肌肉的杠杆支点。跟骨骨折的机制主要有：①足踝部在跖屈位时受暴力突然背伸或躯体突然前倾，跟腱牵拉附着的跟骨结节致跟骨撕脱骨折；②当高坠时，足跟着地时形成压缩力，可引起跟骨结节纵行骨折、跟骨体部的骨折或关节面的塌陷；③当高坠时，足呈不同程度的内翻或外翻位，使跟骨受剪切暴力的作用。

3. 跖骨骨折（metatarsal fracture）　跖骨的横形骨折和粉碎性骨折多见于直接暴力；间接暴力可致跖骨干螺旋形骨折，常发生在第 2~4 跖骨；腓骨短肌强烈收缩可导致第 5 跖骨基底撕脱骨折；长期慢性损伤，如行军等可致第 2 或第 3 跖骨干疲劳骨折。

4. 趾骨骨折（phalangeal fracture）　多为直接暴力所致，如重物坠落直接打击足趾或走路时踢及硬物等，前者多为粉碎性骨折，后者多为近节趾骨横形或斜形骨折，常合并趾甲损伤。

（二）临床表现

局部肿胀、疼痛、畸形、功能障碍等。

（三）法医学鉴定

1. 损伤认定　根据外伤史、临床表现和影像学检查结果认定。X 线和 CT 检查可明确骨折部位、类型和程度。法医学鉴定时应注意足趾及关节活动与足弓状况。

跟骨骨折在影像学上主要表现为足跟增宽和足弓塌陷等。在 X 线侧位片上，跟骨结节上缘（跟骨结节与跟骨后关节突的连线）与跟距关节面（跟骨前后关节突连线）形成的夹角，称为跟骨结节关节角（Bohler 角），正常为 25°~40°。跟骨骨折后，如此角减小、消失或成负角，说明足弓塌陷，足底三点负重关系发生改变会导致足的负重与运动等功能障碍。

2.损伤程度与伤残等级　《人体损伤程度鉴定标准》规定,距骨、跟骨、骰骨、楔骨或者足舟骨骨折,两距骨骨折或者一距骨完全骨折,两节趾骨骨折,一节趾骨骨折合并一距骨骨折为轻伤二级。

《道路交通事故受伤人员伤残评定》(GB 18667-2002)规定,一足足弓结构破坏 1/3 以上为 X 级伤残;一足足弓结构完全破坏为Ⅸ级伤残;一足足弓结构完全破坏,另一足足弓结构破坏 1/3 以上为Ⅷ级伤残;双足足弓结构完全破坏为Ⅶ级伤残。

足弓结构完全破坏是指足的内、外侧纵弓和横弓结构完全破坏,包括缺失和丧失功能,足弓 1/3结构破坏或 2/3 结构破坏是指足三弓的任一或二弓的结构破坏。

《劳动能力鉴定　职工工伤与职业病致残等级》(GB/T 16180-2014)规定,跟骨、距骨骨折内固定术后或距骨或跗骨骨折影响足弓者为九级伤残。

九、骨骺损伤

骨骺为长骨两端膨大部分,骺板位于骨骺与干骺端之间,为一种薄板波浪状的软骨组织,是骨骼生长发育部位。骺板发育成熟后软骨增殖与成骨活动相继结束,骺板完全骨化,骨骺与干骺端融合。

骨骺损伤为干、骺愈合之前骨骺部发生的损伤,也称骺板骨折(epiphyseal plate fracture),占儿童长骨骨折的 6%~15%。骨骺损伤可以是单独骺软骨损伤,也可为骺软骨和干骺端、骨骺骨骨化中心同时损伤。骨骺和骺板皆为未成熟骨骼的生长结构,骨骺损伤可引起肢体的生长障碍,导致肢体短缩或关节畸形。

(一)损伤原因和机制

儿童骺板的强度远不及关节囊和韧带,当暴力尚不足以引起韧带及关节囊损伤之前,就可以超过骺板所能承受的限度导致骨骺分离或骨折。

骺板损伤可以导致骨骼生长发育障碍,影响骨骼生长发育障碍的主要原因:①严重损伤使骺板组织结构破坏或供血障碍而致骺板失去生机,提早闭合;②血肿滞留或骨折错位愈合,局部形成骨桥而致部分骺板生长停滞。

(二)临床表现

局部肿胀、疼痛特别是骨骺部位的压痛、有时可触及骨折块。

(三)法医学鉴定

1.损伤认定　根据外伤史,伤后临床表现和影像学检查结果认定。

(1)X线:不能直接显示骨骺板的骨折线,但可以通过骨骺和干骺端的对合关系等间接判断,如果骨折无移位且二次骨化中心未骨化之前通过单纯 X 线检查则难以确定。多数骨骺损伤 X 线平片表现为骨骺的移位、骺板增宽及临时钙化带变模糊或消失;

(2)CT:薄层扫描以及 3D 重建,可以清晰地显示骺板及邻近空间关系。

(3)MRI:可显示软组织、软骨和骨组织,准确判断骨骺软骨的损伤以及骺板的纤维桥和骨桥。T_2WI 显示骺板较好,骺板表现为高信号,与周围低信号的骨形成明显的对比。当骺板急性断裂表现为局灶线性低信号影。干骺端及二次骨化中心骨折 T_1WI 上为线形低信号影,T_2WI 上为高信号影。

2.损伤程度与伤残等级　《人体损伤程度鉴定标准》规定,骨骺分离为轻伤二级;骺板断裂为轻伤一级。

《道路交通事故受伤人员伤残评定》(GB 18667-2002)规定,四肢长骨一骺板以上线性骨折为 X 级伤残,粉碎性骨折为Ⅸ级伤残。

《劳动能力鉴定　职工工伤与职业病致残等级》(GB/T 16180-2014)规定,身体各部位骨折愈合后无功能障碍或轻度功能障碍为十级伤残;四肢长管状骨骨折内固定或外固定支架术后为九级伤残。

对于骺板损伤导致骺板发育障碍、肢体短缩畸形的损伤程度和伤残等级,依据有关标准的相关条款进行评定。

第五节 关 节 损 伤

关节由覆盖关节骨端软骨、滑膜滑液、纤维囊、关节内外韧带、关节内软骨盘等组成,分为关节囊、关节面和关节腔等。关节正常活动除上述关节结构正常外,还需要支配关节运动的肌肉、肌腱及其神经功能的正常。

关节损伤(joint injury)是指关节受外力作用所导致的关节组织结构破坏和功能障碍。

一、损伤类型

1. 关节挫伤(joint contusions) 暴力直接作用于关节致使关节相关组织结构渗出、水肿、出血等,如滑膜水肿、关节内出血等。

2. 关节扭伤(sprain of the joint) 暴力间接作用于关节导致的关节软组织损伤,如韧带断裂、关节内出血等。

3. 关节脱位(joint dislocation) 直接暴力或间接暴力作用于关节,使关节面在空间位置关系发生改变并不能回复到正常体位的状态,即为脱位。关节完全脱位表现为关节组成诸骨的关节面对应关系完全脱离或分离,半脱位为关节间隙失去正常均匀的弧度,呈分离移位,宽窄不均。

由于关节的稳定是由骨骼、关节囊、韧带和肌肉共同维持,一旦发生脱位,必有关节软组织的损伤。

4. 关节软骨损伤(arthrodial cartilage injury) 直接暴力或间接暴力作用于关节,致使关节面的软骨损伤,关节软骨损伤常合并其他组织结构的损伤。

5. 关节内骨折(intra-articular fracture) 直接或间接暴力作用于关节所导致的关节囊内骨折,即关节内骨折,关节内骨折可波及关节面和关节软骨。

6. 关节骨折合并脱位(fracture-dislocation of joint) 关节内骨折同时合并关节脱位,称为关节骨折合并脱位。常见的有肘关节内侧髁或外侧髁骨折合并后脱位、肱骨大结节骨折合并肩关节脱位、髋臼骨折合并髋关节脱位等。

二、肩锁关节脱位

肩锁关节由肩峰内侧面与锁骨肩峰端构成,关节内为棱柱状纤维软骨盘。肩锁关节由关节囊与肩锁韧带、喙锁韧带、三角肌及斜方肌腱附着维持关节稳定,肩锁韧带维持肩锁关节的水平稳定,喙锁韧带则担负垂直稳定。肩锁关节在上肢与中轴骨的连接起着重要的悬吊作用。

肩锁关节损伤分为软组织损伤、肩锁关节脱位和肩锁关节骨折等,肩锁关节脱位是最常见的损伤之一。

(一)损伤原因和机制

肩锁关节脱位(dislocation of acromioclavicular joint)多系暴力自上而下直接作用于肩峰所致,如坠落物直接砸在肩峰处或者上肢内收位状态下肩部外侧着地摔倒,外力将肩峰推向内下方,造成维持肩锁关节稳定的关节囊、相关韧带肌肉附着点损伤;间接暴力多为外力传导至肱骨头及肩峰,使肩胛骨向上移位,造成肩锁关节囊和韧带的损伤或引起肩峰骨折及肩关节脱位;向下牵拉上肢的外力间接作用于肩锁关节,也可造成肩锁关节损伤。

(二)临床表现

局部肿胀,肩锁关节处疼痛、肩关节活动受限,有时可见畸形。

(三)法医学鉴定

1. 损伤认定 根据外伤史、临床表现和影像学检查结果认定。X线可见肩锁关节间隙增大,锁骨远端移位以及骨折等。MRI可显示软组织损伤的情况。

2．损伤转归　肩锁关节脱位的后遗症包括永久肩锁关节脱位或半脱位、关节僵硬、肩锁关节周围骨化等。

3．损伤程度与伤残等级　《人体损伤程度鉴定标准》规定，肩锁关节脱位为轻伤二级。对于肩锁关节脱位后遗留肩关节功能障碍的损伤程度与伤残等级评定，需要根据病情稳定或治疗终止后的功能障碍程度依照相关标准与规定进行评定。

三、肩关节脱位

肩关节由肱骨、肩胛骨和锁骨及其附属结构组成，是人体活动范围最大的关节，可作屈伸、收展与旋转、回旋等运动。在肩关节损伤中盂肱关节脱位，占关节脱位的95%～96%，创伤性肩关节脱位占全身关节脱位的40%。

肩关节脱位（glenohumeral joint dislocation）按肱骨头的位置分为前脱位、后脱位、下脱位和上脱位。

（一）损伤原因和机制

肩关节属于相对不稳定的关节，关节盂仅能包绕肱骨头的1/3，其关节囊薄且松弛，特别是肩关节囊的前下方组织薄弱，当上肢处于外展位遭受外旋暴力作用时，肱骨头可突破关节囊前下方的薄弱区，移至肩胛颈的前方，发生肩关节前脱位。由于肩关节的前、后部均有肌肉、肌腱与关节囊纤维层毗邻，关节上方有肩峰、喙突及连于其间的喙肩韧带，因此肱骨头向前、向后和向上脱位比较少见。后脱位只有在肱骨处于内收、内旋位时遭受由下向上的轴向外力作用时才可发生盂肱关节后脱位。

（二）临床表现

肩部疼痛、肿胀、肩关节活动受限，呈"方肩"畸形。前脱位肩峰下空虚，可在腋窝部位、喙突下或锁骨下触及脱位的肱骨头。肱骨长轴相对健侧位置偏内，肱骨头相对固定于脱位处，称弹性固定。当伤肢手掌放在对侧肩上，伤肢肘关节不能贴近胸壁或伤肢先贴近胸壁，伤侧手掌侧不能触及对侧肩，即Dugas征（搭肩试验阳性）；后脱位临床症状不如前脱位明显，伤侧肩关节的前部变平，后部饱满、膨隆，喙突显得突出。在肩胛下部有时可以摸到突出的肱骨头。

（三）法医学鉴定

1．损伤认定　根据外伤史、临床表现和影像学检查结果认定。X线检查可见关节囊空虚，肱骨头脱离关节盂。CT能清晰显示盂肱关节横断面的解剖关系，包括脱位方向、程度以及是否合并骨折等。此外，肩关节脱位常伴有肱骨大结节撕脱骨折或肩袖损伤。

2．损伤程度与伤残程度　《人体损伤程度鉴定标准》规定，四肢任一大关节功能丧失10%以上、损伤致肢体大关节脱位为轻伤二级；四肢任一大关节功能丧失25%以上为轻伤一级；四肢任一大关节强直畸形或者功能丧失50%以上为重伤二级。

对于肩关节脱位后遗留肩关节功能障碍的损伤程度与伤残等级评定，需要根据病情稳定或治疗终止后的功能障碍程度依照有关标准和相关条款进行评定。

《道路交通事故受伤人员伤残评定》（GB 18667-2002）规定，一肢功能丧失10%以上为X级伤残；一肢丧失功能25%以上为Ⅸ级伤残；一肢丧失功能50%以上为Ⅷ级伤残；一肢丧失功能75%以上为Ⅶ级伤残；一肢完全丧失功能为Ⅴ级伤残。

《劳动能力鉴定　职工工伤与职业病致残等级》（GB/T 16180-2014）规定，肩关节损伤后遗留关节重度功能障碍为七级伤残；肩关节功能完全丧失为五级伤残。

四、肘关节脱位

肘关节由肱尺关节、肱桡关节和上尺桡关节组成并处于一个关节囊内。肱骨下端、尺骨鹰嘴窝和桡骨头构成肱尺关节、肱桡关节，尺骨鹰嘴和桡骨头构成上尺桡关节。肘关节连接上臂和前臂，具备旋前、旋后、屈伸功能。因生活和工作中的大部分动作如洗脸、梳头、进食、写字、系组扣等均需屈肘活动方能完成,因此屈肘较伸肘重要。此外,前臂的旋转活动对手功能的发挥也极为重要,只有内、外旋转各约45°活动范围才能满足手功能的需要。

肘关节脱位(elbow dislocation)约占全部关节脱位20%,仅次肩关节脱位。按脱位方向分为后脱位、前脱位、内侧脱位、外侧脱位及复合脱位,如后外侧脱位。

(一)损伤原因和机制

肘关节后部关节囊及韧带较薄弱,易发生后脱位。肘关节半伸直位跌倒手掌着地时,暴力沿尺桡骨向近端传导会导致后方关节囊撕裂,尺桡骨向后方脱出;当肘关节处在内翻或外翻位遭受暴力时,肘关节的侧副韧带和关节囊撕裂,可发生内侧或外侧侧方脱位;单纯肘关节前脱位非常少见,当跌伤后处于屈肘位,暴力直接作用于前臂后方可致肘关节前脱位,但常合并尺骨鹰嘴骨折。如跌倒后手掌撑地,前臂固定,身体沿上肢纵轴旋转,外力先造成肘侧方脱位,随着外力继续作用则可导致尺桡骨完全移位至肘前方。

(二)临床表现

局部疼痛、肿胀、肘关节呈半屈曲状,活动受限。前臂外观变短,尺骨鹰嘴后突,肘后空虚,关节弹性固定,肘后三角关系改变。侧方脱位可合并神经损伤。

(三)法医学鉴定

1. 损伤认定　根据外伤史、临床表现和影像学检查结果认定。肘部影像学检查可以明确肘关节是否脱位以及骨折情况。

2. 损伤转归　肘关节脱位后常见的并发症和后遗症有骨折、关节囊及韧带损伤、骨化性肌炎、异位骨化、关节僵硬、创伤性关节炎、骨筋膜室综合征、前臂缺血性肌挛缩、肘内翻畸形等。

3. 损伤程度与伤残等级　对于肘关节损伤以及损伤后遗留功能障碍的损伤程度与伤残等级依据《人体损伤程度鉴定标准》《道路交通事故受伤人员伤残评定》(GB 18667-2002)、《劳动能力鉴定 职工工伤与职业病致残等级》(GB/T 16180-2014)等标准有关四肢大关节损伤的有关规定进行评定。

五、腕关节脱位

腕关节为复合关节,由8块腕骨、第1~5掌骨基底、桡尺骨远端组成,包括腕掌关节、腕中关节、桡尺腕关节、桡尺远侧关节以及腕骨间关节。腕关节以桡腕关节为主,具有传导应力及屈伸、偏斜、旋转、回旋等运动功能,其中腕关节的掌屈与背伸是最重要功能。腕关节的2/3屈曲活动由桡腕关节完成,其余1/3由腕骨间关节完成,尺偏则由桡尺腕关节及腕骨关节共同完成。腕关节脱位(wrist joint dislocation)主要是指桡腕关节脱位和月骨周围脱位。

(一)损伤原因和机制

桡腕关节脱位和月骨周围脱位多由直接暴力引起,常合并其他部位的骨折或脱位。根据桡腕掌侧韧带或背侧韧带是否损伤,分为掌侧桡腕关节脱位或背侧桡腕关节脱位。

月骨周围脱位多为背侧脱位,即月骨周围的腕骨相对于桡骨远端向背侧或掌侧移位,舟月骨分离后背伸,常伴有其他腕骨或桡、尺骨远端骨折。

(二)临床表现

腕部肿胀、疼痛、活动受限、畸形,可伴有正中神经或尺神经损伤。

桡腕关节脱位影像学检查可见腕关节结构紊乱,相对于桡骨,近排腕骨以远的腕骨向背侧或掌侧移位。

月骨周围脱位影像学检查可见腕中关节间隙消失,头状骨与月骨、桡骨与舟骨影像重叠区加大,舟月骨间关节间隙变宽。

月骨掌侧脱位可见月骨轮廓由梯形变为三角形,周围关节间隙宽窄不等或完全脱向掌侧。

(三)法医学鉴定

1. 损伤认定　根据外伤史、临床表现与影像学检查结果认定。

2. 损伤程度与伤残等级　《人体损伤程度鉴定标准》规定，腕关节脱位、月骨脱位为轻伤二级。

对于腕关节损伤遗留腕关节功能障碍的损伤程度与伤残等级，根据病情稳定后或治疗终止后的功能障碍程度，依据《人体损伤程度鉴定标准》《道路交通事故受伤人员伤残评定》(GB 18667-2002)、《劳动能力鉴定　职工工伤与职业病致残等级》(GB/T 16180-2014)等标准有关四肢大关节损伤的有关规定进行评定。

六、髋关节脱位

髋关节为杵臼关节，由髋臼和股骨头组成，具有屈曲、外展及外旋等功能。

根据暴力的大小和方向，髋关节脱位(dislocation of hip joint)分为髋关节前脱位、后脱位和中心脱位，其中后脱位占全髋关节脱位的85%～90%。

（一）损伤原因和机制

股骨头大部分被骨性髋臼覆盖，髋臼周围又附有韧带与肌群加强，仅有强大的暴力才会导致髋关节脱位。

当髋、膝关节均处于屈曲位时，纵向暴力沿股骨向近侧传导至髋关节，如机动车突然刹车时，膝关节撞在仪表板上，可使股骨头从髋关节囊后下部薄弱区脱出；若髋关节处于内收位，可发生单纯髋关节后脱位；若髋关节处于中立位或外展位，则发生合并股骨头或髋臼骨折的后脱位；若股骨外展外旋位，髋后部受到直接暴力，会导致髋关节前脱位。

髋关节中心脱位主要为强大暴力造成的髋臼骨折所致，若下肢处于轻度内收位，则股骨头向后方移动，造成髋臼后部骨折；若下肢处于轻度外展外旋位，则股骨头向上方移动，造成髋臼粉碎性骨折。

（二）临床表现

局部疼痛、肿胀、髋关节功能障碍。髋关节后脱位髋关节呈屈曲、内收、内旋畸形，伤肢较健侧短缩，大转子上移，在臀部可摸到脱位之股骨头；髋关节前脱位髋关节呈外展、外旋、屈曲畸形，伤肢较健侧增长，在腹股沟处可以摸到脱位之股骨头。

（三）法医学鉴定

1. 损伤认定　根据外伤史、临床表现和影像学检查结果认定。髋关节脱位常合并髋臼或股骨头软骨损伤。影像学检查可以显示脱位的类型、程度以及是否合并骨折等。

2. 损伤转归　髋关节脱位的并发症和后遗症主要有股骨头缺血性坏死、创伤性关节炎、坐骨神经损伤等。

3. 损伤程度与伤残等级　《人体损伤程度鉴定标准》规定，髋关节脱位为轻伤二级；对于合并其他损伤或遗留髋关节功能障碍的，依照上述标准相关条款进行评定。

《道路交通事故受伤人员伤残评定》(GB 18667-2002)规定，一肢功能丧失10%以上为Ⅹ级伤残；一肢丧失功能25%以上为Ⅸ级伤残；一肢丧失功能50%以上为Ⅷ级伤残；一肢丧失功能75%以上为Ⅶ级伤残；一肢完全丧失功能为Ⅴ级伤残。

《劳动能力鉴定　职工工伤与职业病致残等级》(GB/T 16180-2014)规定，四肢大关节肌腱及韧带撕裂伤术后遗留轻度功能障碍为十级伤残；四肢大关节之一关节内骨折导致创伤性关节炎，遗留轻度功能障碍为八级伤残；四肢大关节之一关节内骨折导致创伤性关节炎，遗留中重度功能障碍或四肢大关节之一人工关节术后，基本能生活自理为七级伤残；一髋关节功能重度障碍为六级伤残；一髋功能完全丧失或四肢大关节之一人工关节术后遗留重度功能障碍为五级伤残；一侧髋、膝关节畸形，功能完全丧失；双髋、双膝关节中，有一个关节缺失或功能完全丧失及另一关节重度功能障碍为三级伤残。

七、膝关节损伤

膝关节由内、外侧胫股关节和髌股关节组成，内、外侧胫股关节由股骨内外侧髁、胫骨内外侧髁构成,髌股关节有髌骨和股骨滑车构成。膝关节内的交叉韧带和半月板等具有增加膝关节稳定性的作用。半月板为纤维软骨,富有弹性,具有吸收冲击和振荡的功能。

膝关节损伤(knee injury)包括膝关节脱位(knee dislocation)、半月板损伤(meniscus injury)和韧带损伤等。

(一)损伤原因和机制

1. 膝关节脱位 分前脱位、后脱位、内外侧脱位和旋转脱位,后脱位占所有脱位的50%~75%。膝关节前脱位最常见于向后的暴力作用于大腿前面;后脱位典型的损伤方式是屈曲的膝关节遭受作用于胫骨前面的向后暴力而造成;当胫骨固定,大腿受外翻应力作用可导致外侧脱位,大腿受内翻应力作用,可导致内侧脱位;旋转脱位可发生于膝关节的任何象限,其中后外侧最常见。

2. 半月板撕裂 多见于剧烈运动的青壮年,也见于中老年人。其损伤机制为膝关节半屈、内收或外展情况下受重力挤压和旋转力作用,半月板被挤于股骨髁和胫骨平台之间,承受垂直压力的同时,又遭受牵拉力或剪切力作用,进而造成半月板的撕裂。

青年人半月板较厚,弹性好,半月板撕裂多呈纵形;老年人的半月板因退行性变而变薄,弹性差,多为水平撕裂。

3. 膝关节韧带损伤 膝关节的关节囊松弛薄弱,关节的稳定性主要依靠韧带和肌肉,其中以内侧副韧带最为重要,其次为外侧副韧带及前、后交叉韧带。

膝关节韧带损伤的机制主要是膝关节活动范围或强度过大,超过膝关节韧带负荷的范围和强度。

(二)临床表现

1. 膝关节脱位 肿胀、疼痛、畸形、关节功能障碍。

2. 半月板损伤 膝关节疼痛、肿胀,可有膝关节交锁、弹响、打软腿等;膝关节间隙压痛,半月板旋转挤压试验(Mc Murray征)阳性。

急性期过后转入慢性阶段,此时肿胀已不明显,关节功能亦已恢复,偶尔也可以频繁发生关节交锁。

3. 膝关节韧带损伤 膝关节肿胀、疼痛,软弱无力,强迫体位,浮髌试验常阳性,有明确压痛点;韧带完全断裂时,可触及断裂凹陷,膝关节不稳定。

(三)法医学鉴定

1. 损伤认定 根据外伤史、临床表现和影像学检查认定。膝关节脱位常合并胫骨平台骨折或股骨髁骨折等,并可伴有血管、神经损伤。

对于膝关节损伤目前应联合进行X线、CT和MRI检查进行确认。膝关节正侧位片可显示膝关节脱位的方向和程度以及是否合并骨折等;CT可准确显示膝关节移位方向,发现细微的骨折及关节腔内骨折等;MRI可清晰显示半月板有无变性、破裂,关节腔内有无积液以及韧带有无损伤等。

正常半月板在MRI影像的任何序列上都呈低信号,关节液和关节软骨均为高信号,与低信号的半月板形成良好对比,半月板撕裂在矢状面和冠状面上可发现半月板内高信号影,关节镜检查是目前关节内损伤最好的直观诊断方法。

2. 损伤程度与伤残等级 《人体损伤程度鉴定标准》规定,半月板破裂、膝关节脱位为轻伤二级;膝关节韧带断裂伴半月板破裂为轻伤一级;膝关节挛缩畸形屈曲30°以上、一侧膝关节交叉韧带完全断裂遗留旋转不稳为重伤二级。

《道路交通事故受伤人员伤残评定》(GB 18667-2002)对于膝关节损伤没有具体规定,其伤残等级主要根据膝关节损伤遗留的肢体功能障碍程度,依照肢体功能障碍的条款进行评定。

《劳动能力鉴定 职工工伤与职业病致残等级》(GB/T 16180-2014)规定,膝关节半月板损伤、膝关节交叉韧带损伤未做手术者为十级伤残;外伤后膝关节半月板切除、髌骨切除、膝关节交叉韧带修补术后为九级伤残;膝关节韧带损伤术后关节不稳定,伸屈功能正常者为七级伤残;一膝关节功能重度障碍为六级伤残,功能完全丧失为五级伤残。

八、踝关节损伤

踝关节是屈戌关节，由胫骨的下关节面和内踝关节面、腓骨外踝关节面、距骨滑车的上关节面和内、外侧关节面构成。踝关节的主要功能为负重和行走，日常生活中的行走和跳跃等活动，主要依靠踝关节的背伸、跖屈活动，以及围绕纵轴的内旋、外旋和围绕矢状轴的内翻、外翻活动等。

踝关节损伤（ankle injury）分为踝关节扭伤（sprain of ankle）和踝关节脱位（ankle dislocation），踝关节脱位首要原因是交通事故，其次是运动创伤。

（一）损伤原因和机制

1. 踝部扭伤　由于内踝较外踝短、外侧副韧带较内侧副韧带薄弱、足部内翻肌群强于外翻肌群，因此易发生外侧副韧带损伤。当足遭受外翻、外展暴力，可导致内侧副韧带损伤。

2. 踝关节脱位　是指距骨相对于踝穴的移位，常伴踝关节韧带、胫骨远端关节面或后踝的骨折等。足跖屈时，内翻的外力可以导致踝关节脱位，极度跖屈时，可导致不伴骨折的单纯踝关节脱位。

（二）临床表现

踝部疼痛、肿胀、畸形、踝关节活动受限，行走困难。

（三）法医学鉴定

1. 损伤认定　根据外伤史、临床表现和影像学检查所见认定。一般 X 线检查可明确关节脱位，MRI 可以判断韧带损伤的程度和类型。由于踝关节脱位常伴有骨折和踝关节周围韧带的损伤，因此应行踝部 CT 和 MRI 检查明确骨折和软组织损伤。

2. 损伤转归　踝关节软组织损伤常遗留关节疼痛、关节僵硬、关节不稳和继发性关节炎等。

3. 损伤程度与伤残等级　《人体损伤程度鉴定标准》规定，踝关节脱位为轻伤二级。

《劳动能力鉴定　职工工伤与职业病致残等级》（GB/T 16180-2014）规定，踝关节畸形，功能完全丧失为六级伤残。

对于踝关节损伤遗留踝关节功能障碍的损伤程度与伤残等级，需要根据病情稳定后或治疗终止后的功能障碍程度，依据《人体损伤程度鉴定标准》《道路交通事故受伤人员伤残评定》（GB 18667-2002）、《劳动能力鉴定　职工工伤与职业病致残等级》（GB/T 16180-2014）等标准有关四肢大关节损伤的规定进行评定。

第六节　四肢损伤并发症与后遗症

一、筋膜间隔区综合征

筋膜室为骨、骨间膜、肌间隔和深筋膜所形成的腔隙，又称筋膜间隔区。筋膜间隔区综合征（syndrome of aponeurotic space），是指由于骨筋膜室内肌肉和神经因急性缺血所引发的一系列早期症候群，因此也称骨筋膜室综合征（osteofascial compartment syndrome），是四肢损伤的严重并发症之一。

（一）原因与机制

筋膜室内容物体积骤增和筋膜室容积骤减是筋膜间隔区综合征发生的 2 种主要原因。筋膜间隔区综合征多见前臂掌侧屈肌筋膜室和小腿胫前筋膜室，因前臂和小腿均有双骨，骨间膜坚厚，由于骨及骨间膜和筋膜的约束，肌肉肿胀不能向周围扩展，造成骨筋膜室内严重缺血，易发生骨筋膜室综合征。

无论骨筋膜室容积的绝对或相对减少，都会使骨筋膜室内压骤然增加，供血障碍。同时，肌肉组织的缺血又导致大量组胺类物质释放，毛细血管通透性增加，渗出增加，组织间隙水肿加重，骨筋膜室内的压力进一步增高，形成缺血—水肿—缺血的恶性循环，最终导致神经肌肉缺血坏死。

骨筋膜室综合征可分为缺血期、挛缩期和坏疽期。神经缺血 30 分钟即可出现功能性异常，如感觉过敏或减退，缺血达到 12～24 小时即可发生不可逆的神经损害；肌肉缺血 2～4 小时即可出现功能障碍，缺血4～12小时即发生不可逆的功能障碍，最终肌肉因缺血坏死、机化，形成特有的畸形。

（二）临床表现

肢体疼痛、明显肿胀、皮肤发亮并进行性加重，甚至出现张力水泡；血管搏动减弱或消失；早期牵拉缺血的肌肉可出现剧痛或感觉减退、消失；晚期相应的手指或足趾活动障碍，肌肉挛缩。

（三）法医学鉴定

1. 损伤认定　根据外伤史、损伤部位和临床表现认定。骨筋膜室综合征为一种逐渐发展性并发症，早期症状可能不明显。肢体进行性疼痛、肿胀、功能障碍、血管搏动减弱或消失是筋膜间隔区综合征的主要特征。

2. 损伤程度与伤残等级　骨筋膜室综合征的损伤程度与伤残等级需要在治疗终结后根据所遗留的肢体功能障碍程度，依据《人体损伤程度鉴定标准》《道路交通事故受伤人员伤残评定》（GB 18667-2002）、《劳动能力鉴定　职工工伤与职业病致残等级》（GB/T 16180-2014）等标准的有关规定进行评定。

二、损伤性骨化

损伤性骨化是指没有生成骨组织能力的软组织在损伤后所形成的新生骨组织，也称骨化性肌炎（traumatic myositis ossificans），属于异位骨化，以肘和髋关节周围多见。

（一）原因和机制

关节扭伤、脱位及关节附近的骨折、骨膜下血肿的机化均可导致关节附近软组织的骨化，但其发病机制目前尚不清楚。其损伤性骨化的危险因素包括血肿形成、广泛的手术剥离、僵硬关节不恰当的康复措施，如肘关节局部按摩、被动活动等。

（二）临床表现

局部持续性肿胀、出现硬结和明显压痛，邻近关节活动受限。早期关节周围可呈现炎症反应，如肿胀、发热等；晚期导致关节僵硬，常伴有不同程度的疼痛。损伤性骨化多在损伤后1～4个月内出现，进行性关节活动受限是最常见的症状，但轻者也可无明显症状和体征。

（三）法医学鉴定

1. 损伤认定　明确的外伤史，损伤局部关节红肿、疼痛、活动受限，甚至僵硬。X线早期可无异常发现，随着病情发展逐渐出现局限性肿块和不规则钙化影，最后形成边界清晰、有骨小梁的骨化影。核素骨扫描是目前早期检测的最佳手段，可以判断其活动性及成熟程度。

2. 损伤程度与伤残等级　损伤性骨化的损伤程度与伤残等级需要在治疗终结后根据肢体功能障碍程度，依据《人体损伤程度鉴定标准》《道路交通事故受伤人员伤残评定》（GB 18667-2002）、《劳动能力鉴定　职工工伤与职业病致残等级》（GB/T 16180-2014）等标准有关规定进行评定。

三、创伤性关节炎

创伤性关节炎（traumatic arthritis）是指创伤导致关节软骨损伤并发生退行性改变，进而出现关节疼痛、活动障碍等一系列关节炎的表现。

（一）原因和机制

外伤后关节面遭到破坏或关节内骨折未达到解剖复位，致使关节面不平或关节面承重失衡是创伤性关节炎的最常见原因。此外，关节长期劳损、负荷过重、关节内游离体、关节内积液以及关节韧带严重损伤致关节不稳等也是导致创伤性关节炎的重要原因。

（二）临床表现

早期关节疼痛、功能障碍、关节有摩擦感；晚期肌力下降、关节周围组织挛缩。早期在X线片上多无异常，当出现增生骨化时，病变已至晚期。典型的影像学表现：①关节间隙变窄，关节面骨性增生硬化、轮廓凸凹不平，特别是负重点骨质致密；②关节面边缘有骨刺或唇状增生；③关节周围软组织纤维化、钙化；④关节周围骨质疏松、关节畸形。

（三）法医学鉴定

1. 损伤认定 主要根据外伤史、临床表现和影像学检查认定。创伤性关节炎的基本病变为关节软骨的退行性病变和继发性的增生骨化，对于关节损伤功能基本恢复后又出现疼痛和活动受限的应考虑此病。

2. 损伤程度与伤残等级 创伤性关节炎的损伤程度与伤残等级应在临床治疗终结后根据关节功能障碍程度，依据《人体损伤程度鉴定标准》《道路交通事故受伤人员伤残评定》（GB 18667-2002）、《劳动能力鉴定 职工工伤与职业病致残等级》（GB/T 16180-2014）等标准有关规定进行评定。

《劳动能力鉴定 职工工伤与职业病致残等级》（GB/T 16180-2014）规定，四肢大关节之一关节内骨折导致创伤性关节炎，遗留轻度、中重度功能障碍的伤残等级分别为八级、七级伤残。

四、关节强直

关节不能活动并固定在某一角度，称为关节强直（ankylosis）。关节强直是骨与关节损伤的常见并发症。

关节强直分为纤维性强直和骨性强直。纤维性强直（fibrous ankylosis）是指关节囊反复纤维渗出，关节内广泛纤维化粘连，进而导致关节活动受限或丧失；骨性强直（bony ankylosis）是指关节骨端之间由骨组织连接并形成骨性融合，进而导致关节活动受限或丧失。

（一）原因和机制

关节强直的发生与原发损伤的程度、早期处理的方式和关节长期制动等有关，主要原因有：①关节内骨折，关节活动长时间受限；②关节外骨折，长时间跨关节的制动；③关节附近软组织血肿机化形成纤维粘连，关节活动受限；④骨与肌肉之间瘢痕粘连，继发关节韧带纤维化、关节囊和肌肉的瘢痕化，关节活动受限；⑤严重的异位骨化块形成骨挡或在关节外形成骨桥，限制关节活动。

关节强直的机制为：①关节软骨受到损伤或缺乏正常生理应力的刺激，关节软骨出现退行性变，关节面之间骨性融合；②关节滑液代谢障碍，关节内反复纤维渗出，关节囊纤维化粘连，进而导致关节强直。

（二）临床表现

关节活动受限或固定在某一位置，关节纤维粘连部位的肌肉和肌腱组织变硬，无松动感；若与皮肤也有粘连，被动活动时局部可见凹陷征。

纤维性关节强直 X 线常无特殊改变，因关节制动活动受限后可出现骨质疏松；MRI 可见骨端间有高低混杂的异常信号，关节面有破坏；骨性关节强直 X 线可见关节间隙变窄或消失，并有骨小梁通过，关节面骨性融合。

关节强直 MRI 可见关节软骨破坏，关节间隙消失，骨髓贯穿于关节骨端之间：①早期：关节边缘模糊，关节间隙加宽；②中期：关节间隙狭窄，关节边缘骨质腐蚀与致密增生交错，呈锯齿状；③晚期：关节间隙消失，骨小梁通过骨端，关节面融合，即骨性强直。

（三）法医学鉴定

1. 损伤认定 根据外伤史、关节固定、僵硬、活动受限等临床表现认定。影像学检查可判断粘连的部位和程度。

2. 鉴别诊断 关节挛缩（joint contracture）是指关节外软组织瘢痕所导致的关节功能障碍。关节挛缩根据挛缩的原因分为皮肤挛缩、肌肉挛缩、韧带挛缩等。

关节僵硬是指肢体长期外固定，静脉血和淋巴液回流不畅，关节内、外组织发生纤维性粘连所导致的关节活动僵硬、范围受限。

3. 损伤程度与伤残等级 《人体损伤程度鉴定标准》规定，四肢大关节强直畸形为重伤二级。

关节强直的伤残等级应在治疗终止后，依据《人体损伤程度鉴定标准》《道路交通事故受伤人员伤残评定》（GB 18667-2002）、《劳动能力鉴定 职工工伤与职业病致残等级》（GB/T 16180-2014）等标准有关规定进行鉴定。

五、缺血性骨坏死

骨缺血性坏死（avascular bone necrosis）是指滋养骨的血液供应被破坏继而导致的缺血坏死，常见骨缺血性坏死有股骨头缺血性坏死（osteonecrosis of femoral head）、腕舟状骨近侧部缺血性坏死、距骨体缺血性坏死等。

（一）原因和机制

1. 股骨头缺血坏死　股骨头主要血供来源于股深动脉发出的旋股内侧动脉和旋股外侧动脉，两者在股骨颈基底部形成动脉环，此处骨折可能会损伤血管导致股骨头血供减少或中断发生坏死。

2. 腕舟状骨近侧部缺血性坏死　腕舟骨的血供来源于桡动脉和尺动脉的分支，经舟骨结节和舟状骨腰部的韧带进入骨内，其近 1/3 舟骨被关节软骨覆盖，而无血管进入，一旦其腰部和近端发生骨折，则近端的血供就会被破坏，继而发生缺血性坏死。

3. 距骨体缺血性坏死　距骨血供主要来自前后关节囊及韧带附着处，当距骨骨折或脱位后可使距骨的血供遭到完全破坏而发生缺血性坏死。

（二）临床表现

1. 股骨头缺血坏死　股骨颈骨折愈合期过后，髋关节疼痛进行性加重，活动受限，并可有肢体短缩、肌肉萎缩等。

2. 腕舟骨缺血坏死　腕舟骨中段或近段骨折愈合期过后，腕舟骨部疼痛进行性加重，腕关节活动受限。

3. 距骨缺血坏死　距骨骨折或踝关节脱位愈合期过后，踝关节疼痛逐渐加重，活动受限。晚期因距骨体坏死、塌陷变形，可导致肢体短缩。

（三）法医学鉴定

1. 损伤认定　根据骨折部位、骨折的类型以及临床表现和影像学检查认定。

（1）X 线：早期可没有阳性发现，随病变进展，出现骨小梁紊乱、中断、囊性改变、硬化。晚期出现塌陷，变形，关节间隙变窄等。

（2）CT：早期也无明显阳性改变，随病变进展，可显示"新月征"，即中心为死骨，被一透亮的骨吸收带所环绕，最外围为硬化的新生骨。晚期同 X 线所见。

（3）MRI：在 X 线和 CT 发现异常前可发现骨坏死灶：①骨纤维化和骨硬化在 T_1 和 T_2 加权像均呈低信号，周围的充血、水肿和肉芽组织在 T_1 加权像呈中低信号，T_2 加权像呈中高信号；②骨内液化性坏死，T_1 加权像呈低信号，T_2 加权像呈高信号。

2. 鉴别诊断　对于外伤性骨缺血性坏死的认定需要与非外伤性骨坏死相鉴别，特别是慢性酒精中毒导致的骨坏死和长期使用糖皮质激素导致的骨坏死。一般通过既往病史、伤后临床表现、骨坏死发生的时间、程度以及病变是单侧还是双侧等可以鉴别。

3. 损伤程度与伤残等级　《人体损伤程度鉴定标准》规定，股骨颈骨折未见股骨头坏死，已行假体置换为轻伤一级；股骨颈骨折或者髋关节脱位，致股骨头坏死为重伤二级。

股骨头坏死后伤残等级的评定需结合是否行髋关节置换术以及术后髋关节功能状况依据相关标准进行评定。

腕舟骨缺血坏死、距骨缺血坏死的损伤程度与伤残等级则需要根据腕关节与足的功能障碍程度，依照相关标准的有关规定进行评定。

六、骨折畸形愈合

骨折畸形愈合（malunion of fracture）是指骨折愈合后未能解剖复位所遗有的形态变化，为骨折常见的后遗症。

（一）原因与机制

骨折复位不佳、固定不牢、过早拆除外固定以及骨骺损伤等是骨折畸形愈合的常见原因。骨折重叠错位、对线不良是导致肢体短缩和成角畸形的病理基础。

骨折的畸形愈合会对其邻近关节功能产生的影响，如肱骨髁上骨折向外或内成角畸形，会导致肘内翻或外翻；向前或后成角，则影响肘关节的屈伸范围；尺桡骨成角畸形会造成旋转功能障碍；下肢成角畸形会因肢体轴线的改变而影响各关节之间的关系，造成运动不协调。

手部的短骨畸形愈合也会影响手的功能，如指骨的旋转畸形，即使仅几度也可影响手指与拇指正常的对指活动；成角畸形会导致手指伸直时向桡或尺侧偏斜，影响手指屈伸功能。

（二）临床表现

1. 成角畸形（angulated deformity） 长骨骨干的成角畸形除严重影响外观外，还会影响肢体的功能。股骨、胫骨、尺桡骨等均有自然弧度，一般成角在10°以内，当大于自然弧度时则会对肢体功能产生影响，如股骨成角 >15°、胫骨成角 >12° 时，则对肢体和关节活动造成明显的影响。

2. 短缩畸形（shortened deformity） 上肢短缩对功能影响较少，但尺桡骨单独短缩会引起下尺桡关节脱位，影响前臂旋转及腕关节的功能活动；下肢短缩会出现跛行，当下肢短缩超过2cm时还会出现肢体无力、腰痛、脊柱侧弯等。

3. 旋转畸形（contorted deformity） 长骨旋转畸形会导致邻近关节反向旋转活动受限，如肱骨干骨折，其远折段内旋畸形愈合，会造成肩关节外旋受限；桡骨骨折远折段旋前畸形愈合，则引起前臂旋后受限；胫骨骨折，因其上下关节均无代偿能力，仅10°的旋转畸形，即可导致功能障碍，如10°外旋，可致足部外旋畸形。

4. 侧方移位畸形（lateral displaced deformity） 影响或改变了骨骼应力的传导和骨骼的坚固性，易发生再次骨折。肱骨干与股骨干周围肌肉丰富，1/3以内向内（外）侧方移位，愈合后对功能影响不大。

（三）法医学鉴定

1. 损伤认定 根据外伤史、临床表现及影像学检查结果认定。法医学鉴定时应注意对畸形进行规范的测量，如股骨干或者胫腓骨骨折短缩畸形应以股骨或者胫腓骨两端骨性标志的直线距离为判断依据，并与健侧进行对比；股骨干或者胫腓骨骨折成角畸形应以测量骨折近端纵轴线与骨折远端纵轴线之间的夹角为准。股骨干或者胫腓骨骨折旋转畸形应根据骨折部位、性质和对下肢功能的影响程度综合判断。

2. 损伤程度与伤残等级 骨折畸形愈合的损伤程度与伤残等级应根据临床治疗终结后肢体畸形程度与邻近关节功能障碍程度进行评定。

《人体损伤程度鉴定标准》规定，四肢长骨骨折畸形愈合为轻伤一级；股骨干骨折或胫腓骨骨折，缩短5.0cm以上、成角畸形30°以上或者严重旋转畸形为重伤二级。

《道路交通事故受伤人员伤残评定》（GB 18667-2002）规定，双下肢长度相差2cm、4cm、6cm、8cm以上分别为Ⅹ级、Ⅸ级、Ⅷ级、Ⅶ级伤残；双上肢长度相差4cm、10cm以上分别为Ⅹ级、Ⅸ级伤残。

《劳动能力鉴定 职工工伤与职业病致残等级》（GB/T 16180-2014）规定下肢骨折成角畸形 >15°，并有肢体短缩4cm以上为六级伤残；短缩 >2cm，≤4cm的为七级伤残。

七、骨折不愈合

骨折不愈合（nonunion of fracture）是指骨折虽经过治疗，但已超过一定愈合时间并且再度经延长治疗仍未骨性愈合者。通常，临床上将骨折8个月后骨折两端未达到骨性连接，并且修复过程停止的判定为骨折不愈合，多见胫骨中下1/3处、肱骨干及尺骨干等处骨折。

（一）原因与机制

骨折不愈合原因较多，主要取决于骨折部位血运状况、骨折类型、临床治疗的方法和措施等，尤其与骨折固定和是否合并感染等因素有关。具体包括以下几个方面：①原发损伤严重、局部血供不足、骨折端间隙较大或存在骨缺损;②骨折内固定手术复位时,由于广泛的骨膜剥离以及在置入内固定物的过程中严重损害了邻近组织;③固定不当,骨折断端仍呈分离状;④内固定物松动、弯曲和折断;⑤过早运动和锻炼,骨折端异常活动引起骨折端间隙扩大,即使有良好的血供和骨痂逐步增生,仍不能形成连续骨痂;⑥感染引起的皮质骨坏死或溶骨性感染肉芽组织所造成的骨折断端间隙和分离;⑦全身因素,如老年、营养不良等。

(二)临床表现

骨折的体征仍然存在,特别是骨折断端间的异常活动。X线可见骨折端表面呈现硬化钝圆,髓腔闭塞,且两断端由瘢痕组织连接并与周围组织共同形成假关节。由于假关节形成,肢体丧失支撑功能不能进行有效运动与负重。

(三)法医学鉴定

1. 损伤认定 根据外伤史、临床表现和影像学检查结果认定。骨折修复过程停止达到正常愈合的时间后,但骨折的体征仍然存在,骨折断端间的异常活动是骨折未愈合的重要的体征。

对于骨折不愈合要详细了解骨折治疗的过程和治疗措施,确定骨折不愈合的具体原因,对于治疗不当或者医源性感染所形成骨折不愈合和假关节的,则应根据具体情况确定外伤与骨折不愈合的因果关系。

2. 鉴别诊断 骨折不愈合需要与骨折延迟愈合(delayed union)进行鉴别。

骨折延迟愈合是指骨折愈合超过一般愈合时间骨折仍未完全愈合的情况,其特点是愈合缓慢,但仍有愈合的可能。X线显示骨折线仍明显,骨痂量少,呈云雾状排列,但无骨硬化征象。

不同类型和不同程度的骨折,即使同一部位骨折,愈合时间也可有较大差别。因此,确定骨折是延迟愈合或不愈合,主要依据临床表现和影像学检查所见,伤后时间并不是判定的绝对指标。

3. 损伤程度与伤残等级 《人体损伤程度鉴定标准》规定,四肢长骨骨折不愈合或者假关节形成为重伤二级。对于骨折不愈合的伤残等级评定,需要进一步治疗的,需医疗终结后再根据肢体功能状况依照有关标准进行评定。

八、外伤性骨髓炎

外伤性骨髓炎(traumatic osteomyelitis)是指开放性损伤对骨折断端的直接污染、感染而造成的骨组织(骨髓)炎症,分为急性和慢性两种,其特点是感染主要局限于骨折处,附近软组织亦同时呈现急性化脓性炎症状态。

(一)原因与机制

开放性骨折如果软组织损伤广泛、污染重、清创过晚或不彻底、坏死组织残留或软组织覆盖不佳等均可导致骨骼污染,一旦污染并发展形成感染,受感染的骨端因无骨膜及血供而易坏死。最常见的致病菌是金黄色葡萄球菌,约占75%,其次是乙型链球菌、大肠埃希菌、铜绿假单胞菌、变形杆菌、肺炎双球菌等。

由于皮肤缺损及肢体肿胀,软组织可能难以遮敷导致骨外露会加重坏死进程。软组织对骨骼包被好的部分,局部可渐被爬行代替,并且死骨与活骨相连处因破骨细胞及蛋白水解酶的作用而使死骨逐渐分离,最终脱离主骨而存于深部,或被排出体外。

慢性骨髓炎发病机制是细菌的入侵,细菌成功附着于骨之后,在失活的组织内聚集和复制。细菌在死骨和死腔所形成的培养基内,可有效地避开宿主的免疫系统和抗生素,不受限制地繁殖,随后细菌扩散到邻近的骨组织和软组织能导致脓肿和瘘管的形成。

(二)临床表现

1. 急性骨髓炎 以骨质吸收、破坏为主。早期局部剧烈疼痛、肿胀,肌肉呈保护性痉挛,肢体活动受限。除非有严重并发症或大量软组织损伤及感染等,一般全身症状较轻,感染多较局限而少发生败血症。

2. 慢性骨髓炎 以死骨形成和新生骨形成为主。局部深处紧张性疼痛、骨外露、窦道形成、皮肤缺损及感染性骨不连或骨缺损是慢性骨髓炎的特征性表现。当脓肿穿破骨质、骨膜至皮下时，即有波动，穿破皮肤后，形成窦道。当脓液通过瘘管穿破流出后疼痛常平息。

（三）法医学鉴定

1. 损伤认定　根据外伤史、临床表现、实验室检查和影像学检查较易认定，经活检取死骨行组织学或微生物学检查即可确认。影像学检查可见骨量减少、骨皮质变薄、骨小梁结构不清或骨质硬化、密度增高、死骨周围密度减低、瘘管形成等。核医学检查、CT 和磁共振成像可帮助诊断。

2. 损伤程度与伤残等级　《人体损伤程度鉴定标准》规定，四肢长骨骨折并发慢性骨髓炎为重伤二级。

《道路交通事故受伤人员伤残评定》(GB 18667-2002)对于外伤性骨髓炎无具体规定，其伤残等级主要根据医疗终结后所遗留的肢体功能障碍依据相关条款进行评定。

《劳动能力鉴定 职工工伤与职业病致残等级》(GB/T 16180-2014)规定，因开放骨折感染形成慢性骨髓炎，反复发作者为八级伤残。

九、肢体缺失

肢体缺失是指肢体因外伤直接造成离断无法再植或肢体组织失活或发生严重并发症后所进行的手术截肢（computation）。

（一）原因

1. 严重创伤　肢体皮肤、肌肉、神经、血管等软组织严重毁损，骨骼粉碎或缺损，无法修复。
2. 肢体坏死　损伤后肢体血液循环障碍以及烧伤、冻伤等可以导致肢体坏死。
3. 严重感染　威胁生命的急性感染，如气性坏疽及非气性坏疽感染必须手术截肢。
4. 严重畸形　不可矫正的严重畸形，丧失肢体功能，需要手术截肢后安装假肢。

（二）临床表现

根据肢体缺失部位不同，分为上肢缺失和下肢缺失；根据肢体缺失的水平，分为高位缺失和低位缺失。

（三）法医学鉴定

1. 损伤认定　肢体离断或缺失的水平应以 X 线平片上骨性标志作为判断依据，残肢长度也应以解剖骨性标志为基准并与健肢放在对称位置进行对比测量。残肢越长，其杠杆作用也越强，假肢的控制能力越大。

2. 损伤程度与伤残等级　肢体离断是指损伤当时肢体的分离，有的通过再植手术可以存活和保留，而肢体缺失是指损伤愈合后肢体的永久缺损。

《人体损伤程度鉴定标准》规定，二肢以上离断或者缺失（上肢腕关节以上、下肢踝关节以上）为重伤一级；此外，《人体损伤程度鉴定标准》规定，肢体缺失是指损伤当时完全离体或者仅有少量皮肤和皮下组织相连或者因损伤后经手术切除者。因此，肢体离断损伤后即可视为肢体的缺失评定损伤程度，肢体缺失则需要医疗终结后判定。

《道路交通事故受伤人员伤残等级评定》(GB 18667-2002)和《劳动能力鉴定 职工工伤与职业病致残等级》(GB/T 16180-2014)，根据肘关节、前臂、腕关节、拇食指掌指关节、近侧远侧指间关节以及髋关节、膝关节、踝关节、前足、踇趾或其他足趾等上、下肢不同缺失平面，不同侧别以及不同数量的组合，伤残等级从 X 级（十级）至 I 级（一级）。

十、手功能障碍

手功能包括手的感觉与运动功能，其中拇指、示指、中指、环指、小指分别占整个手功能的 40%、20%、20%、10%、10%。拇指除抓、握功能外，主要功能是对指，即与示、中、环、小指腹相捏；示、中、环、小指的结构与功能基本相同，主要包括抓、握、夹、捏等基本功能。

（一）原因

手功能障碍可由手部软组织损伤（皮肤瘢痕、肌腱、神经损伤）、手部骨折以及掌指关节和指间关节损伤等导致。手指运动障碍分为背伸障碍、屈曲障碍与关节僵硬等。

（二）临床表现

1. 手部骨折　掌骨基底部的骨折，若波及关节面，可导致关节僵硬、创伤性关节炎等；掌骨干骨折，若短缩，可因屈伸指肌腱及骨间肌张力失调，影响伸指功能。若背侧成角，除影响手的外观，重者还可影响骨间肌的张力。若旋转畸形可致握拳时发生手指交叉；指骨骨折，若出现畸形愈合或关节僵硬，也会影响手指功能。

2. 关节韧带损伤　拇指掌指关节侧副韧带损伤，会遗留关节不稳，甚至关节半脱位和创伤性关节炎。手指捏东西时，感到疼痛、侧向不稳、无力等；第2至第5掌指关节侧副韧带损伤，除早期肿痛外，晚期多无明显症状；指间关节侧副韧带损伤，晚期可引起韧带松弛、关节肿痛、侧方不稳定或偏斜畸形等后遗症。

3. 软组织损伤　手部碾压常因损伤愈合后广泛瘢痕形成及粘连，遗有较严重的功能障碍；周围神经损伤遗留的手功能障碍见本章第三节。

（三）法医学鉴定

1. 损伤认定　根据外伤史、临床表现、影像学以及肌电图检查结果认定。手功能障碍程度主要根据损伤的病理基础，伤后临床病历的记载和专科检查结果进行判定，特别是手的运动功能障碍与神经、肌腱、骨损伤的关系。

手的运动功能障碍检查包括腕与手指的主动活动范围、被动活动范围以及肌力等情况。

（1）手缺失和丧失运动功能的计算：一手拇指占一手功能的36%，其中末节和近指节各占18%；示指、中指各占一手功能的18%，其中末节指节占8%，中节指节占7%，近节指节占3%；无名指和小指各占一手功能的9%，其中末节指节占4%，中节指节占3%，近节指节占2%。一手掌占一手功能的10%，其中第一掌骨占4%，第二、第三掌骨各占2%，第四、第五掌骨各占1%。

（2）手缺失和丧失感觉功能的计算：手的感觉功能障碍是指永久性的感觉障碍。由于手背侧感觉障碍对手功能影响相对较小，因此手的感觉障碍主要是指掌侧感觉障碍，手感觉丧失功能的计算按相应手功能丧失程度的50%计算。

1）掌侧感觉丧失：掌侧感觉功能完全丧失等于手功能50%丧失。各个手指感觉丧失占各指整个功能的50%；

2）横型感觉丧失：手指不同平面的感觉丧失等于相应平面手指截肢的50%；

3）纵型感觉丧失：拇指和小指的感觉丧失等于尺桡两侧的60%与40%；示指、中指、环指尺桡两侧的感觉丧失与拇指相反，分别为40%与60%。

2. 损伤程度与伤残等级　手的损伤程度与伤残等级主要依据手功能障碍的程度（特别是能否对指和握物）以及手指缺失与畸形等情况综合评定。

《人体损伤程度鉴定标准》规定，手功能丧失累计达一手功能4%为轻伤二级；手功能丧失累计达一手功能16%为轻伤一级；一手拇指挛缩畸形不能对指和握物或一手除拇指外，其余任何三指挛缩畸形不能对指和握物或手功能丧失累计达一手功能36%为重伤二级；双手离断、缺失或者功能完全丧失为重伤一级。

《道路交通事故受伤人员伤残等级评定》（GB 18667-2002）规定，双手功能丧失5%、10%、30%、50%、70%、90%以及双手完全丧失功能的伤残等级分别为Ⅹ、Ⅸ、Ⅷ、Ⅶ、Ⅵ、Ⅴ和Ⅳ级；双手感觉缺失25%、50%、75%以及双手感觉完全缺失的伤残等级分别评定为Ⅹ、Ⅸ、Ⅷ、Ⅶ级。

《劳动能力鉴定　职工工伤与职业病致残等级》（GB/T 16180-2014）规定，不同手指的缺失、畸形与功能障碍根据具体损伤部位和程度以及不同的组合，伤残等级从十级到二级不等，其中一手功能完全丧失为五级伤残，双手功能完全丧失为二级伤残。

十一、足功能障碍

足具有稳定、承重以及行走的功能,特别是足弓具有缓冲人体直立、行走及负重时地面对人体产生的震荡的作用。

足弓由足骨的跗骨、跖骨及其连接的韧带,形成了向上突起的弓,按骨性结构可分为纵弓和横弓,纵弓又分为内侧纵弓和外侧纵弓。足弓似于弹簧的结构,能均匀分散传至足底的重力,足弓和维持足弓的韧带、肌肉共同完成吸收能量、缓解震荡,保护足部以上的关节,防止内脏损伤等作用。

在正常站立时,足载荷的50%由足跟分担,另外50%由第1至第5跖骨头传递,足外侧4个跖骨头单个的载荷相等,而第1跖骨头的载荷为前者单个载荷的两倍。足趾对站立有稳定作用,对行走有推进作用。足部的各个关节活动对维持下肢功能均有重要作用,如跗骨之间的活动使得足能适应站立与活动时的各种立足面,其中最重要的是跟距关节。

(一)原因

足功能障碍常见于足部骨折及韧带损伤,如距骨骨折脱位、跟骨骨折、跗横关节损伤、跖骨骨折及跖跗关节脱位、跖趾关节及趾间关节损伤、足部皮肤及软组织损伤后瘢痕粘连等。

(二)临床表现

前足的骨折或关节的脱位除影响足的承重功能外,主要是影响站立时的稳定及行走时的推进功能。足部单纯皮肤损伤,愈合后对足功能影响不大,但足部皮肤损伤同时合并有肌腱、神经、血管等损伤时,常遗留广泛的瘢痕和粘连,会严重影响足功能。

腓总神经损伤表现为足背伸、伸趾、外展与旋前活动均不能,足内翻并下垂,呈马蹄内翻畸形,足趾趾节呈屈曲状,行走呈"跨阈步态";胫神经损伤表现为足跖屈和屈趾不能,足呈背屈状态,足内翻不能,足趾内收与外展明显受限,出现"钩状足"畸形。

(三)法医学鉴定

1. 损伤认定 根据外伤史、临床表现、影像学检查以及肌电图检查结果认定。足功能障碍程度的判定方法与手功能障碍程度的判定方法类似,即足蹬趾占一足功能的17%,其余各趾分别占一足功能的3%。

2. 损伤程度与伤残等级 足损伤的损伤程度与伤残等级的评定主要依据足功能障碍的程度和足趾缺失与畸形的情况评定。

《人体损伤程度鉴定标准》规定,一趾缺失、第一趾缺失超过趾间关节或其他任何二趾缺失超过趾间关节为轻伤二级。较轻伤二级严重的损伤,根据具体情况和有关规定,可评定为轻伤一级或重伤二级,最高为重伤二级。

《道路交通事故受伤人员伤残等级评定》(GB 18667-2002)规定,一足足弓结构破坏1/3以上为X级伤残;一足足弓结构完全破坏为IX级伤残;一足足弓结构完全破坏,另一足足弓结构破坏1/3以上为VIII级伤残;双足足弓结构完全破坏为VII级伤残。双足十趾缺失(或丧失功能)20%以上为X级伤残;双足十趾缺失(或丧失功能)50%以上为IX级伤残;双足十趾完全缺失或丧失功能为VIII级伤残;一足跗跖关节以上缺失为VII级伤残;双足跗跖关节以上缺失为VI级伤残。

《劳动能力鉴定 职工工伤与职业病致残等级》(GB/T 16180-2014)规定,不同足趾的缺失、畸形与功能障碍根据具体损伤部位和程度以及不同的组合,伤残等级从十级到五级不等,其中一前足缺失或一足1~5趾缺失为七级伤残,双前足缺失或双前足瘢痕畸形,功能完全丧失为五级伤残。

本章小结

本章主要介绍了四肢软组织损伤、骨与关节损伤以及四肢损伤常见的并发症和后遗症等。

四肢体表软组织损伤分为开放性损伤和闭合性损伤。体表软组织损伤可以提供外力作用的指征,有助于帮助分析致伤物、成伤方式与损伤机制。在法医学鉴定时,应注意对损伤类型、程度、大小、形态的检查、记录与拍照。对于创口长度与瘢痕长度不一致的损伤程度评定,原则上以创口的长度评定损伤程度。无法准确确定创口长度的,以瘢痕长度评定损伤程度。此外,肌腱损伤与皮肤瘢痕的粘连,有时也可以导致肢体运动功能的障碍。

四肢血管的损伤一般多为开放性损伤所致,主要是根据临床病历中手术记录确认。对于合并失血性休克的认定应根据失血性休克的病理基础、临床表现、救治措施和经过综合评定。假性动脉瘤和动静脉瘘为血管部分损伤后的后期病理变化,由于四肢血管开放性损伤多经手术治疗,发生假性动脉瘤和动静脉瘘的机会比较少。此外,血管损伤导致供血障碍可以发生肢体缺血性坏死或挛缩。

四肢周围神经的损伤以开放性损伤多见。闭合性损伤多为暂时损伤或不完全性损伤,随着时间可逐渐恢复。开放性神经损伤多经手术探查和缝合,根据创口的部位、手术所见以及伤后临床表现等认定。神经支配区的肌肉萎缩是运动神经损伤的客观体征。对于闭合性神经损伤认定和后遗神经功能障碍的判定,有时需要根据神经电生理检查结果结合临床表现综合分析判定。另外,法医学鉴定时需要注意排除被鉴定人的伪装与夸大以及颈椎病、网球肘等一些慢性神经损伤。

周围神经具有再生功能,一般以每天约 1mm 的速度生长,神经损伤的手术缝合有助于神经轴突在神经鞘膜内生长,神经损伤功能评定应根据神经再生情况确定。原则上应在半年后进行鉴定,如果损伤超过 2 年,神经肌肉接头处的运动终板已变性,即使神经生长至运动终板功能也无法恢复。

四肢周围神经构成轻伤以上的损伤应为臂丛和腰骶丛神经的重要分支,即对肢体功能产生明显影响的神经。另外,周围神经损伤必须具有神经损伤的体征,肌电图失神经电位和神经支配区的肌肉萎缩是周围神经损伤的客观体征。

骨与关节的损伤应详细了解受伤时间、过程、方式、暴力性质等,成伤方式与损伤机制是法医学鉴定的重要内容。损伤机制主要根据骨折类型、移位方向、程度等骨折形态学特征进行判断,如扭转暴力造成的螺旋骨折,牵拉暴力造成的撕脱骨折,直接暴力造成的横形骨折或粉碎性骨折,间接暴力造成的斜形骨折,轴向暴力造成的嵌插骨折。

骨与关节损伤的影像学检查是法医学认定的客观依据,有时需要通过多种影像检查方法综合判断。此外,在法医学鉴定时,还需要对骨与关节的疾病和陈旧性骨与关节损伤进行鉴别。

四肢长骨的不完全性骨折和无功能障碍的撕脱性骨折一般不宜援引《人体损伤程度鉴定标准》有关骨折的规定进行评定。

此外,本章第一节中介绍的肢体功能障碍评定方法与计算主要来源于美国医学会(AMA)制定的《永久残损评定指南(第 5 版)》(*Guides to the Evaluation of Permanent Impairment*),与我们国家目前《人体损伤程度鉴定标准》《道路交通事故受伤人员伤残等级评定》(GB 18667-2002)《劳动能力鉴定 职工工伤与职业病致残等级》(GB/T 16180-2014)等标准所规定的肢体功能障碍的计算方法并不完全一致。

(邓振华　常云峰)

思考题

1. 周围神经损伤法医学鉴定要点。
2. 骨与关节损伤的法医学鉴定要点。
3. 新鲜与陈旧性骨折概念和影像学特征。
4. 手足功能障碍的定量评价指标。
5. 骨关节损伤后晚期并发症类型、认定要点及影像学特征。
6. 关节功能障碍评定的方法和原则。

第十四章　非法性行为与反常性行为

学习提要

【掌握内容】　非法性行为、性犯罪、反常性行为与强奸的概念；强奸案件被害人的临床表现；强奸案件的法医学鉴定。

【熟悉内容】　处女膜的常见类型；猥亵行为的表现形式；常见的反常性行为。

【了解内容】　性器官的解剖与生理；正常性生理反应及过程。

第一节　概　　述

性行为是人类的一种本能，也是人的基本权利之一。人类的性行为不仅涉及个体自身，还与家庭、社会、文化、宗教、伦理、道德以及法律相关。目前性行为的基本道德标准是以自愿性、无害性和社会普遍接受为原则。

所谓性行为（sexual behavior）是指性成熟（sexual maturity）之后，有性繁殖的个体所表现出来与性有关的各种行为的统称，通常是指两性之间发生的性接触活动，包括拥抱、接吻、抚摸和通过性器官的体液交换。

当代性科学将人类性行为划分为三类：核心性性行为、过程性性行为和边缘性行为。核心性性行为即性交，狭义的性交是指两个雌雄异体的动物之间生殖器的交配；过程性性行为：性交前的准备行为，如接吻、爱抚等动作；边缘性行为：指两性之间由于性吸引而产生的一系列爱慕的行为，它的目的是为了表示爱慕，或者仅仅是爱慕之心的自然流露。

由于文化和宗教背景的不同，对于一些边缘性行为的认识与定义并不完全相同，在某些西方国家，拥抱、亲吻是见面的一般礼仪，与性行为完全无关。

一、性器官的解剖与生理

性器官包括主性器官和附属性器官。主性器官是指男性的睾丸和女性的卵巢，它们既能产生生殖细胞，又可分泌性激素，故也称为性腺。附属性器官包括男性的附睾、输精管、射精管、精囊腺、前列腺、尿道球腺、阴茎、阴囊和女性的子宫、输卵管、阴道、前庭大腺、阴阜、大阴唇、小阴唇、阴蒂及处女膜。

（一）男性生殖器官

1. 睾丸　人的睾丸位于阴囊内，左右各一。睾丸具有产生精子和分泌雄性激素的双重功能。雄性激素对于男性第二性征以及性欲的维持、精子的生成、附属性器官的发育都具有重要的意义。

2. 附睾　位于睾丸的上方与后缘，具有促进精子成熟、运行与储存精子等生理功能。

3. 输精管　起自附睾尾部，与精囊腺汇合形成射精管，主要功能是将精子由附睾输送到尿道。

4. 精囊腺 为一长椭圆形的囊状器官,左、右各一,位于输精管壶腹的外侧,前列腺的上方,膀胱底与直肠之间,主要功能是分泌精囊液,参与精液的组成,稀释精液使精子易于活动。

5. 前列腺 位于膀胱颈的下方,包绕尿道起始部,是男性生殖系统最大的腺体。它的分泌物构成精液的主要成分,有营养和增加精子活动的作用。前列腺也是一个性敏感部位,对前列腺进行适当的刺激可以引起性兴奋。

6. 尿道球腺 位于尿道球后上方,其排泄管开口于尿道球部。尿道球腺在勃起与性高潮时分泌,其功能是润滑尿道。

7. 阴茎 男性的性交器官,具有排尿和射精功能。阴茎分为头、体、根三部分,阴茎头有丰富的神经末梢分布,对性刺激敏感。

8. 阴囊 呈袋状,位于阴茎根部下方,两侧大腿之间,主要生理功能是保护睾丸和精索并调节睾丸的温度。

(二)女性生殖器官

1. 卵巢 位于子宫两侧输卵管的后下方,其生理功能是产生卵细胞与合成分泌雌激素,雌激素的变化使子宫内膜发生周期性变化。

2. 输卵管 位于子宫两侧,其内侧与子宫角相连。输卵管的生理功能是摄取卵子以及输送卵子、精子与受精卵。

3. 子宫 位于直肠和膀胱之间,呈一倒置的梨形,是周期性产生月经的器官,同时也是精子抵达输卵管的通道,胚胎着床、发育与生长的场所。

4. 阴道 位于膀胱、尿道和直肠之间,是一个肌性管道。性交时容纳阴茎并存放精液,也是月经血排出和胎儿娩出的通道。

5. 阴阜 为耻骨联合前方隆起的脂肪组织,进入青春期后此处长有阴毛,分布呈尖端向下的倒三角形。阴阜的主要作用是性交时保护阴道口不受过分冲击。

6. 大阴唇 阴道口两旁纵行隆起的结构,主要作用是保护阴道口和尿道口。

7. 小阴唇 位于大阴唇内侧的一对较薄的皮肤皱襞,表面光滑无阴毛,两侧小阴唇的前端相互结合形成阴蒂包皮。

8. 阴蒂 位于两侧小阴唇的顶端,由海绵体组成,分阴蒂头和阴蒂体两部分。阴蒂有丰富的神经末梢,是女性最敏感的性器官,它对性刺激的反应比女性身体任何部位都强烈,是女性最重要的性敏感区。

9. 阴道前庭 位于两侧小阴唇之间,呈菱形。上端为阴蒂,下端为阴蒂系袋。中央有阴道口,前方有尿道口。在尿道口的后方有一对腺体,称尿道球腺,其分泌物具有润滑作用。

10. 前庭大腺 位于阴道括约肌的深面,以细小的导管开口于阴道口与小阴唇之间,性兴奋时分泌黄白色的黏液起润滑阴道口的作用。

11. 处女膜 位于阴道口小阴唇内侧正中,是阴道黏膜在阴道口反折形成的一圈薄层黏膜皱襞。处女膜(hymen)由坚韧的黏膜组织构成,其内外两面均为复层鳞状上皮覆盖,中层为含有弹性纤维的结缔组织、血管及末梢神经所构成,厚约1~2mm。中层结缔组织丰富者,处女膜较肥厚富有弹性,不易破裂;结缔组织少者,处女膜菲薄、脆弱、易破裂。

处女膜中央有一孔,称为处女膜孔(即阴道口)。处女膜孔的形状、大小及膜的厚薄因人而异,一般直径为1~1.5cm,仅能插进小指尖并有紧迫感。

处女膜分为基底部、膜部及游离缘三部分。与阴道壁相连的部位称为基底部,向着处女膜孔的边缘部位称为游离缘,基底部与游离缘之间为膜部,游离缘多数平滑而平整,有的部位有皱褶,处女膜的宽度因年龄、发育及处女膜的类型而异,成年妇女尚未生育的处女膜一般宽为0.8~1.0cm。

根据处女膜的形态特征,可分为环状、半月状、唇状、锯齿状、叶状、剪彩状、中隔状、筛状及无孔处女膜等,但真正锯齿状、叶状或剪彩状处女膜并不多见,常见者为在环状处女膜或唇状处女膜等的基础上有1～2条或2～3条浅表的自然切迹，而且深度可不一致。

二、正常性生理反应及过程

男、女两性在解剖、生理和行为上存在着明显的差异，这种差异主要受遗传和性激素的影响。在胚胎期，睾丸分泌的雄激素对男性胎儿的性分化起着关键性作用。进入青春期后，在睾丸和卵巢分泌的性激素作用下，性器官发育成熟并出现第二性征，伴随这些生理变化的同时心理和行为也会出现明显的改变，而这一系列变化又是在下丘脑、垂体、性腺及肾上腺皮质间的相互作用下实现的。

正常性功能有赖于生殖系统、神经系统、血管系统、内分泌系统功能的正常，同时还有赖于性心理的正常。

人体受到精神上或者肉体上的性刺激，性器官及其相关组织会出现一系列生理反应，即身体出现可以感觉到和可以观察到的变化，称之为性兴奋（sexual excitement）。性兴奋的生理意义在于两性的性器官呈现出便于结合的状态。

人类随生理、心理和年龄的变化，性行为的特征也有所不同。青少年、青年、壮年和老年人的性态度、性需求、性心理、性生理与性能力存在明显差异。

三、非法性行为

非法性行为（illegal sex behavior）是指法律禁止或与法律规定相冲突的性行为。不同国家为了保护公民的性权利、维护社会秩序和公共安全以及整个民族健康和繁衍，根据不同国家自身的情况都对性行为进行了必要的法律规范。

非法性行为主要特征是对于社会或他人具有危害性，表现为侵害他人的性权利、危害家庭和婚姻、传播感染性疾病等。非法性行为包括违背一方意愿的非法性行为，如强奸、猥亵、性骚扰等，也包括双方自愿的非法性行为，如卖淫、嫖娼、通奸等。在非法性行为中，有些性行为构成犯罪，需要承担刑事责任，有些性行为不构成犯罪，需要承担行政责任、民事责任或道德与舆论的谴责。

由于我们国家婚姻法规定了夫妻有"互相忠实"的义务，因此有配偶者与第三人发生的性行为也属于"非法性行为"。

四、性犯罪

性犯罪（sexual crime）是指触犯刑法规范，受到刑法处罚的非法性行为。性犯罪主要分为两大类：一类是侵害他人人身自由和贞操等人身权的性犯罪，具体指未获得当事人合法有效之"同意"而与之发生的性接触，即性侵害（sexual assault），包括非自愿的接触、抚摸或触摸性器官，如强奸罪、猥亵罪等。另一类是没有直接侵害他人人身权的性犯罪，即所谓无特定被害人的性犯罪，如传播淫秽物品罪、组织卖淫罪、聚众淫乱罪等。

卖淫、嫖娼虽然属于非法性行为，但并不构成犯罪。如果卖淫、嫖娼行为导致性疾病的传播，则构成传播性疾病罪。中华人民共和国刑法第三百六十条规定"明知自己患有梅毒、淋病等严重性病卖淫、嫖娼的，处五年以下有期徒刑、拘役或者管制，并处罚金。"

婚外性行为主要涉及重婚罪和通奸罪。韩国于2015年废除实行了60多年的"通奸罪"，主要是认为该非法性行为应由道德进行规范，目前全世界只有在中国台湾地区仍然保留通奸罪的罪名。

五、反常性行为

人类性行为的基本功能是完成人类自身的繁殖，使种族得以延续，因此以生育为目的和异性性交的性行为是人类性行为的基本准则之一，即正常性行为的对象为异性，性交的方式为阴茎—阴道的方式等。此外，性行为应该是符合道德规范、法律规范、民俗规范。

反常性行为，又称性变态（sexual perversion）或性倒错（sexual deviation），主要特征是性爱对象异常或者满足性欲方式的异常,包括同性恋、异性装扮癖、恋物癖、露阴癖、窥阴癖、性虐待癖、性受虐癖、恋兽癖、恋童癖、恋尸癖和性窒息等。

由于一些反常性行为对于他人或社会未构成危害,因此不属于法律制裁的范围。但由于反常性行为与绝大多数人性行为方式不同,同时与传统道德、伦理或宗教相冲突,并且是一些疾病主要的传播方式,因此反常性行为不被社会广泛的接受。

第二节　强　奸

一、概述

据联合国毒品和犯罪问题办事处统计,全球 130 个国家从 2003 年到 2012 年警方记录在案资料显示,中美及加勒比海地区强奸案件的发生率最高,其次为南美洲,非洲地区强奸案的发生率最低。中国强奸案件发生率为 2.1 起 /100 万人,远远低于美国(26.6)、英国(23.2)、韩国(12.7)等国家。统计资料显示,在美国,91% 的强奸案被害人为女性,9% 的被害人为男性;罪犯中,有 99% 的强奸者为男性。80% 的强奸与性侵犯被害人的年龄在 30 岁以下,15% 的年龄在 12 岁以下。

(一)强奸的定义

无论男女,凡是一方以暴力或威胁等手段强迫另一方与之发生性交的行为,都属于强奸(rape)。因文化背景和法律体系等方面的差异,各国对强奸的定义有一定差别。我们国家法律对强奸的定义为:男子违背妇女的意愿,采用暴力、胁迫、利诱、欺骗、药物或其他手段,使其不敢或不能抵抗,强行与之发生婚姻以外的性交行为。

(二)强奸的本质与特征

强奸的本质就是违反妇女意志,采用暴力、胁迫或者其他方法,强行与妇女发生性交。根据 2014 年的刑法修正案规定,性犯罪的对象已不仅限于女性,但强奸的对象仍然为女性。

一般来说,强奸行为具有以下三个特征:非法性、强迫性和目的性。

1. 非法性　指强奸行为违背了妇女的真实意愿。首先,判断与妇女发生性关系是否违背妇女的意志,要结合性关系发生的时间、周围环境、妇女的性格、体质等各种因素进行综合分析,不能将妇女是否反抗作为判断是否违背妇女意愿的唯一要件。对于有的被害妇女由于受到威胁、害怕等原因而不敢反抗、失去反抗能力的,也应认定是违背了妇女的真实意志。其次,同无行为能力的妇女(如呆傻妇女或精神病患者)发生性关系的,由于这些妇女无法正常表达自己的真实意愿,因此无论其是否"同意",均构成强奸妇女罪。此外,对于幼女,由于身体各方面的发育均未成熟,加之对事物是非缺乏判断能力,因此不论其本人是否同意,均以强奸罪予以从重处罚。

关于幼女年龄的法律规定,不同国家或地区的法律规定有所不同,如日本为不满 12 周岁,香港地区为不满 16 周岁。

2. 强迫性　指通过使用暴力、胁迫或者其他手段,强迫他人与之发生性交。所谓"暴力"手段,指对被害妇女施以殴打或人身强制等危害妇女人身安全和人身自由的手段,使妇女不能抗拒;"胁迫"手段,指对被害妇女施以威胁、恫吓等手段,通过精神上的强制以迫使妇女就范,不敢抗拒。例如以杀害被害人、加害被害人的亲属相威胁,以揭发被侵害人的隐私相威胁的,利用职权、抚养关系、从属关系及妇女孤立无援的环境相胁迫等;"其他手段",指使用暴力、胁迫以外使被害妇女不知抗拒、无法抗拒的手段,如假冒为妇女治病而进行奸淫的,利用妇女患病、熟睡之机进行奸淫,将妇女灌醉、麻醉后进行奸淫等。

3. 目的性　强奸的目的就是性交。性交在生物学上是指男性阴茎插入女性的阴道内并完成射精的过程。但在法律上不强调上述两个过程,只要阴茎接触女性的阴道前庭,不论射精与否,或处女膜是否破裂,均构成强奸既遂。

（三）强奸的刑事责任

中华人民共和国刑法第二百三十六条规定"以暴力、胁迫或者其他手段强奸妇女的,处三年以上十年以下有期徒刑。奸淫不满十四周岁的幼女的,以强奸论,从重处罚。强奸妇女、幼女,有下列情形之一的,处十年以上有期徒刑、无期徒刑或者死刑:(一)强奸妇女、奸淫幼女情节恶劣的;(二)强奸妇女、奸淫幼女多人的;(三)在公共场所当众强奸妇女的;(四)二人以上轮奸的;(五)致使被害人重伤、死亡或者造成其他严重后果的。"此外,教唆、帮助男性强奸妇女的女性,也可以构成强奸罪的共犯。

二、被害人的临床表现

（一）躯体损伤

1. 会阴部损伤　广义会阴部是指封闭小骨盆下口的所有软组织的总称,以两侧坐骨结节连线分为前、后两个三角区,前区为尿生殖三角,尿道和阴道通过此区;后区为肛门三角,有直肠通过。正常性交时,阴道扩张,阴道壁渗出液增多,与前庭大腺液一起对阴道起润滑作用,以避免阴道壁损伤。但在强奸过程中,因罪犯粗暴的行为、变态的施虐、被害人的抵抗以及阴道较干燥等原因,易发生会阴部、阴道的擦伤、挫伤甚至是裂伤。特别是幼女外生殖器发育不成熟,阴道窄小,更易导致会阴部损伤。会阴部损伤表现为阴部红肿、疼痛、排尿困难,重者阴道壁撕裂、大出血、感染,甚至肛瘘、尿瘘等,甚至死亡。

2. 其他部位的损伤　一般来说,一个罪犯不易对一个清醒状态下的成年健康妇女进行强奸,因此罪犯为了达到强奸的目的,往往对被害人施加各种暴力,如打击头部、扼勒颈项部、捂压口鼻部、绑缚手足等,同时被害人也会因抵抗暴力而导致头面部、颈部、手腕部、胸部、乳房、大腿内侧及会阴部的损伤。

（二）精神创伤

强奸除给被害人造成肉体的损害外,还会给被害人的心理造成严重的创伤。被害人早期内心充满愤怒、恐惧、焦虑和沮丧,因内外压力而厌世、自残甚至轻生。有的可精神失常,特别是幼女的生理、心理发育尚未成熟,巨大的精神创伤易造成性格变异。

（三）妊娠与流产

强奸性成熟女性可导致被害人受孕。由于人为因素或自身原因,被害人可能承受流产(人工流产或自然流产)、引产等痛苦。此外,社会的压力、泄愤的心理等还可能出现被害人杀婴或虐待儿童的情况。

（四）性传播疾病的感染与传播

强奸者如患有性传播疾病,可导致被害人的感染,进而传染给被害人的性伴侣或丈夫,反之亦然。国内外也有报告称一些强奸者的动机就是为了传播疾病。

三、法医学鉴定

法医学鉴定对于强奸案件的判断具有重要意义。强奸案件发生后应及时勘验现场,收集物证,对被害人及犯罪嫌疑人进行详细、认真的检查、记录并拍照。

（一）调查询问

在法医学检查之前,法医学鉴定人需要向委托机关、被害人及其监护人了解有关案情。

1. 被害人的一般情况　包括姓名、年龄、职业、文化程度、平时生活习惯及生活作风、婚配情况、家庭情况、社交情况、月经史、有无怀孕分娩史。

2. 被强奸的具体经过　包括罪犯的个人特征、衣着特征以及体力情况;强奸案发生的时间、地点、加害手段及过程,有无抵抗和搏斗,有无撕破罪犯的衣服,有无咬伤、抓伤罪犯的情况及其咬伤或抓伤的部位,罪犯有无射精等。

（二）现场勘验

强奸案可发生在室内，也可在室外，农村则多发生在野外僻静处。如现场在室内，应观察家具、物件等陈设是否整齐，有无变动，床上被褥、枕席、床单是否凌乱等；如现场在室外，注意观察有无相应的压痕及拖拉痕，现场有无凶器等。

现场勘验时，应特别注意寻找精斑（液）、阴毛或血痕等，并拍照留证，然后分别提取，以供进一步检查之用。

（三）身体检查

通过对被害人和罪犯身体检查进而发现、固定并收集相关法医学证据。

身体检查主要解决两个问题，即性交证明和暴力证明。对于女性被害人的检查最好由女性法医或女性医师进行，如为男法医或男医师检查则必须有一位女工作人员在场。

1. 被害人检查　注意观察被害人举止行动，分析判断神态是否自然、情绪是否激动，表情是否痛苦、精神是否正常；被害人诉说受害经过时有无恐惧、担忧或气愤的表现。

（1）一般检查：包括身高、发育和营养状况、第二性征以及体质状况等，尤其注意乳房发育、腋毛及阴毛生长、骨盆外形及臀部脂肪分布等。

（2）损伤检查：注意被害人躯体以及衣裤等有无暴力作用的痕迹。暴力痕迹及损伤的检出，是"违背妇女意愿"的有力证据之一，但使用酒精、催眠药、麻醉剂等使被害人在丧失知觉的情况下被强奸，被害人可以没有损伤痕迹。

机械性损伤与机械性窒息是强奸案中最多见的致伤方式和致伤原因。检验时应仔细描写并记载损伤的部位、数目及其特征，并注意区分是否为抵抗伤。另外，由于被害人的抵抗，被害人的衣裤可能被撕破，也可能沾有现场上的泥土、稻草、树叶、青草、血痕、精斑，收集这些物证并与现场进行对比，可以帮助推断案件的原始现场。

（3）会阴部检查：注意观察外阴部的一般情况，包括阴阜、大小阴唇的发育情况，是否丰满、肥厚，大阴唇是否遮盖小阴唇，有无色素沉着，有无阴毛生长，阴毛颜色、长度和弯曲程度，尿道口、阴道前庭黏膜等处有无红肿、擦伤及出血等。然后详细检查处女膜及处女膜孔。处女膜是否破裂，对判断处女是否曾有性交具有一定的价值，但不能证明是否为强奸。也有虽经数次性交，处女膜并未破裂，直到分娩时才破裂的，这种情况见于结缔组织及弹性纤维丰富的处女膜，由于处女膜肥厚而坚韧、富于弹性，伸展性强，故不易破裂。因此处女膜检验无破裂，不等于没有发生性交，不能排除强奸的可能性。对于已婚妇女或已经性交多年的女性，检查处女膜已无意义。

1）处女膜破裂的常见原因：一般认为，当有直接机械性暴力作用于处女膜时，常致处女膜破裂，绝大多数处女膜破裂，通常发生于第一次性交时，故处女膜破裂是发生性交的证据，因此判断是否为处女，一般以处女膜的完整性作为标志。日常生活如游泳、骑自行车、跑步等运动，一般不能引起处女膜的破裂（但也有报道认为剧烈运动，如骑马等可以导致破裂）。

2）处女膜破裂的常见部位：性交所致的处女膜破裂好发部位在处女膜的后半部，相当于时钟标志3～9点范围内。环状处女膜破裂的部位最多发生在4～5点及7～8点，其次为3点及9点等处。破裂口多为对称性两条，少数为三条或一条，半月状处女膜破裂则常见于6点处。

处女膜破裂一般是由游离缘开始裂向基底部，凡是破裂口深达基底部者称为完全性破裂，未达基底部者称为不完全性破裂。据统计，性交所致的处女膜破裂，不完全性破裂多于完全性破裂。

3）处女膜新鲜与陈旧破裂区别：处女膜新鲜破裂见于初次性交后1～2天，表现为破裂的处女膜色红、肿胀、触痛明显。其病理演变过程及形态变化为新鲜破裂的处女膜，1～2天内局部红、肿、痛，裂缘不平直、呈撕裂状，裂缘两边尚可吻合，裂口基底部有血痂、炎症等现象；3～5天后经过修复裂缘变得稍为钝圆，尚为粉红色；1周以后裂口两侧边缘呈收缩状、裂隙变大，用镊子将对应两边破裂缘夹住拉平，尚能吻合。痊愈后的处女膜形成陈旧性裂口，裂缘钝、厚、圆，裂缘失去正常红嫩色，色较淡，不能吻合，裂口基底部呈钝角、较厚。处女膜一旦破裂，裂口一般不再愈合。

4）处女膜自然切迹与破裂的区别：检查处女膜时，必须严格区别处女膜的自然切迹与处女膜的破裂。

通常处女膜的自然切迹存在于处女膜的各部，较浅（叶状除外），游离缘菲薄、锐细、红嫩一致，延续光滑，呈粉红色，自然切迹的凹缘较深时，游离缘薄锐，多呈靠拢或叠合状，平滑整齐；而陈旧性破裂的处女膜最多存在于处女膜后半部，深度较深，创角较厚、圆钝，呈钝角，颜色淡白色，无红嫩性，不能靠拢叠合，不平滑，可呈乳头状。

（4）精神检查：强奸案件中的被害人部分为精神病人、弱智或痴呆患者，需要通过精神方面的检查确认有无性防卫能力。此外，罪犯对受害人进行恐吓、威胁、利诱、欺骗等，也会影响被害人的心理状态使其屈从或不敢抵抗。

2．嫌疑人的检查　首先询问嫌疑人的姓名、年龄、职业、与被害人的关系，案件发生的时间、地点、手段及过程，被害人有无反抗、抵抗情况，嫌疑人有无性病等，并通过与被害人主诉情况的比较，分析和确认案件的基本信息。

（1）一般检查：身高、发育、营养及体格等一般状态，注意观察其个人特征以及衣裤破损的情况。

（2）损伤检查：注意嫌疑人有无因被害人的防卫、抵抗而形成的损伤，这些损伤的存在，可以作为强奸的间接证据。例如被害人用牙齿咬掉罪犯的鼻尖、口唇、手指、肩部或用指甲抓伤嫌疑人的颜面、胸背、外阴部等。

（3）外阴检查：注意检查嫌疑人外阴发育情况、阴毛特征以及外阴部有无与本人不同的毛发或其他异物，如有应立即分别收集；检查龟头有无血痕，如有应用沾有生理盐水的棉花或小纱布擦拭，检验是否沾染了受害人处女膜破裂时流出的血迹；检查龟头有无破损，包皮系带有无撕裂伤；此外，还应注意检查和收集精斑、混合斑等，必要时应进行相关性病的检查。

（4）性功能的检查：当嫌疑人以无性行为能力为由，否认犯罪事实逃避刑罚时，如未发现强奸的其他相关证据，必要时可进行性功能检查。

（四）注意事项

1．物证的收集和检验　物证收集与检验对于强奸案认定和侦破具有重要的意义。

（1）精液（斑）检验：一般情况下，强奸均有射精，因此阴道内外检见精液具有重要意义。性交后数小时可检见大量有尾或无尾的精子。有报道，性交后阴道内 12 小时，宫颈 2～5 天，子宫、输卵管 1～10 天的内容物涂片可检见精子；阴道内 3～9 天，宫颈 17 天内容物涂片可检见死精子。精子的检出期限与被侵害人的体位、活动情况有关。

采集阴道内容物的部位以阴道后穹隆为最合适，因精液多集中于该部位。用妇科消毒棉签插进阴道内，在后穹隆多次擦拭后取出做 1～2 张涂片，再摊开棉花，在阴凉处晾干，用纸包好，送实验室。

精液（斑）还经常黏附污染阴道以外的部位和物体，因此在被害人的外阴部、大腿内侧、下腹部、内裤、衣物、床单、席子以及案发现场等均可有精液或精斑遗留，有时还会与被害人的部分阴毛黏成一簇。若精液黏附在被害人会阴部、大腿内侧或腹壁上，则用湿纸布擦拭后再摊开晾干。

抗人精液血清沉淀反应、抗 -P30 血清沉淀反应、高氨酸氨肽酶（LAP）检测，对于无精子或缺乏精子的精液判断具有重要价值。

精液（斑）检出阳性，说明曾有过性交，但不能说一定是强奸遗留，特别对已婚妇女或已有过性生活的女性更需慎重。相反，未检见精液或精斑，并不能否定被强奸的可能性，许多因素可影响精液（斑）的检出，如罪犯未射精、罪犯使用避孕套（工具）或男性结扎术后以及无精子症等、检材提取不当或检验技术存在差错、时间过久或被害人已经反复冲洗阴道或坐浴等。

（2）妊娠的检验：性成熟的女子被强奸后可能妊娠，妊娠说明有过性交，但不一定是强奸所致。妊娠 37 天胚胎组织可检出 ABO 血型，胎龄 6 周可以测出 HLA 抗原。根据胎儿或婴儿的血型或 DNA 检验结果可以判断妊娠与嫌疑人是否有关。

2. 性传播疾病的检验　强奸时可感染性传播疾病（sexually transmitted disease，STD），如淋病、梅毒、艾滋病、软性下疳、硬性下疳、淋病性淋巴肉芽肿等。

淋病（gonorrhea）是由淋病双球菌引起的急性或慢性卡他性尿道炎，主要通过性交传染，被强奸后3～5天可有多量黏液性脓性渗出物。

梅毒（syphilis）是由梅毒螺旋体也称苍白螺旋体引起的一种慢性传染病，多通过性交或母体通过胎盘传给胚胎。

尖锐湿疣（condyloma acuminatum）又称生殖器疣，是人乳头瘤病毒（HPV）感染引起的皮肤黏膜良性赘生物，往往由性接触传染。

艾滋病（Acquired Immune Deficiency Syndrome，AIDS）是由人类免疫缺陷病毒（HIV）引起的一种性传播疾病，其传染途径包括性交传染、注射针头传染、输血或其他血液制品传染、胎儿期和围产期感染。

由于性病的传染途径不局限于罪犯，因此，犯罪嫌疑人与被害人性病病原菌一致时，仅表示有强奸的可能。犯罪嫌疑人或被害人任何一方未被感染也不能排除强奸的可能。

3. 幼女年龄的判定　强奸未满14周岁的幼女是强奸罪的加重情节，即使被害人同意的情况下，也构成强奸罪。对于被害人的年龄可通过牙齿及骨龄检测等方法来推断，详见《法医人类学》的相关章节。

4. 女性性成熟的判定　性成熟（sexual maturity）指性器官、体格及第二性征的发育成熟并具有生育能力。性成熟是一个逐渐发展的过程，并无截然的分界线，与种族、遗传因素、营养状况、气候环境、社会发展程度、社会经济、文化水平、地理区域等条件密切相关。确定女性性成熟主要依据第一性征发育，第二性征出现，具备受精、妊娠和分娩能力。另外，还应结合全身发育状态（如身高、胸围等）、有无独立生活和培养教育子女能力等社会学特征全面考虑。

对未成年人进行检查，其监护人应在场。整个检查过程中每一项内容都应获得被害人或监护人的知情同意。

对于被害人的身体检查尽可能及时进行，否则会造成诊疗机会的丧失（如紧急避孕的提供）、躯体创伤证据的改变（如躯体损伤的愈合、处女膜损伤愈合）、相关生物学证据的灭失等（包括血液和精液等）。

第三节　猥亵行为

一、概念

猥亵行为（indecency）是指以刺激、兴奋或满足性欲为目的，用性交以外的方式对他人实施具有侮辱性质的淫秽性行为，其中用淫秽下流的语言和动作调戏妇女的行为也称之性骚扰。猥亵妇女的行为既可以由男性进行，也可以由女性进行，既可以是单个人进行，也可以是多个人一起进行。猥亵是损害社会道德，有伤风化的行为，严重的猥亵可摧残被害人的身心健康，感染或传播性病等。

《中华人民共和国治安管理处罚法》第四十四条规定"猥亵他人的，或者在公共场所故意裸露身体，情节恶劣的，处五日以上十日以下拘留；猥亵智力残疾人、精神病人、不满十四周岁的人或者有其他严重情节的，处十日以上十五日以下拘留。"

《中华人民共和国刑法》第二百三十七条规定"以暴力、胁迫或者其他方法强制猥亵妇女或者侮辱妇女的，处五年以下有期徒刑或者拘役。聚众或者在公共场所当众犯前款罪的，处五年以上有期徒刑。猥亵儿童的，依照前两款的规定从重处罚。"

新的《刑法修正案（九）》将此条修改为：以暴力、胁迫或者其他方法强制猥亵他人或者侮辱妇女的，处五年以下有期徒刑或者拘役。因此，猥亵的对象已不再局限于女性。

二、表现形式

猥亵常常是成人对儿童或男性对女性身体所进行的猥亵，其表现形式多种多样，如为满足性欲，强行与妇女或幼女拥抱、接吻、抠摸性器官、抚摸乳房，或以阴茎顶撞妇女身体、臀部等处。

三、法医学鉴定

猥亵案件的法医学鉴定与强奸案件相似，目的在于发现被害人遭受暴力的证据或嫌疑人侮辱他人非正常的性行为方式。通过身体检查可证明被害人有无损伤，有无麻醉药物、酒精、精神类药物等作用的证据或线索。

第四节　反常性行为

一、概念

反常性行为是指性行为的对象与性行为的方式与常人不同。反常性行为通常较为隐蔽，一般为社会道德规范所不容。虽然中国现行法律对部分反常性行为并无明文禁止，但反常性行为者的行为常妨碍家庭与婚姻，扰乱公共秩序、侵犯他人隐私权（如偷窥）、财物权和（或）人身权。

二、常见的反常性行为

常见的反常性行为包括同性恋（homosexuality）、异性装扮癖（transvestism）、恋物癖（fetishism）、露阴癖（exhibitionism）、窥阴癖（scopophilia）、性虐待狂（sadism）、性受虐癖（sexual masochism）、恋兽癖（zoophilia）、恋童癖（pedophilia）、恋尸癖（necrophilia）和性窒息（sexual asphyxia）等。

（一）同性恋

据统计同性恋约占人口的 10%。同性恋及同性恋行为自古有之，在某些国家的某些历史时期甚至成为一种风尚，但在不同历史阶段同性恋又曾被认为是一种精神疾病。

1973 年，美国心理协会和美国精神医学会率先将同性恋行为自疾病分类系统去除，目前世界卫生组织和精神病学会已不再把同性恋看作精神障碍，而只是性取向的不同，2015 年 6 月 26 日美国最高法院裁定同性婚姻在全美合法。然而，在不同文化及社会背景下对于同性恋的态度和认识仍然存在巨大差异，同性恋行为是一个极具争议性的道德与伦理问题。

目前对于同性恋的定义是，"一个人无论在性爱、心理、情感及社交上的兴趣，主要对象均为同性别的人，而且这样的兴趣并不需要从外显行为中表露出来"。简而言之，同性恋的性行为对象是同性，性交的方式不是阴茎与阴道结合的方式。

男性同性恋常用鸡奸的方式进行性交，即用对方肛门代替阴道进行性交，被动肛交者肛门周围有表皮剥脱、红肿、疼痛，经常肛交者肛门弛缓扩张，呈漏斗状，有时发生大便失禁或脱肛。在男女异性之间也有用这种方式进行性交的。

女性同性恋性交的方式一般是生殖器的互相摩擦、互相手淫或用一些代用工具插入阴道互相刺激等。

在青春期，同性恋者开始对同性产生好感，而对异性毫无兴趣，甚至非常厌恶。同性恋者，有的完全不能接受异性，有的可以同时保持对同性和异性的情欲，有的基本上是异性恋者，偶尔发生同性恋行为，例如在军队、监狱、学校等特殊境域下，较容易发生同性性行为，当外界境域改变后，此种行为又会消失，在动物界也有类似现象。因此，有同性恋行为者并不一定就是同性恋者。

另外，部分同性恋者同时有多个性伴侣，容易导致性疾病的感染与传播。目前我们国家艾滋病感染者，特别是青少年艾滋病感染者，同性恋之间的性行为是艾滋病感染的重要途径之一。

（二）异装癖

为了满足自身性要求和性刺激目的而装扮异性的行为，若装扮异性受到干扰，就会遭受强烈的心理打击，男性多见。

（三）恋物癖

通过对于无生命物体（恋物）的偏爱、收藏或偷盗而获取性刺激和性满足。男性多见，常以窃取女性的内衣、内裤等为目标，往往单独、多次作案并私自秘密收藏。

（四）露阴癖

为了达到性刺激的目的，在异性面前暴露生殖器或进行手淫的行为，但并不一定企图或实施进一步的性侵害。主要见于男性，女性极少，男女之间比例约为 14：1。

（五）窥阴癖

窥视他人的阴部、裸体或性行为以满足自身性刺激和性要求的行为，但窥视者并不一定有性交的要求，主要见于男性。

（六）性虐待癖

为了激发自身的性刺激或为了达到性满足，反复故意地造成性伙伴心理或躯体痛苦的行为。

（七）性受虐癖

为了满足性刺激与性要求，通过自身的受辱、被缚、挨打以及承受其他躯体痛苦的行为。

（八）恋兽癖

以动物为性活动对象满足自身性欲或性刺激的行为。

（九）恋童癖

通过与儿童进行性活动或性幻想进而满足性刺激或性要求的行为。

（十）恋尸癖

通过或幻想与尸体的性活动进而满足性刺激或性要求的行为。

（十一）性窒息

以缢颈方式或阻闭口鼻等窒息方法获得自我性满足的行为。但自控行动出现意外时，可发生窒息死亡，称为性窒息死亡。性窒息多见于青壮年男性，偶见于年老者，国外亦有女性性窒息死亡的报道。实施性窒息者大多伴不同程度的异装癖、恋物癖等其他反常性行为。实施性窒息者多选择隐蔽而僻静的场所，其行为一般不具有社会危害性。当发生性窒息死亡时，常被误认为是自杀或他杀，并可引起保险和遗产继承等方面的法律纠纷。

三、法医学鉴定

反常性行为仅在对社会构成危害时，才涉及法律责任和法医学鉴定的问题。鉴定的目的是确认是否为反常性行为，对他人和社会有无危害以及危害的程度，反常性行为的原因以及是否为心理疾病或精神疾病所致，有无行为能力和责任能力。

法医学鉴定时，主要根据案件的具体情况，日常行为表现和社会调查以及辅助检查结果，对行为人的性行为进行综合分析、判断。

本章小结

本章主要介绍了性行为、非法性行为、性犯罪、强奸、猥亵以及常见反常性行为的主要特点和法律责任。

性行为是人类的一种本能，也是人的基本权利之一。人类的性行为不仅涉及个体自身，还与家庭、社会、文化、宗教、伦理、道德以及法律相关。

所谓性行为是指性成熟之后，有性繁殖的个体所表现出来与性有关的各种行为的统称，通常是指两性之间发生的性接触活动，包括拥抱、接吻、抚摸和通过性器官的体液交换。

人类社会在长期生活实践过程中,对自身性活动的认识逐渐发展形成了一定的性禁忌,有些性行为受法律规范,有些性行为受道德规范。法律明确做出相应规定并对其进行否定性评价的性行为属于非法性行为,包括违背妇女意志的性行为、婚外性行为、乱伦行为、卖淫嫖娼等。

反常性行为是指性欲或者性爱对象或者满足性欲的行为方式异常,包括同性恋、异性装扮癖、恋物癖、露阴癖、窥阴癖、性虐待癖、性受虐癖、恋兽癖、恋童癖、恋尸癖和性窒息等。反常性行为仅在对社会构成危害时,才涉及法律责任和法医学鉴定的问题。

性犯罪是指触犯刑法规范,受到刑罚处罚的非法性行为。

强奸案的法医学鉴定主要包括询问调查、现场勘验、被害人与嫌疑人身体检查等。在法医学鉴定中需要特别注意处女膜是否破裂、是否新鲜破裂以及暴力作用证据等。另外,有关物证收集与检验对于强奸案件的认定和侦破具有重要的意义。法医学鉴定要紧紧围绕性交和暴力这两个问题进行鉴定。

(幸　宇)

思考题

1. 性行为、非法性行为、性犯罪、强奸、猥亵的概念。
2. 强奸案件法医学鉴定的要点。
3. 常见反常性行为的类型与表现。

第十五章 性功能障碍

学习提要

【掌握内容】 性功能障碍的概念；阴茎勃起功能障碍的原因与诊断标准。

【熟悉内容】 男性性功能障碍的分类；阴茎勃起功能障碍的检测方法与意义；女性性功能障碍的分类及原因。

【了解内容】 性功能的生物学基础与正常性生理反应过程。

第一节 概 述

性功能是人的生理本能，也是生育、繁衍后代的基础，如果性功能出现障碍，不仅影响正常性生活和家庭，甚至涉及诸多社会与法律问题。

在法医学鉴定中涉及性功能鉴定的事项主要有：强奸案件的犯罪嫌疑人或离婚案件的被告人有无性行为能力、是否存在性功能障碍以及损伤所致性功能障碍的损伤程度与伤残等级的评定。

一、男性性生理反应

男性性生理反应与过程主要表现为性欲、阴茎勃起和射精。

1. 性欲（sexual desire） 是指在一定条件下向往满足机体性需要的一种本能冲动，是性的激发与准备状态，即在性刺激下，对性行为产生的欲望。

性欲是人类进入青春期后常见的生理、心理现象。人的性欲虽然是一种生理现象，但同时又与心理因素、文化传统等密切相关，并受到社会环境和道德法制的约束。

2. 阴茎勃起（penile tumescence） 男性对有效性刺激的第一个生理反应就是阴茎勃起。阴茎勃起是一种复杂的神经—生理反射，它需要阴茎具备正常解剖组织结构，同时受内分泌激素水平、神经系统、循环系统、精神状态以及社会和心理等多种因素制约和影响，此外还需要有适当的环境和场所以及足够的性刺激与性兴奋。

在正常的男性激素水平基础上，阴茎感觉神经感受器受刺激后，通过阴茎背神经和盆腔神经传导，引起脊髓骶段的初级中枢兴奋并传导至高级中枢，高级中枢被刺激激活后发放神经冲动依次传导至阴茎勃起中枢，使之兴奋；勃起中枢通过副交感神经释放神经递质使阴茎动脉及螺旋动脉扩张，进入阴茎的血流明显增加。同时神经递质与血窦内皮细胞上的受体结合，产生大量一氧化氮（NO），并在血液中经扩散作用透过海绵体平滑肌细胞，激活鸟苷酸环化酶，使海绵体平滑肌舒张，海绵窦腔隙扩大，腔内血流增多，压力增高；因受海绵体白膜的限制，海绵窦与白膜之间的静脉受压关闭，静脉回流受阻，此外阴茎背静脉有漏斗状静脉瓣作用以及坐骨海绵体肌的收缩同时限制了静脉回流，促使和维持阴茎的勃起。

阴茎勃起分为反射性勃起、心理性勃起和夜间勃起三种。

（1）反射性勃起：是指用手或其他物体直接刺激阴茎或其他周围组织器官所引起的阴茎勃起，反射中枢在骶髓（S2～S4），反射弧的传入神经为阴茎背神经，传出神经为骶髓的副交感神经。腰骶髓损伤时，可以影响阴茎的反射性勃起。

（2）心理性勃起：是指通过视觉、听觉、嗅觉或幻觉等对大脑刺激引起的阴茎勃起，反射中枢位于大脑皮质，这种勃起多见于年轻人，随年龄的增长，心理性勃起会逐渐减少。

（3）夜间阴茎勃起（nocturnal penile tumescence，NPT）：指健康男性阴茎在夜间睡眠快速动眼期（REM）自然勃起的生理现象，每夜约有 2～3 次，历时约 100 分钟。对 NPT 进行监测，是目前公认的最好的非创伤性鉴别心理性和器质性阴茎勃起功能障碍的方法。

3. 射精（ejaculation） 射精是男性性生理活动进入高潮的具体表现。射精是一种反射活动，冲动来源于阴茎头部，由阴部神经传入胸腰段脊髓反射中枢，脊髓反射中枢发出的冲动，经腹下神经和膀胱神经丛交感神经纤维传至附属性器官平滑肌上的 α 肾上腺能受体，引起精液溢出至尿道球部。此外，脊髓反射中枢发出的冲动经阴部神经的传出纤维到达尿道周围及会阴部肌肉群，引起会阴部肌肉群的节律收缩而发生射精。

伴随着射精活动，人进入性高潮期，并出现一系列生理反应，人的情绪也进入极度兴奋的状态。

二、女性性生理反应

女性性生理反应主要表现为性欲、阴道反应、阴蒂反应。

1. 性欲 女性的性欲驱动主要源于双方躯体的接触或前庭大腺等分泌的液体集聚产生的刺激。但是与男性不同，女性性欲有以下特点：①需要广泛的性诱导过程；②需要广泛的性敏感区刺激；③女性的性需求与月经周期有关。

2. 阴道反应 在女性的性反应周期中，阴道呈现不同的变化。兴奋期：阴道湿润、扩张，阴道壁颜色因充血而增深呈紫红色；持续期：阴道外 1/3 明显充血，内 2/3 宽度与深度增加；高潮期：阴道开始出现有规律的收缩；消退期：阴道从收缩状态下松弛，阴道壁的颜色也恢复正常。

3. 阴蒂反应 阴蒂神经分布丰富，是女性最敏感的性器官。在女性性反应周期中，阴蒂的形态有如下变化：兴奋期阴蒂头肿胀，阴蒂干增粗、增长；持续期阴蒂长度变短，缩于阴蒂包皮之下；高潮期仍处于阴蒂包皮之下，直到消退期开始阴蒂才重新下降到下悬位置，大小也恢复正常。

通过有效的性刺激，女性也会出现一种类似于男性射精时的极度兴奋状态，即性高潮。性高潮出现时，首先是全身肌肉紧张性升高，接着发生阴道、会阴部及骨盆肌肉节律性收缩，同时全身的肌肉又突然放松，以致全身出现一种酥软状态。由于全身紧张状态的突然松弛，会使人在这一瞬间失去平衡感觉，有一种类似失重的漂浮感。女性可以在性器官的节律性收缩和这种类似于失重的感觉中获得性快感和性满足。

三、性功能障碍

人类性行为主要涉及性欲望、性唤起、性高潮与性满足等几个方面。性反应过程包括兴奋期、持续期、高潮期和消退期，这些过程不仅需要神经系统、血管系统、内分泌系统和生殖系统的正常，而且还需要健康的心理状态和适当的环境与场所。当男女任何一方与"性活动"有关的器官发生器质性病变，或者出现心理异常不能进行正常的性活动时，即为"性功能障碍"。

性功能障碍（sexual dysfunction，SD）分为广义和狭义两种，广义的性功能障碍是指性交能力障碍和生殖能力障碍；狭义的性功能障碍是指性行为和性感觉的障碍并影响正常的性生活，具体表现为性生理反应的异常或性反应周期的缺失。

第二节　男性性功能障碍

一、分类与类型

男性性功能障碍包括性欲障碍、阴茎勃起功能障碍、射精障碍和性感觉障碍,其中最常见的是勃起功能障碍和早泄。

（一）性欲障碍

1. 性欲亢进（hypersexuality）　是指男性性欲特别强烈,超过正常状态,出现频繁的性兴奋和性交要求,自我不能控制,甚至不顾情境和道德的约束。

2. 性欲低下（hyposexuality）　是指成年男性出现与其自身年龄不相适应的性欲淡漠,主动性行为减少的现象。主要表现为对性活动和性要求的欲望较低,性幻想缺乏,缺少参与性活动的主观愿望。

3. 性厌恶（sexual aversion）　是指一种对正常性行为和性生活具有持续性憎恶反应的状态。性厌恶是男性性冷漠的最常见的根源,患者通常厌恶正常的性行为,潜意识中有敌视性行为的心理,但性欲和性反应存在,且阴茎勃起和射精等性功能正常。

4. 性欲倒错（parasexuality）　是指性行为明显偏离常态的一组心理障碍,主要表现为以异常的性对象和异常的性行为作为满足性需要的主要形式,因而不同程度地影响了正常的性活动,又称性变态（sexual perversion）。

（二）阴茎勃起功能障碍

阴茎勃起功能障碍（erectile dysfunction,ED）　是指阴茎勃起能力的完全丧失或者虽能部分勃起但其硬度不足以插入阴道进行正常的性交活动,或者虽能进入阴道,但勃起的时间太短不足以完成正常的性交活动。据统计ED在中国男性人群中的发病率约5%～20%左右。

（三）射精障碍

1. 早泄（prospermia）　是指在进行性交时,阴茎刚插入阴道或尚未插入阴道即出现射精,以致不能正常进行性交的现象。早泄是男性性功能障碍中仅次于勃起功能障碍的最常见的症状。早泄使男女双方不能获得充分的性满足,长期早泄可能造成夫妻之间的不和,为离婚的原因之一。

2. 射精延迟（ejaculation retardata）　是指尽管有性欲望,能够产生有效的勃起,但需要长时间的性刺激下才能发生射精,甚至不能射精。

3. 不射精（anejaculation）　是指性交时阴茎能够有效勃起至插入阴道,但不出现射精反射和性高潮。

4. 逆行射精（retrograde ejaculation）　是指男性性欲正常,阴茎能够正常勃起,能插入阴道进行性交,有射精动作和性高潮感受,但无精液排出,性交后尿液检查可见大量精子。

5. 射精痛（painful ejaculation）　是指男性在射精过程中发生的阴茎、尿道、睾丸、会阴部、下腹部或阴囊上方等任何一个部位疼痛。

（四）性感觉障碍

性感觉障碍（sexual sensation dysfunction）是指性欲、性需求、性兴奋、阴茎勃起功能等均正常,但在性交中难以达到性高潮,具体表现为不射精或射精明显延迟。

二、阴茎勃起功能障碍

阴茎勃起功能障碍（erectile dysfunction,ED）根据功能障碍的性质分为心理性ED、器质性ED和混合性ED;根据发病的时间和环境分为原发性ED、继发性ED和境遇性ED;根据功能的障碍程度分为完全性ED和不完全性ED。其中器质性ED根据病因不同又分为神经性ED、血管性ED、内分泌性ED和药物性ED。

（一）原因与机制

1. **心理性 ED** 包括心理性、精神性或功能性因素。主要有性知识缺乏、错误的性教育、家庭矛盾或配偶间感情不和，致使性生活不满意及性生活紧张、精神创伤、工作生活紧张、过分疲劳、性交的环境或场合不合适等。

2. **器质性 ED** 器质性因素包括血管性、神经性、内分泌性、海绵体性、药物性和其他相关疾病等。

（1）血管性因素：在器质性 ED 中最多见。阴茎勃起是一个血流动力学变化的过程，任何可能导致阴茎动脉血流量减少或静脉回流闭合机制障碍的疾病或损伤，都可能导致 ED，如动脉粥样硬化、动脉损伤、动脉狭窄、阴部动脉分流、血管栓塞性病变、阴茎静脉异常分流等。此外，严重骨盆骨折致下尿道及阴茎动静脉血管损伤也可以导致血管性 ED。

（2）神经性因素：阴茎勃起是一种神经反射行为，有赖于大脑皮质、皮质下中枢、脊髓及周围神经功能的正常，上述任何部位发生障碍都可能导致 ED。如神经系统损伤、手术、占位性病变以及神经系统变性病变等均可以导致神经性 ED。

（3）内分泌性因素：内分泌激素是保证性活动的重要因素。如下丘脑垂体的损伤及病变、原发性或继发性性腺功能不全、皮质醇增多症、女性化肿瘤、甲状腺功能亢进或减退、肾上腺功能不全、高泌乳血症、睾丸损伤及病变、糖尿病等均可以导致内分泌性 ED。

（4）海绵体性因素：阴茎的正常解剖结构是阴茎勃起的基本条件。如海绵体白膜发育不良或损伤导致白膜缺损、平滑肌萎缩或纤维化等也可以导致阴茎勃起障碍。

（5）药物性因素：药物对性功能的影响已受到高度重视。如抗高血压药物（甲基多巴、硝苯地平、普萘洛尔等）、心脏药物（如地高辛、冠心平等）、利尿药（如呋赛米、螺内酯、氢氯噻嗪等）、抗精神病药及镇静药（如氯氮䓬、安定、巴比妥类等）、激素类药物（如雌激素类、促肾上腺皮质激素类、抗雄激素类等）、阿托品类药物（如阿托品、丙胺太林等）、抗帕金森病药物（如苯海索、苄托品等）。

（6）其他因素：如慢性肝肾功能不全、全身慢性消耗性疾病、肿瘤、肥胖、嗜烟酒、吸毒等也可以导致阴茎勃起障碍。

（二）临床检查

ED 的临床检查包括了解详细的病史、系统的体格检查、性心理学和精神心理学测评以及有关的实验室检查和必要的特殊检查。

1. **病史询问** 了解 ED 发生的病史，包括什么时候开始、在什么情况下发生以及阴茎勃起的程度与硬度、勃起维持的时间等；手淫时能否勃起、有无夜间勃起或醒前勃起；有无外伤史、手术史、糖尿病史及其他慢性病和精神创伤史、有无服用可影响性功能的药物史；与配偶的感情如何、过去婚姻的性生活情况；是否离婚或丧偶等。

2. **体格检查** 除常规检查外，重点检查第二性征发育、生殖系统、周围血管及神经系统，特别注意睾丸的大小、睾丸的软硬度以及阴茎背动脉搏动，会阴部与下肢的感觉以及阴茎球海绵体肌等反射，肛门括约肌张力等。

3. **性心理学和精神心理学测评** 目前采用较多的是国际勃起功能评分（international index of erectile function，IIEF）和明尼苏达多项个性调查表（minnesota multiphasic personality inventory，MMPI）。IIEF 根据过去 6 个月内性生活的情况及得分将 ED 分为轻、中、重度。得分 22 分以上的为正常。轻度 ED，在过去 6 个月内性生活只有少数几次发生 ED，得分 12~21 分；中度 ED，在过去 6 个月内性生活中有半数发生 ED，得分 8~11 分；重度 ED，在过去 6 个月内性生活中大多数不能勃起，得分 5~7 分。

4. **实验室检查**

（1）常规检查：包括血尿常规、肝肾功能、空腹血糖、餐后血糖、糖耐量试验、血胆固醇、甘油三酯、低密度和高密度脂蛋白等，以除外慢性肝肾疾病、糖尿病、动脉粥样硬化等引起的 ED。

（2）激素序列测定：包括血浆睾酮（T）、促黄体激素（LH）、促卵泡激素（FSH）、促乳激素（PRL）、雌二醇（E_2）、甲状腺素（T3、T4）等。此外还可选做刺激试验，如 HCG 和氯米芬刺激试验。

5．夜间阴茎勃起试验(nocturnal penile tumescence testing，NPT)　NPT 是指正常男性在夜间睡眠快速动眼期发生的阴茎自然勃起，夜间阴茎勃起从婴儿到老年人都可发生，每夜可有 2～3 次勃起，历时总共约 100 分钟。NPT 是中枢神经系统快速动眼期发放冲动至骶神经丛所产生的阴茎充血反应，其发生机制和心理性刺激所引起的阴茎勃起机制相似。由于没有情绪紧张和焦虑等精神因素干扰，NPT 是目前已被公认的最好的无创伤性鉴别诊断心理性 ED 和器质性 ED 的方法。NPT 正常说明阴茎有正常的勃起能力，NPT 异常或消失，则提示有器质性 ED 的可能，需做进一步的神经、血管、内分泌的检测。

NPT 试验已由过去最简单的邮票试验发展到目前由计算机控制和分析的阴茎硬度测试仪(rigiscan)的监测。NPT 试验一般需连续监测三天，由于受睡眠质量的影响，因此对于阴性监测结果必须结合其他检查结果综合分析判断。

6．视听觉性刺激试验(audio visual sexual stimulation，AVSS)　AVSS 是让被检者在专门的实验室内，观看艳情影像，通过视听觉刺激大脑皮层中枢引起阴茎勃起，同时测量阴茎皮肤温度、阴茎周径增大值、阴茎硬度，并描绘成三条曲线，比较试验前后的变化。

正常勃起时由于阴茎海绵体充血而使阴茎皮肤温度升高、阴茎周径增大、阴茎勃起坚硬。心理性 ED 三条曲线均上升，器质性 ED 三条曲线均无变化。但此项检查必须限定在经过批准允许的实验室内进行。

7．阴茎血管功能检查

(1) 阴茎海绵体血管活性药物注射试验(intra-cavernous injection，ICI)：用于这项检查的血管活性药物很多，目前常用的有罂粟碱、酚妥拉明、前列腺素 E1，其机制是这些血管活性药物都具有类似内源性神经递质的作用，可以使阴茎动脉扩张，海绵窦平滑肌松弛，使静脉回流受阻，继而使阴茎海绵体内血量增加，压力升高，进而导致阴茎勃起。

ICI 除对于血管性 ED 具有诊断价值外，还是治疗 ED 的有效手段。取每 ml 含有罂粟碱 30mg，酚妥拉明 0.5mg 或前列腺素 E1 10μg 的混合液 0.25～0.5ml 于阴茎海绵体内注射，如达到充分勃起并有中等以上硬度，提示阴茎血管功能正常。如注射剂量达 1～3ml 时(最大剂量 3ml)达到充分勃起并有中等以上硬度，提示阴茎海绵体或 / 和阴茎动脉功能障碍。如 3ml 仍无反应，提示阴茎海绵体或 / 和阴茎静脉功能障碍，此时应做阴茎海绵体穿刺活检术或阴茎海绵体造影术。

(2) 阴茎肱动脉血压指数测定(penile branchial index，PBI)：采用多普勒超声监听仪测量阴茎两侧背动脉收缩血压，计算其与肱动脉收缩血压的比值，若比值 >0.75 提示阴茎动脉供血正常，若 PBI<0.6 提示阴茎动脉供血障碍。但 40 岁以下的正常人 PBI 可能介于 0.6～0.7 之间。

(3) 阴茎彩色双功能多普勒超声检查(penile colour duplex doppler ultrasonography，PCDDU)：PCDDU 可以显示阴茎海绵体、尿道海绵体及白膜的结构，提供实时图像，同时可获得高分辨率的阴茎血管图像，测定血流率。结合 ICI，观察注射前后阴茎血流情况，对了解阴茎动脉供血和静脉闭合情况均有帮助。评价阴茎血管功能的常用参数有：动脉收缩期最大血流率(peak system velocity，PSV)和舒张末期血流流率(end diastolic partial velocity，EDV)。PSV 是评估阴茎动脉供血情况的主要指标，ICI 后 5 分钟 PSV>25cm/s 视为阴茎动脉供血正常；EDV 是评估阴茎背静脉闭合功能的重要指标，当 PSV>25cm/s 时，EDV>5cm/s，提示阴茎背静脉闭合功能障碍。

除上述检查外，还可选做阴茎海绵体测压、阴茎动脉造影术，阴茎海绵体穿刺活检术等检查。

8．神经电生理学检测　阴茎勃起是一种复杂的神经反射活动，必须通过大脑皮质、皮质下中枢及周围神经的协同作用才能完成。人类阴茎勃起根据刺激的不同分为心理性勃起和反射性勃起(见前述阴茎勃起的机制)。周围神经包括自主神经和躯体神经，前者具有引发并维持勃起的功能，后者具有接收和传递感觉刺激增强阴茎勃起硬度的作用，其中任何一个环节发生障碍，都将影响阴茎的有效勃起。

(1) 球海绵体肌反射潜伏期(bulbo cavernous reflex latency，BCR)：又称骶髓反射潜伏期(sacral

reflex latency，SRL)，刺激阴茎头引起球海绵体肌及肛周其他肌群收缩并通过肌电图记录。正常 BCR 传导时间 25～42ms。若 BCR>50ms 时考虑神经源性 ED 及下位神经元病变。

（2）阴茎背神经 - 躯体感觉神经诱发电位（dorsal-somatosensory evoked potential，DSEP）：通过刺激阴部传入神经所诱发的骶髓和大脑皮质的电位对阴部传入神经进行客观的评价：①周围传导时间：刺激开始至第一个记录到的骶髓诱发电位波形出现的时间，正常为<13ms；②总传导时间：刺激开始至第一个记录到的大脑皮层诱发电位波形出现的时间，正常为<45ms；③中枢传导时间：总传导时间减去周围传导时间，正常为<32ms。通过 DSEP 检测结果可以对传入神经病变作出定位、定性诊断。周围神经病变，周围传导时间延长；骶髓病变，周围传导时间和总传导时间均延长；骶髓以上病变，周围传导时间正常，但中枢传导时间和总传导时间延长。

（三）法医学鉴定

1. 阴茎勃起功能障碍（ED）的认定　通过详细询问病史、临床表现和辅助检查确认。

一般情况下，NPT 或 AVSS 正常应考虑为心理性 ED。NPT 或 AVSS 检查异常的应进行 ICI 检查。ICI 正常，应进一步做阴茎神经电生理学检测；神经电生理学检测正常，应做性激素序列检查；对于 ICI 异常的应进一步进行阴茎血管功能检测。

（1）心理性 ED 诊断标准（以下条件必须同时具备）：①有明确的精神性疾患，且长达 6 个月以上；②无其他原因可以解释；③阴茎硬度监测（NPT 或 AVSS）示阴茎勃起正常（连续三夜只要有一次有效勃起，即阴茎平均硬度≥60%，持续时间≥10 分钟）。

（2）神经性 ED 诊断标准（以下条件必须同时具备）：①有明确的神经系统外伤、手术或疾病史；②有阴部神经（包括躯体神经或 / 和自主神经）功能障碍的临床表现；③有阴部神经（包括躯体神经或 / 和自主神经）电生理学传导障碍；④阴茎硬度监测（NPT 或 AVSS）示阴茎平均硬度<60%，持续时间<10 分钟；⑤无其他器质性原因可以解释。

（3）血管性 ED 诊断标准（以下条件必须同时具备）：①有明确阴部或阴茎血管外伤、手术或疾病史；②有阴茎血液循环不良，如动脉粥样硬化等临床表现或者海绵体纤维化；③阴茎血管功能检测结果异常；④阴茎硬度监测（NPT 或 AVSS）示阴茎平均硬度<60%，持续时间<10 分钟；⑤无其他器质性原因可以解释。

（4）内分泌性 ED 诊断标准（以下条件必须同时具备）：①有明确的内分泌系统外伤或疾病史；②有内分泌系统功能紊乱的临床表现；③血液生化检测示血糖及血液性激素水平，包括血睾酮、LH、FSH、PRL 及 E2 等显著异常；④阴茎硬度监测（NPT 或 AVSS）示阴茎平均硬度<60%，持续时间<10 分钟；⑤无其他器质性原因可以解释。

（5）药物性 ED 诊断标准（以下条件必须同时具备）：①有明确的使用与引进勃起障碍有关的药物史，且长达 6 个月以上；②阴茎硬度监测（NPT 或 AVSS）示阴茎平均硬度<60%，持续时间<10 分钟；③无其他原因可以解释。

2. 阴茎勃起功能障碍程度的判定

（1）阴茎勃起轻度障碍（具备下列一条即可）：① NPT 检测示阴茎勃起时最大硬度≥40%，<60%；② AVSS 检测示阴茎勃起时最大硬度≥40%，<60%。

（2）阴茎勃起功能中度障碍（具备下列一条即可）：① NPT 检测示阴茎勃起时最大硬度>0，<40%；② AVSS 检测阴茎勃起时最大硬度>0，<40%。

（3）阴茎勃起功能重度障碍（具备下列一条即可）：①NPT 检测示阴茎硬度及周径均无改变；② AVSS 检测示阴茎硬度及周径均无改变。

3. 阴茎勃起功能障碍的治疗方法　阴茎勃起功能障碍的治疗与治疗效果是法医学鉴定与民事裁判的前提。ED 的治疗方法有药物治疗（口服药物治疗、局部用药、海绵体内注射和激素治疗）、手术治疗（勃起功能障碍血管手术治疗、阴茎假体植入）、物理治疗（真空负压助勃装置）和心理治疗等。

口服药物根据作用部位，分为中枢性和周围性两大类。根据作用部位又可分为中枢启动剂（如阿朴吗啡)、中枢调节剂(如曲唑酮)、周围启动剂(如前列腺 E2)、周围调节剂(如西地那非,国内名万艾可,该药是高度选择性磷酸二酯酶 V 型抑制剂,是目前药物治疗 ED 的第一线口服药物,它的安全性和有效性已得到肯定)。

4. 损伤程度与伤残等级 《人体损伤程度鉴定标准》规定,损伤导致器质性阴茎勃起轻度障碍为轻伤二级;损伤导致器质性阴茎勃起中度障碍为轻伤一级;损伤导致器质性阴茎勃起重度障碍为重伤二级。

《道路交通事故受伤人员伤残评定》(GB 18667-2002)规定,影响阴茎勃起功能为 X 级伤残;严重影响阴茎勃起功能为 IX 级伤残;阴茎勃起功能障碍为 VIII 级伤残;阴茎勃起功能严重障碍为 VI 级伤残;阴茎勃起功能完全丧失为 IV 级伤残。

《劳动能力鉴定 职工工伤与职业病致残等级》(GB/T 16180-2014)规定,损伤导致的性功能障碍为八级伤残。但对于不同程度的性功能障碍并未做进一步的分级。

三、早泄

早泄是指性交时阴茎刚插入阴道或尚未插入阴道即出现射精,以致不能完成性交的整个生理过程的现象。

(一)原因和机制

早泄绝大多数是功能性的,器质性的少见。习惯性手淫、长期禁欲、性观念偏差、性交环境和场合不适当、性伴侣之间的紧张、包茎或包皮过长等都可能是早泄的原因。此外,泌尿生殖器官的局部炎症或病变的刺激,也容易导致早泄。

(二)临床表现

早泄主要表现是阴茎刚插入阴道或尚未插入阴道即出现射精,正常性交生理反应过程不足或缺失。

(三)法医学鉴定

早泄是最常见的男性性功能障碍之一,但它与 ED 相比较,过去很少作为一种疾病就诊。随着社会的开放,性知识的普及,近年来就诊者日益增多。由于早泄绝大多数是功能性的,器质性原因少见,因此不宜进行损伤程度或伤残等级鉴定,对此类患者应以心理治疗和行为治疗为主,必要时辅以药物治疗,一般均能收到良好的效果。

第三节 女性性功能障碍

女性性功能障碍是指女性性行为和性感觉的障碍,影响正常的性生活,具体表现为性生理反应的反常与缺失。女性性功能障碍可发生于性生理反应周期的任何一个环节。

一、分类

女性性功能障碍分为性欲障碍,包括性欲低下、性欲亢进和性厌恶;性唤起障碍;性高潮障碍;性交障碍,包括性交疼痛、阴道痉挛和性交不能。

(一)性欲障碍

1. 性欲低下 性欲受体内激素水平的调节,同时受社会、家庭、精神状况、周围环境等因素的影响。常见的原因有心理性性欲低下和器质性性欲低下,此外,酗酒和吸毒也会影响性欲。

性欲低下常伴有性唤起和性高潮障碍,对性欲低下的诊断,必须考虑年龄、个人的生活方式及各种慢性疾病等因素。

2. 性厌恶 多见于 40 岁以下的女性,社会心理因素在性厌恶的发病原因中占有重要地位。

3. 性欲亢进 女性性欲亢进临床上少见,发生的原因主要有内分泌功能失调和神经精神因素两方面,此外某些药物也可引起性欲亢进。

（二）性唤起障碍

性唤起障碍（sexual arousal disorder）是指女性对性刺激持续性缺乏反应，主观上缺乏性兴奋、性快感，客观上缺乏阴道润滑、生殖器充血肿胀或其他躯体反应。

性唤起的生理反应依赖于血管及神经系统功能的完整性，这两个系统的损害和病变都可能导致性唤起障碍。此外，创伤性的性经历也是造成性唤起障碍的一个重要的心理因素。

（三）性高潮障碍

女性性高潮障碍（sexual orgasm disorder）是指女性有正常的性要求，但在接受足够的性刺激下，不出现持续性的性兴奋，以致不能达到性高潮和性快感。女性性高潮障碍分为原发性障碍和继发性障碍两大类，前者主要由精神创伤，特别是创伤性性经历所导致，后者可继发于一些器质性损伤。

（四）性交障碍

女性性交障碍（coital disorder）是指由于女方的原因致使性交困难甚至无法进行性交，包括阴道痉挛、性交疼痛和性交不能。

1. 阴道痉挛（vaginismus）　是指女性持续性反复出现的阴道外 1/3 肌肉群非自主性痉挛性收缩所导致的性交疼痛或性交不能。

阴道痉挛的发生与试图插入阴道的方式无关，不管是配偶的阴茎或妇科检查时医生的手指，均可引起阴道痉挛。这种痉挛性收缩是以自主的非随意的方式发生的，女性不能自主控制。

临床上常见的阴道痉挛有下列三种类型：Ⅰ°：痉挛局限于会阴部肌肉和提肛肌肌群；Ⅱ°：痉挛不仅局限于会阴部，扩展至包括整个骨盆的肌群；Ⅲ°：除包括整个骨盆肌群发生痉挛性收缩外，臀部肌肉群也发生不随意收缩使臀部抬高，出现双腿内收，并极力后撤，甚至喊叫。

阴道痉挛的原因可以是器质性原因，也可以是心理性原因，或两者同时存在或互为因果存在。器质性原因有处女膜坚韧，处女膜、外阴及阴道外伤后瘢痕收缩狭窄或粘连，外阴及阴道的炎症等；心理性原因有精神创伤、性知识的不足、配偶性行为粗暴、新婚性生活造成的痛苦等。

2. 性交疼痛（dyspareunia）　是指女性在性交过程中，持续反复出现因性交动作而引起的外阴、阴道或下腹部的疼痛。性交疼痛可诱发性唤起与性高潮功能障碍，甚至是阴道痉挛。

性交疼痛可以由心理性因素或器质性因素引起，心理性因素有精神创伤、与配偶的感情不和、错误的性教育及性知识缺乏等；器质性因素有阴道润滑功能障碍、子宫内膜异位症、外阴及阴道的损伤以及生殖器官的炎症、先天性的外阴与阴道畸形等。

3. 性交不能（impotence）　是指女性阴道不能容纳阴茎或阴茎不能插入阴道完成性交。常见的原因有：外阴或阴道的损伤引起外生殖区广泛瘢痕形成、外阴粘连、阴道口闭锁或阴道口粘连狭窄等；先天性无孔处女膜、处女膜肥厚坚韧、阴道缺如或闭锁、阴道横膈或纵隔畸形等。

二、临床检查

女性性功能障碍的临床检查包括了解详细的病史、系统的体格检查和必要的实验室检查等。

（一）病史询问

详细了解被检人的目前和既往性生活情况，既往病史，有无不良嗜好，如吸烟、酗酒、吸毒以及与配偶的感情等。

（二）体格检查

除常规检查外，重点检查第二性征与生殖器官，注意被鉴定人的体型、乳房发育、阴毛分布以及有无男性化的表现等；注意有无先天性畸形、有无外伤后遗留的瘢痕、有无炎症以及妇科疾病与性传播疾病等。

（三）实验室检查

通过血尿常规、肝肾功能、空腹血糖、糖耐量试验、血胆固醇、甘油三酯、低密度和高密度脂蛋白等检查，分析判断有无慢性肝肾疾病、糖尿病和动脉粥样硬化等。

激素的检测应包括促黄体激素(LH)、促卵泡激素(FSH)、促乳激素(PRL)、雌激素(E_2)、甲状腺激素(T_3T_4)、黄体酮(P)、睾酮(T)等。

三、法医学鉴定

(一)女性性功能障碍的认定

根据详尽的病史资料、临床表现、系统的体格检查和实验室检查结果认定。

法医学鉴定一般只对器质性功能障碍进行损伤程度和伤残等级评定。对于心理性因素导致的女性性功能障碍应建议进一步治疗,包括精神与心理治疗、行为治疗和必要的药物治疗等。

(二)损伤程度与伤残等级

《人体损伤程度鉴定标准》的规定,阴道轻度狭窄为轻伤一级;阴道重度狭窄为重伤二级。

《道路交通事故受伤人员伤残评定》(GB 18667-2002)规定,外阴、阴道损伤致阴道狭窄影响功能为X级伤残;外阴、阴道损伤致阴道狭窄,严重影响功能为Ⅷ级伤残;外阴、阴道损伤致阴道狭窄,功能障碍为Ⅵ级伤残;外阴、阴道损伤致阴道严重狭窄,功能严重障碍为Ⅴ级伤残;外阴、阴道损伤致阴道闭锁为Ⅳ级伤残。

《劳动能力鉴定　职工工伤与职业病致残等级》(GB/T 16180-2014)规定,阴道狭窄为七级伤残;阴道闭锁为五级伤残。但对阴道狭窄的程度未做进一步的分级。

本章小结

本章主要介绍性生理反应与性功能障碍的概念和分类;阴茎勃起功能障碍原因与机制、临床检查与法医学鉴定;早泄的原因和机制、临床表现与法医学鉴定;女性性功能障碍的原因和机制、临床表现、临床检查与法医学鉴定。

人类性行为主要涉及性欲望、性唤起、性高潮与性满足等几个方面。性反应过程包括兴奋期、持续期、高潮期和消退期,这些过程不仅需要神经系统、血管系统、内分泌系统和生殖系统的正常,而且还需要健康的心理状态和适当的环境与场所。当男女任何一方与"性活动"有关的器官发生器质性病变,或者出现心理异常不能进行正常的性活动时,即为"性功能障碍"。

性功能障碍分为广义和狭义两种。广义的性功能障碍是指性交能力障碍和生殖能力障碍,包括性交不能和生殖不能。狭义的性功能障碍是指性行为和性感觉的障碍并影响正常的性生活,表现为性生理反应的异常或性反应周期的缺失。

阴茎勃起功能障碍分为器质性障碍和非器质性障碍,其中器质性障碍根据病因不同又分为神经性ED、血管性ED、内分泌性ED和药物性ED等。在法医学鉴定中,一般首先通过NPT或AVSS检查区分器质性功能障碍和非器质性功能障碍,通过阴茎血管功能检查判断是否为血管性ED,通过神经电生理学检测判断是否为神经性ED,通过实验室的性激素序列测定判断是否为内分泌性ED,根据既往病史和药物使用情况的调查,在排除上述器质性病变基础上通过实验性治疗进一步判断是否为药物性ED。

(焦　炎)

思考题

1. 性功能障碍的概念与分类。
2. 男性性功能障碍的分类与表现。
3. 阴茎勃起功能障碍的病因与诊断标准。
4. 女性性功能障碍的分类与表现。

第十六章　妊娠、分娩、流产

学习提要

【掌握内容】　妊娠、分娩与流产的概念；外伤性流产的法医学鉴定。

【熟悉内容】　妊娠的辅助检查方法；胚胎停育的原因；流产的原因和分类；流产的临床表现和类型；非法终止妊娠的不良后果。

【了解内容】　妊娠、分娩的临床表现，非法终止妊娠的方法。

妊娠、分娩、流产属于性行为中的生殖与生育问题，在刑事与民事案件中有时会需要对妊娠、分娩、流产等进行法医学鉴定。如外伤是否导致流产、女性是否妊娠、是否分娩以及女性罪犯是否妊娠和分娩给予监外执行等问题。

第一节　妊　　娠

妊娠（pregnancy）是胚胎（embryo）和胎儿（fetus）在母体内发育成长的过程。男女性交（或人工授精）后，精子与成熟卵子在妇女生殖道内结合，即为妊娠的开始；妊娠第 3 周孕卵进一步发育成长，并进入胚胎阶段；妊娠第 8 周，胚胎发育成长为胎儿，当胎儿及其附属物自母体排出后即为妊娠的终止。

一、概述

（一）受精

女性月经初潮是青春期开始的重要标志，随着月经初潮，女性方有受精怀孕的可能。

性成熟期妇女每月定期排卵一次，据研究，不论月经周期长短，排卵多发生在下次月经来潮前 14 天左右。卵子从卵巢排出经输卵管伞部进入输卵管内，停留在壶腹部与峡部连接处等待受精，射入阴道的精子约经 30 分钟经子宫到达输卵管，在狭窄环处一个精子与卵子结合称之为受精（fertilization）。受精发生在排卵后 12 小时内，整个受精过程约需 24 小时。

月经周期可因人、因时有相应的变化，故受孕时间的推算有一定误差。因此，在推算是否受孕及受孕时间时，要询问其月经史、末次月经、来潮时间及月经的规律性。

随着近年人工授精和试管婴儿等生殖技术的不断发展，双胎妊娠较以前有所增加。双胎分单卵性双胎与双卵性双胎，前者为性别、相貌、体质、性格、智力、血型、指纹等特征均非常相似，后者系指同一月经周期排出双卵同时受精，上述特征不一定相似。双卵在不同时间受精，如先后与两个男子性交，就会涉及亲权鉴定的问题。

（二）妊娠期

正常妊娠期按公历计算为 9 个月零 7 天（农历为 10 个月），共 40 周，平均 280 天。推算方法是按末次月经的第一天开始计算,直至分娩止。实际上每一个妇女的妊娠期可因个人的因素而有所变动,由于对成熟胎儿标准的认定不一致,妊娠期也有一些差异。Poten 认为成熟儿妊娠期短为 250 天,长可达 308 天,甚至更长;也有学者认为成熟儿的妊娠期为 250～306 天,最短为 226 天。

预产期的推算(expected date of confinement,EDC),一般从末次月经第一日算起,月份加 9(或减 3)即预产期的月份,日数加 7 即预产期(农历换算为公历再推算)。如末次月经是 2007 年 2 月 8 日,则预产期为 2007 年 11 月 15 日。推算出的预产期与实际分娩日期可以相差 1～2 周。临床上分娩在预产期前后 2 周均属正常。如果末次月经期不能记忆,或在哺乳期内怀孕时,可根据早孕反应开始出现的时间(妊娠 6 周左右)、胎动开始时间(妊娠 18～20 周)、子宫底高度来估计预产期。

二、临床表现

(一)主要症状与体征

1. 停经　停经是妊娠最早的症状,但不是妊娠特有的症状。因情绪紧张等精神因素可引起停经,卵巢功能不足或因卵巢病变或患有全身消耗性疾病或因某些药物的影响和其他内分泌功能紊乱等也可以引起闭经。由于多种生理及病理情况均可发生停经,故停经后除考虑怀孕外,还需考虑妊娠以外的其他因素。

2. 生殖器官变化　阴道黏膜充血变软,停经至 6～8 周,血管怒张,黏膜完全呈紫色,即 Chadwich 现象,为妊娠证据之一;子宫颈变软,停经至第 6 周明显,血管充血、水肿,特别是子宫峡部变软、变长,内诊时似有颈体脱离感,即 Hegar sign 阳性,是早期妊娠比较可靠的诊断指标;子宫体增大变软,停经至 5～6 周时子宫体呈球形,以后逐渐增大,停经至 12 周时子宫底超出骨盆腔,可在耻骨联合上方触及。

3. 乳房变化　自停经 8 周起,乳腺腺泡及乳腺小叶增生发育,使乳房逐渐增大。孕妇自觉乳房轻度胀痛及乳头疼痛。检查时可见乳头突起,乳晕增宽,颜色加深,乳晕周围有蒙氏结节显现,对初产妇诊断价值较大。

4. 其他反应　约半数妇女在停经 6 周左右,有头晕、乏力、嗜睡、食欲减少,清晨有恶心及呕吐等早孕反应(morning sickness),大约在停经 12 周左右,反应自行消失。

妊娠第 4 个月,腹壁皮肤正中线色素沉着,形成黑线,妊娠中后期,腹部膨隆,可形成妊娠纹,初产(孕)为紫红色,经产妇为白色。有的孕妇颜面部皮肤还可出现黄褐斑(妊娠斑)。

(二)辅助检查

1. 妊娠试验　妊娠试验是利用生物免疫学技术检测受试者体内绒毛膜促性腺激素(human chorionic gonadotropin,HCG)水平的方法。妊娠时,绒毛膜分泌大量促性腺激素进入血液之后从尿中排出,用生物免疫测定的方法早期即可从血液中测出 β-HCG,末次月经后 35 天起可测出尿中 HCG,停经后 65 天达最高峰,以后逐渐减少,分娩后 6 天左右消失,胎儿死后 8～30 天转变为阴性。

2. 超声检查　妊娠 6～8 周后可应用超声检查,了解胚胎发育情况并探测胎心音,对早孕诊断和胚胎发育判断具有极其重要价值。

三、法医学鉴定

(一)妊娠的认定

根据临床症状、体征与辅助检查结果认定。若停经后早期检测仍难确诊时,可延迟 1～2 周后复查确定。在诊断早孕时,对临床表现不典型者,应注意与卵巢囊肿、子宫肌瘤甚至膨胀的膀胱尿潴留相鉴别。

(二)鉴别诊断

1. 异位妊娠(ectopic pregnancy)　习称宫外孕,包括输卵管妊娠、腹腔妊娠、卵巢妊娠、阔韧带妊娠、宫颈妊娠等,其中输卵管妊娠常见。当异位妊娠发展到一定程度(多在妊娠后 2～3 个月)会突然破裂，因此有时可能涉及破裂与暴力之间因果关系问题。

2．想象妊娠　有时并未妊娠，但却有妊娠的自觉症状，如出现恶心、呕吐等早孕反应，并且体重增加，腹部膨隆，多见于渴望妊娠或恐惧妊娠的妇女。

3．隐瞒妊娠　出于不同目的隐瞒妊娠，如未婚先孕，违反计划生育政策等。

4．伪装妊娠　无妊娠而诈称妊娠，多见于拐卖儿童案件。也有个别罪犯为获取监外执行而伪装妊娠，但无任何妊娠的客观指征。

（三）妊娠时间的推定

在确定妊娠同时，常需确定受孕时间及胎龄。妊娠时间可通过性交时间、停经日期、胎动时间、子宫大小及宫底高度、羊水细胞学检查、B超等方法推定。

1．子宫大小及宫底高度推定，见表16-1。

表 16-1　不同妊娠周期的子宫底高度

妊娠周期	手测宫底高度
12 周末	耻骨联合上 2～3 横指
16 周末	脐耻之间
20 周末	脐下 1 横指
24 周末	脐上 1 横指
28 周末	脐上 3 横指
32 周末	脐与剑突之间
36 周末	剑突下 2 横指
40 周末	脐与剑突之间或略高

2．羊水细胞学检查　胎儿上皮细胞经硫酸尼罗染色呈蓝色，皮脂腺细胞呈橘黄色。判定标准：橘黄细胞在 10% 左右，示胎龄在 34 周左右；橘黄细胞在 10%～15%，示胎龄在 38～40 周；橘黄细胞在 50% 以上，示胎龄在 40 周以上。

3．其他检查　①妊娠 3 月后可用 B超测量双顶径以推测妊娠期限，每周增长 0.3～0.4cm，从 36 周以后曲线变平坦，妊娠 20 周双顶径为 4.5cm，至成熟期达 9.3cm；②妊娠 18～20 周时，孕妇能自觉胎动，随着妊娠月份的增加胎动更为明显及频繁，妊娠 7～8 个月时胎动达高峰。妊娠 20 周用听筒听诊器经孕妇腹壁能听到胎儿心音，每分钟 120～160 次，但须与子宫血管杂音及主动脉音相鉴别。妊娠 20 周以后可经腹壁触知胎体，妊娠 24 周后可区分胎头、胎臀、胎背及胎儿肢体；③一般在 18～20 周后，即可查到骨骼，X 线可显示胎儿骨骼及骨化中心，但对于希望分娩妊娠妇女禁用。

（四）胚胎停育与死胎

广义的死胎是指胚胎发育停滞，胎儿在宫腔内或分娩过程中死亡。胚胎停育（embryo damage）是指妊娠早期胚胎因某种原因所导致的发育停止。死胎（fetal death）是指妊娠 20 周后胎儿在子宫内死亡，如果胎儿在分娩过程中死亡，则称死产（stillbirth），也是死胎的一种。死胎在宫腔内停留过久，能引起母体凝血功能障碍与感染，因此在临床上如果胚胎未流出的话，需要进行人工流产或引产。

1．发育停滞与死胎的原因　①胎盘及脐带因素：如前置胎盘、胎盘早剥、脐带扭转等；②胎儿因素：胎儿严重畸形、胎儿宫内发育迟缓、胎儿宫内感染、遗传性疾病、母儿血型不合等；③子宫局部因素：子宫张力过大或收缩力过强、子宫肌瘤、子宫畸形、子宫破裂等局部缺血而影响胎盘、胎儿；④孕妇因素：严重的妊娠合并症、并发症，如妊娠高血压疾病、过期妊娠、糖尿病、慢性肾炎、心血管疾病、全身和腹腔感染、各种原因引起的休克等。胚胎停育，孕妇的妊娠反应会逐步消失。首先是恶心、呕吐等早孕反应和乳房发胀的感觉逐渐减弱；其次，阴道流血，常为暗红色血性白带；最后下腹疼痛，排出胚胎，也有直接出现腹痛，然后流产或胚胎停育后无明显症状。

2. 发育停滞与死胎的判定　B超检查可见妊娠囊内胎芽或胎儿形态不整，无胎心搏动，或妊娠囊枯萎。具体表现为：①如≥6周无妊娠囊，或虽有妊娠囊但变形皱缩；②当妊娠囊已≥4cm却看不到胎芽；③胎芽的头臂长度≥1.5cm却无胎心搏动。

另外，β-HCG测定也有助于胚胎停育的诊断。如≥5周，血β-HCG＜100IU/L；≥6周，血β-HCG＜2000IU/L，提示绒毛膜促性腺激素分泌不足；动态观察其值不再上升者，则可判定绒毛上皮衰退，胚胎发育异常。

第二节　分　娩

一、概述

妊娠满28周以上的胎儿及其附属物，从临产发动至从母体全部娩出的过程，称分娩（delivery）。妊娠满28周，不满37周期间的分娩称为早产（premature delivery）；妊娠满37周，不满42周期间的分娩称足月产（term delivery）；妊娠满42周或超过42周的分娩称过期产（postterm pregnancy）。

分娩的法医学鉴定主要涉及母亲生产后弃婴案件的确认。

二、临床表现

当临近分娩期，常有分娩的先兆症状。在分娩前数周，可有不规则的宫缩，力量弱、持续时间短；在分娩前24～48小时内，从阴道内可见少量血性黏液排出，俗称"见红"。

（一）产程

临产（parturient）开始的标志为规律且逐渐增强的子宫收缩，持续30秒或30秒以上，间歇5～6分钟，同时伴有进行性宫颈管消失、宫口扩张和胎先露部下降。

1. 第一产程　即宫颈扩张期。从间隔5～6分钟的规律宫缩到宫口开全，初产妇约需11～12小时，经产妇约需6～8小时。

2. 第二产程　即胎儿娩出期。从宫口开全到胎儿娩出，初产妇约需1～2小时，经产妇数分钟即可完成，但也有长达1小时者。

3. 第三产程　即胎盘娩出期。从胎儿娩出到胎盘娩出，约需5～15分钟，不超过30分钟。

（二）产褥期

产褥期（puerperium）是指从胎盘娩出至产妇全身各器官（除乳腺外）恢复或接近正常未孕状态所需的时间，一般为6周。但实际上所有产褥期征象经分娩后两周均会很快消失，尤其是多产妇、经产妇的产褥期征象消失较快。

1. 子宫复旧　胎盘娩出后的子宫逐渐恢复至未孕状态的过程。在子宫腔内查出胎盘碎片或绒毛膜组织，是产褥期的确证。分娩后15日内子宫呈典型变化，子宫底每天下降1～2cm，经10～14天降入骨盆腔，当子宫继发感染时，常影响复旧过程。

2. 恶露　产后随子宫蜕膜的脱落，含有血液、坏死蜕膜等组织经阴道排出，称恶露（lochia）。正常恶露有血腥味，但无臭味，持续4～6周，总量为250～500ml。若子宫复旧不全或宫腔内残留胎盘，多量胎膜或合并感染时，恶露增多，血性恶露持续时间延长并有臭味。

3. 其他变化　①阴道壁黏膜松弛，皱褶消失，处女膜破裂失去原形，残留处女膜痕。阴道外口充血、水肿，可伴外阴及阴道裂创，阴唇系带断裂，充血水肿经2～3周瘢痕修复；②胎盘娩出后的宫颈充血、水肿，较薄而松软，呈外翻状，子宫颈口张开，发生横裂，约经7～10天，内口关闭，产后4周恢复正常；③继妊娠期乳房增大，松软，结节状乳晕增宽，乳头明显，乳晕、乳头着色更明显，同时乳汁分泌；④产后腹壁明显松弛、起皱，有妊娠纹，腹壁紧张度需在产后6～8周恢复。

三、法医学鉴定

（一）分娩的认定

根据产后征象（即产褥期征象）结合妊娠经过以及娩产过程等认定妇女是否分娩。

有些妇女为了掩盖产褥期征象，故意早下床作未产姿态。也有少数产妇称未感觉娩产经过，可能是在熟睡中或因脑卒中等突发昏迷或晕厥时，或因酒醉、催眠及麻醉等情况下无意识状态下娩产，尤其是经产妇有可能发生这种情况。早产、足月产和过期产给母体带来的变化基本相同，这些变化是判定分娩的依据，其中产妇可留下永久性改变，如前述处女膜、子宫颈外口、外阴、腹壁的改变。

（二）未产妇与经产妇的鉴别

未产妇的外阴皮肤肌肉紧张润泽，两侧大阴唇自然合拢，遮盖阴道口及尿道外口，阴道黏膜有皱褶，宫颈口呈圆孔形、光滑，乳房皮肤紧张，乳头短，凹陷，腹壁紧张，无妊娠纹。

经产妇的外阴皮肤松弛、皱褶，有色素沉着，大阴唇由于分娩影响向两侧分开，处女膜可见破裂痕，阴道皱褶减少或消失，宫颈口呈横裂形，可见破裂痕；乳房松弛，乳头粗长，周围有色素沉着，腹部松弛，可见陈旧性妊娠纹。

（三）分娩时间的推定

根据产褥期的复旧现象以及新生儿特征性变化推定分娩时间。

分娩后 3 日内恶露呈红色，逐渐转为浆液恶露，约 2 周后变为白色恶露，持续 3 周左右干净。此外，根据产伤自然愈合规律也可推测分娩时间。

胎盘娩出后子宫底即刻降至脐下 1 横指，12 小时后子宫底稍上升平脐，以后每日下降 1～2cm，至产后 10 天子宫降入骨盆腔，6 周后趋于正常。子宫颈管分娩后是张开的，12～24 小时后开始缩小，3 周后完全缩小。

分娩后 24 小时内尿素氮含量 7～9g/L，2～3 天后增加 30%～50%，10 天后恢复正常。

第三节　流　　产

一、概述

妊娠不足 28 周、胎儿体重不足 1000g 而终止妊娠者称为流产（abortion）。流产发生于妊娠 12 周以前者为早期流产；发生在妊娠 12 周，不足 28 周者为晚期流产。此外，流产根据流产的方式还分为自然流产和人工流产。

由于母体疾病或胚胎发育不良等原因致妊娠终止，将胚胎或胎儿排出子宫者，称为自然流产。以实施计划生育或为妇女保健、疾病治疗为目的，在法律许可的范围内由医务工作者施行的流产称为人工流产。

非法终止妊娠又称堕胎（illegal abortion），是指违反法律有关规定，人为地终止妊娠的行为。

（一）流产原因

流产的原因包括胚胎因素、母体因素、环境因素和胎盘因素。

1. 胚胎因素　精子染色体畸变或精子核不成熟是造成女性流产最常见的男方因素，其中染色体异常又是早期流产最常见的原因，约占 50%～60%。流产时间越早，流产儿的染色体异常率越高。

流产儿染色体异常包括染色体数目异常和染色体结构异常，其中染色体数目异常在染色体异常中占绝大多数，常见的染色体数目异常有三体型、单体型、三倍体和嵌合体型等。染色体结构异常主要为染色体断裂、倒置、重复、缺失和易位。

除遗传因素外，感染、药物等因素也可引起胚胎染色体异常。

胚胎因素导致的流产，多为空孕囊或已退化的胚胎，少数发育至妊娠足月也多为畸形儿、代谢异常儿或功能缺陷儿。

2．母体因素 主要有疾病、内分泌与免疫异常与创伤等。

（1）全身性疾病：感染性、传染性和慢性疾病都可以导致流产。衣原体、支原体、单纯疱疹病毒、弓形体和巨细胞病毒等不仅可以导致早期自然流产，还可以导致胚胎或胎儿死亡；流行性感冒、伤寒、肺炎等急性传染病所引发的高热进而导致子宫收缩是流产的一个重要因素；严重贫血、心力衰竭、慢性肾炎或高血压病等全身慢性疾病也是流产的常见原因。

（2）生殖器官疾病：子宫畸形、盆腔肿瘤、宫颈内口松弛、子宫内膜感染等均可引发流产。

（3）内分泌功能不全：黄体功能不足、孕激素分泌不足，甲状腺功能减退、糖尿病血糖控制不良等均可导致流产。

（4）免疫功能异常：免疫功能异常是早期反复自然流产的重要因素，而且随着流产次数的增多，部分患者存在自身免疫抗体，其中最常见是抗磷脂抗体。

（5）应激反应：精神刺激、惊恐、恐惧、过度紧张、焦虑、抑郁、忧伤等精神创伤可以诱发子宫收缩导致流产。

（6）创伤因素：机械性外力作用于膨胀的子宫导致胎盘早期剥离可导致流产，机械性外力所致膀胱损伤也可以通过神经反射引发子宫收缩而导致流产。此外，损伤局部组织释放的一些化学物质，通过血循环也可诱发子宫收缩或子宫血管痉挛而导致流产。

3．环境因素 化学、物理等环境因素不仅可引起妇女内分泌功能紊乱、月经失调，而且还可导致生殖细胞、受精卵以及胚胎损害，引发流产、死胎、早产、胎儿畸形及新生儿畸形。①化学因素：如砷、汞、铅、苯等重金属，甲醛，滴滴涕，乙烯基氯，氯丁二烯各种致畸药物；②物理因素：如放射线、电离辐射、高温、微波、噪音和振动等物理因素；③激素类药物：如乙芪酚等激素类药物；④其他因素：如烟、酒和麻醉药物等其他因素。

4．胎盘因素 胎盘在正常情况下附着于子宫体部的后壁、前壁或侧壁。如果胎盘位置异常也会导致胚胎停育或流产。

（1）前置胎盘（placenta praevia）：孕28周后若胎盘附着于子宫下段低于胎先露部或胎盘下缘达到或覆盖宫颈内口，称为前置胎盘。

前置胎盘可能与下列因素有关：①子宫内膜病变或损伤：如多次刮宫、分娩、子宫手术等；②胎盘异常：如双胎妊娠时胎盘面积过大；③受精卵滋养层发育迟缓：受精卵到达子宫腔后，滋养层尚未发育到可以着床的阶段，继续向下游走到达子宫下段，并在该处着床而发育成前置胎盘。

（2）胎盘早剥：妊娠20周后或分娩期，正常位置的胎盘在胎儿娩出前，部分或全部从子宫壁剥离，称胎盘早剥（placental abruption）。

胎盘早剥可能与以下因素有关：①孕妇血管病变：孕妇患严重妊娠高血压、慢性高血压、慢性肾脏疾病或全身血管病变时易发生胎盘早剥；②机械性因素：外伤尤其是腹部直接受到撞击或挤压；脐带过短（<30cm）或脐带因绕颈、绕体相对过短时，行外转胎位术矫正胎位；③宫腔内压力骤减：双胎妊娠分娩时，第一胎娩出过速，羊水过多时，人工破膜后羊水流出过快，使宫腔内压力骤减；④子宫静脉压突然升高：妊娠晚期或临产后，孕妇长时间仰卧位，巨大妊娠子宫压迫下腔静脉，回心血量减少，血压下降，此时子宫静脉淤血，静脉压增高，蜕膜静脉床淤血或者破裂，形成胎盘后血肿；⑤其他：如高龄孕妇、吸烟、可卡因滥用、机体代谢异常、有血栓形成倾向以及子宫肌瘤等一些高危因素与胎盘早剥均有关。

（二）主要症状与体征

流产的主要症状与体征是阴道流血和腹痛。早期流产的全过程均伴有阴道流血，出现阴道流血后，胚胎分离及宫腔内存有的血块刺激子宫收缩，出现阵发性下腹疼痛；晚期流产时，胎盘已形成，流产过程与早产相似，先有阵发性子宫收缩，然后胎盘剥离，阴道流血出现在腹痛之后。

（三）流产的类型

临床上根据流产的时间、程度以及感染和既往流产的情况将流产分为先兆流产、难免流产、不全流产和完全流产、稽留流产、反复流产等不同类型。

1. 先兆流产（threatened abortion）　在妊娠28周前，先出现少量阴道流血，继之常出现阵发性下腹痛或腰背痛，妇科检查宫颈口未开，胎膜未破，妊娠产物未排出，子宫大小与停经周数相符，妊娠有希望继续。

2. 难免流产（inevitable abortion）　指流产已不可避免，由先兆流产发展而来。此时，阴道流血量增多，阵发性下腹痛加重或出现阴道流液（胎膜破裂）。妇科检查宫颈口已扩张，有时可见胚胎组织或胎囊堵塞于宫颈口内，子宫大小与停经周数相符或略小。

3. 不全流产（incomplete abortion）　指妊娠产物已部分排出体外，尚有部分残留子宫腔内，由难免流产发展而来。由于宫腔内残留部分妊娠产物，影响子宫收缩而使子宫出血不止，甚至因流血过多而发生失血性休克。妇科检查宫颈口已扩张，不断有血液自宫颈口内流出，有时尚可见胎盘组织堵塞于宫颈口或部分妊娠产物已排出于阴道内，而部分仍留在宫腔内。一般子宫小于停经周数。

4. 完全流产（complete abortion）　指妊娠产物已全部排出，阴道流血逐渐停止，腹痛逐渐消失。妇科检查宫颈口已关闭，子宫接近正常大小。

5. 稽留流产（missed abortion）　又称过期流产，是指胚胎或胎儿已死亡滞留在宫腔内尚未自然排出。胚胎或胎儿死亡后子宫不再增大反而缩小。

6. 复发性流产（recurrent spontaneous abortion，RSA）　指自然流产连续发生3次或3次以上。

7. 流产合并感染（septic abortion）　流产过程中，若阴道流血时间过长、有组织残留于宫腔内或非法堕胎可引起宫腔内感染，严重感染可扩展到盆腔、腹腔乃至全身，并发盆腔炎、腹膜炎、败血症及感染性休克等。

（四）流产的检查

观察被鉴定人全身状况以及身体各部位有无损伤，了解被鉴定人既往有无流产史和其他疾病。妇科检查时，注意宫颈口是否扩张，羊膜囊是否膨出，有无妊娠产物堵塞于宫颈口，子宫大小与停经周数是否相符，有无压痛等。对诊断有困难者，可进行必要的辅助检查。

发生流产后应检查流产物是否为胚胎、胚胎是否完整，胚胎是否存在发育异常，同时注意检查胎盘绒毛结构的变化并行阴道细胞学检查。

二、外伤性流产

外力直接作用于子宫导致妊娠的终止并将胚胎排出体外，称为外伤性流产（traumatic abortion）。一般情况下，健康孕妇虽受一定程度的损伤，甚至比较严重的损伤，不一定流产，多数流产是因母体原有疾病或习惯性流产所致。因此，确定外伤与流产的因果关系是法医学鉴定的重要内容之一。

（一）原因与机制

损伤导致外伤性流产的原因主要有生物性损伤、化学性损伤和物理性损伤三大类，其中物理性损伤，以机械性损伤最常见。

1. 损伤局部反应对妊娠的影响　外力直接作用于子宫，可以造成胎盘早剥、先兆流产、难免流产、早产和死胎等。

2. 损伤的全身反应对妊娠的影响　机体遭受创伤后，会出现一系列应激反应，尤其以代谢及内分泌改变最为突出。广泛多发性损伤，可导致神经、精神、内分泌、循环代谢障碍，甚至多器官功能衰竭等，可影响或终止妊娠。此外，外伤后的精神因素，如恐慌、惊吓、抑郁等，也可以诱发流产。

（二）临床表现

损伤局部，特别是腹部可见皮下出血、擦伤、挫裂伤的外力作用指征；阴道流血，胎盘剥离，胚胎排出体外，严重者可导致阴道大出血、感染及子宫破裂等并发症。

（三）法医学鉴定

1. 外伤性流产的认定　根据妊娠临床体检的资料、流产的临床表现以及胚胎病理学检查结果，分析判定是否妊娠、是否流产、流产的类型以及与外伤的关系。

（1）根据外伤史和临床表现判断损伤与流产的关系：对于外伤后流产的病例，首先应了解被鉴定人的年龄、职业、停经时间、生活环境与既往孕产史，注意是否有吸烟、酗酒习惯，是否接触过有毒物质、电离辐射和噪音与高温等，有无与流产相关的疾病；其次，详细了解案情，明确受伤经过，暴力大小、方向和作用部位，受伤后的症状与体征以及就医情况，比如腹痛、阴道流血与流产发生的时间，临床检查结果与治疗情况。

（2）根据胚胎发育情况判断损伤与流产的关系：在有明确外伤史的前提下，通过 B 超、激素水平以及病理学等检查判断胚胎（或胎儿）发育是否正常。

在法医学鉴定中，外伤性流产认定的主要依据：①必须有明确的外伤史，尤其注意有无腹部及腰背部外力作用，且外力具有一定强度；②伤前 B 超、激素水平等检查结果证实胚胎发育正常；③伤后出现腹痛、阴道流血、胚胎娩出等流产的临床表现；④对阴道排出物进行病理学检验，证实为正常胚胎；⑤排除母体可能导致流产的相关疾病。

对于不能满足上述 5 项条件的，原则上不能认定外伤性流产。但如果腹部受到强大外力作用或者反复受到外力作用足以导致流产，并且伤后短时间内流产且胚胎发育正常的，可推定外伤为主要原因或直接原因；对于腹部受到外力作用较小，伤后短时间内流产的病例，外伤可考虑为流产的诱因，其损伤程度根据体表软组织或其他部位的损伤情况评定。

2. 损伤程度与伤残等级　确定流产与外伤的关系后，依据流产的类型、流产的并发症等和相关鉴定标准评定损伤程度与伤残等级。

《人体损伤程度鉴定标准》规定，外伤性先兆流产为轻微伤；外伤性难免流产、外伤性胎盘早剥为轻伤二级；损伤致早产或者死胎、损伤致胎盘早期剥离或者流产，合并轻度休克为重伤二级。

由于单纯的外伤性流产不会导致机体组织结构的改变和永久性的功能障碍，因此，在《道路交通事故受伤人员伤残评定》（GB 18667-2002）和《劳动能力　职工工伤与职业病致残等级》（GB/T 16180-2014）鉴定标准中没有规定，如合并其他部位损伤或遗有功能障碍的，依据相关标准和规定进行评定。

第四节　非法终止妊娠

非法终止妊娠（illegal abortion）是指违反法律规定，人为地终止妊娠，使胎儿过早地娩出的行为。

在我们国家，公民拥有生育选择权，法律不禁止人工流产，选择人工流产是公民的自由。非法终止妊娠多数是由于害怕暴露妊娠的真相，由非专业医务人员，甚至孕妇自己秘密施行。由于所使用的方法缺少医学根据或达不到医学要求，往往未能实现流产的目的，反而导致其他并发症的发生，不仅损害了孕妇的健康，有时甚至危及生命。

一、非法终止妊娠的常见方法

1. 物理方法　在妊娠初期，采用机械性外力，如打击下腹部、全身剧烈运动等方式使下腹部强烈震动，导致胎盘早期剥离，胎儿死亡诱发流产；或采用玻璃棒、筷子等异物插入宫颈内并扩张宫颈，诱发宫缩或刺破胎膜、剥离胎盘而终止妊娠。

此外，利用热水浴、阴道内灌热水、腹部热敷或拔火罐等使盆腔及子宫内膜充血诱发宫缩，或用电流作用于下腹壁刺激子宫产生收缩而终止妊娠；也有使用肥皂水、苏打溶液、氨液、来苏儿液、碳酸水、PP 水、流产膏剂（含碘和麝香草酚）等液体注入子宫内，致使胎盘剥离而终止妊娠。

2. 药物作用　使用能引起宫缩或痉挛的药物，如麦角、奎宁、催产素等引发流产；使用能引起盆腔及子宫内膜充血、出血的药物，如硫酸镁等引发流产；使用能引起胎儿中毒死亡的药物，如黄磷、铅、汞、亚砷酸等引发流产；使用能损害血管壁使胎盘血循环障碍的药物，如磷、砷等引发流产；还有一些对子宫根本没有作用而被误传可以堕胎的药物或食品。

3. 非法行医 由非专业医务人员，以专业医务人员名义或医务人员非法进行刮宫、引产或剖宫手术等。

上述方法可被非法终止妊娠者反复应用或合并使用，往往先用药物非法终止妊娠无效，再用器械插入子宫内或灌注液体堕胎。

非法终止妊娠效应一般经 12 小时或 1～2 天，有时需要经过几天后胚胎才能排出。

有的因使用方法不当而且反复使用，对孕妇的损害后果严重。故对非法终止妊娠进行法医学鉴定时，必须做详细的身体检查，必要时需要进行药物定性与定量分析，才能做出正确的结论。

二、非法终止妊娠的不良后果

1. 反射性休克 常发生在未麻醉条件下的非法终止妊娠，如宫颈被强烈扩张或向宫腔注入大量液体，由于液体过冷、过热或刺激过快、过强，可引起反射性休克，甚至即刻死亡。

2. 组织器官损伤 采用机械性方法堕胎可导致阴道壁损伤、子宫颈裂伤、子宫破裂或穿孔，甚至合并腹腔内贯通创伤以及大出血等；有时腹腔内出血未能及时发现和救治可导致失血性休克而死亡；流产不全者，由于部分胎盘滞留，也可导致大出血或宫腔内感染。

3. 中毒 因使用过量非法终止妊娠的药品可引起中毒，甚至中毒致死。有的因药物过敏致休克；有的因子宫内注入腐蚀性药液，引起阴道、宫颈管及子宫的广泛腐蚀性坏死与中毒，如升汞、来苏儿、铅等。

4. 栓塞 包括空气栓塞、脂肪栓塞或羊水栓塞。由于加压输入宫腔大量液体，同时又带入大量空气致使空气或液体进入破裂的胎盘血窦，导致母体空气栓塞或脂肪栓塞等，如果空气一次进入超过 60～100ml 便可致死。中晚期非法终止妊娠，有时可因胎盘早剥，胎膜早破，宫颈内压增高将羊水挤入血窦，导致母体羊水栓塞。

5. 继发感染 细菌由外阴部及会阴部进入或由不洁堕胎工具带入子宫腔内引发感染，特别是在子宫壁损伤基础上或使用刺激性药物时更易发生。急性化脓性子宫内膜炎，附件炎，盆腔炎，腹膜炎，盆腔脓肿，败血症等可致肝、肾衰竭，感染性休克而死亡。

三、法医学鉴定

非法终止妊娠的法医学鉴定主要是确定是否施行了非法终止妊娠，非法终止妊娠的时间，非法终止妊娠的手段，非法终止妊娠的后果。

1. 非法终止妊娠的认定 主要根据母体有无妊娠以及堕胎所致损伤，并结合胎儿及其附属组织的检查判断，同时需要注意与自然流产进行区别。

妊娠早期流产，宫颈外口可无裂伤，仅见充血肿胀，流产后 2～3 天改变不明显。

2. 损伤程度与伤残等级 主要根据非法终止妊娠的并发症和后遗症依照相关的标准进行评定。

本章小结

本章主要介绍了与法医学鉴定有关的妊娠、分娩、流产与非法终止妊娠等，重点是流产的病因、临床表现、流产与外伤关系的分析与判断。

妊娠是胚胎和胎儿在母体内发育成长的过程，精子与成熟卵子在妇女生殖道内结合，即为妊娠的开始；妊娠第 3 周孕卵进一步发育成长并进入胚胎阶段；妊娠第 8 周，胚胎发育成长为胎儿，当胎儿及其附属物自母体排出后即为妊娠的终止。

妊娠后孕妇会出现一系列的症状与体征，妊娠试验和超声检查是了解胚胎发育并判断是否早孕的重要方法。

胚胎停育是指妊娠早期胚胎因某种原因所导致的发育停止。死胎是指妊娠20周后胎儿在子宫内死亡，如果胎儿在分娩过程中死亡，则称死产，也是死胎的一种。死胎在宫腔内停留过久，能引起母体凝血功能障碍与感染，因此在临床上如果胚胎未流出的话，需要进行人工流产或引产。

胚胎停育B超检查可见妊娠囊内胎芽或胎儿形态不整，无胎心搏动或妊娠囊枯萎。另外，β-HCG测定也有助于胚胎停育的诊断。

妊娠不足28周、胎儿体重不足1000g而终止妊娠者称为流产。流产发生于妊娠12周以前者为早期流产；发生在妊娠12周，不足28周者为晚期流产。

妊娠满28周以上的胎儿及其附属物，从母体全部娩出的过程，称分娩；妊娠满28周，不满37周期间的分娩称为早产；妊娠满37周，不满42周期间的分娩称足月产；妊娠满42周或超过42周的分娩称过期产。

由于母体疾病或胚胎发育不良等原因导致妊娠终止，并将胚胎或胎儿排出母体外，称为自然流产；以实施计划生育或为妇女保健、疾病治疗为目的，由专业医务工作者施行的流产称为人工流产；违反法律规定人为地终止妊娠行为，称为非法终止妊娠或堕胎。

在临床上，除根据胎儿发育程度可以推测妊娠期限外，根据胎盘重量也可以推算出妊娠月数。

流产的病因复杂，包括胚胎因素、母体因素、环境因素和胎盘因素。在法医学鉴定中，对于外伤后流产，首先应了解流产患者的年龄、职业、停经时间、生活环境与既往孕产史以及有无与流产相关的疾病等。其次详细了解案情、受伤具体经过、外力大小、作用方向、作用部位以及外伤后的症状和体征等。

外伤性流产的法医学认定必须具有明确的外伤史，在全面掌握相关临床资料基础上，排除非外伤性流产等因素后才能认定外伤性流产。

非法终止妊娠的法医学鉴定主要根据母体有无妊娠以及堕胎所致损伤，结合胎儿及其附属组织的检查进行判断。

（赵丽萍）

思考题

1. 妊娠、分娩与流产的概念。
2. 流产的病因、临床表现与流产的类型。
3. 外伤性流产的法医学鉴定。
4. 非法终止妊娠的常见方法与非法终止妊娠的不良后果。

第十七章 虐 待

学习提要

【掌握内容】 虐待的概念与类型；常见的虐待方式；虐待的主要症状与体征；虐待的法医学检查；虐待儿童的法医学鉴定；虐待老人的法医学鉴定。

【熟悉内容】 虐待儿童的概念；虐待儿童的临床表现；虐待老人的概念；虐待老人的临床表现。

【了解内容】 虐待相关法律规定及所构成的罪名。

第一节 概 述

一、虐待的概念

虐待（maltreat，abuse）是指通过直接或间接暴力的方式，对他人进行肉体或者精神折磨使之痛苦或屈服的行为。

随着社会政治、经济、文化的发展以及不同社会性质和法律文化背景的差异，世界各国对虐待的理解不尽相同，但对他人进行肉体或者精神上的折磨、摧残是虐待的基本特征。

二、虐待的法律责任

《中华人民共和国刑法》第二百六十条规定："虐待家庭成员情节恶劣的，处二年以下有期徒刑、拘役或者管制。犯前款罪，致使被害人重伤，死亡的处二年以上七年以下有期徒刑"；第二百四十七条规定："司法工作人员对犯罪嫌疑人、被告人实行刑讯逼供或者使用暴力逼取证人证言的，处三年以下有期徒刑或者拘役"；第二百四十八条规定："监狱、拘留所、看守所等监管机构的监管人员对被监管人进行殴打或者体罚虐待，情节严重的，处三年以下有期徒刑或者拘役；情节特别严重的，处三年以上十年以下有期徒刑"；第四百四十三条规定："滥用职权，虐待部属，情节恶劣，致人重伤或者造成其他严重后果的，处五年以下有期徒刑或者拘役；致人死亡的，处五年以上有期徒刑。"

2015 年 11 月开始施行的《刑法修正案（九）》规定："对未成年人、老年人、患病的人、残疾人等负有监护、看护职责的人虐待被监护、看护的人，情节恶劣的，处三年以下有期徒刑或者拘役。""单位犯前款罪的，对单位判处罚金，并对其直接负责的主管人员和其他直接责任人员，依照前款的规定处罚。有第一款行为，同时构成其他犯罪的，依照处罚较重的规定定罪处罚。"

在日常生活中，由于施虐者与被虐者所处的地位不同，被虐待的对象主要为共同生活的家庭成员、犯罪嫌疑人、监狱中的罪犯、军队中的士兵以及幼儿园、学校中的未成年人等。由于虐待的对象、虐待的情节和后果的不同，法律责任也不相同。

虐待罪是指对共同生活的家庭成员，经常以打骂、捆绑、冻饿、限制自由、凌辱人格、不给治病或者强迫作过度劳动等方法,从肉体上和精神上进行摧残迫害,情节恶劣的行为。

虐待罪的构成是以被虐待人"告诉"为前提,并且虐待人与被虐待人为共同生活的家庭成员(不论是血缘关系、婚姻关系、收养关系的家庭成员)。此外,虐待行为具有经常性和反复性,且造成一定的后果。《刑法修正案(九)》将虐待罪构成的告诉条款修改为:犯虐待罪告诉的才处理,但被害人没有能力告诉,或者因受到强制、威吓无法告诉的除外。

虐待部属罪是指军事机构单位中具有指挥权的人员滥用职权,对其属下采取殴打、体罚、恐吓、冻饿等有损身心健康的手段,折磨和摧残部属的行为。

刑讯逼供罪、暴力取证罪、虐待被监管人罪是指司法工作人员行使侦查、检察、审判、监管职责中对于犯罪嫌疑人、罪犯实施的虐待行为,包括各种伤害、体罚和非人道的行为。

虐囚现象一直是国际社会关注的焦点。近年有关虐囚的手段,除了常见的殴打、体罚、人体试验和强迫从事超负荷的体力劳动之外,一些具有明显种族歧视和破坏宗教信仰的虐囚新手段不断出现。因此,出于对待战俘的生命健康权和尊严权等基本人权的保护,各国在努力推进国际法律新秩序的同时,也制定了一些禁止虐待俘虏的相关法律。如《中华人民共和国刑法》第四百四十八条规定:"虐待俘虏,情节恶劣的,处三年以下有期徒刑。"

此外,根据虐待的对象、目的、手段、性质与后果,虐待行为也可能构成侮辱罪、伤害罪、强奸罪和猥亵罪等。

三、虐待的类型

虐待的手段可以是直接暴力,也可以是间接暴力,虐待的方式可以是躯体损害,也可以是精神损害,如恶意谩骂、侮辱等。因此,根据施虐者在实施虐待的手段和方式的不同,将虐待分为直接虐待和间接虐待、躯体虐待和精神虐待等四种类型。

1. 直接虐待 通过暴力手段直接对被虐待者精神与躯体进行折磨和摧残。主要的手段与方式:①对被虐者进行侮辱、讽刺和恶意谩骂;②用机械性暴力等手段直接造成被虐待者躯体损伤;③限制人身自由、体罚、强迫重体力劳动,甚至强迫自杀等。

2. 间接虐待 通过暴力手段间接对被虐待者精神与躯体进行折磨和摧残。主要的手段与方式:①不提供生活必需的用品,致使被虐者挨饿、受冻等;②有病、有伤时不允许或不给予医治等。这类虐待方式的主要特点是由于施虐者的不作为而导致被虐待人精神与躯体的损害。

3. 躯体虐待 通过直接或间接暴力方式故意对被虐待者躯体进行损害,包括殴打、烧烫、强迫劳动、有病不予医治以及体罚等手段,造成被虐待者的躯体受到损害。

4. 精神虐待 通过直接或间接的暴力方式故意对被虐待者基本的精神需求(如爱、安全、自尊)进行侵犯和剥夺,包括限制人身行动自由、谩骂、恐吓、侮辱、拒绝、威胁、孤立、漠视等手段,造成被虐待者的心理与精神受到损害。

躯体与精神损害是相对的,躯体虐待也可以伴有精神损害,精神虐待也可以导致躯体的损害。

四、虐待的形式

1. 伤害 是指施虐者通过暴力手段直接对被虐待者进行打骂,造成被虐待者躯体的损伤和精神的损害。

2. 忽视 是指长期忽视被虐待者的基本生理和情感的需求,从而导致被虐待者不能正常生活或正常的生长发育,常见于虐待老人和虐待儿童的案件。

3. 饥饿 是指不予提供足够的食物,致使被虐待者食物摄取不足导致营养缺乏和机体功能障碍,被虐待者多为未成年人、老人、残疾人等。

4. 性侵害和性虐待 是指对被虐待者在其非自愿的情形下实施性侵犯、其性行为以攻击和折磨为特征,可伴发躯体的损伤。具体的表现形式和手段包括:暴露展示与抚弄性器官,强行手淫,强制性通过口腔、肛门进行性行为,将异物置入生殖道、肛门和直肠内等。

五、主要症状与体征

(一)损伤

由于施虐者应用的手段多种多样,因此虐待损伤的种类、临床表现不一,损伤轻重程度也不尽相同。但主要的特点是受伤范围比较广泛,损伤类型多样,并且往往新旧损伤同时存在。

1. 软组织损伤 以头面部、腰背部及四肢损伤部位较常见。上述部位因遭受钝性暴力的作用而造成皮肤擦伤、挫伤、血肿和挫裂创。由于损伤是在不同时间形成,在皮肤上常常可以发现新旧程度不同的皮下出血。此外,软组织损伤的形态特点可以反映损伤形成的方式,如施虐者使用烟头烧和开水烫,则可在皮肤上见到新旧不等的形状相同的烟头灼伤和烫伤的瘢痕;手指拧捏及扼压,则在相应部位可发现类圆形的皮下出血及指甲痕。

2. 骨折 被虐待者全身各个部位均可出现不同类型的骨折,其中以四肢长骨、肋骨及脊柱为多见。骨折的最大特点是新旧不等、范围不一、程度不同且愈合不良。

3. 颅脑损伤 被虐待者可在打击、抓扯、牵拉等作用方式下发生秃发改变、头皮擦挫伤、头皮撕脱伤和帽状腱膜出血。严重者可导致广泛和复杂的颅骨骨折以及脑损伤。

4. 内脏损伤 如心肺挫伤、泌尿生殖器官的挫伤、肝、脾及胃肠破裂等。

5. 眼、耳、鼻和口腔的损伤 被虐待者可有眼部损伤、鼓膜穿孔、鼻骨骨折、牙齿松动或脱落以及颌骨骨折等。

(二)营养不良

营养不良是指由于能量和(或)蛋白质摄入不足,导致营养状况不佳或不能维持正常的生长发育状态,长期的营养不良可以因饥饿而死亡。

在临床上常见的营养不良主要有三种类型:①能量供应不足为主,表现为体重明显减轻,皮下脂肪减少者称为消瘦型;②以蛋白质供应不足为主,表现为水肿的称为浮肿型;③介于两者之间的消瘦 - 浮肿型。

由于营养缺乏,尤其是蛋白质、维生素缺乏,早期表现为身体明显消瘦、体温偏低、尿量增多、皮下脂肪减少。男性可有性功能减退,甚至阳痿,女性则出现闭经。心血管系统主要表现为血压偏低、心率减慢、心音低钝、面色苍白及手足冰凉等;神经系统表现为注意力不集中、精神涣散、记忆力减退、反应差,精神抑郁,甚至出现低血糖昏迷和痴呆,严重者会出现全身水肿,也称饥饿型水肿。小儿长期营养不良会导致发育障碍。营养不良程度分级见表 17-1。

表 17-1 营养不良程度分级

指标	轻度营养不良	中度营养不良	重度营养不良
体重(kg)	标准体重 80%~90%	标准体重 60%~80%	标准体重 <60%
肌酐 - 身高指数(%)	60~80	40~60	<40
白蛋白浓度(g%L)	0.30~0.35	0.21~0.30	<0.21
铁蛋白浓度(g/L)	1.50~1.75	1.00~1.50	<1.00
总淋巴细胞(×10⁹/L)	1.2~1.5	0.8~1.2	<0.8

六、法医学检查

虐待形成的损伤是确定虐待的主要依据,检查前应详细了解案情及被虐待者的生活工作环境,认真听取被虐待者本人及其父母、监护人或陪同人的陈述。

1. 个人特征 注意检查被虐待者的身高、体重、营养及发育状态等;注意检查衣着情况,如清洁程度、是否褴褛、有无补丁等;注意观察被虐待者的精神和情绪状态,观察有无害怕及胆怯的情况。

2. 身体检查　详细检查全身有无损伤,损伤的种类和形状,并用文字和拍照方法记录损伤的具体部位、数目,确定损伤的时间及损伤程度。对儿童还应注意有无长期受虐所致耳聋或视力障碍等。

3. 辅助检查　除身体检查外,还应注意采用借助其他辅助检查手段,如 B 超、CT、MRI 对被鉴定人的损伤程度与损伤时间进行确认。X 线检查有助于发现各种程度不一的新旧骨折。

第二节　虐 待 儿 童

一、概述

儿童特别是学龄前儿童的生长、发育有赖于亲人或抚养人的哺育、抚养和爱护,儿童能否健康的成长直接影响其个人、家庭的幸福和社会的稳定。如果儿童在生长发育期反复受到打骂、不准吃饱穿暖或随意体罚,必然会造成这种儿童在生理上和心理上的严重伤害。长期反复的躯体暴力还可导致儿童伤残或死亡,法医学上把这种被虐待的儿童称为虐待儿(child abuse)。被虐待儿童所表现的症状和体征叫虐待儿综合征(child abuse syndrome)。

在世界上不同国家、不同地区和不同种族都存在对儿童使用暴力的问题。虐待儿童不单纯是一个医学问题,更是一个社会问题。

目前,国内外对虐待儿童尚无统一的界定,1999 年世界卫生组织对虐待儿童作了如下描述:虐待儿童是指对儿童有义务抚养、监管及有操纵权的人有意做出的足以对儿童健康、生存、生长发育及尊严造成实际的或潜在的伤害行为,包括各种形式的躯体虐待(physical abuse)、性虐待(sexual abuse)、情感虐待(emotional abuse)及忽视(child neglect)(包括躯体忽视、教育忽视、情绪忽视等)等。根据此定义,儿童的虐待应具备以下特点:①施虐者与被虐待儿童之间有着密切的关系;②虐待应达到一定严重程度;③虐待的方式可以是躯体虐待、性虐待、情感虐待或忽视。

由于虐待儿年幼,常不能准确诉说伤情,而且在采集病史或案情调查时,很难从施虐者中得到准确资料,因而给诊断和鉴定带来困难。因此,对虐待儿进行鉴定时,必须进行全面系统的检查。

美国的一项统计调查表明,每年约有两百万儿童遭受虐待。在我国,尽管至今为止没有一个全国性调查,但有人统计,至少不在百万之下。在西方工业发达国家,发现有儿童被虐待事实时,父母的一方、家庭成员、邻居、幼儿园和学校老师都有义务和责任向司法部门举报,否则一经查出,知情不报者将要受到惩处。我国于 1991 年 9 月 4 日通过并于 1992 年 1 月 1 日起开始正式实施的《中华人民共和国未成年人保护法》,对维护未成年人的合法权益,提供了法律的保障。

二、原因

对儿童进行施虐者,大多数是虐待儿的父母,特别是养父母、继父母,尤以继母多见,偶有祖父母或其他监护人或保护人。对儿童进行施虐的原因多种多样,主要有家庭不和睦、婚姻不如意或者是家庭经济困难,将儿童作为发泄对象;也有因儿童智能低下或患有先天性疾患而受到歧视或产生遗弃想法的;在农村则有重男轻女,偏爱男孩虐待女孩的;也有养父母、继父母,由于不是亲生而对继养子女进行虐待;还有儿童本身或教育方法的原因,如儿童性格固执,我行我素,多次说服仍不改正或儿童与父母的期望值相差甚远者招致虐待。此外,还有反常行为者对儿童反复的性侵害或性虐待。

三、手段与方式

1. 躯体虐待　通过直接或间接的暴力手段故意对儿童躯体进行摧残和折磨。

2. 精神虐待　也称情感虐待,是指父母或照看人不提供适于孩子情感和智能发育的条件。任何对儿童忽视进而导致其行为异常均为情感虐待,如限制儿童的行动、自由,批评、诋毁、嘲讽、威胁和恐吓、歧视、排斥,以及通过非语言的方式拒绝和排斥孩子等。

3. 性侵害 包括向儿童暴露生殖器,在儿童面前手淫,对儿童进行性挑逗,触摸或抚弄儿童的身体(包括乳房或外阴部),迫使儿童对其进行性挑逗和性挑逗式地触摸其身体,在儿童身上故意摩擦其性器官,用口接触儿童的外阴部,迫使儿童用口接触性侵者的性器官,试图与儿童进行性交或强迫儿童进行性交等。

4. 忽视 是指父母或照看人故意疏忽地对待儿童,不提供爱、关心,或者将儿童置于妨碍其正常生长及发育的环境,或者将儿童暴露在任何一种危险之中,从而导致儿童的健康或身心受到伤害。

在各种虐待方式中51%为性虐待,34%为肉体虐待,15%为儿童忽视。一般来说,虐待的手段与方式可以互相交叉,大多数情况下为两种或两种以上形式共存,任何形式的虐待都会包含一定的情感虐待,而且虐待具有反复发生的倾向。

四、临床表现

虐待儿以4岁以下儿童为多见,因生活不能自理,需要他人的照顾和哺育。长期受虐待的儿童,往往身体瘦小、精神萎靡、营养不良、发育障碍及智力低下。由于虐待儿无抵抗能力,因此损伤可见于身体各个部位,损伤形式也多种多样,以软组织损伤及骨折最为常见。

(一)软组织损伤

1. 挫伤 常见于面部、臀部、四肢及腰背部等软组织丰满的部位,多系钝器打击,手指抓捏所形成,由于损伤不在同一时间形成,可见挫伤的颜色不同,新旧不等。如果虐待儿某处反复遭受打击,还可见大面积的软组织挫伤,甚至皮下血肿。

2. 擦伤 由人体表面与粗糙的物体相摩擦而形成,可发生在体表任何部位,但以身体突出部位较多见。如虐待儿童在粗糙的地面被拖拉,与地面相接触的部位则可见皮肤擦伤。虐待儿的皮肤擦伤可以新旧并存,表明受伤不在同一时间。

3. 挫裂创 多见于皮肤衬垫有坚硬骨骼的部位,如头部、肩部、胫前部。常系较大钝性暴力打击所致,挫裂创创缘不整齐,往往伴有皮肤擦伤及皮下出血,创腔内有组织间桥和异物残留。

4. 烧烫伤 常见于用香烟头烧灼虐待儿皮肤。检查时可在虐待儿局部皮肤见到类圆形的与烟头大小相似的烧伤,由于烧灼的时间不同可呈现红斑、水疱、坏死、瘢痕等,甚至焦化或炭化。烧伤多见于四肢,也可见于身体其他地方。

有的虐待儿尚可见口腔黏膜的挫伤或挫裂伤,多系面部遭受拳击所致。腹部损伤的特点往往为外表轻微,内脏损伤严重。

(二)骨折与关节损伤

虐待儿的骨及关节损伤多系闭合性损伤,常因钝性暴力的作用引起,如直接撞击、打击、挤压、扭捏或摇晃等。

虐待儿发生的骨折,往往由于年幼不能诉说症状,或由于害怕而不敢讲述受伤经过,因此具有显著的隐蔽性。虐待儿骨折发生后往往表现为哭闹不安,骨折局部可有皮下出血、肿胀、压痛、关节畸形、活动障碍等。陈旧性骨折可无明显的症状和体征,单纯的体格检查常不易发现,X线检查对于判定虐待儿骨折及骨折的时间具有重要意义。

虐待儿的骨折常为多发性,也可以单发,如果反复虐待致伤,则可造成多次骨折。小儿骨折愈合较成人快,但虐待儿往往因健康不佳、营养不良等因素,加之得不到照顾和治疗,造成骨折迁延愈合,甚至由于并发症而影响预后。

虐待儿的骨折常发于头部、四肢与肋骨。虐待儿多发性骨折如在X线片上各骨折处于不同的愈合期,说明为多次暴力造成。

(三)眼损伤

虐待儿的眼损伤最常见为拳击伤,眼损伤主要表现为眼内出血,如视网膜出血及玻璃体积血,还可见视网膜破裂、视网膜脱离及伤后视网膜黄斑部瘢痕形成等。视网膜出血后血液积聚于视网膜下,常引起视网膜脱离，出血也可进入玻璃体内或视神经鞘内，引起上述部位继发性出血。

虐待儿眼内出血，尤其是视网膜出血多见于头部被猛烈的前后运动时，颅内出血、颅内压急剧升高所致。主要的机制为小儿头部相对较大较重，脑在前后运动时产生的剪切力使硬脑膜与软脑膜之间的桥静脉发生破裂，引起硬脑膜下出血，因颅内压升高引起视网膜的静脉压急剧升高，造成视网膜中央静脉在视网膜脉络膜吻合处受压，导致视网膜血管破裂出血。

（四）颅脑损伤

最常见的损伤是硬脑膜下出血。由于小儿颅骨较薄，颅骨骨缝未完全骨化，有弹性，当头部受到暴力作用时，不一定发生颅骨骨折，但颅骨凹陷可压迫脑组织，或头部因惯性而前后移位产生的剪切力可使软脑膜和硬脑膜之间的桥静脉发生破裂，进而引起硬脑膜下出血。

（五）性器官损伤

虐待儿的性器官损伤多出现于遭受性侵害的情形下，因暴力作用所致的局部外伤，如会阴肿胀、阴道出血、抓伤、咬伤、撕裂伤、外口松弛，处女膜破裂，阴茎及睾丸的红肿、出血、挫伤、破裂等。性器官损伤不仅常伴发肛门和直肠的出血、裂伤或者过度扩张松弛等，也能引起排尿障碍等功能障碍。此外，异常分泌物、异物、因性传播疾病的感染损害也可以见于性器官损伤当中。

（六）发育障碍

虐待儿的发育障碍常表现为营养不良、体格生长迟缓而低于正常范围。年龄越小，虐待对脑发育的影响愈显著，从而会对认知、情感和心理发育产生严重的负面影响。具体表现为焦虑、恐惧相关的神经通路被频繁活化，敏感度增加，导致"过度发育"；而综合思考、逻辑推理、语言和情感的神经通路却被抑制，难以获得充分发育。

（七）精神异常

儿童遭受虐待还会导致精神与行为的异常，学龄前儿童常表现为生理节律紊乱、过多恐惧、饮食和睡眠障碍、出现多噩梦和遗尿等，年龄较大的儿童表现为焦虑、社交处理障碍、自闭；随着年龄的增长，酗酒、吸毒、暴力攻击等异常行为的发生率明显增加，创伤后应激障碍、抑郁等精神异常的发生率也显著增加。此外，性虐待所致的性早熟、性行为异常等并不鲜见。

五、法医学鉴定

（一）损伤认定

应详细了解案情，分析判断损伤的类型、损伤的性质、损伤的次数、损伤的时间、损伤的程度以及虐待手段。法医学鉴定时还应注意虐待伤与疾病或意外灾害事故所造成的损伤相鉴别。

由于虐待儿年幼或恐惧等原因，不能自述受伤情况，而监护人所提供的材料又不一定真实可靠，因此，需要向知情者如幼儿园教师、周围邻居了解被虐待情况，获得可靠材料。

针对受性虐待儿童存在表达困难等，可以借助人体模型、解剖图和绘画等工具帮助询问，并详细记录。

此外，法医学鉴定时要注意虐待儿生长发育、营养状况及衣着情况，对体表损伤的部位、形状、颜色等应作详细描述并拍照。涉及性侵害时，还应检查会阴部、阴茎、处女膜等性器官以及肛门、直肠的状态。对于精神和行为，检查的内容应包括言谈的速度、形式、内容、思维逻辑，情绪和感知状态，必要时应通过主观询问与客观观察来评估其认知功能和自知力，面部的表情变化有助于推测虐待儿所处的情绪状态。

X线检查对确证骨骼的损伤有重要价值。如发现有多发性骨折及陈旧性骨折，尤其是新旧不同的骨折，应高度怀疑为虐待伤。精液斑迹、性传播疾病的病原检查可为性侵害提供客观证据。

（二）损伤程度与伤残等级

对于虐待儿的损伤程度和伤残等级主要根据虐待造成虐待儿组织结构的破坏与形态改变以及所遗留的功能障碍，依照相应标准进行评定。

第三节 虐待老人

一、概述

老年人由于生理的自然衰老和社会变迁过程中利益分配关系的重新调整等原因，满足自身基本需求和权益诉求的能力受到限制，从而成为一个易遭受虐待的弱势群体。虐待老人作为一项严重的公共卫生问题和具有深刻影响的社会现象，在世界性范围内普遍存在，但关于老年人群体受虐待程度的信息却少之又少，尤其是在发展中国家。大部分虐待老人案件因许多老年人害怕或受传统观念束缚而不为人知。此外，虐待往往具有一定的隐匿性，甚至受害人自己可能都未意识到。目前据世界卫生组织估计，约有4%~6%的老人报告遭到严重虐待；据发达国家的报告显示，美国老人虐待的发生率在3%~5%之间，每6例老人虐待事件中，仅有1例会被报告；在英格兰至少有50余万老年人曾经遭受虐待而不为人所知或不知道该如何采取措施应对这一问题。

由于社会制度和法律体系的差异，对虐待老人的认识和定义也存在明显不同。世界卫生组织确定的虐待老人定义为："在任何理应相互信任的关系中，导致老人受到伤害或痛苦及处境困难的单次或重复行为，或缺乏适当行动的方式。此类暴力是对人权的侵犯，包括身体、性、心理、情感、财务和物质虐待，遗弃，忽视以及严重缺少尊严和尊重"。这里的"老年人"是指因为年龄（通常指65岁及以上）、疾病、精神状况或其他失能而无法照顾自己，无法保护自己不受到伤害的人。从广义的层面理解，除了年老的人以外，往往容易被忽视的存在失能的成年人也在前述定义范围内，这部分人并非仅仅因为其年长，而是由于其失能导致无法保护自己。该定义的立足点在于"虐待是一人或多人对其他个体的人身权利和公民权益的侵犯"，这种侵犯可能是对老年人权益一次或多次发生的直接侵犯，也可能是不作为的行为。

目前，尽管各国政府已经开始采取措施管控虐待老人的行为，少数国家甚至设立虐待老人罪，我国《老年人权益保障法》第四十六条规定"以暴力或者其他方法公然侮辱老年人、捏造事实诽谤老年人或者虐待老年人，情节较轻的，依照治安管理处罚条例的有关规定处罚；构成犯罪的，依法追究刑事责任。"但虐待老年人仍未得到像儿童虐待问题同样的广泛重视。

二、原因

虐待老人的主要原因：①照顾老人时面临的心理压力和工作负荷转化为虐待行为；②家庭暴力被其承担照顾老人的成员习惯性应用于解决人际关系冲突；③某些具有行为异常和精神问题的个体在其要求未得到老年人的支持而获得满足时转变为虐待等。虐待老人主要发生于家庭当中，也可发生在托养机构内，实施者既包括家庭成员，也有托养机构的员工和陌生人。

三、手段与方式

目前较常见虐待老人的手段与方式有：

1. 躯体虐待　通过暴力手段直接或间接使老年人的身体受到创伤和痛苦，包括殴打、推搡、滥用药物、控制、饥饿或强制喂食等，部分会遗留为永久损害，甚至死亡。

2. 精神虐待　通过威胁、恐吓、侮辱、孤立等语言或非语言的方式造成老人的精神心理创伤。这类虐待常以贬低或削弱老年人的个性、尊严为特征，包括威胁遗弃，剥夺接触，责怪，辱骂，骚扰，隔离或使其脱离照管服务、威逼订立遗嘱、拖欠养老金等。

3. 性虐待　包括性骚扰、性侵犯、性攻击。

4. 忽视和疏漏　无视老年人基本的医疗或身体护理需求的行为，拒绝提供生活的必需品、医疗、保健或社会保障等服务。

四、临床表现

老年人多存在机体生理功能衰退，在暴力作用下，会表现出多种形式的损害后果，不仅包括擦伤、挫伤、撕裂伤、骨折等机械性损伤，也包括营养不良、精神障碍、卫生状况恶劣导致的感染和褥疮等。此外，损伤常与固有的疾病并存，疾病与损伤共同作用导致机体损害。

（一）软组织损伤

1. 机械性损伤　常见损伤皮肤表层的擦伤和造成皮肤全层分裂损伤的挫裂伤。由于老年人皮肤的厚度和弹性均随年龄降低，皮肤的抗拉强度也随之下降，增加了剪切力创伤的易感性，较轻的外力均可致老年人的擦伤。多发性挫伤常是虐待老人的特征性损伤，钝力作用导致皮肤下的小血管破裂后血液向周围组织扩散，加之老年人的组织吸收能力降低，有时可以持续存在数月。由于反复损伤的时间不同，因此遗留皮下出血也呈现不同的颜色。

2. 高低温损伤　老年人被置于高温环境下，可以发生中暑。被置于低温环境下，手、足、耳、鼻等远端血液循环不足和暴露的部位易发生冻伤。

3. 褥疮　老年人易发生因长期体位压力引起局部循环不良导致皮肤、皮下组织和骨隆起上部肌肉缺血性坏死和溃疡形成。由于老年人痛觉减退或者在自主行动能力受限等情形下，往往不能及时发现，加之老年人营养状况差、免疫系统功能减退、修复能力差等，褥疮常愈合困难。

（二）骨折

骨折是受虐待老人最常见的损伤。由于老年人的骨质变薄、密度减小，加之营养不良、维生素D缺乏等增加了骨折发生的概率，同时老年人也有较高的自发性骨折风险。

（三）营养不良

饥饿所致的营养不良的表现与蛋白质、维生素的缺乏和整体的消化吸收功能相关。早期可表现为身体明显消瘦，体温偏低，尿量增多，后期可出现双下肢水肿甚至全身水肿，严重者则可出现胸腔积液和腹水。

（四）精神异常

由虐待尤其是情感虐待导致的精神行为异常最为常见的是抑郁症状，其他症状还包括焦虑、敌视及回避症状等。抑郁的具体表现往往以睡眠障碍、食欲变化、社会接触减少、兴趣丧失、冷漠以及自杀观念等。而这些精神症状既是虐待的后果也是导致虐待行为发生的危险因素。

五、法医学鉴定

（一）损伤认定

对被虐待的老人进行法医学鉴定应仔细询问案情，除听取家庭成员、看护人员的陈述外，还应调查相关知情者与既往疾病诊疗和个人营养状况以及被鉴定人的家庭或养老机构状况，此外还可以通过老年人受虐待的筛查量表进行评估。

法医学鉴定时除注意对被鉴定人身高、体重、皮肤弹性、有无水肿等进行检查外，重点是体表软组织、骨与关节等易于受到虐待致伤的部位。此外，也要注意对被鉴定人神志、精神状态、反应能力进行检查。

X线、CT和MRI等影像学检查手段有助于确认骨骼及其周围的软组织损伤。血常规、血糖、血清总蛋白、白蛋白水平、血清必需氨基酸和非必需氨基酸水平、血酮、尿酮、24小时尿液尿素及肌酐等以及基础代谢率的测定，对营养不良的确认具有重要意义。

根据案情、临床表现和辅助检查的结果分析判断被鉴定人有无损伤、有无营养不良等。老年人由于行动不便，往往容易造成意外损伤，因此是虐待形成还是意外伤害需要进行鉴别。此外，还有一些老年人由于精神方面的问题，也会无中生有的控告被其子女虐待。

（二）损伤程度与伤残等级

根据损伤当时的情况、损伤的并发症和后遗症依据相关的鉴定标准评定损伤程度和伤残等级。

本章小结

本章主要介绍了虐待的概念、虐待行为的特征、常见的类型、损伤的特点以及法医学鉴定的基本原则。

虐待是指通过直接或间接暴力的方式，对他人进行肉体或者精神折磨使之痛苦或屈服的行为。

虐待的类型主要有直接虐待、间接虐待、躯体虐待、精神虐待等，虐待的手段和方式有伤害、忽视、饥饿等。虐待损伤的特点是损伤范围广泛，损伤类型多样，且新旧损伤同时存在。

法医学鉴定的重点是确定有无损伤和损伤的类型与作用方式。由于施虐者与被虐待者往往具有一定的亲属关系或抚养关系，而且又是共同生活在一起的家庭成员，因此被虐待者往往不敢或不愿说明损伤形成的真正原因，施虐者也往往否认是本人所造成。因此需向知情人了解被虐待者的家庭状况、生活和学习情况，特别注意调查平日是否存在经常殴打、辱骂等行为。此外，对于体表损伤要注意分析判断损伤时间、损伤种类和性质，对于怀疑脏器损伤的应进行辅助检查。同时还要特别注意检查被虐待者的发育、营养状况及精神状态。

由于虐待常常导致受害人的心理与精神创伤，特别是对于未成年人，除评定损伤程度和伤残等级外，还需要特别注意精神与心理状态的检查和评估，全面分析判断虐待的后果。

（云利兵）

思考题

1. 虐待的概念与类型。
2. 虐待儿童的临床表现。
3. 虐待老人的临床表现。
4. 虐待与相关的法律规定。

第十八章 诈病与造作伤

学习提要

【掌握内容】 诈病及造作伤的概念、特点与法医学鉴定要点；诈聋、诈盲的特点与鉴定要点；造作伤的特点与法医学鉴定要点。

【熟悉内容】 伪装失语、诈瘫的特点及鉴别。

【了解内容】 伪装疼痛、伪装血尿、伪装神经症的特点及鉴别要点。

第一节 诈 病

一、概述

（一）诈病的概念

为了达到某种目的，身体健康的人假装或伪装成患有某种疾病，称为诈病（simulation，malingering）。诈病多见于故意伤害和意外事故的受害人或刑事犯罪的行为人。如头部受伤后，受害人伪装头痛、耳聋、眼盲，甚至瘫痪等，以追究加害人的刑事与民事责任；犯罪嫌疑人或罪犯伪装成精神疾病或其他严重疾病丧失劳动能力等，以逃避刑事责任或刑事处罚。

广义的诈病还包括诈伤及夸大病情（aggravation），如伤病者对损伤或疾病的症状与体征故意夸大，希望通过夸大病情达到某种目的。此外，还有将疾病伪装成损伤，既往病变或损伤谎称现有病变或损伤等。

（二）诈病的特点

1. 明确目的和动机　诈病者都具有明确的目的和动机，如为了掩盖犯罪行为，逃避刑事责任或为了逃避某些应尽的义务，或为了骗取休假、保外就医、社会福利等，或为了获取更多经济赔偿。

2. 缺少病理学基础　伪装者所伪装的症状与体征，由于缺少病理学基础，临床检查结果常正常，特别是临床客观检查方法无异常。

3. 临床检查不配合　诈病者由于害怕被揭穿装病，常常对检查不配合，甚至拒绝作检查。对于鉴定人或医生的言行非常敏感，反应强烈，唯恐暴露其伪装行为。

4. 临床症状与体征矛盾　由于诈病者或对医学完全不懂，或仅一知半解，不清楚某种疾病应有的症状、体征及其内在的关系，因此，在陈述自己的"疾病"时，常夸大症状和体征，但其症状与体征不符，前后矛盾，或主观症状明显，客观体征缺乏。

5. 临床表现与临床转归不符　由于诈病者的文化素质以及对医学知识掌握程度的不同，其临床表现也不同。诈病者常突然发病，"病情"反复无常，治疗后甚至反而加重，不符合一般临床表现和临床转归规律，但当其目的或要求达到时，病情迅速痊愈。

诈病者可发生在除婴幼儿以外的任何年龄,伪装的症状与体征,与伪装者本人的医学知识、过去患病的经历或他人患病后的症状与体征密切相关。若诈病者精通医术及疾病的演变规律,其伪装可达以假乱真的程度。此外,诈病者常选择一些临床常规检查方法不易检查、难以鉴别的疾病进行伪装,如伪装疼痛、听力障碍、视力障碍、精神障碍等。

在同一人群中,如果有人伪装某种疾病未被识破,其他人也会跟着模仿,此种情况在服刑的人群中时有发生。

(三)法医学检查

1. 一般检查　应耐心听取被鉴定人对事件发生经过及伤病发展、变化过程的陈述,同时注意观察被鉴定人的精神、表情、态度、行为以及不经意间的细微动作,对周围环境变化的反应等。鉴定人要听其言、察其色、观其行。检查时忌用诱导性提问,如"是不是膝关节活动不好啊?"、"现在还头痛吗?"或"眼睛还看不清吗?"等。此外,应针对被鉴定人的表现进行详细的专科检查,确认有无相应的体征。

对于怀疑伪聋、伪盲和诈瘫等被鉴定人,应用常规的伪聋、伪盲、诈瘫等检查方法进行检查。

2. 辅助检查　除了常规的体格检查,一些诈病者伪装的伤病需要通过辅助检查才能加以鉴别,如通过实验室检查确认有无糖尿病、血尿等;通过 X 线、CT、MRI 等影像学检查,确定有无器质性损伤或病变。

对于伪装功能障碍者,临床常规的检查方法不能识别的,应通过客观检查方法进行判定。临床神经电生理检测技术是目前神经功能客观评定的方法之一,常用的有听觉诱发电位、视觉诱发电位、体感诱发电位、运动诱发电位、事件相关诱发电位、肌电图、神经传导速度检查等。

二、伪装疼痛

伪装疼痛(pretend pain)是指没有疼痛,故意伪装成疼痛的行为。由于疼痛可不伴有体征,仅凭其主诉为主要依据,易被模仿和伪装,因此常被作为诈病的首选症状。在伪装疼痛中,以伪装头部损伤后持续头痛最常见。

1. 伪装疼痛的特点　伪装疼痛的部位常与损伤部位有关或与其诈病的目的有关。鉴定时被鉴定人常表现为精神萎靡不振、手捂损伤部位呈痛苦状或检查者触碰时疼痛反应强烈,故作躲避或呻吟。

2. 法医学鉴定　根据临床病历记载和辅助检查结果,分析判断是否存在疼痛的病因和病理基础。

伪装疼痛者常在医师或鉴定人面前呻吟,或作抱头状或作呕吐状,看起来似乎非常痛苦,但私下常表现为活动自如。虽经给予"对症"治疗,但效果不明显且常反复发作,与诈病的目的紧密相关。

三、伪装血尿

伪装血尿是指没有血尿,故意将正常尿液伪装成血尿的行为。

1. 伪装血尿的特点　伪装血尿者多采用将血液混入尿液中,使尿液检材呈肉眼血尿或镜下血尿,但其血尿持续时间长短不一,血尿程度反复不定。

2. 法医学鉴定　腹部、腰背部外伤后出现血尿常提示肾挫伤,血尿持续时间长短与肾损伤的转归一致。如果血尿及随访尿常规检查结果不符合肾挫伤血尿的发展、愈合规律的,应高度怀疑伪装血尿。

对于疑为伪装血尿者,首先通过尿常规和超声或 CT 等检查明确有无肾脏或尿路损伤或疾患,排除损伤与疾病导致血尿的可能。另外,为了防止被检者向尿中掺血,检查应在工作人员监督下排尿取样。

四、伪聋(诈聋)

伪聋(simulated deafness,feigned deaf)是指故意伪装听力障碍或夸大其听力障碍的行为。

1. 伪聋的特点　伪聋者可伪装成单耳聋或双耳聋，由于伪装单耳聋不易被识破，又不明显影响日常工作和生活，因此伪装者常伪装成单耳聋。伪聋者常答非所问或回答问题迟疑，说话时声音往往并不增大，主观听力障碍，但客观听力检查正常。

2. 伪聋的检测方法　伪聋的检测方法很多，分主观听力检查方法和客观听力检查方法。

（1）主观听力检查方法：①听觉眼睑反射试验；②听觉瞳孔反射试验；③听诊器伪聋测试法；④Lombard测验（或称噪声干扰测验）；⑤骨气导音叉检查；⑥同频率音掩蔽方法等。

（2）客观听力检测方法：①声导抗测定；②耳声发射（otoacoustic-emissions，OAEs）；③听觉诱发电位检测等。其中听觉诱发电位又分为耳蜗电图、听觉脑干诱发电位、中潜伏诱发电位、长潜伏期诱发电位、40Hz听觉诱发电位、多频稳态听觉诱发电位等。

3. 法医学鉴定　对疑为伪聋者，鉴定人应详细询问病史，注意其回答问题的内容、方式、举止及神态。

首先根据临床病历记载和辅助检查判断是否存在导致耳聋的器质性病变。伪聋者无器质性病变所见，夸大听力障碍者通过听觉诱发电位等检查可以判断真实的听力状况。

五、伪盲（诈盲）

伪盲（feigned blind）是指伪装视力障碍或夸大视力障碍程度的行为，亦可伪装成夜盲或视野缺损等。

1. 伪盲的特点　伪盲可表现为单眼盲或双眼盲。由于伪装双眼盲相对困难，且难以持久，因此单眼伪盲多见。双眼伪盲者需他人搀扶或持杖而行，行走时故意碰撞障碍物。伪盲者常拒绝检查或检查不合作。

2. 伪盲的检查方法

（1）单眼伪盲的鉴别方法：①瞳孔对光反射；②视力表变换距离测试法；③雾视法；④红绿镜片法；⑤视觉诱发电位等。

（2）双眼伪盲的鉴别方法：①瞳孔对光反射；②视觉诱发电位等电生理检查。

广义的视觉诱发电位包括视网膜电流图、眼电图、视皮层诱发电位、多焦视觉诱发电位、扫描视觉诱发电位等。

3. 法医学鉴定　首先明确有无视力障碍的器质性病变，器质性病变与视力障碍程度是否一致。伪盲者无器质性病变所见，瞳孔对光反射及视觉诱发电位等电生理检查正常。夸大视功能障碍者，视功能障碍程度不能完全用器质性病变解释，通过伪盲检查法与图像视觉诱发电位检查可以进一步判定。

六、伪装瘫痪（诈瘫）

伪装瘫痪（feigned paralysis）是指伪装神经系统损伤或病变而致肢体无力、活动障碍的行为。

1. 伪装瘫痪的特点　常在头部损伤、脊髓损伤或周围神经损伤后，被鉴定人谎称一肢或多肢体运动障碍，如不能行走、不能自己进食、不能穿衣洗漱，甚至卧床不起等。具体表现可为单瘫、偏瘫或截瘫等。

2. 法医学鉴定　首先需要明确有无瘫痪，是器质性瘫痪还是非器质性瘫痪。长期瘫痪的病人，瘫痪的肢体可见肌肉萎缩。即使是中枢性瘫痪和非器质性瘫痪的病人，长时间的肢体废用也会出现失用性肌肉萎缩。

器质性瘫痪根据损伤部位分为痉挛性瘫痪（硬瘫）和弛缓性瘫痪（软瘫）。前者系上运动神经元病变所致，又称中枢性瘫，表现为肌张力增强，腱反射亢进，病理反射阳性；后者系下运动神经元或周围神经病变所致，表现为肌张力下降，腱反射消失或减弱，早期肌肉即出现萎缩，并与损伤神经所支配区域一致。截瘫的病人除双下肢瘫痪外，还常有二便失禁和鞍区感觉障碍。

伪装瘫痪者无神经系统的定位体征,肌肉无萎缩。影像学检查无器质性病变所见,运动诱发电位、肌电图和神经传导速度检查结果正常。

七、伪装抽搐

抽搐是神经 - 肌肉病变所致的一种病理现象,临床上常见的表现为惊厥、强直性痉挛、肌阵挛、震颤、舞蹈样动作、手足徐动、扭转痉挛、习惯性抽搐等。

1. 伪装抽搐的特点　伪装抽搐的表现形式多种多样,有的似癫痫大发作,有的只是四肢不规律抽动或上肢屈曲、下肢伸展,抽搐停止后即可自主活动。伪装抽搐者常在他人在场时或有监控下发作。

2. 法医学鉴定　伪装抽搐多见于头部外伤的病人,常表现为肢体抖动,法医学鉴定时需要与癫痫发作和习惯性动作相鉴别,排除癫痫发作与癔症性抽搐。

鉴定时首先询问其发作时间与发作频率、发作的方式,具体临床表现以及治疗方法和治疗效果等,通过临床病史及相关的辅助检查,确定有无器质性病变,并排除病理性抽搐和癔症性抽搐。

八、伪装失语

失语是指在神志清楚、发音和构音没有障碍的情况下,大脑皮质语言功能区(额下回后部及颞上回后部)损伤或病变导致的言语交流障碍,表现为运动性失语和感觉性失语。前者不能说话,但能理解别人说话的意思。后者听不懂别人说话的意思,答非所问。两者并存者为混合性失语,表现为自己不能说话,也不能理解别人说话的意思,为优势半球的额叶、颞叶病变所致。另外还有一种失语,称为命名性失语,表现为伤病者能理解物品的性质和用途,但不能命名。

1. 伪装失语的特点　伪装成运动性失语多见,表现为神志清晰,对他人说话的含义能正确理解,可进行书面交流,但就是不能说话。

2. 法医学鉴定　首先要详细了解失语的病史,有无引起失语的损伤或疾病。然后通过神经系统的专科检查、头部影像学资料以及喉肌肌电图等检查排除器质性失语。

有时伪装失语的认定需要通过社会调查,如通过左邻右舍、单位同事等证明材料综合判定。

九、伪装神经症

神经症(neurosis)又称神经官能症或精神神经症,是一组精神障碍的总称,包括神经衰弱、强迫症、焦虑症、恐怖症、躯体形式障碍等,属非器质性的大脑功能性障碍。患者所诉许多不适症状经体格检查、神经系统检查、实验室检查均无异常。神经症患者对自己的病态大多有充分的自知,并主动求医寻求帮助。

1. 伪装神经症的特点　伪装神经症多见于头部外伤后,常常过分夸大其不适症状,如夜不能寐、记忆力下降、头痛头晕、肢体感觉障碍等,所诉各种症状均为主观表现,临床检查均不能发现器质性病变。

2. 法医学鉴定　首先通过临床资料,了解自诉症状出现的时间以及临床的诊断与治疗情况。

伪装神经症的认定主要依靠临床表现和社会调查。如通过街道工作人员、左邻右舍、单位同事等了解被鉴定人完整的个人资料,包括家族史、个人史(以往精神状况)、婚姻史、疾病史等,必要时安排其住院进一步观察。

第二节　造　作　伤

为了达到某种个人目的,自己或授意他人对自己身体造成损伤或故意扩大和加重原有损伤,称为造作伤(artificial injury)。广义的造作伤也包括造作病。

一、造作伤的目的与动机

1. 逃避责任　为了逃避法律责任，如监守自盗者称为保卫公款、公物而受伤；为了逃避法定义务，不去从事艰苦或危险性大的工作；为了逃避劳动改造，故意使自己受伤或患病，以期达到保外就医或监外执行的目的等。

2. 获取信任　为了骗取某种荣誉或待遇，或为了骗取领导和群众的信任，故意使自己受伤，甚至仍坚持工作。

3. 诬陷他人　为了诬陷、报复他人或勒索、骗取他人的钱财而使自己受伤。如有女性在自己颈部、胸部造成抓伤，以达到诬陷他人对其实施性侵犯的目的。

二、造作伤的特点

1. 致伤物　以机械性损伤多见，尤其以锐器损伤最常见，其次为钝器损伤和枪弹伤与爆炸伤。

2. 致伤方式　造作伤一般都是自己所为，极少数情况下可由其家人、朋友或利益相关人在其授意下实施。

3. 损伤部位　损伤部位的选择一般与造作动机、目的有关，常为易被发现、暴露的部位，如头部、四肢等。具体特点：①多在本人容易实施的区域，如用右手造作的损伤，除头部外，一般分布在身体的左侧和前侧或右下肢前侧、外侧，而背部少见；用左手造作的损伤正好相反。授意他人形成的造作伤，则损伤可以在身体任何部位；②某些特殊部位的造作伤，用以表明是在特定情况下受伤。如为了伪装被性侵犯，造作伤多位于大腿内侧、外阴部、胸部等处，且多为抓伤、擦伤等轻微损伤；为了诬陷被人扼颈，常在颈部造成指甲印痕、擦伤等；为了伪装与人搏斗、抵抗、自卫造成，损伤多分布在前臂外侧、手背部（抵抗伤，假装挡刀）、手掌部（抵抗伤，假装抓刀）等处。

4. 损伤程度　造作伤者只为达到某种目的，并不期望危及生命、毁容或遗留严重残疾等后果，因此，造作伤手段较为保守，损伤程度一般较轻，不会危及生命，也不造成容貌严重的毁损，如擦伤、浅表切割伤、鼓膜穿孔、鼻骨骨折等。但有时由于措施不当，也可意外造成严重损伤或导致严重后遗症。

5. 其他　造作伤者对待检查或治疗非常合作，有时造作者会提醒或暗示检查者损伤所在部位，唯恐被遗漏。此点与诈伤者有本质的区别。

三、造作伤的法医学鉴定

造作伤大多是其本人亲手造成的，具有一些典型的特点。鉴定时应详细了解案情、分析受伤过程、结合临床资料和体格检查等确认下列问题：①有无损伤，若有损伤，损伤部位、数量、大小、形态、方向等；②损伤如何造成，是被鉴定人自己所为还是由他人所为；③成伤方式和损伤机制，是否与被鉴定人或其他证人所述相符；④损伤的时间，是否为"损伤"当时形成。

1. 案情调查　了解案件的性质和情节，在对被鉴定人询问中，需要反复、详细询问其损伤形成的方式与过程。询问内容应包括事件发生的时间、地点、"加害人"的人数及其个人特征、当时双方的位置关系、所用致伤物、打击部位及次数、有无搏斗、搏斗的情况以及事件结束后"加害人"的去向等。在询问中要耐心听取并随时提出疑问，发现有无情节编造和过分夸大、内容矛盾、前后顺序颠倒等现象。

2. 资料审查　根据卷宗和临床资料，判断被鉴定人所述情况与所提供的鉴定资料是否相符、有无事实根据和旁证材料，分析损伤可能形成的原因、损伤的时间、损伤的形成方式和机制以及损伤救治的过程。

3. 现场勘查　如果条件许可，法医鉴定人应赴案发现场，了解案发现场的环境并收集有关证据，包括现场有无搏斗痕迹、血迹的滴注、喷溅方向、损伤时伤者的体位等。

4. 损伤检查　损伤性质、损伤部位、损伤类型、损伤程度以及损伤机制和成伤方式是判断造作伤的重要依据。因此,对于损伤必须进行全面细致地检查、详尽记录损伤性质、部位、类型、程度等并拍照保存。

（1）体表锐器造作伤特点：①数目较多,形态、大小一致;②密度大,间距小,范围较局限;③损伤排列整齐,方向有序;④损伤程度较轻,常常为轻微伤或轻伤;⑤创口随体表弧度而弯曲,深度不变（系用利器小心切划所致）;⑥由于怕痛、犹豫等复杂心理,常有试切痕,表现为平行的表皮划痕或轻微浅表切创,这也是判断自伤的重要依据。

（2）鼓膜造作性穿孔特点：多为直接外力作用所致,穿孔部位不定,多位于紧张部后方,穿孔形状与致伤物的形状有关,多为圆形和卵圆形,外耳道和鼓膜常可见擦伤或划伤。

5. 衣着的检查　部分造作伤者,事先解开衣服、卷起衣袖,看准部位后,再仔细切划造成损伤,此时损伤相应处衣物多无破损,也无血液玷污。有时,自伤者事后检查造作伤过程有无破绽,当发现创口处衣物无破损也无血污时,会在损伤相应部位的衣物上补做破口,或切割或刺破或剪破,并可能在各层衣物染上血迹,以增加可信度。对此,法医学鉴定时应仔细检查衣物,观察衣物破损的部位、破损的层次、数目、形状、大小、方向以及破损的边缘是否整齐等,并与其身体上的创口进行比对,同时注意观察衣物上血痕分布及流注方向与损伤是否相符。

6. 事件重建　根据当事人所述案件发生的时间、地点以及事件具体情形和经过等,模拟或还原事件的过程,称为侦查实验或事件重建。特别是被鉴定人现场的自行示范,对损伤的方式、损伤的机制以及是否为造作伤具有重要价值。

综合上述方法和手段,综合分析判断被鉴定人的损伤是否为造作伤。

本章小结

本章主要介绍了诈病及造作伤的概念、特点及法医学鉴定要点。要求掌握识别常见诈病（包括夸大伤病情）和造作伤的手段与方法。

鉴定时,一方面需要注意被鉴定人的临床表现是否符合伤病的发生、发展及临床演变的一般规律。另一方面,注意其所提供的临床资料是否真实、可信,如有无冒用他人的临床资料或由他人替代检查等,有无伪造或变造临床病历与其他临床检查结果等。诈病与造作伤法医学鉴定的要点主要如下：

1. 案件性质　诈病或造作伤多见于为了骗取荣誉、诬陷他人、取保候审或逃避法律责任等,当事人具有明确的动机和目的。

2. 调查取证　鉴定人应详细了解案件性质与过程,包括报案与出警及办案单位的询问情况、现场勘查结果和凶器提取情况以及其他相关证据等。必要时,可进行侦查实验和事件重建。

3. 资料审查　法医学鉴定时,需要对虚假医学资料进行排除。假病历、假检验报告等是诈病或造作伤的一种常见的手段。鉴定人需注意从以下几个方面加以鉴别：①就诊时间、主诉、体征、专科检查、临床治疗、伤病转归等是否客观、真实;②辅助检查的对象是否为被鉴定人本人,检查所见是否与受伤时间吻合、是否与案情中所提供的致伤方式、致伤工具吻合。

4. 临床检查　无论对于诈病还是造作伤,临床检查都非常重要。检查时应注意损伤的时间、损伤的部位、损伤的类型、损伤的程度、损伤的机制以及损伤的临床表现等。

对于疑似诈病案件,除进行常规临床检查外,应注意选择客观检查方法进行检测,排除不真实的主观检查结果。此外,在法医学鉴定中还应注意诈病和癔症的鉴别。

癔症是一种常见的非器质性精神性疾病,可表现为多种方式,如失明、失语、瘫痪、抽搐等,有时癔症与诈病容易混淆。癔症患者常具有癔症性性格：①情感性：感情色彩浓厚、反应鲜明强烈,易从一个极端转向另一极端;②暗示性：周围人的只言片语、神态,都可以具有暗示作用。此外,癔症患者好表现和夸耀自己,富有幻想,但有时分不清幻想与现实间的界限,往往给人以爱说谎和夸大的感觉。但癔症患者多数不承认自己有病,而诈病者对症状常过分夸大、渲染,唯恐别人以为自己"正常";癔症患者对检查者或医生的言行常漠不关心,而诈病者相反,对检查者的一言一行非常敏感。

(沈忆文)

思考题

1. 诈病的概念与诈病的特点。
2. 造作伤的概念与造作伤的特点。
3. 诈病与造作伤的法医学鉴定要点。

第十九章 医疗损害及其司法鉴定

学习提要

【掌握内容】 医患关系、医疗纠纷、医疗事故、医疗过错、医疗损害及医疗损害司法鉴定的概念；
医患双方的权利和义务；医疗损害的内容与后果。

【熟悉内容】 医疗损害司法鉴定的内容和任务；医疗过错行为的分析与判断方法；医疗过错行为
与医疗损害后果之间因果关系的判定。

【了解内容】 医疗损害赔偿责任；医疗损害司法鉴定的程序与注意的问题。

第一节 概 述

医疗纠纷不仅是社会关注的热点，也是全世界面临的难题。在我国，随着《侵权责任法》的实施，由医疗纠纷引起的人身侵权案件呈现增长的趋势。但是作为一种特殊的人身侵权责任，医疗损害具有复杂性和专业性的特点，因此，医疗损害司法鉴定是法医临床学研究的重要课题。

2010年7月1日起实施的《侵权责任法》第七章规定："患者在诊疗活动中受到损害，医疗机构及其医务人员有过错的，由医疗机构承担赔偿责任。""医疗损害责任"的提出，明确了司法程序处理医疗纠纷的途径和法律依据，缓解了长期以来医患之间难以化解的矛盾，同时也体现了我们国家司法的进步。

一、医疗损害的概念

医疗损害泛指患者在医疗机构接受诊断和治疗的过程中所产生的不利后果，分为广义的医疗损害和狭义的医疗损害。广义的医疗损害是指医疗行为所导致的患者机体组织破坏或者生理功能障碍的后果，这种损害的后果可以是正常医疗行为的必然结果，也可以是医疗过错行为导致患者各种不利后果；狭义的医疗损害是指后者，即因医疗过错行为所导致患者出现的各种不利后果。由于正常医疗行为（无过错医疗行为）对患者所造成的不利后果不属于"侵权"行为，不属于法律意义上的"医疗损害"，因此，法医学上的医疗损害特指狭义的医疗损害。

1. 医患关系（doctor-patient relationship） 是指医疗服务机构在对患者进行疾病诊断、治疗和护理过程中所产生的医疗服务关系。"医"包括提供医疗服务的医疗机构和医疗从业人员，"患"是指病人及其家属等。

广义的医患关系不仅包括医疗机构因实施医疗行为而与患者发生的法律关系，还包括医疗行为以外的权利与义务关系，如诊疗、食宿费用是否合理等。

2. 医疗纠纷（medical dispute，medical tangle） 是指医患双方对诊疗与护理过程中是否存在过失或不良后果所发生的争执。

3. 医疗事故（medical negligence）　是指医疗机构及其医务人员在医疗活动中，违反医疗卫生管理相关的法律、法规以及部门规章、制度和诊疗、护理规范等，过失造成患者人身损害的事件。

在我国，医疗事故由中华医学会、省、市级医学会根据相关规定，组织专家进行技术鉴定。

在《侵权责任法》实施之前，"医疗事故"鉴定是处理医疗纠纷唯一的专业技术鉴定。2002年9月1日起实施的《医疗事故处理条例》明确规定了医疗事故认定和处理办法。《医疗事故处理条例》目前仍然是处理医疗纠纷案件的一条重要途径。

4. 医疗过错（medical faults）　也称医疗过失，是指医疗机构及其从业人员在对患者的诊疗过程中，存在违反法律、法规、规章、制度以及诊疗规范或诊疗常规的行为与事实。

5. 医疗损害（medical damage）　是指医疗机构及其从业人员在对患者的诊疗护理过程中，由于医疗过错行为对患者所产生的不利后果的事实。这种不利的后果表现形式多样，例如导致患者的死亡或者残疾，或者导致患者的临床治疗时间延长，使患者的医疗费用支出增多等。

医疗损害和医疗事故虽然具有很多共同之处，但是相比较而言，医疗损害涵盖的范围更为广泛，且二者认定的程序有所区别。

二、医疗损害的法律责任

《侵权责任法》规定，行为人因过错侵害他人民事权益，应当承担侵权责任。法律上的民事权益主要包括生命权、健康权、姓名权、名誉权、荣誉权、肖像权、隐私权、财产权益等。也就是说，患者在诊疗活动中，由于医疗机构及其从业人员过错导致患者上述权益受到损害，医疗机构就应承担侵权责任。

（一）医患法律关系的认定

医患关系是否成立，主要根据患者与医疗机构是否存在就诊和医疗行为等事实进行判定，但对于医疗机构是否具有主体资格等法律要件则需要卫生行政管理部门确定，不具有主体资格的医疗机构与患者之间的关系，不是严格意义上的医患法律关系。

（二）医方的权利与义务

1. 医方的权利　在对患者的诊疗过程中，医方具有行使规范治疗的权利，患方具有配合医疗机构治疗的义务。

2. 医方的义务　在对患者的诊疗过程中，医方对患者应尽的义务主要包括告知义务，诊疗义务和注意义务。

（1）告知义务：医疗机构及其医务人员应当将患者的病情、医疗措施、医疗风险等如实告知患者，及时解答患者的咨询，但是应当注意避免对患者产生不利的后果。

对于需要实施手术、特殊检查、特殊治疗的，医务人员应当及时向患者说明医疗风险以及替代医疗的方案等，并取得患者书面同意；不宜向患者说明的，应当向患者的近亲属说明，并取得其书面同意。

医务人员未尽到前款义务，造成患者损害的，医疗机构应当承担民事赔偿责任。因抢救生命垂危的患者等紧急情况，不能取得患者或者其近亲属意见的，经医疗机构负责人或者授权的负责人批准，可以立即实施相应的医疗措施。

（2）诊疗义务：医务人员在诊疗活动中，有及时、合理、规范实施诊疗行为的义务，未尽到与医疗规范和相应医疗水平的诊疗义务而造成患者损害的，医疗机构应当承担相应民事赔偿责任。

（3）注意义务：医务人员在对患者的诊疗活动中，应当密切关注患者的病情变化，及时处理随时发生的意外情况。手术中时，应注意对周围组织的保护，避免损伤其他组织器官等。如果未尽到高度注意的义务，造成损害的应当承担相应民事赔偿责任。

（4）其他义务：医疗机构及其医务人员应当对患者的隐私保密。泄露患者隐私或者未经患者同意公开其病历资料，造成患者损害的也应当承担相应的侵权民事责任。

（三）患方的权利与义务

1. 患方的权利　患方有了解患者病情的权利；患者或者其近亲属具有选择治疗方案的权利；患

者有权复印或者复制其门诊病历、住院志、体温单、医嘱单、化验单（检验报告）、医学影像检查资料、特殊检查同意书、手术同意书、手术及麻醉记录单、病理资料、护理记录以及国务院卫生行政部门规定的其他病历资料的权利。

患者依照前款规定要求复印或者复制病历资料的，医疗机构应当提供复印或者复制服务并在复印或者复制的病历资料上加盖证明印记。复印或者复制病历资料时，应当有患者或患者近亲属在场。

2. 患方的义务　患方有向医疗机构如实提供诊治疾病相关信息的义务；患方有配合医疗机构进行合理规范诊疗的义务。

（四）医疗损害赔偿责任

医疗损害赔偿责任是指医疗机构及其医务人员因过错行为导致患者人身权益受到损害，医疗机构所承担的民事赔偿责任。

医疗损害赔偿一般指为治疗和康复额外所支出的费用，包括医疗费、护理费、交通费以及因误工减少的收入等，造成残疾的还应当赔偿残疾生活辅助器具费用和残疾赔偿金，造成死亡的还应当赔偿丧葬费和死亡赔偿金。

医疗损害赔偿责任需要根据是否存在医疗过错行为、医疗过错行为与损害后果之间的因果关系以及双方承担责任的比例大小来确定。

第二节　医疗损害的司法鉴定

医疗损害是一种特殊类型的人身损害，具有专业性强、复杂性高的特点，在我国，医疗损害主要是由法医学司法鉴定人通过司法鉴定进行判定。

医疗损害司法鉴定是处理医疗损害赔偿案件的重要环节，医疗损害鉴定意见书是处理此类案件的重要依据。

一、医疗损害司法鉴定的概念

医疗损害司法鉴定是指法医学鉴定人（以下简称鉴定人）根据委托单位所提供的司法鉴定资料和法医学检查结果，运用医学知识和法医学知识分析判断医方在诊断、救治、护理、管理等行为中是否存在过错，以及过错行为与损害后果之间因果关系，并出具司法鉴定意见的过程。

由于医疗损害司法鉴定的主要任务是判定医疗机构及其医务人员的医疗行为是否存在过错，所以又称为医疗过错司法鉴定。

医疗损害司法鉴定的主要内容：①医方医疗行为是否存在过错；②患者是否存在损害后果；③医方医疗过错行为与患者损害后果之间是否存在因果关系；④医疗过错行为的责任（医疗过错行为导致或参与患者损害后果的比例程度）。

二、医疗过错行为的认定

医疗机构在诊疗护理过程中是否存在医疗过错，司法鉴定人主要依据委托单位所提供的患者临床资料和法医学检查结果（尸体解剖或者活体检查）等，判定医疗机构是否存在违反医疗相关的法律、法规、规章、制度以及诊疗规范等行为。

（一）医疗过错行为的形式

1. 未尽到告知义务　医方未向患者明确告知必要的病情、医疗措施、医疗替代方案以及存在的医疗风险（可能发生的不良后果）。

2. 未尽到诊治义务　医方未给予患者及时、规范、正确的诊断与治疗。包括误诊（诊断的错误）、漏诊（未及时作出全面与完整的诊断）、误治（治疗方案或治疗方法错误，也包括未及时进行全面与系统的治疗）等。

3．未尽到注意义务　医务人员在诊疗活动中未尽到密切注意病情变化,积极防范医疗风险,避免不良后果发生的义务。

（二）分析与判断医疗过错行为的方法

对于医疗行为是否构成过错,目前主要依据卫生医疗法律规范和技术规范,包括卫生医疗相关的法律法规、部门规章制度、诊疗护理规范以及权威或公认的医学文献等进行判断,同时注意结合不同时间、不同地域、不同等级医院医疗水平的现状进行分析。

1．法律法规　医疗机构的诊疗行为是否符合国家"法律法规"是判定医疗过错行为的法律依据。

例如《侵权责任法》规定,医疗机构及其医务人员应当按照规定填写并妥善保管住院志、医嘱单、检验报告、手术及麻醉记录、病理资料、护理记录、医疗费用等病历资料。患者要求查阅、复制前款规定的病历资料的,医疗机构应当提供。患者有损害后果,而医疗机构隐匿或者拒绝提供与纠纷有关的病历资料,或者存在伪造、篡改或者销毁病历资料的行为,可以推定医疗机构存在过错。

2．规章制度　医疗机构及其医务人员医疗行为是否符合"诊疗护理规范"是判定医疗过错行为的主要技术标准。诊疗护理规范对于医方的告知义务、诊疗义务、注意义务、转诊义务等都有明确的规定。

3．医学文献　由于当今医疗技术迅速发展,诊疗护理规范等可能存在滞后或者不能涵盖所有医疗领域的情况,因此在这种情况下,权威的医学教科书、公认的科研成果以及药物使用说明书也是判定医疗行为是否存在过错的重要依据。

（三）分析与判断医疗过错行为的注意事项

1．注意考虑当时的医疗水平　由于医疗水平会随着时代的发展而不断提高,因此,不能用现代的医疗水平衡量医疗纠纷发生当时的医疗行为。

2．注意医疗机构所在的地区　在判定医疗过错时,应当注意医疗机构所处的具体地域,因为不同地域的医疗条件和水平存在差异。例如同为三级甲等医院,经济发达地区与偏远地区也存在一定的差别。

3．注意医疗机构的不同等级　医疗机构的等级代表着医疗机构医疗条件、管理水平以及技术水平。同样的医疗过错行为对于不同等级的医疗机构,所承担的过错责任会有所不同。一般来说,医院等级越高,诊治疾病的水平越高,患者承担的医疗风险相对越小。

三、医疗损害的内容与后果

（一）医疗损害的内容

1．患者的人身权损害　①对患者生命权的侵害,即诊疗过错行为使患者丧失生命;②对患者健康权的侵害,即医疗过错行为对患者生理机能的正常运行和功能完善发挥造成损害,大多数表现为使患者出现不同程度的残疾。例如在对患者行阑尾手术时,误切了患者右侧卵巢组织,造成患者残疾;③对患者身体权的侵害,表现为医务人员违反诊疗护理常规和技术规范,导致患者身体的完整性受到损害。如在未经患者及家属同意的情况下,将死亡患者的皮肤、肾脏、角膜等个别器官取出、切除或移植的行为,就属于侵害患者身体权的行为。

2．患者的名誉权损害　由于性病、肝炎、艾滋病等一些疾病的误诊,且未履行保密义务,导致患者的名誉和社会评价受到损害。

3．患者的隐私权损害　《侵权责任法》第62条规定"医疗机构及其医务人员应当对患者的隐私保密。泄露患者隐私或者未经患者同意公开其病历资料,造成患者损害的,应当承担侵权责任。"

4．患者的肖像权损害　为了教学或广告宣传,未经患者同意将其肖像暴露给公众或予以传播,对患者造成损害。

5．患者及亲属的精神损害　《侵权责任法》第22条规定"侵害他人人身权益,造成他人严重精神损害的,被侵权人可以请求精神损害赔偿。"医疗侵权无论损害了患者的生命权、健康权、身体权,还是名誉权、隐私权与肖像权都会造成患者及其亲属的精神损害,因此精神损害作为医疗损害的间接后果,同样也给予精神损害赔偿(精神损害抚慰金)。

6.患者的财产权损害　医疗过错行为造成患者人身损害的后果,就必然导致患者及其近亲属财产收入减少和不必要财产支出的增加。《侵权责任法》明确规定:侵害他人造成人身损害的,应当赔偿医疗费、护理费、交通费等为治疗和康复支出的合理费用,以及因误工减少的收入。造成残疾的,还应当赔偿残疾生活辅助器具费用和残疾赔偿金。造成死亡的,还应当赔偿丧葬费和死亡赔偿金。

(二)医疗损害的后果

1.死亡　患者死亡的原因既可以是错误的医疗行为直接所致,也可以是过错医疗行为与其他因素合并导致。

对于患者死亡的分析与判断一般包括死亡原因、死亡机制和死亡方式三个方面。

死亡原因是指所有导致死亡的疾病或损伤或病理改变,死亡原因必须是具体的疾病或者损伤,或者具有特殊意义的病理改变,如冠状动脉粥样硬化。死亡机制不能作为死亡原因。死亡原因有的可以根据患者的临床表现分析得出,有的必须通过法医学尸体解剖判定。

对于患者死亡案件,医疗损害司法鉴定首先应明确患者死亡原因,确定死亡原因原则上应通过尸体解剖确定。对部分尸体已经火化,无法通过尸体解剖确定死亡原因的,鉴定人可以通过临床病历材料等分析死因。

2.残疾　医疗过错行为会导致患者机体组织结构的破坏和功能障碍,严重的可以导致残疾。例如前臂骨折后,医生给予石膏托外固定处理,但是医生对患者患肢固定后出现的肢体肿胀、疼痛、皮肤表面有张力性水泡等未引起注意,最终因骨筋膜室综合征导致患肢遗留严重残疾。

3.治疗时间延长　医疗过错行为会因为没有达到应有的治疗效果,或者是给患者造成了新的损害,患者需要继续住院治疗,甚至需要再次手术治疗。治疗时间的延长势必造成患者额外的痛苦,医疗相关费用的增加。

4.出生缺陷或者错误出生　出生缺陷或者错误出生主要是指患儿在胚胎发育过程中存在先天性疾病或者某种缺陷,这种疾病或者缺陷应该通过孕期检查发现,及时终止妊娠。但是由于医疗机构在对孕妇的例行检查中未能发现,使患有重大疾病的患儿出生,导致患方经济与精神负担加重。

5.发生可以避免的并发症　并发症一般是指某一种疾病在治疗过程中,发生了与这种疾病有关的另一种或几种病症。由于医方在诊疗过程中,未尽到注意义务,使原本可以避免发生的并发症没能避免。

此外,在医疗过程中还有一种"难以避免的并发症"。所谓"难以避免的并发症"是指医方在对患者的诊疗护理过程中,发生了现代医疗技术难以避免或者难以预料和防范的并发症。例如手术切除甲状腺肿瘤时,喉返神经损伤是可能出现的并发症之一。一般认为,如果自身界限清楚,喉返神经相对容易识别,甲状腺肿瘤切除手术就不应出现喉返神经损伤的并发症。反之,如果肿瘤和甲状腺粘连紧密,喉返神经识别和分离困难,手术难度大,术后出现喉返神经损伤应视为"难以避免的并发症",医方不承担过错责任。

6.其他情况　医方常见过错行为还有以下一些情况:手术部位错误,输液错误、输血错误和用药错误,手术器械或者其他异物遗留体内以及过度医疗等。

四、医疗过错行为与医疗损害后果之间因果关系的判定

因果关系分为事实因果关系和法律因果关系。事实因果关系是指医疗过错行为与患者损害后果之间的客观联系;法律因果关系是在事实因果关系的前提下,确定行为人是否存在违法行为以及违法行为与民事责任的关系,法律因果关系的判断属于法官的职权范围。

在医疗过错司法鉴定过程中,鉴定人需要运用临床医学以及法医学专业知识,分析医疗过错行为与患者损害后果之间的内在客观联系,进而分析、归纳、确定导致损害后果的原因。

（一）医疗损害因果关系的定性判定

1. 确定医疗损害的参与因素 通过仔细审阅病历以及辅助检查等鉴定资料，寻找可能造成患者损害后果的所有参与因素，如患者的年龄、自身疾病或者损伤情况、个体体质与状态、具体的医疗行为等，然后对各种因素进行逐一分析。

例如患者甲状腺瘤手术后喉返神经损伤，鉴定人既要考虑患者的喉返神经解剖结构是否有变异，又要考虑肿瘤和周围组织是否粘连以及粘连的程度，还需要考虑医疗机构的等级等。

2. 明确医疗损害参与因素的作用 通过收集相关病例的流行病学资料，根据临床研究的结果与理论，判定各相关因素的作用。此外，就案件的关键点和临床医生进行探讨，了解临床诊疗技术现状，作为判定因果关系的参考依据。

需要注意的是，只有在损害结果实际发生的情况下，即损害结果必须是客观存在，才需要确定医疗机构的损害责任。

（二）医疗损害因果关系的定量判定

1. 医疗损害因果关系的类型 在医疗过程中，导致医疗损害后果的可能因素很多，主要包括医疗的过失、患者自身的因素、医疗机构的条件和水平等，损害后果可能是其中一个因素作用的结果，也可能是多个因素共同作用的结果。也就是说，医疗损害后果与原因之间并非是一一对应的关系，更多的是多因一果的关系，区分引起医疗损害后果的具体原因以及各个具体原因与损害后果之间的类型，即医疗损害因果关系的类型。

医疗过错行为与医疗损害后果之间因果关系的类型，一般分为主要因果关系、临界因果关系、次要因果关系、直接因果关系与间接因果关系等。

2. 医疗损害责任参与度 所谓医疗损害责任参与度，是指医疗过错行为与疾病等因素共同存在的情况下，医疗过错行为在损害后果与损害责任中所占的比例，即医疗损害责任的参与度。

医疗损害责任参与度是根据原因力的大小对医疗过错行为与损害后果因果关系的定量划分，一般根据责任的大小分为六种情况：完全责任、主要责任、同等责任、次要责任、轻微责任和无责任等。

（1）完全责任：损害后果完全由医疗过错行为所致，医方承担全部责任（过错参与度为100%）。

（2）主要责任：损害后果主要由医疗过错行为所致，医方承担主要责任（过错参与度为75%左右）。

（3）同等责任：损害后果由医疗过错行为与患者自身疾病等因素共同所致，医方承担同等责任（过错参与度为50%左右）。

（4）次要责任：损害后果主要由自身疾病（或者损伤）等所致，医方存在的医疗过错行为是次要因素，医方承担次要责任（过错参与度为35%左右）。

（5）轻微责任：损害后果主要由自身疾病（或者损伤）等所致，医方的过错行为仅为诱发或者加重的因素，医方承担轻微责任（过错参与度为20%以下）。

（6）无责任：医方的过错行为与损害后果之间无因果关系，医方不承担赔偿责任。

（三）医疗损害因果关系与损害赔偿责任判定应注意的问题

1. 对于是否存在医疗过错行为与损害后果，医患双方均负有举证责任，如毁灭证据或因证据灭失使之不能举证或不能查证的，应承担举证不利的责任。

2. 医疗损害赔偿责任判定时应注意医疗技术的时间性、地域性以及不同等级医疗机构所应有的医疗条件和技术水平。此外，还需要注意患者自身疾病等具体情况以及患者是否配合治疗等情况。

五、医疗损害司法鉴定的程序

（一）鉴定的委托

医疗损害司法鉴定的委托人应该是处理医疗纠纷案件的司法行政机关，例如人民法院、卫生行政机关等。鉴定资料由委托单位审查、认可并提交。因所提供鉴定材料不真实导致鉴定意见错误的，由委托方承担责任。

（二）鉴定的受理

1. 资料审查　司法机关对于所提交的司法鉴定资料等必须进行审查，以确保鉴定资料的合法性、相关性和客观性。其次，鉴定机构对于鉴定资料也应进行审查，判断其可信性、完整性和准确性。司法鉴定资料主要有：门诊病历、住院病历【包括病程记录、体温单、医嘱单、化验单（检验报告）、特殊检查同意书、手术同意书、手术及麻醉记录单、病理报告、护理记录等】、医学影像资料以及国务院卫生行政部门规定的其他临床资料等。司法鉴定材料符合鉴定要求时，鉴定机构即可受理鉴定，进入具体鉴定的环节。

2. 鉴定的过程　司法鉴定人通过对司法鉴定材料进行审查，明确司法鉴定的主要内容，选择司法鉴定的方式并进行必要的法医学检查。

由于我们国家缺乏医疗损害司法鉴定程序的具体规定，目前医疗损害司法鉴定仍沿用医学会医学事故鉴定的听证方式。虽然在一些特殊情况下，也可以不采用听证会的方式，但医患双方必须提供相关的书面材料作为参考。

3. 出具司法鉴定意见书　司法鉴定人根据委托人所提供司法鉴定资料以及听证会的意见或者鉴定小组讨论后形成的意见，按照司法鉴定书要求，制作并出具司法鉴定意见书交付委托人。

本章小结

本章主要介绍了医疗纠纷、医疗过错、医疗损害等概念以及医疗损害司法鉴定的原则、方法、程序、内容以及注意事项。

医疗损害分为广义的医疗损害和狭义的医疗损害。狭义的医疗损害是指因医疗过错所导致患者的各种不利后果。医疗过错是指医疗机构在对患者的诊疗过程中，存在违反法律、行政法规、规章制度以及诊疗规范或诊疗常规的事实。医疗机构是否存在医疗过错，以及医疗过错是否对患者产生了损害后果等需要法医司法鉴定人员通过司法鉴定确认。

医疗过错行为概括起来主要有违反告知义务，诊疗义务以及注意义务。医疗损害的后果主要表现为死亡、残疾、治疗时间延长（增加患者医疗费用支出，承受治疗痛苦）、出生缺陷、错误出生、发生了可以避免的并发症等。

判断医疗行为是否存在过错，主要以法律法规、部门规章和诊疗护理规范以及医学研究成果和理论为标准，同时结合当时的医疗水平、所在的地域以及医院级别等因素综合分析。

医疗损害鉴定的主要内容与任务：首先明确医疗机构是否存在过错，其次是该过错与损害后果之间是否存在因果关系。如果医疗过错行为与损害后果之间存在因果关系，还需要判定医疗过错行为在损害后果中所占的比例大小，即医疗过错的参与度。

医疗过错的参与度一般分为完全责任、主要责任、同等责任、次要责任、轻微责任和无责任六种类型。

在进行医疗过错因果关系与责任程度判定时还应注意患者自身因素、医疗技术的时间性、地域性以及不同等级医疗机构应具有的医疗条件和水平等。

（陈　腾）

思考题

1. 医疗损害后果的表现。

2. 医疗过错行为的常见形式。

3. 医疗过错认定的依据和标准。

4. 医疗过错与损害后果之间的因果关系以及判断时注意的事项。

5. 医疗过错参与度的分类与判定方法。

参 考 文 献

1. 邓振华,陈国弟. 临床法医学理论与实践. 成都:四川大学出版社,2004

2. 郝伟. 精神病学. 第6版. 北京:人民卫生出版社,2008

3. 南登崑. 康复医学. 第4版. 北京:人民卫生出版社,2008

4. 徐启武. 脊髓脊柱外科学. 上海:上海科学技术出版社,2009

5. 刘技辉. 法医临床学. 第4版. 北京:人民卫生出版社,2009

6. 朱广友. 法医临床司法鉴定实务. 北京:法律出版社,2009

7. 毕焕洲. 性医学. 北京:中国中医药出版社,2010

8. 焦富勇. 儿童性虐待医学评估实用指南. 北京:人民卫生出版社,2010

9. 王正国. 现代交通医学. 重庆:重庆出版社,2011

10. 郑树森. 外科学. 北京:高等教育出版社,2012

11. 王亦璁,姜保国. 骨与关节损伤. 北京:人民卫生出版社,2012

12. 张志愿. 口腔颌面外科学. 第7版. 北京:人民卫生出版社,2012

13. 王雪松,吴新宝. 髋部与骨盆运动损伤. 北京:人民军医出版社,2012

14. 胥少汀,葛宝丰,徐印坎. 实用骨科学. 第4版. 北京:人民军医出版社,2012

15. 郭军,王瑞. 男性性功能障碍的诊断与治疗. 第3版. 北京:人民军医出版社,2012

16. 陈孝平,汪建平. 外科学. 第8版. 北京:人民卫生出版社,2013

17. 葛均波,徐永健. 内科学. 第8版. 北京:人民卫生出版社,2013

18. 万学红,卢雪峰. 诊断学. 第8版. 北京:人民卫生出版社,2013

19. 赵堪兴,杨培增. 眼科学. 第8版. 北京:人民卫生出版社,2013

20. 徐晓阳,马晓年. 临床性医学. 北京:人民卫生出版社,2013

21. 华克勤,丰有吉. 实用妇产科学. 北京:人民卫生出版社,2013

22. 谢辛,苟文丽. 妇产科学. 第8版. 北京:人民卫生出版社,2013

23. 田勇泉. 耳鼻咽喉头颈外科学. 第8版. 北京:人民卫生出版社,2013

24. 沈洪,刘中民. 急诊与灾难医学. 第2版. 北京:人民卫生出版社,2013

25. 付小兵,王正国,李建贤. 中华创伤医学. 北京:人民卫生出版社,2013

26. 郭振华,那彦群. 实用泌尿外科学. 第2版. 北京:人民卫生出版社,2013

27. 赵定麟,李增春,严力生. 现代创伤外科学. 第2版. 北京:科学出版社,2013

28. 刘梅. 职工工伤劳动能力鉴定标准应用指南(2014版). 上海:上海科学技术文献出版社,2015

29. 邱卓英,张爱民.《国际功能、残疾和健康分类》应用指导(一). 中国康复理论与实践,2003,9(1):20-34

30. 刘技辉. 损伤程度评定及其相关的法律问题. 中国司法鉴定,2007,5:34-39

31. 崔勇,刘技辉,汤鹏等. 椎间盘突出症及其法医学鉴定. 法医学杂志,2007,23(3):219-221

32. 张新安,刘技辉,崔勇,等. 流产的病因及其法医学鉴定中应注意的问题. 法医学杂志,2007,23(1):49-51

33. 王旭. 医疗过失鉴定需遵循的原则. 证据科学,2010,18(4):434-443

34. 魏仁国，谭利华. 肺压缩容积影像学测量方法. 医学综述，2011，17（23）：3639-3641

35. 刘鑫. 医疗损害鉴定之因果关系研究. 证据科学，2013，21（3）：334-353

36. 唐朝霞，管向东. 急性呼吸窘迫综合征诊断标准. 中国实用内科杂志，2013，33（11）：838-839

37. 潘鑫，邹圣强. 挤压综合征研究进展. 中国急救复苏与灾害医学杂志，2014，9（8）：764-766

38. 陈芳，杨小萍，范利华. 外伤与流产因果关系分析. 中国司法鉴定杂志，2014，76（5）：34-37

39. 刘技辉. 新《劳动能力 职工工伤与职业病致残等级》及其相关问题的探讨. 中国司法鉴定，2015，5：24-28，33

40. Mattox KL，Feliciano DV，Moore EE. Trauma. 17th ed. New York：McGraw-Hill，2012

41. Margaret M，Stark. Clinical forensic medicine a physician's guide. Totowa：Humana Press，2011

42. Malaki M，Mangat K. Hepatic and splenic trauma. Trauma. 2011，13（3）：233-244

43. Willis AP. Interventional radiology in renal trauma. Trauma. 2011，13（4）：282-293

44. Fox AW. Elder abuse. Med Sci Law，2012，52（3）：128-136

45. Frazão SL，Silva MS，Norton P，et al. Domestic violence against elderly with disability. J Forensic Leg Med，2014，28：19-24

中英文名词对照索引

肺损伤	injuries of the lungs	152
分娩	delivery	253
粉碎性骨折	comminuted fracture	48,208
辐射性眼损伤	radiational ocular injury	106
附睾损伤	injury of epididymis	189
复发性流产	recurrent spontaneous abortion，RSA	256
复合性损伤	combined injury	26
副神经损伤	accessory nerve	61
腹壁损伤	injury of the abdominal wall	165
腹部大血管损伤	abdominal great vascular injury	172
腹主动脉瘤	abdominal aneurysm	173

G

肝损伤	injuries of the liver	174
肝外胆道损伤	injury of extrahepatic biliary passages	171
感音性聋	sensory deafness	112
睾丸损伤	injury of testis	189
格拉斯哥昏迷评分法	glasgow coma scale，GCS	46
根折	tooth root fracture	130
跟骨骨折	fracture of calcaneus	213
工具性日常生活活动能力	instrumental ADL，IADL	13
功能位	functional position	197
功能问卷	the functional activities questionary，FAQ	13
功能性磁共振	functional magnetic resonance image，fMRI	90
功能性聋	functional deafness	112
功能性损伤	function damage	26
肱骨骨折	humeral fracture	209
股骨骨折	femoral fracture	211
股骨头缺血性坏死	osteonecrosis of femoral head	223
股神经	femoral nerve	206
股神经损伤	femoral nerve injury	207
骨化性肌炎	traumatic myositis ossificans	221
骨筋膜室综合征	osteofascial compartment syndrome	220
骨膜下血肿	subperiosteal hematoma	47
骨盆骨折	pelvic fracture	181
骨缺血性坏死	avascular bone necrosis	223
骨损伤	bone injury	26，27
骨性强直	bony ankylosis	222
骨折不愈合	nonunion of fracture	224
骨折畸形愈合	malunion of fracture	223
骨折延迟愈合	delayed union	225
关节挫伤	joint contusions	215
关节骨折合并脱位	fracture-dislocation of joint	215
关节挛缩	joint contracture	222
关节内骨折	intra-articular fracture	215
关节扭伤	sprain of the joint	215
关节强直	ankylosis	222
关节软骨损伤	arthrodial cartilage injury	215
关节损伤	joint injury	27，215

T

Y

Z